PAUL THEROUX

Mein anderes Leben

Aus dem Amerikanischen von
Dirk van Gunsteren

Hoffmann und Campe

Die Originalausgabe erschien 1996 unter dem
Titel *My Other Life* im Verlag Hamish Hamilton, London

Die Deutsche Bibliothek-CIP-Einheitsaufnahme
Theroux, Paul: Mein anderes Leben: Paul Theroux
Aus dem Amerikan. von Dirk van Gunsteren
– 1. Aufl. – Hamburg: Hoffmann und Campe, 2000
Einheitssacht.: My Other Life ‹dt.›
ISBN 3-455-07719-6

Schutzumschlag: Büro Hamburg
Foto: David Keith Jones
Satz: Dörlemann Satz, Lemförde
Druck und Bindung: Graphischer Großbetrieb Pößneck
Printed in Germany

Für Jonathan Raban

Vorbemerkung des Autors

Dies ist die Geschichte eines Lebens, das ich gelebt haben könnte, wenn einiges anders gewesen wäre – es ist ein erdachter Lebensbericht. Weil ernsthafte Travestie jedoch ihre Grenzen hat und weil Erinnerungen eben doch eine Rolle spielen, hat selbst ein erdachtes Leben Ähnlichkeit mit dem tatsächlich gelebten; dennoch habe ich in dieser Geschichte immer dem gemurmelten »Was wäre, wenn« meines Alter egos nachgegeben.

Die Protagonisten existieren nur in diesen absichtlich überzeichneten Geschichten, die Städte sind lediglich skizziert, und der Gang der Erzählung ist in jeder Hinsicht unstet. Es kommen einige bekannte Namen vor – unter anderen Anthony Burgess, Nathan Leopold, Queen Elizabeth II. –, doch auch sie sind Alter egos, andere männliche und weibliche Figuren. Und was mein zweites Ich betrifft, den Paul Theroux, der so aussieht wie ich: Er ist bloß irgendein Mann mit einer Maske. Es ist das Vorrecht des Schriftstellers, gewisse Fassaden aufrechtzuerhalten und im Getümmel des Maskenballs auch sein eigenes Gesicht erscheinen zu lassen. Das war der einzige Bereich, in dem ich mir keine Freiheiten gestattet habe. Der Mann ist erfunden, aber die Maske ist echt.

P. T.

Ich weiß nicht, wer von uns beiden
diese Seite geschrieben hat.

Jorge Luis Borges: *Borges und ich*

EINS

Prolog

Onkel Hals anderes Leben

Wenn man von jemandem sagt: »Entweder man liebt ihn oder man haßt ihn«, habe ich immer das Gefühl, daß ich ihn hassen werde. Aber dann fällt mir mein Onkel Hal ein, und ich besinne mich eines besseren.

Onkel Hal sprach nur selten mit uns, und wenn er es tat, dann um Kritik oder milden Spott loszuwerden, doch einmal erzählte er mir, daß seine Mutter – meine Großmutter – ihn nie auf den Arm genommen habe, wenn er in seiner Wiege gelegen und geschrien habe. Sie habe ihn einfach dort liegen und schreien lassen, habe ihn nicht berührt, nicht mit ihm gesprochen und ihn erst zu einer ganz bestimmten Uhrzeit wieder gefüttert. Als er mir das anvertraute, war er über vierzig Jahre alt. Er sah mich an und fügte hinzu: »Überleg mal, was das bei einem Menschen anrichten kann, Paulie.«

Er war unrasiert, und seine Bartstoppeln waren grauer, als sie hätten sein sollen. Ständig fuhr er sich mit den Fingern durch die Haare. Ich habe es nie erlebt, daß er sich zum Essen an einen Tisch setzte. Er stand da, sah aus dem Küchenfenster und aß mit einer Gabel Thunfisch aus der Dose. Anschließend warf er die Dose weg und wischte sich die Hände an seinem Hemd ab. Er trank alles aus der Flasche und Milch sogar aus Papptüten, deren Ausgießöffnungen zu breit für seinen Mund waren. Er trank vom Wasserhahn. Die Art, wie andere Leute aßen, war ihm verhaßt: Sie setzten sich, sie nahmen sich Zeit. Schon nach kurzem Herumsitzen sprang er auf und fing an zu wüten: »Wir verschwenden unsere Zeit! Ich hab so viel zu tun! Ich hab den ganzen Tag schon herumgesessen!«

Sein Haus müsse gestrichen werden, sagte er, die Wiese müsse gemäht werden, er brauche etwas aus dem Eisenwarenladen – vielleicht eine Türangel, die er dann befestigte, indem er die Schrauben mit dem Hammer ins Holz trieb, weil er es nicht erwarten konnte, die Tür endlich einzuhängen. Und die Art, wie er den Hammer schwang, erinnerte an einen Mörder.

»Ich fahre auf die andere Seite der Bay«, sagte er, ganz gleich, ob er zu seinem Zahnarzt nach Boston fuhr oder nach Mexiko, wo er, wie er behauptete, Rieseneidechsen jagte.

Es war ein Wintertag, und er fuhr mit mir in seinem alten Ford zweihundertzwanzig Stundenkilometer. Damals besaß er ein Pony, und seine Jeans war steif vor Ponyscheiße. Er hatte die Fenster geschlossen und die Heizung aufgedreht. »In deinem Alter ist mir beim Autofahren nie schlecht geworden«, sagte er, als ich mein Gesicht elend in den Händen verbarg.

Kaum waren wir an dem Laden, der außerhalb von Bridgeport lag, angelangt, da sagte er zu dem Verkäufer: »Es ist seine Schuld, daß ich so spät komme«, und gab mir eine leichte Kopfnuß. »Er muß Medikamente nehmen, und davon hat er einen phänomenalen Dünnschiß gekriegt. Wir haben an jeder Tankstelle zwischen dem Cape und hier gehalten.«

Es war eine erstaunliche dreifache Lüge, aber der Mann akzeptierte sie und schenkte mir ein mitleidiges Lächeln.

Der Laden sah aus wie irgendein Eisenwaren- oder Trödelladen, doch als Onkel Hal wieder herauskam, hatte er ein Buch in der Hand. Er ließ mich einen Blick darauf werfen: goldgeprägter Ledereinband, dünnes Papier. Er steckte es in eine braune Papiertüte, und ich bekam es nie wieder zu sehen. Diese Schätze verwahrte er in Truhen auf dem Speicher oder in Schubladen. Wenn er eine Schublade öffnete, sah man Gold aufblitzen, Dolche, Ketten, verbeulte Kelche, silberne Teller, Schnitzereien, und dann schloß er sie wieder und klagte: »Ich habe nichts – keine Frau, kein Geld, keine Kinder.«

Seine Schränke waren voller schöner Kleider, doch das, was er anhatte, war immer zerrissen. Er trug alles, bis es in Fetzen ging, und dann warf er es weg – er trug seine Schuhe, bis sie rissig und durchgelaufen, und seine Pullover, bis sie löchrig und ausgefranst waren. Seine von Ponyscheiße starrenden Hosen habe ich ja schon erwähnt.

Ich habe ihn nie in sauberer Kleidung gesehen, und obwohl er in diesen abgetragenen Sachen aus der Entfernung wie ein unbekümmerter Junge aussah, wirkte er aus der Nähe wie ein alter Landstreicher, und er stank.

»Du verschwendest Wasser, Paulie!« schrie er mich an, als ich in seinem Haus einmal den Wasserhahn aufdrehte. War das der Grund? Hatte er das Gefühl, daß er Wasser und Geld sparte, wenn er sich nicht wusch? Auf jeden Fall lebte er spartanisch. Er aß allein, schlief allein in einem schmalen Bett, und wenn man ihn fragte, ob er einen bestimmten Film gesehen habe, sagte er: »Zwei Dollar! Ich zahle doch nicht zwei Dollar, um mir deren Film anzusehen! Den Gefallen tu ich denen nicht.«

»Sie« und »ihre« waren Worte, die er häufig benutzte. »Weißt du, was sie mit der Schnellstraße vorhaben? Sie wollen sie verbreitern!« – »Sie sagen immer ›Schöne Feiertage‹ und nie ›Fröhliche Weihnachten‹ – ich hasse das!« – »Sie bauen noch einen Supermarkt!« – »Das sind die Leute, die nie zuhören, es sei denn, man spricht von ihnen.«

Onkel Hal war ein Mensch, von dem man sich, wenn man ihn eine Weile nicht gesehen hatte, vorstellen konnte, daß er sich umgebracht hatte oder nach Alaska gegangen war, doch wenn man ihm dann wieder begegnete, wurde einem bewußt, daß er wahrscheinlich nie sterben würde, jedenfalls keines normalen Todes, und daß er nie irgendwohin verreisen würde. Wenn er sein Haus verließ, geschahen seltsame Dinge. Andere Autofahrer drosselten ihr Tempo und ließen ihn nicht überholen, und er schrie sie an, daß seine Spucke die Windschutzscheibe sprenkelte; die Ampeln schalteten urplötzlich auf Rot, so daß er anhalten mußte und noch mehr fluchte; Wolken zogen auf, die Sonne verschwand, der Himmel verdüsterte sich, es begann zu regnen, Wind kam auf und fegte die Blätter von den Bäumen, und Onkel Hal sagte: »Ich wußte, daß so etwas passieren würde. Ich hab nämlich die Fenster offengelassen.«

Wenn Onkel Hal das Haus verließ, hörte die Welt auf, einfach zu sein. Sie war mit einemmal voller Hindernisse, es geschahen Unfälle, mein Onkel stolperte oder stieß sich den Kopf an oder klemmte sich den Finger in einer zufallenden Tür oder verschüttete seinen Kaffee –

und er tobte. Manchmal reichte seine bloße Anwesenheit aus, um einen sehr müde machen.

Sein Schweigen war schlimmer als seine Ausbrüche. Gelegentlich starrte er vor sich hin und sagte nichts, und dann wäre man am liebsten davongerannt. Wenn er schwieg, war sein Gesicht düsterer, seine Bewegungen waren langsamer und seine Kleider schmutziger und verknitterter als sonst. Er hielt sich nicht lange auf – er verstummte, und kurz darauf war er verschwunden. Dann zeigte er sich monatelang nicht mehr. Einmal sahen wir ihn ein ganzes Jahr lang nicht, obwohl sein Wagen manchmal vorbeifuhr. Er tauchte wieder auf, und als wir ihm erzählten, daß wir ihn gesehen hatten, sagte er: »Das war ich nicht. Ich hab versucht, den Kanchenjunga zu besteigen. Ohne Sauerstoffmaske.«

Und im nächsten Augenblick beklagte er sich über den Papierpreis – soundsoviel Dollar für ein Ries. Nachdem er mir erklärt hatte, was ein Ries war, fragte ich mich, wofür er so viel Papier brauchte. Er sprach nie darüber, was er in dem Jahr seiner Abwesenheit gemacht hatte. Und dann kam der wahre Grund, warum er uns nach so langer Zeit wieder besuchte, ans Licht. »Hör mal, Paulie, ich brauche einen, der mir hilft, eine Leiter aufzustellen. Wenn du nicht willst, brauchst du's nur zu sagen.«

Onkel Hal war berühmt dafür, gern nein zu sagen, aber niemand sagte je nein zu ihm.

Es war eine hohe, mit Farbe bespritzte Leiter, und als wir sie durch Onkel Hals Keller trugen, sah ich in den Schatten Gegenstände aller Art. Manche blieben unbestimmt, andere aber konnte ich deutlich erkennen: ein Spinnrad, eine Apfelpresse, eine Muskete, ein Messingteleskop, eine Kupferschale, einen Nachttopf, einen verzierten Spucknapf, einen Samowar, einen Tisch mit Marmorplatte, ein Hirschgeweih, einen Spazierstock mit einem Griff in Form eines Vogelkopfes, das dichtbezahnte Gebiß eines Fisches, eine chinesische Laterne und etwas, das die Farbe von altem Meerschaum hatte und sehr nach einem menschlichen Schädel aussah. Er bewahrte seine Schätze – Dolche, Ketten, Silbermünzen – in Truhen und Schränken auf, und die sperrigeren Gegenstände lagerte er im Keller. Hier war alles versteckt – aber warum?

»Das sieht wie ein Teil von einem Skelett aus«, sagte ich, weil ich zu ängstlich war um zuzugeben, daß ich auf dem aufziehbaren Grammophon einen menschlichen Schädel entdeckt hatte.

Anstatt mir zu antworten, ließ er eine Tirade vom Stapel.

»Jeder hat eine amerikanische Fahne vor seinem Laden oder seiner Tankstelle oder seinem was weiß ich«, sagte er. »Ist dir das schon mal aufgefallen? Ich habe die Theorie, daß das nur Aufmerksamkeit erregen soll. Es hat überhaupt nichts mit Patriotismus zu tun – es ist bloß eine Art Reklame.«

Doch ich hatte mich gerade nach dem Spucknapf, dem Schädel und der Muskete umgedreht, und die Leiter entglitt mir.

»Warum läßt du sie nicht fallen? Warum rammst du nicht irgendwas damit, die Tür zum Beispiel? Du könntest einen hübschen Kratzer machen. Na los, nur zu.«

Genau das hatte ich gerade getan.

»Mach es mir ruhig schwer! Ich mag das! Ich tue nichts lieber, als den Rest des Nachmittags damit zu verbringen, die Tür auszubessern, die du gerade verkratzt hast –«

Er hielt inne, als er sah, daß ich weinte, aber nachdem wir die Leiter aufgestellt hatten, stieg er einfach hinauf, hängte einen Farbeimer an den Haken und begann, mit einem steifen Pinsel weiße Farbe auf den Dachvorsprung zu streichen. Ich wußte, daß es für mich an der Zeit war zu gehen und daß ich ihn lange nicht mehr zu sehen bekommen würde.

Vielleicht wollte er verreisen. Wenn er eine weite Strecke vor sich hatte, stand er um vier Uhr morgens auf, um dem Berufsverkehr zuvorzukommen, und fuhr in der Dunkelheit los. »Sie verstopfen immer sämtliche Straßen, und sie können einfach nicht fahren.« Er war ein Frühaufsteher, und das bedeutete, daß er schon am frühen Abend müde war. Gewöhnlich lag er um acht herum im Bett. Das war auch der Grund, warum er nie zu Parties oder Abendessen ging. »Ich bin müde!« schrie er einen an, wenn man ihn um halb sieben oder sieben Uhr abends anrief. Aber er sagte auch, daß er nie die ganze Nacht durchschlief, und manchmal sah man zu seltsamen Zeiten das bläuliche Licht des Fernsehers aus dem Zimmer im ersten Stock durch die Dunkelheit flackern.

Den Fernseher schrie er ebenfalls an.

Einmal sahen wir uns eine Sendung an, in der ein lächelnder älterer Mann über Politik sprach.

Onkel Hal lachte laut auf und sagte: »Das ist Walter Cronkite. Er haßt mich.«

Onkel Hal saß in einem wackligen Sessel und trug ein billiges T-Shirt, eine zerrissene Jeans und dreckverkrustete Schuhe. Er hatte seine Baseballmütze verkehrt herum aufgesetzt, mit dem verstellbaren Verschluß auf der Stirn. Auf seiner Jeans waren grüne Flecken, die Spuren eines Tages, den er mit Rasenmähen verbracht hatte. Im Gesicht und an seinen Armen klebten Grasschnipsel. Und dieser Walter Cronkite, der wie ein Universitätsprofessor aussah, lächelte in einem Fernsehstudio in Chicago, fast zweitausend Meilen entfernt, in einer anderen Zeitzone. Wie konnte es eine Verbindung zwischen diesen beiden Männern geben?

»Ich hab ihm mal einen Brief geschrieben«, sagte Onkel Hal. »Ich hab ihm die Meinung gesagt.« Er lachte in sich hinein. Es machte ihm Spaß, den Mann im Fernsehen zu sehen – als könnte Walter Cronkite durch die Mattscheibe des Apparates hindurch Onkel Hal mit seiner Baseballmütze erkennen.

»Ich hab ihn daran erinnert, daß ›Cronkite‹ bloß eine Verballhornung von ›Krankheit‹ ist.«

Schließlich erzählte er mir alles, denn er war stolz auf das, was er getan hatte. Er hatte Briefe an den Gouverneur geschrieben (wegen des Zustandes der Straßen), an den Papst (Geburtenkontrolle in Indien), den kanadischen Premierminister (saurer Regen) und – nein, nicht an den Präsidenten, aber an dessen Frau, die First Lady, und zwar wegen irgendeiner Äußerung von ihr, einer beiläufigen Bemerkung über ein Mitglied des britischen Königshauses, ich glaube, es ging um Eßgewohnheiten. Und es gab noch mehr Briefe, an Schauspieler, berühmte Sportler und Millionäre, besonders an Millionäre. Er habe, sagte Onkel Hal, Footballtrainern und Stadtplanern lange Briefe mit detaillierten Ratschlägen geschrieben. Prominenten las er die Leviten. *Sie besitzen alle Eigenschaften Adolf Hitlers, nur daß Sie kein Vegetarier sind,* hatte in einem seiner Briefe gestanden – behauptete er jedenfalls.

Er war stolz auf diese Briefe, und am stolzesten war er, wenn er eine Antwort erhielt, ganz gleich, wie verblüfft oder gekränkt sie ausfiel. Eine wütende Reaktion erregte ihn so, daß er einen zweiten boshaften Brief schrieb, und so ging es immer weiter, bis er schließlich das letzte Wort behielt. Seine Briefe hatten allesamt mehr oder weniger dieselbe Botschaft: *Ich beobachte dich.* Wenn er vor dem Fernseher saß, stellte er sich vor, daß diese Leute ihn sehen konnten, ihn ganz besonders: Sie wußten, daß er sie beobachtete.

Doch diese Erwähnung seiner Briefe ließ mich aufhorchen, denn ich hatte immer gedacht, daß Onkel Hal nicht nur eine Art Faktotum, sondern auch das schwärzeste aller Familienschafe war. Und es kann recht beunruhigend sein, wenn jemand, den man für einen Exzentriker hält, einem erzählt, daß er etwas geschrieben hat. Einen Akt des Schreibens zu gestehen, ist leichtfertig und verwandelt einen Sonderling im Handumdrehen in einen Verrückten. Ich nahm an, daß das nur eine von vielen Äußerungen war, die Onkel Hal von sich gab, um die Leute zu schockieren. Und es hörte nicht auf. Wenn wir zusammen waren und irgendein bekannter Name erwähnt wurde, in den Nachrichten etwa – Fidel Castro, Joe DiMaggio, der Kaiser von Japan –, sagte Onkel Hal oft: »Dem hab ich einen Brief geschrieben.« Ich war jedesmal überrascht, und das war wohl auch seine Absicht.

»›Ich finde meine Geschlechtsorgane schön‹«, sagte er einmal. »›Mein Stuhl ist schwarz und von teeriger Konsistenz. – Antworten Sie mit *Ja* oder *Nein.*‹ Das sind zwei Fragen, die ich mal bei einer Prüfung auf der Uni beantworten sollte.« Ich hatte nicht gewußt, daß er auf einer Universität gewesen war. Und was hatte er da überhaupt studiert?

»Eigentlich wollte ich ja nach West Point gehen«, sagte Onkel Hal. »Hast du gewußt, daß man 1957 in West Point nicht genommen wurde, wenn man« – und hier schnitt er eine gräßliche Fratze – »›übermäßig häßlich‹ war?«

Ein falsches Wort, und er wurde in Sekundenschnelle wütend.

»Leute, die ›Schnösel‹ sagen, sind selbst welche«, knurrte er. »Leute, die ›Schwätzer‹ sagen, sind selbst welche.«

Er bekam einen Anfall, wenn er das Wort »letztendlich« hörte, aber er lächelte über »Flügelschraube« oder »Rauhputz« oder »Fischstäbchen« oder »Grillrost«. Er lachte laut, als ein alter Zimmermann zum Dach seines Hauses aufsah und bemerkte: »Die Gaubenwangen da oben sind aus der Flucht«, und als ich mal »scheißig« sagte, schrieb er es auf.

»Warum machst du das, Onkel Hal?« fragte ich ihn.

»Ich hab nichts gemacht. Ich hab nichts aufgeschrieben. Wovon redest du überhaupt?«

Hatte ich gesagt, er habe etwas aufgeschrieben? Aber da steckte der Stift in seiner Tasche, und da war das Notizbuch. Er sah, daß ich ihn beobachtete. »Das ist meine Brieftasche«, sagte er. »Ich benutze das Notizbuch als Brieftasche. Weißt du nicht, daß es sich nicht gehört, jemanden anzustarren? Ein Gentleman starrt nie jemanden an.«

Aber ich konnte nicht anders, und das machte ihn nur noch wütender.

»Paulie, bist du vielleicht einer von den Leuten, die alle Eigenschaften eines Hundes besitzen, nur daß sie nicht treu sind?«

»Entschuldigung.«

»Ein Gentleman benimmt sich immer korrekt.«

Er trug ein ausgeleiertes *Red Sox*-T-Shirt, eine Pudelmütze und eine Armeehose mit großen, seitlich aufgesetzten Oberschenkeltaschen. Seine Schuhe hatte er mit Bindfäden geschnürt.

Die Leute hielten ihn für einen Halbindianer – er wirkte einfach so: düster und unberechenbar, als könnte er jeden Augenblick einen Wutanfall bekommen oder aber wortlos davonstapfen. Er sah keinem in der Familie ähnlich. Onkel Hals Erscheinung überzeugte mich davon, daß die Grundstimmung eines Menschen ihm bestimmte Gesichtszügen verleiht und ihn für sein Leben zeichnet. Er war groß, ungepflegt und grimmig, und wenn man ihn zum Mittagessen einlud, kam er mit großer Wahrscheinlichkeit nicht – aber wenn er erschien, dann verspätet, in zerrissenen Kleidern und nach Stall stinkend, und sein Gesichtsausdruck und sein Blick warnten vor Kommentaren. *Wagt es nicht, etwas über meine Aufmachung zu sagen.*

Wenn man es dennoch tat, sagte er nichts, aber er hielt inne, als formulierte er in Gedanken einen Fluch, und es war, als stiegen Dampfwölkchen von ihm auf. Im nächsten Augenblick war er verschwunden, und jemand fragte: »Wo ist eigentlich Hal?« worauf jemand anders sagte: »Eben war er noch da.«

Schließlich bekam man dann einen Brief – einen beißend scharfen, einen seiner schlimmsten: *Du hast alle Eigenschaften einer Made, nur daß du nicht so vital bist.* Danach ließ er sich monatelang nicht sehen.

Wenn er wieder auftauchte, trug er vielleicht Micky-Maus-Ohren und sang: »My name is Annette Funicello«, oder er hüpfte auf allen vieren beim Minigolfplatz auf der Route 28 herum, um den Verkehr zum Stillstand zu bringen und seine Begleiterin zu unterhalten, gewöhnlich eine junge, verwirrt kichernde Frau.

Er trank keinen Alkohol. Er hatte »mit reiner Willenskraft« das Rauchen aufgegeben und anschließend vierzig Pfund zugenommen. Er weinte bitterlich, als sein Kater Daedalus starb. Wenn die *Boston Celtics* ein Spiel verloren hatten, ging man ihm besser aus dem Weg.

Ein Mittagessen, zu dem man ihn eingeladen hatte, konnte schlimmer enden als mit seinem Verschwinden. Was, wenn jemand anwesend war, den er instinktiv so verabscheute wie die Prominenten oder Millionäre, denen er maliziöse Briefe schrieb? Was, wenn es jemand war, der mit Literatur zu tun hatte?

»Litra …, Litterra …, Litterattuur – ich kann das Wort nicht mal aussprechen!«

Sein Haß auf alle, die Bücher schrieben, verlegten oder verkauften, schien immer auf dem Sprung zu liegen, und seine Feindseligkeit konnte schockierend sein. Oft tarnte er sie mit scheinbar harmlosen Fragen, und dann wußten die Leute nicht, ob er sich über sie lustig machte. Vielleicht wollte Onkel Hal bloß nett sein, dachten sie dann. Aber ich durchschaute sein Spiel.

»Wie buchstabiert man ›dithyrambisch‹?« fragte er diese Bücherleute, und die meisten fingen an: »d-i-t-y-r …« Oder er zählte auf: »Harry Martinson! Odysseus Elytis! Rudolf Eucken! Karl Gjellerup! Verner von Heidenstam!« – und manchmal noch mehr Namen, und wenn ihn dann alle erwartungsvoll ansahen, fragte er: »Wer ist das?«

Keiner der Bücherleute wußte es, bis Onkel Hal sie lachend aufklärte, daß diese Männer mit dem Nobelpreis für »Litterattuur« ausgezeichnet worden waren.

Bei anderen Gästen verfolgte er eine andere Strategie. Wenn sie über Kunst sprachen, wechselte er das Thema und klagte über die hohen Preise für Katzenstreu. Oder er bemerkte, er habe sich keine einzige Folge der *Howdy Doody Show* entgehen lassen. Und war es nicht an der Zeit, sich für das Schicksal der Kurden zu interessieren?

»Ich hab nichts verstanden«, sagte er mit vollgestopften Backen zu dem Mann, der gerade ein Gedicht vorgetragen hatte, und stapfte dabei schwankend wie ein Bär herum. »Ich hab nämlich den Mund voller Kekse, und ich höre gern zu, wie sie krachen und knirschen, wenn ich sie zerkaue.«

Es seien übrigens Knusperkekse, sagte er. Andere Worte, die er gern benutzte, waren: Unkrautvertilger, Bartwichse, Frühstückszerealien, Damenbinden, Geruchsverzehrer, Ehehygiene und Textilklebeband.

Das Textilklebeband brauchte er, um seine Brille zu flicken, und zwar in derartigen Mengen, daß sie Schlagseite hatte. Als Schuhpflegemittel benutzte er Öl und prahlte damit, wie billig das sei, bis seine Schuhe einmal Feuer fingen, als jemand ein brennendes Streichholz wegwarf. Er kaufte Mayonnaise in Zehn-Liter-Eimern mit der Aufschrift »Für Restaurants und Großküchen«. Einmal schenkte er einer dreiundvierzigjährigen Tante von mir zu Weihnachten eine Babypuppe, deren hölzerner Kopf einen Riß hatte und von der er behauptete, sie sei sehr wertvoll.

Zum selben Weihnachtsfest schenkte er mir einen Nußknacker. Er war ziemlich verrostet, aber Onkel Hal sagte: »Made in Germany. Die besten Nußknacker kommen aus Deutschland.«

Drei Jahre lang trug Onkel Hal ausschließlich schwarze Kleidung und hin und wieder – so hieß es – einen Umhang. Den Umhang habe ich nie gesehen. Onkel Hal war ein hervorragender Tischtennis-, Poolbillard-, Basketball- und Schachspieler. Er behauptete, selten angewendete Regelvarianten verschiedener Kartenspiele zu kennen. Bei Dame und Tic-Tac-Toe war er nicht zu schlagen. Er sagte, er habe einmal geräuchertes Känguruhfleisch gegessen, am Golf von Carpentaria, in Australien. Darüber mußte man gebührend staunen, denn wenn man es anzweifelte, verstummte Onkel Hal und verschwand.

Er konnte nicht schwimmen, und einmal, als wir Venusmuscheln suchten, trat er in ein Schlammloch und wäre fast ertrunken. »Treibsand!« sagte er. Er hatte Angst vor Spinnen und lauten Geräuschen – besonders vor Donner – und sagte, er finde den Anblick der Füße anderer Menschen abstoßend. Er haßte starken Wind, und am Ende eines windigen Sommers stieg er einmal auf das Dach seines Hauses und feuerte mit der Schrotflinte in die Böen. Seine Schwäche sei Eiscreme, sagte er. Er fuhr fünfzehn Meilen zu einer Eisdiele, in der es Eis mit Puddinggeschmack gab. (»Howard Hughes war süchtig nach Stracciatella«, sagte er. »Einer der zahlreichen Unterschiede zwischen uns.«) Außerdem hatte er eine Vorliebe für Kürbis, Hummer und Pistazien (»Was, wie du sicher weißt, persisch ist und ›Lächeln‹ bedeutet«). Als Zwischenmahlzeit knabberte er oft Hundekuchen.

Er hatte die Angewohnheit, einem Nachrichten zu hinterlassen, die er ans Fenster klebte, unter der Tür hindurchschob oder unter den Scheibenwischer klemmte. *Ich bin ganz und gar nicht deiner Meinung,* stand da, oder *Versuch nicht, dich mit mir in Verbindung zu setzen* oder *Ich bin bis November nicht zu erreichen.* Die Kürze der Nachricht war kränkend genug, und dann wurde einem auch noch bewußt, daß er sich, um sie auf diese Weise zu hinterlassen, im Schutz der Dunkelheit an das Haus hatte anschleichen müssen, irgendwann zwischen zwei und fünf Uhr morgens.

»Ich bin beschäftigt! Ich habe tausend Sachen zu erledigen!« schrie er, bevor er uns verließ. Er hatte keine Frau, keine Kinder, keinen Job, er lebte allein, er verreiste nie. Wir konnten uns nicht vorstellen, womit er eigentlich so beschäftigt sein sollte. *Versuch nie, Onkel Hal festzunageln,* lautete eine Familienregel.

Einmal schwelgte Onkel Hal im Gespräch mit einem Iren in Erinnerungen an Dublin. Er nannte Straßennamen und schilderte Pubs, in denen er Ale getrunken, und Kirchen, in denen er gebetet hatte. Er beklagte, daß all das nun verschwunden sei, verdrängt durch billige Imitationen.

Danach gab es mir jedesmal einen Stich, wenn ich an das Gesicht dachte, das der Ire beim Zuhören gemacht hatte, doch einige Jahre später entdeckte ich, daß Onkel Hal nie in Irland oder in Australien gewesen war. Er sagte, er könne Suaheli sprechen, aber da niemand in der Familie diese Sprache kannte, ließ sich das nicht nachprüfen.

Eine weitere Sprache, die er beherrschte, bezeichnete er als »Umgangslatein«.

Er erzählte gern von seinem Treffen mit einem Milliardär (»Davon gibt es auf der ganzen Welt bloß sechsunddreißig, und fünf davon kenne ich«), das angeblich im Ritz-Carlton in Boston hätte stattfinden sollen. Leider war Onkel Hal vom Portier abgewiesen worden, weil er keine Krawatte trug, sondern einen ausgemusterten Matrosenanzug und Gummistiefel. Der Milliardär hatte sich in der Shamrock Luncheonette mit ihm treffen wollen. Worum es dabei hatte gehen sollen, blieb unklar.

Einmal habe ihn eine Ratte in den Oberschenkel gebissen, sagte er. »Das war auf dem Markt in Antsirabe, in Madagaskar. Vor … ach, vor Jahren.«

Er besaß Holzski, einen Tennisschläger aus Holz, einen Lederhut, eine gußeiserne Schreibmaschine, Rollschuhe, die man unter die Schuhe schnallte, und ein Fahrrad ohne Gangschaltung und behauptete, all diese Gegenstände seien bei ihm in ständigem Gebrauch. Ich habe es nie erlebt, daß er einen davon gebrauchte.

Nachdem Onkel Hal seine Besuche bei uns eingestellt hatte, sah man ihn mit den Nachbarskindern spielen, die ihn regelmäßig besuchten. Er schenkte ihnen Süßigkeiten, er zeigte ihnen sein Samuraischwert, er brachte ihnen bei, auf allen vieren zu hüpfen, er spielte Fangen mit ihnen, er ermunterte sie, ihm von ihren Ängsten und Hoffnungen zu erzählen. An Halloween setzte er eine Maske auf und begleitete die Kinder von Haus zu Haus. An Weihnachten war er der Weihnachtsmann, an Ostern der Osterhase, und am 4. Juli veranstaltete er in seinem Garten ein Feuerwerk.

Während diese kleinen Kinder frech zu ihm hinaufgingen und ihre Süßigkeiten forderten, hielten wir uns zurück – wir hatten zuviel Angst, uns zu nähern, Angst, er könnte uns wütend heimschicken. Wir standen am Gartenzaun und sahen zu, wie er spielte: Er rannte und schrie, sein graues Haar war zerzaust, die Hemdschöße flatterten. »Ihr fangt mich nie!«

Man sah ihn auf dem Spielplatz, am Strand, auf dem Schulhof, bei den Schaukeln.

Ich ging damals aufs College. An einem Wochenende, als ich gerade aus Boston zurückkehrte – es war das Jahr, in dem ich die Zwischenprüfung machte –, traf ich Onkel Hal auf der Post. Er war dabei, ein großes Paket aufzugeben, tat sehr geheimnisvoll und versuchte, die Adresse vor mir zu verbergen. Da ich nie wußte, wie er mich begrüßen würde, fiel meine eigene Begrüßung sehr zurückhaltend aus. Er überraschte mich, indem er sagte, wie sehr er sich freue, mich zu treffen. »Willst du mal was sehen? Hm? Etwas wirklich Erstaunliches?«

Er schob das Paket über den Schalter und war mit einemmal in atemloser, fliegender Eile. Er trug ein auf links gedrehtes Hemd, eine gestreifte Hose und knöchelhohe Turnschuhe. Er eilte mit mir nach Hause, zog eine Schublade – eine seiner Schatzschubladen – auf und holte ein Spielzeuggewehr, ein altes Luftgewehr, hervor.

»Genau dasselbe Modell hatte ich, als ich zehn war. Siehst du das *Red Ryder*-Schild hier, auf dem Schaft? Und es ist in einwandfreiem Zustand.«

Er zielte und rief: »Peng! Peng! Peng! Nach so einem hab ich jahrelang gesucht.«

In der Schublade war noch mehr. Eine grüne Wasserpistole aus Plastik. Ein Päckchen Kaugummi, das in buntem Wachspapier verpackt war und zwei Baseballbilder enthielt. Einen *Sky King*-Ring mit Geheimfach. Einen Gruselcomic. Eine Mütze – aber keine gewöhnliche Mütze. Er setzte sie auf.

»Die hießen damals ›Beanie‹«, sagte Onkel Hal. Auf der Mütze war ein Propeller. Er stieß ihn mit dem Finger an und sagte mit quäkender, stockender Jungenstimme: »Ich hab 'ne Idee! Wir gehen rüber zu Billy und spielen Murmeln. Hier, ich hab meinen Beutel Knaller dabei. Das sind prima Schusser.« Unter leisem Klicken zog er ein Säckchen aus der Schublade. »Das hier ist ein echter Pisser. Heh, was ist los, Paulie, willst du etwa nicht mitkommen?«

Er zog mich am Arm. Der Propeller auf seinem Kopf drehte sich immer noch. Wollte er mich zu einer Bemerkung provozieren?

Ich umklammerte die Bücher, die ich mitgebracht hatte, weil ich mich an diesem Wochenende damit befassen wollte. Ich mußte eine Arbeit darüber schreiben.

»Malinowski weist besonders darauf hin«, sagte Onkel Hal – aber wie hatte er den winzigen Namen auf dem Buchrücken entziffern können? – »daß auf den Trobriand-Inseln die Beziehung zwischen dem Bruder einer Frau und ihrem Sohn stärker ist als die zwischen dem Jungen und seinem Vater. Mit anderen Worten: Die Onkel-Neffe-Beziehung ist die entscheidende, und zwar weil hier die Blutsverwandtschaft eindeutig ist, wohingegen es immer einen gewissen Zweifel an der tatsächlichen Vaterschaft geben kann. Und im *Beowulf* sieht man eine ganz ähnliche Affinität und stößt auf ein spezifisches angelsächsisches Wort, das diese Beziehung benennt. Onkel und Neffe kämpften in der Schlacht gewöhnlich Seite an Seite.«

Während er das sagte, drehte sich der Propeller unentwegt weiter.

»Paulie, siehst du eigentlich nicht, daß ich dir zeige, wie man kämpft und wie man lebt?« sagte er.

Er starrte mich an, und der Propeller wurde langsamer. Ich hatte zuviel Angst, um etwas zu sagen.

»Was für Pläne hast du?«

»Ich bin ins Peace Corps eingetreten. Ich fahre nach Afrika, nach Njassaland.«

»Hauptstadt: Zomba«, sagte Onkel Hal. Er gratulierte sich selbst mit einem energischen Nicken, das den Propeller wieder in Schwung setzte.

Er trat an ein Bücherregal und fand nach kurzem Suchen eine umfangreiche Biographie mit dem Titel *Rimbaud.* Er schlug das Buch auf und las, während der Beanie-Propeller sich noch immer langsam drehte, vor: »›Ich bin gezwungen, ihr Geschwätz nachzuplappern, ihren Fraß zu essen und die tausendundeins Widerwärtigkeiten zu ertragen, welche die Produkte ihrer Faulheit, Falschheit und Dummheit sind. Doch das ist noch nicht das Schlimmste. Das Schlimmste ist die Angst, in dieser Isolation, abgeschnitten von aller intellektueller Anregung, so dumpf wie sie zu werden.‹«

Ich hörte zu, beobachtete aber auch den Propeller und war zu abgelenkt, um etwas zu antworten.

»Halte ich dich auf?« fragte er mit einer Stimme, so trocken wie Papier.

Er ist ein furchterregender Feind, pflegten die Leute zu sagen, *aber als Freund kann er noch viel schlimmer sein.*

Wir sahen ihn immer seltener. Er rief nicht mehr an. Er kam nicht einmal mehr, wenn eine Leiter aufgestellt oder ein Wagen angeschoben werden mußte. Statt dessen hörten wir Geschichten über ihn. Jemand erwähnte seinen Namen, und ein anderer sagte leise und mit tief gekränkter Stimme: »Ich hab mal einen Brief von Hal gekriegt« und wurde bei diesem Gedanken blaß und ernst. Genaueres wollte man gar nicht wissen.

Oder jemand erzählte, Onkel Hal sei sehr krank gewesen und habe einen Monat im Krankenhaus gelegen. Wir schämten uns, weil wir das nicht gewußt hatten; aber dann hörten wir andere Geschichten: daß er sich geweigert habe, bei der Röntgenaufnahme seine Pudelmütze abzunehmen; daß er einen hochgeachteten Arzt bezichtigt habe, seine alte Taschenuhr gestohlen zu haben; daß er wegen seiner häufigen Telefonate nach London eine gewaltige Telefonrechnung bekommen habe; daß er die Krankenschwester angefleht habe, ihn zu heiraten, um dann alles zu widerrufen, als er herausgefunden habe, daß sie sich kürzlich hatte scheiden lassen. »Havarieware«, sei alles gewesen, was er dazu gesagt habe. Nach seiner Entlassung aus dem Krankenhaus fehlten sein Zimmertelefon, ein Sessel und ein Fünf-Liter-Behälter Aspirin (»Nur für Kliniken«).

Eine andere Geschichte machte die Runde: Er habe eine Zeitlang einen Psychiater aufgesucht und diesem von seiner Kindheit erzählt und wie seine Mutter, meine Großmutter, ihn nie auf den Arm genommen habe, wenn er in seiner Wiege gelegen und geschrien habe. Und das sei noch nicht alles gewesen. Er habe von den Erniedrigungen seiner Kindheit gesprochen, von Zeiten der Einsamkeit, der Ablehnung und der völligen Isolation, von einem imaginären Freund namens Robin, der mal ein Junge, mal ein Mädchen gewesen sei, von seinen Alpträumen und von den Ritualen, die er einhielt, wenn er ein Glas öffnete oder eine Straße überquerte.

In dieser Geschichte über Onkel Hal und den Psychiater dauerte die Analyse etwa ein Jahr, und dann wurde der Psychiater, nachdem er sich diese eigenartigen, traurigen Geschichten so lange angehört hatte, schwermütig, sagte alle weiteren Termine ab und brachte sich um.

Onkel Hal verschwand so vollständig, daß wir dachten, er sei gestorben. Die Leute fragten sich, was aus ihm geworden war, und dann hörten auch die Geschichten auf. Wir zogen um. Onkel Hal wurde mit keinem Wort erwähnt. Lieber nicht daran rühren, sagten wir. Wir lebten weiter unser Leben und fühlten uns nun, da er fort war, sicherer und solider.

Er war nicht tot. Wie dumm von uns, daß wir nicht darauf gekommen waren, womit er sich die ganze Zeit beschäftigt hatte.

Als Onkel Hals Roman erschien, pries man das Buch wegen seiner Menschlichkeit, seiner Scharfsinnigkeit, seines Witzes, seiner stillen Weisheit. Man war sich einig, daß es sich um ein Meisterwerk an Eleganz und Klarheit handelte.

ZWEI

Die Leprakranken von Moyo

I

Als ich in der afrikanischen Dunkelheit kurz vor Tagesanbruch in den Zug stieg, war es, als kletterte ich in den Körper eines riesigen staubigen Ungeheuers. Ich genoß das Eigenartige dieser Empfindung, und als ich im Halbschlaf auf der Holzbank zusammensank, fühlte ich mich sicher und glücklich. Nach Sonnenaufgang erschien mir der Zug nicht mehr so groß, und im harten Licht des Tages engten die schmutzigen Wände mich ein, die Gitterstäbe vor den Fenstern wurden schwarz und sprangen ins Auge, und der Wagen begann in der Hitze zu stinken. Ich hatte ein Buch auf dem Schoß, eine neue Übersetzung von Kafkas *Tagebüchern*, doch ich las nur ein paar Seiten, so wie man von einem Sandwich kleine Bissen nimmt, weil man weiß, daß es vorhalten muß. Dann sah ich mich um.

Das rohe Holz der Bänke hatte, poliert von lumpenbekleideten Hintern, im Lauf der Jahre einen warmen, honigfarbenen Ton angenommen. Die Pfeife gellte, wir setzten uns in Bewegung, und in der ersten Kurve sah ich den keuchenden Kessel der schwarzen, Öl und Wasser sabbernden Lokomotive – sie machte den Eindruck, als wäre sie verwundet. Es war eben doch bloß einer von vielen alten Zügen aus der Kolonialzeit.

Sobald wir – nach höchstens zehn Minuten – die Stadt hinter uns gelassen hatten, wirkten die Hütten an der Bahnlinie ärmlicher: Die Dächer waren nicht mehr mit Blech, sondern mit Stroh gedeckt. Sie standen in kleinen Grüppchen und bildeten äußerst schmucklose Dörfer, und zwischen dem verschmierten Lehm der Wände zeigten sie ihre Gerippe aus Stöcken, gleich den Skeletten ihrer Bewohner, die vor ihnen hockten und uns vorbeifahren sahen. Der Ausdruck in ihren Augen erschien mir ängstlich und schuldbewußt.

Die Bäume entlang der Strecke waren schütter, der Boden war karg, und während der Zug schnaufend nordwärts fuhr, wurde das steinige Land immer trockener und flacher. Sobald die Sonne über die spindeldürren Äste gestiegen war und in die großen Fenster der Waggons schien, heizte sie die rostigen Gitterstäbe und den arg mitgenommenen Wagen auf. Es wurde sehr heiß. Jetzt konnte ich auch die Erdnuß- und Orangenschalen und die ausgespuckten Reste der zerkauten Zuckerrohrstengel sehen. Die Frau neben mir stillte ihr Kind, doch das Kind war mindestens sieben Jahre alt, und so wirkte dieser Akt des Stillens wie ein Inzest und nicht mütterlich, sondern bedenklich sexuell, denn die Mutter war jung und zierlich und das Kind groß und gierig.

Der von der Lokomotive und den ersten Waggons aufgewirbelte Staub trieb, vermischt mit Wolken von klebrigem, nach verbrannter Kohle riechendem Rauch, durch die Fenster herein. Die Lokomotive stammte noch aus britischer Zeit – wahrscheinlich aus dem Krieg. Der dicke Rauch hinterließ überall eine Schicht aus Ruß und speckigem Schmutz, und bald waren meine nackten Arme schwarz. Da ich schwitzte, war ich nach kurzer Zeit völlig verschmiert. Ich hatte nicht daran gedacht, etwas zu essen mitzunehmen. Ich hatte nichts zu trinken. Und ich war allein an diesem 1. Oktober, der in Malawi wegen seiner sengenden Hitze der »Selbstmordmonat« heißt.

Eigentlich hätte ich die Reise strapaziös finden müssen. Doch ich war bezaubert.

Es war der erste Vorgeschmack auf die Freiheit, den ich in Afrika bekam; es war dramatisch, und es war auch romantisch. Ich hatte das Gefühl, daß mir mit der Reise in diesem großen, schwerfälligen Zug eine Flucht gelungen war. Obwohl von den Gedichten, die ich geschrieben hatte, kein einziges veröffentlicht worden war, empfand ich mich als Schriftsteller. Es hatte etwas mit dem Risiko zu tun, das ich einging – immerhin fuhr ich ins Ungewisse –, aber auch mit dem Gefühl, daß ich Entdeckungen machen würde. Der Zug entfernte mich von dem einzigen Afrika, das ich kannte, einem heruntergekommenen Ort mit Bungalows und Barackensiedlungen, mit einem weißen Club, schwarzen Slums und indischen Läden, einem Ort, der bloß aus einer einzigen breiten Straße bestand. Ich hatte gegen Blantyre eine Abneigung entwickelt, weil diese Stadt so gewöhnlich war. Ich brauchte etwas Dunkleres, Fremderes, ich brauchte Risiko, ja Gefahr.

Seit fast einem Jahr unterrichtete ich an einer kleinen Schule knapp außerhalb der Stadt, und je länger ich das tat, desto langweiliger erschien es mir. Ich hatte mich daran gewöhnt, aber ich wollte mehr. Die ganze Zeit hatte ich durch das Land reisen wollen. Jetzt war die Gelegenheit gekommen.

»Du fährst in den Busch?« hatte mein Freund Mark mich am Tag vor meiner Abreise gefragt. Er war Engländer und stammte aus Südrhodesien.

Das Wort »Busch« sagte alles.

Es war mein Ferienjob. Wir Peace-Corps-Lehrer waren gehalten, während der afrikanischen Schulferien zu arbeiten oder wenigstens etwas Sinnvolles zu tun. Ich hätte in meiner Schule bleiben und Bücher katalogisieren oder mit einem Arbeitstrupp ein Stück Busch roden können, damit der Sportplatz angelegt werden konnte. Ich hätte mir eine Arbeit ausdenken oder irgendeine Ausrede erfinden können, um in der Schule zu bleiben. Doch dann erwähnte einer meiner Schüler, er stamme aus der Central Province, aus der Nähe des Njassasees. Er nannte den Namen seines Heimatdorfes und sagte, es liege auf dem Weg zum Missionskrankenhaus in Moyo.

»Dem Leprosorium«, sagte er.

Ich hatte dieses Wort noch nie gehört. Es ging mir nicht mehr aus dem Kopf, und ich war dem Schüler, der es mir beigebracht hatte, dankbar.

Er erzählte mir auch, die Priester und Nonnen in diesem Missionskrankenhaus seien *mzungus* wie ich.

Ich schrieb an den Vorsteher, daß ich die Station gern während der langen Schulferien besuchen würde. Ich schrieb, ich könne Englisch unterrichten. Pater DeVoss antwortete mir, ich sei willkommen. Während der nächsten Wochen dachte ich an nichts anderes.

Alles an dieser Reise erregte mich. Ich würde in einem von einer

Dampflokomotive angetriebenen Zug in einen entlegenen Teil des Landes fahren. Ich würde im Busch sein, allein, in einer Leprakolonie. Ich würde Politik, Ordnung und Langeweile hinter mir lassen. Es war das, wonach ich mich sehnte: ein wildes Stück Afrika. Die Wildnis war das Paradies, in dem man noch einmal von vorn anfangen konnte.

»Leprosorium« war ein faszinierendes Wort. Ich war fasziniert von dem Namen der Krankheit und der Entlegenheit des Ortes. Ich hatte das Gefühl, daß dies nicht bloß ungewöhnlich war, sondern geradezu ans Bizarre grenzte. Lepra war eine primitive und dunkle Krankheit, sie war wie ein uralter Fluch. Der Name allein beschwor die Vorstellung von Unreinheit, von Ausgestoßenen herauf. Diese Krankheit hatte etwas Verbotenes an sich, sie war ein Aspekt des alten, rohen Afrikas. Lepra, Lepra, Lepra. Ich hatte genug von Metaphern. Ich wollte, daß die Worte eindeutige Bedeutungen hatten: Lepra, Wildnis, Armut, Hitze.

Das waren meine Gedanken. Der tropische Himmel war gewaltig und blaß. Die Hitze gefiel mir. Ich war schmutzig und fühlte mich wohl. Ich kaufte während der Aufenthalte an den Bahnhöfen bei alten Frauen etwas zu essen und saß wie die anderen Reisenden Orangen schälend und Erdnüsse kauend in dem verrußten Wagen.

Weil ich eine solche Reise hatte machen wollen, war ich überhaupt nach Afrika gekommen. Ich war dreiundzwanzig. Ich wollte vom Schreiben leben. Ich sehnte mich danach, das Innere des Kontinents zu erforschen – seine Geheimnisse. Blantyre, die Stadt, in die man mich geschickt hatte, fand ich enttäuschend. Ich haßte ihre schlammige Hauptstraße. Diese Ortschaften in Zentralafrika waren von den Briten angelegt worden und wirkten wie Garnisonen. Es gab Bars und ein Kino und einen Laden, wo man Fish and Chips bekam. Aber ich war nicht nach Afrika gekommen, um Bier zu trinken und mir Filme anzusehen. In den Bars gab es Mädchen, die mit jedem nach Hause gingen und dafür nicht einmal Geld haben wollten. Prostitution und politische Tyrannei lagen noch in der Zukunft. Es waren die Jahre der Unschuld.

Ich hob den Blick von meinem Buch und sah aus dem Fenster: Wir tauchten in den Busch ein. Ich war glücklich. Außer Kafkas *Tage-*

büchern in zwei Bänden, die ich mir kürzlich hatte schicken lassen, hatte ich meine eigenen schriftstellerischen Versuche dabei: eine Mappe mit Gedichten und meine Notizbücher. Ich wollte tagsüber arbeiten und abends ein Dichter sein – so hatte ich es in der Schule auch gemacht. Dies war wie eine Entdeckungsreise. Ich hatte mich vorbereitet, als wollte ich zur See gehen, und genau so kam mir der Busch auch vor: wie ein Ozean.

Ich hatte noch nie in einem derart langsamen Zug gesessen. Diese Bedächtigkeit machte die Fahrt besonders eigenartig. Nach drei Stunden erschien mir der Zug nicht mehr groß und schwerfällig, sondern ehrwürdig und bedeutend, und dazu paßte das Bild, das mir vorher eingefallen war: der Zug als ein altes Schiff, das den Ozean durchpflügte. Er hielt oft und an allen möglichen Stellen, nicht immer an einem Bahnhof oder Bahnsteig, sondern mitten im Nirgendwo, im gelblichen Busch, wo die Bäume den Fenstern ihre dünnen Äste entgegenreckten und die Mauer des Waldes so dicht an die Strecke heranreichte, daß sie das Schnaufen der Lokomotive zurückwarf. Diese Stopps – bis zum Mittag hielten wir fünfzehn- oder zwanzigmal an – schienen sinnlos, und einige Male geschah es, daß der Zug zum Stehen kam, eine halbe Minute lang rückwärts rollte und dann seine Fahrt fortsetzte. Ich machte mir keine Sorgen. Wie das langsame Tempo ließen diese unvermittelten Stopps und Rückwärtsfahrten die ganze Sache ungewöhnlich und liebenswert erscheinen.

Dieser afrikanische Zug arbeitete sich, befeuert mit Holz und Kohle, weiter in das Innere Afrikas vor. Die Kinder starrten mich an. Die älteren Leute waren höflich, sogar ein bißchen ängstlich. Ich döste ein, wurde bei einem Halt vom Amboßklang der Kupplung geweckt und lächelte, als ich meine von Ruß und Schmutz geschwärzten Arme sah.

Ich hielt einen Arm neben den des kleinen Jungen, der neben mir saß.

»Meiner ist schwärzer als deiner.«

»Mein Arm ist nicht schwarz«, sagte er.

Um ein Uhr mittags erreichten wir Balaka, wo Hunde mitten auf der Straße schliefen. Balaka war ein Knotenpunkt (hier zweigte die

Strecke nach Fort Johnston und Monkey Bay ab) und flacher und heißer als jeder andere Ort, den ich kannte. Als ich den Bahnsteig hinunterging, um den Schaffner zu fragen, wann wir weiterfahren würden (»Nicht vor drei«), sah ich, daß einer der Wagen weiter vorn neu gestrichen und mit Jalousien versehen war. Eine davon wurde hochgezogen. Ein kleines Kind mit blauen Augen sah heraus – es konnte nur das Kind eines Missionars sein –, und mir wurde bewußt, daß es sich um einen Passagier der ersten Klasse handelte. Ich hatte nicht einmal gewußt, daß es eine erste Klasse gab – diesen einen gepflegten Wagen mit heruntergelassenen Jalousien und verschlossenen Türen.

Ich verspürte nicht den Wunsch, mich dort zu verstecken und mit den anderen *mzungus* auf gepolsterten Sitzen zu reisen. Ich wollte ihre Klagen und Beschwerden nicht hören. »Entsetzlicher Zug«, würden sie sagen. »Gräßliches Wetter …« – »Verdammte Afrikaner …«

Das war das Leben der Weißen in Blantyre. Ich wollte Holzbänke und Fremdheit. Ich stellte mir die *mzungus* hinter den verschlossenen Türen des Erste-Klasse-Wagens vor, wie sie murrten, sich versteckten und die Zeit mit der Lektüre der Monate alten, gelb gebundenen Ausgaben des *Daily Mirror* totschlugen, die auf dem Seeweg aus London kamen.

Hinter dem Geräteschuppen des Bahnhofs von Balaka gab es ein afrikanisches Restaurant, und für vier Shilling und Threepence bekam ich eine angeschlagene Emailleschüssel mit Reis und Hühnerfleisch. Danach saß ich im Schatten der Veranda und betrachtete die glutheiße Straße und den weißen Himmel. Der Staub auf der Erde war wie blasser Puder, und bis auf das Summen der Insekten war es ganz still. Ich trat in die Sonne und spürte sogleich ihr Gewicht auf meinem Kopf. Ich stand allein mitten auf der Straße, auf der kleinen schwarzen Insel meines Schattens, und dachte: Ich bin da, wo ich sein will.

Etwa um halb drei ertönte der Pfiff der Lokomotive, und nach einigem Zögern und Rangieren setzte sich der Zug wieder nordwärts in Bewegung, durch eine staubige Landschaft mit gelben Büschen, kleinen, dünnen Bäumen und dem übermannshohen Elefantengras. An diesem glühend heißen Oktobernachmittag regte sich nichts –

keine Menschen, keine Vögel, keine anderen Tiere. Der Busch war totenstill und hatte etwas Atembeklemmendes. Das einzige, was sich in dieser heißen Welt bewegte, war der Zug. Wir wirbelten Staub und Rauch auf, wir machten Lärm, aber aus dem Rückfenster des letzten Wagens sah ich, daß sich, sobald wir vorüber waren, die Unruhe legte und alles wieder still war.

Keine Tiere, keine Menschen, nicht einmal kleine Felder oder Hütten. Nur Meilen um Meilen sonnenversengten Buschs – »meilenweit nichts als dieses verdammte Afrika«, sagten die *mzungus*. Und das Surren und Schwirren der Insekten, wie ein Fieber, das immer weiter anstieg.

Die Sonne hatte einen Bogen über den Zug beschrieben. Als wir Blantyre verlassen hatten, war sie über dem Fensterbrett zur Rechten erschienen, am Mittag hatte sie auf das Blechdach des Wagens heruntergebrannt, und nun senkte sie sich wieder zum Horizont und schien durch die Fenster links von mir. Ich nickte und döste zum Summen der Räder auf den langen, geraden Schienen und dem regelmäßigen Hämmern an den Nahtstellen, und bei jedem Halt hörte ich das kratzende, quietschende Geräusch der Bremsen, das Kreischen von Metall auf Metall.

Ich war noch nie mit einem solchen Zug gefahren, und er erschien mir auch gar nicht wie ein Zug. Mein erster Eindruck, daß es sich in Wirklichkeit um ein Schiff handelte, lag näher an der Wahrheit. Allerdings war er kein schnittiges Passagierschiff, sondern mit seinem Ächzen und schrillen Pfeifen eher ein Schaufelraddampfer, der an einer Küste entlangschnaufte und sich auf einem schmalen Fluß, der sich durch den Busch wand, langsam ins Landesinnere vorarbeitete. Und wie von Menschen geschaffene Gebilde an einem Flußufer im Dschungel erschienen ab und zu eine Bahnstation oder ein Nebengleis.

Die meisten Stationen waren mit Blech gedeckte Holzbaracken, an denen kein Name stand. Auf dem Lehmboden neben den Gleisen, der von vielen Füßen festgestampft worden war, hockten Frauen und kleine Mädchen und verkauften Bananen, Erdnüsse und fettige Kuchen, die sie in Blechschüsseln auf dem Kopf balancierten. Sie waren mager, in Lumpen gekleidet und barfuß, und je weiter wir nach Norden kamen, desto unbekleideter waren die Frauen. Jetzt, als wir die heiße Ebene am Seeufer durchquerten, zeigten die meisten ihre nackten Brüste. Ich war endlich im Afrika meiner Phantasie angelangt.

Ich saß am Fenster, blinzelte durch die Rauchschwaden und betrachtete Afrika. Ich wartete und betrachtete und drang immer tiefer ein. Am späten Nachmittag sah ich Schatten zwischen den Bäumen flimmern wie Phantome – Afrikaner, die flüsterten und den Zug beobachteten, und ich wußte, daß sie mein weißes Gesicht gesehen hatten. Ich sah im Vorbeifahren eine Beerdigung an einem Flußufer, eine singende Menschenmenge, die einem Sarg folgte. Ich sah nackte Kinder. Ich sah einen Mann und eine Frau, die, beim Liebesakt aufgeschreckt, in Panik vor dem Zug davonkrabbelten.

Jetzt war die Sonne hinter den kümmerlichen Bäumen versunken, und in den Schatten unter dem für kurze Zeit blaueren Himmel breitete sich die Abenddämmerung aus.

»Ntakataka«, sagte ein Afrikaner.

Das war die Bahnstation für Reisende nach Moyo.

Es war fast sechs. Ich war über zwölf Stunden gereist, erfüllt von einem großen Glücksgefühl.

Pater DeVoss erwartete mich. Er war groß und hager und hatte graues Haar, obwohl er noch nicht alt war. Er trug eine staubige weiße Soutane und sah mich – wohlwollend, wie ich fand – mit einem traurigen Lächeln an.

»Schön, daß Sie da sind«, sagte er. »Spielen Sie Karten?«

2

Das dunkle Haus auf dem einzigen Hügel weit und breit wirkte wie ein Spukhaus. Eines seiner Fenster wurde von einer grellen Kerosinlampe erhellt, während die anderen dunkel oder mit Fensterläden verschlossen waren. Seine Größe, der bröckelnde Putz und die Schatten verliehen ihm etwas Geisterhaftes, Schauerliches. Ich stellte jedoch bald fest, daß dieser Eindruck trog. Das Haus stand größtenteils leer. Es war ein Relikt aus früheren Zeiten, als die

Station viel größer gewesen war und es hier mehr Kranke und Priester gegeben hatte. Es glich einer Bruchsteinruine – der Ruine eines Forts oder eines Palastes –, die vernachlässigt und überwuchert mitten im afrikanischen Busch lag. Innen hatte das Haus der Priester etwas Verlassenes.

Wir waren durch das Dorf am Fuß des Hügels gefahren, eine Siedlung voller Feuer und Holzrauch, voller Stimmen und winselnder Hunde. Wegen der primitiven Lampen, die in den Hütten brannten, waren die Schatten schwarz und in ständiger Bewegung. Es lag ein menschlicher, süßlicher, fauliger Geruch in der Luft – der Geruch von Krankheit und Tod.

Ein alter Priester eilte geschäftig die steinernen Stufen herunter auf uns zu. Trotz meiner Proteste nahm er meine Tasche und reichte sie an einen Afrikaner weiter, der khakifarbene Shorts und ein weißes Hemd trug, die Standardkleidung des afrikanischen Dieners. Ein anderer, viel jüngerer Priester stand hinter dem ersten und starrte mich an. Der ältere Priester klopfte auf meine Tasche und sagte etwas auf Chinyanja, und zwar zu mir, wie ich jetzt merkte, und nicht zu dem Afrikaner.

»Moni, bambo, muli bwanji? – Eh, nyerere! Eh, mpemvu! Pepani, palibe mphepo …« Hallo, wie geht's? Was ist das? Eine Ameise! Eine Kakerlake! Schade, es weht überhaupt kein Wind …

Der alte Priester plapperte unentwegt weiter und wischte die Insekten von meiner Tasche, und mir wurde bewußt, daß er kein Englisch sprach und daß wir uns, da ich kein Holländisch konnte, auf Chinyanja würden unterhalten müssen. Doch er gebrauchte gewöhnlich sehr präzise Wörter, wie zum Beispiel *majiga* für »Bahnstation« – die meisten Afrikaner verballhornten einfach das englische Wort *station.* Und in dieser ersten Nacht brachte er mir, als ich auf das Dorf und die durch die löchrigen Vorhänge der Lehmhütten scheinenden Lampen hinabsah, das Wort *mberetemberete* bei. Es bedeutete »schwach hindurchschimmern« – wie der Körper einer Frau in einem dünnen Kleid, wenn sie vor einer Lampe steht, ein Anblick, der mich in afrikanischen Nächten oft innehalten ließ.

»Dzina lanu ndani?« fragte ich ihn nach seinem Namen.

Seine Antwort klang wie »Fonderpilt«, aber als er auf Englisch hinzufügte: »Die armen, nicht die reichen amerikanischen«, begriff ich, daß er van der Bilt hieß. Jeder nannte ihn Bruder Piet.

Der jüngere Priester war Pater Touchette. Er war erst kürzlich aus Kanada gekommen, noch etwas mitgenommen von der Reise und leicht verwirrt von diesem Schwall Chinyanja. Der Afrikaner – Simon – stellte meine Tasche in die Ecke und trug etwas zu essen auf. Pater DeVoss setzte sich und sah und hörte einfach zu. Er war groß und besaß eine Aura sanfter Autorität – er wirkte gütig und distanziert zugleich. Sein Lächeln war melancholisch.

Ich dachte daran, wie weiß die Soutanen ausgesehen hatten, als ich mich den Männern auf der Veranda genähert hatte, und wie staubig, schmutzig und zerrissen sie waren, wenn man sie aus der Nähe betrachtete.

Als ich mir über dem Spülbecken in der Küche die Hände wusch, sah ich in den Spiegel und hätte mich beinahe nicht wiedererkannt: Gesicht und Haare waren mit Ruß verschmiert, auf der Nase hatte ich einen Sonnenbrand, und meine blutunterlaufenen Augen blickten erschöpft. Bruder Piet bat mich, Platz zu nehmen, und setzte mir das Essen, das Simon zubereitet hatte, vor: Bohnen, gekochtes Gemüse, gekochte Erdnüsse, geröstete Maiskolben und einen gedämpften Teigklumpen, den sie *nsima* nannten – es war ein afrikanisches Essen.

Bruder Piet fragte mich, wie meine Reise gewesen sei. Er fahre hin und wieder mit dem Zug nach Balaka, sagte er, zum Markt.

»Ich fahre immer zweiter Klasse«, sagte er. »Dann habe ich Leute, mit denen ich mich unterhalten kann.«

»Aber Ihre Heimat ist doch Holland«, sagte ich auf Chinyanja.

»*Pepani!* Entschuldigung!« antwortete er. »Dieser Lärm in Amsterdam! Die Straßenbahnen! Die Menschenmassen! Es tut mir in den Ohren weh! *Chinthunthumira! Misala!* …«

»Er zittert«, erklärte Simon. »Es ist Wahnsinn.«

»Nein, tut mir leid. Ich bleibe hier, wo es friedlich ist.« Bruder Piet wiederholte das afrikanische Wort: *mtendere.*

Er war vierundsiebzig und 1951 das letztemal in Holland gewesen.

»Wann sind Sie nach Afrika gekommen?«

»Vor so langer Zeit« – der Ausdruck, den er gebrauchte, *ze kale,* bedeutete *in uralter Zeit* – »daß ich den Nil von Kairo bis Juba hinauffahren mußte. Ja! Und ich habe Nilwasser getrunken!«

Ich aß weiter, löffelte das Essen mit den Fingern oder stippte es mit einem Stück *nsima* vom Teller, wie es die Afrikaner taten.

»Vielleicht«, sagte er und lachte, »schicken sie mich nach Amsterdam, wenn ich gestorben bin. Dann wird mir der Lärm nichts mehr ausmachen! Dann bin ich ja tot.«

Ich mochte seinen Humor und seine Kauzigkeit, mir gefiel die polternde Art, wie er Chinyanja sprach und hin und wieder ein englisches Wort einflocht.

Pater Touchette hatte nicht viel zu erzählen. Er war neu und ängstlich und hatte die verkrampfte Angespanntheit des Strenggläubigen. Er scherzte nicht. Vielleicht war er so fromm, weil er soviel Angst hatte. Er umklammerte sein Brevier, als wäre es ein Ziegelstein, den er nach einem Sünder werfen wollte.

Er stand am Fenster und schien mit einem Ohr auf das afrikanische Rufen und Lachen, auf den gelegentlichen tröpfelnden Klang von Trommeln zu lauschen.

»Und was hat Sie nach Moyo verschlagen?« fragte ich ihn.

»Ich wurde hierher geschickt«, sagte Pater Touchette streng, als sei es eine Strafe gewesen.

»Das war sein Glück«, sagte Pater DeVoss aufmunternd, und mir schien, als habe er in dem, was Pater Touchette so scheinbar leichthin gesagt hatte, eine Klage herausgehört.

»Ich freue mich, daß ich hier bin«, sagte ich, und das stimmte. Ich hatte den Eindruck, daß sie sich freuten, Besuch zu haben. Mein Lächeln verriet meine Müdigkeit – ich war erschöpft von der Reise und von der warmen Mahlzeit in diesem feuchten Raum. Die dunkle Hitze der Nacht hing wie ein schwarzer Vorhang vor den Fenstern.

»Weiß Paul schon, wo sein Zimmer ist?« fragte Pater DeVoss, der sah, daß ich mich ausruhen wollte.

Ich sagte gute Nacht, und Simon nahm einen Teller mit einer Kerze, führte mich durch einen langen Flur und zeigte mir mein Zimmer.

»Dies ist ein guter Ort«, sagte ich.

»Ja«, sagte er.

»Aber manche Menschen sind krank.«

»Hier werden sie geheilt«, sagte Simon. »Darum ist es ein guter Ort.«

Er hatte die Kerze abgestellt und öffnete die Fensterläden.

»In den Dörfern« – er meinte: überall sonst – »sind Menschen krank, aber sie bleiben es.«

Nachdem er in der Dunkelheit verschwunden war, legte ich mich mit Staub in der Nase in dem kühlen Raum auf das harte Bett. Die Kerzenflamme warf zuckende Schatten auf die verputzte Wand. Es war seltsam und gespenstisch, als befände ich mich im Vorzimmer eines Schlosses.

Ich hatte Kafka gelesen, aber es war nicht nur Kafkas Metaphorik, die dieses Gefühl heraufbeschwor, sondern auch die Eisenbahnfahrt, die Hitze, die trockene, gelbe Landschaft, die schwarze Nacht und der Geruch von Armut und Krankheit.

Am nächsten Morgen war alles anders. In der Dunkelheit erschien mir Afrika wie verzaubert. Bei Tageslicht jedoch war es heiß und gnadenlos. Die meisten Bäume waren so kümmerlich und ihre Blätter so schmal, daß sie keinen Schatten spendeten.

In Moyo war das Licht gleißender als weiter im Süden, wo ich gelebt hatte. Lag das daran, daß der See in der Nähe war, daß er das Licht reflektierte? Doch der See war dreißig Kilometer entfernt. Vielleicht lag es ja daran, daß das Land so flach war, daß die Wolken so hoch vorbeizogen, daß die Vegetation so spärlich war. Vielleicht lag es auch an der Jahreszeit. Was immer es war – es schuf Lichtreflexe auf den Blättern und einen Schimmer auf manchen Steinen, es schuf bleiche Erde und einen weißen Himmel. Es schuf Nacktheit.

Dieses sengende Licht leuchtete alles so vollständig aus, daß es sogar die Schatten verbrannte. Es war kein warmer, heller Sonnenschein, sondern ein wildes afrikanisches Licht, das am Himmel anschwoll und auf das Land niederzuprasseln schien. Es drang durch die fadenscheinigen Vorhänge in mein Zimmer und weckte mich mit einem Strahl, der sich wie eine Klinge in meine Augen bohrte. Ich sah, daß der Putz an den gekalkten Wänden staubig und rissig war und daß ein hölzernes Kruzifix mit einem mageren, leidenden Jesus über dem Bett hing. Auf dem Boden lag Staub, der hölzerne Türrahmen war voller Termitenlöcher, und überall roch es nach Ameisen. Gestern nacht hatte es so massiv ausgesehen, dieses Haus auf dem Hügel, doch in diesem harten, unbarmherzigen Licht wirkte das Gebäude alt und gebrechlich.

In der Küche schenkte Simon mir eine Tasse Tee mit Milch ein. Die große, kistenartige, mit Fliegengitter bespannte Konstruktion, die wie ein Tierkäfig aussah, war, wie ich wußte, der Fleischschrank, und sein Inhalt – verschiedene Hühnerteile – verdarb. Das war der Geruch, der im Raum hing: der Geruch nach verdorbenem Fleisch. Alles, was auf dem Tisch stand – Brot, Papaya, Margarine, Marmelade –, roch nach dem Fleischschrank.

»Wo ist Pater DeVoss?«

»Er liest die Messe.«

Also setzte ich mich im gleißenden Licht an den ramponierten Tisch, vor mir eine Flasche Koo Ketchup und einen Teller mit einem Stück Springbock Margarine.

»Gibt es hier auch Nonnen?«

»Ja, drei«, sagte Simon.

»Und was machen die?«

»Die Nonnen kümmern sich um unsere Körper. Die Priester kümmern sich um unsere Seelen«, sagte er salbungsvoll wie ein Konvertit. »Und dann haben wir noch eine amerikanische *mzungu.*«

»Wie heißt sie?«

»Das weiß ich nicht. Aber alle nennen sie Birdie.« Er sprach es afrikanisch aus: »Buddy«.

»Birdie? Wie *Vogel? Mbalame?*«

»Ja. Sie ist eine Schwester.«

Er gebrauchte das Wort *sister* in der britischen Bedeutung, also im Sinne von »Krankenschwester«.

»Ist das Kloster in der Nähe?«

»Es liegt neben dem Krankenhaus.«

»Und wie lange ist diese Birdie schon hier?«

»Sie ist hierher gekommen im Juli.«

Vor drei Monaten.

»Und Pater Touchette?«

»Er ist hierher gekommen im April.«

Ich wollte das Thema nicht weiter verfolgen, aber er spürte meine unausgesprochenen Fragen und erzählte mir, daß der alte Priester, Bruder Piet, geholfen habe, die Kirche von Moyo zu bauen, daß Pater Touchette es nicht gern höre, wenn im Dorf getrommelt werde, und daß er, Simon, ein kleiner Junge gewesen sei, als Pater DeVoss nach Moyo gekommen sei, und daß sein Vater auf den Priester gezeigt und gesagt habe, er solle keine Angst vor ihm haben.

»Wir dachten, die Weißen wären Geister, die uns auffressen wollten. Aber mein Vater sagte: ›Nein, er ist ein guter Mann.‹«

»Was hat dein Vater hier gemacht?«

»Er war krank. Er hatte *mkhate.*«

Lepra.

Bald darauf erschien Pater DeVoss. Er hatte etwas Geistesabwesendes, Zerstreutes, eine verträumte Unbestimmtheit, die ihn sanft, gütig und ein bißchen traurig wirken ließ.

»War die Kirche voll?«

»Die Kirche ist nicht sehr gut besucht.«

»Vielleicht sollte ich auch zur Messe gehen.«

»Wenn Sie wollen«, sagte er, als sei es ihm eigentlich gleichgültig.

»Ich will einige Unterrichtsstunden vorbereiten. Ich dachte, ich fange bald mit dem Unterricht an.«

»Das ist eine gute Idee«, sagte Pater DeVoss. »Aber es hat damit keine Eile.« Er lächelte traurig und sah aus dem Fenster. »Wollen Sie die Kirche sehen?«

Ich sagte ja, weil ich annahm, daß er sie mir zeigen wollte. Sie lag nur ein kurzes Stück vom Priesterhaus entfernt, auf der anderen Seite des flachen Hügels, und war groß und staubig und roch nach brennenden Kerzen – nach Talg, Flammen und qualmenden Dochten. Einige der Fenster waren aus Buntglas, und afrikanische Schnitzereien stellten die Stationen des Kreuzwegs dar.

»Die stammen von Leprakranken. Nicht schlecht, was? Die Schnitzereien sind primitiv, aber sehr einfühlsam.«

Er sah sich in der Kirche um, mit einem Lächeln, das skeptisch wirkte, als glaubte er nur die Hälfte von dem, was sie repräsentierte. Er zeigte auf eine Gipsstatue.

»Der heilige Rochus. Kennen Sie ihn?«

»Nein«, sagte ich.

Pater DeVoss lächelte und sagte nichts mehr. Es gab noch andere Gipsstatuen, auch Plastikblumen und kleine goldene Verzierungen, und doch verlieh allein das Licht, das durch die gesprungenen Fenster hereinströmte, der Kirche einen Geruch von Heiligkeit.

»Und das Krankenhaus?«

»Wenn Sie es sehen wollen«, sagte Pater DeVoss, als sei er überrascht von meinem Interesse.

Seit meiner Ankunft am Vorabend hatte ich das Dorf der Leprakranken gehört. Es qualmte und knisterte unter den Bäumen am Fuß des Hügels. Immerfort drangen Stimmen, Rufe und Gelächter, die unablässigen Hahnenschreie, die die Afrikaner *tambala* nannten, und das Pochen der Stößel in den Mörsern an unser Ohr, wenn die Frauen *ufa* machten, das Maismehl, das eines der Grundnahrungsmittel war. Vom Dorf trieb auch der Geruch von brennendem Holz herauf und jener andere, weniger eindeutige Geruch von Fäulnis, von menschlichen Körpern, der Geruch von Krankheit, Gebrechlichkeit und Tod, der auch der Geruch von Erde ist.

Als Pater DeVoss mich den Nonnen vorstellte, war er sehr informell, wie ein Mann, der einen Fremden mitgebracht hat und ihn nun mit seiner Frau oder einem nahen Verwandten bekannt macht. Er sah die Frauen kaum an und nannte nur meinen, nicht aber ihre Namen.

»Paul hat darauf bestanden, das Krankenhaus zu sehen«, sagte er, »aber wie ihr wißt, kenne ich mich hier gar nicht aus.«

Er lachte leise und kehrte zum Priesterhaus zurück.

Auf seine verhaltene Weise hatte er mir zu verstehen gegeben, daß das Krankenhaus nicht sein, sondern ihr Projekt war, etwas Plumperes, Primitiveres als das Lesen der Messe vielleicht, die angewandte unexakte Wissenschaft der Buschmedizin: Skalpelle und Nähte und violettes Desinfektionsmittel, und immer standen Leprakranke Schlange und warteten auf Tabletten und frische Verbände.

Dieses zentrale Gebäude mit dem Blechdach und der Veranda sei die Ambulanzstation, sagte die älteste Nonne. Es gebe noch einige andere Gebäude mit Betten für Schwerkranke oder Verkrüppelte, die keine Familien hätten. Doch die meisten Leprakranken lebten zu Hause, in ihren Hütten, und würden von ihren Verwandten versorgt.

Morgens würden die Arzneien ausgegeben und nachmittags die Verbände gewechselt, und abgesehen von den schweren, bettlägerigen Fällen lebten die Kranken im nahegelegenen Dorf.

Die Nonne führte mich herum und erklärte mir alles, doch ich dachte immer über die Eigenartigkeit dieses Ortes und des Namens der Krankheit nach. Lepra, Lepra, Lepra.

Im zweiten Gebäude sah ich die Frau, von der Simon mir erzählt hatte, die *mzungu*-Schwester namens Birdie. Sie verband gerade den Fuß eines Leprakranken und umwickelte ihn wie ein Paket. An der Wand tickte eine billige Uhr mit einem schmutzigen Zifferblatt aus Blech.

Die Frau war dünn und älter als ich, dreißig vielleicht. Ihre Haut hatte jene gelbliche, wächserne Blässe, die ernsthafte *mzungus* im afrikanischen Busch kennzeichnete. Nur Dummköpfe setzten sich in die Sonne, die anderen blieben, wie diese Frau, im Schatten oder in geschlossenen Räumen und taten ihre Arbeit.

Während sie den lumpenähnlichen Verband anlegte, lächelte ich ihr zu. Sie sagte nichts und erwiderte mein Lächeln nicht. Es war, als sei sie böse, weil die Nonne mich durch das Krankenhaus führte und die tägliche Routine störte. Eine Art sinnloser Strenge war ein weiteres Charakteristikum von Weißen, die im Busch stationiert waren – als würde diese Kompromißlosigkeit dem Tag Form und Bedeutung verleihen.

In dem Afrika, das ich kannte, war es ungewöhnlich, wenn sich ein Fremder nicht vorstellte, und so sagte ich: »Hallo. Ich bin Paul.«

»Linda«, sagte sie. »Aber alle nennen mich Birdie.«

»Ein schöner Name.«

»Eine Kurzform von Birdsall. Jeder in meiner Familie kriegt diesen Spitznamen«, sagte sie. »Sind Sie gerade angekommen?«

»Ich bin gestern mit dem Zug gekommen.«

»Dieser Zug macht mir angst.«

»Mir hat er gefallen. Wahrscheinlich bekomme ich nicht so schnell Angst.«

»Dann sind Sie hier genau richtig«, sagte sie. »Meinen Sie nicht auch, Schwester?«

Die Nonne lächelte, wenn auch grimmig. Ihre Haut war so weiß und runzlig wie Pergament und so dünn wie ein Papiertaschentuch. Sie hatte stachlige Schnurrbarthaare und trug Gummihandschuhe.

Es war mir peinlich, als Zuschauer unter diesen Frauen zu sein, die jeden Tag diese Arbeit taten.

Birdie hielt noch immer den verbundenen Fuß des Leprakranken fest und schnitt die Enden des Verbandsstoffs über dem Knoten ab, den sie gemacht hatte. Ein Mann auf dem Nachbarbett stöhnte. Seine Hände und Füße waren mit Stoffstreifen umwickelt, doch die Verbände waren schmutzig, und eine bräunliche Flüssigkeit war durchgesickert und hatte den Spann dunkel verfärbt.

»Was wollen Sie hier tun?« fragte Birdie.

»Englischunterricht geben für alle, die wollen.«

Ohne eine Antwort zu geben, ging sie zum Bett des stöhnenden Kranken. Sie nahm sein Bein und schnitt den schmutzigen Verband auf. Ihr Schweigen gab mir das Gefühl, etwas Dummes gesagt zu haben.

Die Nonne machte sich an dem Verband eines anderen Mannes zu schaffen und sagte: »Ich bin sicher, daß viele kommen werden.«

Und doch erschien mir angesichts ihrer Tätigkeit die bloße Erwähnung von Englischunterricht äußerst gedankenlos. Birdie schnitt die schmutzige Bandage fachmännisch auf und benutzte ihr scharfes Messer dabei wie einen Brieföffner.

»Sie flechten Körbe«, sagte sie. »Die Fasern färben sie mit Tinte aus alten Kugelschreiberminen, die sie ausdrücken. Die Körbe sind sehr häßlich.«

»Vor Jahren haben sie die Farben noch selbst gemacht, aus Beeren«, sagte die Nonne. »Die Körbe waren so schön, daß wir sie in der Kirche verwendet haben.«

»Hier ist ziemlich viel los«, sagte ich.

»Wir haben etwa vierhundert Leprakranke mit ihren Familien«, sagte die Nonne. »Alles in allem sind das ungefähr zweitausend Menschen. Nicht gerade wenig, und sie kommen aus dem ganzen Land. Wir haben Tumbukas aus dem Norden, Angonis aus dieser Gegend und Senas vom Fluß. Sogar einige Moslems von den Yaos bei Fort Johnston.«

»Und Sie sorgen für sie alle?«

»Natürlich«, sagte sie und warf den zerschnittenen, schmutzigen Verband in einen Eimer. »Sie sind aus ihren Dörfern vertrieben worden. Bei dieser Krankheit gibt es so viele Vorurteile, so viel Aberglauben. Schließlich war sie sehr lange unheilbar. Den Kranken blieb nichts anderes übrig, als zu leiden, und sie wurden unmenschlich behandelt.«

»Dabei ist sie nicht sehr ansteckend und leicht zu behandeln«, sagte Birdie.

Auch sie entfernte einen Verband und legte den mit Geschwüren bedeckten Fuß eines Mannes frei. »Es besteht keine Gefahr, daß eine von uns sich ansteckt. Trotzdem werden nur sehr wenige dieser Menschen je in ihre Dörfer zurückkehren. Sie sind gezeichnet. Jemand, der keine Zehen mehr hat, sieht aus, als hätte er noch immer Lepra.«

Der Fuß, den sie in der Hand hielt, belegte das eindrucksvoll, doch als sie ihn mit einem feuchten Baumwolltuch abtupfte, wirkte sie völlig ungerührt. Ich wollte sie fragen, was sie dazu getrieben hatte, sich dieser Aufgabe zu widmen.

»Es ist die letzte große afrikanische Krankheit«, sagte sie, als hätte sie meine Gedanken erraten. »Sie ist vollständig heilbar, und wenn sie verschwunden ist, wird es sein, als wäre ein Fluch von diesem Kontinent genommen worden. Dann wird es keine Krankheit mehr geben, die so schlimm ist wie diese.«

»Mir gefällt Birdies Elan«, sagte die Nonne.

»Aber diese Menschen bleiben für den Rest ihres Lebens hier«, sagte ich.

»Mehr oder weniger. Manche sind brauchbar«, sagte die Nonne. »Die Geheilten helfen uns bei der Ausgabe der Medikamente und legen Verbände an.«

»Der da sieht sehr krank aus«, sagte ich. Der Mann war fast zum Skelett abgemagert. Fleckige Haut hing lose über die Knochen und die hervortretenden Gelenke, seine Wangen waren eingefallen, die Augen blickten glasig und traten hervor. Er sah mich mit dem anklagenden Blick an, den sehr kranke Menschen oft haben, wenn ihnen ein Gesunder gegenübersteht.

»Der arme Malinki«, sagte die Nonne. »Er hatte alle Symptome von

Tuberkulose, also haben wir ihn dagegen behandelt. Aber sein Zustand hat sich nicht gebessert. Wir haben sämtliche Untersuchungen vorgenommen. Er wird immer dünner. Er kann das Essen nicht bei sich behalten. Und seine Familie will nichts mit ihm zu tun haben.«

»Und was tun Sie nun für ihn?«

»Beten.«

Birdie war zu einem anderen Patienten gegangen, dessen Bein wie eine Keule geschwollen und grau und rauh wie die Rinde eines Baumes war.

»Das ist ein Schlangenbiß.«

»Mamba akudya?« fragte ich ihn. Ich meinte die Schwarze Mamba, deren Biß äußerst giftig ist. Der Mann umklammerte den Stachel eines Stachelschweins.

»Kasongo«, korrigierte er mich leise, mit einer Pedanterie, die für einen Mann in seinem Zustand eigenartig war.

Er war nicht von einer Mamba gebissen worden, sondern von einer anderen schwarzen Schlange, die ebenso tödlich war, aber am Kopf eine rote Zeichnung aufwies. In den heißen Gebieten Malawis wimmelte es von riesigen Giftschlangen. Sie waren so gefürchtet, daß eine Schlange, die den Weg eines Menschen kreuzte, als böses Omen galt, und wenn es ihm nicht gelang, sie zu töten, mußte er auf der Stelle nach Hause zurückkehren und bis zum nächsten Tag dort bleiben.

»Sein Bein sieht schrecklich aus.«

»Schlangengift enthält ein Enzym, das es der Schlange ermöglicht, ihre Beute zu verdauen. So wie dieses Bein sieht Fleisch aus, wenn die Schlange es verschlungen hat. Den Stachel hat ihm ein *mganga* verkauft – das ist gute *mankhwala.* Bereuen Sie, daß Sie hergekommen sind?«

»Was ist mit dem da?«

Ich zeigte auf einen anderen Mann, dessen Kopf und Arme verbunden waren.

»Sein Nachbar ist mit einem Buschmesser auf ihn losgegangen. Sie hatten einen Streit wegen einer Frau.«

Vor den Fenstern standen Männer und Frauen und starrten uns an.

»Das sind Leprakranke. Eigentlich sollten sie arbeiten, aber das ist ihnen egal.«

Eine weitere Nonne betrat den Krankensaal. Sie hatte Messer und Schere in der Hand und wirkte geschäftig.

»Das ist der neue Englischlehrer«, sagte Birdie. Es klang sarkastisch.

Nach meinem Besuch im Krankenhaus ging ich durch das Dorf, wobei mir bewußt war, daß alle mir nachstarrten. Ich kehrte zum Haus der Priester zurück und bereitete meinen Unterricht vor.

Das Abendessen war das gleiche wie am Tag zuvor: *nsima*, Bohnen und gekochte, spinatartige Blätter. Ich stellte Bruder Piet weitere Fragen über Amsterdam, doch seine Antworten waren dieselben wie am Abend zuvor. Pater Touchette stand mit finsterem Gesicht am Fenster und lauschte auf den Lärm des Dorfes.

»Teil die Karten aus«, sagte Pater DeVoss schließlich, und Bruder Piet gehorchte und plapperte auf Chinyanja.

Pater DeVoss war mein Partner, Simon der von Bruder Piet. Pater Touchette umklammerte sein Brevier und litt. Er wirkte erbittert. Wir spielten sechs Partien Whist und zogen uns dann in unsere Zimmer zurück. Ich las bei Kerzenlicht Kafkas *Tagebücher* und rationierte meine Lektüre nicht mehr. Die *Tagebücher* kamen mir nun von Selbstmitleid durchtränkt und etwas lächerlich vor, wie das Quengeln eines wehleidigen Kindes. Sie sprachen eine andere Sprache und stammten aus einer anderen Welt, die sehr weit von dieser, von Moyo, entfernt war.

3

»Sie können Ihren Englischunterricht im alten Verbandsraum des Leprosoriums abhalten«, sagte Pater DeVoss, und ich dachte daran, wie außergewöhnlich diese Bemerkung als erste Zeile eines Gedichtes gewesen wäre. »Es ist bloß eine *banda*, aber immerhin stehen Tische darin«, fügte er hinzu.

Wo vorher Leprakranke lagen, dachte ich, werden jetzt meine Schüler sitzen.

Doch für diese Priester und Nonnen gab es keine unterschwelligen

Bedeutungen. Für sie war diese Leprakolonie keine Metapher, kein Sinnbild des irdischen Jammertals. Sie war eine Realität, ein Dorf voller Afrikaner, von denen die einen krank, die anderen gesund waren. Daran war nichts Hintergründiges. Es führte nirgendwohin. Es war ein Anfang und ein Ende. Es war ihr Leben – die Leprakranken und ihre Familien, die Priester, die Nonnen. Wenn Bruder Piet sagte, er wolle nie nach Amsterdam zurückkehren, brachte er damit zum Ausdruck, daß er hier in Moyo sterben wolle. Sie alle würden hier sterben.

Das war ihre ganze Realität, ihre ganze Welt. Die Leprakolonie war keine Station auf einem Lebensweg. Nicht einmal die Priester erwarteten mehr als das, was hier war. Die Räume in ihrem Haus waren so kahl wie die in den meisten anderen Gebäuden: keine Bücher auf Regalbrettern, keine Bilder an den Wänden, nichts außer den äußerst schlichten Tischen und Stühlen. Bis auf die Choräle in der Kirche und das Trommeln im Dorf, das nach Einbruch der Dunkelheit einsetzte und bis etwa elf Uhr dauerte, gab es keine Musik. In dieser Atmosphäre erschienen mir Pater DeVoss' Spielkarten und besonders die Figurenkarten sehr bunt und sinnträchtig, und ich ertappte mich dabei, daß ich sie lange betrachtete und den Ausdruck auf den Gesichtern der Buben, Damen und Könige interpretierte: Spott, Hochmut, Verachtung.

Die Whistspiele waren ein Zeitvertreib. In Moyo gab es keine anderen Spiele, keine Verwertung von Rohstoffen, keine Arbeit, keine Vergnügungen. Es gab nur das, was man sah, und sonst nichts. Keine Wünsche, kein Begierden. Mir erschien dieses Leben melancholisch, doch das empfand nur ich so. Es war nicht der Himmel und nicht die Hölle, sondern die Erde als Fegefeuer für jene, die an das Fegefeuer glaubten.

Im Haus der Priester wurde nicht über die Vergangenheit gesprochen. Die Welt war so entrückt in Raum und Zeit, daß sie keine Konturen besaß. Die Leprakolonie hatte alle anderen Realitäten ersetzt, und so gab sich niemand irgendwelchen Erinnerungen hin. Man redete über konkrete Dinge, die in der Gegenwart existierten. Und obwohl Afrika ihre Realität war, interessierten sie sich weder besonders für afrikanische Politik noch für afrikanische Kultur. Alle außer Pater

Touchette sprachen Chinyanja. Sie waren nicht eitel, doch sie hatten etwas nach innen Gekehrtes, ja Schüchternes. Wenn sie nicht albern waren – in meiner Gegenwart scherzten sie immer –, waren sie feierlich. Auch über die Zukunft sprachen sie nicht, doch gelegentlich fiel das Wort »Tod« oder »Ewigkeit«.

Ihre Kleider waren schmutzig und staubig, aber nicht einmal das erweckte den Eindruck, als wären sie arm. Im Gegenteil – es verlieh ihnen etwas Heiteres und ließ sie gleichmütig, weltabgewandt und spirituell erscheinen.

Eines Abends saß ich am Eßtisch, auf dem die einzige Kerosinlampe stand und ein so helles Licht gab, daß ich doppelt sah. Ich bereitete meinen Unterricht vor, und Pater DeVoss ging hinter mir vorbei, hielt inne und nahm das Lehrbuch – *Foundation Secondary English* – in die Hand. Er warf einen Blick hinein – eigentlich las er nicht, sondern blätterte nur darin – und legte es wieder hin. Dasselbe tat er mit Kafkas *Tagebüchern*, die auf demselben Stapel lagen. Er hätte ebensogut ein Paar Schuhe in die Hand nehmen können, um die Sohlen und Nähte zu begutachten. Diese Bücher enthielten nichts, was ihn interessierte. Er war äußerst gleichgültig, als wären diese Bücher stumme, funktionslose Objekte wie abgetragene Schuhe – und ich kam langsam zu der Erkenntnis, daß sie genau das waren: totes Gewicht.

Ich hatte den Eindruck, daß die Priester mich mit ihren Bemerkungen über meinen Englischunterricht bei Laune halten wollten. Sie versprachen sich nicht viel davon. Ich ließ mich von ihren Zweifeln nicht beirren. Die Tatsache, daß sie mir halfen, obwohl sie nicht daran glaubten, bewies, daß sie mich mochten, und das freute mich. Ich fand sie sympathisch, sogar den nervösen Pater Touchette, der immer das Gesicht verzog, wenn das Trommeln im Dorf begann.

Zweierlei fürchtete ein Weißer, der sich an einem neuen Ort im afrikanischen Busch niederließ, am meisten: daß das Wetter schlecht und die Leute dort unfreundlich sein könnten. Das waren die gängigen Redewendungen. »Schlechtes Wetter« konnte mörderische Tage mit vierzig Grad im Schatten und stickige Nächte bedeuten, »unfreundlich« konnte eine Umschreibung dafür sein, daß die Leute einem nach dem Leben trachteten. Hier in Moyo war es heiß, aber erträglich, und alle, denen ich begegnete, waren freundlich: die Priester, die Nonnen, die Leprakranken, die Frau namens Birdie. Ich war froh, daß ich gekommen war, und zum erstenmal seit meiner Ankunft in Afrika wollte ich nirgendwo anders sein.

Ich hatte ein Schild an der Wand der Ambulanz aufgehängt, wo die Behandlungszeiten und die Zeiten für die Verbandswechsel ausgehängt waren. Auf meinem in Chinyanja verfaßten Zettel stand, daß ich am Mittwoch nachmittag um fünf Englischunterricht geben würde. Es schien mir eine gute Zeit zu sein. Den Morgen verbrachten die Kranken damit, für Medikamente und frische Verbände Schlange zu stehen. Nach dem Mittagessen war es zu heiß für einen Unterricht. Das Leprosorium erwachte erst wieder zum Leben, wenn die Sonne hinter den Baumwipfeln verschwand und die Schatten länger wurden. In der gleißendsten, heißesten Tageszeit, wenn die Sonne senkrecht herabbrannte, kam das Leben zum Stillstand. Man sah keine Menschenseele mehr. Die Leute zogen sich in ihre Hütten zurück, wo der Lehm feucht und kühl war.

Der Mittwoch kam. Beim Frühstück sagte Pater DeVoss: »Sie müssen den Unterricht nicht heute abhalten. Wenn es nicht klappt, können Sie immer noch Freitag oder nächste Woche anfangen.«

Zeit hat hier keine große Bedeutung, wollte er mir damit sagen. Doch ich mußte um meinetwillen so tun, als wäre mein Unterricht wichtig, denn sonst hätte ich das Interesse daran verloren. Ich war lange genug in Afrika, um zu wissen, daß man, wollte man überleben, dem langen Tag eine Gestalt geben, ihn in drei Teile gliedern mußte, selbst wenn man nur so tat als ob.

Somit brauchte ich diesen Unterricht. Ich brauchte die Sicherheit des alten Verbandsraums. Die Priester hatten ihre eigenen Rituale, die sie vor dem blendenden Licht der Tage und dem Trommeln und der Finsternis der Nächte schützten.

Der Verbandsraum war ein großer, an den Seiten offener Schuppen mit einem schrägen Wellblechdach und einer großen Regentonne, die an einer Ecke unter einem rostigen Fallrohr stand. Früher mußte diese Regentonne einmal wichtig gewesen sein, vielleicht weil man das Wasser zum Trinken oder Waschen brauchte. Doch nun gab es im Dorf Wasserhähne, und das trübe Wasser in dieser großen Tonne war nur noch eine Brutstätte für Moskitos.

Um fünf Uhr erwarteten mich einige Männer. An ihren Krücken und Verbänden erkannte ich, daß es Leprakranke waren. Als sie mich kommen sahen, standen einige andere Männer, die unter einem Baum gesessen hatten, auf und kamen herbei. Nun waren es insgesamt acht. Dann schlurfte eine Greisin herein, geführt von einer jungen Frau. Offensichtlich war die Alte blind: Ihr eines Auge sah aus, als wäre es schief zugenäht – das waren jedoch nur ihre verklebten Wimpern –, und das andere war entstellt und so glasig und geädert wie ein Achat. Die alte und die junge Frau waren die einzigen weiblichen Personen in der Klasse. Die junge Frau war unter zwanzig, ging barfuß und trug ein Wickelkleid und einen violetten Turban, der ihr ein exotisches Aussehen verlieh. Sie führte die alte Frau zu einer Bank, setzte sich neben sie und begann mit ihr zu tuscheln, während die Alte mit ihrer verkrüppelten Hand Gesten machte, die wie unbeholfene Segnungen wirkten.

»Bitte schreibt eure Namen auf diese Zettel«, sagte ich.

Das rief einige Unruhe hervor. Einige verstanden, was ich von ihnen wollte, andere nicht. Drei konnten nicht schreiben, aber die alte Frau, deren Anwesenheit mich verblüffte, gehörte nicht dazu.

Ein Mann raschelte mit seinem Zettel und begann zu lachen. Er hatte ein vollständiges Gebiß und Narben auf der Stirn, die nicht wie Schmucknarben, sondern wie die Folgen eines Unfalls aussahen.

»Willst du Englisch lernen?«

Er reagierte nicht.

»Der Mann is' krank im Kopf«, sagte einer von weiter hinten.

Die anderen lachten darüber. Sie hatten große, unförmige Füße und mißgestaltete Beine und hatten den erdigen Geruch von Krankheit und abgestorbenem Fleisch mitgebracht.

Ich ignorierte sie und sagte zu dem Mann: »Mein Name ist Paul. Wie heißt du?«

»Name«, sagte er. Im Mundwinkel hatte er Spucke. Er machte einen sehr unschuldigen und hilflosen Eindruck, und daß er ständig kurz davor schien, entweder in Lachen oder in Tränen auszubrechen, ließ ihn fast kindlich wirken.

Einige der anderen lachten, und der Mann weiter hinten lachte am lautesten und zog die Aufmerksamkeit auf sich.

»Warum lachst du?«

»Weil er ein Dummkopf is'«, sagte der Mann.

»Steh bitte auf.«

Er tat es.

»Wie heißt du?«

»Das könn' Sie auf'm Papier lesen, Pater.«

»Ich möchte aber, daß du es mir sagst.«

»Mein Name is' Johnson Magondwe, und es geht mir sehr gut, danke.«

»Du kannst dich setzen.«

»Und wie heißen Sie, Pater?« fragte er, verschränkte die Arme und blieb stehen, als wollte er mich herausfordern.

»Das habe ich euch schon gesagt.«

»Nein. Sie ham diesen Dummkopf hier gesagt, wie Sie heißen, aber nich' uns.«

Er grunzte »hm, hm« und sah sich triumphierend um. Offenbar hielt er sich für überaus witzig.

»Ich heiße Paul. Bitte setz dich.«

»Ich hab noch ein Frage, Pater.«

»Du kannst sie später stellen.«

Doch er ließ die Arme verschränkt und reckte das Kinn, und ich sah, daß die Männer um ihn herum in einer Art unterwürfiger Angst kicherten.

Ich wandte mich von ihnen ab, sprach einen anderen Mann in der ersten Reihe an, der bisher geschwiegen hatte, und hoffte, daß er nicht so einfältig war, wie er schien.

»Hallo. Wie geht es dir?«

Er machte ein entsetztes Gesicht, saugte an seiner Zunge und schwieg.

»Er versteht nich', Pater.«

»Moni, bambo«, sagte ich.

»Er is' taub in' Ohren, Pater.«

»Muli bwanji?« sagte ich.

»Und dumm, Pater.«

Das war wieder Johnson Magondwe, der sich von hinten zu Wort meldete. Ich beachtete ihn nicht, aber ich ahnte bereits, welche Mühsal mir bevorstand. Eine Frau war blind, ein Mann war verrückt, ein anderer taub. Einige andere sprachen offenbar kein Wort Englisch. Und Johnson war ein lästiger Maulheld.

Die junge Frau mit dem violetten Turban knetete ihre Finger und machte ein banges Gesicht.

»Sprichst du Englisch?«

»Ja, ich spreche«, sagte sie fast flüsternd und schlug die Augen nieder.

»Wer ist diese alte Frau?«

»Sie ist meine Großmutter.«

»Wie heißt du?«

»Ich heiße Amina.«

Sie senkte den Kopf, aber ich sah ihre langen Wimpern, ihre makellose Haut, den Schimmer auf ihren Schultern. Sie war dünn, aber robust. Ihr Hals war lang, ihre Finger waren schlank, sie hatte volle Lippen und große Augen. Sie gefiel mir, weil ich sehen konnte, wie sich ihre Knochen in ihrem Gesicht, in ihren Händen und Schultern abzeichneten. Sie war jung, wenn auch nicht nach afrikanischen Maßstäben. Viele Mädchen in ihrem Alter – sechzehn oder siebzehn – hatten bereits mehrere Kinder.

Die Männer waren überrascht, daß sie Englisch sprach. Von meinen zwölf Schülern sprachen nur fünf Englisch. Ich schrieb einige Zeilen Dialog auf ein schwarz lackiertes Brett. Johnson und Phiri, der Mann neben ihm, konnten es mit Leichtigkeit lesen, ebenso wie Amina, und mit ein bißchen Hilfestellung schafften zwei andere es ebenfalls. Die Blinde brummte, der Schwachsinnige sabberte, der Taube wiegte sich vor und zurück.

Ich war müde, doch sie schienen eigenartig ausgeruht und entspannt. Sie waren nicht eifrig, sondern neugierig. Sie beobachteten mich und warteten darauf, daß ich ihnen etwas beibrachte – so wie sie mit leeren, ausgestreckten Händen vor der Ambulanz standen, warteten sie darauf, daß ich ihnen ihre Medizin gab.

»Sprecht mir nach«, sagte ich. »Das ist ein Huhn.«

Ich rief irgendeinen auf.

»Das is' ein Hunn.«
»Das ist ein Huhn«, sagte ich. »Du.«
»Das is' ein Hunn.«
»Aber das ist ein Hund.«
»Aba das is' ein Huhnd.«
»Ein Hund«, sagte ich. »Du.«
»Ein Huhnd.«
»Ein Hund«, sagte ich.
»Ein Huhnd.«
»Ein Huhn«, sagte ich.
»Ein Hunn.«

Während sie diese Worte wiederholten, ohne sie eigentlich zu verstehen, hörte ich das Klappern von Töpfen, Stimmengemurmel, das dumpfe Pochen, mit dem Holz gehackt wurde, das leise Klagen von Hühnern und Hunden.

»Das ist ein Hund.«
»Dass iss ein Huhnd.«

Die Kochfeuer wurden angezündet; vor jeder Hütte brannte ein eigenes Feuer, und alle zusammen erfüllten die Lichtung mit leisem Knistern und Rauchgestank. Der schwere Rauch erhob sich so langsam, daß er sich in den vorspringenden Strohgarben der Dächer verfing und dort hängenblieb, bis er sich in bläulichen Fetzen löste und in die träge Luft aufstieg. Diese Atmosphäre hatte etwas Unwandelbares; die Dörfer hier hatten schon immer so geklungen und gerochen. Es war kein verschlafenes Dorf – ganz im Gegenteil: Es war ein Ort ständiger Betriebsamkeit, doch der Gedanke an all dieses Tun und Schaffen hatte für mich etwas Ermüdendes. Seine Schlichtheit überwältigte und erschöpfte mich.

»Das ist alles für heute«, sagte ich.

»Es is' noch nich' sechs Uhr«, sagte Johnson herausfordernd und stand von seinem Platz in der hinteren Reihe auf.

Ich lächelte ihn trotzig an.

»Ein Schulstunde dauert eine Stunde. Ich weiß das von mei'm Englischunterricht. Ich bin in mei'm Distrikt in der Schule gewesen.«

Wie er dastand, in herrischer Positur, die Hände in die Hüften gestemmt und mehr Platz einnehmend, als er brauchte, schien er im

Namen der anderen zu sprechen oder wenigstens sprechen zu wollen. Ich hatte schon jetzt genug von ihm. Ein Raum voller Afrikaner, die kein Wort Englisch sprachen, wäre mir lieber gewesen – ich hätte bei Null anfangen, einen Grundstein legen können.

»Ihr lernt hier amerikanisches Englisch«, sagte ich. »Die Unterrichtsstunde dauert fünfundvierzig Minuten. Wir sehen uns am Freitag wieder.«

Doch schon diese laut ausgesprochenen Worte und die Festlegung eines Termins ermüdeten mich. Die Dämmerung kam, die Schüler waren still und aufmerksam. Sie sahen nicht mich an, sondern zur Seitenwand des Schuppens, wo eine der Nonnen stand. Ihr weißes Gewand schimmerte im Zwielicht.

»Dieser Mann ist am falschen Ort«, sagte sie.

Es war Birdie, die ein Nonnenhabit trug, dazu die gestärkte Haube, die gleichzeitig als Sonnenschutz diente.

»Seine Familie sucht ihn überall.«

Sie streckte dem stummen Mann in der ersten Reihe ihre Hand hin. Als sie ihm aufhalf, schien ihn das zu ängstigen. Er ließ sich von ihr an die Hand nehmen und folgte ihr mit steifen Bewegungen, die widerstrebend wirkten. Er gehorchte, doch in seinen Augen stand blankes Entsetzen.

Ich entließ meine Schüler und schloß mich Birdie und dem Mann an. »Ich wußte gar nicht, daß Sie Nonne sind«, sagte ich.

»Bin ich auch nicht«, antwortete sie. »Aber wenn ich diese Sachen trage, behandelt man mich mit mehr Respekt.« Sie lächelte, sie war freundlicher als bei unserer ersten Begegnung in der Ambulanzstation. »Und außerdem ist dieses Zeug nicht so warm.«

Nur ihr Gesicht war zu sehen, eingerahmt von der Haube, die aussah, als wäre sie aus blendend weißem Karton gemacht – ein hübscheres Gesicht als das von neulich.

»Ich meine, ich hab darunter nichts an«, sagte sie.

Ohne zu wissen, warum – vielleicht aus Verwirrung –, sah ich den Afrikaner an, seine glasigen Augen, die geballten Fäuste an seinen Seiten, seinen steifen Gang. Birdie lachte mich aus und führte den unbeholfen tapsenden Mann zu seiner Hütte.

Noch lange danach konnte ich an nichts anderes denken. Die

Worte *Ich hab darunter nichts an* ließen mich schwindeln. Daß sie das gesagt hatte, machte mich benommen und hatte eine körperliche Wirkung auf mich: Ich wurde ein bißchen schwerhörig und kurzsichtig und benebelt. Nach der Art ihres Lachens zu urteilen, hatte sie das gewußt. Abends beim Kartenspielen, in der Dunkelheit meines Zimmers, in der staubigen Hitze des nächsten Tages und besonders bei den Mahlzeiten, wenn ich irgend etwas herunterschluckte, dachte ich an das, was sie gesagt hatte, und fühlte mich wieder benebelt.

Am Freitag war Unterricht: ein Dutzend Afrikaner, große und kleine, gesunde und kranke. Der Schwachsinnige war nicht da, und auch einige andere waren nicht erschienen. Doch Johnson saß auf seinem Platz, und Amina und ihre blinde Großmutter waren ebenfalls gekommen, außerdem zwei andere junge Frauen. Der Atmosphäre, dem Getuschel und den Gesten der Männer konnte ich entnehmen, daß während des Unterrichts eine Art Werbung stattfand, und am Ende der Stunde hatten sich die Paare gefunden und schlugen sich in die Büsche.

Ich hatte beinahe Angst, daß Birdie wieder kommen würde, wie sie es am Mittwoch getan hatte, doch sie ließ sich nicht blicken. Eine der Besonderheiten des Leprosoriums war, daß die Menschen unter sich blieben, jeder an dem ihm zugeteilten Platz: die Priester in ihrem Haus, die Nonnen im Kloster, die Leprakranken in ihrem Dorf. Mir wurde bewußt, daß die Angst, ich könnte Birdie begegnen, mich davon abgehalten hatte, zur Sonntagsmesse zu gehen. Ihr Lachen hatte mich erregt und beunruhigt. Ich brauchte Ruhe, und darum ging ich dieser Frau aus dem Weg. Das war nicht schwer. Moyo schien genug Platz für allerlei Arten von Abgeschiedenheit zu bieten.

Am Montag war der Unterricht weniger gut besucht als am Freitag. Amina und ihre Großmutter waren nicht gekommen. Dieselben beiden Frauen waren da und weniger Männer als zuvor. Sie tuschelten und kicherten. Sie waren unaufmerksam. Ich war sicher, daß mein Unterricht nur noch ein Vorwand für das anschließende Techtelmechtel im Busch war. Und ich merkte, daß mir niemand zuhörte, und wurde heiser und müde.

Ich fragte mich, warum Amina nicht mehr kam. Als sie auch beim nächstenmal nicht erschien, faßte ich das als Ablehnung meiner selbst auf, unterrichtete eine halbe Stunde lang und schickte meine Schüler erbittert nach Hause.

4

Im Dorf der Leprakranken herrschte ein reges Treiben, eine Atmosphäre der Betriebsamkeit, doch schien das alles nichts zu bewirken. War etwas Afrikanisches in der Art, wie all diese Energie und Aktivität spurlos verpuffte? Es erinnerte mich an die Flüsse, die ich im Süden des Landes gesehen hatte: Wo eben noch angeschwollene, tosende Fluten Holz und ganze Bäume und Hütten mitgerissen hatten, waren kurz darauf nur noch ausgetrocknete, staubige Flußbetten zu sehen. Das Toben der Natur kam und ging und hinterließ keine sichtbaren Spuren.

So war auch Moyo. Frauen trugen Feuerholz, große Mädchen trugen kleine Kinder oder Wassereimer, Jungen spielten oder hackten zwischen den Reihen von Maispflanzen die Erde auf, Männer hockten in Gruppen zusammen, murmelten und rauchten Pfeifen. Manche waren Leprakranke, andere deren Verwandte. Gemüse wurde angebaut, gekocht und gegessen. Feuerholz wurde verbrannt. Die Wassereimer wurden geleert. Damit erhielten sich die Menschen am Leben, und das Endergebnis dieser Arbeit war, daß das Leben weiterging. Das hieß »Subsistenz«: ein Auf-der-Stelle-Treten. Alle diese Anstrengungen hatten keinen anderen Grund als den, am Leben festzuhalten und sich nicht zu verändern.

Gegen Mittag legte sich eine Stille über das Dorf, und erst dann wurde spürbar, daß vorher etwas geschehen war. Die plötzliche Stille bewies, daß Arbeit geleistet worden war, doch daß die Menschen gearbeitet hatten, merkte man erst, wenn sie damit aufhörten. Ein Brummen erstirbt, eine Uhr hört auf zu ticken, und die Stille ist ohrenbetäubend. Samstags mittags war das noch deutlicher. Die Stille riß ein großes Loch in den Tag, und dann kam nichts mehr. Der Laden und die Ambulanzstation wurden geschlossen, der Markt leerte sich, und die Frauen, die Bananen, Erdnüsse, gekochte Kartoffeln und die schwarzen, knochigen, wie gestapelte Schindeln wirkenden Räucherfische verkauften, gingen nach Hause. Dann lagen das Leprosorium und das Dorf aus bleichen Lehmhütten still unter der glühenden Sonne, und die einzigen Geräusche waren Hundegebell und Hahnenschreie. Man hörte keine Stimmen, nur im Hintergrund, wie summende Drähte, das Sirren der Heuschrecken. Die Samstage waren wie Trauertage.

Ich saß auf der Veranda des Priesterhauses. Neben mir las Pater Touchette in seinem Brevier und blätterte die Seiten mit sauberen weißen Fingern um. Bruder Piet döste mit über dem Bauch gefalteten Händen. Sein Schnarchen glich einem allzu offensichtlichen Prahlen. Pater DeVoss war mit seinem Motorrad zum See gefahren, um in einer Dorfkirche, die er einmal im Monat besuchte, die Messe zu lesen.

Ich schnallte meine Ledertasche auf und zog ein billiges chinesisches Notizbuch mit rotem Leinenrücken heraus. Ich schrieb *11. Okt. 1964, Leprosorium Moyo, Ntakataka, Central Province.* Dann sah ich auf, von den Wellblechdächern zu den Strohdächern und den Baumwipfeln, zu dem Rauch, der sich mit staubigem Sonnenlicht vermischte, und den Afrikanern, die so aufrecht wie Ausrufezeichen dastanden. Das alles dachte ich, doch ich schrieb es nicht auf. Schreiben schien irrelevant.

Meine Gedichte – es waren etwa ein Dutzend – hatte ich säuberlich auf die letzten Seiten des Notizbuchs geschrieben. Ich schlug sie auf und begann zu lesen, doch dann übersprang ich immer öfter die Zeilen. Diese Gedichte waren leblos und erschienen mir trivial. Die ständige Wiederholung des Wortes »schwarz« ärgerte und langweilte mich. Mein Blick fiel auf die Worte »fleischig« und »grandios« und »straff«. Auch sie mißfielen mir, und ich klappte das Notizbuch zu, weil ich in Versuchung war, die Seiten herauszureißen.

Es hatte auch keinen Sinn, nach Hause zu schreiben. Ich schrieb ohnehin nur selten, und dieser Brief hätte meiner Familie vielleicht nur Sorgen bereitet. Man hätte mich mißverstanden und bemitleidet. Ich wußte nicht, wie ich diesen Ort beschreiben sollte. Es bestand die Gefahr, daß ich ihn schlimmer machte, als er war. Und dennoch war

Lepra etwas, mit dem man sich abfand, Schlangenbisse waren etwas Gewöhnliches, und Arbeit veränderte nichts. Alle außer den Weißen waren Leprakranke oder deren Verwandte. Ich wußte nicht, wie ich darüber schreiben konnte, ohne es auszuschmücken, und mir war klar, daß das ein Fehler gewesen wäre. Es wäre das Gegenteil von dem gewesen, was ich unter Literatur verstand. Ich dachte an die Maniokaknollen und daran, wie sie aussahen, wenn sie frisch ausgegraben waren: eine knorrige, behaarte, mit roter Erde bedeckte Wurzel. Man käme nie auf den Gedanken, sie könnte eßbar sein. Und doch aßen wir sie jeden Tag, geschält und gekocht. Anfangs kam sie einem ein wenig zäh vor, aber wenn man sie erst einmal ein Jahr lang gegessen hatte, merkte man, daß sie beinahe delikat schmeckte.

Moyo – die Kolonie der Leprakranken, die Missionsstation, all diese Menschen und ihre schlichten Behausungen – war eine kleine Welt der Krankheit. Dennoch erschien mir der Ort wirklicher als die Kolonialstadt im Süden, die ich hinter mir gelassen hatte, mit ihrer Hauptstraße und ihrer Atmosphäre kraftloser Mimikry. Es war mir leichtgefallen, Gedichte über Blantyre zu schreiben, weil es mir damals so wirklich erschienen war. Die Reise nach Moyo führte mir vor Augen, daß ich mich geirrt hatte.

Die Wirklichkeit hier war: Niemand war sentimental. Die Leute kamen hierher, weil sie krank waren; ihr Zustand verschlechterte sich; sie starben. Niemand kam voran oder gelangte zu Wohlstand. Es war eine kleine Welt, in der sich niemand der Illusion hingab, er habe eine Wahl. Und das machte niemandem etwas aus. Ich wußte nicht, warum das so war, hatte aber den Verdacht, daß es an der Allgegenwart des Todes lag.

Meine Gedichte waren sinnlos und trivial. Schon die Bezeichnung »Gedichte« ärgerte mich, denn sie bestanden nur aus Überheblichkeit und Künstlichkeit. »Sieh mich an!« sagten sie. Sie lenkten die Aufmerksamkeit nicht auf ihr Thema, sondern auf sich selbst. Ich hätte sie am liebsten weggeworfen, aber Papier war hier ein solcher Luxus, daß irgend jemand sie sicher aus der Mülltonne gefischt hätte, und das wäre mir peinlich gewesen. Also hielt ich sie versteckt und schwor mir, sie heimlich und auf meine eigene Weise zu vernichten.

Ich nahm mir noch einmal Kafkas *Tagebücher* vor, las einige Seiten und fand sie gequält, düster und erfüllt von einem morbiden Selbstmitleid. Das Schlimmste aber war Kafkas Hypochondrie. Vor mir lag das Dorf der Leprakranken, und ich mußte über Kafkas wiederholte Äußerungen der Angst und die minutiös geschilderten Krankheitssymptome fast lachen. *Schlecht geschlafen,* schrieb er. *Kurzatmigkeit und Beklemmung in der Brust.* Und dann fiel mein Blick auf das Wort »Aussätziger«. *Manchmal fühle ich mich wie ein Aussätziger.* Dabei hatte er keine Ahnung, wie sich ein Aussätziger fühlte oder was es bedeutete, Lepra zu haben. Ich konnte nicht weiterlesen.

Ich dachte: Du könntest hier bleiben und lernen, alles Geschriebene zu hassen und am meisten die Literatur zu verabscheuen. Ich beschloß, mir eine Schaufel zu besorgen und das Kafka-Buch und alle meine Notizbücher mit Gedichten zu begraben.

Pater Touchette regte sich nicht, als ich mich aus meinem quietschenden Sessel erhob und von der Veranda schlich. Er sah zwar aus, als wäre er tief in sein Brevier versunken, doch in Wirklichkeit schlief er. Er befand sich nicht im Zustand der Verzückung, er machte nur ein Nickerchen.

Ich stand auf und folgte dem Weg zum Dorfrand, wo ich ein paar Schaufeln und einen bienenkorbartig aufgestapelten Haufen rauchender Ziegelsteine gesehen hatte. Die Ziegelsteine wurden noch nach althergebrachter Art gemacht: Man grub ein Loch in die lehmige Erde, gab Wasser und Stroh hinein und stampfte darin herum, bis alles gut vermischt war. Dann preßte man die Masse in eine Form, stapelte die Ziegel auf und trocknete sie.

Hier wollte ich ein Loch graben. Es würde diesem Tag eine Bedeutung verleihen, und außerdem würde alles, was hier vergraben wurde, mürbe werden (um ein Wort aus einem meiner Gedichte zu gebrauchen): Es würde sich auflösen und zu Erde werden, und eines Tages würde es angefeuchtet, geformt und getrocknet werden und sich in einen Ziegelstein für eine Latrine verwandeln. Ein angemessenes Ende für diese jämmerlichen Gedichte.

Die Erde war trocken. Anfangs erschien sie mir hart, doch dann brach sie auf und gab nach, und bald hatte ich mit meiner rostigen Schaufel ein Loch gegraben, das tief genug war für Kafka und die

Notizbücher. Ich warf sie lässig hinein. Staub wirbelte auf, und mir gefiel das dumpfe *Plopp*, mit dem sie in ihrem Armengrab aufschlugen. Dann füllte ich das Loch wieder mit Erde.

»Sehr gut«, sagte ich laut.

Im selben Augenblick hörte ich einen erschrockenen Schrei und sah auf. Ein kleines Stück entfernt rannte eine Frau davon, und ein Mann zog seine Shorts hoch und klopfte sich den Staub von den Knien. Er hustete laut, sah der Frau kurz nach, kauerte sich, die Ellbogen auf den Knien, hin und starrte mich an.

»Sehen Sie mich an, Pater?« fragte er auf Chinyanja.

Er war so schwarz wie der Schatten des Mangobaumes, in dem er kauerte.

»Diese Ziegelsteine« – ich häufte Erde über die sterblichen Überreste meiner Gedichte – »gehören die dir?«

Jetzt sah ich sein verschwitztes Gesicht und die verbundenen, schmutzigen Füße.

»Die gehören dem Hospital«, sagte er und gebrauchte das Wort *chipatal*. Die Kranken nannten es »Hospital«, die Gesunden »Dorf« oder »Missionsstation«.

Ich betrachtete ihn näher. Er war schwarz und hatte ein runzliges Gesicht. Wie viele Afrikaner sah er wettergegerbt aus. Seine Haut war von Sonne und Wind so rauh wie ein Baumstumpf oder ein Zaunpfosten geworden.

»Die sind für die Küche«, sagte er.

Ich konnte eine halbfertige Mauer erkennen. Der Mörtel war zwischen den Ziegelsteinen hervorgequollen und getrocknet. Vielleicht war das die Grundmauer. Sie bildete die Umrisse einer Reihe von Feuerstellen: Dies sollte die Gemeinschaftsküche werden.

»Ist das deine Küche?«

»Es ist die Küche für alle.«

Er wirkte gelangweilt, aber so sprachen die meisten Leprakranken mit den *mzungus*: gleichgültig und mit leiser Verachtung. Dies war eine Welt, die ein Leprakranker nicht verlassen konnte. Wozu sollten sie sich auch irgendwelche Gedanken machen, wenn es doch die *mzungus* gab, die das für sie erledigten?

»Arbeitest du daran mit?«

»Nein, ich bin krank«, sagte er so gelangweilt wie zuvor, doch nun mit einem hochmütigen, indignierten Unterton.

Er hielt seine verbundenen Hände hoch.

»Ich dachte, diese Frau hätte dir geholfen.«

»Aber nicht beim Arbeiten. Beim Spielen.« Er lachte heiser, hustete und spuckte aus, und auch das kam einer Äußerung gleich.

»Ich hab gerade ein bißchen Abfall vergraben«, sagte ich, weil ich dachte, daß er mich vielleicht gesehen hatte. Das Chinyanja-Wort für »Abfall« bezeichnete etwas Unreines und Verdorbenes. Ich wollte nicht, daß er neugierig wurde und meine Gedichte wieder ausgrub, wie es ein Afrikaner, der nach Verwertbarem suchte, vielleicht getan hätte.

»Wirst du mir helfen, wenn ich die Küche weiterbaue?«

»Wieviel bezahlen Sie mir dafür?«

»Nichts.«

»Dann werde ich auch nicht arbeiten.«

Das war die Antwort eines Leprakranken, und sie grenzte an Unverschämtheit. Er war freimütig, er hatte keine Angst, er nahm kein Blatt vor den Mund. Ein Afrikaner in Blantyre hätte ebensowenig gearbeitet – aber er hätte versucht, mich bei Laune zu halten.

Da ich nicht antwortete, fuhr der Mann fort: »Warum sollte ich?«

Ich dachte an Franz Kafka in Prag, der seinem Tagebuch anvertraut hatte: *Ich fühle mich wie ein Aussätziger.* Dieses Buch gehörte ebenso in die Grube wie meine schlechten Gedichte. Kafka war kein Aussätziger. Er gehörte der Mittelschicht an, er war ein Versicherungsangestellter mit einem Fledermausgesicht, der von Schuldgefühlen geplagt, pathologisch schüchtern und paranoid war und der sich diverse persönliche Mythen schuf, während er lange, verworrene Briefe an Frauen schrieb, die sich danach sehnten, ihn lieben zu dürfen.

Das hier dagegen war ein Leprakranker: frei von Schuldgefühlen, verstümmelt, mit nässenden Verbänden. Er hatte soeben unter einem Baum mit einer leprakranken Frau geschlafen, und nun starrte er mich herausfordernd an. Er war in vielerlei Hinsicht gesund – sicherlich gesünder als Franz Kafka. Lesen bedeutete ihm nichts; ein Buch war ein stummes Objekt. Er war geduldig und voller Verachtung, weil er machtlos war und es wußte. Vielleicht wußte er auch, daß sich für ihn niemals etwas ändern würde und daß er selbst niemals etwas würde verändern können. Er gab sich keinen Illusionen hin, und so war er jeden Augenblick, den er wach verbrachte, ganz und gar lebendig, suchte nach Wasser oder etwas Eßbarem, suchte Schatten, suchte eine Frau.

»Wie heißt du?«

»Wilson. Und Sie?«

»Paul.«

»Aus England?«

»Aus Amerika.«

»Amerikaner haben soviel Geld.«

»Ich hab jedenfalls keins.«

Er lachte und humpelte davon, bevor ich noch mehr sagen konnte. Einer seiner Füße war verbunden, der andere geschwollen, mit gelblich verfärbter, rissiger Haut und verkrümmten Zehen. Er trug ein zerrissenes Hemd und ebenso zerrissene Shorts. Seine Hände waren so bandagiert, daß es aussah, als trüge er Handschuhe.

Am Abend fiel mir sein dreistes, spöttisches Lachen wieder ein, und ich schämte mich für das, was ich zu ihm gesagt hatte. Waren diese Kranken so freimütig, weil die Krankheit sie klarsichtig machte? Von allen Menschen, denen ich in meinem Leben begegnet war, hatten sie am wenigsten zu verlieren.

Eines Morgens ging ich zur Messe. Mein letzter Kirchgang lag sechs oder sieben Jahre zurück, und ich trat schuldbewußt und mit unguten Gefühlen ein, wie damals, zu Hause, wenn ich verspätet und ohne plausible Entschuldigung heimgekommen war. Dabei gab es gar keinen Grund zur Sorge: Die Kirche war groß, hell und versöhnlich. Eine Bank war mit sechs leprakranken Männern besetzt, mehrere andere mit Frauen, von denen einige schreiende Kinder auf dem Arm hielten, andere ihre Säuglinge stillten. In der ersten Bank saßen die Nonnen und Linda – Birdie –, die ein weißes Kleid trug. Ganz hinten standen Amina und ihre blinde Großmutter.

Ich hegte freundliche Gefühle für diese Menschen, und im Verlauf der Messe dachte ich daran, daß viele meiner Freundschaften von Mitleid und Sentimentalität geprägt waren. Und auch Selbstmitleid war mir vertraut, ebenso wie die nimmermüden, übermächtigen Gefühle, die von meinem Mitleid rührten: Ich rettete mich selbst, indem ich so tat, als würde ich andere retten. Doch hier, an dem Ort, der wie kein anderer solche Empfindungen wachrief, war ich zwar nicht gleichgültig, aber doch so distanziert, daß ich meine Gefühle analysieren konnte. Hier hatte ich mit niemandem Mitleid. Ich fühlte mich desorientiert, als hätte ich mich verirrt, doch ich war freier als je zuvor.

Als ich bei der Wandlung niederkniete, ertappte ich mich dabei, daß ich Amina anstarrte. Sie kniete nicht – offenbar war sie Muslimin –, aber sie stützte ihre Großmutter, die unter Gemurmel das Kreuz schlug, und dafür, für dieses Pflichtgefühl, bewunderte ich diese junge Frau.

Es war heiß, die Messe ein einziges feierliches Gemurmel, und gleich vor der Kirche krähten die Hähne.

Abends, beim Whist, sagte ich in einer Spielpause zu Pater DeVoss: »Ich werde mit dem Englischunterricht aufhören.«

»Das ist eine gute Idee.«

Genau dasselbe hatte er mir geantwortet, als ich ihm von meinen Plänen, einen Englischunterricht anzubieten, erzählt hatte.

»Ich glaube, ich werde lieber Ziegelsteine für die Gemeinschaftsküche machen.«

»Wenn Sie möchten«, sagte er. Er lächelte, aber das Lächeln hätte ebensogut seinem Blatt gelten können. »Das ist eine gute Idee.«

»Vielleicht könnte Pater Touchette mir helfen.«

Pater Touchette machte ein erschrockenes Gesicht und drehte sein Brevier in den Händen.

»Ich habe viele Taufen«, sagte er. »So viele Taufen in letzter Zeit.«

»Wahrscheinlich werden die Kranken mir helfen.«

»Pepani bambo!« rief Bruder Piet. Tut mir leid, Vater.

»Sie können gar nichts machen«, sagte Pater DeVoss, doch er sprach von unserem Spiel. Er strich den letzten Stich ein und begann, seine Punkte zu zählen. Seine Zufriedenheit und Entrücktheit berührten mich. Für ihn war nichts von dem, was ich gesagt hatte, von Bedeutung. Er war sehr glücklich.

»Die Küche und die Ziegelsteine waren Pater LeGrandes Idee«, sagte er und lächelte abermals. »Er ist jetzt in Basutoland.«

Am nächsten Morgen waren keine Afrikaner bei der Gemeinschaftsküche. Im Schattengesprenkel der schütteren Bäume wirkte die halbfertige Küche wie eine uralte Ruine, wie eine jener nutzlosen Mauern oder Befestigungen, die die Briten zurückgelassen hatten. Ich stapelte etwa eine Stunde lang Ziegelsteine; dann mischte ich Mörtel in einer Grube, und als ich aufsah, bemerkte ich, daß ein paar Afrikaner mich anstarrten. Ich hatte sie nicht kommen sehen – sie hatten sich einfach materialisiert: drei hockende, zerlumpte Männer.

Sie murmelten vor sich hin, doch keiner von ihnen sprach mit mir, während ich die Mauer hochzog, Mörtel aufstrich und die Steine legte.

»Wollt ihr mir helfen?«

Ich hatte den Plural gebraucht, aber es kam keine Antwort. Ich fragte sie noch einmal, in kumpelhaftem Ton, indem ich das Wort *iwe* gebrauchte, das derbste »du«, über das diese Sprache verfügt.

Sie lachten und grunzten, als hätte ich ihnen einen Rippenstoß gegeben.

»Bezahlen Sie uns«, sagte einer auf Englisch.

»Ndalama«, sagte ein anderer. Bargeld.

Ich ignorierte sie und mauerte weiter. Sie fuhren fort, sich leise zu unterhalten, und ich hatte den Eindruck, daß sie darüber diskutierten, ob sie mir helfen sollten oder nicht.

»Es ist eure Küche, nicht meine«, sagte ich.

»Warum arbeiten Sie dann daran?«

»Um euch zu helfen.«

»Das ist Ihre Sache«, sagte der, der Englisch konnte.

»*Mzungus* helfen gerne«, sagte der dritte, ein alter Mann.

Bald darauf gingen sie. Sie schlichen lautlos davon, und im weißen Staub, wo sie gehockt hatten, waren nur noch tiefschwarze Schattenflecken.

Ich war wütend und blieb. Ich mauerte und wollte mich unnachgiebig zeigen. Auch als die Mittagsglocke erklang, arbeitete ich weiter, und ich freute mich, als Birdie mir einen Teller *nsima* mit Bohnen und einen Becher Tee brachte. Ich brauchte sie als Zeugin.

»Pater LeGrande würde sich freuen, Sie hier arbeiten zu sehen«, sagte sie. Sie trug einen langen blauen Rock und einen Schlapphut.

»Ich wollte, ich hätte Hilfe.«

Sie lächelte in Richtung Dorf. »Sie sind faul«, sagte sie. »Sie wollen einfach nicht arbeiten. Ob etwas erledigt wird oder nicht, ist ihnen egal. Wir erledigen alles für sie.«

Ich erschrak über die beiläufige Mitleidlosigkeit in ihrer Stimme und über ihr gesundes, zuversichtliches Gesicht.

»Sie simulieren«, sagte sie. »Sobald wir ihnen den Rücken kehren, lachen sie über uns. Und sie sind sehr rücksichtslos. Sie würden sterben oder sich gegenseitig umbringen, wenn wir sie sich selbst überlassen würden. Sie können nicht mehr zurück nach Hause – sie passen nicht mehr dorthin.«

Sie lächelte. Sie wollte mich schockieren.

»Ich werde jemanden schicken, der den Teller und den Becher abholt«, sagte sie, raffte den Rock, damit er nicht im Staub schleifte, und ging in Richtung Ambulanzstation davon. Ich war verwirrt.

Ihre Worte hatten bewirkt, daß ich sie körperlich abstoßend fand. Ich wiederholte sie im Flüsterton, und während ich ihr nachsah, mißfielen mir ihr Gang, ihr lächerlicher Hut, ihre angewinkelten Ellbogen und das Hüpfen ihres Rocks.

An diesem Tag kehrten die Afrikaner nicht zurück. Ich arbeitete bis Sonnenuntergang, doch dann begannen die Moskitos auszuschwärmen, und ich ging zum Abendessen in das Priesterhaus. Ich war zu müde zum Lesen oder Karten spielen. Als ich mich schlafen legte, waren die Priester noch wach.

Auch am nächsten Tag arbeitete ich an der Mauer. Birdie brachte mir etwas zu essen, und wieder fragte sie: »Wo stecken denn alle? Sie schlafen in ihren Hütten, während Sie arbeiten.«

»Ich tue das für mich selbst«, sagte ich. »Es war meine Idee, nicht ihre.«

Ich aß, während sie neben mir stand und mir zusah.

»Warum setzen Sie sich nicht?«

»Wegen des Staubs«, sagte sie und lächelte.

»Tragen Sie Ihr Habit nicht mehr?«

»Wenn Sie wollen, trage ich es wieder.«

Sie ging lachend davon, und ich dachte: Mag ich sie nicht, weil sie ausspricht, was ich insgeheim denke? Ich hatte gemerkt, daß ich begann, die Afrikaner in Moyo zu verachten, und zwar aus eben den Gründen, die sie genannt hatte.

Aber mein Eifer ließ auch in den folgenden Tagen nicht nach. Ich ging gleich nach dem Frühstück an die Arbeit, überhörte die Mittagsglocke und machte erst eine Pause, wenn Birdie mit einem Teller *nsima* mit Bohnen erschien. Bei Sonnenuntergang hörte ich auf und kam im Dunkeln zum Priesterhaus, wobei ich mich, da auch der Weg bereits von der Nacht verschluckt worden war, am Schein der Kerosinlampen in den Fenstern orientierte.

Ich mag diesen Ort, weil mich hier niemand kennt, dachte ich.

Am Freitag dieser Woche ging ich in der einbrechenden Abenddämmerung durch das Dorf. Die Luft war durchsetzt mit Staub und dem Geruch von Schmutz und Lampenöl. Ich hörte einen Schrei, ein Keuchen, ein Stöhnen – die Schmerzenslaute kamen aus der Fensteröffnung einer Lehmhütte. Ich nahm an, daß eine Frau von ihrem Mann verprügelt oder gewürgt wurde; diese Akte willkürlicher Gewalt waren einigermaßen häufig. Die unvermittelte Brutalität erschien mir lediglich wie ein Aspekt der Sexualität im Dorf der Leprakranken.

Ich ging zur Tür der Hütte, doch als ich darin nur drei Frauen sah, zögerte ich. Zwei von ihnen – eine war eine Nonne – knieten auf dem Boden, die dritte lag auf einer Matte und keuchte. Eine Kerosinlampe beleuchtete ausschließlich den Raum und die drei Frauen; ihr Schein verzerrte alles andere, und hier draußen waren die Schatten so dunkel, daß ich zusehen konnte, ohne selbst bemerkt zu werden.

Die Frau auf der Matte schrie wieder, und an der Art ihres Schreis und ihrem gewölbten, nackten Bauch erkannte ich, daß sie in den Wehen lag.

Die weiße Nonne und die Afrikanerin sprachen leise mit ihr, und die Nonne hielt die Beine der Schwangeren gespreizt. Die Afrikanerin strich ihr tröstend über die Hand, und ich konnte erkennen, daß die Gebärende einen tiefen Spalt zwischen Daumen und Zeigefinger hatte – das Tigermaul – und daß die Finger verkrüppelt waren: Lepra.

Ich kannte Geburten nur aus Spielfilmen und hatte diese Szenen immer als quälend empfunden: die Schreie, die Hysterie, die angewinkelten, gespreizten Beine, das verzerrte Gesicht der Mutter. Doch dies hier war anders, inzwischen kaum mehr als ein Gemurmel, ein angestrengtes Atmen, ein Seufzen und die ermutigenden Worte der Geburtshelferinnen. Nach einem abermaligen Ächzen wurde das Kind in das gelbe Licht der Lampe gehoben.

»*Mwana*«, sagte die Nonne. Ein Junge.

Es war ein gesundes Kind, rosig-grau, mit vielen Haaren und unversehrten Fingern und Zehen. Es tropfte und pinkelte dann einen dünnen Strahl in die Luft, während es schrie und immer rosiger wurde. Die Frauen lachten erleichtert.

Als ich aufstand, um zu gehen, stolperte ich unversehens. Ich konnte nur verschwommen sehen und glaubte, eine kleine Gruppe von Menschen zu erkennen, die sich im Schatten außerhalb des Lichtkreises der Lampe versammelt hatten. War einer von ihnen Amina? Ich sah ihr glattes Gesicht, die glänzenden Augen, den blauen Turban. Ich hatte das Gefühl, daß sie nicht das Geschehen in der Hütte verfolgte, wo die Frauen das Neugeborene bewunderten, sondern mich betrachtete. Dann tastete ich mich durch die Finsternis den Weg entlang und dachte an den Mann unter dem Baum, der zu mir gesagt hatte: »Ich bin krank.«

5

»Ich glaube, ich lege mich gleich hin«, sagte ich, als ich am Priesterhaus angekommen war. Meine Stimme hallte blechern in meinen Ohren wider, und ich fühlte mich schrecklich, obgleich ich so tat, als gehe es mir gut – ich war nur müde, wie jeden Abend, seit ich mit der Arbeit an der Gemeinschaftsküche am Rand des Dorfes begonnen hatte. An diesem Abend taumelte ich wie ein Betrunkener, der versucht, sich wie ein Nüchterner zu bewegen.

In meinem Zimmer ließ ich mich auf das Bett fallen. Mein Kopf schmerzte, meine Gelenke knackten. Innerhalb von Sekunden stand meine Haut in Flammen, und jedes Geräusch wurde zum Geheul. Es war, als hätte man mich bei lebendigem Leibe gehäutet und die nackten weißen Nervenbahnen meines Körpers freigelegt.

Ich lag in der heißen Finsternis, ich hatte Staub in der Nase, ich starb. Das Fieber packte mich mit aller Macht. Ich hatte das Gefühl, einer tödlichen Krankheit ausgeliefert zu sein, und das Gefühl wurde zur Gewißheit, als knochige Finger nach meinem Fleisch griffen, bösartig wie die Zangen eines Folterknechts. Diese Skelettfinger waren das Fieber. Ich war zu krank, ich hatte keine Kraft mehr, es irgend jemandem zu sagen. Ich hörte das Klappern von Tellern; die anderen hatten zu Abend gegessen, Simon räumte den Tisch ab, Pater DeVoss mischte die Karten, Bruder Piet nähte und summte dabei vor sich hin, Pater Touchette umklammerte sein Brevier. Ich stöhnte und konnte nicht aufstehen, und ich bereute, daß ich die Tür verriegelt hatte.

Die überlauten Stimmen von nebenan drangen in meinen Traum. Sie gehörten rohen, gleichgültigen Männern in schmutzigen Soutanen, die Karten spielten und lachten. Sie spielten, während ich hier im Sterben lag. Jedesmal, wenn ich schweißnaß erwachte, fühlte ich mich schwächer und ängstlicher.

Helft mir.

Doch das Stöhnen blieb mir in der Kehle stecken, denn ich war zu schwach, um zu schreien.

Ich dachte: Irgendeiner könnte doch hereinkommen und mir helfen. Aber es ist ihnen egal!

Ich zitterte, ich schwitzte. Mein Herz pochte. Das Gelächter – war das Bruder Piet? – kam unvermittelt und gleich einer Explosion, die mir schier den Schädel sprengte.

Vor meinen Augen bewegte sich ein Schatten. Es war eine Fledermaus, die im Raum hin und her flog – ich hatte früher einmal eine in einer Scheune fliegen sehen. Diese Fieberfledermaus wurde von den Lichtstreifen zerschnitten, die durch die Ritzen in der Tür fielen. Mein Blick folgte dem Tier, das in dem gebrochenen Licht zu knistern schien. Ich fürchtete mich nicht vor ihm, aber ich war hilflos. Die Schmerzen in Kopf und Gliedern lähmten mich, und das Gefühl der Hilflosigkeit machte mir angst. Ich spürte, daß die Fledermaus mit flatternden Flügeln dicht über meinem Gesicht vorbeistrich und roch ihren Gestank. Sie ängstigte mich nicht so sehr wie die Ahnung, daß ich dabei war zu sterben, doch sie schien ein notwendiges Zubehör zu sein, wie ein Requisit bei einem Begräbnis – eine Kerze etwa oder eine Eule.

Ich beschwor die Finsternis, einer der Priester möge von seinem Blatt aufsehen, an mich denken, sich Sorgen um mich machen und die Tür aufbrechen. In diesem Fall hätte ich noch eine Chance. Doch ich war allein und gefangen in diesem Zimmer. Ich war verloren. Sie würden mich erst morgen vermissen, frühestens gegen Mittag, und bis dahin würde ich tot sein.

Dieser Gedanke jagte mir eine schreckliche Angst ein und machte mich so traurig, daß ich wie ein Kind zu weinen begann: Ich schluchzte nicht, sondern lag zusammengekrümmt da und wimmerte und quiekte.

Dann träumte ich von riesigen Frauen, von Birdie und anderen. Sie waren grün und hatten gewaltige Brüste und heiße, sengende Lippen; sie lachten über mich und bissen mich, sie balgten sich und stießen mich beiseite. Eine leprakranke Frau, die anstelle von Händen und Füßen nur noch Stümpfe hatte, wandte sich von mir ab, und mir wurde bewußt, daß ich noch häßlicher war als sie. Sie lachte mich an und drehte sich die Nase ab, die aussah wie eine feuchte, pflaumenartige Hundenase, und dann streckte sie die Arme nach mir aus.

Davon erwachte ich, doch schon Sekunden später war ich in einem anderen Traum. Jeder Traum war ein Traum über Feinde, über meine Schwäche. Ich wurde überwältigt, bedroht und verspottet. Hin und wieder würgte mich eine der Riesinnen, während ich versuchte, so viel Kraft aufzubringen, daß ich um mein Leben betteln konnte.

Wellen schleuderten mich auf einen Strand voller zerschmetterter Knochen, ein Meeresufer, das mit Vogelspuren übersät war – spiralförmigen Fährten aus schlichten, klar umrissenen Klauenabdrücken, die wie die Buchstaben eines neuen Alphabets wirkten. Der Strand war steinig. Zerbrochene Muscheln lagen herum, pockennarbige Felsbrocken und weiße, von den Wellen geglättete Kiesel, die dieser Küste etwas Düsteres, das Gepräge einer Stätte voller ausgetrockneter Knochen und Schädelteile verliehen. Ich fand Fußspuren von

Menschen, konnte jedoch niemanden entdecken. Alles, was ich sah, war eine riesige Fläche weißen Sandes. Zunächst fühlte ich die Hitze nur auf meinem Gesicht, doch als ich über den Sand lief, versengte ich mir die Füße. Weit draußen war das Meer dunkelblau, doch am Ufer, unter dem blassen Himmel, sah es braun aus. Die Sonne stand genau über mir und brannte auf mich herab. Mit schmerzenden Füßen erreichte ich endlich das Meer, warf mich ins Wasser und wurde von einer Welle verbrüht. Das Meer war kochend heiß, und nun sah ich, daß es eine faulige Brühe voller Tang und Blasen war.

Das Geräusch von Trommeln riß mich aus diesem gräßlichen Traum. Wie bei den Stimmen, von denen ich zuvor gepeinigt worden war, hatte ich ein halluzinatorisches Schmerzgefühl: Meine Augen brannten, in meinen Ohren dröhnte es, ich wußte nicht, ob ich wachte oder träumte. Die Priester schliefen – es war gar nicht anders denkbar. Das Fehlen ihrer Stimmen ließ das Trommeln nur noch lauter erscheinen. Die Trommelmelodie fiel in einer Kaskade von Tönen, sie zitterte und erstarb und begann von neuem, schneller und lauter.

Und ich bildete mir ein, die Tanzenden sehen zu können: grinsende, zähnefletschende Dorfbewohner, Leprakranke und ihre Familien, dickfellig und häßlich. Sie waren aggressiv, wollten einander packen. Unter den staubigen Bäumen fielen andere Schatten übereinander her. Die Priester standen stumm und mit verschränkten Armen dabei, und ich versuchte, die Trommeln zu übertönen: *Rettet mich!*

Ich träumte von Getrommel, und bei jedem Erwachen setzte sich das Trommeln vor meinem Fenster fort. Ich haßte sie alle: die Tänzer, die Trommler und besonders die Priester, weil sie nichts taten, um die Musik zum Schweigen zu bringen oder mir zu helfen.

So verging die Nacht. War es nur eine Nacht? Die Fledermaus war wirklich, ebenso wie das Gelächter und das Trommeln. Das alles bildete ich mir nicht ein. Den Traum jedoch hätte ich ertragen können. Angst machte mir das, was wirklich war: die Schmerzen in meinem Kopf und das Wissen, daß ich klein und verschwitzt und schwach und krank war und daß ich noch vor dem Morgengrauen sterben würde. Dieses Wissen war die eigentliche Qual.

Ich weinte, ohne ein Geräusch zu machen. Tränen rannen mir über die Wangen. Ich hatte Angst vor dem Tod, aber nach all diesen dunklen Stunden wollte ich nur noch sterben und von diesen Schmerzen befreit sein.

Das war vor Tagesanbruch. Später schlief und träumte ich im Licht der Sonne, die meine Träume mit den leuchtenden Farben eines prasselnden Feuers erfüllte. Die Hahnenschreie bestätigten mein Gefühl, und als ich schließlich erwachte und Klopfen an meiner Tür hörte, kam ich mühsam auf die Beine, schob den Riegel zurück und brach zusammen. Und dann kniete Bruder Piet neben meinem Bett, murmelte *»Pepani, pepani«* – Entschuldigung, Entschuldigung – und hantierte mit einem Thermometer.

Ich hatte vierzig Grad Fieber. Ich dachte: Jetzt weiß ich etwas, das ich vorher nicht wußte, aber ich konnte mich nicht erinnern, was es war.

Ich lag da und war zu schwach, um den Kopf zu heben, doch ich war froh, daß man mich gefunden hatte. Es war eine lange, qualvolle Nacht am Rande des Todes gewesen. Ich hatte gespürt, wie ich ihm entgegengeglitten war, und war nicht imstande gewesen, um Hilfe zu rufen. Jetzt hatte ich eine Chance.

Pater DeVoss besuchte mich, die Hände auf dem Rücken verschränkt. Er sagte: »Ein Glück, daß Sie beschlossen haben, Ihren Urlaub in einem Krankenhaus zu verbringen.«

Moyo war für mich nicht bloß ein Krankenhaus. Es war alles: eine Missionsstation, eine Kirche, ein Dorf, eine Leprakolonie. Es war ein Ort für Ausgestoßene, für Leprakranke, Syphilitiker und Schlangenbißopfer, für Menschen mit außergewöhnlich entstellenden Krankheiten, und sie lagen da, verunstaltet und hoffnungslos, weil sie aus ihren Heimatdörfern ausgestoßen worden waren. Es war kein Krankenhaus, sondern ein Zufluchtsort für Verzweifelte. Sie waren nicht krank, sondern verflucht.

Fieber war etwas anderes: ein zackenbewehrter Schmerz, der wie eine Kettensäge in meinem Kopf und meinem ganzen Körper heulte. Ich war nicht wie diese anderen Menschen. Für mich gab es kein Heilmittel, das wußte ich. Man lebte mit dem Fieber und litt darunter, und nach einer Woche ging es einem entweder besser oder immer schlechter, und selbst wenn man wieder gesund wurde, war man ein anderer als zuvor, denn das Fieber tötete etwas in einem. Das jedenfalls sagten die Afrikaner über Fieber, und nun wußte ich genug, um ihnen zu glauben.

»Es könnte Malaria sein«, sagte Pater DeVoss. Er stellte leichthin Vermutungen an. Er schien sich keine Sorgen zu machen und trat beiseite, als Bruder Piet ein Tablett abstellte.

»Trinken Sie das, solange es heiß ist, und danach gebe ich Ihnen *mankhwala*«, sagte er. Der Ernst der Situation erforderte mehr englische Worte, als ich bisher von ihm gehört hatte. Er reichte mir einen Becher dampfenden, süßen Tee. Dann gab er mir Chloroquin – sechs Tabletten jetzt, sechs weitere gegen Mittag – und Paracetamol, um das Fieber zu senken.

»Oder Schwarzwasserfieber. Vielleicht sogar Cholera. Oder eins von den Fiebern, die keinen Namen haben«, fuhr Pater DeVoss fort. »Aber wir werden Sie erst einmal gegen Malaria behandeln, denn dafür haben wir *mankhwala.*«

Keuchend und schweißgebadet nickte ich, lächelte und versuchte mit krächzender Stimme, ihnen zu danken. Ich war froh, daß ich die Nacht überlebt hatte und daß es jetzt Zeugen für mein Fieber gab.

»Ich glaube, es geht Paul schon ein wenig besser«, sagte Pater DeVoss.

Es war eine schreckliche Nacht gewesen, doch die Anteilnahme dieser guten Männer ließ meine Hoffnung wiederaufleben und dämpfte die Schmerzen. Ich fühlte mich umsorgt, und Bruder Piets Geschäftigkeit war beruhigend. Er machte sorgsam mein Bett, und sobald ich auf einem trockenen Laken lag, fühlte ich mich besser.

Pater DeVoss lächelte mich immer noch an, aber sein Lächeln war so gütig und melancholisch, daß ich das Gefühl hatte, als segne er mich. Sein nachsichtiger Blick schien Gnade zu verströmen. Er sah durch das Fieber und meine Schwäche hindurch auf meine Seele, während Bruder Piet sich um meinen Körper kümmerte.

Den ganzen Tag über brachten Bruder Piet und Simon mir Tee und Chloroquin. Als das Fieber am frühen Abend wieder anstieg, legte Simon mir feuchte, kühle Tücher auf die Stirn, um die Temperatur zu senken. Im Dunkel der Nacht glühte ich dennoch vor Fieber, aber ich hatte nicht mehr soviel Angst. Ich betete darum, bereits auf dem

Weg der Besserung zu sein, und im ersten Licht des Morgens war ich hoffnungsvoller. Ich hatte eine weitere Nacht überstanden. Dann nahm ich wieder heißen Tee, saures Chinin und wäßrige Hühnersuppe zu mir, die Simon gekocht hatte. Als der Tag sich neigte, stieg meine Temperatur wieder an, meine Haut stand in Flammen, meine Nerven schmerzten, meine Augen begannen in ihren Höhlen zu kochen. Und ich bekam wieder Angst, ich könnte in der Finsternis untergehen und sterben.

Das Trommeln ging weiter, es kam vom Dorf und drang zwischen den Bäumen hindurch und den Hügel hinauf zu uns. Ich konnte den scharfen Geruch des Staubes riechen, den die stampfenden Füße der Tanzenden aufwirbelten, und ich sah sie geradezu vor mir, wie sie tanzten und trampelten, als wollten sie die fetten weißen Würmer, die sie *mphutsis* nannten, zertreten. Mit den Trommelschlägen und der hereinbrechenden Dunkelheit wurde das Fieber stärker; es verlieh mir eine Art Nachtsichtigkeit, die wie eine Halluzination war, und ich sah sie, die Tänzer: Viele von ihnen waren nackt, ihre glänzenden Körper wurden von den Flammen beleuchtet, ihre schwarzen Schatten sprangen durch mein Zimmer.

Mit brennenden Augen sah ich Amina, die in die Menge der Tanzenden eintauchte, ich sah, wie sie, erregt vom Rhythmus der Trommeln, ihre dünnen Arme und Beine bewegte. Ihr Gesicht glänzte von Schweiß, ihre kleinen Brüste waren rot im Licht des Feuers, ihre Augen waren verdreht, so daß man nur das Weiße sah. Und dann löste sich ihr Wickelkleid und verschwand unter den stampfenden Füßen. Sie war in Trance und bemerkte es nicht, sie wand sich nur noch mehr, leuchtete nur noch heller, ihr Körper war wie eine einzige Flamme, während ihre Großmutter mit blinden Augen vor sich hinstarrte, die Trommeln hörte und sich vielleicht fragte, wo das Mädchen geblieben war.

In ihrem Zimmer im Kloster hörte auch Birdie das Trommeln. Auch sie sah die schwarzen, schweißbedeckten Körper vor sich, das prasselnde Feuer, die schreienden Frauen. Das Dorf, das den ganzen Tag über schlief, erwachte nachts zum Leben. Nichts von dem, was sich bei Tageslicht abspielte, war von Bedeutung. Ich versuchte mir vorzustellen, was Birdie empfand, wenn sie es hörte: War sie erregt oder abgestoßen? Natürlich war sie erregt, aber sie war abgestoßen von ihrer Erregung, und darum würde sie so tun, als verabscheute sie das Trommeln.

Mein Fieber ließ mich alles deutlich sehen, nicht nur das Trommeln und die Tänzer, sondern auch Amina, Birdie, die Nonnen und die Priester, die schwitzend, manche betend, oben in ihren Zimmern saßen. Meine Krankheit gab mir Visionen ein und zeigte mir diese Menschen. Im Fieber lernte ich sie alle besser kennen.

Und dann kam mir allmählich der Gedanke, daß dies meine Lektion war. Ich mußte krank und fiebrig sein und hilflos auf dem Rükken liegen, unfähig, mit meiner belegten Zunge auch nur ein einziges Wort zu sagen, um mir bewußt zu werden, daß hier jede Anstrengung sinnlos war.

Simon brachte mir gewissenhaft feuchte Tücher, Tee, Suppe und Medizin, doch weder er noch die Priester schienen besonders besorgt zu sein. Sie taten ihre Pflicht und waren aufmerksam, doch ihre Haltung war so fatalistisch wie die der Leprakranken. Wie konnte ich in dieser Welt der Aussätzigen Mitleid wegen eines Fiebers erwarten? Trotz allem, was sie sagten, betrachteten sie mich als jemanden, der möglicherweise sterben würde.

»Gestern nacht haben sie wieder getrommelt«, sagte ich zu Simon. Ich kommentierte das Offensichtliche, nur um meine Stimme zu hören.

»Sie trommeln jede Nacht.«

»Und sie tanzen auch?«

»Ja, Pater.«

Ich war sicher, daß es so war, wie ich es mir vorgestellt hatte: nackte, stampfende Leprakranke, Amina, die sich vor ihrer blinden Großmutter hin und her wand.

»Ist es eine Art Erntefest?«

»Aber wir haben doch gar keine Erntezeit, Pater«, sagte er. »Wir arbeiten das ganze Jahr über in den Gärten.«

»Warum dann dieses *chamba?*« fragte ich und benutzte das Wort, das ganz allgemein »tanzen« bedeutete.

»Das ist nicht *chamba*, sondern *zinyao*.«

Dieses Wort kannte ich nicht, und so bat ich ihn, es mir zu erklären. Simon schüttelte den Kopf, als dürfte er das Geheimnis nicht verraten.

»Vielleicht sehen Sie es eines Tages, wenn Sie wieder gesund sind.«

Ich konnte mich inzwischen aufsetzen, ich schlief besser, und die Kopfschmerzen ließen nach. Das Fieber kam in Schüben. Noch immer schluckte ich viele bittere Tabletten und sechs bis acht Aspirin pro Tag. Ich fühlte mich besser – nicht kräftiger, aber weniger fiebrig. Und dann bekam ich wieder Appetit und aß ein oder zwei Scheiben von Simons krümeligem Brot zur Suppe.

Das machte mich weder gesünder noch kräftiger. Ich bekam bloß Durchfall. Darum mußte ich, anstatt den Nachttopf zu benutzen, zur Latrine schlurfen. Bisher hatte ich immer die vor der Küche benutzt, doch es gab gleich vor meinem Zimmer, in einem überwucherten Teil des Gartens, noch eine andere, voller Unkraut und aus bemoosten Ziegelsteinen. Diese Latrine war so alt wie das Haus. Sie war ein Alptraum, aber sie war nah.

Das Häuschen – Lehmwände, Strohdach, schiefe Tür, Spinnweben – stand neben dem Hintereingang an meinem Ende des Korridors. Hin und wieder hörte ich, daß die Latrine benutzt wurde, denn die Türangeln quietschten, manchmal zu den eigenartigsten Zeiten. Dieses Quietschen in den dunkelsten Stunden der Nacht war bis in meine Fieberträume vorgedrungen.

Ich war überrascht festzustellen, daß die Tür gar keine Angeln hatte. Mir war noch schwummrig vom Aufstehen, und ich sah, daß die Tür mit zwei Seilstücken befestigt war. Dennoch hatte ich mir das rostige Kreischen von Metall nicht eingebildet – ich hörte es abermals, als ich vor der alten Latrine in der Sonne stand. Drinnen war das Kreischen lauter. Als meine Augen sich an die Dunkelheit gewöhnt hatten, sah ich, daß Fledermäuse – drei oder vier, so groß wie Ratten – sich mit ihren schmutzigen Krallen an der rauhen Kante des Loches im hölzernen Sitz festhielten. Ich schlug mit der Faust auf den Sitz, und sie verschwanden in der Grube, wo sie hektisch in wilden Kreisen umherflogen. Sie flatterten und kreischten unter mir, während ich mit verzerrtem Gesicht dasaß und mich bemühte, so schnell wie möglich fertig zu werden.

Eine Woche Schlaf, Fieber, Durchfall und Bruder Piet. *»Pepani.«*

Entschuldigung. Nachts wurde meist getrommelt. Das Fieber ließ nach, und eines Tages erwachte ich ohne Kopfschmerzen. Meine Augen brannten nicht mehr. Die Luft war frisch, und der feuchte Glanz auf den Blättern und der vom Tau dunkel gefärbte Staub unter den Bäumen erweckten den Anschein, als hätte es in der Nacht geregnet. Ich bewunderte den Himmel, der wie ein Ozean aus Licht war, und war zum erstenmal hungrig und freute mich auf das Essen. Ich lebe, dachte ich.

»Was für eine Krankheit hatte ich?«

»Ein Fieber«, sagte Pater DeVoss.

»Was für ein Fieber?«

»In Afrika haben die meisten Fieber keinen Namen«, antwortete er. »Was spielt das auch für eine Rolle? Sie haben es hinter sich.«

6

Und erst dann, mehr als drei Wochen nach meiner Ankunft in Moyo, begann ich diese Kolonie der Leprakranken zu begreifen. Mit trüben Augen sah ich sie, wie sie war. Meine Genesung ging im Schneckentempo voran, und ich machte mit Hilfe von Bruder Piets geschnitztem Wanderstock die ersten langsamen Schritte. Die Auswirkungen des Fiebers ließen nach. Ich war schwach, zittrig und benommen, ich war noch immer hungrig, konnte aber kaum etwas essen. Ich hatte Herzflattern und konnte meine Hände nicht ruhig halten. Nach einem Gang zur Fledermauslatrine war ich außer Atem, und für den Weg zur Ambulanz brauchte ich den ganzen Vormittag. Ich hatte das Fieber überlebt, aber ich war noch nicht wiederhergestellt.

In diesem Stadium der Genesung war ich passiv und aufnahmebereit und sah, mit welcher Gleichgültigkeit diese Leprastation der Welt gegenüberstand. Niemand konnte diese Gleichgültigkeit erklären. Bei meiner Ankunft hatte ich akzeptiert, was mir die anderen über die Krankheit gesagt hatten, aber hier mußte man erst krank werden, um zu erkennen, wo man war. Es spielte eigentlich keine Rolle, welche Krankheit man bekam. Irgendein hohes, potentiell lebensgefährliches Fieber reichte vollauf, um einem einen Endruck zu vermitteln. Mein namenloses Fieber jedenfalls hatte das geschafft. Die Menschen hier waren nackt, und ich war nun ebenfalls nackt.

»Nackt« bedeutete hier: »ohne Kleider«. Es war keine Metapher. Metaphorische Sprache war hier unbekannt. Worte hatten klare Bedeutungen; es gab keine Symbole, keine Sinnbilder, nichts Poetisches oder Literarisches. »Krank« bedeutete Lepra, »Fieber« hieß eine Woche Leiden, »heiß« war die unbarmherzige Sonne, »Staub« war das säuerliche Pulver, das den Boden bedeckte und in jedem Bissen knirschte. Und »Verlangen« – ich hatte es oft gesehen – war ein Mann, der am Dorfrand hinter einer Wand aus raschelnden, zum Trocknen aufgehängten Maiskolben vor einer Frau im Staub kniete und pumpte, während sie zappelte und um sich schlug, und es war kurz und brutal.

Dies war der Busch, und man gehorchte den Buschregeln. Die Leprakolonie war ein sehr großes Dorf. Wie dumm von mir zu glauben, ich könnte hierherkommen, um Englisch zu unterrichten. Und wie lächerlich, daß ich im Zusammenhang mit der Gemeinschaftsküche an so etwas wie einen Fertigstellungstermin gedacht hatte. Allen anderen war das vollkommen gleichgültig. Bei Tag war das Dorf der Leprakranken ohnehin bloß mit Subsistenzwirtschaft und dem Kampf ums Überleben beschäftigt. Bei Nacht dagegen beschäftigte es sich mit Lust. Während wir anderen schliefen, ging es im Dorf lebhaft, ja hektisch zu. Das Dorf war eine andere Welt.

Doch auch Tag und Nacht standen außerhalb der Zeit, denn Zeit hatte keine Bedeutung. Heute war wie gestern oder morgen, wie vor vierzig Jahren; und in vierzig Jahren würden hier derselbe Staub, dieselben Trommeln, derselbe Hunger sein. Man hatte keine Erwartungen, man hatte resigniert. Diese Menschen hatten sich an ihre Krankheit gewöhnt und waren dankbar für kleine Glücksfälle. Sie waren dem Leben zugewandt und ließen sich von Sex erregen, zuckten angesichts von Krankheit die Schultern und nahmen den Tod hin.

Moyo war eine vollständige, schlicht strukturierte Welt. Alles lag an der Oberfläche, alles war sichtbar. Sie war unwandelbar. Sie ließ keinen Ehrgeiz, keine Veränderungen zu. Auf einen flüchtigen Beobachter mochte es wie ein Gefängnis wirken, doch in Wirklichkeit war es eine Heimat – eine riesige Familie mit ein paar leicht zu übertretenden Regeln. Abgesehen von ein bißchen Gartenarbeit und Korbflechterei gab es nichts zu tun. Alle waren entweder krank oder mit einem Kranken verwandt, alle hatten eine Entschuldigung. Es gab eine Kirche, aber kaum einer ging zum Gottesdienst. Sex fand praktisch ständig statt und häufig offen und ungeniert: Man erhaschte einen Blick auf einen Mann und eine Frau, sie auf dem Rücken, er kniend. Und kleine Jungen, die die Männer nachahmten, jagten ständig den Mädchen nach. Es war das Leben der Leprakranken, der Sex der Leprakranken, die Untätigkeit der Leprakranken – sie verbrachten ein ganzes Lepraleben an einem einzigen Ort, und dann starben sie. Nun sah ich den Sinn darin.

Ich begriff die Bedeutung von Worten, die ich bis dahin nicht gekannt hatte. Und obgleich ich körperlich und geistig noch langsam war, sah ich die Menschen klar und deutlich. Auch sie nahmen mich ernster – die Leprakranken, ihre Familien, die Nonnen, Birdie. Amina grüßte mich jetzt: Sie murmelte verstohlen und winkte mir zu, während ihre Großmutter, die sie gehört hatte, fragte: »Wer ist das?«

Die Priester und Bruder Piet auf ihrem niedrigen, buschbewachsenen Hügel waren wie zuvor etwas entrückt und kümmerten sich um den spirituellen Aspekt, wie Pater DeVoss es ausdrückte. Sie lasen die Messe – eine nie vernachlässigte Pflicht. Weil so wenige Afrikaner zur Messe gingen, war sie wie ein privates Ritual, eine europäische Tageslichtversion des nächtlichen Trommelns.

Als ich krank gewesen war, hatten die Priester mir ihre Sympathie gezeigt, doch da sie an ein Leben nach dem Tod glaubten, blieben sie bei jeder Krankheit gelassen. Das entnahm ich der Art, wie sie über Malinki sprachen, den jungen Mann, den ich am ersten Tag gesehen hatte. Er lag noch immer reglos in einer Ecke der Männerstation wie ein Ausgestoßener. Seine Augen waren gelb, seine Zunge war geschwollen, sein Atem ging mühsam. Sie kümmerten sich nicht um seinen verfallenden Körper und all seine Mängel – ihre Sorge galt seiner Seele. Es war fast, als könnte man auf ihn, der in seiner unbekannten Krankheit gefangen war und sich nicht rühren konnte, Anspruch erheben: Während er hilflos dalag, schnappten sie sich seine Seele.

Wir nahmen unser gewohntes Kartenspiel nach dem Abendessen

wieder auf. Eines Nachts, nach einem verlorenen Spiel, fragte ich, wie es Malinki gehe. Jetzt, da ich mich von meiner Krankheit erholte, wollte ich, zur Hebung meiner eigenen Moral, Geschichten über Genesungen hören.

»Er ist sehr krank«, sagte Pater DeVoss, nahm sein Blatt auf, ordnete es fächerartig in der Hand an und konzentrierte sich dabei auf jede einzelne Karte.

Am nächsten Abend beim Whist wandte er sich, als hätte das soeben verlorene Spiel ihn daran erinnert, an mich und sagte: »Der junge Mann hat es leider nicht geschafft.«

»Pepani!« sagte Bruder Piet.

»Wir werden ihn morgen beerdigen«, ließ sich Pater Touchette vom anderen Ende des Raums vernehmen. Er spielte heute abend nicht mit. Simon hatte seinen Platz eingenommen und spielte, ohne ein Wort zu sagen, und mit einer ängstlichen Vorsicht, die ihn regelmäßig verlieren ließ.

»Was hätten Sie getan, wenn ich so krank gewesen wäre wie dieser Afrikaner?«

»Wir hätten uns um Sie gekümmert«, sagte Pater DeVoss und überraschte mich mit seiner Unbestimmtheit.

»Aber ich spreche hier von einem Notfall«, sagte ich. »Wen hätten Sie benachrichtigt?«

»Wir haben kein Telefon.«

»Und keiner hört uns!« sagte Bruder Piet unverblümt auf Chinyanja. *Palibe anthu senga!* Und das Kartenspiel ging weiter.

Von den Leprakranken gingen nur wenige zur Morgenmesse, doch wenn sie krank waren, bekamen sie die Letzte Ölung. Und wenn sie starben, las man eine Totenmesse und begrub sie auf dem von einer Steinmauer umgebenen Friedhof, im Schatten des Mangobaums, wo ich manchmal einen Mann und eine Frau miteinander schlafen sah.

»Vielleicht möchte Paul unser Meßdiener sein.«

»Na gut«, sagte ich.

Meine Zeit als Meßdiener lag Jahre zurück, aber mit ein bißchen Hilfestellung fielen mir die Antworten wieder ein, vom *Introibo ad altare Dei* (»Ich werde vor den Altar Gottes treten«) bis zum Dank an den Priester, nachdem er *Ite, missa est* (»Gehet hin, die Versammlung ist entlassen«) gesagt hatte.

Bei Malinkis Beerdigung sangen die Afrikaner klagend und zweistimmig: Die Männer stöhnten, die Frauen schrien, alle weinten. Sie trugen Malinkis Leichnam in einem ramponierten Sarg, den man wiederverwenden würde, wenn Malinki in seinem Jutesack herausgehoben und beerdigt sein würde.

Später, in der Sakristei, sagte Pater DeVoss: »Die Soutane steht Ihnen gut.«

Er stand da und bewunderte die weiße Soutane, die ich gerade aufknöpfte.

»Sie brauchen sie nicht auszuziehen. Sie werden feststellen, daß sie angenehm kühl ist. Das liegt daran, daß sie so weit ist. Besser als Ihre dicke Hose. Probieren Sie's mal.«

Ich fragte mich, ob das recht war. Ich wußte, daß ich zu schwach war, um zu arbeiten. Jedenfalls hatte ich den Englischunterricht aufgegeben, und die Arbeit an der Gemeinschaftsküche hing mir zum Hals heraus. Ich behielt also die Soutane an und ging hinunter zur Ambulanz. Ich brauchte Aspirin, aber ich wollte mich auch unter Afrikanern bewegen, verkleidet als Priester, in diesem Gewand des Weißen Vaters.

»Hallo, Vater«, sagten die Afrikaner, wenn ich vorbeiging. Das war die übliche Begrüßung: *»Moni, bambo.« Bwana* – Herr – war respektvoller, *achimwene* – Bruder – vertraulicher. Ich fand »Vater« ganz in Ordnung, auch wenn ich gerade erst dreiundzwanzig geworden war. Doch wenn sie es sagten, traten sie einen Schritt zurück, verbeugten sich und klatschten in die Hände, und einige Frauen und die meisten Kinder fielen auf die Knie.

Die Nonnen lächelten, als sie mich kommen sahen. Sie wußten, daß ich ein Hochstapler war, betrachteten mich aber dennoch als Verbündeten. Und Birdie, die weiße Tabletten in Pappbechern an eine lange Schlange von Leprakranken austeilte, lachte laut auf, als sähe sie einen alten Freund.

»Ja!« rief sie.

Sie überließ ihrem afrikanischen Helfer das Austeilen der Tabletten und eilte mir lächelnd entgegen.

»Das gibt einem ein Gefühl von Macht, stimmt's?« fragte sie und legte eine Hand auf meinen Ärmel.

»Es ist einfach kühler.«

»Ja, ja, na klar.«

Und mir fiel ein, wie ich sie in ihrem Nonnenhabit gesehen hatte und wie sie gesagt hatte, sie habe darunter nichts an, und wie sie meine Reaktion darauf beobachtet hatte.

Jetzt hatte sie einen anderen Gesichtsausdruck: Sie wirkte munterer und mitfühlender, aufmerksamer, heiterer und freundlicher. Selbst die Art, wie sie meinen Ärmel berührte, erschien mir wie eine Geste der Zärtlichkeit.

Sie sagte: »Es freut mich, daß es Ihnen besser geht.«

»Mich auch.«

»Ich habe Sie schon vermißt«, sagte sie. Und vielleicht sah sie die Skepsis auf meinem Gesicht, denn sie fügte hinzu: »Es gibt hier so wenig Leute.«

»Zweitausend sind doch eine ganze Menge.«

»Ich meine *mzungus*.«

Dabei betrachtete sie die ganze Zeit meine weiße Soutane. Ihr prüfender Blick wurde mir langsam unangenehm: Sie sah nur meine Kleider, nicht mich. Ich wollte das Thema wechseln.

»Kriegen diese Leute gerade ihre Medizin?«

»Die zweite Dosis«, sagte sie. »Wir geben ihnen hundert Milligramm am Tag, eine Hälfte morgens, die andere Hälfte nachmittags.«

»Und was kriegen sie?«

»Dapson. Ein Sulfonamid. Es geht uns langsam aus – aber das ist den Leprakranken egal«, sagte sie. »Wir zerbrechen uns ja für sie die Köpfe.«

»Sie sehen nicht so aus, als würden Sie sich den Kopf zerbrechen.«

»Was spielt das auch für eine Rolle?« Sie zeigte auf die Männer und Frauen, die auf ihre Dapson-Tabletten warteten. Es waren auch einige Kinder darunter. So viel Geduld und Unterwürfigkeit. Am Ende der Schlange sah ich Amina und ihre Großmutter.

»Einige von den Leuten sehen gar nicht so aus, als hätten sie Lepra.«

»Das täuscht. Ein Kind kann schon infiziert sein, auch wenn die Krankheit erst ausbricht, wenn es erwachsen ist.«

Manche von den jüngeren in der Schlange schlugen die Augen nieder, als sie sie ansah.

»Ein paar von den Alten haben es fast hinter sich«, sagte Birdie. »Aber sie müssen ihre Medizin noch zehn Jahre lang nehmen, um vollständig geheilt zu sein.«

Sie warf mir einen Blick zu und bemerkte, daß ich Amina zulächelte. Birdie drehte sich um musterte sie rasch und mitleidlos, als wollte sie eine Rivalin taxieren; dann streckte sie die Hand aus, nahm Aminas schlanken Arm, kniff in die Haut und behielt sie zwischen den Fingern.

»Sehen Sie diesen harten, trockenen Knoten? Das ist die Reaktion des Körpers auf den Bazillus. Es ist ein Schutz – die Keime sind verkapselt. Das hilft zwar, läßt aber Teile des Körpers absterben.«

Und doch war Amina schön. Sie flüsterte ihrer blinden Großmutter etwas zu, die gefragt hatte: *»Ciani?«* – Was ist los? Daß Amina eine Leprakranke war, hatte ich erst bemerkt, als Birdie mich darauf hingewiesen hatte. Ich hatte gedacht, sie sei hier, um der alten Frau zu helfen.

»Manchmal können sie ihre Arme und Beine nicht mehr bewegen«, sagte Birdie, die Amina immer noch eingehend musterte. Bildete ich mir das ein, oder klang ihre Stimme wirklich triumphierend? »Manchmal verwandeln sich die Hände in Klauen.«

Amina berührte die Stelle an ihrem Arm und schien in die Schlange der Wartenden zurückzuweichen. Ihre Großmutter tastete nach ihrer Schulter.

»Die Nerven sterben ab«, sagte Birdie. Sie wies auf einen Mann, dessen Hand geschrumpft und wie ein Becher geformt war. »Er spürt keinen Schmerz.«

Doch ich sah wieder Amina an. »Das verstehe ich nicht. Ich dachte immer, daß Menschen, die an Lepra leiden, entstellt sind.«

Amina stand schüchtern unter den anderen Kranken. Auf dem Kopf trug sie den Turban, ihr Gesicht war schön und glatt, sie hatte die Hände gefaltet und das Tuch um sich gewickelt, so daß sie wie ein aufrecht stehendes Bündel wirkte, sehr zart und gerade. Und direkt hinter ihr stand die alte blinde Frau, die jetzt ihre verkrüppelte Hand auf Aminas Schulter gelegt hatte.

»Bei manchen sieht man jahrelang nichts. Und es ist nicht die Lepra, die die Menschen entstellt, sondern die Reaktion des Körpers auf die Krankheit. Im Kampf gegen den Bazillus zerstört der Körper sein eigenes Gewebe. Er hungert es aus und verhärtet es.«

»Fallen darum die Finger und Zehen ab?«

»Das ist ein Mythos. Wir amputieren sie, wenn sie absterben und nicht mehr zu gebrauchen sind.«

Ich sah Wilson, den Afrikaner, der sich geweigert hatte, mir bei der Gemeinschaftsküche zu helfen. Ich sah Simon, den Koch, und Johnson Magondwe und den Rest meiner Englischklasse, einschließlich des Tauben und des Schwachsinnigen. Manche gingen gebeugt und humpelnd auf verbundenen Füßen, andere sahen vollkommen gesund aus. Einige wirkten wesentlich gesünder als ich.

»Diese Entstellungen sind ein Erfolg. Das stoppt den Bazillus.« Birdie wandte sich von der Schlange der Wartenden ab. »Es stoppt allerdings auch den Körper.«

Die Leprakranken gingen an einem vergitterten Fenster vorbei, das wie das eines Schalters aussah, und bekamen von Birdies Gehilfen einen Pappbecher. Sie schluckten die Tabletten oder behielten sie im Mund, während eine Nonne den Becher mit Wasser füllte. Dann gingen sie wieder hinaus.

»Das Mädchen, das Sie da so interessiert angesehen haben, hat ein Knötchen am Arm. Viele dieser Leute haben Knötchen. Deswegen heißt diese Krankheit tuberöse Lepra.«

Die Nonne mit dem Wasserkrug sagte: »Aber nicht alle.« Sie goß Wasser in den Pappbecher eines Mannes und fuhr fort: »Dieser Mann hier, Yatuta, hat viele Geschwüre.«

Er hatte ein massiges Gesicht, eine verschrumpelte Nase und dicke, runzlige Haut, so rauh wie die Borke eines Baumes. Die Nonne erklärte mir, daß die Körperzellen bei dieser Art von Lepra nicht gegen die Krankheit ankämpften, und das führe dann zu einer langsamen Zerstörung des Körpers und dem Absterben der Extremitäten: Nase, Finger, Zehen.

»Wie schrecklich«, flüsterte ich, während der Mann seine Tabletten mit dem Wasser hinunterspülte und langsam hinausging, wobei er seinen Stock in den Lehmboden stieß.

Birdie lächelte, als amüsiere sie sich über mein Mitgefühl.

»Diese Leute liegen schließlich nicht im Sterben«, sagte sie.

Ich fuhr herum. Mir mißfiel ihr Gesichtsausdruck, und ich haßte ihren geringschätzigen Ton. Aber was wußte ich schon?

»An Lepra stirbt man nicht«, sagte sie. »Man schrumpft und wird zum Krüppel. Man lebt sein volles Leben, aber man ist entstellt und voller Narben.«

Es war mir peinlich, über Lepra zu reden, während die Kranken neben uns in einer langen Schlange anstanden und ihre Medizin einnahmen. Sie warfen uns Blicke zu und machten verlegene Gesichter, als wüßten sie, daß wir über sie sprachen. Doch Birdie fuhr fort. In einem Krankenhaus war jeder nackt, und diese Leprakolonie war ein extremes Beispiel für Nacktheit.

»Das Fieber, das Sie hatten, war viel gefährlicher«, sagte sie.

Ich fragte mich, ob sie wußte, wie krank ich gewesen war, und wenn ja, woher.

»Aber ein Fieber ist nicht ansteckend.«

»Diese Krankheit wird ausgerottet werden«, sagte sie und sprach über Lepra mit derselben Herablassung, die ich bei ihren Unterhaltungen mit mir wahrgenommen zu haben glaubte. »Aber es gibt andere Krankheiten. Manche davon stehen noch nicht mal in den Fachbüchern. Man bringt uns einen Kranken. Wir behandeln ihn gegen Tuberkulose, denn er hat alle Symptome. Aber er spricht auf die Behandlung nicht an. Er wird immer schwächer und stirbt. Wir stehen da und sehen zu, und dann beerdigen wir ihn, wie diesen jungen Mann, Malinki. Wir haben nie herausgefunden, was ihm eigentlich fehlte.«

Die Nonne mit dem Wasserkrug sagte: »Aber wir wissen ziemlich genau, wie Lepra übertragen wird. Wahrscheinlich durch Schleim, wahrscheinlich durch nässende Geschwüre.« Sie zuckte die Schultern und füllte einen Becher mit Wasser.

»Darum halten wir die Wunden sauber«, sagte Birdie. Sie stand sehr dicht neben mir und lächelte immer noch, und ihr Lächeln schien nichts mit dem zu tun zu haben, was sie zu mir sagte. »Daher diese vielen Verbände.«

»Wenn Sie in Amerika Freunde haben, die uns Verbandstoff oder alte Bettlaken schicken könnten«, sagte die Nonne, »würden wir uns sehr freuen.«

»Was ist mit den Kindern?« fragte ich, denn ich hatte in der Schlange ein paar kleine Jungen und Mädchen entdeckt, die sich an ihre Mütter klammerten. »Haben sie auch Lepra?«

»Das wissen wir nicht. Aber das Kind einer leprakranken Mutter wird höchstwahrscheinlich ebenfalls Lepra bekommen.«

Ich erinnerte mich an die Geburt, die ich gesehen hatte, bevor ich krank geworden war. Ich hatte sie in meinen Fieberphantasien gesehen: die leprakranke Frau und das kerngesunde Kind. Es war mir wie ein Wunder erschienen.

»Trennen Sie sie?«

»Nein, das würden die Mütter nicht zulassen. Wir geben ihnen *mankhwala.*«

Die Nonne sagte: »Vor langer Zeit gab es die Lepra auch in Holland. Europa war voller Aussätziger. Damals war Europa arm, und die Menschen lebten im Schmutz. Heute lebt man in den Tropen im Schmutz, besonders in Afrika. Darum gibt es hier Lepra. Es ist eine Krankheit, die im Schmutz gedeiht – wenn viele Menschen in derselben Hütte leben und atmen.«

Eine andere Nonne, die Verbandstoff faltete, sagte: »Als ich 1946 hierherkam, haben wir die Leute mit Öl behandelt. Das war das alte Heilmittel gegen Lepra.«

»Haben Sie ›Öl‹ gesagt?«

»Ja, mit Chaulmoograöl. Es hat gewirkt!« sagte sie. »Aber jetzt verwenden wir Sulfonamide, die sind besser und stärker. Eines Tages wird diese Krankheit ausgerottet sein.«

Die andere Nonne runzelte die Stirn. »Europa war früher voller Hütten«, sagte sie. »Voller kleiner, schmutziger Hütten.«

Ich ging zurück zum Priesterhaus und dachte daran, wie bewundernswert Birdie und die Nonnen waren, als ich hinter mir Schritte hörte. Ich drehte mich um und sah Birdie auf mich zu eilen. Es war ein seltener Anblick: In der Hitze dieser Zeitlupenwelt rannte jemand.

»Hätte ich fast vergessen«, sagte sie. »Hier ist Ihr Aspirin, Pater.«

»Das ist nicht sehr witzig.«

»Aber ich meine es ernst, Pater.«

Sie sah sich um, als wolle sie sich davon überzeugen, daß uns niemand beobachtete. Sie wirkte zögerlich und verlegen. An einem so offenen, ungeschützten Ort mußte jedes Zögern wie ein offensichtliches Zeichen von Verstohlenheit erscheinen.

»Waren Sie schon mal am See, Pater?«

»Hören Sie auf, mich so zu nennen.«

»Aber ich kann nicht anders – Sie tragen eine Soutane«, sagte sie. »Wie wär's mit einem Picknick am See?«

Ich hatte nichts vor – keine Arbeit, nichts zu lesen, nichts zu schreiben. Ich hatte Zeit und konnte tun und lassen, was ich wollte.

»Wie sollen wir dorthin kommen?«

»Pater DeVoss wird Ihnen sein Motorrad leihen.«

Ich war ein paar Schritte weitergegangen, weil ich dachte, daß sie mich begleiten würde, doch sie blieb stehen.

»Wollen Sie nicht ein Stück mitkommen?«

»Gern, aber …« Sie sprach den Satz nicht zu Ende und lächelte.

»Was ist los?«

»Es ist nicht gut, wenn man uns hier allein zusammen sieht«, sagte sie. »Das ist einer der Gründe, warum ich mit Ihnen an den See fahren will.«

Erst als sie das sagte, ging mir auf, daß sie während unserer Unterhaltung über Lepra die ganze Zeit mit mir geflirtet hatte.

7

Je länger ich mich in Moyo aufhielt, desto klarer wurde mir, daß Pater DeVoss kein sehr religiöser Mensch war. Ich hatte ihn im Verdacht, ein Atheist zu sein. Sein Titel war »Abt«, und aus der Art, wie er sich darüber lustig machte, schloß ich, daß er ihn ernst nahm. Seine spirituelle Präsenz ließ Religion irrelevant erscheinen. Er zelebrierte die Messe gelangweilt und manchmal ungeduldig, er murmelte, er kam ins Stocken, er schien manche Gebete vergessen zu haben und stützte sich mit den Ellbogen auf den Altar wie auf einen Spieltisch. Er ging achtlos mit den Hostien um und kramte damit herum, als wären es malawische Sixpence-Münzen. Er machte einen gelangweilten Eindruck, wenn er die Messe las, doch hinter dieser Langeweile verbarg sich das intensive Nachdenken eines Wissenschaftlers, der den Boden das Laboratoriums kehrt. Sein Gesicht war ausdruckslos, aber hinter seinen Augen brannte ein mitleidloses Licht. Er glaubte an sich selbst, darum brauchte er nicht an Gott zu glauben. Pater DeVoss stellte hier die Regeln auf, doch er war gütig, und wenn er gute Laune hatte, wärmte sich ganz Moyo an seiner Zuwendung.

Gottes Gnade war wie ein Wettersystem, dachte ich: Mal schien die Sonne, mal war es bewölkt, manchmal war es stürmisch, manchmal lag jene unheimliche Leere in der Luft, auf die alles mögliche folgen konnte – eine Ungewißheit, die den Glauben auf die Probe stellte. Wenn Pater DeVoss glücklich war, spiegelten die Gesichter aller Dorfbewohner sein Glück wider. Es war ein weiteres Zeichen seiner Macht, daß sein Geist in der ganzen Leprakolonie zu spüren war.

An diesem Abend war der Himmel grau. Beim Abendessen merkte ich, daß Pater DeVoss verstimmt war.

»Warum haben Sie die Soutane ausgezogen?« wollte er wissen. Das Wort »Soutane« ließ das Kleidungsstück noch exotischer erscheinen. »Sie steht Ihnen gut.«

Diese Feststellung, ausgesprochen mit der ihm eigenen schlichten Knappheit, war wie eine Priesterweihe – als hätte er meine latente Berufung erkannt und mich aus eigener Machtbefugnis und gemäß Gottes Willen zum Priester gemacht.

»Ich will niemandem etwas vormachen«, sagte ich.

»Vielleicht würden Sie den Leuten damit die Wahrheit über sich verraten.«

Ich hatte mich also nicht getäuscht: Er ordinierte mich auf seine freimütige Weise, mit einem Wort und einer Gebärde, denn hier war er Gott.

»Auf dem Weg zum See wird sie sehr nützlich sein«, sagte er. »Glauben Sie mir: Auf den Buschpisten tut man heutzutage gut daran, eine Soutane zu tragen.«

Ich hatte ihn vor dem Abendessen gefragt, ob er mir sein Motorrad leihen würde. Seine Komplexität zeigte sich auch daran, daß er sein Mißfallen über meine Kleidung ausdrücken und mir gleichzeitig versichern konnte, wie gern er mir sein Motorrad lieh. Es war der erste Gefallen, um den ich ihn gebeten hatte. Ich wußte, daß er über den Dingen stand. Er war allein, und ich hatte den Verdacht, daß er auch einsam war. Indem er mir einen Gefallen tat, band er mich stärker in die Gemeinschaft ein. Weil er großzügig war, wollte er, daß ich mich von ihm abhängig machte, und indem ich ihn um etwas bat, verlieh ich ihm Macht.

»Diese jungen Männer im Busch können manchmal ziemlich schwierig sein.«

»Chipongwe«, sagte Bruder Piet. *»Kwambiri.«*

Das hieß: Sehr frech, aber aus seinem Mund klang es komisch wie alles, was er auf Chinyanja sagte.

»Und vor einer Soutane haben sie Respekt?«

Das hatte Birdie mir gesagt.

»Mehr als Sie sich vielleicht vorstellen können«, sagte Pater DeVoss und hob die Arme, damit Simon den Tisch abräumen konnte.

»Ich hole die Karten«, sagte Bruder Piet.

Pater DeVoss legte mir die Hand auf die Schulter. Seine Finger übten einen leichten Druck aus. »Sie müssen glauben«, sagte er herzlich, gütig.

Ich wollte ihm sagen, daß ich an ihn glaubte – mehr als an irgend jemand anderen, mehr als ich jemals an Gott geglaubt hatte. Es gefiel mir hier, weil es ein Haus ohne Bücher war, sogar ohne religiöse Bücher. Und abgesehen von den schlichten Kruzifixen gab es auch keine Bilder. Ich glaubte an Pater DeVoss' Geduld, an seine Zweifel und an seine Menschlichkeit, ich glaubte an seinen Geist, an sein Mitgefühl und an seine innere Freiheit. Ich glaubte an Pater DeVoss' Mangel an Glauben.

»Wenn Sie an Gott glauben, werden Sie das ewige Leben haben«, sagte Pater Touchette.

Pater DeVoss lächelte sein melancholisches Lächeln und sagte: »Ich meinte nur, Sie sollten auf die Soutane vertrauen, wenn Sie an eine Straßensperre kommen.«

Aber ich beschloß, auf Pater Touchettes Einwurf zu antworten. »Wie kann ich an etwas glauben, das ich nicht sehen kann?«

»Die Menschen praktizieren ständig ihren Glauben«, sagte er. »Und zwar, um stark zu sein.« Er war blaß und erregt, er sah aus wie ein Gehetzter.

»Ich nicht«, sagte ich.

»Aber gerade Sie sollten es tun«, sagte er. »Wir sprechen hier von Geist und Seele. Sie sind schließlich kein Wilder.«

»Ich glaube, ich bin ein Wilder«, sagte Pater DeVoss und wirkte dabei beschwingt, als munterte meine Diskussion mit Pater Touchette ihn auf. »Ja, ich bin ein Wilder.«

Wie lange jemand in Afrika war, konnte man daran erkennen, wie er das Wort »Wilder« gebrauchte. Für Pater Touchette war ein Wilder nichts weiter als ein unwissender Feind, den man kaum als menschlich bezeichnen konnte. Für Pater DeVoss dagegen gehörten Wilde lediglich zu einer harmlosen Kategorie von Menschen, und sie waren nicht Feinde, sondern Verbündete – wie unberechenbare jüngere Brüder.

»Sie meinen, Wilde hätten keinen Glauben?« fragte ich den jungen Priester.

»Sie haben Schwierigkeiten damit«, sagte er.

»Das finde ich nicht. Diese sogenannten Wilden sind berühmt dafür, daß sie Angst vor Dingen haben, die sie nicht sehen können. Das meiste in ihrer Welt ist unsichtbar und beruht auf Glauben.«

»Paul hat recht«, sagte Pater DeVoss. »Die Afrikaner hier fürchten sich vor *mfiti*, den unsichtbaren Hexen, die Leichen aus den Gräbern zaubern und sie auffressen. Sie träumen von *mzimu*, den Geistern der Toten, die sich ihrer Gedanken bemächtigen und phantasieren, in Zungen reden und Weissagungen machen können.«

»*Bwebweta*«, sagte Bruder Piet und verdeutlichte mit einer anschaulichen Geste, das sei das Wort für »in Zungen reden«. Er alberte wieder einmal mit der Sprache herum, doch Pater Touchette wirkte entsetzt.

Pater DeVoss lächelte und fuhr fort: »Darum hast du so viele Taufen.«

Mir fiel ein, daß Pater DeVoss niemals Taufen vornahm. »Einen Glauben zu haben ist kein Zeichen von Zivilisiertheit«, sagte ich.

Pater Touchettes Augen funkelten. »Sie reden nicht von Glauben, sondern von Aberglauben«, sagte er. »Das eine ist Gottes Wahrheit, das andere ist Lüge.«

»Ich muß die Dinge sehen können. Ich muß Fragen stellen können. Ich will mehr wissen.«

»Dann sind Sie in Gefahr. Sie suchen an den falschen Orten. Ich bemitleide Sie.«

»Bitte«, sagte Pater DeVoss mit sanftem Lächeln. Doch er erhob keine Einwände. Er schien Gefallen an dem Streitgespräch zu finden.

»Wird es mir denn nicht zu meinen Gunsten angerechnet, daß ich Fragen stelle?«

»Nein«, sagte Pater Touchette. »Sie kehren dem allmächtigen Gott den Rücken.«

»Sie wollen sagen: ›Die Antwort ist in dir selbst.‹«

»Ja.«

»Ich dagegen glaube, daß die Antwort wahrscheinlich irgendwo dort draußen ist.«

Ich wies auf das Dorf der Leprakranken. Wie immer um diese Zeit klang das Trommeln wie ein gedämpftes Pandämonium: Gesang und Schreie vermischten sich mit dem Klopfen der Knüppel auf den ausgehöhlten Baumstämmen, die als Trommeln dienten.

»Sewerendo masewera a n'goma«, sagte Bruder Piet: Sie tanzen den Tanz mit Trommeln. Er tippte auf die Karten, die er ausgeteilt hatte, und fuhr fort: *»Wopusa n'goma.«*

»Was heißt das?«

»Das ist ein Sprichwort. ›Der Dummkopf schlägt die Trommel, der Schlaue tanzt‹«, sagte Pater DeVoss. »Laßt uns jetzt Karten spielen.«

»Was ist also die Antwort?« fragte ich Pater Touchette.

Er starrte mich an und umklammerte sein Brevier, das aussah wie ein schwarzer Ziegelstein. Sein Blick war von einer Traurigkeit, die so viel tiefer reichte als Ärger oder Gekränktheit, daß sie ebensogut Verzweiflung hätte sein können.

»Er hat die Frage vergessen«, sagte Pater DeVoss, und obwohl er ein ernstes Gesicht machte, lag Heiterkeit in seiner Stimme, und was er sagte, erschien mir weise.

Wieder dachte ich, daß Pater DeVoss' melancholischer Humor

vielleicht auf einen Mangel an Glauben hindeutete. Dennoch war dieser Humor etwas Spirituelles – still, heiter, ein bißchen unheimlich, wie die wachsame Ehrfurcht der Afrikaner. Sie sprachen nicht über ihre Angst vor Hexen. An ihrem beredten Schweigen erkannte man, was sie fürchteten.

Als wir mit unserem Whist-Spiel begannen – mein Partner an diesem Abend war Simon –, ließ mich das unvermittelte Wimmern eines Kindes hinter mir herumfahren. Es war Pater Touchette, der in seinem Sessel saß und weinte. Pater DeVoss hob den Blick von der Karte, die er gerade ausspielen wollte, und seine Augen fanden die des jüngeren Priesters und brachten ihn zum Schweigen.

»Gefällt mir sehr«, sagte Birdie.

»Mir auch«, sagte ich und ließ die Maschine aufheulen.

Pater DeVoss' Motorrad war eine schwarze Norton älteren Baujahrs mit gerippten Zylinderkopfdeckeln und zwei breiten, tellerartigen Sitzen. Die Kotflügel waren vorn und hinten aufgebogen wie die Ränder spanischer Konquistadorenhelme, und rechts und links neben dem Hinterrad waren geräumige Satteltaschen aus Leder angebracht. Wie alle anderen Dinge, die den Priestern gehörten, war es einfach, praktisch und gut gepflegt.

»Ich meine nicht die Maschine«, sagte Birdie, »sondern die Kluft.«

In der weißen Soutane kam ich mir eher wie ein Chorknabe als wie ein Priester vor.

»Das war Pater DeVoss' Idee.«

Sie lächelte schief, als glaubte sie mir nicht, und setzte sich auf den Sozius. Sie trug Bermudashorts, eine weite Bluse und Kniestrümpfe. Sie hielt sich nicht an den Ledergriffen, sondern an mir fest, und die Art, wie sie sich an mich klammerte, verriet eine nervöse Ungeduld.

Es war zwei Uhr nachmittags – ein später Aufbruch, weil sie noch Verbände hatte anlegen müssen. Um diese schwindelerregende Tageszeit, wenn die Sonne am heißesten war, wirkte das Dorf verlassen, und selbst die kleinen Jungen blieben in den Hütten.

Wir fuhren an der Ambulanz, dem Krankenhaus und dem Dorf vorbei, und dann hatten wir die Leprakolonie hinter uns gelassen und holperten auf dem ausgefahrenen Weg an dünnen gelben Bäumen vorbei. Vor den Bahngleisen bremste ich. Dahinter gab es keine Hütten, keine Menschen, keine Hunde, keine Gärten mehr, nur noch ausgedörrte Erde, staubiges Sonnenlicht und die schmale Straße. Ich lenkte das Motorrad in eine Spurrille und gab Gas.

Dasselbe hatte ich schon im Süden des Landes getan – ich war schnell mit einem Motorrad in der Furche am Straßenrand gefahren –, doch nach so vielen Wochen des eintönigen Lebens in der Leprakolonie hatte diese Fahrt etwas Unwirkliches. Das lag nicht nur an der Geschwindigkeit, sondern auch daran, daß ich mich so schnell von einem Leben entfernte, das ich begonnen hatte zu verstehen.

Unterwegs mit Birdie fühlte ich mich also etwas unbehaglich und unsicher – ungeschützt jedenfalls. Ich verspürte nicht den Wunsch, den See zu sehen oder die Straßensperren kennenzulernen, vor denen Pater DeVoss mich gewarnt hatte. Es lag aber auch etwas weniger Eindeutiges in meiner Angst. Sobald ich die Leprakolonie verließ, befand ich mich in der großen, ungewissen Welt. Der Nachmittag war von heißer Stille und schrägen Schatten erfüllt. Hier und da standen Baobabbäume, die wie die von einem Kind gemalten monströsen Versionen eines Elefanten aussahen: dick, grau und unproportioniert. Ich ahnte bereits, daß es für die Rückfahrt zu spät werden würde. In diesem Teil von Afrika fuhr niemand nachts durch den Busch.

Hinter mir plapperte Birdie aufgeregt auf mich ein. Ich hörte ihre Stimme, konnte sie aber wegen des Fahrtwinds nicht verstehen.

Ihre erste Reaktion auf die Soutane hatte mich abgestoßen. »Gefällt mir sehr.« Irgendwo unterwegs sank eine Afrikanerin bei meinem Anblick auf die Knie und schlug ein Kreuz, wobei ihr beinahe das Bündel Feuerholz vom Kopf rutschte. Birdie umfaßte mich fester und schrie triumphierend auf. Auch das stieß mich ab. Bald danach näherten wir uns einer Ansammlung von Hütten, und am Rand dieser kleinen Siedlung versperrte eine Stange den Weg, ein Eisenrohr, das auf zwei Ölfässern ruhte. Zu beiden Seiten der Straße standen etwa acht Männer und Jungen. Sie sahen reizbar und übellaunig aus und trugen die ausgebleichten roten Hemden und Kittel der malawischen Jugendliga. Sie hatten gefährlich wirkende Stöcke, Hackmesser und grobe, knorrige Keulen in den Händen, doch als sie meine Soutane sahen, wichen sie zurück, machten verlegene und unbeholfen respektvolle Gesichter, und die Tatsache, daß sie Waffen trugen, war ihnen offenbar peinlich.

»Guten Tag, Pata-Sir«, sagte einer.

»Sie könn' hier durch«, sagte ein anderer und hob das Eisenrohr.

Es war genau so, wie Pater DeVoss gesagt hatte.

Nun starrten sie Birdie an. Ihre Münder waren schlaff und gierig.

»Gibt es Probleme?« fragte ich.

»Wir sorgen für Sicherheit, Pata-Sir.«

Der Mann, der das gesagt hatte, war genauso gekleidet wie die anderen – ausgebleichtes rotes Hemd, khakifarbene Shorts, keine Schuhe –, doch er hatte graues Haar und ein gemeines Gesicht: ein kleiner alter Mann in den Kleidern eines Jungen.

Sie taten das genaue Gegenteil. Sie waren die bezahlten Schläger der Regierung, die eine Straßensperre errichtet hatten, um jeden, der hier vorbeikam, zum Eintritt in die malawische Kongreßpartei (und zur Zahlung von fünf Shilling Beitrag) zu nötigen. Wie viele andere in diesem Einparteienstaat suchten sie Streit, indem sie so taten, als sorgten sie für Frieden. In Moyo hatte ich die politischen Schwierigkeiten, in denen das Land steckte, vergessen.

Wir kamen an zwei weitere Straßensperren (abgerissen wirkende Männer, ein staubiges Eisenrohr, »Sie könn' durch, Pata«), bevor wir den See erreichten. Birdie rief mir etwas zu, und ich sah den See zwischen den Bäumen schimmern – keine kühle Bläue, sondern ein hartes, metallisches Gleißen, wie von einer weiten Fläche aus faltiger Aluminiumfolie. Ich war überwältigt. Diese Leere war einfach zu beherrschend – ich wollte nicht hier sein. Ich wollte gleich wieder nach Moyo zurückfahren, und das sagte ich auch zu Birdie.

»Aber ich habe etwas zu essen mitgenommen«, antwortete sie.

War ich denn verpflichtet, es zu essen? Ich stellte das Motorrad ab, blieb aber daneben stehen.

»Ich habe keinen Hunger.«

»Aber ich«, sagte sie. »Sogar großen Hunger.«

Sie sagte das ganz freundlich und ging nicht weiter auf meine schlechte Laune ein.

»Ich hasse diese Straßensperren. Ich hasse diese gräßlichen Kerle und ihre schmutzigen Gesichter.«

»Sie respektieren Ihre Soutane, Pater. Gibt Ihnen das nicht ein Gefühl von Macht?«

»Nein. Das ist, als würde man jemanden erschrecken, indem man sich eine Maske aufsetzt.«

»Die tun das die ganze Zeit.«

»Es ist grausam.«

»Diese Menschen *sind* grausam«, sagte sie schulterzuckend und wühlte in den Satteltaschen nach dem Proviant.

»Ich denke an die Rückfahrt.«

»Ich weiß, Pater.« Sie wickelte ein Sandwich aus und biß hinein.

»Hören Sie auf, mich Pater zu nennen.«

Sie ignorierte mich und fuhr fort: »Manchmal glaube ich, daß ich nirgendwo anders hingehöre.«

Während sie das Brot kaute, wirkte sie unschuldig und schutzlos, und mir kam der Gedanke, daß der Charakter eines Menschen am deutlichsten beim Essen zutage tritt. Mit dem Essen scheint auch ein gewisser Stumpfsinn verbunden zu sein: Wir gleichen dabei zu sehr armen, dumpfen, hungrigen Tieren.

Vielleicht spürte sie mein Mitleid und hielt es für Barmherzigkeit. Sie schluckte und sah mich dankbar an. Dann nahm sie meine Hand und fragte sehr sanft: »Was würde Sie glücklich machen?«

Ich war froh, daß sie es so ausgedrückt hatte. Es gab mir das Selbstvertrauen, einfach zu sagen, daß ich mich hier, an diesem riesigen, abfallenden Ufer, umgeben von Felsen und Steinen, von im Wind schwankenden Bäumen und dem Glitzern des Sees, unwohl fühlte. Es war fast halb fünf. Etwa um sechs würde es dunkel sein. Konnten wir nicht gleich wieder aufbrechen?

Birdie sagte: »Ich hatte mir ein Picknick am See vorgestellt. Aber wir könnten die Sachen ja auch woanders essen.«

»Wie wär's mit Moyo?«

»In meinem Zimmer im Kloster habe ich eine Flasche Cream Sherry.«

»Dann nichts wie los.«

8

Diese abrupte Änderung war wie eine Gnadenfrist und hob meine Stimmung. Jetzt erschien alles einfach. Anstatt am See die Zeit totzuschlagen, würden wir das Picknick vergessen und gleich wieder nach Hause fahren. Ich hatte seit über einem Monat keinen Alkohol mehr getrunken, und die Aussicht darauf, das Neue daran und die Tatsache, daß Birdie versuchte, auf mich einzugehen, machten mich willig. Sie sagte: »Na gut, fahren wir«, und ohne mir dessen bewußt zu sein, begann ich, ihren Anweisungen zu folgen: Sie lotste uns auf einer Abkürzung zurück zur Mission. Ich war froh, daß wir zusammen waren, und mir gefielen ihre Ausgelassenheit und dieser planlose Ausflug, der mir vor Augen geführt hatte, daß auch ich mich unter den Leprakranken von Moyo zu Hause fühlte.

Es wurde dunkel, als wir Moyo erreichten – so dunkel, daß ich den Scheinwerfer einschalten mußte. Die Straße und die Wege waren menschenleer, die ganze Siedlung saß beim Abendessen. Ich fuhr langsam hinter der Ambulanzstation vorbei und den Hügel hinauf zum Motorradschuppen, der nicht weit von der Kirche entfernt zwischen dem Priesterhaus und dem Kloster stand.

Als ich die Maschine aufbockte, sagte Birdie: »Lassen Sie mich vorgehen und sehen, ob die Luft rein ist.«

Ich fragte mich nicht, was sie damit wohl meinte. Es erschien mir wie ein weiterer Ausdruck ihrer unberechenbaren Ausgelassenheit.

Zu dieser Tageszeit verlieh das schwindende Licht jedem Menschen, den man sah, etwas Geisterhaftes: das abgerissene Aussehen einer Erscheinung, die ebensogut verblassen wie feste Gestalt annehmen konnte. Birdie drehte sich um, ihre Bluse leuchtete einen Augenblick lang auf, dann war sie verschwunden.

Ich wartete länger als ich gedacht hatte und fragte mich, was ich jetzt tun sollte. Dann sah ich in einem der oberen Zimmer des Klosters ein Licht angehen. Birdie trat ans Fenster und sagte nichts, hob aber den Kopf und winkte mir.

Und ich gehorchte. Ich hinterfragte nicht die Zufälle, die dazu geführt hatten, daß ich an diesem Abend die Hintertreppe des Klosters zu Birdies Zimmer hinaufstieg. Ich nahm Birdie nicht ernst, denn ich wußte, wenn ich das täte, würde ich zu dem Schluß kommen, daß ich sie nicht besonders mochte.

Sie öffnete und schloß die Tür so schnell, daß ich in ihrem Zimmer stand, bevor ich merkte, daß sie wie eine Nonne gekleidet war, im weißen Habit und mit der Haube des strengen Ordens der Schwestern vom Heiligen Herzen. Sie hatte das Licht gelöscht. Zwei Kerzen standen auf der Kommode, so daß sie wie ein Altar aussah und der Raum wie eine dämmrig beleuchtete Kapelle wirkte.

»Nur ein Scherz«, sagte sie.

Das sagten viele Leute aus Verlegenheit, wenn ihre Gefühle mit ihnen durchgegangen waren. Ich wußte nicht, was ich darauf antworten sollte.

»Hat jemand Sie gesehen?«

Ich zuckte die Schultern. Was konnte es schon ausmachen, wenn mich jemand gesehen hatte?

»Sie dürften nämlich gar nicht hier sein, Pater.«

Sie flüsterte, sie war barfuß, sie sah aus wie eine verrückte Nonne kurz vor einem Sakrileg. Sie mußte das Habit in großer Eile angelegt haben, denn eine Haarsträhne sah unter ihrer Haube hervor, und das Gewand – das Skapulier, die Ärmel – war zerknittert. Durch einen der weiten, aufgekrempelten Ärmel sah ich ihren nackten Brüste.

Als ich mich umdrehte, um zu gehen, verstellte sie mir schnell den Weg und lehnte sich an die Tür. Es war eine gewandte Bewegung, rasch und ernsthaft, und als Birdie den Finger an die Lippen legte, hörte ich andere Stimmen.

»Die Bandagen in dieser Kiste müssen nach Größe sortiert werden.«

»Hast du schon den anderen Haufen gesehen?«

Auf dem Korridor waren Nonnen, die durch eine offene Tür mit jemandem in einem anderen Raum sprachen.

»Wir können jetzt anfangen oder nach dem Abendessen.«

Nach dem Abendessen, drängte ich sie mit aller Kraft meiner Gedanken. Nun geht schon.

»Ich werde schon mal anfangen. Schwester Rose kann das Gemüse putzen, und danach könnt ihr beide kommen und mir helfen.«

Bandagen sortieren, Gemüse putzen – gute, einfache Arbeiten.

Das war es, was ich gewollt hatte und was ich an diesem Ort am meisten schätzte: Schlichtheit und Ganzheit. Dafür hatte ich gern meine schriftstellerischen Versuche aufgegeben und meine Bücher vergraben. Und das war auch der Grund, warum ich mich in Birdies Zimmer so unbehaglich fühlte – wir beide als Priester und Nonne verkleidet, bei Kerzenlicht und mit einer Flasche südafrikanischem Sherry.

Die Zungenspitze sah zwischen ihren Lippen hervor, eine Parodie von Konzentration. Sie schob den schweren Riegel vor, nahm meinen Ärmel und zog mich zum Bett, der einzigen Sitzgelegenheit im Raum.

Die Nonnen debattierten immer noch, einige murmelten auf Holländisch.

»Sie tun mir leid«, sagte Birdie. »Aber manchmal sind sie schrecklich.« Sie dachte einen Augenblick nach und biß sich auf die Lippen. »Ich bin nicht besser als sie«, sagte sie dann.

Man brauchte mir nicht zu sagen, daß es unklug gewesen wäre, jetzt zu gehen, da die Nonnen auf dem Korridor hin und her eilten, aber mir wurde bewußt, wie dumm es gewesen war, Birdie hierher zu folgen. Was mich davon überzeugte, daß ich die Situation falsch eingeschätzt hatte, war ihre Munterkeit: Ihr Enthusiasmus nahm zu, während meiner schwand. Ihr gefiel dieses Spiel, bei dem wir uns verkleideten, sie mit ihrem Habit, ich mit meiner Soutane: ein Priester und eine Nonne, die nebeneinander in der engen Klosterzelle saßen und mit süßem südafrikanischen Sherry anstießen, die Tür verschlossen und verriegelt.

Sie schien sehr erregt, als verbände uns ein schreckliches Geheimnis. Doch alles, was ihre Stimmung hob, bedrückte mich.

»Das ist doch lächerlich«, sagte ich leise.

Sie öffnete den Mund, als wollte sie ja sagen. Anscheinend war die Absurdität der Situation das, was ihr am besten gefiel. Sie trank von ihrem Glas und küßte mich, öffnete meine Lippen mit ihrer Zunge und spie mir den Schluck Sherry in den Mund. Ich hustete und schluckte, und meine Überraschung erregte sie nur noch mehr.

»Pater«, sagte sie und küßte mich. Sie hielt meinen Kopf mit beiden Händen und stieß mir die Zunge in den Mund. Zunächst war ich so verdutzt, daß ich zurückweichen wollte, doch dann fühlte ich mich durch ihre Kühnheit herausgefordert. Die Intensität ihrer Gier erstaunte mich.

Draußen sagte eine Nonne: »Achtundzwanzig. Alle gefaltet. Der Rest ist schmutzig. Die müssen ausgekocht werden. Das wird nie reichen.«

Birdie erforschte mit der Zunge mein Ohr. Ihr Atem war heiß, und sie flüsterte: »Nein, Pater. Tun Sie's nicht. Ich habe solche Angst.«

Und doch hielt sie mich umschlungen. Eine Andeutung von Verlangen narrte mich – ich wurde blind und taub.

Ich hätte die Soutane ausgezogen, doch ich steckte darin fest und war gefangen wie in einem Sack, und Birdies Habit verhedderte sich in ihren Falten. So umarmten wir uns, getrieben von ganz unterschiedlichen Bedürfnissen. Wir waren ein großer, weicher Knoten aus weißer Baumwolle – ihr Habit, meine Soutane, die gestärkten Flügel ihrer Haube, die inzwischen verrutscht war, und ihre Nacktheit, die sich unter diesem Durcheinander aus Stoff wand. Ich versuchte, sie nicht festzuhalten, geriet aber mit den Fingern in eine Falte ihres Gewandes und berührte ihre zarte, warme Haut, und als ich mich aus ihrer Umarmung befreite, stieß ich ihr mit dem Kinn die Haube vom Kopf, so daß ihr Haar zwischen unsere Gesichter fiel.

»Rühren Sie mich nicht an, Pater«, flehte sie und keuchte vor Erregung.

Ihre unerklärliche Ernsthaftigkeit machte mir angst, und dann tasteten ihre Hände über die geöffnete Knopfleiste meiner Soutane. Ich war verwirrt. Ich wich zurück und sagte: »Nein, warte«, doch im Druck ihrer Finger spürte ich ihr Verlangen.

»Nicht wenn du den Eindruck hast, daß sie schmutzig sind«, sagte eine Nonne auf dem Korridor.

Birdie packte meinen Penis, der so schlaff wie eine Schnecke war, und zog daran wie an einem Pumpenschwengel, und es war, als versuchte sie durch heftiges Betätigen einer schwergängigen kleinen Kurbel eine eigenartige, primitive Maschine anwerfen.

Es tat weh. Ich entwand mich ihr und hielt sie an den Schultern fest.

»Fallen Sie nicht über mich her, Pater«, sagte sie. Ihre Augen blickten jetzt ins Leere, und sie ließ sich auf das Bett sinken, als wäre sie mein Opfer.

Ich hörte Trommeln. Kam das Geräusch aus dem Dorf oder vom Pulsschlag in meinen Schläfen? Was immer es war, es ließ mich innehalten.

Ich war überwältigt von Peinlichkeit und Angst. Alles, was Birdie erregte, entnervte mich: die Kleider, die Schauspielerei, die Heimlichkeit, die Nonnen, die sich draußen unterhielten, das Risiko, in dieser heißen Nacht in einer Klosterzelle erwischt zu werden. Ich konnte die Komödie nicht mitspielen, ich war nicht mit dem Herzen dabei. Birdie interessierte mich nicht, ich mochte sie nicht einmal besonders. Ich hatte zuviel Angst, ich war zu befangen, zu weit entfernt von ihren Phantasien, um bei dieser traurigen Farce mitzumachen.

»Dann halten Sie mich einfach fest«, sagte sie. Sie zitterte.

Aber nicht einmal das brachte ich fertig. Ich war voll und ganz damit beschäftigt, eine Möglichkeit zu suchen, wie ich ihr entkommen könnte.

»Ich muß gehen«, flüsterte ich, doch für sie klang es wahrscheinlich wie ein bösartiges Zischen.

Nach kurzem Schweigen sagte sie: »Sie können jederzeit gehen. Sie gehören nicht hierher.«

Ihr Gesicht lag im Schatten. Sie war eine Gestalt mit zerzaustem Haar, in einem verrutschten Habit.

Ich stand auf, öffnete die restlichen Knöpfe meiner Soutane und zog sie aus. Darunter trug ich ein T-Shirt und eine Badehose. Ich faltete die Soutane zusammen, setzte mich und legte sie auf meinen Schoß. Birdie lag in tragischer Haltung auf dem Bett und sah grotesk aus – eine Masse von Schatten, leidend.

Nichts, nicht einmal Lachen, tötet sexuelle Begierde schneller als Tränen. Der Bann war gebrochen. Es gab nichts, was ich hätte tun können. Ich wußte nicht, was in ihr vorging, ob sie enttäuscht oder peinlich berührt war.

Ich umarmte sie, und sie erstarrte und gab sich widerspenstig und unnachgiebig. Ich nahm an, daß sie sehr wütend war.

»Das war keine gute Idee.«

»Das finde ich nicht«, sagte sie. »Aber wenn Sie es finden …«

Ich hielt den Atem an und wartete darauf, daß sie den Satz zu Ende sprach, denn sie kämpfte mit den Tränen.

»... können Sie mir gestohlen bleiben.«

Sie begann, lautlos zu weinen. Ihr Gesicht verzerrte sich schrecklich.

Es kam noch mehr. Ich blieb zwei Stunden, bis es etwa elf Uhr war, die Zeit, zu der im Kloster die Lichter gelöscht wurden. Birdie aß etwas von ihrem Picknick-Proviant. Ich kaute ein paar fade Bissen, aber meine Stimmung machte es mir schwer, etwas hinunterzuschlucken. Das Bett quietschte, und so lag ich völlig reglos neben ihr, ohne sie zu berühren, und wir erzählten uns im Flüsterton voneinander.

Ich war jung – meine Geschichte war kurz. Doch sie war sieben Jahre älter als ich. Sie war als ausgebildete Krankenschwester im Rahmen eines katholischen Missionsprogramms hierhergeschickt worden. »Ich kann nicht mehr zurück nach Hause – ich passe nicht mehr dorthin.« Es waren dieselben Worte, die sie über die Leprakranken gesagt hatte. Sie stammte aus einer Kleinstadt in Süd-Indiana. Sie erzählte mir davon: wie die High-School-Schüler in der *Dairy Den* herumhingen, wie sie bei *Punchy's* feierten, wenn die Panthers gewonnen hatten, wie sie samstags abends die Main Street auf und ab fuhren, sich bei *Mickey D* trafen und dann pärchenweise in ihren Autos zum Parkplatz des Friedhofs verschwanden.

Nach diesem langen, ungewöhnlichen Tag lagen wir wie alte Freunde nebeneinander und hörten, wie die Nonnen murmelnd Schubladen und Türen verschlossen. Schließlich holte Birdie tief Luft. Als sie mit einem Seufzer ausatmete, lagen darin all ihre Frustration, all ihre Sehnsucht und Erniedrigung.

»Ich wollte, daß es passiert«, sagte sie. »Jetzt wird es nie mehr passieren.«

Ich wagte nicht, diesen Gedanken tiefer zu ergründen.

»Haben Sie keine Phantasien?« fragte sie.

»Hier nicht«, sagte ich.

9

Es hieß, in der Leprastation gebe es keine Geheimnisse. Ganz gleich, was in der Dunkelheit geschah – es wurde bekannt. Ganz gleich, wie leise man flüsterte – es wurde gehört. Und dann wußten es alle. Das war ein weiterer Aspekt der Wirklichkeit dieses Ortes. Nichts war verborgen, alles war bekannt – es gab keine Finessen, keine Symbole. Ein Leprakranker war ein Leprakranker, und alles war deutlich zu sehen. Das war wie eine Doktrin. Wir waren nackt.

Und doch schien niemand zu wissen, was in jener Nacht im Kloster zwischen Birdie und mir vorgefallen war. Vielleicht war es zu absurd, zu abwegig, zu undenkbar an einem Ort, dem es so sehr an Phantasie und Verstellung mangelte. Vielleicht lag es daran, daß dieses Wissen um alle Geheimnisse die Welt der *mzungus* ausschloß. Vielleicht lag es auch daran, daß wir eigentlich kein gemeinsames Geheimnis hatten: In Wirklichkeit war ja nichts passiert.

Es gab keinen Skandal, weil ich mich in meiner Soutane im Schutz der Dunkelheit aus dem Kloster geschlichen hatte. Um zu vertuschen, wo ich gewesen war, nahm ich einen weiten Umweg zum Priesterhaus, doch die Priester schliefen schon, und wenn jemand anders mich gesehen hatte, so sagte er nichts. Ich ging zu Bett und konnte selbst nicht glauben, was geschehen war, und die Spannung und die Angst, im Kloster entdeckt zu werden, hatten mich so erschöpft, daß ich sofort einschlief und erst erwachte, als mir die Sonne ins Gesicht schien und mich durch die Augenlider hindurch blendete.

Keiner der Priester erwähnte mein Abenteuer. Ich wußte nicht, ob sie nichts ahnten oder bloß taktvoll waren. Dennoch war ich mir sicher, daß das Geheimnis nicht ans Licht kommen würde. Vielleicht rührte diese Gewißheit daher, daß wir nichts Unschickliches getan hatten. Die Versuchung hatte uns gestreift, und danach hatten wir uns aufgerappelt und den Staub von unseren Seelen geklopft und uns einsamer denn je gefühlt.

»Jetzt wird es nie mehr passieren«, hatte sie gesagt.

Wahrscheinlich hatte sie recht. Und dieser Zwischenfall sorgte dafür, daß ich mir abgewöhnte, eine Soutane zu tragen oder mich sonstwie zu verkleiden. Ich war nicht im Feuer der Versuchung gehärtet worden. Meine Standhaftigkeit hatte mich nicht stärker gemacht. Nein, wenn das geschehen wäre, was Birdie sich vorgestellt hatte, hätte ich am nächsten Tag abfahren müssen.

Ich war nicht bereit. Und ich war zwar erregt gewesen, aber nicht ihretwegen.

Von nun an verliefen meine Tage in geordneten Bahnen. Ich erwachte blinzelnd wie ein Tier, machte mir ein Frühstück und sorgte dafür, daß ich bis zur nächsten Mahlzeit beschäftigt war. Wenn ich daran dachte, zu lesen oder zu schreiben, empfand ich eine angenehme Erregung, denn ich wußte, daß ich weder das eine noch das andere tun würde. Dasselbe Gefühl hatte ich, als ich aus einem Traum erwachte, in dem irgend etwas Wichtiges, Schwieriges von mir erwartet wurde, eine Aufgabe, die meine ganze Aufmerksamkeit und all meinen Scharfsinn erforderte und an der ich dennoch scheitern konnte; einer jener Träume, in dem die letzten Worte, die ich hörte, von einer großen, grauen Gestalt gesprochen wurden, die darauf bestand, daß ich einen bestimmten Termin einhielt. Ich verspürte eine unermeßliche Erleichterung, daß dieser anstrengende Traum vorbei war: Vor mir lag ein ganzer, von der Sonne hell erleuchteter Tag. Die Last des Schreibens war von mir genommen worden. Ich brauchte nicht mehr auf Einzelheiten zu achten: Nicht zu schreiben bedeutete, sich nicht erinnern zu müssen. Ich lebte jetzt im Luxus der Vergeßlichkeit.

Nie zuvor hatte ich so sorglose Tage erlebt. Birdie und ich grüßten uns wie Freunde, und ich verstand sie nun besser. Ich sah ihre Andersartigkeit, ihre Schwäche. Sie war wie eine Nonne, wie eine Leprakranke: Sie gehörte hierher, mehr als ich mir hatte vorstellen können. Das interessierte mich, und doch hatte ich ihr nur sehr wenig zu sagen. Abgesehen davon, daß wir hier waren, hatten wir so gut wie nichts gemeinsam. Und sie hatte mich auch nie sonderlich beachtet. Ihre Aufmerksamkeit war durch die Soutane erregt worden, und die trug ich nun nicht mehr.

Pater DeVoss war die einzige Person, auf die es ankam. Er sagte nichts. Seine Gedanken waren von wichtigeren Dingen in Anspruch genommen.

Es hatte in der Nacht begonnen, als Pater Touchette geweint

hatte: eine hitzige Diskussion, gefolgt von Tränen. An anderen Tagen flossen weitere Tränen. Pater Touchettes Weinen war wie ein hörbares Bluten. Man konnte nicht Karten spielen, wenn er weinte. Es war unangenehm und schockierend, es beunruhigte jeden, der es hörte, und es schien ihn zu schwächen. Und dann hörte ich eines Morgens, nach einer weiteren Nacht voller Tränen, das Ächzen von Afrikanern und das Scharren ihrer harten Fußsohlen auf dem Betonboden. Ich dachte, sie trügen schwere Möbel, doch es handelte sich um eine große Blechtruhe, so neu, daß sie kaum verdellt war. Die drei Männer versuchten, das Gewicht gleichmäßig zu verteilen.

»*Katundu* von Pater Touchette«, sagte Simon.

Ich frühstückte allein, hielt mich vom Haus fern und verbrachte den Morgen auf meine neue Art: Ich reinigte die Zündkerzen der Norton, unterhielt mich mit einem alten Mann über Hexen und suchte nach Schlangen, um sie zu töten. Auf dem Rückweg von dem verdorrenden Maisfeld traf ich Pater DeVoss.

»Ist irgend etwas Schlimmes passiert?«

»Nein«, sagte er und wandte den Blick ab. Die Blechtruhe stand auf der Veranda der Ambulanz. »Aber Pater Touchette verläßt uns.«

Er sagte es, als wäre das kein besonderes Ereignis: Es entsprach der Natur der Dinge – es war nicht schlimm, niemanden traf eine Schuld. Die Menschen kamen und gingen. Ich hatte die falsche Frage gestellt.

»Er wird anderswo glücklicher sein«, sagte Pater DeVoss.

Der alte Priester führte das nicht weiter aus, aber nun verstand ich Pater Touchettes Schluchzen und die Art, wie er zitternd am offenen Fenster gestanden und wütend in Richtung Dorf gestarrt hatte, von wo das nächtliche Trommeln kam.

Ein ernster Weißer Vater, dessen cremefarbene Soutane seine Beleibtheit nicht verbergen konnte, traf am selben Abend mit dem Zug in Moyo ein. Es war Pater Thomas, der Pater Touchette mitnehmen sollte. An diesem Abend gab es kein Kartenspiel nach dem Abendessen. Statt dessen beriet Pater Thomas sich mit Pater DeVoss. Am nächsten Tag wurde in der Kirche ein Hochamt gefeiert – weil ein zusätzlicher Priester anwesend sei, lautete Pater DeVoss' Erklärung.

Ich hatte den Verdacht, daß es dazu dienen sollte, für die bedrängte Seele von Pater Touchette zu beten, der mit im Schoß gefalteten Händen in der ersten Reihe saß und beschämt und verwirrt aussah wie ein gestürzter Engel.

Es wurde gesungen, es wurde getrommelt, es wurden Soli auf Fingerklavieren gespielt. Als sie das hörten, kamen immer mehr Afrikaner aus dem Dorf herbei und füllten die Kirche. In der ersten Reihe saßen die Nonnen, ganz am Ende Birdie. Sie sah mich nicht an. Ich kniete im Chor, während die Priester die Messe sangen, und wenn es nötig war, übernahm ich – in weißem Hemd und schwarzer Hose – die Aufgaben eines Meßdieners.

Ich läutete das Glöckchen, ich beugte das Knie, ich sagte die Antworten. Ich hielt bei der Wandlung das Tablett mit den Meßkännchen. Ich verneigte mich und genoß die Fremdheit des Ganzen: die Hitze, die Zeremonie, den Gesang, das Trommeln, das die lose eingesetzten Fenster der Kirche klirren ließ. Außerhalb Moyos ahnte niemand, daß wir existierten oder daß dieses Ritual abgehalten wurde. Wie immer hatte ich ein unbestimmtes Gefühl von Abgeschiedenheit, doch über diese Entrücktheit und die Tatsache, daß niemand von uns wußte oder sich um uns kümmerte, empfand ich große Freude, denn mir war bewußt, daß diese Welt real war.

Die Messe wurde auf Latein gesungen, die Lieder auf Chinyanja, und auch das Trommeln war afrikanisch und füllte die Pausen im Ritual. Der Klang schien Pater Touchette wieder aus dem Gleichgewicht zu bringen. Die Maske der Traurigkeit legte sich über sein Gesicht, als die Trommeln lauter wurden und von den weiß getünchten Wänden widerhallten. Weihrauchwolken stiegen aus dem Rauchfaß auf, zogen an der glitzernden Monstranz vorbei und wanden sich, dick wie Opiumqualm, durch die Sonnenstrahlen.

Amina saß mit ihrer blinden Großmutter auf einer der hinteren Bänke. Ich beobachtete sie, wie sie die Messe verfolgte: das Hin und Her der Priester, die unvermittelten Anrufungen und gesungenen Gebete, meine gesprochenen Antworten, das Drängeln bei der Kommunion.

In ihren Augen mußte das alles seltsam, ja beängstigend wirken, wie ein Zauberritual, jene Art von Magie, mit der man in den Dörfern einen Bann aussprach, Dämonen austrieb oder einen Menschen wieder gesund machte. In gewissem Sinne war diese Art von Läuterung auch der Sinn der Messe – des heiligen Opfers der Messe, wie ich es zu nennen gelernt hatte.

Danach löschte ich die Kerzen, sammelte die Meßkännchen ein und räumte die Sakristei auf, während Pater DeVoss im Flüsterton mit Pater Touchette sprach. Ich wußte genau, worüber er mit ihm sprach: über praktische Dinge, wie zum Beispiel über seine seelische Verfassung und die Abfahrtszeit des Zuges nach Balaka und Blantyre.

Während des Mittagessens herrschte ein ausgedehntes Schweigen. Wir saßen in der Hitze und aßen *nsima* und Hühnchen, während Pater Touchette auf der Veranda auf und ab ging. Dann nahm Pater Thomas den Arm des geschwächten Priesters, führte ihn zum Land Rover und half ihm hinein. Pater Touchette stieg langsam ein, wie ein Greis oder ein Kranker, und saß dann stumm und mit verschränkten Armen da. Sein Blick ging ins Leere, er wartete auf die Abfahrt. Seine Augen lagen tief in den Höhlen und waren umschattet, er sah aus wie ein Gehetzter, und seine Gedanken waren anderswo. Jemand unter den schaulustigen Leprakranken sagte das Wort *mutu* und meinte damit Pater Touchettes Kopf: Irgend etwas war damit nicht in Ordnung. Aminas Großmutter sprach lauter als die anderen und stellte Fragen: Wer ist das? Wohin fährt er? Wird für ihn jemand anders kommen? Ist er krank?

Während die blinde Frau die Aufmerksamkeit der Menge in Anspruch nahm, trat ich zu Amina und freute mich, daß sie mir nicht auswich.

»Ich habe dich in der Kirche gesehen, Amina.«

»Ja.«

»Aber du bist Muslime.«

»Ich bin wegen meiner Großmutter gegangen, um ihr zu helfen. Sie glaubt an Christus.«

»Hast du gemerkt, daß ich dich beobachtet habe?«

»Ja.« Sie schnüffelte nervös. »Ich weiß nicht, warum.«

»Weil es mich froh macht, dich anzusehen.«

Sie schnüffelte nochmals und blinzelte. Meine Worte machten sie verlegen.

»Woher weißt du, daß ich dich angesehen habe?«

»Weil ich dich auch angesehen habe.«

Das rührte mich an, und obwohl sie aus Schüchternheit mit abgewendeten Augen gesprochen hatte, war sie mutiger, als ich gedacht hatte. Und vielleicht hatte sie die Augen auch gar nicht aus Schüchternheit abgewendet, denn auf dem staubigen Weg tat sich etwas: Pater Touchettes große Truhe wurde mit schmutzigen Seilen auf der Ladefläche des Land Rovers festgezurrt. Pater DeVoss ließ bereits den Motor aufheulen, und neben ihm saß Pater Thomas, auf dessen Gesicht sich der Mißmut und die grimmige Resignation eines Vaters widerspiegelten, dessen Sohn von der Schule geflogen ist. Pater Touchette saß auf dem Rücksitz und sah niedergeschlagen aus, und ringsum standen Leprakranke, die diesen gebrochenen *mzungu* mit neugierigem Interesse, ja mit Erregung musterten.

Pater DeVoss hatte versucht, die Sache herunterzuspielen, doch an einem Ort, wo sich wenig änderte, war diese Abreise eine Sensation, an die man sich in den kommenden Jahren immer wieder erinnern und die sich in der Erinnerung immer mehr verzerren würde.

»Alira«, murmelte jemand. Er weint.

Es war sehr eigenartig, diesen erwachsenen Mann im Auto sitzen zu sehen: Sein Gesicht war in den Händen verborgen, Tränen rannen zwischen seinen Fingern hervor. Die Menge aus Leprakranken und anderen starrte ihn einfach an – sie waren mager, verkrüppelt, verwachsen, barfuß, zerlumpt. Viele von ihnen hatten schmutzige Verbände. Ihre Blicke waren unverwandt, es wurde kaum gemurmelt. Die gnadenlose Neugier der Leprakranken ließ Pater Touchette besonders mitleiderregend erscheinen.

Mir hatte die Art, wie Pater Touchette sein Brevier herumgetragen, wie er darin geblättert und mit den Versen gerungen hatte, nie besonders gefallen. Es hatte mich geärgert, daß er, als ich Hilfe beim Bau der Gemeinschaftsküche brauchte, gesagt hatte: »Ich habe viele Taufen.« Dieses Buch kam mir wie ein Talisman vor, der verhinderte, daß sein Besitzer jemals arbeiten mußte. Pater Touchette gebrauchte es als Entschuldigung, wie die Leprakranken ihre Verkrüppelung. Er trug Socken und Sandalen, was ihn albern aussehen ließ. Ich dachte daran, daß Verrücktheit sich oft in der Wahl der Kleidung äußert.

»Ist er dein Freund?« fragte Amina.

»Nein.«

»Aber er ist ein *mzungu*.«

»Ich würde lieber mit dir reden.«

Ich wollte ihr sagen, daß ich mich freute, ihn abreisen zu sehen. Er machte sich ständig Sorgen, er war ein Täufer, ein Missionar, ein Prediger. »Wie primitiv«, hatte er fast jeden Abend über das Trommeln gesagt. Vielleicht hatte ich Amina durch meine Direktheit erschreckt, denn als der Land Rover davongefahren war und der Staub sich über uns legte, verschwand sie.

An diesem Abend war das Trommeln lauter. Wir hörten Rufe und Schreie, eine Art Geheul, das an Panik denken ließ. Im Fieber hatte dasselbe Trommeln meine Phantasie mit lebhaften Bildern von Amina erfüllt: Sie tanzte, ihr schlanker Körper glänzte von Schweiß, ihr Mund stand offen, die Augen blickten starr, als hätte sie Drogen genommen.

Verlangen war für mich immer die Erfüllung einer Phantasie – nichts Plötzliches, Überraschendes, sondern etwas, das ich bedacht, erträumt und geplant hatte. Es war eine Lust, auf die ich mich vorbereitet hatte, die Vollendung eines Gedankens, der als Vision begonnen hatte. Verlangen war etwas Festes, Vertrautes – nichts Neues, sondern ein alter, tiefsitzender Wunsch, der seine eigene Geschichte hatte, eine Vereinigung, die in meinen Gedanken bereits stattgefunden hatte. Es war etwas Spezifisches, wie ein Geschenk, das ich mir wünschte. Und wenn dieses Geschenk später gewährt zu werden schien – wenn es sich zur Wirklichkeit verdichtete und erreichbar wurde –, griff ich zu.

Ich hatte dieses Trommeln schon seit vielen Nächten gehört. Sein Klang war durch die Wärme der Nacht in mein Zimmer gedrungen, wo ich allein auf meinem Bett gelegen hatte. Es war dasselbe Geräusch, daß die Frauen machten, wenn sie mit dem schweren Stößel Mais im Mörser zerstießen. Wenn mehr als eine Frau mahlte, gab es einen synkopischen Rhythmus und einen Chor aus Grunz- und Stampflauten.

»Heute abend werden wir nicht Karten spielen«, sagte Pater

DeVoss. Er brauchte nicht zu erklären, daß wir aus Respekt vor Pater Touchette darauf verzichteten, dem unser allabendliches Spiel zuwider gewesen war. Unter anderem hatte ihn der Anblick, wie wir die Karten austeilten und die Stiche einsammelten, verrückt werden lassen. Nun gut, dann würden wir eben morgen abend spielen.

»Keine Karten!« rief Bruder Piet und nahm seine Näharbeit zur Hand. *»Pepani – palibe sewendo!«* Tut mir leid, kein Spiel.

Es war, als ehrten wir das Andenken einer soeben Verstorbenen. Und Moyo zu verlassen war tatsächlich wie ein Tod: Das Leben dort draußen hatte keinerlei Ähnlichkeit mit dem Leben hier.

»Ich hoffe, daß es ihm bald besser geht«, sagte ich.

Pater DeVoss hatte meinen Gedanken erraten und sagte: »Er wird nicht zurückkehren.«

Aus dem Dorf ertönte ein lautes Geschrei, und der Widerschein des Feuers wurde heller, als hätte man eine große Menge Stroh oder getrocknete Maisblätter in die Flammen geworfen, die daraufhin hoch aufloderten.

»Sie kehren nie zurück«, sagte Pater DeVoss.

Und in diesem Augenblick schien es mir, als gäbe es Lebendigkeit nur unten im Dorf, als wäre das Trommeln ein unregelmäßiger Herzschlag – nicht Holz auf Holz, sondern der rasende Puls dieses Ortes.

Bruder Piet nähte im Schein der Kerosinlampe, während Pater De-Voss, das Gesicht im Schatten, neben ihm saß. An jedem anderen Ort hätten die beiden gelesen, einen Brief geschrieben, sich Bilder angesehen. Doch dies war Moyo, und es war so karg wie alles andere im Busch. Die beiden Priester glichen einem alten Ehepaar.

Ich sagte ihnen gute Nacht, ging in mein Zimmer und stand am Fenster. Ich war rastlos, ungeduldig, bereit, hinaus in die Dunkelheit zu springen. Die Bäume jenseits dieser Dunkelheit wurden vom Feuer im Dorf beleuchtet. Wegen der flackernden Flammen war jeder Ast schwarz und deutlich zu erkennen.

Ich schlich die Hintertreppe hinunter und trat hinaus. Ich ging nicht auf dem Weg, sondern ließ mich vom Feuerschein und dem Klang des Trommelns leiten.

Es gab einen schmalen Ring aus Zuschauern. Fast das ganze Dorf tanzte auf der Lichtung, die Frauen auf einer Seite, die Männer auf der anderen. Sie scharrten und stampften mit den Füßen, sie nickten, hoben die Arme und schrien. Ihre schweren Schritte hallten in mir wider, als würden sie durch meinen Körper marschieren.

Die Männer klatschten in die Hände, und die Frauen stießen schrille, jodelnde Schreie aus, die angsterfüllt und triumphierend zugleich klangen – wie eine Art Kriegsgeschrei. Ich sah keine geschnitzten Masken, aber viele bemalte Gesichter. Keiner sah jedoch so beängstigend aus wie der in ein Bettlaken gehüllte Mann, der sich das Gesicht mit Mehl bestäubt hatte. Er war ein Leprakranker, der ein Kruzifix trug. Eine Frau ihm gegenüber hatte sich ebenfalls in ein Bettlaken gewickelt. Priester und Nonne, die sich in einem zweideutigen Tanz wanden: eine wilde sexuelle Verspottung oder ein Ritual oder beides.

Die Leprakranken tanzten mit abgestorbenen Füßen, die dick umwickelt waren und ein Geräusch machten wie Keulen. Kleine Jungen, die als Hunde oder Affen verkleidet waren, bewegten sich auf allen vieren durch die singende, tanzende Menge. Bis auf die schäbigen Felle, die sie sich auf den Rücken gebunden hatten, waren sie nackt.

Eine andere Gruppe, die aus den Schatten der Hütten trat, hob etwas hoch, das an einigen Stangen befestigt war. Es war ein kleines Gebäude, so groß wie ein Puppenhaus, und aus der Kuppel und dem grob ausgeführten Turm schloß ich, daß es sich um eine Kirche handelte. Sie stand auf einer kleinen Plattform, die auf Stangen montiert war, so daß es aussah, als trügen sie eine Bahre.

Ich wußte, daß ich den Auftakt verpaßt hatte. Der Tanz war schon seit mehr als einer Stunde im Gange. Ich hatte die Musik während des Abendessens gehört und auch danach, als ich schweigend bei den beiden Priestern gesessen hatte. Jetzt hatte sich die Erregung derart gesteigert, daß Zuschauer in den Kreis sprangen und mittanzten. Es war unmöglich, sie von den Tänzern zu unterscheiden: Alles war Bewegung, alles war Stampfen, Trommeln, Klatschen, heftig flatternde Lumpen.

Der als Priester verkleidete Mann und die als Nonne verkleidete Frau bildeten die Spitze einer wilden Prozession. Direkt hinter ihnen kam die kleine Kirche aus Stöckchen und Papier. Das hier war entweder übersteigerte Ehrfurcht oder aber gezielter Spott.

Unter den Tänzern sah ich viele bekannte Gesichter. Es war eigenartig, diese Menschen so aktiv zu sehen, in Bewegung. Der Leprakranke, der als Priester verkleidet war, sah aus wie Johnson aus meinem Englischunterricht. Er hielt ein Buch in der Hand – keine Bibel und auch kein Brevier, aber die Botschaft war deutlich genug: Er war Pater Touchette, und weil dieser heute abgereist war und aus anderen Gründen, die ich nicht kannte, verarbeiteten sie theatralisch, was sie von ihm wußten. Er taufte einen der Hunde-Jungen. Er las mit rollenden Augen in seinem Buch. Er stolzierte mit hochmütigem Gesicht umher. Er wehrte einen Annäherungsversuch der Nonne ab. Und das Trommeln war Musik und zugleich ein heiserer, hektischer Kommentar.

Es fiel mir nicht schwer, Amina unter all den sich bewegenden Körpern zu entdecken. Sie stand abseits, im Schatten des vorspringenden Dachs einer Hütte. Das Feuer beleuchtete ihr Gesicht, und sie sah zu, wie sich der Rest des Dorfes in eine Hysterie hineinsteigerte. Ihre Großmutter wirkte wie aus Stein gemeißelt, während Amina direkt vor ihr stand und im Takt des stampfenden Rhythmus nickte und klatschte.

Im Feuerschein war der aufgewirbelte Staub zu sehen, und die Tanzenden warfen Schatten in die Bäume, die von den gereckten Ästen gebrochen und ins Groteske verzerrt wurden. Einige der Tänzer sahen aus, als wären sie den Tränen nahe – ihre Gesichter waren verzerrt, fast als würden sie gefoltert. Ich erkannte, daß dieser Tanz der Leprakranken nicht aus vielen Individuen bestand, sondern aus einer Masse von Menschen, die nur *einen* Willen, *eine* Gestalt hatte – sie war ein pulsierender Organismus. Dieses eine Wesen erfüllte die ganze Lichtung.

Amina hielt sich abseits. Wenn sie ebenfalls getanzt hätte, wäre es mir nicht gelungen, mich ihr zu nähern, doch sie stand, im Rhythmus der Trommeln nickend, neben der Hütte und sah zu, und so ging ich zu ihr und berührte ihren Arm. Die ganze Körperlichkeit des Tanzes schien diese Berührung zu gestatten, und Amina wich nicht zurück. Das bedeutete viel.

»Ich möchte dich in deiner Hütte besuchen.«

Sie beobachtete die Tänzer, den Staub, den leuchtenden Rauch, die Hunde-Jungen, die schmutzigen Füße, die Trommler, die auf Baumstämme und Felle schlugen, das schwankende Modell der Kirche. Sie war zu schüchtern, um das Wort auszusprechen, doch ihr Schweigen bedeutete: Ja, in Ordnung.

»Aber was wird deine Großmutter sagen, wenn sie mich sieht?«

»Sie wird dich nicht sehen«, sagte Amina. »Sie ist blind.«

10

Der Lärm war inzwischen so groß geworden, daß ich Amina nur noch schwer verstehen konnte. Ich hatte diese Trommeln seit dem Abend meiner Ankunft gehört, als ich in meinem kahlen, weiß getünchten Raum auf meinem Bett gelegen und mich gefragt hatte, warum ich hierhergekommen war und was mich hier erwartete. Die Trommeln waren Teil meiner Fieberphantasien gewesen. Wir hatten beim Kartenspielen über sie gesprochen. Sie hatten ein ständiges, pulsierendes Hintergrundgeräusch erzeugt. Ich war sicher, daß sie Pater Touchette in den Wahnsinn getrieben hatten.

Das war verständlich. Auch mich hatten die Trommeln von Moyo durchdrungen, doch mir gaben sie Kraft und Schwung. Ich empfand es körperlich, als hätte ich Drogen genommen oder Alkohol getrunken. Sie waren stumpfsinnig, sie peitschten mein Blut auf, sie machten mich dumm und konfus. Sie beseitigten den Wunsch, etwas zu schreiben, ob nun Gedichte oder etwas.

Ich wollte mit Amina sprechen. Was jetzt? fragte ich mich. Aber aus ihrem Gesichtsausdruck schloß ich, daß es sinnlos war: Sie konnte mich ebenfalls nicht hören. Vielleicht war es am besten so. Es war am vernünftigsten, zu schweigen, nichts weiter als ein Schatten zu sein.

Ohne ein Wort zu sagen, berührte sie die Hand ihrer Großmutter, als gebe sie ein Kommando, und ging voraus. Die Großmutter legte ihre lepröse Hand auf Aminas Schulter, und ich folgte ihnen und war froh über all die Schatten, über die Menge und das allgemeine Durcheinander, über das Feuer und die Trommeln. Wie sollte mich irgend jemand bemerken? Und selbst wenn man mich bemerkte, dachte ich, waren die Dorfbewohner vom Tanzen so erhitzt und benommen, daß es keine Rolle spielte.

Aminas Hütte – wahrscheinlich eher die ihrer Großmutter – stand in dem äußeren Kreis alter Hütten, die dem Busch, der Moyo umgab, am nächsten waren. Sie hatte ihren eigenen Baum – im flackernden Schein des Feuers konnte ich undeutlich seinen Umriß erkennen. Er war größer als die anderen, kümmerlichen Bäume. Der Geruch der alten, zertrampelten Hülsenblätter der Maiskolben im Garten hinter der Hütte verband sich in meinen Gedanken mit Schlangen, Skorpionen und beißenden Spinnen, die in diesem warmen Mulch lauerten.

Ich sah angestrengt zu Boden, um nicht zu stolpern, und stieß mir den Kopf an einem dicken Pfosten, der das Strohdach stützte.

»Was war das für ein Geräusch?« fragte die alte Frau und streckte den Arm nach mir aus. Ich nahm jedenfalls an, daß sie das gesagt hatte – die Bedeutung ihrer Worte war aus der Geste ersichtlich.

»Fisi«, sagte Amina. Eine Hyäne.

Die alte Frau murmelte etwas in einem Dialekt, wahrscheinlich Yao. Es war eine Buschsprache, die ich nicht verstand und mit der ich Moslems und Mosambik assoziierte. Aminas Antworten dagegen verstand ich. Vielleicht sprach sie meinetwegen Chinyanja, andererseits war es nicht ungewöhnlich, daß die Afrikaner in diesem Lepradorf verschiedene Sprachen benutzten. Die Großmutter sprach immer noch.

»Weil ich sehr müde bin«, sagte Amina. Sie zündete eine Kerze an und stellte sie in eine große, durchlöcherte Blechdose.

Auf das fragende Krächzen der Alten antwortete sie: »Um die Hyänen fernzuhalten.«

Die Großmutter begann wieder zu murmeln. Vielleicht betete sie. Sie war am anderen Ende der vergleichsweise geräumigen Hütte – es war ein großer, rechteckiger Raum, auf dessen Boden zwei Matten lagen – und ließ sich, das Gesicht uns zugewandt, auf der anderen Matte nieder. Sie war in der Finsternis zu Hause.

Der Boden bestand aus hartem Lehm, ebenso wie die Wände, und aus den Strohbündeln, die das Dach bildeten, rieselte Staub. Es stank nach Schmutz und Termiten, und in den weniger benutzten Winkeln sah ich von Würmern aufgeworfene Erdhäufchen. Das Mobiliar bestand aus Pappkartons und Laternen, und vor diesem Hintergrund wirkte die stabile Holzkiste, die an einer Wand stand, wie ein Familienerbstück.

Ich hielt den Atem an, während die alte Frau mit weißen Augen umherstarrte und etwas murmelte.

»Ich lege meine Matte woanders hin«, antwortete Amina. Sie winkte mir, und ich setzte mich neben sie und zog behutsam die Beine an.

Im Profil war Aminas Gesicht so schlicht und glatt wie die Silhouette einer von einer Kerze beleuchteten Schnitzerei. Sie hatte lange Wimpern, und ihr Mund wirkte ernst. Sie hielt sich sehr gerade, und ihr Hals erschien mir so zart und zerbrechlich, daß ich ihn einfach berühren mußte. Sie bewegte sich kaum, nicht einmal, als ich sie berührte, und als ich über ihre Wange strich, erstarrte sie. Das war nicht Angst oder Unterwerfung, sondern Lust. Ich strich über ihre Lippen, und sie biß mir mit ihren hübschen Zähnen in den Finger. Sie war schnell, und in der Schärfe ihres Bisses spürte ich ihre Gier.

Die alte Frau brummte etwas. Ich ließ sie nicht aus den Augen, während ich die Hand unter Aminas Gewand schob und nach ihren Brüsten tastete.

Der Tanz war lauter geworden. War es das, was die Großmutter gesagt hatte? Ich erkannte inzwischen einzelne Worte des Gesangs.

»Sursum corda! Habemus ad Dominum!«

Ich legte die Hände auf Aminas Brüste, genoß ihre Wärme und Straffheit und rückte näher, und sie seufzte und beugte sich zu mir, um es mir leichter zu machen. Das erregte mich.

»Agnus Dei, qui tollis peccata mundi!«

Ich küßte sie, und obwohl ich den Lehmboden und die Ameisen roch, den Schweiß, die Mäuse und den Staub, der aus dem Dach rieselte, schmeckten ihre Lippen so süß wie Sirup, wie eine reife Frucht, und ihre Haut hatte die schwere Sinnlichkeit frisch umgegrabener Erde. Amina ließ sich küssen, rückte noch näher und wandte sich mir zu. In ihren Augen flackerte das Kerzenlicht.

Hatten wir ein Geräusch gemacht? Die alte Frau sagte wieder etwas.

»Das war der *zinyao*«, sagte Amina.

Die Großmutter murmelte vor sich hin, und ich beugte mich vor und flüsterte: »Laß uns hinausgehen.«

Amina schüttelte den Kopf.

Ich umarmte sie fester, als würde ich ihr eine Frage stellen.

»Die Leute werden uns sehen«, flüsterte sie und starrte ihre blinde Großmutter an.

Dann legten wir uns nebeneinander auf die Matte, und ich streichelte ihre Brüste und atmete flach, damit die Alte, die noch immer in unsere Richtung sah, uns nicht hörte. Sie murmelte etwas, aber was sie sagte, war nicht zu verstehen. Ich wollte, daß sie sich schlafen legte, doch sie saß aufrecht und mit starrem Blick da.

Das Trommeln war so laut, daß die Strohbündel auf dem Dach vibrierten. Die Tanzenden schrien: *»Christe, eleison! Kyrie, eleison!«* und andere bruchstückhafte Antworten aus der Messe, als wären es Anrufungen eines anderen Gottes.

Aminas Brüste waren klein, ihr Körper war schlank und fest. Er erinnerte mich an die jungen Triebe, die ich in Moyo gesehen hatte, an ihre langen, dünnen Zweige, ihre schmalen Blätter. Und meine Finger fanden Stellen an ihrem Körper, die sich wie die verheilten Narben eines jungen Baumes anfühlten. Amina war so klein, daß ich sie mühelos mit einer Hand liebkosen konnte. Und ihre Haut war so zart.

Ich legte meine Lippen an ihr Ohr und flüsterte: »Schon als ich dich im Englischunterricht gesehen habe, wollte ich dich berühren.«

Mein Gesicht war dem ihren so nah, daß ich spürte, wie sich ihr Ausdruck veränderte. Sie lächelte. Aber sie sagte nichts.

»Warum bist du zum Unterricht gekommen?«

»Weil ich dich sehen wollte«, sagte sie.

»Wolltest du mich berühren?«

Sie zögerte, und dann schnüffelte sie. Das war ihre schüchterne, züchtige Art, ja zu sagen.

»Erzähl es mir.« Ich drehte mich so, daß mein Ohr an ihrem Mund war.

»Ich wollte mit dir spielen«, sagte sie schließlich. Das Wort für »spielen« war dasselbe wie für »tanzen« und »herumalbern«.

Ich streichelte ihren Arm, und als meine Finger die lepröse Stelle, das abgestorbene, verhärtete Stück Haut berührten, spürte ich keine Angst. Ich war lange genug hier, um zu wissen, daß mir keine Gefahr drohte. Ich nahm ihre Hand in meine und legte sie an meinen Körper, damit sie mich streichelte. Mehr brauchte es nicht. Sie wußte auch ohne meine Hilfe, was sie tun mußte, und dieses Wissen erregte mich, denn es zeigte mir, daß sie nicht ein Mädchen, sondern eine Frau war. Dann nahm sie mit den gewandten Fingern ihrer kleinen Hände meinen ganzen Körper in Besitz. Sie beugte sich zu der Lampe und spitzte die Lippen, als wollte sie die Flamme küssen.

In diesem Augenblick grunzte die alte Frau etwas.

»Ich blase die Kerze aus«, sagte Amina, und mit demselben Atemzug löschte sie das Licht und ließ Dunkelheit über uns fallen.

Sekunden später, als meine Augen sich daran gewöhnt hatten, sah ich, daß das Mondlicht kantige Schatten in den Raum warf. Auch der Widerschein des Feuers beim *zinyao*-Tanz fiel auf uns. Es war, als gäbe dieses Licht uns den Wunsch ein, kleiner zu sein, und so umarmten, streichelten und küßten wir uns und rückten dichter aneinander. Doch selbst in dieser wunderbaren Umarmung spürte ich die Anwesenheit eines anderen Menschen im Raum, die Gegenwart der blinden alten Frau.

Wieder sagte sie etwas, und sie klang verärgert.

Amina hielt meine Hand fest und sagte: *»Ndiri ndi mphere kwabasi.«* Ich habe ein schreckliches Jucken. *Kwabasi*. Bruder Piet hatte mir dieses Wort beigebracht. Es war eines der sinnlichsten Wörter, die ich kannte, und als sie es sagte, schob sie meine Hand zwischen ihre Beine und führte meine Finger an die Stelle, die sich anfühlte wie das köstliche Fleisch einer reifen Frucht.

Amina lächelte mich an. Das Mondlicht beschien sie, und ihr Gesicht wurde noch schöner als zuvor, erfüllt von Verlangen. Ihr Mund war in stummer Hingabe geöffnet, während die alte Frau einen ganzen knarzenden Satz sagte, der wie ein Sprichwort klang.

Amina legte den Mund an mein Ohr und hauchte: »Sie sagt: ›Dann kratz dich.‹«

Sie legte ein Bein über mich und erhob sich unbeholfen. Ich stützte mich auf die Ellbogen und öffnete meine Hose, während sie den Stoff ihres Gewandes beiseiteschob, und dann saß sie über mir.

Die alte Frau hatte begonnen, zum Trommeln und Schreien der Tänzer zu stöhnen, während Amina sich vor und zurück wiegte, die Augen schloß und sich bemühte, kein Geräusch zu machen.

»Sursum corda!«

»Deus meus!«

Amina beugte sich vor und nahm mein Gesicht in ihre Hände. Sie drückte sich an mich, sie ritt auf mir. Ich konnte noch immer die alte Frau am anderen Ende der Hütte sehen: Licht und Schatten waren wie zerfließende Flecken auf ihrem Körper verteilt. Es war, als stünde dort ein altes afrikanisches Götzenbild, ein großer, unbewegter Klotz, der aber jeden Augenblick zum Leben erwachen und sich in einen Dämon verwandeln konnte.

Dennoch hatte ich keine Angst. Ich packte Amina an den Hüften und zog sie an mich, und sie warf den Kopf zurück, als würde sie von einem Krampf geschüttelt. Und als sie sich wieder vorbeugte und mich umklammerte, glaubte ich sie sagen zu hören: »Ich weine nicht.« Ich hörte sie auch nicht weinen, und doch rannen mir ihre Tränen über das Gesicht – ich war mir sicher, weil ich sie schmeckte.

Sie preßte sich so fest an mich, wir waren so voneinander durchdrungen, daß wir nicht mehr zwei Menschen glichen, sondern nur noch ein einziges wildes, tränenüberströmtes Wesen waren. Sie rieb ihre Brüste, biß auf die Finger einer Hand und weinte. Ich ging in dem trommelnden Rhythmus auf. Wenn Sex Wissen bedeutete – und davon war ich überzeugt –, dann stand ich kurz davor, allwissend zu sein.

Es war Hitze und Lärm und Haut und Trommeln und Feuer und Rauch und das seidige Gefühl in jeder ihrer Körperöffnungen. Es war auch das dumpfe Brüllen der Menge und die alte blinde Zeugin unseres Tuns. Ich packte Amina und preßte sie an mich und verschlang sie wie ein Kannibale. Schon bald schluchzte mein ganzer Körper – ich war gefangen in einer verzweifelten Panik der Besessenheit, die mich rücksichtslos machte. Und dann waren wir ebenfalls blind.

Nach diesem außergewöhnlichen Liebesakt verwandelten wir uns wieder in zwei Individuen, und ich wußte, daß ich ihre Hütte verlassen mußte. Das war nicht einfach. Sobald ich mich erhob, sagte die Alte zu Amina: »Geh nicht weg«, oder etwas derartiges, denn sie stand ebenfalls auf und begann zur Tür zu schlurfen.

Ich konnte nicht allein hinausgehen, denn dann würde Aminas Großmutter mich hören. Um unentdeckt zu bleiben und keinen Verdacht zu erregen, mußte ich so dicht bei Amina bleiben, daß wir wie eine Person klangen.

Hinter dem Lärmen der Trommeln hörte man ein Schnauben.

»Fisi«, sagte die alte Frau.

»Ja, eine Hyäne«, sagte Amina, als das große, borstige, bucklige Tier aus dem Dunkel neben der Hütte sprang und davontrabte.

Und so verließ ich sie: Ich schreckte dieses geifernde Raubtier auf und verbarg mich hinter dem Geräusch, das es machte. Wir waren ein einziges Geräusch, die Hyäne und ich. Sie war wachsam, schien aber keine Angst zu haben. Sie sah räudig und mißgestaltet aus und knurrte mich an, nicht wütend, aber verärgert, als sei ich der Eindringling.

11

Als dieser Aasfresser mir die Zähne zeigte, wußte ich, daß meine Zeit in Moyo zu Ende war. Ich würde abreisen müssen, und ich wollte meine Sachen packen, bevor man mich wegschickte. Ein Hinauswurf wäre schlimm gewesen: Ich hätte in Pater DeVoss' melancholische Augen blicken müssen. Auf dem Rückweg zum Priesterhaus schämte ich mich. Ich schlich leise wie die Hyäne. Schuldbewußt und auf Zehenspitzen ging ich die Treppe hinauf und wußte doch, daß jeder mich hören konnte.

Dennoch – als ich am nächsten Tag sagte: »Ich muß wieder zurück zur Schule«, widersprach Pater DeVoss mir nicht und machte auch keine ironische Bemerkung. Er nickte, wie er es manchmal tat, wenn er die Karten für ein bestimmtes Spiel austeilte.

Das war also geregelt, und sein Schweigen bedeutete, daß ich bald abreisen würde. Vielleicht war er mir dankbar, weil ich es ihm ersparte, mich hinauswerfen zu müssen.

Ich hatte das Recht verloren, hier zu sein. Ich hatte mich schließlich doch noch eingemischt. Ich hatte Amina benutzt, und das war falsch, denn damit hatte ich eine strenge Regel übertreten. Ich kannte die Regel, aber ich war neugierig gewesen. Ich hatte einen Bereich der Unordnung geschaffen – das konnte ich weder leugnen noch ungeschehen machen. Pater DeVoss wußte alles.

Und was es mir so schwer machte, war die Tatsache, daß ich das starke Gefühl hatte, alle anderen wüßten es ebenfalls. Ich konnte ihnen nicht ins Gesicht sehen, und wenn ich es mit einem schnellen Blick tat, schienen sie verändert – nicht vertrauter, sondern viel fremder, fast bedrohlich. Wenn es wirklich so war, wenn wirklich alle wußten, was ich getan hatte, konnte ich nie nach Moyo zurückkehren. Das war schlimmer als alles andere.

»Es tut mir leid, daß ich abreisen muß«, sagte ich zu Pater DeVoss.

Er fragte mich nicht, warum. Auch das beschämte mich.

»Weil das hier die wirkliche Welt ist«, sagte ich.

»Ja«, sagte er und lächelte. »Hier gibt es alles.«

Er meinte es nicht ironisch. Moyo war eine vollständige Welt für sich, vielleicht die einzige wirkliche Welt, und ich ließ sie hinter mir, um in die schwächlichere, gefährlichere Welt der Metaphern zu reisen, in der »leprös« nicht »leprös« bedeutete.

»Vielleicht können Sie etwas schreiben«, sagte er.

»Ich weiß nicht«, sagte ich und dachte daran, wie ich mich, in dem Versuch, mich ein für allemal zu läutern, in meine Bücher vergraben hatte. »Schreiben ist so schwer.«

»Papier leverd geen weerstand«, sagte Pater DeVoss. Er hatte noch nie Holländisch mit mir gesprochen. Er lächelte, als hätte er mir ein Geheimnis enthüllt. »Papier ist geduldig«, erklärte er dann.

Das Wort »Papier« beschwor vor meinem geistigen Auge das Schreibpapier herauf, das meine Schule stapelweise vom Ministerium geliefert bekam und auf dem ich meine Gedichte geschrieben hatte. Angesichts der unbeschriebenen Bögen, die so weiß waren, daß sie mich blendeten, fühlte ich mich immer dumm und hilflos.

Am nächsten Morgen um sieben Uhr standen Pater DeVoss und ich an der Bahnstation. »Vergessen Sie uns nicht«, sagte er.

Das war vielleicht nur eine höfliche Floskel, aber ich wußte, daß ich Moyo nie vergessen würde. Dann berührte er mich am Ellbogen, und ich spürte, wie seine Energie meinen ganzen Arm durchfuhr.

Als der Zug in Ntakataka einfuhr, brach das allgemeine Durcheinander aus Geschrei und Gedränge los – Frauen mit Körben, Männer mit Hühnern. Der Zug war noch fast am Anfang seiner Reise, doch bereits nach vier Stationen war der Boden der Waggons mit zerkauten Zuckerrohrstengeln und Orangen- und Erdnußschalen übersät. Außerdem wirkten die Wagen viel ramponierter als noch vor sechs Wochen. Sie waren ungepflegt und unbequem und sahen aus, als wären sie hundert Jahre alt.

Ich setzte mich wieder in die zweite Klasse, und noch bevor der Zug weiterfuhr, machte ich in Gedanken eine Liste der Dinge, die ich in Moyo kennengelernt hatte. Ich wollte etwas schreiben, war aber davon überzeugt, daß ich nie wieder schreiben würde, weder über Moyo noch über irgend etwas anderes.

War ich ein Schriftsteller? Ein Schriftsteller mußte sich daran gewöhnen, zuzusehen und sich nicht einzumischen – er mußte ein Zeuge sein. Ich dagegen hatte mich von meiner Leidenschaft hinreißen lassen. Hätte ich mich zurückhalten und kühler bleiben sollen? Ich wußte nicht, ob ich es mir zu schwer gemacht hatte. Ich wußte nicht, daß ich dies erst aus einem riesigen räumlichen und zeitlichen Abstand würde beurteilen können. Mir war traurig zumute, weil ich nicht wußte, wie ich leben sollte.

Die niedrigen Bäume, die gelben Blätter, das Elefantengras, der Staub, die Lehmhütten, der immer gleiche Busch – alles an dieser Landschaft schien mir nun, da ich abreiste, den Rücken zu kehren.

Ich würde Moyo vermissen, das wußte ich, und was diesen Verlust zu einer schweren Last machte, war die Tatsache, daß niemand dort wußte, was »vermissen« bedeutete, und auch nirgendwo anders sein wollte. In dieser Hinsicht war es das Paradies.

Um mich zu trösten, hielt ich nach einem jungen Mädchen Ausschau, das Amina ähnelte. Ich ging durch den Zug und musterte die Menschen in den Dörfern, an denen wir vorbeikamen. Keine sah aus wie sie. Dieser Gedanke beruhigte mich, machte mich aber auch traurig.

Moyo war anders als diese Lehmhüttendörfer neben der Bahnlinie. Es war statisch und geordnet, ein Ort gewaltiger Trägheit, ohne jedes Drama. Es war nicht dunkel, nicht gefährlich. Es widersprach allem, was ich über Afrika wußte. Es war voller Schlangen und Insekten und heilbarer Krankheiten. Man akzeptierte das und ließ allen Ehrgeiz hinter sich.

Die Leprakranken, die Priester und Nonnen waren allesamt glücklicher als irgend jemand sonst, den ich kannte. Sie hatten gefunden, was sie gesucht hatten. Was für ein Glück! Es ärgerte mich, daß ich mich nicht hatte einfügen können, daß ich mich selbst von dort verbannt hatte und daß ich nun, da ich Moyo verlassen hatte, für den Rest meines Lebens nach einem ähnlichen Ort würde suchen müssen und in Gedanken doch immer nur nach Moyo zurückkehren würde.

Ich dachte daran, was die Leute in der Leprastation gesagt hatten: Es werde nie wieder eine Krankheit wie diese geben, nie wieder so etwas wie eine Pest, eine Geißel Gottes, und ganz gewiß nicht in diesem Teil von Afrika, der nun nach und nach davon gereinigt werde. Keine Pest, keine Geißel Gottes – selbst diese Worte würden veraltet und archaisch wirken, wenn die Lepra verschwunden war.

Dennoch fühlte ich mich unbehaglich und wieder nackt, und ich war sicher, daß ich Moyo verließ, um einer größeren Unwissenheit entgegenzureisen.

DREI

Lyrikunterricht

I

Erst als ich verheiratet war und Kinder hatte, verstand ich, was ich las, und auch das, was ich schrieb, wurde besser.

Es ging alles ganz schnell. In Afrika verliebte ich mich in Alison Musgrave Castle, eine Engländerin, und innerhalb von drei Jahren waren wir eine vierköpfige Familie. In diesem kurzen, ereignisreichen Zeitraum veränderte sich mein Leben, und das alles – Liebe, Heirat, Kinder, Schulden – schien unausweichlich. Ich fühlte mich von dieser Entwicklung überrollt. Dennoch wußte ich, daß ich stark sein mußte. Die Rituale und romantischen Momente des Erwachsenenlebens erzeugten in mir so intensive Gefühle, daß ich mich abwechselnd als Opfer und als Held betrachtete. In Wirklichkeit war ich bloß Ehemann und Vater. Ich hielt meine Familie in den Händen und spürte, wie verletzlich sie war. Durch die Liebe zu meiner Frau und meinen Kindern lernte ich das Leben auf eine völlig neue Weise zu lieben und zu schätzen.

In diesem Zeitraum von drei Jahren zogen wir von Afrika nach Singapur. Ich wollte noch nicht in die Vereinigten Staaten zurückkehren, sondern nach Südostasien gehen, in die Nähe von Vietnam, vielleicht sogar dorthin, solange der Krieg noch im Gange war. Als jemand, der gegen den Vietnamkrieg war, fühlte ich mich verpflichtet, Zeuge zu sein. Außerdem gefiel mir Singapurs Image: ein heißer, verschlafener Ort weitab vom Geschehen, voller verfallender Häuser, alter Gewohnheiten und kolonialer Relikte. Die Zeitverwerfung, in die man bei Reisen in tropischen Ländern gerät, unter diesem riesigen sonnigen Himmel, beflügelte meine Phantasie. Ich unterschrieb einen Dreijahresvertrag als Lehrbeauftragter an der Universität von Singapur. Ich hatte jede Menge Zeit.

Mein kleines Haus war jetzt oft vom Lärm meiner Familie und einiger Dienstboten erfüllt, die bereit waren, für wenig Lohn zu arbeiten. Ich klagte oft über meine vielen Verpflichtungen, doch das war reine Heuchelei, denn im Grunde meines Herzens wußte ich, daß ich meine Erfüllung gefunden hatte.

An jenem Tag, an dem ich mich anbot, Ringroses Schlüssel an seinem Haus in der Jurong Road abzugeben, wußte ich, wie groß mein Glück war.

»Ich schaffe es einfach nicht«, sagte Ringrose und verzog den Mund, bis er etwas Hundeähnliches hatte. Entweder war er tatsächlich in Nöten, oder er war ein brillanter Schauspieler. »Ring Nose« nannten wir ihn im Fakultätsklub hinter seinem Rücken.

Er hatte das Büro neben mir. Die Wände waren dünn. Ich hatte seine Telefongespräche gehört, aber was ich wußte, war ohnehin allgemein bekannt. Er war gerade geschieden worden, und die alten Gesetze in Singapur waren demütigend. Der Scheidungsgrund war Ehebruch. Seine Frau mußte eine Mitbeklagte benennen; es war eine von Ringroses Studentinnen. Ringrose reichte Gegenklage ein und benannte den Liebhaber seiner Frau, nämlich Pratchett vom Lehrstuhl für Chemie, den mit dem Bart, den vielen Stiften in der Hemdtasche und den Gummisandalen. Er hatte Ringroses Haus in diesen Latschen betreten, und es ging das Gerücht, daß er einen davon dort vergessen hatte – einen verräterischen Fußabdruck aus Gummi.

Nachdem die schmutzige Wäsche gewaschen war, kehrte Ringroses Frau mit den zwei Kindern (dem fünfjährigen Colum und der achtjährigen Kari) nach England zurück. Daß dort gerade Winter war – in Singapur war nie Winter –, machte es für die wütende, einsame Frau und ihre Kinder besonders schwer. Ringrose wohnte in einem Apartment im lautesten Teil von Selangor Estates und tat, als hätte er die Affäre mit besagter Studentin beendet, einer Chinesin namens Wendy Lee, deren glattes, an ein Seehundbaby erinnerndes Gesicht noch immer vollkommen unschuldig aussah. Auch Ringrose war ausgezogen.

»Ich kann den Anblick dieses verdammten Hauses nicht mehr ertragen«, sagte er. Ich hatte lange genug unter Engländern gelebt, um zu hören, daß er einen Birmingham-Akzent hatte.

Nachdem ich mich bereit erklärt hatte, den Schlüssel in den Briefkasten zu werfen, beschloß ich, den Botengang mit einem Familienausflug zu verbinden. Hier in Bukit Timah konnten die Kinder nirgendwo spielen. Die chinesischen Geschäfte waren voller zweideutiger Wunder wie Schlangenwein und Hirschhörner, Krüge voller getrockneter, zerbröckelnder Eidechsen und winziger Mäuseföten. Aber es gab auch Schattenseiten.

»Hühner!« rief Anton eines Tages, als er ein halbes Dutzend davon auf einer Ladentheke sah. Als wir eine Stunde später wieder an diesem Laden vorbeikamen, waren sie geköpft und gerupft. »Wo sind die Hühner, Dad?«

Die Jurong Road war auf dem Land, im wilden, unzivilisierten Dschungel, wo auch die aufgegebenen Gummiplantagen lagen. Neue rote Wege wurden durch das sumpfige Gelände gebahnt. Das alte Asien war durch Schlangen, Farne und Grotten vertreten. Vor bemoosten Schreinen lagen explodierte Knallfrösche, und die kleinen, quadratischen Hütten der Gummizapfer wurden mit Bulldozern abgerissen und untergepflügt.

»Ich wollte, das wäre unser Haus«, sagte Alison.

Es stand abseits der Straße, am Ende eines unbefestigten Zufahrtsweges, ein wunderschönes, auf Säulen errichtetes Haus mit zwei Veranden – eine im Erdgeschoß, die andere im ersten Stock –, die sich ringsherum zogen, eingebettet zwischen Palmen inmitten eines Gartens mit Farnen, großblättrigen Pflanzen und blühenden Büschen. Früher hatte es wohl einem Gummipflanzer oder einem Plantagenverwalter gehört – einem dieser lasterhaften Trunkenbolde, wie sie uns in den Kolonialerzählungen Somerset Maughams immer wieder begegnen.

Die Reifen knirschten auf dem Kies des Weges und scheuchten die Vögel auf, und wir stiegen aus, als wären wir in einem Park. Alison hatte für die Kinder einen Ball mitgenommen, außerdem ein paar Sandwiches und etwas zu trinken, und mit diesem Proviant setzte sie sich zu mir auf die untere Veranda.

Wir lugten durch die Fenster und sahen die Sessel der Ringroses, ihre Bilder, ihre Teppiche, ein paar beschnitzte Malakka-Truhen, bunte Kissen und Aschenbecher und Zinnkrüge, einen Laufstall, eine Obstschale ohne Obst, ein paar Vasen ohne Blumen, etwas Spielzeug und, in einem Raum, der von der Eingangshalle abging, einen Bettpfosten.

Weil es nicht leer war, erschien es mir trostloser als jedes andere Haus, das ich kannte. Es war offensichtlich, daß dort Geister umgingen. Die Familie war verschwunden, doch ihre Gegenstände und ihre Düsterkeit waren geblieben. Alles in diesem Haus war von den Ringroses ausgesucht worden. Jedes dieser stummen Dinge hatte einst Hoffnung verströmt. Man konnte förmlich hören, wie jemand sagte: »Das sieht toll aus!« oder: »Laß uns noch eins davon kaufen«, oder: »Das ist genau das richtige für die Kinder«, oder: »Das ist klasse!« Tote Echos in einem möblierten Haus.

Es erinnerte mich an diese Grabkammern – ägyptische, nehme ich an –, in denen Töpfe und Pfannen, Armreifen und Bücher und all die Paraphernalien eines Menschenlebens zusammen mit dem Leichnam beigesetzt werden. Die Geister der Ringroses waren noch da. Jurong Road 538 war der Sarkophag einer toten Ehe, und wir waren Lebende, die durch ein Fenster in eine Grabkammer blickten, wo der Staub über eine Familie triumphiert hatte und sie nur noch in ihren Sesseln, Vasen und Plüschtieren, ihrem grünen Gartenschlauch und anderen Hoffnungen und Tröstungen sichtbar war. Es brach mir das Herz, wie die Stofftiere aufgestellt und die Kissen arrangiert waren.

»Laß uns verschwinden«, sagte ich und warf den Schlüssel in den Briefkasten.

Alison erschauerte und sagte: »Ich will nicht, daß uns das jemals passiert.«

Um uns beide zu beruhigen, küßte ich sie mit aller Liebe, die in meinem Herzen war. Die Jungen, die ein Stück weiter auf der Veranda standen, sahen unsere innige Umarmung und begannen zu widersprechen.

»Ihr habt gesagt, wir können hier spielen!« sagte Anton. »Das war ein falsches Versprechen! Ihr habt euer Wort gebrochen!«

Ich nahm sein Gesicht liebevoll zwischen meine Hände und sagte:

»Ich würde lieber Rotz trinken, als auch nur einen Augenblick länger hier zu bleiben.«

Er kreischte vor Vergnügen und stubste Will an. »Daddy hat gesagt …«

Doch ich freute mich über seine Begeisterung und dachte: Wir haben alles!

Ringroses Haus war ein Symbol für gescheiterte Hoffnungen, ein Leben, das zu Ende gegangen war. Es war eine Bühne ohne Stück – alle Schauspieler waren weggegangen und würden nie mehr zurückkehren. Dieser kurze Blick machte mir schreckliche Angst vor einer Scheidung: der Verlust, der Schmerz, die Leere. Eine Familie, die auseinandergebrochen und in alle Winde verstreut ist. Mehr als das konnte man nicht verlieren.

Als verheirateter Mann, der seine Frau und seine Kinder liebte, war ich also ein klügerer Leser und besserer Schriftsteller, doch weder zum Lesen noch zum Schreiben blieb mir viel Zeit. Wir hatten einfach kein Geld. Ich verdiente 1400 Singapur-Dollar im Monat – das entsprach etwa 200 US-Dollar. 50 Dollar pro Woche.

Die Behörden hatten herausgefunden, daß ich Schriftsteller war und in Afrika politische Essays geschrieben hatte. Die Regierung von Singapur war nicht geneigt, Studentenproteste oder irgendeine andere Art von Opposition zu tolerieren. Die Prügelstrafe – zwanzig oder dreißig Schläge mit dem *rotan*, einem etwa fingerdicken Bambusstock – wurde in Singapur in den sechziger Jahren oft verhängt. Die Regierung unterstützte den Vietnamkrieg, und als Nachschubbasis für Proviant und technische Hilfe sowie als einigermaßen sicherer Ort für Fronturlauber verdiente Singapur an diesem Krieg ein Vermögen. Auf Drängen des Ministeriums versuchte die Universität, meinen Vertrag rückgängig zu machen, aber den hatte ich bereits unterschrieben. So stufte man mich, in der Hoffnung, uns auszuhungern und zur Heimkehr zu bewegen, in die unterste Gehaltsklasse ein. Anscheinend hatte man nicht bedacht, daß wir zu arm waren, um irgendwohin zu fahren, und wir waren naiv genug, um unsere Armut nicht als Zeichen von Versagen zu betrachten.

Wir beschlossen, sehr sparsam zu leben, doch Sparsamkeit half nicht: An jedem Monatsende steckten wir tiefer in Schulden. Alison arbeitete ebenfalls – sie unterrichtete an der chinesischen Universität Nanyang –, und als wir feststellten, daß wir unsere Rechnungen trotzdem nicht bezahlen konnten, nahm sie zusätzlich einen Job als Lehrerin an einer Abendschule an: Englisch und *Macbeth* im Kellerraum eines Mietshauses. Arm zu sein war wie ein dumpfer Schmerz. Es zwang uns gewisse Gewohnheiten auf, es zwang uns zu einer langsameren Lebensweise. Jeder Einkauf dauerte lange, weil wir soviel über Preise nachdenken mußten. Wir gingen nur selten aus – selbst ein Kinobesuch war ein unvorstellbarer Luxus –, und im ersten Jahr ohne Auto, als wir immer mit dem Bus fahren mußten, standen wir ständig an irgendwelchen Haltestellen herum. Wir gerieten wegen unseres Geldmangels weder in Streit, noch drückte er uns zu Boden; wir ertrugen ihn schweigend, weil es zu ermüdend war, darüber zu reden, daß wir nicht genug hatten.

Abgesehen von offiziellen Empfängen in den Botschaften – besonders in der amerikanischen Botschaft – gab es keine Einladungen. Niemand, den ich kannte, veranstaltete Parties, niemand war gesellig. Im Gegenteil: Die Leute waren stolz darauf, Einzelgänger und übellaunige Trunkenbolde zu sein. Sie fühlten sich wohl im Chaos und erzählten, einen Drink in der Hand, von ihrer letzten Sauftour und wie sie sich dabei aufgeführt hatten. Neulinge wurden im Fakultätsklub in der Regel unhöflich behandelt. Zu jemandem taktlos zu sein, ohne mit der Wimper zu zucken, und seinem Zuhörer immer einen demütigenden Schritt voraus zu bleiben, galt als hohe Kunst, und noch besser war es, wenn das Opfer eine Frau war. »Er ist ein Schwein«, sagte man bewundernd über einen solchen Menschen. Wenn ich diese Bemerkung im Fakultätsklub hörte, dachte ich daran, wie sehr ich diesen Ort haßte und diese Menschen bemitleidete, wie sehr ich mir wünschte, ich könnte kündigen und irgendwo anders hingehen.

Aber ich brauchte meinen Job, und so blieb ich und hörte zu, während meine Kollegen im Fakultätsklub über einander flüsterten, sich die immer gleichen alten Witze erzählten und, je nach Jahreszeit, über die Hitze oder den Regen klagten. Niemand veranstaltete eine Party, es sei denn, er verließ Singapur für immer. Und wenn jemand das tat, lag eine gewisse Säuerlichkeit in der Luft, eine Mischung aus Neid und Erbitterung über jemanden, der es geschafft hatte, rauszukommen. Danach tranken wir auf »unsere abwesenden Freunde« und sprachen ständig über sie, und es war schwer zu sagen, ob man sich über sie lustig machte oder sie bewunderte. Die anderen Ausländer waren älter als ich, stammten aus England und hatten keine Ahnung, daß ich meinen Lebensunterhalt als Schriftsteller verdienen wollte. Ich wußte, daß ich es mir nicht leisten konnte zu kündigen, und so mußte ich meine Zeit zwischen dem Unterricht am Lehrstuhl für Englisch, dem Schreiben und meiner Familie aufteilen.

Ein Jahr verging und noch eins. 1970 war ich noch immer auf der niedrigsten Gehaltsstufe, noch immer Lehrbeauftragter, unterrichtete noch immer den Kurs »Shakespeares Zeitgenossen«. Und ich arbeitete noch immer an meinem Roman. Von der Lyrik hatte Afrika mich kuriert. Prosa schien zumindest die Hoffnung auf Selbständigkeit zu bieten. Das jedenfalls redete ich mir ein – im Grunde jedoch wußte ich, daß ich besessen war: Ich mußte das, was ich sah, in etwas Erzähltes verwandeln, um ihm Licht und Gestalt zu verleihen. Ich hatte zwei Romane veröffentlicht. Noch kräuselte sich das Wasser dort, wo sie versunken waren; sie hatten wohlwollende Kritiken erhalten.

Und ich hatte noch mehr zu schreiben; mein Kopf war voller Handlungen und bedeutender Aussprüche, voller Namen für Protagonisten. Ich schrieb jeden Morgen von sieben bis zehn, unterrichtete um elf, machte eine Mittagspause, leitete nachmittags Tutorien, trank von fünf bis sieben und fuhr nach Hause zu meiner Familie. Es war ein eigenartiges und egoistisches Leben, aber es war das, was alle taten: die Engländer, die Inder, die Chinesen. Obwohl wir nur eben über die Runden kamen, hatten wir zwei Dienstboten. So war das Leben in Singapur.

Wir vier und unsere zwei *amahs* Ah Chang und Ah Ho lebten in einer stickigen Doppelhaushälfte mit schimmligen Wänden, so nah an der Bukit Timah Road, daß die Luft von Abgasen erfüllt war und wir Tag und Nacht das Keuchen und Brüllen der Busse hören konnten. Auf der anderen Seite der Bukit Timah Road stand, von einer Mauer umgeben, das *Serene House*, ein Privathotel, das ausschließlich mit amerikanischen Soldaten auf Urlaub aus Vietnam belegt war, mit Unteroffizieren und Mannschaften. Die Offiziere stiegen ein paar Blocks weiter im *Shelford* ab. *Serene House* war ein besseres Bordell, und das war eins von Singapurs Geheimnissen: nur Militärs und Prostituierte durften hinein. Selbst die Polizei ließ sich dort nicht blicken. Der Betrieb wurde mit dem stillschweigenden Einverständnis der amerikanischen und singapurischen Regierung geführt und war ein behördlich beaufsichtigter Puff. Das Shelford verfügte über bessere Prostituierte und einen hohen Zaun. Ich kannte den Pförtner des *Serene House*, einen Tamilen namens Satyamurthi, und so schaute ich auf dem Weg von der Universität nach Hause oft dort vorbei.

Die Soldaten kamen für eine Woche und suchten sich am ersten Tag ein Mädchen aus. Jeden Montag sah ich die Busse kommen. Satya öffnete das Tor und schloß es wieder, wenn der Bus weitergefahren war. Soldaten und Huren spazierten in der Gegend herum und saßen Händchen haltend auf Bänken am Kanal. Sie ließen sich in Luck Ongs Fotogeschäft in der Bukit Timah Arcade fotografieren, und wenn sie wieder fort waren, wurden diese Bilder in der Vitrine aufgehängt – Luck Ongs Trophäen: Soldaten und Huren –, und dort blieben sie, auch wenn die Hure längst einen neuen Soldaten gefunden hatte und der Soldat auf dem Foto wieder in Vietnam und vielleicht tot war. Manche Soldaten im *Serene House* ignorierten die Mädchen und beschränkten sich auf Alkohol, Prügeleien und Fernsehwestern. Einige fanden den Weg über den Sportplatz zur Universität. Einmal entdeckten wir in unserer Bibliothek einen verwirrten GI. Ringrose schrieb ein Gedicht über ihn. Am Ende der Woche kam der Bus und brachte sie wieder zurück in den Krieg.

Mich konnte man nicht einziehen – ich war verheiratet. Ich war einer der schwitzenden jungen Männer, die in Hemdsärmeln und Gummisandalen und mit Einkaufstaschen voller Lebensmittel in den Händen zwischen Malaien und Chinesen an der Bushaltestelle vor Chop Keng Fatt Hengs Laden (»Feinkost«) standen. Ich fühlte mich wie unter einer Last, ich fühlte mich alt, mindestens fünfzig Jahre alt, was mir damals uralt erschien. Die Wagen mit den malaiischen Chauffeuren sausten an uns vorbei; die Insassen waren unterwegs zu Cocktails und Gartenparties.

Singapur war eine Insel der Partygastgeber: alles leierte ständig irgendwelche Geschäfte an oder stürzte sich ins gesellschaftliche Leben. Man sah die widerwärtigen Gesichter dieser Leute auf Fotos in der *Straight Times*, wie sie sich umarmten und verschwitzt, aufgedonnert und zufrieden aussahen. Ihre vollständigen Namen und oft auch ihre lächerlichen Spitznamen standen in den halbfetten Bildunterschriften. Sie waren mir allesamt fremd und erschienen mir nicht exotisch, sondern dumm und fern. Sie bewohnten eine Welt, die sich von der meinen so sehr unterschied, daß mir nichts einfiel, was ich, den sie ohnehin nicht kannten, ihnen hätte sagen können. Ich haßte sie wegen ihrer Parties, aber insgeheim dachte ich: Bitte ladet mich ein.

Manchmal wurden wir zu Empfängen in der Residenz des amerikanischen Botschafters eingeladen. Wegen des Vietnamkriegs stellten uns diese Einladungen vor ein moralisches Dilemma. Allerdings war es kein schweres Dilemma. Wir sagten jedesmal zu.

2

Wir waren auf einem Empfang in der Residenz des amerikanischen Botschafters.

Zu jener Zeit des Vietnamkrieges gingen wir ausländischen Lehrer und Journalisten in Singapur zu den Empfängen in der amerikanischen Botschaft, tranken zuviel, aßen das Büffet leer, beleidigten Diplomaten und Geschäftsleute und spazierten durch den Garten, um auf die Orchideen zu pinkeln.

Was uns ärgerte, waren die Ordnung, der Frieden in diesem Haus, das immerhin die Vereinigten Staaten von Amerika repräsentierte. Wenn wir am Ende des Abends nach Hause gingen, waren wir wieder in Singapur. In der Botschaft wiederum ärgerte man sich über uns, weil man Empfänge geben mußte, um harmlos zu erscheinen. Und da es in Singapur so wenige amerikanische Zivilisten gab, hatte man keine andere Wahl, als uns einzuladen. Vielleicht hoffte man, durch uns einen Kontakt zum gemeinen Volk herstellen zu können.

Vielleicht gaben wir uns der Hoffnung hin, vertrauliche Informationen zu erlangen. Letztlich lief es aber darauf hinaus, daß man uns Gratisdrinks zu servieren hatte und wir sie zu trinken hatten. Dennoch hegten wir eine tiefe Verachtung für alle amerikanischen Diplomaten, und darum lehnten wir die Einladungen nicht ab, sondern sagten zu und benahmen uns daneben.

An diesem Abend vermittelte mir irgend etwas in der Atmosphäre der Botschaft das Gefühl, asozial und unerwünscht zu sein. Ich kam mir vor wie ein Einbrecher, und als ich sah, daß Alison in ein Gespräch mit einigen Frauen vertieft war, schlich ich in die Bibliothek, und zwar in der Absicht, dort etwas zu stehlen – keinen Schatz, sondern etwas, das mir von größerem Nutzen wäre als dem Botschafter. Ich redete mir ein, daß ein Buch genau das richtige wäre.

Ich lehnte an einem Regal und musterte die Buchrücken, als ein Mann von hinten an mich herantrat und sagte: »Bücher können einem sehr viel über den Besitzer des Hauses verraten.«

Das war richtig, wenn auch eine Binsenweisheit, und das wollte ich ihm sagen, doch ich war zu verwirrt. Ich fühlte mich schuldig, weil er mich fast bei einem Diebstahl erwischt hätte. Einige Augenblicke später, und dieser Mann hätte gesehen, wie ich ein Buch in die Tasche steckte.

»Und was verraten uns diese?« fragte er.

Wir sahen nicht einander, sondern die Bücher an.

Ich entdeckte Biographien und Bücher über Geschichte, Politik, Diplomatie und Statistik, aber keine Autoren oder Titel, die ich kannte.

»Nicht viel, glaube ich«, sagte ich und hatte das kaum ausgesprochen, als ich merkte, daß ich für eine gepflegte Konversation zu betrunken war.

»Nichts«, sagte der Mann. »Diese Bücher stammen aus den Beständen des Außenministeriums. Sie gehören zur Ausstattung des Hauses und sind unter ›Zubehör‹ erfaßt.«

Ich nickte. Besser hätte ich es auch nicht sagen können.

»Keine Lyrik«, sagte er. »Wenn es hier Lyrik gäbe, könnten Sie genau sehen, mit wem sie es zu tun haben.«

Diese Bemerkung machte ihn sympathisch, doch diese Bemerkung schien eigentlich gar nicht zu ihm zu passen. So etwas hätte auch einer meiner schmuddeligen Freunde aus Universitätskreisen im angrenzenden Raum sagen können, einer von diesen besonders nervtötenden Intellektuellen mit dicken Backen und einem Mund voller Wachteleier. Wenn man die Art, wie er das Essen in sich hineinschaufelte, kommentierte, spuckte er Eikrümel und sagte: »Scheiß drauf! Schließlich bezahlen wir ja dafür!«

Doch dieser Mann hier war wohlgenährt, hatte ein rosiges Gesicht und trug einen dunklen Anzug mit Krawatte. So etwas zog in Singapur nur an, wer ein rundum klimatisiertes Leben führte. Die Reichen kleideten sich warm und fuhren in klimatisierten Wagen. Mein Gesprächspartner trug eine goldene Armbanduhr, klotzige Manschettenknöpfe und Schuhe aus fein genarbtem Straußenleder, wie sie in Hongkong von Hand gefertigt wurden. Und es umgab ihn ein gewisser teurer Duft – der zarte, ledrige Geruch von Geld.

»Sind Sie schon lange in Singapur?« fragte er.

»Seit fast zwei Jahren. Ich unterrichte an der Universität.«

»Freut mich für Sie. Aber Sie wirken ein bißchen jung für einen Professor.«

»Ich bin auch kein Professor. Das läuft hier nach dem britischen System: Es gibt nur einen Prof, und das ist der Chef. Der hat den Lehrstuhl für Englisch. Wir anderen sind bloß Lehrbeauftragte.«

»Auch für einen Doktor wirken Sie ein bißchen jung.«

»Ich hab nicht promoviert.«

Es fiel mir schwer, ein Gespräch in Gang zu halten, in dem ich ständig irgend etwas erklären mußte. In meinem betrunkenen Zustand konnte ich zuhören und zustimmen, aber wenn ich etwas sagen mußte, stolperte ich über meine eigenen Worte.

»Was sind dann Ihre Referenzen?« fragte er. Mit dieser direkten Frage hatte er sich über mich gestellt, und das ärgerte mich.

»Ich habe keine«, sagte ich. »Ebensowenig wie er.«

Ich hatte mich wieder dem Regal zugewendet und ein schmales Büchlein entdeckt: *Life Studies* von Robert Lowell.

»Sind Sie da sicher?«

»Kurz bevor ich hierhergekommen bin, war ich mit Cal im Lake District zum Angeln.«

Der Mann schien interessiert, aber auch ein wenig ungläubig. Er verzog den Mund zu einem schiefen Lächeln.

»Jonathan Raban hat uns miteinander bekannt gemacht. Jonathan ist ein gemeinsamer Freund. Sie glauben mir nicht.«

Der Mann trat einen Schritt zurück und sagte: »Nein, nein, es kommt mir nur so weit hergeholt und ungläubig vor.«

Das war der erste Hinweis darauf, daß er kein besonders gut entwickeltes Sprachgefühl besaß.

»Cal ist die Kurzform von Caligula«, sagte ich.

»Haben Sie bei diesem Ausflug etwas gefangen?«

»Es war nur ein langes Wochenende. Es hat geregnet, und Cal ist ins Wasser gefallen. Den Rest der Zeit ist er in seinem Hotelzimmer geblieben und hat gelesen. Jonathan hat zwei Forellen gefangen und wieder ins Wasser geworfen.« Ich kehrte ihm noch immer den Rükken zu. »Und der hier auch nicht.«

Ich zog das Buch *In the Clearing* von Robert Frost aus dem Regal und schlug es auf. Auf dem Vorsatzblatt war ein Aufkleber mit der amerikanischen Fahne und der Aufschrift: *Ein Geschenk der Vereinigten Staaten von Amerika.*

»Frost hatte auch keine Referenzen«, sagte ich. »Er hatte nicht mal einen College-Abschluß. Aber er hat sein Leben lang unterrichtet.«

»Ich nehme an, den kennen Sie auch.«

Ich nickte. »Ich bin ihm in Amherst begegnet. Eines Tages 1962 bin ich ihm in die Jones Bibliothek in der Stadtmitte gefolgt. Die Treppe hinauf. In den Bibliothekssaal. Ich hatte sein neuestes Buch in der Hand. ›Würden Sie mir das signieren?‹« Ich drehte mich um und sah in das breite, rosige Gesicht des Mannes. »Frost musterte mich und sagte: ›Verfolgen Sie mich gefälligst nicht.‹ Genau diese Worte.«

»Großartig!« sagte der Mann, und jetzt schien er überzeugt.

»Aber er hat das Buch signiert. Er sagte: ›Ich hab in New York gerade tausend davon signiert, und jetzt verkaufen sie sie für fünfzehn Dollar das Stück.‹«

»Dann kann ich seinen Widerwillen verstehen«, sagte der Mann.

Ich lächelte, aber er meinte es ernst. Er strahlte mich noch immer an. Nicht daß er gelächelt hätte, aber sein Gesicht wirkte heller, es leuchtete förmlich vor Aufmerksamkeit. Ich war nicht daran gewöhnt, daß jemand meinen Äußerungen soviel Aufmerksamkeit schenkte. Seine Miene drückte mehr als bloße Neugier aus. Es war ein Hunger darin, aber noch etwas anderes: Es war der Gesichtsausdruck eines Mannes, der gewöhnlich bekommt, was er haben will, und der gerade etwas gesehen hat, das seine Begehrlichkeit weckt. Es war eine Art selbstgewisser Hunger, der mich befangen machte: Es war, als wollte er im nächsten Augenblick ein Stück von mir abbeißen.

Um meine Verlegenheit zu überspielen, sagte ich: »Und in welcher Branche sind Sie tätig?«

»Elektronik«, sagte er.

Doch sein Gesicht leuchtete noch immer – offenbar dachte er noch an die beiden wahren Geschichten von Lowell und Frost, die ich ihm erzählt hatte.

»Schalter. Zeitschalter. Schalterbauteile. Kleine Motoren.« Die Worte kamen mechanisch. Er leierte sie nur herunter, als wäre ich sein Sitznachbar im Flugzeug. In Gedanken war er ganz woanders. »Sie sind Schriftsteller.«

»Ich habe zwei Romane veröffentlicht.«

»Wunderbar«, sagte er, und das klang aufrichtig. »Und wie steht es mit Lyrik?«

»Ich habe früher mal Gedichte geschrieben, aber in letzter Zeit nicht mehr.«

Ich war zu betrunken, um ihm die Gründe zu erläutern. Ich hätte sie unter den Überschriften AFRIKA, EHE, KINDER und SCHULDEN auflisten können. Außerdem hatte ich das Gefühl, daß meine Gedichte eigentlich Miniaturen gewesen waren. Mit Prosa konnte ich in größerem Maßstab arbeiten, und damit fühlte ich mich wohler.

»Kann man vom Schreiben leben?«

Das war eine blödsinnige Frage, aber ich hatte eine Antwort parat.

»Davon nicht«, sagte ich, »aber damit.«

Ich sah, daß er beeindruckt war. Und mir ging auf, daß er sich nicht über mich lustig machen wollte. Er zweifelte jetzt auch nicht mehr an meinen Worten. Er versuchte nur unbeholfen, mich auszufragen.

»Wenn Sie schreiben *und* unterrichten, sind Sie sicher sehr beschäftigt.«

»Ja«, sagte ich, auch wenn ich mich überhaupt nicht beschäftigt fühlte. Ich langweilte mich, ich fühlte mich unter Wert behandelt. Ich hätte so viel mehr schreiben oder tun können, wenn man mir nur Gelegenheit dazu gegeben hätte. Ich wußte, daß meine Zeit noch kommen würde, aber im Augenblick fühlte ich mich unbeachtet. Und plötzlich, als hätte dieser Gedanke einen physischen Widerwillen hervorgerufen, war mir übel, und ich hatte einen sauren Geschmack in der Kehle.

»Wir könnten doch mal zusammen essen gehen. Haben Sie mittags Zeit?«

»Manchmal«, sagte ich. Eigentlich hätte ich sagen müssen: Immer. Doch bei der Erwähnung von Essen wurde mir nur noch unwohler.

»Ich würde Ihnen gern meine Frau vorstellen.«

»Aber gern«, sagte ich und wandte mich zum Gehen.

»Harry Lazard«, sagte er, nahm meine Hand und schüttelte sie. »Sie sehen ein bißchen blaß aus.«

»Mir ist schlecht«, sagte ich. »Entschuldigen Sie mich.«

Ich eilte in den Garten und kotzte hinter den Botschaftsfarnen. Lazard, der von meiner Verfassung scheinbar keine Notiz nahm, war mir gefolgt und sagte: »Sie sind hier der einzige Mensch, den ich beneide.«

Bald darauf machte ich mich auf die Suche nach Alison, und als ich sie gefunden hatte, fuhren wir nach Hause. Sie saß am Steuer, während ich stöhnend dalag.

Jedesmal wenn wir die Residenz des Botschafters verließen, löste sich der Zauber: Busse, Rikschas, Rufe, Gestank, gleißende Lichter und eine Luft wie Hundeatem, die den Kopf mit feuchter Hitze erfüllte. So fand ich mich dann in meinem engen Haus an der Bukit Timah Road wieder, wo ich die Western hörte, die im *Serene House* liefen, die Schüsse, die galoppierenden Pferde, und hatte das Gefühl, daß ich unsanft wieder in meiner Welt gelandet war. Es war sehr verwirrend, eben noch in einem Haus mit Blick auf den Botanischen Garten gewesen zu sein und sich jetzt wieder hier zu befinden. Es half mir zu begreifen, daß wir wirklich schwere Zeiten durchmachten und daß, auf schwer durchschaubare Weise damit verknüpft, der Krieg in Vietnam noch ewig weitergehen würde. Der Krieg machte viele Amerikaner stolz, doch viele von uns fühlten sich als Opfer und wurden an ihre Ohnmacht erinnert. Wir kamen uns vor, als wären wir der Feind. Kein Wunder, daß wir den Vietcong insgeheim bewunderten.

All das ging mir auch in dieser Nacht durch den Kopf. Ich lag unter dem knarrenden Deckenventilator auf dem Sofa, verfluchte die Abgase der Busse und dachte an Lazards rosiges Gesicht und an seinen Reichtum: Er war ein Mann, der es gewöhnt war, sich kein bißchen beeindrucken zu lassen. Unglaublicherweise hatten ihn ausgerechnet meine Bemerkungen über Lyrik dennoch beeindruckt. Ich hatte das deutliche Gefühl, daß die Begegnung mit diesem Harry Lazard mein Leben verändern würde.

3

Harry Lazard rief mich am nächsten Tag an und lud mich zum Mittagessen ein. Als ich ihm sagte, mein Wagen sei in der Werkstatt – was der Wahrheit entsprach –, schien er sich zu freuen. »Nehmen Sie kein Taxi!« Er schickte mir seinen Wagen, einen Daimler mit einem malaiischen Fahrer, der mich mit *tuan* – Herr – ansprach. Ich saß hinten und genoß die kühle, geräuschlose Fahrt die Orchard Road hinunter. Beim Kaufhaus Tang bogen wir ab und fuhren am Hotelstrand und am Goodwood vorbei. Aus einem klimatisierten Daimler betrachtet, erschien mir Singapur nicht nur erträglich, sondern altmodisch und liebenswert. Dies war die Stadt, die mir vorgeschwebt hatte, bevor ich hierhergekommen war.

Ahmed trug weiße Handschuhe. Er fuhr in einem großen Bogen vor dem Tanglin Club vor. Nach zwei Jahren in Singapur betrat ich zum erstenmal diesen Club, in dem Harry Lazard nach weniger als einem Jahr bereits Mitglied war. Er erzählte mir das auf dem Weg von der Lobby, wo er mich erwartet hatte, in den Speisesaal.

Als wir an einem Porträtfoto von Winston Churchill vorbeikamen, sagte er laut: »Wie Sie wissen, war seine Mutter Amerikanerin.«

Am Tisch erklärte er mir, daß er es genoß, das zu sagen, wenn englische Clubmitglieder in Hörweite waren. Mir fiel auf, daß ihm

Haare aus den Ohren wuchsen. Er wollte keine Speisekarte; er sagte dem Ober, er wisse, was darauf stehe, und bestellte das Tagesgericht: Roastbeef, Yorkshire Pudding, Röstkartoffeln und Rosenkohl. Ich war überwältigt und nahm dasselbe.

Kaum war das Essen serviert, da begann Lazard daran herumzumäkeln, was es mir schwermachte, es zu genießen.

»Sie müssen mal zum Essen zu uns kommen«, sagte er. »Das ist eine witzige Geschichte. Meine Frau und ich haben einmal ganz ausgezeichnet gegessen, im *Chez Michel.* Nach dem Essen habe ich gesagt, ich wolle den Küchenchef sprechen, und als er an unseren Tisch kam, fragte ich ihn, wieviel er verdiene. Er war Chinese und verdiente nicht viel. Ich sagte ihm, ich würde ihm doppelt soviel zahlen, wenn er für mich arbeiten würde. Er hat sein Handwerk von einem erstklassigen Koch in Saigon gelernt. Jetzt gehört er mir.«

Ich war beeinduckt: Er hatte kurz entschlossen jemanden in seine Dienste genommen, einfach so.

»Es war nur eine Frage des Geldes«, sagte Lazard. »Das ist es ja fast immer. Die meisten Leute in Singapur sind unterbezahlt. Das ist das Schöne an dieser Stadt. Die Leute wissen gar nicht, wie gut sie sind. Hier kriegt man das beste Essen der Welt.«

Sein Singapur war angenehm und klimatisiert, meins war eng und heiß. In seinem Singapur gab es den Tanglin Club und Golf- und Polospieler, in meinem nur den Fakultätsklub voller Jammerlappen. In seinem Singapur gab es Haute Cuisine, in meinem gebratene Nudeln und Sojasauce. Er war glücklich, ich war ungeduldig. Ich hatte kein Telefon, ich fuhr mit dem Bus, ich schwamm im Singapur River, ich kaufte bei Fahrradrikschafahrern Ganja. Ich wußte, daß mein Singapur der Vergangenheit angehörte und daß meine Tage hier gezählt waren.

»Fällt Ihnen eigentlich auf, wie sauber und ordentlich es hier ist? Und haben Sie schon mal darüber nachgedacht, wie selten das ist?«

»Für Bagatelldelikte gibt es hier die Prügelstrafe«, sagte ich. »Die Presse wird zensiert. Meinen Studenten wird übel mitgespielt. Vor kurzem hat der Staat ihnen alle Stipendien gestrichen, weil englische Literatur für den Aufbau einer Nation nicht erforderlich sei, so die wörtliche Begründung. Der Staat will Natur- und Wirtschaftswissenschaftler. Lyrik betrachtet man als geistige Verirrung.«

»Warum hören Sie dann nicht auf?«

»Weil ich das Geld brauche«, sagte ich und mußte husten. »Wenn ich was Besseres kriegen könnte, würde ich sofort zugreifen.«

»Was Singapur betrifft, bin ich sehr gespalten«, sagte Lazard, und ich war froh, daß er das Thema meiner Unzufriedenheit nicht weiter verfolgte. »Ich bin Chemiker. Meine Firma stellt nicht nur Elektronikbauteile, sondern auch Chemikalien her.«

»Dann bin ich überrascht, daß Sie nicht hundertprozentig auf seiten der Regierung stehen.«

»Ich stehe auch auf seiten der Dichter«, sagte er.

»Das alte Singapur wird gerade zu Grabe getragen. Bald wird es verschwunden sein. Darum schreibe ich einen Roman darüber. Ich will über die kleinen Läden und den Hafen schreiben, über die Huren und die Bugis Street und über die Fahrradrikschas, solange ich ihr Klingeln noch im Ohr habe.«

»Und unterrichtet Ihre Hauptperson an der Universität?«

»Nein. Er ist der Außendienstmann eines Schiffsausrüsters«, sagte ich. »Auch die wird es bald nicht mehr geben.«

»Was für eine wunderbare Idee«, sagte Lazard.

»Ein Roman ist ja unter anderem auch ein Stück Sozialgeschichte.«

»Das gilt wohl für alles Geschriebene.«

»Ja. Auch für Gedichte. Wenn in einem Gedicht ein englischer Zug vorkommt, wird er von einer Dampflokomotive gezogen. Solche Lokomotiven werden aber schon längst nicht mehr eingesetzt. Die Lyrik ist nicht auf dem aktuellen Stand.«

»Sie sind also ein Lyrikkenner«, sagte Lazard und öffnete seinen Aktenkoffer mit einer Ungeduld, die verriet, daß er auf diesen Augenblick gewartet hatte. Er zog ein dickes Magazin in Buchform hervor und zeigte es mir: *Metro Quarterly – a Journal of the Arts*. Er wog es in der Hand, und es klappte fast von selbst auf der Seite auf, die er mir zeigen wollte. Dort war ein kurzes Gedicht abgedruckt. Ich las es mit einem Blick: »Wunderbar fächert der Fisch seine Flossen in den fließenden Schaum und lenkt seinen Körper drehend über den Stein.« Unterschrieben war es »Harry Lazard«.

»Sagen Sie mir ganz ehrlich, wie Sie es finden. Seien Sie brutal.«

»Es ist sehr gut. Mir gefällt seine Schlichtheit.«

Er lächelte und schien mir nicht zu glauben, doch ich beharrte darauf.

»Und offenbar hat es dem Herausgeber auch gefallen.«

Er lächelte nochmals. Er war ein großer Mann mit großen, behaarten Händen und muskulösen Armen. Es war schwer, sich diese Hände an einem Schreibtisch vorzustellen – wie sie einen Füller hielten und ein Gedicht schrieben.

Vielleicht machte es ihn befangen, daß ich seine großen Hände anstarrte. Er sagte: »Ja, ich bin ein publizierter Dichter.«

Beim Kaffee fragte er: »Wieviel verdienen Sie eigentlich?«

»Vierzehnhundert im Monat.«

»Das ist nicht schlecht«, sagte er.

»Ich kann mir nur so gerade eben ein Auto leisten. Und meine Frau muß arbeiten, damit wir unsere Schulden abzahlen können.«

»Aber in Amerika würden Sie ungefähr dasselbe verdienen.«

»Nein. Ich rede von Singapur-Dollar.«

Ein leises Zucken – Schmerz, Ungläubigkeit, fast Spott – lief über Lazards Gesicht, ließ verschiedene Züge deutlicher hervortreten und bestimmte sein ganzes Mienenspiel. Seine Augen blickten starr – er rechnete. Er dachte: ›Fünfzig Dollar die Woche!‹

»Trinken Sie aus«, sagte er. »Ich will Ihnen etwas zeigen.«

»Hier wohne ich«, sagte er, als Ahmed durch ein Tor in einer hohen Mauer an der Holland Road fuhr, doch rechts und links der Auffahrt sah ich nichts als Palmen, eine Rasenfläche und Blumenbeete. Erst als wir eine gewisse Strecke zurückgelegt hatten, kam das Haus in Sicht. Es war riesig und hatte ein grünes Ziegeldach und weiße Mauern, die im Sonnenlicht leuchteten. Das ganze Anwesen war von einer Mauer umgeben, und sobald man innerhalb dieser Mauer war, konnte man nicht mehr hinaussehen – Singapur war nur noch ein dunstiger Himmel.

Das Haus, so groß es auch sein mochte, wirkte jedoch nur wie ein Detail, ebenso wie der Rasen und die Blumenbeete; selbst der Swimmingpool und die Bogengänge und Spaliere an seiner Umrandung, selbst der Bach und der Wasserfall, die Marmorstatuen, die Säulen und die Nebengebäude waren Details, denn hinter den Blumenbeeten ragten Büsche und blühende Stauden und Bäume auf, nicht einzelne Exemplare, sondern ein ganzer Wald, ein Dschungel aus schwarzgrünen Blättern, so dicht und mit einem so geschlossenen Dach, daß darunter Finsternis herrschte.

Neben dem Pool lag, blaß wie Marmor, eine Frau, die ich für eine weitere Statue hielt, bis Lazard sie mit einem Ruf aufschreckte.

»Fayette – hier.«

Die Frau sah ihn stirnrunzelnd an, als wäre sie verärgert. Dann entdeckte sie mich und schien bis zehn zu zählen, bevor sie lächelte und sich aufsetzte.

»Das ist Paul Theroux«, sagte er, »der Mann, von dem ich dir erzählt habe.«

Sie rührte sich nicht, sondern sah mit majestätischer Gelassenheit zu, wie wir um den Swimmingpool herumgingen. Sie kam uns nicht einen Schritt entgegen. Etwas baumelte wie ein Pendel an ihrem Finger.

»Sie haben ein sehr schönes Anwesen«, sagte ich und fuhr, in dem schüchternen Versuch, ihr ein Kompliment zu machen, fort: »Das macht sicher viel Arbeit.«

»Überhaupt nicht.« Das Pendel war ein geschnitztes, grünes Stück durchsichtiger Jade, das an einer goldenen Kette hing.

»Ich meinte die Gartengestaltung.«

»Wir haben vier Gärtner.« Sie lächelte und ließ den Jadeanhänger baumeln.

Sie war eine knochige, attraktive Frau mit einem scharf geschnittenen Gesicht, ein ganzes Stück jünger als Lazard, wahrscheinlich in den Vierzigern, blond, mit einer spitzen, knorpeligen Nase, die vielleicht das Ergebnis einer mißlungenen Schönheitsoperation war, mit frisch geschminkten Lippen, ebenmäßigen Zähnen und einer sehr blassen Haut, die an den Armen schlaff war. Sie saß zwar am Pool, verbrachte aber offenbar so gut wie gar keine Zeit in der Sonne. Und ihre Blässe, die fast kränklich wirkte, betonte ihren Schmuck – Ohrringe, Armbänder, Halskette – und verlieh ihr eine träge Sinnlichkeit.

»Ist Singapur nicht wunderschön?« sagte sie.

Wieder dachte ich daran, daß diese Leute hinter ihrer Mauer auf der anderen Seite der Insel in einem völlig anderen Singapur lebten.

Mir gefiel es in diesem Land – ich sehnte mich danach, ebenfalls dort zu leben. Die Blumen, die Bäume, die Temperatur und sogar die Luft schienen anders zu sein.

»Möchten Sie etwas zu trinken?« fragte Lazard.

»Bitte bemühen Sie sich nicht«, sagte ich.

Fayette spreizte den Finger mit dem Jadeanhänger ab und drückte mit dem Handballen auf einen Klingelknopf. Im selben Augenblick hörte ich einen Diener rufen; dann erschien, ein Tablett in der Hand, ein Chinese in weißer Jacke und weißer Hose am Ende des Laubengangs.

»Was möchten Sie trinken?«

»Was immer es ist – wir haben es«, sagte Fayette.

»Orangensaft wäre schön«, sagte ich.

»Der ist ganz frisch. Mr. Loy preßt die Orangen selbst«, sagte Harry und fuhr, nachdem der Diener die Bestellung aufgenommen hatte, fort: »Ich möchte Sie etwas fragen, Paul.«

Doch bevor er weitersprechen konnte, stieß Fayette einen Schrei aus, und als ich mich erschrocken umdrehte, sah ich, daß sie am Pool kniete.

»Er ist mir aus der Hand gerutscht«, rief sie und starrte ins Wasser. »O Gott! Ich kann ihn nicht mehr sehen!«

Harry schien plötzlich hilflos und entsetzt. Er wankte, als verursachte seine Unentschlossenheit ihm Gleichgewichtsstörungen.

»Harry kann nicht schwimmen«, sagte Fayette mit überraschender Befriedigung.

»Ich werde ihn rausholen«, sagte ich. »Ich brauche nur eine Badehose.«

»Im Umkleideraum.«

Die meisten Badehosen, die ich dort vorfand, waren zu groß. Ich dachte daran, daß diese Leute wahrscheinlich nur dicke, wohlhabende Menschen kannten; in meinem Singapur waren alle dünn und arm. Selbst die kleinste Badehose war mir zu weit, aber ich verknotete das Zugband, sprang in den Pool und entdeckte den Anhänger auf dem Grund des drei Meter tiefen Beckens. Mein erster Versuch schlug fehl, doch beim zweitenmal war ich erfolgreich. Nun erst sah ich, wie fein die smaragdgrün leuchtende Jade geschnitzt war.

»Mein Held«, sagte Fayette geistesabwesend und nahm mir den Anhänger ab, ohne mich anzusehen.

»Das Ding ist einen Haufen Geld wert«, sagte Harry.

»Was ist es?«

»Die Totenmaske eines Kindes. Die seltenste Jade, die es gibt.«

»Haben Sie sie in Singapur gekauft?«

»Das ist eine lange Geschichte.«

Fayette sah ihn an, als fände sie diese Geschichte gräßlich und verböte ihm, sie zu erzählen.

»Ich habe einen Job für Sie«, sagte Harry.

Als er mir das Angebot unterbreitet hatte, sagte ich: »Ich werde meine Frau fragen.«

»Er braucht ihre Erlaubnis«, sagte Fayette und strich mit einem Finger über die kostbare Jademaske.

Er hatte gesagt: »Sie werden mich für verrückt halten«, und ich hatte ihn ermuntern müssen, fortzufahren, bevor er sagte: »Ich möchte, daß Sie mir Lyrikunterricht geben«, und: »Die schwerste Prüfung haben Sie schon bestanden – meine Frau mag Sie.« Am liebsten hätte ich ihm geantwortet, etwas so Absonderliches hätte ich noch nie gehört, doch ich machte ein ernstes Gesicht und versicherte ihm, sein Angebot sei keineswegs verrückt.

Ich erzählte Alison alles. Daß einem das Wasser bis zum Hals steht, zeigt sich am deutlichsten an dem Gefühl, daß jede Entscheidung eminent wichtig ist. Wenn man kein Polster hat, ist alles, was man tut, riskant.

»Die Frau klingt schrecklich«, sagte Alison, »aber der Mann scheint in Ordnung zu sein – auf eine seltsame Art idealistisch. Lyrikunterricht!«

»Es ist dasselbe wie das, was ich an der Uni mache«, sagte ich. »Wenigstens wäre ich dann besser bezahlt.«

»Amerikaner sind schon komisch. Ihr versucht ständig, euch zu verbessern.«

»Warum soll dieser Typ nicht versuchen, Gedichte zu schreiben?«

»Ich meine nicht ihn, ich meine dich. Dieses Gehaltsangebot hat dir den Kopf verdreht.«

»Du müßtest nicht mehr an der Abendschule unterrichten.«

»Das macht mir nichts aus«, sagte sie und lachte abermals, aus Verblüffung. »Da schwimmt einer im Geld, und anstatt es zu genießen, sucht er jemanden, der ihm beibringt, wie man Gedichte schreibt. So dumm kann er doch gar nicht sein.«

»Aber du hast doch selbst gesagt, er sei idealistisch.«

»Ich glaube, ich habe ›naiv‹ gemeint. Die Vorstellung, daß du ihm beibringen könntest, wie man Gedichte schreibt …«

»Er scheint zu glauben, daß ich das kann – und darauf kommt es schließlich an«, sagte ich. »Das ist sehr liebenswürdig von ihm.«

Wir sahen einander an und lachten über meine geschwollene Ausdrucksweise, und dann fielen wir uns in die Arme.

Ich küßte sie und sagte: »Ich würde denen in der Uni so gern sagen, daß sie sich ihren Job sonstwohin stecken können.«

»Es macht Spaß, Brücken hinter sich abzubrechen«, sagte Alison. Sie zog die Nase kraus, sie schnitt ein Gesicht, sie lachte, und ich liebte sie für ihren Mut.

Ich traf mich noch einmal mit Harry Lazard, und wir schlossen einen für beide Seiten befriedigenden Vertrag: Ich würde ihn wochentags unterrichten, und dafür bekam ich ein mietfreies Haus und hundert US-Dollar pro Woche. Der Vertrag galt zunächst für ein halbes Jahr, war jedoch verlängerbar. Unsere Flugtickets nach England hatten wir bereits. Als ich meine Entscheidung dem Institutsdirektor mitteilte, zuckte er nur die Schultern. Er war halb Chinese, halb Inder, ein ehemaliger Steuerprüfer namens Ratnaswami, der hinter seinem Rücken nur »Rat« genannt wurde.

»Wir hätten Ihren Vertrag sowieso nicht verlängert«, sagte er, grinste und zeigte dabei seine braun verfärbten Zähne. »Wir haben schon einen Nachfolger für Sie.«

Dafür haßte ich ihn, aber mich selbst haßte ich ebenfalls: Warum hatte ich mich nur so lange an diesen schlecht bezahlten Job geklammert? Die Antwort war: weil ich es mir bis dahin nicht hatte leisten können zu kündigen.

Wir entließen unsere *amahs*, packten unsere Sachen – alles, was wir besaßen, paßte in unser altes Auto – und fuhren quer über die Insel zur Holland Road und zu Lazards Mauer. Alison reagierte wie ich. Das Haus, der Park, der Swimmingpool, der Wald – das alles war so versteckt, daß Singapur weit entfernt schien. Jenseits der Mauer war man an einem anderen Ort – es hätte ebensogut ein anderes Land sein können. Hier war es still und warm, hier herrschte Üppigkeit. Allein für diesen Unterschied hätte sich ein Umzug gelohnt. Und wenn ich es als Schriftsteller jemals zu etwas bringen wollte, mußte ich die Kraft haben, einen Job aufzugeben, meinen Weg zu gehen, mein Leben in die Hand zu nehmen.

Wir wurden von Mr. Loy, dem chinesischen Diener, empfangen. Die Lazards seien nicht da, sagte er. Er zeigte uns das Gästehaus, wo wir uns einrichteten, und noch bevor wir ausgepackt hatten, waren die Kinder schon hinausgelaufen und rannten über den Rasen.

Sie spielten mit ihrem alten blauen Ball und lachten – sie kreischten vor Vergnügen, sie fühlten sich hier sicher. Alisons Gesicht strahlte vor Liebe, als sie ihnen zusah, und ich wußte, daß ich das Richtige getan hatte.

4

In den ersten vier oder fünf Tagen bis zur Rückkehr der Lazards führten wir ein Leben, wie wir es bis dahin nicht gekannt hatten. Ohne die Dienerinnen, die unsere Kinder fütterten, kochten wir unsere eigenen Mahlzeiten und aßen auf unserer mit Fliegengitter versehenen Veranda. Wir hatten den Swimmingpool für uns. Wir spielten Krocket. Ich schrieb nicht weiter an meinem Roman, las aber, was ich bis dahin geschrieben hatte. Es gefiel mir, und so nahm ich an, daß mir die Arbeit auch weiterhin gut von der Hand gehen würde. Es waren herrliche, friedliche Tage, und ich empfand eine geradezu unaussprechliche Dankbarkeit für diese fremden Leute, die uns aufgenommen hatten. So müßten sich Menschen aus der Dritten Welt fühlen, wenn Amerikaner in ihr Leben träten, sagte ich zu Alison. Es war, als wären wir aus großer Not errettet worden. Die Sonne schien, unsere Mahlzeiten waren angenehm, und wenn wir den Kindern etwas vorgelesen und sie ins Bett gebracht hatten, setzten wir uns mit einem Drink auf die Veranda und staunten darüber, daß wir noch immer in Singapur waren. Dann gingen wir ins Bett. Wir wachten gemeinsam auf.

»Das gefällt mir«, sagte Alison.

Endlich waren wir eine Familie. Wir hatten ein Familienleben, weil wir zusammen waren, weil unsere Bedürfnisse befriedigt wurden, weil wir in Luxus lebten, weil wir glücklich waren. In diesen ersten Tagen dachte ich oft an unseren Besuch bei Ringroses Haus in der Jurong Road, und dann schloß ich die Augen und sagte stillen Dank.

Doch ich wußte auch, daß ich gefangen war, wenn auch auf denkbar freundliche Weise. Wenn Harry Lazard eine Gabe besaß, dann die, daß er die Bedürfnisse anderer Menschen stets richtig einschätzte. Jeder brauchte etwas anderes – Geld, eine Mahlzeit, Raum –, und sobald Harry herausgefunden hatte, was es war, hatte er den Betreffenden in der Hand. Viele Wege führten in das Herz eines Menschen, und Großzügigkeit war am wirksamsten, wenn sie ein starkes Bedürfnis erfüllte. Harry war nicht hier, doch weil wir glücklich waren, hatten wir das Gefühl, er sei es. Es ging nicht wirklich um Lyrik, dachte ich, aber vielleicht besaß Harry tatsächlich ein lyrisches Talent. Wie hätte er sonst wissen können, daß diese kleine Familie keinen anderen Wunsch hatte als zusammenzusein und ihre Bankschulden zu tilgen?

Dann kehrten die Lazards zurück – wir merkten es, auch ohne daß man es uns sagte. Es geschah in Etappen: Anfangs war es nur eine Atmosphäre gespannter Erwartung, eine Art Nervosität, so zart wie der Schatten einer Wolke, der über eine Wiese gleitet. Die Diener unterhielten sich nicht mehr laut und arbeiteten mit noch größerer Sorgfalt, die Gärtner waren noch akribischer als zuvor, das nölende Geräusch des Staubsaugers war fast ständig zu hören, Blumen wurden in Vasen gestellt, Hussen von Stühlen und Tischen entfernt, und überall war eine Wachsamkeit zu spüren, nicht als könnten die Lazards jeden Augenblick eintreffen, sondern als wären sie im Geiste bereits da, als stumme Wesenheit, die sich gleich mit einem Knall materialisieren würde.

An einem Abend war dieser Eindruck besonders stark, und am

nächsten Morgen lag Fayette Lazard im Schatten einer Markise auf der Chaiselongue am Pool, wo ich ihr zum erstenmal begegnet war.

Die Kinder hatten das Gefühl, daß ihr Swimmingpool von einer Fremden mit Beschlag belegt worden war, und wollten nicht mitgehen, aber ich nahm sie an die Hand und stellte sie und Alison unserer Gastgeberin vor.

Fayette rührte sich kaum. Sie sah uns über ihre Sonnenbrille hinweg an und lächelte.

»Wir waren in Bangkok.«

»War es schön?« fragte Alison.

»Wir sind ständig dort, weil Harry da geschäftlich zu tun hat.«

Alison ließ nicht locker. »Ich habe gehört, Bangkok soll phantastisch sein. Ich würde gern mal hinfahren.«

»Da gibt es Fernsehen«, sagte Fayette und runzelte die Stirn.

Alison faßte das als Witz auf und lachte aus Höflichkeit sehr laut, doch Fayettes Gesicht war nicht unbewegt, sondern erst ernst und dann grimmig.

»Allerdings nur zwei Kanäle. In San Francisco haben wir vierzehn.«

Wir starrten sie an, und ich wünschte, ich könnte ihre Augen sehen.

»Ich wette, du siehst gern fern«, sagte Fayette zu Anton. »Was ist deine Lieblingssendung?«

»Fernsehen ist schlecht«, sagte er mit quäkender Stimme und der hochtrabenden Ernsthaftigkeit eines Dreijährigen.

Fayette sah mich an, als sei ich dafür verantwortlich, und lachte unsicher.

»Vom Fernsehen kriegt man viereckige Augen«, sagte Anton.

Alison sagte: »Er ist ein Heuchler. Wenn Will sprechen könnte, würde er Ihnen sagen, daß sein Bruder sehr gern vor dem Fernseher sitzt.«

Kniff Fayette hinter ihrer Sonnenbrille die Augen zusammen? Es war nicht zu erkennen. Sie sagte: »Ich hoffe, es gefällt Ihnen hier.«

»Das Gästehaus ist wunderschön«, sagte ich.

»Das ist nicht das Gästehaus, sondern die ehemalige Dienstbotenwohnung. Das Gästehaus ist dort drüben.«

Wir beschlossen, uns von ihr nicht irritieren zu lassen. Wir waren so glücklich und fühlten uns in unserer Liebe zueinander so sicher, daß uns nicht einmal diese Frau den Spaß verderben konnte. Sie blieb eine Stunde am Pool und verschwand dann wieder. Den Rest des Tages verbrachte sie im Haus und ließ sich nur gelegentlich auf der Veranda blicken. Sie ging nicht in die Sonne. Sie kam nie zum Gästehaus, wie wir es weiterhin nannten. Wir begegneten ihr nur am Pool, und der war groß genug für alle.

Es gab keinen Grund, das Anwesen zu verlassen, und darum gingen wir nur selten hinaus in die Welt jenseits der Mauer. Jeden zweiten Tag kam der Gemüsehändler mit seinem Lieferwagen; wir kauften, was wir brauchten, und dann verhandelte er mit Mr. Loy. Wir benutzten den Swimmingpool, spielten auf dem Krocketrasen und spazierten auf kiesbestreuten Wegen durch den einen Hektar großen Urwald. Das Arrangement funktionierte, weil wir uns nicht anbiederten. Die Lazards gaben eine Party, doch wir wurden nicht eingeladen. Ich fand es komisch, daß wir uns in der amerikanischen Botschaft als Gleichgestellte kennengelernt hatten, während ich hier nichts weiter war als ein besserer Diener. Es machte mir jedoch nichts aus: Meine Familie war glücklich.

Mehr als eine Woche nach seiner Rückkehr aus Bangkok gab ich Harry Lazard seinen ersten Lyrikunterricht. Ich hatte gemerkt, daß er sehr schüchtern war und daß es ihm gefiel, in seinem Haus einen Schriftsteller zu haben, der an einem Roman arbeitete – das sagte er mir, und er erkundigte sich auch nach den Fortschritten meines Buches. Doch was sein eigenes Talent – oder den Mangel daran – betraf, so war er sehr gehemmt. Wie verlegen dieser mächtige Millionär wurde, wenn es darum ging, mir seine Gedichte zu zeigen, war schon erstaunlich.

Ich ergriff die Initiative. Eines späten Nachmittags sah ich, wie Ahmed ihn vor dem Haus absetzte, und ging über den Rasen und den Hügel hinauf zu ihm, um ihn zu begrüßen. Wir plauderten, und Harry bot mir einen Drink an; wir sprachen über Allgemeines und dann über Lyrik. Es war, als sei dieses Sitzen im Schatten des Hauses der Rahmen, der es uns ermöglichte, über ernste, gewichtige Themen zu sprechen.

An diesem ersten Tag fragte er mich: »Haben Sie irgendwelche Lieblingsdichter?«

»Sehr viele«, antwortete ich. »Einer ist Wallace Stevens.« Ich dachte nach. »Er war Geschäftsmann. Versicherungsbranche. Ging jeden Tag zur Arbeit. Seine Sekretärin hat seine Gedichte abgetippt. Haben Sie was von ihm gelesen?«

»Wallace Stevenson, o ja, er ist sehr wuchtig.«

Ich fürchtete, es würde ihn nur noch verlegener machen, wenn ich ihn korrigierte, und eigentlich war der Fehler auch unbedeutend, aber mich beschlich eine Ahnung, daß dieser Lyrikunterricht vielleicht anstrengender werden würde, als ich gedacht hatte.

»Hören Sie noch ab und zu etwas von Robert Lowell?« fragte er.

»Nein, wir stehen nicht in Briefkontakt. Ich bin auch nur das eine Mal mit ihm angeln gewesen.«

»Es ist nicht so wichtig, wie oft man mit jemandem zu tun hat. Entscheidend ist, wie tief der Eindruck ist, den man hinterläßt«, sagte Harry, und da sprach nicht der Dichter, sondern der Geschäftsmann.

»Er war beeindruckt, daß ich etwas gefangen hatte.«

»Das meine ich«, sagte Harry. »Ich müßte ihn hierherholen.«

Wir ließen unseren Blick über den Rasen, die Spaliere, die Statuen und die Laubengänge schweifen. Ich versuchte mir Robert Lowell am Pool vorzustellen: einen großen, bleichen Mann mit zerzausten Haaren, verbogener Brille und wildem Gefuchtel, der sich betrank, Harry beschimpfte und Fayette Avancen machte.

»Würde ihm guttun«, sagte Harry.

Wir sahen dieselbe Szene, jeder in seiner eigenen Version.

Am nächsten Tag lauerte ich ihm wieder auf, und diesmal fragte ich ihn, wer seine Lieblingsdichter seien.

»In meinem Literaturgeschmack bin ich sehr altmodisch. Mir gefallen die alten Meister am besten: Shakespeare, Keats, Lord Byron. ›Wo bist du gewesen, Lord Randall, mein Sohn?‹ Solche Sachen.«

»Die hab ich in meinen Tutorien durchgenommen. Wir mußten alle Epochen behandeln. Was ist mit den Kriegsdichtern?«

»Welcher Krieg?« rief er so laut, daß ich erschrak.

»Der erste Weltkrieg hat die meisten Dichter hervorgebracht. Ich denke an Edmund Blunden. Siegfried Sassoon. Wilfred Owen. Isaac Rosenberg. Haben Sie einen von denen gelesen?«

»Ja, vor Jahren.«

Der Ausdruck »vor Jahren« war mir schon immer unehrlich und ausweichend erschienen.

»Isaac Rosenberg klingt interessant. Was hat er geschrieben?«

»›Tagesanbruch im Schützengraben‹ und einiges andere.«

»Muß ein Jude gewesen sein«, sagte Harry. »Seltsam. Ein englischer Jude.«

»Disraeli war auch Jude.«

»Das habe ich schon öfters gehört.«

»›Mendelssohn war Jude‹«, sagte ich, »›und Karl Marx und Mercadante und Spinoza. Und der Heiland war Jude, und Sein Vater war Jude. Euer Gott war ein Jude. Christus war ein Jude wie ich.‹«

Harry betrachtete mich mit einem verwirrten, fast verletzten Blick. »Stimmt was nicht?«

»Ich habe aus *Ulysses* zitiert. Leopold Bloom sagt das im Pub zu irgendeinem Iren.«

Er war entzückt, griff mit schwungvoller Gebärde nach seinem Gin Tonic, nahm zufrieden einen Schluck und sagte: »Ich hätte nie gedacht, daß ich mich eines Tages mal auf dieser Terrasse mit jemandem über Joyces *Ulysses* unterhalten würde. Das ist ziemlich einzigartig!«

Ich lächelte nur. Ich wußte nicht, wie ich auf einen solchen sprachlichen Schnitzer antworten sollte, ohne sarkastisch zu klingen.

Am nächsten Tag trafen wir uns nicht, aber später setzten wir uns, wenn er vor dem Abendessen ein oder zwei Stunden Zeit hatte, zusammen auf die Terrasse. Er genierte sich noch immer sehr, mir seine Gedichte zu zeigen oder gar welche zu schreiben, und so schlug ich vor, wir sollten, um uns langsam einzustimmen, gemeinsam Gedichte lesen und darüber sprechen.

»Gute Idee«, sagte er.

Ich merkte, wie froh er war, daß ich ihn nicht nach seinen eigenen Gedichten fragte und nicht zu viel von ihm erwartete. Mein Monatsgehalt hatte er mir prompt und im voraus bezahlt. Da wir mietfrei wohnten, ging es uns in finanzieller Hinsicht besser als jemals in meiner Zeit als Lehrbeauftragter an der Universität, und endlich erschien Singapur uns angenehm.

Doch für mich gab es wenig zu tun, und zwangsläufig stellte sich das Gefühl ein, ich sei überflüssig. Jedesmal wenn ich den Koch hinter der Küche sitzen und die *Straight Times* lesen sah, dachte ich daran, wie Harry ihm im *Chez Michel* an der Robinson Road den doppelten Lohn geboten hatte, damit er für ihn – Harry – arbeitete. Mir hatte er Geld, inneren Frieden und literarische Prätentionen geboten, dazu Luxus und die Möglichkeit, mit meiner Familie hinter einer hohen Mauer in einem Herrenhaus aus der Kolonialzeit zu leben, im alten Singapur. Es war die ersehnte Gelegenheit, an meinem Buch zu arbeiten und dem bitteren Humor im Fakultätsklub zu entkommen. Doch ich identifizierte mich zu sehr mit dem Koch, um mich ganz wohl fühlen zu können.

Eines Abends, als die Kinder im Bett lagen und wir auf unserer kleinen Veranda saßen, erzählte ich das alles Alison.

Sie sagte: »Das ist seit Ewigkeiten das erste Mal, daß ich glücklich bin. Die Kinder lieben den Swimmingpool.«

Ich hatte den Verdacht, daß Harry das wußte.

»Und ich bin froh, daß ich nicht mehr in dieser verdammten Abendschule unterrichten muß. Worüber beklagst du dich eigentlich?«

»Ich beklage mich gar nicht. Ich mache mir nur so meine Gedanken.«

»Bitte laß uns nicht von hier weggehen«, sagte sie. Sie hatte sich hier eingelebt, sie kümmerte sich um die Kinder, spielte mit ihnen, fütterte sie – sie hatte entdeckt, daß die Bürden der Mutterschaft auch sehr befriedigend sein können. Die Jungen blühten auf.

Ihr Glück rechtfertigte alles und war der beste Grund, diesem Mann Lyrikunterricht zu geben.

Bei unserem nächsten Treffen sagte Harry: »Ihre Frau und Ihre Kinder scheinen sich hier sehr wohl zu fühlen.«

Er kannte also mein Geheimnis. Es war, als hätte er jedes Wort gehört, das Alison zu mir gesagt hatte. Doch das mußte er gar nicht. Er brauchte nur einen Blick aus dem Fenster zu werfen und sie auf der Umrandung des Swimmingpools spielen zu sehen. Kinder liegen nie in der Sonne. Sie sitzen auch nicht still an einem Swimmingpool. Sie sind wie Katzen: Entweder sie schlafen oder sie sind in Bewegung. Ich hatte meine Familie noch nie so glücklich gesehen, und ich wollte, daß das so blieb.

»Ich möchte Ihnen eins meiner Gedichte vorlesen.«

Er war angespannt und schnaufte durch die Nase. Aus dem Aktenkoffer holte er einen steifen Schnellhefter hervor. Darin war ein Blatt Papier mit einem zwanzigzeiligen Gedicht, auf einer teuren Büromaschine getippt und mit einem Passepartout versehen, als handle es sich um ein besonders kostbares Stück. Es schilderte die Unfähigkeit eines Reisenden, mit jemandem zu kommunizieren, der kein Englisch sprach, und trug den Titel *Sag was.*

Ich las es und überlegte, wie ich es loben könnte.

»Seien Sie brutal«, sagte Harry.

»Mir gefällt seine Derbheit«, sagte ich. »Es ist eine Art Anti-Gedicht. Die Art, wie der Erzähler mit dem Einheimischen spricht, ist fast ungehobelt. Gewollt unelegant. Sehr stark.«

Er las sein Gedicht und lächelte bewundernd.

»Daran hatte ich noch gar nicht gedacht«, sagte er. »Ich glaube, Sie haben recht.«

Das munterte ihn auf. Er zeigte mir ein anderes Gedicht aus demselben Ordner: *Markt* von Harry Lazard.

Es war ein schwerfälliges Gedicht mit kurzen Zeilen, das aufzählte, was man auf einem offenbar südostasiatischen Markt zu sehen bekam: die heimischen Früchte – Mangos, Zwillingspflaumen, Zibetfrüchte –, die Fleischstücke, die aufgeschichteten Fische, die Kräuterbündel, die Reissäcke. Es war eine Einkaufsliste.

»Das ist gut«, sagte ich.

»Na los, kritisieren Sie es.«

»Mir gefällt die Zeile: ›Tote Tiere zu verkaufen‹.«

Es schien ihn zu irritieren, daß ich ausgerechnet diese Zeile lobte. Zunächst sagte er nichts und dann: »Das stand auf einem Schild an einem der Marktstände. Ich hab es einfach abgeschrieben. Das war nicht viel Arbeit.«

Ich sagte: »Das nennt man *›art trouvé‹*. Treibholz ist manchmal gefundene Kunst. Man braucht das Auge eines Dichters, um zu erkennen, daß ein solches Schild einen dichterischen Wert hat.«

»Das stimmt«, sagte er. »Aber was ist mit den Schwächen des Gedichtes? Ich bin sicher, daß es welche hat. Ich weiß bloß nicht, wo sie liegen.«

»Die Zeile ›getrocknete Pfefferschoten, aufgereiht wie Knallfrösche, die darauf warten zu explodieren‹ finde ich ein bißchen problematisch.«

Harry preßte die Lippen zusammen und legte sein Gesicht in grimmige Falten.

»An dieser Zeile hab ich besonders lange gefeilt.«

»Ich meine die ›Knallfrösche, die darauf warten zu explodieren‹. Knallfrösche warten nicht. Sie tun nichts weiter als explodieren.«

»Diese sahen aber so aus, als würden sie warten«, sagte Harry. »Ist Ihnen nie aufgefallen, daß manche Feuerwerkskörper so aussehen? Als würden sie auf etwas warten?«

Er lächelte mich ermunternd an und nickte ruckartig. Er wollte, daß ich ja sagte. Im Park hörte ich ein Kind jauchzen, und Alison rief: »Gut gemacht!«

»Vermutlich«, sagte ich.

»Genau. Sie verstehen, was ich meine.«

5

Der Lyrikunterricht bestand für mich allerdings nicht nur aus Leiden und Unterwerfung. Harry Lazard schrieb nur wenige Gedichte. Anscheinend saß er am liebsten auf der Terrasse und erzählte mir von seinem Leben, seinen Kämpfen, seinen Erfolgen. Sein Vater war aus Odessa nach Amerika ausgewandert, ein Cellist, der nie auf einen grünen Zweig gekommen war. Ich fragte Harry, ob er ein Instrument spiele.

»Ich hasse Musik«, sagte er.

Dafür hätte ich ihm am liebsten eine heruntergehauen, doch ich beherrschte mich.

Er sagte: »Respekt. Ein Mann, zu dem ich mal denselben Satz gesagt habe, ist in Tränen ausgebrochen.«

Es wäre schlecht für mich, sagte er, wenn ich meine erste Million vor dem vierzigsten Lebensjahr verdienen würde. Ich erwiderte, er könne unbesorgt sein.

Zum Thema Politik stellte er Behauptungen auf, die sich gegen jede Analyse sperrten. Über Lee Kwan Yew, den autokratischen Premierminister von Singapur, sagte er: »Seine größte Stärke ist, daß er ein Diktator ist, und seine größte Schwäche ist, daß er ein Diktator ist.« Ich war verblüfft. Das war eine entweder sehr kluge oder aber sehr dumme Bemerkung.

Eines Tages rief er mir von seiner Veranda aus zu: »Paul, kommen Sie doch mal her – ich möchte Ihnen jemanden vorstellen.«

In einem Korbsessel saß ein blasser Mann mit hochgezogenen Schultern. Er war etwa siebzig, sprach sehr leise, trug ein zerknittertes Hemd und litt offenbar unter der Hitze.

»Nate, das ist Paul. Er wird eines Tages ein berühmter Schriftsteller sein«, sagte Harry. »Nate hat auch einiges geschrieben.«

»Könnte ich etwas davon gelesen haben?« fragte ich.

Mit einem traurigen Lächeln – das ich der Hitze zuschrieb – hob Nate schlaff die Hand und winkte ab. »Ich bin hier, um Material über Lepra zu sammeln«, sagte er.

»Aber in Singapur gibt es keine Lepra.«

»Ich bin unterwegs nach Johor Baharu. Dort gibt es einige Spezialkrankenhäuser.«

»Ich habe vor ungefähr sechs Jahren in einer Leprastation in Malawi gearbeitet.«

Ich erzählte ihm ein wenig von Moyo. Er hörte sehr aufmerksam und geduldig zu, als hätten wir unendlich viel Zeit. Er erkundigte sich eingehend nach den Behandlungsmethoden, den Lebensumständen und der Atmosphäre in der Station. Sein Interesse an mir und meinen Erfahrungen überraschte mich, und mir wurde bewußt, daß ich noch nie einen Menschen kennengelernt hatte, der so bescheiden und zugleich so mitfühlend wirkte. Das lag an seiner Haltung und der Art, wie er sich bewegte: Er beanspruchte sehr wenig Platz.

»Woher stammen Sie, Nate?«

Er hustete und sagte: »Ursprünglich aus Chicago.«

Nachdem Ahmed ihn wieder in sein Hotel gebracht hatte, sagte Harry stolz: »Das war Nathan Leopold, der Kindermörder.« Er beobachtete meine Reaktion. »Erinnern Sie sich an den Fall Leopold und Loeb?«

Leopold sei unheilbar an Krebs erkrankt, sagte Harry, und deshalb habe man ihm den Rest seiner Strafe erlassen, damit er seine Studien über Lepra fortsetzen könne.

»Jemand in der amerikanischen Botschaft hat mich auf ihn aufmerksam gemacht. Diesen Tag werden Sie nie vergessen, stimmt's? Sie könnten etwas darüber schreiben.«

Nach etwa einem Monat entwickelte sich ein einfacher, angenehmer Rhythmus. Wenn Harry nicht auf Geschäftsreise war, trafen wir uns zwei-, dreimal pro Woche, immer am späten Nachmittag. Wir plauderten und tranken Tee, und nach einer Stunde brachte Mr. Loy einen Gin Tonic für Harry und ein Bier für mich. Gewöhnlich sprachen wir über Lyrik, doch ich merkte bald, daß Harry nur sehr wenig gelesen hatte und unsicher wurde, sobald ich ihn nach seiner Meinung über einen bestimmten Schriftsteller fragte. Er wollte mein Schüler sein und mich über Lyrik dozieren hören, und er wollte, daß ich ihm zuhörte, wenn er über das Leben, Frauen, Essen und Trinken, die Hitze, Macht und Geld sprach. So war also einer der Schüler des anderen. Er sagte, das sei eine sehr angenehme Art, sich die Zeit zu vertreiben.

Morgens und an den Wochenenden arbeitete ich meistens an meinem Roman. Wenn ich mein Tagespensum erledigt hatte, schwamm ich oder spielte mit Alison und den Kindern. Es war ein herrliches Leben, und die Tatsache, daß ich produktiv war – die Arbeit an meinem Roman lief sehr gut –, gab mir ein Gefühl der Sicherheit. Ich nörgelte zwar hin und wieder, weil wir so weit von Singapur entfernt lebten, doch gerade die Entfernung machte dieses Leben erst möglich.

Was Harrys Gedichte betraf, so konnte ich nicht viel tun. Er hatte ein unsicheres Sprachgefühl, was sich in Wendungen wie »ziemlich einzigartig« niederschlug. »Ja, ich bin ein publizierter Dichter«, hatte er gesagt. Das und die Tatsache, daß zwei seiner Gedichte in einer Zeitschrift erschienen waren, erstaunte mich. Sein Stil – sofern man dieses Wort auf schmucklose Aussagesätze anwenden kann – war kunstlos, fast primitiv, und verlieh seinen Gedichten eine schlichte Kraft, die ich ohne Heuchelei loben konnte. Das jedenfalls redete ich mir ein.

Etwa eine Woche nach Nathan Leopolds Besuch hörte ich Ahmed wegfahren, und da ich annahm, daß er Harry am Haus abgesetzt hatte, ging ich zur Veranda. Anstatt mich bemerkbar zu machen, lauschte ich. Im Haus war es ganz still. Durch das Fenster sah ich die Bibliothek, das angrenzende Eßzimmer und die gleißende Helligkeit auf der anderen Seite des Hauses.

Ich trat an die Tür. »Hallo?«

Ich wußte nicht, wie ich ihn ansprechen sollte. Der Vorname erschien mir unpassend und zu vertraulich, und bei »Mr. Lazard« wäre ich mir wie einer seiner Bediensteten vorgekommen – wie Ahmed oder Mr. Loy oder Victor, der tonkinesische Koch.

»Paul?« hörte ich jemanden rufen.

Es war Fayette, doch wie ich sie ansprechen sollte, wußte ich ebensowenig, und so antwortete ich: »Ich bin's. Ich komme wegen des Lyrikunterrichts.«

»Kommen Sie rauf.«

Im ersten Stock sah ich niemanden, nur einen langen Flur mit geöffneten Türen. Weil es mir unpassend erschien, sie mit ihrem Vornamen anzureden, rief ich: »Hallo?«

»Hier drinnen.«

Sie lag auf einer Chaiselongue am Fenster des Schlafzimmers und blätterte in einer Zeitschrift. Neben ihr stand eine Lampe mit einem rosafarbenen Schirm und hinter ihr der große, alte Schrank eines Kräuterhändlers, mit Hunderten von Schubladen, die mit chinesischen Zeichen beschriftet waren. Fayette war so unbedarft und so leicht zu durchschauen. Es war alles Masche: Sie tat, als würde sie lesen und sich ausruhen, sie tat, als wäre mein Besuch zufällig.

»Setzen Sie sich«, sagte sie.

Die gebieterische Art, wie sie das sagte, störte mich. Ich blieb lieber stehen.

»Ich habe nach Ihrem Mann gesucht.«

»Harry ist unterwegs zum Flughafen. Er wird erst Freitag wieder zurück sein.«

»Na gut.«

»Wir zwei sind also ganz allein. Wovor haben Sie Angst?«

»Wer sagt, daß ich Angst habe?«

»Sie stehen da drüben, als wollte ich Sie gleich beißen.«

Ich trat näher. Sie schob ein paar Zeitschriften von dem Sessel, der neben ihr stand, und bedeutete mir, mich zu setzen. Sie nahm meine Hand und hielt sie, und ich konnte das Beben der Gier in ihren knochigen Fingern spüren. Daß es Gier war, verriet mir ihr Griff – es war ein Hunger ohne Appetit.

Wenn Harry in diesem Augenblick hereingekommen wäre, hätte er einen Grund gehabt, mich zu erschießen, doch schlimmer als das war der Gedanke, daß meine Frau und meine Kinder ganz in der Nähe spielten und einer der Jungen vielleicht gerade sagte: »Wo ist Daddy?«

Ich wollte meine Hand zurückziehen, Fayette dagegen wollte mich nicht loslassen, und bei dem kleinen Kampf verlor ich das Gleichgewicht und mußte mich auf ihrem Oberschenkel abstützen.

»Was ist das?«

Sie bildete mit den Fingern einen Kreis und rahmte die Stelle ein, die ich berührt hatte.

»Sie haben mich angefaßt«, sagte sie mit so etwas wie Triumph, als wäre es ihr gelungen, mich einzufangen.

Ich war so erschrocken, daß ich aufsprang und zum Fenster ging. Mir wurde bewußt, daß ich sichtbar erschauerte.

»Wie können Sie irgend etwas schreiben«, sagte sie, »wenn Sie nichts wissen?«

»Ich gebe mir alle Mühe.«

»Bestimmt.«

Sie zog ein Bein an und bewegte es hin und her. Ihr schöner Sarong glitt beiseite. Sie trug keinen Slip, und ich konnte die dunkle Tarantel ihres Geschlechts sehen.

»Tun Sie nicht so unschuldig«, sagte sie.

Das geschnitzte Gesicht des Kindes, die Totenmaske aus Jade, die ich schon am Tag unserer ersten Begegnung gesehen hatte, lag auf der Zeitschrift. Fayette hob sie behutsam auf, als wäre sie ein Horsd'œuvre, an dem sie ein wenig knabbern wollte – während sie die Maske betrachtete, leckte sie sich die Lippen.

»Das Ding ist fünfzigtausend Dollar wert – amerikanische.«

»Es ist sehr schön.«

Sie lächelte mich an. Das war entlarvend. Ihre Unhöflichkeit hatte mir nichts verraten, ihre spitzen Bemerkungen hatten mich bloß verärgert, aber ihr Lächeln – das kaum merkliche Wackeln, als sie den Kopf neigte, der leicht glasige Blick ihrer Augen – verriet mir, daß sie getrunken hatte.

»Es ist aus einem Tempel gestohlen«, sagte sie und ließ den Anhänger hin- und herbaumeln. »Sie sind allesamt Diebe.«

Der süßliche Ton, in dem sie so kokett »Hier drinnen« gerufen hatte, war schärfer geworden und klang nun eindeutig säuerlich. Ich hatte das Gefühl, daß ihre Stimmung innerhalb von Sekunden umgeschlagen war: Sie erschien mir jetzt sehr wütend. Lust oder Verlangen kann sich schnell in Gewalttätigkeit entladen, und Fayette war kurz davor, zu schreien oder mit Gegenständen zu werfen.

Sie beugte sich vor, als wollte sie ihr Bein wieder verhüllen, öffnete verstohlen eine der Schubladen des Kräuterschranks – ich konnte es deutlich sehen, sie war wirklich sehr betrunken –, ließ die Maske hineingleiten und schloß die Lade wieder.

»Ich muß gehen«, sagte ich.

»Das hier ist Ihr Lyrikunterricht«, sagte sie. »Sie müssen nirgendwohin.«

»Aber Sie haben doch gesagt, daß Harry nicht da ist.«

»Das Geld für die Unterrichtsstunden haben Sie bereits bekommen«, sagte sie. »Was glauben Sie eigentlich, wofür wir Sie bezahlen?«

Mein einziger Gedanke war, daß in den zwei Jahren, in denen ich an der Universität gearbeitet hatte, niemand jemals so mit mir gesprochen hatte, und hätte es jemand versucht, dann hätte ich ihn angeschrien. Doch wie sollte ich das hier tun, während meine Familie auf dem Rasen eben jener Frau spielte, die mich beleidigte?

»Wollen Sie uns betrügen?«

Ich war so wütend, daß ich nicht zu antworten wagte, sondern sie nur anstarrte und mich fragte, wie ich das Zimmer verlassen konnte, ohne daß diese Frau etwas nach mir warf.

»Harrys Problem ist, daß er immer versucht, etwas zu lernen, um seinen Mangel an Bildung wettzumachen. ›Wozu die Mühe?‹ habe ich ihn gefragt. Es war eine idiotische Idee, aber er wollte nicht auf mich hören. Leute wie Sie nutzen ihn immer nur aus.«

Ich bestritt das, allerdings nur halbherzig, denn insgeheim fürchtete ich, daß diese betrunkene Frau recht hatte. Dennoch ärgerte mich immer noch, daß sie die Maske aus geschnitzter Jade (die ich für sie vom Grund des Swimmingpools heraufgeholt hatte) an einem Finger hatte baumeln lassen und dabei gesagt hatte: »Sie ist gestohlen.«

»Ich gebe ihm Lyrikunterricht. Es macht ihm Spaß. Er lernt etwas.«

»So ein Quatsch«, sagte sie. »Er ist ein lausiger Dichter und wird es immer bleiben.«

»Seine Gedichte werden in Zeitschriften veröffentlicht.«

»Nur in einer einzigen. Er hat dem Herausgeber Geld gegeben, eine Spende. Wenn Harry nicht gewesen wäre, hätten sie den Laden dichtmachen können.«

»Ich finde seine Gedichte ziemlich gut.«

»Wie können Sie es wagen, so herablassend von meinem Mann zu reden?«

»Ich rede nicht herablassend von ihm – ich rede herablassend mit Ihnen.«

»Sie haben mich angefaßt. Wenn ich das Harry erzähle, kastriert er Sie.«

Ich haßte diese Frau, aber was konnte ich tun? Sie war zu betrunken, um auf irgend etwas, das ich sagte, zu hören, und steigerte sich langsam in eine blinde Wut hinein.

»Raus hier!« sagte sie. »Was haben Sie hier überhaupt zu suchen? Das ist mein Schlafzimmer, Kleiner!«

»Ist irgendwas nicht in Ordnung?« fragte Alison abends, als sie mich im Wohnzimmer auf und ab gehen sah, während sie die Jungen badete. Die Sonne war untergegangen, aber ich hatte noch kein Licht gemacht, und wahrscheinlich wirkte ich gedankenvoll, wenn nicht sogar besorgt, wie ich so stumm im dunklen Zimmer umherging.

»Nein, nein«, sagte ich und versuchte, meine Gereiztheit zu verbergen, und doch wußte ich, kaum daß ich das gesagt hatte, daß es ein Fehler war, ihr zu verheimlichen, was zwischen Fayette und mir vorgefallen war. Dies war der richtige Augenblick. Wenn ich es ihr jetzt nicht erzählte, würde ich es ihr nie erzählen können, ohne den Eindruck zu erwecken, daß ich nicht die ganze Wahrheit sagte.

Sie sah so friedlich aus, wie sie sich über die Wanne beugte und Will im schaumigen Wasser badete, seinen Kopf stützte und seine Augen beschirmte, während sie das Schampoo ausspülte. Anton sah zu – ein zweiter Cherub, noch rosig vom Baden. Er hielt das blaue Buch mit Kinderreimen in den Händen, das er vor dem Schlafengehen vorgelesen haben wollte.

»Dieser kleine Fisch ist heute richtig geschwommen«, sagte Alison, und Will öffnete den Mund, um zu lächeln, und schluckte Wasser. Er schmatzte und hustete und versuchte weiterzulächeln, so stolz war er.

»Daddy, liest du mir was vor?« fragte Anton.

Ich küßte sie alle, ich las Anton etwas vor, ich sagte nichts zu Alison, und ich wußte, daß das ein Fehler war.

»Tun Sie nicht so unschuldig«, hatte Fayette gesagt. Dabei tat ich gar nicht so. Ich war nach Singapur gekommen, weil diese Stadt einen exotischen Namen und eine exotische Aura besaß. Ich hatte Studenten unterrichtet, weil ich gedacht hatte, sie interessierten sich für englische Literatur. Ich hatte Lazards Angebot angenommen, weil ich gedacht hatte, er wolle dichten lernen, und als er vor einem Monat gesagt hatte: »Die schwerste Prüfung haben Sie schon bestanden – meine Frau mag Sie«, hatte ich das als Lob aufgefaßt. Und ich hatte ihm geglaubt, als er gesagt hatte, die Zeitschrift habe seine Gedichte aus freien Stücken angenommen.

Jetzt war ich nicht mehr so unschuldig.

Harry kehrte am Freitag zurück, doch ich sah ihn erst am Montag. Ich hatte die Zeit genutzt, um weiter an meinem Singapur-Roman zu arbeiten. Wie gewöhnlich ging Harry mit keinem Wort auf die Tatsache ein, daß meine Arbeit mit ihm bisher lediglich symbolischer Art gewesen war; er war bester Laune und schien sich über meine Gesellschaft zu freuen.

Nachdem wir uns ein paar Minuten unterhalten hatten – er beklagte sich über die langsame Abfertigung am Flughafen –, sagte er: »Haben Sie weitergearbeitet?«

»Ich habe an meinem Roman geschrieben.«

»Gut.«

»Es läuft gut, weil …« Ich sprach den Satz nicht zu Ende. Weil Sie nicht da waren. Weil wir hier allen Komfort haben. Weil Ihre Frau kaum mit uns spricht. Weil ich es kaum erwarten kann, mit dem Buch fertig zu sein und wieder Geld zu haben.

»Vielleicht könnten Sie eine kleine Vorbemerkung oder so hineinschreiben – daß wir Sie unterstützt haben«, sagte er.

In seiner Stimme lag nicht ein Hauch von Ironie, und sein spitzes, selbstgefälliges Gesicht hatte nie wohlwollender ausgesehen. Er meint es ernst! Und obwohl mir sein Vorschlag gegen den Strich ging und ich wieder den Wunsch verspürte zu kündigen, schluckte ich das alles hinunter: Ich hatte eine Familie zu ernähren. Ich war sein Gefangener. Ich sah ihn an und konnte seine Hybris kaum fassen. Das hättest du wohl gern, dachte ich.

»Ich könnte es Ihnen ja auch widmen«, sagte ich.

Ich wußte, daß er hinter dieser Bemerkung keinen Spott vermuten würde. Wer selbst nicht ironisch sein kann, nimmt auch bei anderen keine Ironie wahr.

»Eine so große Geste erwarten wir gar nicht«, sagte er, doch er schien den Gedanken zu erwägen, und offenbar gefiel er ihm. »Das wäre ein Zeichen großer Dankbarkeit.« Ich merkte, wie sehr er es sich wünschte, und freute mich, daß meine kleine Ironie ihn gierig gemacht hatte. Er sah seinen und Fayettes Namen schon auf der Widmungsseite meines Romans.

»Fayette hat mir erzählt, daß sie letzte Woche ein bißchen mit Ihnen geplaudert hat«, sagte er.

Wieviel wußte er? Was hatte sie ihm erzählt?

»Ja, ich habe nach Ihnen gesucht, aber Ihre Frau sagte mir, Sie seien schon unterwegs zum Flughafen.«

Er zog seine Brieftasche hervor, nahm ein Foto von Fayette heraus und reichte es mir. Er klang wie ein Zuhälter, als er sagte: »Sehen Sie nur, wie schön sie ist, und das mit achtundvierzig. Können Sie sich vorstellen, wie sie mit dreiundzwanzig ausgesehen hat? Sie wirkt so unschuldig. Kein Mensch glaubt mir, wenn ich sage, daß sie diejenige ist, die bei uns die Hosen anhat.«

»Es stimmt, sie sieht tatsächlich aus wie ein Engel«, sagte ich.

»Seit ein paar Tagen geht es ihr nicht sehr gut. Erinnern Sie sich an das Stück geschnitzte Jade, das Sie für sie aus dem Swimmingpool geholt haben?«

»Die Jademaske?« Ich dachte daran, wie Fayette sie betrunken in eine der hundert Schubladen des Kräuterschranks gelegt hatte.

»Ja. Sie scheint sie irgendwo verloren zu haben.«

»Wie schade. Sie war sicher sehr wertvoll.«

Das schien ihn jedoch nicht sehr zu bekümmern. »Wo das herkam, gibt es noch mehr«, sagte er.

Natürlich. Es war gestohlen. Irgend jemand würde eine andere Totenmaske stehlen, und Harry würde sie kaufen.

»An ihrem letzten Geburtstag hab ich zu ihr gesagt: ›Das wird eine Premiere: Ich bin noch nie mit einer Achtundvierzigjährigen ins Bett gegangen!‹«

»War sie geschmeichelt?«

»Sie hätte mich fast umgebracht. Sie mag Sie, Paul.«

Das war wieder die Zuhälterstimme. Harry klang fast flehend, aber ich war sicher, daß er nur freundlich sein wollte.

»Sie werden's nicht glauben, aber sie hat bloß einen High-School-Abschluß.«

Ich sagte nichts. Solchen Bemerkungen war nicht einmal mit Ironie beizukommen.

»In diesem Punkt ist sie ein bißchen empfindlich«, sagte Harry. »Ihre Frau war auf der Uni, nehme ich an.«

»In Cambridge.«

»›Viele der klügsten Menschen der Welt kommen nicht mal mit dem Alltagskram zurecht‹, sage ich immer zu Fayette.«

»Meine Frau kommt mit dem Alltagskram bestens zurecht.«

»Fayette hat regelrecht Ehrfurcht vor Ihnen.«

»Dafür gibt es aber keinen Grund.«

»Nathan Leopold sagt, daß er schon von Ihnen gehört hat.«

»Wer im Gefängnis sitzt, liest mehr als andere.«

»Sie sind ein publizierter Schriftsteller.«

»Und Sie sind ein publizierter Dichter, Harry.«

Er lächelte nicht. Er sah eher aus, als säße er in der Falle, und doch sagte er mir nicht die Wahrheit: daß er mit einer Spende dafür gesorgt hatte, daß seine Gedichte gedruckt wurden.

Er wich mir aus, er sagte mir nicht die Wahrheit, und dennoch respektierte ich ihn, weil es für eine gute Sache geschah. Er wollte wissen, was es mit der Dichtkunst auf sich hatte, und obgleich er denkbar schlecht gerüstet war, hatte er beschlossen, die damit verbundenen Schwierigkeiten auf sich zu nehmen. In diesem Sinne war er unschuldig und – wie Alison in all den Wochen immer wieder gesagt hatte – idealistisch.

Dabei ließen wir es für diese Unterrichtsstunde bewenden, doch Harry legte großen Wert darauf, am nächsten Tag fortzufahren. Als ich mich zur verabredeten Zeit zu ihm auf die Terrasse setzte, war ich entschlossen, mich auf keine Plaudereien über Fayette einzulassen. »Sollen wir uns mit Wilfred Owen beschäftigen?« fragte ich.

»Ich hab ihn auf meiner Reise gelesen«, sagte Harry.

Ich hatte ihm das Gedicht *Anthem for Doomed Youth* abgetippt, damit wir darüber sprechen konnten.

»Ich finde es ein bißchen dick aufgetragen«, sagte er.

Ich hätte schreien können: Owen saß in einem verschlammten Schützengraben! Es gab Gasangriffe! Überall ringsum explodierten Granaten! Überall wurde gestorben!

»Die Sache ist die«, sagte ich wie zu einem kleinen Kind, »Owen hat das alles tatsächlich selbst erlebt. Dieser Krieg war ein Alptraum. Er ist darin umgekommen. Wie Rosenberg und Rupert Brooke.«

»Wie hat Patton es gesagt? ›Der Krieg ist die Hölle.‹« Harry nahm einen Schluck von seinem Drink und schmatzte wissend.

»Das war General Sherman.«

»Sind Sie sicher?«

»Es steht in dem Gedicht *plato told* von e.e. cummings.«

Harry nickte. Dann sagte er: »Schon komisch, was? Dichter, die über den Krieg schreiben.«

»Da gibt es viele«, antwortete ich. »Um Krieg geht es schon in der *Aeneis.* ›Von Waffen singe ich und von dem Mann …‹«

Doch Harry hatte mir nicht zugehört. Er war noch immer in Gedanken versunken. »Na ja, sie waren bestimmt gute Dichter. Aber man fragt sich doch auch, was für Soldaten sie wohl waren.«

»Wahrscheinlich durchschnittliche.«

»Was meinen Sie damit?«

»Daß sie eine Heidenangst hatten.«

»Waren Sie in Vietnam?«

Ich verneinte und wollte eigentlich hinzufügen, daß wir gegenüber dem *Serene House* gewohnt hatten und ich Dutzende von GIs kennengelernt hatte. Ich hatte das Gefühl gehabt, daß es meine patriotische Pflicht war, mich mit ihnen anzufreunden und ihnen den Aufenthalt in Singapur so angenehm wie möglich zu machen. In ihren Geschichten von Vietnam ging es immer nur um Grauen, Scham und Sinnlosigkeit.

Statt dessen sprachen wir noch ein bißchen über Wilfred Owen. Harry gab dem Gedicht schlechte Noten.

In dieser Nacht schlief ich schlecht. Ich wälzte mich stundenlang herum, und als ich endlich einschlief, träumte ich, daß ich mich in einem starken Sturm an die Fassade eines Hauses klammerte. Ich erwachte. Der Wind war nichts weiter als der Deckenventilator, doch das erklärte nur ein Detail in meinem Verzweiflungstraum. Am nächsten Morgen hörte ich meine Kinder lachen und verbarg meine Sorgen. Nur ich allein wußte, daß dies alles bald zu Ende sein würde.

Bei unserer Unterrichtsstunde am nächsten Abend sagte ich: »Gestern haben wir von Vietnam gesprochen. Sind Sie dort gewesen?«

»Oft.«

Das ließ mich innerlich zusammenzucken.

»Dort habe ich die meisten Abnehmer.«

›Unschuldig‹ war ein Euphemismus; in Wirklichkeit war ich dumm. Elektronik, hatte er gesagt.

»Auf meiner letzten Reise nach Vietnam habe ich ein Gedicht geschrieben.«

Schalter. Zeitschalter. Schalterbauteile. Kleine Motoren. Er hatte auch von Chemikalien gesprochen. Was hieß das? Napalm?

»Ich glaube, ich muß noch ein bißchen daran feilen.«

Er klappte einen steifen Aktendeckel auf und zeigte mir das eingeheftete Blatt Papier. Der Titel des Gedichtes lautete: *Cap St. Jacques.*

Er klopfte auf seine Brusttasche.

»Ich hab meine Brille im Schlafzimmer vergessen.« Er stand auf, um hinaufzugehen, hielt inne und sagte: »Sie könnten eigentlich mitkommen. Wir können uns ja oben weiter unterhalten.«

»Ich möchte Ihre Frau nicht stören.«

»Fayette ist nicht da – sie ist auf eine Party gegangen.«

In dieser Abhängigkeit und Abgeschiedenheit hatte ich die Parties der feinen Gesellschaft von Singapur ganz vergessen.

Ich folgte Harry ins Schlafzimmer. Da waren die Chaiselongue, der Stapel Zeitschriften, die Stehlampe und der chinesische Kräuterschrank mit seinen hundert Schubladen – es sah aus wie ein Tatort. Ich hatte das Gefühl gehabt, Harrys Gefangener zu sein, doch das war vorbei, denn nun wußte ich, daß ich jederzeit gehen konnte. Ich mußte gehen. Ich wußte, daß es schwer sein würde, auf eigenen Beinen zu stehen, und Alison und die Jungen würden weniger Annehmlichkeiten genießen, aber sie würden es verstehen, wenn ich es ihnen erklärte.

»Nur zu, lesen Sie.«

Er reichte mir sein Gedicht. Es bestand aus einer unbeholfenen, nüchternen Aufzählung von Beobachtungen, ein Geschreibsel, das er als Gedicht ausgab. Manchmal klangen seine Gedichte wie schlechte Prosa, manchmal wie schlechte Lyrik. Am schlimmsten waren sie, wenn er versuchte, poetisch zu werden. Der Rest las sich wie Notizen in einem Terminkalender oder stichwortartige Tagebucheinträge.

Dieses Gedicht war etwa zehn Zeilen lang und datiert. Thema war der Anblick des Himmels, wie er sich vom Dach eines teuren Hotels bot: die Klarheit der Luft am Morgen, tagsüber Hubschrauber und Transportflugzeuge und nachts ein Firmament voller Sterne und Kampfbomber.

»Der Himmel über einen Zeitraum von vierundzwanzig Stunden«, sagte er.

Ich sagte nichts.

»Ich schlafe schlecht«, sagte er.

Ich hielt das Gedicht in den Händen und wollte es nicht noch einmal lesen. Ich wollte es nicht einmal mehr ansehen. Ein impulsiver Mensch hätte es zerknüllt und ihm ins Gesicht geworfen – doch ich war ein Agent des Feindes, getarnt als harmloser Lehrer.

»Das ist der alte Name: Cap St. Jacques«, erklärte er. »Früher haben die Franzosen dort auf die Pauke gehauen – heute, könnte man sagen, hauen wir dort auf die Pauke. Es heißt jetzt Vung Tau.«

Er lächelte mich immer noch an, fühlte sich offenbar aber immer unbehaglicher.

»Würden Sie mich für einen Augenblick entschuldigen? Ich glaube, ich habe mir in Saigon etwas eingefangen. Ho Chi Minhs Rache.«

Er hatte gar nicht gemerkt, daß ich die ganze Zeit kein Wort gesagt hatte. Ich sah ihm nach, als er hinausging, und hörte das Schloß der Badezimmertür klicken. Das war komisch: Glaubte er etwa, ich würde ihm nachschleichen?

Ich ging zum Kräuterschrank, zog eine Schublade auf, und da war Fayettes Jadeanhänger. Ich steckte ihn in die Tasche und schloß die Schublade wieder.

Als Harry zurückkam, sagte ich: »Ich muß Ihnen etwas Unangenehmes sagen.«

Er machte ein betroffenes Gesicht. »Mein Gedicht gefällt Ihnen nicht?«

Wir verließen Singapur am nächsten Abend und standen nach Zwischenlandungen in Colombo, Karatschi, Beirut und Frankfurt etwas benommen und unsicher, aber auf eigenen Beinen in London. Noch wochenlang hatte ich Schwindelanfälle und das Gefühl, ins Trudeln zu geraten und zu Boden zu stürzen – ich mußte dann zum Himmel aufsehen, um mein Gleichgewicht wiederzufinden.

Die dreizehntausend Pfund, die ich auf der Auktion bei Christie's in South Kensington für die Totenmaske aus Jade bekam (es war eine chinesische Arbeit aus der Zeit der späten Liang Dynastie, also etwa aus dem 10. Jahrhundert), waren der Kaufpreis für ein viktorianisches Haus in Clapham. Kriegsbeute, hätte ich gesagt, wenn mich jemand gefragt hätte. Es fragte aber niemand.

VIER

Lady Max

I

Man wurde kein Londoner, indem man einfach dort lebte. Nach sieben Jahren in dieser Stadt war ich noch immer ein Fremder. Ich wollte sie von innen beschreiben und unerkannt durch ihre Straßen gehen. Doch erst als ich Gaston entdeckte, hatte ich das Gefühl, daß es endlich soweit war: Ich war dabei, ein Londoner zu werden.

Nur Berufsschreiber kannten Gaston. Der Dichter Ian Musprat (*The Dogflud Chronicles*) hatte mir Gastons kleines Antiquariat in einer Seitengasse der Chancery Lane gezeigt. Im Fenster stand ein Pappschild, auf dem in Englisch und Chinesisch *Rikschaparken verboten* stand – ein Witz für Eingeweihte. Andere Schilder gab es nicht, wohl aber Stapel von Büchern.

Gaston war wählerisch: Die Bücher, die er kaufte und verkaufte, mußten neu, ohne Randbemerkungen und für öffentliche Büchereien interessant sein. Solche Bücher bekam er von Londons Buchkritikern, und wenn man an der schlichten braunen Theke, auf der sich die Bücher stapelten, ein wenig verweilte, sah man die Berühmtheiten, die Gnadenlosen, die Lohnschreiber, die Stümper. Beim Hinein- und Hinausgehen wirkten sie wie die Kunden einer Pfandleihe, die ihre Schande hinter einer unbekümmerten Miene zu verstecken suchen. Sie alle taten etwas, wofür sie leise Verachtung empfanden: Sie verkauften Rezensionsexemplare, zum halben Preis, gegen Barzahlung.

Freitags herrschte immer viel Betrieb, denn da war Abgabetermin für die Sonntags- und Wochenzeitungen. Nach dem Mittagessen tippte ich meine Rezension, fuhr von Clapham zur Fleet Street und verkaufte Gaston meine Bücher. Dann gab ich das Manuskript in der

Redaktion des *New Statesman* ab. Ich schrieb Sammelrezensionen über drei oder vier, manchmal sogar über bis zu sechs Bücher – »Die Romane der Woche« – oder vier Reisebücher. Der Krimirezensent mußte auf halb soviel Platz doppelt so viele Bücher besprechen. Die Redaktion des *Statesman* lag gegenüber dem Lincoln's Inn (wo Rechtsanwälte mit pompösen Perücken und Roben ein- und ausgingen und albern aussahen). Ich gab meine Rezension ab, und dann hatte ich Geld in der Tasche, ein Scheck war an mich unterwegs, und vor mir lag das Wochenende. Die Samstage waren für Einkaufsbummel reserviert, und sonntags machte ich Ausflüge mit Alison und den Kindern – an diesen Tagen schrieb ich kein Wort. Am Montag arbeitete ich dann weiter an meinem Roman; die Rezensionsexemplare las ich abends. Freitags schrieb ich meinen Artikel und ging wieder zu Gaston.

Ich war immer froh, die Bücher wieder los zu sein; es machte mir Spaß, einen Stapel Bücher in eine Schachtel Lego, ein Glas Orangenmarmelade, eine Ausgabe von *Der Hobbit* und hundert Gramm Player's Navy Cut-Pfeifentabak zu verwandeln. Und ich brauchte diese Routine. Ich schrieb an einem langen Roman und brauchte die Monotonie des Londoner Lebens.

»Was macht dein Buch?« fragte Alison an diesen Wochenenden, wenn sie mich in Gedanken versunken sah.

Ich sagte immer, mit meinem Buch gehe es gut voran, und das stimmte auch, doch etwas mehr wäre mir lieber gewesen: etwas mehr Geld; etwas mehr Platz im *Statesman*; eine Hauptkritik anstatt einer Sammelrezension; *ein* Buch anstatt vier Büchern; mein Name auf dem Titel der Sonntagsbeilage. Aber ich beklagte mich nicht. Ich fand die Gleichförmigkeit beruhigend und London gemütlich und berechenbar. Am besten, am schwärzesten war es im Winter, im kalten, toten, trübseligen Januar, wenn der Frühling sehr weit entfernt schien. Die Londoner haßten den Januar und Februar, und das sagten sie oft genug und in mißmutigem Ton, auch zu völlig Fremden im Bus.

Für mich war das jedoch Schreibwetter, und mir gefiel es. Die Tatsache, daß ich diese Monate mit ihrem dicken Nebel und der undurchdringlichen grauen Wolkendecke genoß, machte mich zu einem Fremden. Wenn es regnete, wurde die Stadt schwarz, und auch das genoß ich. Die kurzen Tage und langen Nächte sorgten dafür, daß die Leute im Haus blieben. Ich arbeitete in einem Dachzimmer, in einer kleinen Pfütze aus Licht, und meine Aussicht bestand aus Dächern, Schornsteinen und den kahlen Bäumen in den Gärten. Alle anderen Londoner waren ebenfalls in ihren Häusern und Wohnungen. Ich hatte in den Londoner Wintern nie das Gefühl, irgend etwas zu verpassen.

Ian Musprat traf ich meist bei Gaston, so auch an jenem trüben Freitag im Januar, als ich mit meinem Stapel Bücher hereinkam. Er feilschte nervös mit Gaston um ein Buch. Als sie fertig waren, trat er mit verärgertem Gesicht beiseite. Während ich meine Bücher verkaufte (»Mein Gott, was Bücher heutzutage kosten!« sagte Gaston und gab mir sieben Pfund), ließ Musprat ein Buch in seiner Aktentasche verschwinden.

»Er hat mich warten lassen, weil Angus Wilson da war und den Mist verkauft hat, den er für die Weihnachtsnummer des *Observer* besprochen hat.«

»Den hätte ich gern mal gesehen«, sagte ich.

»Er sieht aus wie der Direktor von Girton.«

»Das ist aber ein Frauencollege, oder?«

»Ihr Amis nehmt immer alles so wörtlich«, sagte Musprat. Wir gingen auf nassen Fußwegen durch Lincoln's Inn – eine Abkürzung zum *Statesman.*

»Hat Gaston eins von Ihren Büchern abgelehnt?« fragte ich.

Musprat schüttelte den Kopf und sagte: »Ich hab eins von ihm gekauft.«

»Ich hab dort noch nie jemanden ein Buch kaufen sehen«, sagte ich. »Ich dachte, er verkauft sie pfundweise an irgendwelche Büchereien.«

Musprat holte Luft, sagte aber nichts, sondern seufzte nur und wurde sehr still. Er war genauso alt wie ich, wirkte aber viel älter. Er hatte eine beginnende Glatze und schlechte Zähne und war auf eine Weise verschroben, wie nur Engländer zwischen dreißig und vierzig es sein können: sein Erscheinungsbild war betont schäbig. Er kultivierte den Eindruck, daß er ein Versager sei, und brüstete sich mit den Verrissen, die seine Bücher bekamen. Man hätte ihn für fünfzig halten können.

Ich hatte Musprat noch nie ohne Krawatte und Jackett gesehen, begegnete ihm aber nur selten an Orten, wo man so etwas brauchte. Auch zu Hause, in seiner Wohnung in Notting Hill Gate, trug er eine Krawatte. Er erzählte mir, er binde eine Krawatte um, bevor er an die Tür gehe – eine Angewohnheit aus seiner Schulzeit, wie er sagte. So viele Elemente des englischen Lebens wurden nicht im Elternhaus vermittelt, wie auf dem Kontinent, und auch nicht auf der Straße, wie in Amerika, sondern in der Schule: Tischmanieren, Ausdrucksweise, Gepflogenheiten und Regeln, die Kleiderordnung und sogar die Eßgewohnheiten. Am seltsamsten aber war, daß die Menschen in diesem schulbesessenen Land behaupteten, die Schule gehaßt zu haben – Musprats Gedichte über seine Schulzeit waren traurig und wütend. Sein sadistischer Hausvorsteher hatte ihn verprügelt, seine Mitschüler hatten ihn verspottet, weil er sich abseits gehalten hatte, und ihn geschnitten, weil er sich nicht für Rugby hatte begeistern können, und trotzdem schrieb er noch immer Gedichte über die Schule, die er vor zwanzig Jahren verlassen hatte. Er betrachtete seine Gedichte als eine Art Rache.

»Was für ein Buch haben Sie denn gekauft?« fragte ich ihn.

Seine Aktentasche war eine ramponierte Mappe, ein weiteres Relikt aus seiner Schulzeit. Er klopfte sich damit beim Gehen ans Bein.

»Herrgott, Sie und Ihre verdammten Fragen«, sagte er. Obgleich er sichtlich verärgert war, öffnete er die Tasche und zog das Buch hervor: *The Dogflud Chronicles*.

»Sie haben Ihr eigenes Buch gekauft?«

»Ich habe es gerettet«, sagte er. »Irgendein Arschloch hat es an Gaston verkauft. Ich konnte nicht ertragen, es dort im Regal stehen zu sehen. Verstaubt, zum halben Preis, verurteilt zu einer Existenz in irgendeiner Leihbücherei. Es ist erst vor einem Monat erschienen.«

»Ich glaube, ich würde dasselbe tun, wenn ich eins von meinen Büchern dort sehen würde.«

»Niemand verkauft Gaston ein Buch von Ihnen«, sagte er und lächelte. »Das ist das höchste Lob des Kritikers.«

Als wir im Vorzimmer des Feuilletonchefs des *New Statesman* warteten, sagte Musprat: »Erinnert einen ans Tutorium, was? Hier sitzen wir, umklammern unsere lächerlichen Arbeiten und warten darauf, daß der Tutor uns reinruft.«

Er rauchte. Er blies die Backen auf und machte einen Rauchring.

»In der Hoffnung, daß er uns ein Alpha gibt«, sagte er mürrisch. »Gehen Sie zu dieser Party bei Hodder?«

Ich sagte, ich wisse überhaupt nichts davon.

»Sie wird zu Ehren dieser langweiligen Amerikanerin gegeben, die Bildbände über Nashs Stadtpalais schreibt. Alle Wichtigtuer werden da sein.«

»Gehen Sie auch hin?«

»Die Drinks sind umsonst«, sagte Musprat. Das bedeutete ja. Er sah blaß und verknittert aus und lehnte sich an einen Feuerlöscher, so groß wie ein Torpedo.

»Geht es Ihnen nicht gut?«

»Natürlich geht es mir gut«, erwiderte er. Er empfand die Frage als Beleidigung. »Das fragen Sie mich jedesmal.«

Dabei hatte ich ihn das erst einmal gefragt. Ich war ihm eines Morgens auf der Strand begegnet und hatte ihm gesagt, er sehe krank aus, als hätte er sich gerade übergeben. Er hatte geantwortet, er habe in der Nacht zuvor viel getrunken, und morgens sei ihm immer schlecht. »Sagen Sie bloß, Sie müssen nicht jeden Morgen kotzen.«

»Kommen Sie rein, Ian!« rief der Feuilletonchef durch die geschlossene Tür.

»Genau wie mein Tutor«, sagte Musprat und schlurfte hinein. Kurz darauf kam er wieder heraus, seufzte und trat an das Regal mit den Rezensionsexemplaren. Dann war ich an der Reihe, und Graham Heavage verfiel sogleich in seine enervierende Gewohnheit.

»Bonjour, M'sieur Theroux, ça va? Il souffle un vent glacial aujourd'hui. Avez vous des engelures?«

Das war seine enervierende Gewohnheit. Er sprach oft französisch mit mir – weil ich einen französischen Namen hatte und weil er gut Französisch sprach und mir daher überlegen war. Ich betrachtete das als unfreundlichen Akt, und da mein Französisch nicht besonders gut war, antwortete ich ihm stets auf Englisch. Das schien ihn nicht zu stören, aber es animierte ihn auch nicht, englisch mit mir zu sprechen. Er hatte rötliche Augen, wie man sie häufig bei Gänsen und manchmal bei Osteuropäern sieht.

»Danke, gut. Ich habe noch keine Frostbeulen.«

Engelure hieß doch »Frostbeule«, oder?

Heavage – auch er ein Krawattenträger – war ein hochintelligenter, aber ständig gereizter Mann von etwa fünfzig, der noch nie freundlich zu mir gewesen war. Er galt als Experte für Aleister Crowley. Es war schwierig, sich diesen gewissenhaften Redakteur bei der Beschäftigung mit einem lüsternen Satanisten vorzustellen, aber Engländer hatten mitunter unvermutete Interessen.

Mit blinzelnden Gänseaugen überflog er mein Manuskript, runzelte anerkennend die Stirn und schrieb mit dem Kugelschreiber kurze Satzanweisungen an den Rand. Dann sagte er: »Soweit ich mich erinnere, hat im Feuilleton dieser Zeitung noch nie jemand das Wort ›beschissen‹ benutzt.«

»Sie können es ja durch ›ungeheuerlich‹ ersetzen.«

»Nein. ›Beschissen‹ ist gut«, sagte er. Aber er lächelte nicht. Es war schwer zu sagen, ob er sich über mich lustig machte. Noch immer starrte er auf mein Manuskript – er las es nicht, er erwog es. »Und Sie sind ein wenig streng mit Mr. Updike.«

»Ich hasse Allegorien.«

»Ich würde eher von Pastiche sprechen, aber lassen wir das.«

Musprat hatte recht: Es war wie im Tutorium. Kein Lob, nur Kritteleien und eine ziemlich eisige Ironie.

Er legte meinen Artikel in eine Ablage auf dem Schreibtisch und sagte: »Das bringen wir nächste Woche. Wenn Sie hinausgehen, sehen Sie sich doch mal die Rezensionsexemplare an. Vielleicht ist etwas dabei, das Sie interessiert.«

Ich beschloß, einen Vorstoß zu wagen. »Ich würde zur Abwechslung gern mal ein dickes Buch rezensieren, anstatt immer nur vier dünne.«

»Ich werde darüber nachdenken«, sagte Heavage. »Oder wie Sie in Amerika sagen: Ich werde es mal mental in Betracht ziehen.«

Am liebsten hätte ich ihm eine heruntergehauen. Ich war mir sicher, daß er nie körperliche Gewalt kennengelernt hatte und meine Ohrfeige ihm einen gewaltigen Schock versetzt hätte. In der Stille, die eintrat, richtete er seine rötlichen Augen auf mich, als hätte er meine Gedanken gelesen.

»In diesem Januar gibt es einfach keine dicken Bücher«, sagte er und beugte und streckte die Finger. »Im Augenblick ist es sehr ruhig – dafür gibt es im Frühjahr dann wieder den großen Bücherstau. Nehmen Sie sich ein paar kleine Romane mit, und dann frisch ans Werk.«

Er lehnte meinen Wunsch, eine Hauptkritik zu schreiben, ab. Also eine weitere Woche als Zeilenschinder. Heavage lächelte und verfiel wieder ins Französische – das Zeichen, daß die Audienz beendet war.

Musprat lag auf den Knien vor dem Regal.

»Was haben wir denn da?« sagte er. Es war ein Bildband: *Tennyson at Freshwater: The Record of a Friendship.* »Das nehm ich mit.«

»Ich wußte gar nicht, daß Sie sich für Tennyson interessieren.«

»Tu ich auch nicht«, sagte Musprat. »Aber sehen Sie sich den Preis an: zehn Pfund. Ich werde es in meiner Sammelkritik erwähnen und für fünf Pfund an Gaston verkaufen.«

Es war ein wunderschöner Salon in einem Nash-Haus am östlichen Outer Circle, und alle Anwesenden schienen fehl am Platz zu sein. Kritiker, Schriftsteller, Lektoren, Publizisten – alle tranken Wein und reckten die Hälse nach den Tabletts mit Horsd'œuvres, welche von Kellnern und Kellnerinnen vorbeigetragen wurden, die besser gekleidet waren als die meisten Gäste. Ich hatte den Eindruck, diese Menschen seien gerade von der Straße gekommen, aus dem Park, wo sie auf diesen Augenblick gelauert hatten: Sie wirkten durchgefroren, dankbar und irgendwie besorgt. Ich erwähnte das gegenüber Musprat.

»Die sind bloß betrunken«, sagte er und trat einer Kellnerin mit einem Tablett voller Getränke in den Weg.

Während ich nach jemandem Ausschau hielt, den ich kannte, stand plötzlich eine Frau neben mir. Sie war fast so groß wie ich und hatte ein weißes Gesicht, einen eleganten Hals – mit einem perlenbesetzten Samthalsband – und volle rote Lippen.

»Ich weiß, wer Sie sind«, sagte sie. »Aber ich hatte Sie mir viel älter vorgestellt.«

Das bekam ich hin und wieder zu hören, und zwar weil meine Rezensionen so schulmeisterlich klangen – dabei war das nur eine Pose, die ich einnahm. Es barg viele komische Möglichkeiten, sich als jemanden darzustellen, der voller Marotten und Vorurteile war. Ich wollte ein Spaßmacher sein, der niemals lachte, und war überrascht, wenn man mich ernst nahm.

»Sie sind anscheinend sehr rührig«, sagte die Frau. »Ich stoße ständig auf kleinere Arbeiten von Ihnen.«

»Hauptsächlich auf den hinteren Seiten.«

»Ich hasse es, wenn jemand sein Licht unter den Scheffel stellt«, sagte sie. »Kokettieren Sie nicht. Ich fand *The Great Railway Bazaar* brillant. Es war mit Abstand das beste Buch, das ich seit Ewigkeiten gelesen habe. Ich habe es allen meinen Freunden zu Weihnachten geschenkt.«

Wenn jemand so etwas zu mir sagte, nahm ich automatisch an, daß es erfunden war. Ich lächelte die Frau einfach an und stellte keine Fragen, denn ich wollte sie nicht in Verlegenheit bringen. Doch sie fuhr fort.

»Die beste Kritik zu *Railway Bazaar* kam von einem Mann, der mit Ihrem Buch in der Hand in Paddington Station den Bahnsteig entlangging. Ein Mann, der ihn überholte, fragte ihn: ›Ist das Buch gut?‹, und der erste antwortete: ›Scheißgut!‹«

»Das gefällt mir.«

»Das kann ich mir vorstellen«, sagte sie. »Und an was arbeiten Sie im Augenblick?«

»An einem Roman.«

Sie lächelte. Mir gefielen die vollen Lippen in ihrem schmalen Gesicht.

»Über einen Mann«, sagte ich.

Ihre Augen waren dunkel und umschattet.

»Er läßt alles hinter sich und wird so etwas wie ein Ausgestoßener.«

Sie sagte noch immer nichts. Auf ihren Wangen lag ein rosiger Schimmer.

»Am Ende stirbt er.«

Wie konnte sich jemand das alles anhören und nichts sagen? Ihr Schweigen machte mich nervös.

Aber mir gefiel ihr Aussehen: ihre Lippen, ihr schönes Madonnengesicht, die Art, wie ihre Haut den Konturen des Schädels folgte, ihre hohe Stirn und das schwarze, schimmernde Haar, das straff zurückgekämmt war. Ihre Blässe, ihre Rosigkeit waren makellos, und die leicht vorstehenden Zähne schienen ihre Schönheit nur zu betonen. Sie trug ein dunkles, mit Samt und Spitzen besetztes Kleid, und obwohl sie dünn war – ein schlanker Hals und zerbrechlich wirkende Arme und Handgelenke –, hatte sie einen gut entwickelten, schönen Busen, den ihre Größe und aufrechte Haltung vorteilhaft zur Geltung brachten. Ich war es gewohnt, schöne Frauen als nicht besonders intelligent zu betrachten, doch diese hier war nicht nur schön, sondern schien auch etwas im Kopf zu haben – ihr Schweigen jedenfalls hatte sie klug eingesetzt –, und diese Kombination fand ich überaus attraktiv.

Meine Zunge war aus Gummi, als ich sagte: »Es heißt *The Last Man.*« Dann senkte ich den Blick und bemerkte, daß sie Pfennigabsätze trug – Schuhe für schlimme Mädchen mit schmalen, weißen Füßen.

»Ein Titel mit einem exzellenten Stammbaum. *The Last Man* war Mary Shelleys ursprünglicher Titel für *Frankenstein*«, sagte sie. »Und Sie wissen sicher, daß Orwell sein Buch *1984* anfangs *The Last Man in Europe* nennen wollte.«

Meinem Gesichtsausdruck konnte sie sicher entnehmen, daß ich weder das eine noch das andere gewußt hatte.

»Sie könnten Sonia fragen«, sagte die Frau. »Sonia Orwell. Sie steht da drüben, beim Fenster. Soll ich Sie miteinander bekannt machen?«

Ich sagte nein, jetzt nicht. Ich konnte mir nicht vorstellen, daß Orwells Witwe Wert darauf legte, mich kennenzulernen. Ich fürchtete weitere Sekunden peinlichen Schweigens.

»Ich bewundere Ihr Werk wirklich«, sagte die Frau. »Ich bin sogar der Meinung, daß Sie jene seltene Kombination von Eigenschaften besitzen, die einen Schriftsteller zum Genie machen.«

»Welche Eigenschaften?« fragte ich und wußte nicht, wo ich meine Hände lassen sollte.

»Absoluter Größenwahn und ein Gespür dafür, was das Publikum lesen will. Eine unschlagbare Kombination. Dickens besaß sie. Shaw ebenfalls. Henry James nicht, aber Maugham.«

»Ich habe gerade Hugh Walpole gelesen. Er war ein Freund von Henry James. James schloß seine Briefe an ihn immer mit einer Umarmung. *The Man With Red Hair.*«

Jedesmal, wenn ich etwas sagte, spannte die Frau sich an.

»Ein makabrer Roman«, sagte ich. »Er spielt in Cornwall.«

»Sie sind viel besser als Walpole«, sagte die Frau.

Zum ersten Mal in meinem Leben sagte jemand, ich sei besser als ein toter Schriftsteller. Ich war nie auf den Gedanken gekommen, ich könnte besser sein als irgendein Schriftsteller aus einer anderen Zeit. Ich war nie auf den Gedanken gekommen, man könnte mich mit einem anderen lebenden oder toten Schriftsteller vergleichen. Beim Schreiben kam es darauf an, man selbst zu sein – Vergleiche waren sinnlos. Trotzdem faßte ich die Bemerkung dieser Frau als Lob auf.

Sie fuhr fort, mich zu loben, und ich fühlte mich geschmeichelt und war verlegen und verwirrt wie ein junger Hund, der mit einem Schlauch naßgespritzt wird. Außerdem genoß ich den Blick in ihren Ausschnitt. Wußten Frauen eigentlich, wie sehr dieser warme, einem Lächeln gleichende Spalt das Interesse der Männer erregte?

Ich war etwas abgelenkt, als ich fragte: »Und wer sind Sie?«

Doch sie sah zum anderen Ende des Raums.

»Würden Sie mich entschuldigen?« sagte sie und schenkte mir ein bezauberndes Lächeln. Dann war sie verschwunden, viel zu schnell.

Hatte ich etwas Falsches gesagt?

Dann stand Musprat neben mir, mit einer Zigarette und einem verschmierten Glas in den Händen und Blätterteigkrümeln an Fingern und Krawatte. Seine Augen waren blutunterlaufen, sein Anzug war verknittert, der Krawattenknoten zu fest zugezogen. Er ging leicht gebeugt und wirkte älter und angeschlagener denn je.

»Wer war das?« fragte ich ihn.

Sie stand am Kamin und unterhielt sich angeregt mit einem Mann in einem Nadelstreifenanzug.

»Lady Max«, sagte Musprat. »Sie ist mit einem Kerl namens Alabaster verheiratet. Er ist irgendwas in der City. Sie haben ein Haus an den Boltons.«

»Sie scheint nett zu sein.« Ich dachte an ihre Lobeshymnen.
»Das ist das einzige, was sie nicht ist.«
»Sie ist attraktiv.«
»Wie ein Pfirsich mit Druckstellen.«
»Mir gefällt die Art, wie sie angezogen ist.«
»Sie trägt immer diese Nuttenschuhe.«
»Finden Sie sie denn nicht hübsch?«
»Ich hasse dieses Wort«, sagte er angeekelt. »Und ich will es nicht hören. In diesem Stadium des Abends sehen für mich alle ledrig und verbraucht aus.«

Ich blieb auf der Party, in der Hoffnung, noch einmal mit dieser Frau, mit Lady Max, sprechen zu können, doch sie kam nicht mehr in meine Nähe. Außerdem war sie immer in Gesellschaft, und ich war zu schüchtern, um sie anzusprechen.

Ich ging umher und wurde wieder nüchtern, und mit zunehmender Nüchternheit fühlte ich mich den anderen Gästen eigenartig überlegen, allerdings nicht auf irgendeine komplizierte Weise und auch nicht intellektuell – ich war nur stärker und beherrschter als sie. Diese anderen, betrunkeneren Gäste weckten in mir eine Art Dünkel. An einem gewissen Punkt – wenn der erste Betrunkene stotternd umherzutorkeln begann – hörte ich meistens auf zu trinken und sah nur noch zu. Dabei wurde ich immer nüchterner und kühler und war immer faszinierter von dem, was ich da sah.

Betrunkene Menschen, laute Menschen, auffällige und wütende Menschen, Menschen, die stotterten und stolperten, Drinks verschütteten und kleine, angebrannte Würstchen und auf Zahnstocher gespießte Käsewürfel aßen. Sie waren vom Kurs abgekommen und hatten alle Gewalt über sich verloren, sie schrien und keuchten. Sie machten mich stärker.

Ich wollte nicht so sein wie sie. Ich stand da, immer ruhiger, und beobachtete sie. Sie erschienen mir, wie mir Musprat oft erschien: schwach und selbstzerstörerisch. Ich verstand nicht, wie solche Leute imstande waren, irgend etwas zu schreiben. Das war mein Maßstab. Ich beurteilte die Menschen nach ihrer Fähigkeit zu schreiben. Und wie konnten diese Leute schreiben, wenn sie nicht einmal das Offensichtliche sehen konnten?

Lady Max ging vorbei, und ich folgte ihr. Ich wollte noch mehr Lob hören, doch ich verlor sie in der Menge der Gäste aus den Augen.

2

In London war es wichtig, eine Party zu verlassen und sich auf den Heimweg zu machen, bevor die Pubs schlossen, denn kurz nach elf waren die Straßen voller Betrunkener – Männern mit blassen, gierigen Gesichtern, die vorbeifahrenden Wagen nachschrien, umhertaumelten oder sich prügelten. Einige standen herum, sahen ausgehungert aus und aßen mit fettigen Fingern Pommes frites aus alten, zu Tüten gefalteten Zeitungen. Und überall in London pinkelten diese Männer nach dem Schließen der Pubs in Hauseingänge.

In dieser Nacht hatte meine U-Bahn Verspätung, und als ich Victoria erreichte, hatte die Eruption bereits stattgefunden: Überall waren Betrunkene. Der Bahnhof war nicht nur alt, sondern auch hell erleuchtet und sah schmutziger aus, als er bei trüberem Licht gewirkt hätte. Der Wind fegte über die Gleise und durch die Absperrungen, ließ Zeitungen und Plastikbecher rascheln und schob sie vor sich her wie Treibgut. Der Zeitungsstand war geschlossen, aber das Plakat des *Evening Standard* hing noch an der Wand und bot mit seinem Spott einen armseligen Anblick: ERFOLGLOSE SERIENSCHAUSPIELERIN UNTERNIMMT ERFOLGLOSEN SELBSTMORDVERSUCH – FOTOBERICHT.

Das Gefühl, das ich auf der Party gehabt hatte, überkam mich im Zug wieder, als ich die Betrunkenen sah, die Pommes frites und fetttriefende Hamburger aßen, zusammengesunken dasaßen oder sich kraftlos von dem schwankenden Wagen wiegen ließen. Sie wirkten müde und schwach. Ich dagegen war nicht nur nüchtern, sondern auch ein Fremder, ein Amerikaner, ein Ausländer, der lediglich stummer Zeuge war. In meinen Augen war ihre Verzweiflung eigenartig englisch: die Folge einer für London typischen Sinnlosigkeit und Erschöpfung. Es war ihr Schicksal, nicht meines, und ich wollte darüber schreiben, weil es noch niemand anderem aufgefallen war. Ich war nicht wie sie.

Während ich dies dachte, machte der Zug dreimal Halt, und dann stieg ich an meiner Station aus und ging durch den Schmutz und die Unordnung, vorbei an abgerissenen Plakaten und schwarzen Eisengittern, die mit dem glänzenden Schweiß kondensierten Nebels bedeckt waren. Es gefiel mir, meine Schritte in der Stille zu hören, und mir gefielen auch die Schatten und der Nebel, der sich im Licht der Straßenlaternen herabsenkte, während leere Doppeldeckerbusse wichtigtuerisch auf der leeren Hauptstraße vorbeifuhren.

Alison schlief bereits. Bevor ich ebenfalls zu Bett ging, schlich ich im Dunkeln die Treppe hinauf und in das Zimmer der Jungen, wo ich auf ihre regelmäßigen, flüsternden Atemzüge lauschte: Wills zartes Schnarchen und Antons kaum hörbares Wispern. Sie lagen beide ganz still, wie Gestalten, die friedlich auf einem Meer aus Schlaf dahintrieben. Ohne sie zu wecken, küßte ich beide auf die Wange – ihre Gesichter waren warm in dem kalten Raum, und ihr Atem hatte Eisfedern an die Fenster gemalt.

Ohne Licht zu machen, zog ich mich aus und kroch zu Alison ins Bett. Sie kuschelte sich an mich und seufzte. Das Bett war ein warmes Nest. Zum Einschlafen ging ich die Kapitel meines noch unvollendeten Romans durch, indem ich die Nummer jedes Kapitels und die Überschrift murmelte, die ich ihm in Gedanken gegeben hatte. Es waren bislang elf Kapitel, doch beim achten war ich bereits eingeschlafen.

In dieser unterseeischen Dunkelheit waren die Londoner Nächte still und klamm, und als ich aus einem Traum erwachte, in dem ich stranguliert wurde, war es, als würde ich in dieser dunklen, glasigen Stille schweben. Ich hatte das Gefühl, als würden wir alle durch diese Londoner Nächte treiben, als wäre die Nacht hier eine gewaltige Woge, vor der wir uns schlängelnd herbewegten. Ich schlief gern – erst der Morgen vermittelte mir ein Gefühl von Unordnung. Es hatte etwas mit der morgendlichen Dunkelheit des Winters zu tun – wenn wir aufstanden und uns anzogen, war es noch dunkel – und mit dem Klirren der Milchflaschen, dem Kratzen der Flaschenkästen auf dem Lieferwagen. Es war der einzige Laut, der auf der Straße zu hören war, aber es war ein störender Laut.

»Du bist gestern abend ja ganz schön spät nach Hause gekommen«, sagte Alison. »Wieviel Uhr war es eigentlich?«

»Elf oder so«, sagte ich und fragte mich, warum ich eigentlich log. Es hätte ihr nichts ausgemacht, wenn ich ihr gesagt hätte, daß ich nach Mitternacht heimgekommen war.

Doch sie sagte nichts und schien mit ihren Gedanken woanders zu sein. Ich spürte, daß sie mit irgend etwas nicht einverstanden war.

»Es war nichts Besonderes«, sagte ich verteidigend. »Ziemlich langweilig. Ich habe bei Gaston ein paar Bücher zu Geld gemacht, und dann sind Ian und ich zu einer Buchpräsentation gegangen.« Alison sagte nichts. Ich fuhr fort: »Diese langweilige Amerikanerin, die Bildbände über Nashs Stadtpalais macht.«

Sie hatte nicht zugehört. »Die Jungen sitzen bis abends hinein an ihren Hausaufgaben«, sagte sie. »Warum bekommen sie so viel auf? Ich werde mich beschweren.«

»Sag lieber nichts, Mum«, sagte Anton.

»Sonst kriegen wir bloß Ärger«, sagte Will.

»Jeremys Mutter hat sich beschwert, und Townsend hat das in der Klasse verkündet, und dann haben ihn alle ausgelacht.«

Sie saßen unbehaglich am Tisch und schlangen ihr Müsli in sich hinein. In ihren Schuluniformen, mit zerzausten Haaren und verknitterten Blazern, sahen sie zermürbt, wenn nicht gar gequält aus. Sie aßen schnell und nervös, ohne Genuß. Sie stopften sich ihr Frühstück hinein, sprangen auf und sagten, sie müßten jetzt gehen, sonst würden sie zu spät kommen.

»Ich bringe euch zur Bushaltestelle«, sagte ich.

»Wenn du zurückkommst, bin ich schon weg«, sagte Alison, »also verabschiede ich mich lieber jetzt schon.«

Sie gab mir einen Kuß, während die Jungen die Schnallen an ihren Schultaschen schlossen.

Die Morgen waren laut und geschäftig, und ich brauchte Stille und wollte das Haus für mich haben. Ich wollte, daß sie gingen. Ich konnte mich erst an den Schreibtisch setzen, wenn ich allein war.

An der Bushaltestelle sagte Will: »Bist du ein Sozialist?«

»Ich gehe nicht wählen. Amerikaner dürfen das in England nicht«, sagte ich. »Ich bin bloß Zuschauer.«

»Mum ist für Labour«, sagte Anton. »Ich auch.«

»Das hat er auch zu Mr. Fitch gesagt«, warf Will ein.

»Das geht dich nichts an«, sagte Anton.

»Du kannst ruhig Sozialist sein, solange du kein Dogmatiker bist«, fing ich an.

»Was ist ein Dogmatiker?« fragte Will.

Auch Anton wartete auf meine Antwort, als wäre er zu stolz gewesen, um diese Frage selbst zu stellen.

»Jemand, der verbohrt ist.«

»Mr. Beale ist verbohrt.«

Mr. Beale war der verhaßte Direktor.

Die ganze Zeit hielten sie nach dem Bus Ausschau. Ich hielt mich im Hintergrund, doch ich blieb – ich wollte stark sein und sie beschützen. Und sie waren ebenso gespalten wie ich: Sie freuten sich, daß ich bei ihnen war, doch der Gedanke, sie könnten auf meine Hilfe angewiesen sein, war ihnen verhaßt. Sie waren blaß und dünn, und in ihren sanften braunen Augen lag ein Hauch von Angst.

Es war ein kalter, bedeckter, nebliger Morgen, erfüllt vom harten Geräusch des Verkehrs, und die Feuchtigkeit ließ die schwarze Straße und die gebrochenen Steinplatten des Bürgersteigs schmierig aussehen. Dann kam der Bus und bremste ab, und sie packten die Haltestange und sprangen auf. Als der Bus wieder beschleunigte und an mir vorbeifuhr, sah ich sie im Einstieg stehen, kleine Gestalten, eingezwängt zwischen viele dicke Mäntel.

Als ich zurückkehrte, war das Haus leer. Ich ging in mein Arbeitszimmer, schlug mein Notizbuch auf und las: *Sonnenstrahlen, erfüllt von leuchtenden Partikelchen, fallen durch das grüne Blätterdach auf den Dschungelboden* – dort hatte ich gestern aufgehört, um meine Rezension zu schreiben und zu Gaston zu gehen.

Sonnenstrahlen, erfüllt von leuchtenden Partikelchen.

Ich sah aus dem Fenster. Das winterliche London war düster, und die rückwärtigen Mauern der Häuser, die ich von hier aus sehen konnte, sahen infolge jahrelanger Vernachlässigung regelrecht verkrustet aus. Auch die Bäume waren schwarz und wirkten spröde, und die feuchte Nachtluft hatte sich wie eine Schleimschicht auf den Dachziegeln niedergeschlagen. Einige Fenster waren erleuchtet –

man konnte das bleiche Lampenlicht sehen –, aber der Gesamteindruck war: Stille und Düsterkeit, als sickerte das Tageslicht schlaftrunken aus dem niedrig hängenden Himmel. In diesem kleinen Winkel der Stadt erschien der Winter wie eine schleichende, tödliche Krankheit, wie ein brandiges Bein, das sich langsam schwarz verfärbt.

Die Dunkelheit war ein Trost. Ich war dabei zu lernen, wie man hier lebte. Die Stille, die an Grabmale gemahnenden Häuser, das Gefühl, hier lebendig begraben zu sein – das alles war allgegenwärtig und bewirkte, daß ich gern zu Hause blieb; es beruhigte mich und erleichterte mir das Denken. Ein blauer Himmel hätte mich abgelenkt und verführt, doch der graue Morgen und die Rückseiten dieser Häuser mit ihren braunen Ziegelsteinen störten meine Tagträume nicht. Ich befaßte mich nicht mit ihnen und auch sonst mit nichts, was entfernte Ähnlichkeit mit ihnen hatte. Es gab keine Ablenkung. Ich schrieb über den Dschungel.

Ich hatte bereits skizziert, wie es weitergehen sollte, und wußte, was in den nächsten drei oder vier Kapiteln passieren würde. Von dem, was danach kam, hatte ich nur eine vage Ahnung. Wie um mich zu verspotten, sagte ich laut: »Und jetzt?«

Gerade als ich den Stift in die Hand nahm, hörte ich die Schritte des Briefträgers auf den Eingangsstufen. Ich hielt den Atem an, und dann fielen einige Briefe durch den Briefschlitz. Nur einer erforderte eine sofortige Reaktion: Es war eine fällige Rechnung. Ich stellte einen Scheck aus, steckte ihn in einen Umschlag und klebte eine Briefmarke darauf. Ein anderer Brief stammte von einer Leserin, von einer Frau, die mir schrieb, daß meine Bücher ihr gefielen. Ich zerknüllte ihn und warf ihn in den Papierkorb. Ich griff wieder nach dem Stift, doch als nichts kam – kein Wort, kein Gedanke –, zog ich den Brief wieder aus dem Papierkorb und strich ihn glatt. Er kam aus Stony Plain in der kanadischen Provinz Alberta. Ich holte meinen großen Atlas hervor, fand den Ort – er lag in der Nähe von Edmonton – und war derart gerührt über diese Nachricht aus so weiter Ferne, daß ich mich auf einer Postkarte für den freundlichen Brief bedankte.

Inzwischen war es halb elf. Ich nahm einen neuen Anlauf und versuchte weiterzuschreiben. *Sonnenstrahlen* ... Ich bemühte mich, den Gedanken fortzusetzen, den Absatz zu Ende zu bringen, doch es gelang mir einfach nicht.

In ihrem Brief hatte die Frau aus Stony Plain, Alberta, eine Geschichte erwähnt, die ich vor Jahren geschrieben hatte. Ich fand den entsprechenden Band im Bücherregal und las die Geschichte noch einmal. Sie war gut. Sie fesselte mich. Konnte ich noch immer so flüssig schreiben? Als ich das Buch wieder an seinen Platz stellte, fiel mein Blick auf einen Reiseführer für Kanada. Stony Plain war nicht verzeichnet, aber es gab einen Eintrag über Edmonton. Hauptstadt. Älteste Stadt der Provinz. Am Ufer des Saskatchewan. Und dies: *Ukrainer haben bei der Gründung der Stadt eine bedeutende Rolle gespielt und stellen noch immer die stärkste Bevölkerungsgruppe.*

Ich schloß den Reiseführer, zog mein Notizbuch heran und unternahm einen neuen Versuch. Es war jetzt zwanzig nach elf. Ich las noch einmal alles, was ich bis jetzt in diesem Kapitel geschrieben hatte, und dabei fiel mir auf, daß meine Fingernägel zu lang waren. Während ich sie über dem Papierkorb sorgsam abschnitt, klingelte das Telefon. Es war Ian Musprat, der sich mit mir zum Mittagessen verabreden wollte.

Ich schnitt mir die Fingernägel und sagte: »Ich schreibe gerade.«

Diese Lüge, glaubte ich, würde mich zum Schreiben zwingen.

Musprat sagte: »Ich hab den ganzen Morgen vertan. Ich bringe kein Wort zu Papier. Aussichtslos. Wie wär's, wenn wir später im Lambourne ein paar Runden Snooker spielen?«

»Ich hab heute abend schon was vor«, sagte ich. Eine weitere Lüge. Ich dachte: Ich muß etwas schreiben. »Wie wär's mit morgen?«

»Gut. Wir sehen uns um sieben im Lambourne. So früh ist sicher noch ein Tisch frei. Ich lasse Sie jetzt weiterschreiben. Ich weiß nicht, wie Sie das machen.«

Doch nachdem ich aufgelegt hatte, schrieb ich nichts. Ich schnitt und feilte an meinen Fingernägeln herum. Es war fast Mittag.

Schließlich begann ich das, was ich auf der vorhergehenden Seite des Notizbuchs geschrieben hatte, sehr sorgfältig abzuschreiben. Ich schrieb es auf eine neue Seite, als wollte ich Schwung holen, und verbesserte es hier und da, doch als ich am Ende angelangt war, kam nichts mehr. Es war zehn vor eins. Ich plagte mich. Ich blinzelte. Ich sah etwas.

Ich schrieb: *In diesem Augenblick sahen sie auf und bemerkten ein braunes Gesicht, das sie zwischen den Blättern hindurch anstarrte, und nachdem sie das erste entdeckt hatten, sahen sie noch andere: drei, sieben, ein Dutzend Gesichter, die wie Masken zwischen den Zweigen hingen.*

Endlich ein Durchbruch. Ich hätte noch mehr schreiben können, hielt aber inne – ich wollte es mir für später aufsparen. Es war ein Uhr: Zeit für das Mittagessen.

Drei Fischstäbchen – mir gefiel dieses absurde Wort fast so gut wie »Sicherheitszündhölzer« – zwischen zwei Scheiben Brot, eine Tasse Kaffee, zwei Schokoladenkekse, und während ich das aß, hörte ich »Die Welt um eins«, eine Nachrichtensendung, las die *Times* und saß einfach da. Die Radiosendung, das Essen, die Zeitung – das alles nahm mich nicht sonderlich in Anspruch, und als die Sendung vorbei war, eilte ich hinauf und schrieb fast ohne nachzudenken den Satz, den ich mir aufgespart hatte: *Sie sahen noch einmal hin, und die Gesichter waren verschwunden.*

Das war alles, was ich brauchte, denn in diesem einen Satz über die Gesichter im Dschungel sah ich die ganze Situation vor mir: meine Protagonisten, die Indianer, von denen sie beobachtet werden, die Andeutung eines Hinterhaltes, den Dschungel, die schmalen Pfade, das versteckte Dorf. Und so verbrachte ich den Rest des Nachmittags damit, meine Figuren – die immer wieder Gesichter sahen – näher an ihr Ziel zu führen, bis der Pfad sich weitete und sie im Dorf angekommen waren, wo man über sie herfiel. Ende des Kapitels.

Vormittags hatte ich fünfunddreißig Wörter geschrieben, nachmittags etwa fünfzehnhundert. Doch was mir am meisten Freude bereitete, war ein Satz, in dem die Formulierung *Blätter, so schlaff wie alte Dollarscheine* vorkam.

Als Vorbereitung für den morgigen Tag machte ich mir Notizen. *Das Dorf. Rauch. Gestampfte Erde. Verängstigte Kinder. Kläffende Hunde. Ein Gespräch. »Wir können euch nicht helfen.« »Eis ist Leben.« Die versteckten Fremden.* Der Akt des Schreibens erzeugte Ideen und Ereignisse. Es war später Nachmittag, aber der Gedanke, daß ich ein gutes Stück vorangekommen war, beflügelte mich. Ich schätzte, daß ich ungefähr bei der Hälfte des Buches angelangt war. Ich wollte sehr gern vor dem Sommer fertig sein. Zehn weitere Kapitel bedeuteten noch zehn Wochen – dann würde es März sein, und das wiederum hieß, daß das Buch vielleicht noch vor meinem Geburtstag im April abgeschlossen sein würde. Ich las noch einmal, was ich geschrieben hatte, und schöpfte Hoffnung. Das Buch war eigenartig, authentisch, komisch und überraschend – und das war das wichtigste. Ich wollte, daß es den Leuten gefiel, daß es sie überzeugte und daß sie etwas von sich selbst darin fanden.

Während ich in diese Gedanken versunken war, wurde es Abend. Mein Stift notierte Wörter auf dem weißen Papier im Lichtfleck auf meinem Schreibtisch, ringsum war es dunkel. Die Tür zu meinem Arbeitszimmer wurde geöffnet. Es war Will.

»Anton ist unten und macht Abendbrot«, sagte er.

Er sah erschöpft aus. Sein Gesicht war verschmiert, die Haare waren zerzaust, der geerbte Schulblazer war ihm zu klein geworden, doch anstatt ihn größer wirken zu lassen, machte er Will nur noch magerer und ließ seinen Hals dünn und seine Schultern knochig erscheinen.

»Hallo, Dad.«

Er gab mir einen Kuß. Sein Haar roch nach Zigarettenrauch. Als ich ihn darauf ansprach, sagte er: »Der Schaffner hat mir gesagt, ich soll mich oben hinsetzen.«

Er ließ sich in den Sessel vor meinem Schreibtisch fallen. »Auf welcher Seite bist du?« erkundigte er sich.

Ich sah auf das Manuskript. »Zweihundertachtundsiebzig.«

»Bist du jetzt fast fertig?«

»Halb durch, glaube ich. Ich weiß es nicht genau.«

»Wilkes hat uns heute einen Aufsatz schreiben lassen. Zwei Seiten. Über *Macbeth.*«

»Den Pantoffelhelden.«

»Stimmt. Das hätte ich schreiben sollen.«

»Du siehst müde aus, Will.«

»Wir haben Rugby gespielt. Und dann der Aufsatz. Und in Chemie haben wir ein Experiment mit Schwefelsäure gemacht, und Jason hat sich ein Loch in den Blazer geätzt. Die Vorsteherin ist ausgerastet, als sie es gesehen hat. Am Morgen war die Probe für die Theateraufführung. Zum Mittagessen gab's Eintopf, nichts als Knorpel und Fett. Ich hab nichts davon gegessen. Als Nachtisch Sandkuchen mit Marmelade. Beale hat mir gesagt, daß ich mal wieder zum Friseur gehen soll. Und ein paar von den Jungs haben meine Schultasche versteckt, und als ich sie wiedergefunden hatte, haben sie sich über mich lustig gemacht. Bei meinem Schuh geht die Sohle ab. Simon Wesley hat mir gesagt, daß er mich haßt.«

Schule.

»Warum sitzt du nicht vor dem Fernseher?« fragte ich.

»Wir haben jede Menge Hausaufgaben auf. Latein, Chemie und Geschichte.«

»Und was möchtest du nachher essen?«

»Weiß nicht. Vielleicht Spaghetti. Die vegetarischen.«

»Gut. Ich mache die Soße. Salat ist auch da. Und ich glaube, wir haben noch Eis für den Nachtisch.«

Will gähnte wie eine Katze. »Ich werde erst mal duschen. Die Duschen in der Schule gingen nicht, und darum sind wir vom Rugby direkt in den Chemiesaal gegangen. Alle waren dreckig. Die Vorsteherin hat gesagt: ›Ihr stinkt wie Ziegenböcke.‹«

Das erklärte den Schmutz in seinem Gesicht und unter den Fingernägeln. Meine Söhne wußten, daß ich sie liebte, aber sie hatten keine Ahnung, wie sehr ich sie bewunderte.

Anton rief Will, um ihm zu sagen, daß Toast und Tee fertig seien, und während sie wortkarg am Tisch saßen, machte ich mich an die Zubereitung der Spaghettisoße: Ich hackte eine Zwiebel, eine Knoblauchzehe und eine Paprikaschote und briet sie zusammen mit ein paar Pilzen an, überbrühte und schälte die Tomaten und gab alles zusammen mit frischem Basilikum, einem Brühwürfel, einer Prise Chili und einem Schuß Tomatenmark in einen Topf. Die Soße köchelte leise vor sich hin und färbte sich rot, die Jungen machten Hausaufgaben in ihrem Zimmer, und ich ging hinaus, kaufte mir den *Evening Standard*, setzte mich damit ins *Fishmonger's Arms* und bestellte mir ein Glas Guinness. In einer Kurzmeldung hieß es, John Updike sei im Connaught Hotel abgestiegen und werde sein neues

Buch präsentieren, und ich dachte, daß die Londoner keine Ahnung hatten, wie Londoner Hotelzimmer aussahen.

Später, während ich auf Alison wartete, sah ich mir mit Anton, der seine Hausaufgaben fertig hatte, eine Gameshow an, und als der Showmaster sagte: »Sie kommen mir vor wie der Mann, der glaubt, es hat was mit Abnehmen zu tun, wenn Abgeordnete ihre Diäten erhöhen«, lachte Anton laut, und ich dachte: Ich bin glücklich. Nichts auf der Welt war so schön wie dies: die Dunkelheit, die alberne Gameshow, der Gedanke, daß ich heute etwas geschrieben hatte, das Wissen, daß ich hier zu Hause war, die Vorfreude auf Alisons Heimkehr, die köchelnde Spaghettisoße, das Glas Guinness, das ich getrunken hatte, und vor allem das spontane, laute Lachen meines Kindes. Ich fühlte mich gesegnet.

Alison kam um sieben, etwas später als sonst. Auch sie war müde, aber sie half Will mit seinen Latein-Hausaufgaben, während ich das Wasser für die Spaghetti aufsetzte und den Salat machte. Wir aßen gemeinsam. Die Jungen räumten den Tisch ab. Weil ich gekocht hatte, machte Alison den Abwasch, und nachdem die Jungen nach oben gegangen waren, las ich ihr das Kapitel vor, das ich heute abgeschlossen hatte.

»Das ist gut«, sagte sie.

»Sag mir noch mehr.«

»Ist das nicht genug?«

»Nur ein bißchen mehr.«

»Mir gefällt das Bild von den Blättern, die so schlaff sind wie alte Dollarscheine. Und am Ende wird die Atmosphäre bedrohlich. Ich würde weiterlesen wollen. Gut?«

»Okay.«

Wir sahen uns die Nachrichten um neun und den Anfang eines Dokumentarfilms über Flederhunde an, und dann gähnte Alison und sagte: »Ich bin müde.«

Also gingen wir zu Bett. Das Haus lag in Dunkelheit. Ich war glücklich. Was war geschehen? Was machte mich so zufrieden? Ich wußte nicht, warum ich so zuversichtlich war. Vielleicht, weil die Arbeit an meinem Roman besser gelaufen war, als ich erwartet hatte – ich hatte ein Kapitel beendet. Doch wahrscheinlich lag es eher daran, daß wir zusammen waren, eine vollständige Familie, ein gesunder Organismus, ganz und gar lebendig.

Diese Gewöhnlichkeit war es, die mir gefiel und die ich brauchte. Es war ein perfekter Tag gewesen.

3

London liegt in einer schüsselförmigen, von der Themse durchflossenen Mulde: von Clapham zum Fluß geht es bergab, und vom Embankment zum West End geht es wieder bergauf. Als Fußgänger oder Fahrradfahrer konnte man das Profil der Erde unter all diesen Steinen spüren. Ich spürte es auf der letzten halben Meile die steile St. James' Street hinauf, unterwegs zum Lambourne Club, und ich stellte mir vor, daß ich dort nicht mit Musprat verabredet war. Vielmehr war ich ein Mitglied, das jeden Abend durch die Londoner Dunkelheit zum Lambourne ging und dort Zuflucht fand, in einem Sessel in der Bibliothek den *Punch* und die *Times* las, in der Halle vor dem großen Kamin saß oder sich mit alten Männern in zerknitterten Anzügen unterhielt.

Der Lambourne Club war ein hell erleuchtetes Haus mit hohen Fenstern und hohen Räumen, und es roch nach Pfeifenrauch, Messingpolitur und der heißen Asche in den Kaminkörben. Der Club erschien mir wie die Essenz Londons: ein etwas zu warmer Ort, wo alle Geräusche von Teppichen gedämpft wurden, eine Mischung aus Altersheim und Privatschule, der sicherste Ort der Welt, sofern man ein älterer weißer Mann war.

Dem Club beizutreten war eine recht zeitraubende Angelegenheit, und das paßte nicht zu meinem ungeduldigen Temperament. Und außerdem: Was hatte ich mit den anderen Mitgliedern gemein? Dennoch interessierten und provozierten mich diese Schwierigkeiten.

Als wir auf der Treppe einige Männer in Nadelstreifenanzügen sahen, sagte ich zu Musprat, daß ich mich als Amerikaner im Lambourne fehl am Platz fühlte.

»Aber der Club ist voller Amerikaner«, erwiderte er. »Hauptsächlich Rechtsanwälte und Bankleute. Der Club ist scharf auf ihr Geld. Auf das von denen da zum Beispiel.«

Er zeigte auf die Männer in Nadelstreifenanzügen. Wollte ich auch so jemand werden? Es waren anglophile Amerikaner in den unvermeidlichen Burberrys, die sich selbst rund um die Uhr etwas vormachten, mit großen Gläsern Sherry im Salon saßen und wiehernd lachten.

Meine größten Vorbehalte aber galten der strikten Kleiderordnung und der Tatsache, daß es hier keine Frauen gab. Wie sollte man sich entspannen, wenn man Anzug und Krawatte tragen mußte? Wie konnte irgendein Mann Gefallen an einem Ort finden, wo man ausschließlich Männer sah?

»Stört es Sie eigentlich nicht, daß es hier keine Frauen gibt?«

Wir saßen an der Bar, zwischen alten Männern, die wie Bestattungsunternehmer aussahen, jungen Männern mit Pferdegebissen, die einander Bemerkungen zuriefen, und den Amerikanern, die auf britisch machten.

Musprat sah sich um. Er zuckte die Schultern und schnaubte. Dann sagte er: »Und wie viele Frauen gibt es in Ihrer Stammkneipe – wie heißt sie noch mal?«

»Fish«, sagte ich. *»Fishmonger's Arms*. Nicht viele.«

»Genau«, sagte er. »Typisch irisch eben. Lauter irische Kartoffelfresser.«

Wir hatten einmal ein Bier dort getrunken, als er mich besucht hatte, um sich ein Buch auszuleihen. Damals hatte er sich umgesehen und gesagt: »Ich hasse Kneipen wie diese.«

»Ich glaube, in dieser Hinsicht ist der Lambourne ein bißchen wie eine Schule«, sagte er. »Alles in London ist ein bißchen wie eine Schule.«

Es freute mich, das aus seinem Mund zu hören, denn denselben Gedanken hatte ich auch schon gehabt.

Er verzog das Gesicht und sagte: »Das Essen hier im Lambourne ist Schulfraß. Aber immer noch besser als in manchen anderen Läden. *Wilton's Restaurant?* Da essen betuchte alte Knacker. Das kostet ein Vermögen.«

»Nouvelle cuisine?«

Er lachte ein besonders aggressives Lachen – das harte, triumphierende Lachen eines durch und durch unsicheren Menschen. »Kindergartenessen«, kreischte er und bleckte seine bräunlichen Zähne.

Wir gingen in den Speisesaal des Lambourne. Hier war der Leitgedanke, daß die Mitglieder nicht allein, sondern an einem gemeinsamen Tisch essen sollten, einem langen Refektoriumsstisch in der Mitte des Saals. So konnte sich ein Schiffsmagnat neben einem Journalisten wiederfinden oder ein Diplomat neben einem Schriftsteller, doch aller Wahrscheinlichkeit nach, so Musprat, komme man neben einem Rechtsanwalt zu sitzen – von denen gebe es in diesem Club einfach so viele. Früher war die Mehrheit der Mitglieder Schriftsteller gewesen – H. G. Wells und Arnold Bennett, Saki und Shaw –, und der Club hatte einen Ruf als Treffpunkt von Literaten und Nonkonformisten gehabt. Heute dagegen trafen sich dort alte Männer in grauen Anzügen.

Musprat verzog das Gesicht, als er die Speisekarte sah, und hielt sie angewidert in den Fingern mit den abgekauten Nägeln. Die Karte war ein einzelnes Blatt Papier in einer Ledermappe.

»Sehen Sie, was ich meine?« sagte er. »Schulfraß.«

»In meiner Schule gab's keinen Bückling. Was ist das überhaupt?«

»Fisch«, sagte er und lächelte mich säuerlich und ein wenig gönnerhaft an. Wieder einmal wurde mir bewußt, daß Engländer sich oft regelrecht bemühten, schlechte Gesellschafter zu sein, die sich widerborstig zeigten und Griesgrämigkeit oft geradezu zur Tugend erklärten. In Musprats Fall jedenfalls war es so. An diesem langen Tisch konnte man sie sehen, wie sie über ihr Essen – ihren Schulfraß – die Stirn runzelten, wie sie es zerschnitten und aufspießten, wie sie ihre Gabeln beluden, als präparierten sie einen Fischköder.

Wir bestellten unser Essen, und ich begann mich sehr unwohl zu fühlen.

Musprat wirkte nicht nur älter als ich, sondern erschien mir auch starr und unbeweglich. Ich hatte keine Ahnung, was die Zukunft für mich bereithielt; Musprat dagegen sagte, er wisse genau, wie der Rest seines Lebens aussehen werde. Er war bereits verheiratet gewesen. Er hatte eine unglückliche, bittere Ehe hinter sich, aber die Scheidung war einvernehmlich gewesen, und seine Ex-Frau und er gingen, wie er sagte, sehr freundlich miteinander um. Kinder mochte er nicht.

Wie viele sehr unsichere Menschen war er voller tiefverwurzelter und zynischer Vorurteile, vielleicht um den Eindruck zu erwecken, er sei seiner Sache stets sehr sicher. Dennoch fühlte ich mich bei dem, was er sagte, unbehaglich: Je bestimmter er klang, desto mehr fürchtete ich um ihn. Er sagte, er wisse genau, was er wolle: das furchtbar enge und stereotype Leben, das den hiesigen Idealvorstellungen zu entsprechen schien, das englische Leben ohne Veränderungen oder Erregungen und offenbar auch ohne Leidenschaften. Er konnte reizbar und die reinste Beißzange sein, aufrichtig und unverblümt – ein unglücklicher Mensch, der aus dem Schmerz, den er anderen zufügt, ein wenig Trost schöpft. Das alles, dachte ich manchmal traurig, war der Grund, warum er und ich keine anderen Freunde hatten.

Er gebrauchte Wörter, die sehr bald altmodisch und hausbacken klingen würden, wie »Trottoir« oder »Humpen«. Er sagte, wenn er aufs Land fahre, trage er Gamaschen. *Gamaschen?* Ein Radio bezeichnete er als Rundfunkempfänger. Um ihn zu ärgern, fragte ich ihn eines Tages: »Nennen Sie Autos ›Fahrmaschinen‹?«, worauf er erwiderte: »Nein, ich nenne sie Automobile, denn genau das sind sie ja.«

Beim Essen sprachen wir über seine Hörspiele. Er arbeitete im Augenblick an einem, in dem ein Zigeuner einen ganzen Wohnwagen Stück für Stück in seine Ein-Zimmer-Wohnung in Islington schaffte.

»Ich will auch weiterhin Hörspiele schreiben«, sagte Musprat.

Und wie um sich seines Mißerfolgs schon von Anfang an zu versichern, schrieb er oft Stücke in Blankversen, manchmal sogar gereimt.

»Und was ist mit Lyrik?«

»Lyrik schreiben ist wie Scheiße schaufeln. Hörspiele erreichen ein riesiges Publikum«, sagte er. »Ich werde für den Rest meines Lebens Hörspiele schreiben. Und ich will weiterhin Mitglied in diesem Club sein. Ich will nicht reisen, ich will kein Rezensent werden. Und ich will nie wieder nach Amerika. Ein grauenhaftes Land.«

»Manchmal sehne ich mich nach Boston«, sagte ich. Das war ein verschämtes Geständnis. Ich sehnte mich täglich nach Boston – nach seiner Weiträumigkeit, nach seinen vertrauten Straßen und Gerüchen. Ich sehnte mich nach dem Lachen und nach der Art, wie Dollarscheine sich anfühlten, nämlich wie menschliche Haut. Für mich lag die Realität in der Vergangenheit, also anderswo. Das hier – London – war wie eine Rolle, die man mir zugeteilt hatte und deren Text ich noch nicht kannte.

Musprat sagte: »Vor zwei Jahren bin ich für eins von diesen Hochglanzmagazinen nach Boston gefahren. Boston ist gar keine Stadt. Keine richtige Stadt. Es besteht aus ungefähr zehn kleinen Städten, die sich um den mickrigen Hafen drängen. Und man stellt fest« – er trennte mit verkniffenem Mund ein sehr kleines Muskelstück von einer grauen Sehne – »daß Boston nur als recht fragwürdiges urbanes Konzept existiert. Das Essen ist gräßlich, der Verkehr abscheulich, und man kann keine zehn Meter fahren, ohne in einem Schlagloch zu landen. Die Polizisten sind mit großen, häßlichen Revolvern bewaffnet und sehen immer so aus, als wären sie kurz davor, sie zu ziehen.«

Seine Beschreibung von Boston klang wie eine Warnung an jemanden, der noch nie seinen Fuß in diese Stadt gesetzt hatte.

»Ich habe zweiundzwanzig Jahre in Boston gelebt«, sagte ich in der Hoffnung, ihn damit zum Schweigen zu bringen. Er kannte diese Stadt so wenig, daß es aussichtslos war, ihm ihre Vorzüge zu schildern. Ich mußte nachsichtig sein. Wenn er verallgemeinerte wie jetzt, war er am verletzlichsten, und obgleich er anderen gegenüber durchaus brutal sein konnte, waren seine eigenen Gefühle schnell verletzt.

»Mir hat New York besser gefallen«, sagte er.

»In New York ist es nie ganz dunkel und still. Ich kann dort nicht schlafen.«

»London ist in mancher Hinsicht schlimmer«, sagte er. »Die Luft ist schlecht und verbraucht, die Verkäuferinnen sind unfreundlich, und das Essen ist eine Zumutung.« Er kaute mit raschen Bewegungen seiner bräunlichen, vorstehenden Zähne, wie ein Nagetier. »Wahrscheinlich ist das der Grund, warum ich London so mag.«

Er war kein Londoner, auch wenn mir das nie aufgefallen wäre. Er sprach ein neutrales, pompöses, leicht verschrobenes Englisch, und er schien andere immer herunterzuputzen oder zu korrigieren.

»Geld ist hier nicht wichtig. Auf die Klassenzugehörigkeit kommt es an. Und die hat nichts mit Geld zu tun.«

Das fiel mir bei Engländern immer wieder auf: ihre Leidenschaft dafür, im Recht zu sein oder recht zu behalten, ihre oberlehrerhafte Strenge, die daher rührte, daß sie einst geknechtete Schüler gewesen waren. In Musprats Fall war es noch ein wenig schlimmer, denn er stammte aus der Provinz, von irgendwo in den Midlands, möglicherweise aus Lichfield, denn er erwähnte des öfteren Dr. Johnson. Er mußte sich ständig beweisen, und dafür haßte er sich.

Er besaß ein feines Gespür für Klassenunterschiede und dazu einen Haß auf das Klassensystem. Manchmal quälte ihn dieser Konflikt.

»Die Leute imitieren immer ihre Putzfrau.« Mit nasaler Stimme: »›Die Frau, wo eima pro Woche bei mir reinmacht.‹«

Und als ich lachte – seine Imitation war gut gewesen –, war er innerlich zerrissen, denn er hatte Erfolg mit etwas, das ihm verhaßt war.

»In Amerika ist Geld ein großes Thema. Aber hier hat keiner Geld.«

Er zeichnete den Beleg ab, den der Ober ihm gebracht hatte. Der Ober sah aus wie ein Malaie, doch als ich nachfragte, sagte der alte Mann neben mir, alle Ober im Club seien Filipinos.

Er hatte einen weißen, vom Nikotin stellenweise gelblich verfärbten Schnurrbart und eine dröhnende Stimme.

»Nicht kleinzukriegen! Arbeiten für einen Hungerlohn und leben von Reis und Fischköpfen.« Er warf einen Blick in die Runde, als suchte er nach weiteren Zuhörern. »Ihr einziger Fehler ist, daß sie an ein Leben nach dem Tode glauben. Sehr abergläubisch. Ich würde keinem raten, ihnen sein Leben anzuvertrauen – sie haben keine Angst vor dem Tod. Als Burschen würde ich nur einen Atheisten nehmen. Aber irgendwie schaffen's diese Kerle. England ist nicht Amerika – man braucht keine Prüfung abzulegen, um sich hier niederlassen zu dürfen.«

Der alte Mann, der uns gegenübersaß und sich vorbeugte, um uns besser zu verstehen, sagte: »Ganz recht. Mein Neffe macht auch gerade diese Prüfung. Ich habe keine Ahnung, wieso eigentlich. Zu meiner Zeit hat mein Vater einfach bei seinem alten Tutor angerufen und ihm gesagt, ich sei soweit. Und dann hab ich in Trinity studiert.«

»Vielleicht ist Ihr Neffe auf einer von diesen Gesamtschulen«, sagte der andere Mann.

»Ja, ich glaube, das ist er. Sind die sehr teuer?«

Während diese beiden alten Männer ihre Unterhaltung fortsetzten, ging der philippinische Ober im Raum umher, ohne daß irgend jemand von ihm Notiz genommen hätte. Es war, als könne er überallhin gehen und alles sehen. Er war unsichtbar.

Während ich dem stummen Ober zusah, sagte Musprat: »Sehen Sie? Darum mag ich diesen Club. Wegen dieser alten Männer.«

Wir gingen in den Coffee Room. Unter Aquatinten mit indischen Motiven saßen noch mehr alte Männer.

»Sie ist eine sehr gutaussehende Frau – sie kann sich die Männer aussuchen. Sie schicken ihr Rosen. Ihr Mann weiß natürlich Bescheid, aber er drückt ein Auge zu. Hervorragender Kricketspieler übrigens.«

Ein anderer sagte: »Es ist allgemein bekannt, daß der Prinz eine Affäre mit ihr hatte. Ihr Mann war selbstverständlich im Bilde. Aber Sie wissen ja: Die Leute sind immer ziemlich stolz, wenn ihre Frau oder Tochter etwas mit einem Mitglied der königlichen Familie hat. Es hebt ihr Ansehen. Es ist eine Leistung.«

»Damit kann ich nicht dienen«, sagte Musprat und begann eine Unterhaltung mit dem alten Mann, als wäre er einer von ihnen.

Mir ging zweierlei durch den Kopf. Dieser Club glich sämtlichen Clubs in den ehemaligen Kolonien, in denen ich gewesen war: von Männern bevölkert, altmodisch, englisch, überladen, töricht – er war lediglich sauberer. Mein zweiter Gedanke war mehr eine Art Angst: daß das Leben, wie es sich hier in London, im Club, präsentierte, daß diese Art von Unterhaltung so etwas wie ein Dauerzustand war. Man trat in den Club ein, und dann verlief das Leben in dieser einen Bahn, ohne sich je zu verändern, ohne Abweichungen oder Überraschungen, bis ans Ende: Man ging vom Speisesaal zur Bar und dann weiter zur Bibliothek, machte einen Zwischenstopp auf der Toilette und war immer umgeben von diesen Männern.

Musprat wirkte verärgert und leicht betrunken. Er holte tief Luft, lächelte und sah für einen Augenblick jünger aus, doch dann begann er zu husten und wurde wieder zum alten Mann.

»Es war eine gute Idee, uns hier zu treffen«, sagte ich. Sagte ich aus

Schuldgefühlen das Gegenteil von dem, was ich empfand? »Ich erinnere mich noch an meinen ersten Besuch in diesem Club vor etwa einem Jahr. Es war eine Winternacht, und der Schnee –«

»Du liebe Zeit, schwelgen Sie etwa in Erinnerungen?«

Er war entrüstet, wütend, unangenehm berührt. Er trank einen Schluck Wein und machte häßliche Kaubewegungen.

»Kommen Sie, wir besetzen den Snookertisch, bevor uns einer zuvorkommt.«

Aus seinem Verhalten, aus seiner abrupten, spöttischen, meist gereizten Art schloß ich, daß er in der Schule der Prügelknabe gewesen war. Er war klein und blaß. Er trug eine dicke Brille. Er kaute an den Fingernägeln. Er schrieb Gedichte.

Im Snookerzimmer hing ein langer Lichtbalken über dem Tisch und beleuchtete den grünen Filz, während der Rest des Raums im Schatten lag.

Musprat schrieb mit Kreide unsere Namen auf die Tafel über dem Zählbrett, das aus auf Draht aufgereihten Holzperlen bestand und wie ein Abakus aussah. Er hatte eine schöne, regelmäßige, aufrechte Handschrift. Die Schule hatte ihn geformt, im Guten wie im Schlechten.

»Wissen Sie, über wen diese alten Knacker vorhin geredet haben?«

»Sie meinen die Frau?«

»Ja. Über Ihre Freundin Lady Max.«

»Ich kenne sie doch kaum.«

Und ich dachte: Ich habe keine Freunde, nur dich. Ich verbrachte meine Zeit damit zu schreiben. Ich hatte eine Frau und zwei Kinder – das war mein ganzes gesellschaftliches Leben in London. Ich konnte Musprat nicht die Wahrheit sagen: daß er mein einziger Freund war und daß diese beiden Abende im Monat, die ich mit ihm im Lambourne verbrachte, die beiden einzigen Abende waren, an denen ich ausging.

»Ich hab sie auf dieser Buchpräsentation kennengelernt«, sagte ich. »Das ist alles.«

Doch ich sah sie deutlich vor mir: die weiße Stirn, das schwarze, straff zurückgekämmte Haar, die strahlenden Augen, den hübschen Mund, die schmalen Finger.

Musprat hatte die Kugeln in einem Dreieck auf dem Tisch angeordnet. Wir machten jeder unseren Stoß mit der Spielkugel, um zu ermitteln, wer den Anfang machen sollte. Musprat konzentrierte sich. Seine Kugel blieb einen Zentimeter vor der Bande liegen.

Der Eröffnungsstoß, den er nach längerer Überlegung machte, war wie der eines Profis: Er berührte mit seiner Spielkugel nur ganz leicht die äußeren Kugeln des Dreiecks, so daß sie sich kaum bewegten.

»Sie sind dran«, sagte er.

Wenn wir so weitermachten, würde das Spiel eine Woche dauern. Ich haßte diese taktische, verdeckte Art, Snooker zu spielen, auch wenn sie angeblich die effektivste war. Und es gab eine schnellere Variante, die mehr mit dem amerikanischen Poolbillard zu tun hatte und mit der ich vertrauter war: härtere Stöße, eine offensichtlichere Spielanlage, ein Spiel, das mehr auf der freien Fläche des Tisches und weniger im Schatten der anderen Kugeln gespielt wurde.

Ich legte meine Spielkugel zurecht, machte einen harten Stoß und sprengte das Dreieck.

»Wie übereilt«, sagte Musprat. Die Kugeln rollten kreuz und quer. Keine fiel in eine der Taschen. »Sehr freundlich.«

Und dann begann er, seine Kugeln zu versenken. Schließlich stieß er eine nur ganz leicht an und blockierte damit meine Spielkugel. Als ich mich vorbeugte, um meinen Stoß zu machen, berührte ich mit der Spitze des Queues versehentlich meine Spielkugel.

»Sie hat sich bewegt. Sie haben sie berührt. Jetzt bin ich wieder dran.«

»Es war ein Versehen, Ian.«

»Ich bin dran«, sagte er mit Bestimmtheit, in dem strengen, spitzen Ton, den er auf der Schule gelernt hatte. Er kreidete sein Queue ein. »Keine Ausnahmen. Wo kämen wir da hin?«

Er war so umständlich, wie nur ein Betrunkener es sein kann. Er kämpfte um jeden Punkt, und als mir bewußt wurde, wie sehr er gewinnen wollte, begann das Spiel – dieses verzweifelte Theater seines unablässigen Konkurrenzkampfes – mich zu langweilen, und ich wünschte, ich wäre zu Hause bei meiner kleinen Familie.

»Na los, rein da«, sagte er zu der braunen Kugel. »Ich hab die rosafarbene versenkt – die muß wieder auf den Tisch.«

Solange der eine Spieler an der Reihe war, mußte sein Gegner die Kugeln, die zu früh versenkt worden waren, aus den Taschen nehmen und wieder auf den Tisch legen. In der Schule hatten die jüngeren, neueren, begriffsstutzigeren Schüler diesen Handlangerdienst übernehmen müssen.

Wir waren einander fast ebenbürtig, doch er gewann öfter als ich, teils weil ich ihm umstrittene Punkte überließ, teils weil er wirklich der beständigere Spieler war – nicht aggressiv, aber zäh. Niemand war so zäh wie die Engländer, und wenn sie etwas wollten, kannten sie keine Scham. In dieser Zähigkeit waren sie so leicht zu durchschauen, so kompromißlos, so zielstrebig. Nie aufgeben, war Musprats Devise, doch seine Siege bereiteten ihm nur sehr wenig Freude, sie machten ihn nur gesprächiger.

»Und wie es scheint«, nahm er den Faden unseres früheren Gesprächs wieder auf, »ist sie eine Ihrer Bewunderinnen. Diese Lady Max. Sie hat es Heavage gesagt. Und er hat es mir gesagt.«

Das war eine Neuigkeit. Sie kannte Heavage, der in dem Ruf stand, ein unangenehmer und hartnäckiger Schürzenjäger zu sein. »Arme Gillian«, hieß es von seiner Frau. Er war geizig, ein Charakterzug, den ich bei vielen Weiberhelden entdeckt hatte. Und ich haßte ihn, weil er französisch mit mir sprach und mich wie einen Lohnschreiber behandelte.

»Was halten Sie von ihr?«

»Hab ich doch schon gesagt: ein Pfirsich mit Druckstellen«, sagte Musprat. Das war sein ganzes Urteil.

»Ich fand sie geistreich.«

»Das ist etwas, das sie ganz bestimmt nicht ist.«

»Sie mögen sie also nicht?«

»Was heißt ›mögen‹? Sie ist mir völlig gleichgültig.« Er versenkte noch immer Kugeln. »Aber sie kriegt immer, was sie will.«

»Was ist daran falsch?«

»Sie will alles.«

Die grüne Kugel konnte er nicht versenken. Er zielte und stieß die Spielkugel sanft an, so daß sie zwischen der blauen und der rosafarbenen liegenblieb.

»Blockiert«, murmelte er zufrieden.

»Allerdings«, rief ein alter Mann aus den Schatten. Wenig später gab ich auf.

Danach war Musprat ungewöhnlich gut gelaunt, und seine Gelöstheit ließ ihn vertraulich werden. Er wollte, daß wir uns mit einem Drink vor den Kamin setzten und uns unterhielten.

Er gab sich generös. »Was würden Sie sagen, wenn ich Sie als neues Mitglied vorschlüge?« sagte er. »Die Sache läuft so, daß ich Ihren Namen ins Buch schreibe und die anderen Mitglieder irgendwelche Randbemerkungen dazukritzeln.«

Ich konnte nicht nein sagen, ohne ihn zu kränken. Also war ich einverstanden, denn ich wußte, daß er diesen Plan aufgeben würde, sobald er wieder nüchtern war.

»Sie sehen aus wie sieben Tage Regenwetter«, sagte er. »Keine Angst, Sie kriegen Ihre Revanche.«

Er ahnte nicht, wie traurig ich war. Es war schlimmer, als er sich vorstellen konnte, und es deprimierte mich. Er war mein einziger Freund gewesen. Ich hatte sonst niemanden.

4

»Weiß sie denn nicht, daß du verheiratet bist?« fragte Alison mich am Abend von Lady Max' Dinnerparty.

»Ich bin sicher, ich habe es ihr erzählt«, sagte ich vorsichtig. Stimmte das? »Ich bin ihr ja erst einmal begegnet.«

»Dann verstehe ich nicht, warum sie mich nicht auch eingeladen hat.«

Das Feuer war niedergebrannt, und der Aschenhaufen gab Wärme, aber kaum noch Licht ab. Es war fast acht Uhr. Ich hatte Alison Gesellschaft geleistet, während sie gegessen hatte – kaltes Geflügelfleisch und Salat –, und nun trank sie ihre gewohnte Tasse Tee. Sie nahm nur kleine Schlucke und hatte es sich in ihrem großen, warmen Sessel gemütlich gemacht. Sie würde noch ungefähr eine Stunde lesen oder fernsehen, und dann würde sie müde werden und zu Bett gehen.

Wenn ich daran dachte, bereute ich meine Zusage zu diesem späten Dinner bei Lady Max. Nach einem Tag am Schreibtisch war ich müde und brauchte Ruhe. Ich wollte mich im Bett an meine Frau kuscheln. In letzter Zeit schlief ich jede Nacht neun Stunden, und wenn ich morgens an meinen Roman dachte, sah ich das Sonnenlicht durch Baumwipfel auf Dschungellichtungen fallen.

»Wärst du denn mitgekommen, wenn du eingeladen gewesen wärst?« fragte ich sie.

»Um in einem muffigen Haus an den Boltons herumzusitzen und einem Haufen alter Langweiler zuzuhören, die sich über Lyrik verbreiten?« sagte sie, plötzlich trotzig. »Nein, danke. Da sehe ich mir lieber *Dallas* an.«

Bevor ich ging, schaute ich noch bei den Jungen vorbei. Im Zimmer war es kühl, aber die Kinder schienen Wärme zu verströmen – ich spürte es in der Luft –, und diese Wärme hatte für mich etwas mit ihrer Gutherzigkeit zu tun. Vom Bad rochen sie noch ein wenig nach Seife, und ich küßte sie auf die Wange und wünschte ihnen flüsternd eine gute Nacht. Wie kommt es, daß wir im Dunkeln immer flüstern?

Sie befanden sich in jenem milden Dämmer der Schläfrigkeit, in dem man langsam in warmem Wasser zu versinken scheint. Ihr Atem wurde immer flacher, während sie sacht aus dem Wachzustand in die Tiefen des Schlafs glitten.

»Warum hast du dich so fein gemacht, Dad?« fragte Anton.

»Weil ich bei einer Lady eingeladen bin. Bei Lady Max.«

»Bei einer schönen Lady auf einem weißen Pferd«, sagte Will leise. »Ist sie reich?«

»Wahrscheinlich. Ich weiß es nicht. Geld ist hier nicht wichtig. Auf die Klassenzugehörigkeit kommt es an«, sagte ich und ärgerte mich, als ich merkte, daß ich Musprat zitiert hatte. »Ihr wißt schon: Mittelschicht, Oberschicht.«

»Und wozu gehören wir?«

»Zu keiner. Wir kümmern uns nicht um so etwas.« Eigentlich hatte ich sagen wollen: Ich bin nur ein Zuschauer. Aber das glaubte ich selbst nicht ganz. Ich wollte mehr.

Die Jungen gaben mir einen Kuß, und ihre Zärtlichkeit bestätigte mir, daß zwischen Alison und mir alles in Ordnung war.

Als ich hinausging, hörte ich, wie Anton seinem Bruder quer durch den Raum zuflüsterte: »Ich glaube, wir sind Mittelschicht.«

In die Winternacht hinauszugehen, erforderte eine Willensanstrengung, als sei ich im Begriff, eine Grenze zu überschreiten. Nach einem ganzen Tag in der Festung meines Hauses betrat ich wieder London.

Nachts war es eine ganz stille und sanfte Stadt, mit Schatten auf dem Gesicht – es war eine Stadt, die schlief, eine Stadt mit fester Schlafenszeit. Und in dieser Gegend von Süd-London bestand die Skyline aus Schornsteinen, Schieferdächern und Kirchtürmen. In diesen Winternächten gab ich mich der Illusion hin, ich sei ein Teil davon, ein Fremder, der von den Schatten der Stadt verschluckt und verwandelt wurde.

Ich liebte den schweflig schimmernden Nachthimmel über London, und am Chelsea Reach war das Licht über dem Fluß so zart und verträumt wie in einem von Whistlers *Nocturnes*. Ich wußte sehr genau, wo ich mich befand, und das erinnerte mich an eine Eigenschaft, die Londoner besaßen: Wir fanden uns auch im Dunkeln zurecht.

All dies dachte ich im Bus, wo ich oben und ganz vorn saß und das Gefühl hatte, ein sehr altes, tief fliegendes Flugzeug zu steuern.

Lady Max' Haus lag ein kleines Stück von der Bushaltestelle entfernt und hatte eine jener frisch gestrichenen, cremefarbenen viktorianischen Fassaden, die im Licht der Straßenlaternen beinahe phosphoreszieren, mit hohen Erkern und bleichen Säulen am Kopf einer einschüchternden Treppe. Es stand frei an einer Ecke des Platzes.

Eine kleine Frau mit hübschem Gesicht und gewandten, affenartigen Bewegungen begrüßte mich mit einem singenden Akzent und nahm mir den Mantel ab. Auch sie stammte von den Philippinen.

Von außen imposant, war das Haus innen von einer Atmosphäre des Todes erfüllt und erinnerte an einen riesigen, begehbaren Sarkophag. Der Marmorfußboden der Eingangshalle, der Staub, die vertrockneten Blumen und Pflanzen und die düsteren Bilder in den verzierten Rahmen, vor allem aber die Temperatur und der Geruch feuchter Teppiche – das alles verströmte eine plötzliche, kalte Leblosigkeit, als hätte hier schon seit langem niemand mehr gegessen oder geschlafen. Ich dachte an mein gemütlich warmes Haus auf der anderen Seite des Flusses, als ich aus einem Raum am jenseitigen Ende des Foyers meinen Namen rufen hörte.

»Paul«, rief Lady Max. Sie blieb majestätisch in ihrem Sessel sitzen.

Doch sie war so freundlich und herzlich, daß ich Mut faßte. Sie stellte mich rasch den anderen Gästen vor. Graham Heavage lächelte mich an und verriet mit keinem Wort, daß er meine Bitte um eine Hauptrezension glatt abgelehnt hatte. Außerdem waren da: ein älterer Romancier namens Dunton Marwood, ein Paar aus Südafrika, dessen Namen – Lasch – ich mit Anti-Apartheid-Protesten verband, Pippa, eine junge Frau, die nervös blinzelte, als ich mich mit ihr unterhielt, und der amerikanische Dichter Walter Van Bellamy.

»Meine Frau ist verhindert«, sagte er zu mir und drehte eine Strähne seines weißen Haars um seinen Zeigefinger.

Er war sehr groß und berühmt für seine Verrücktheit, und als er mich zum Kamin zog – weil er mir fast auf die Zehen trat, stand ich zu dicht am Feuer –, sah er mich mit starrem Blick und seinem wilden Lächeln an und sagte: »Sie sind also auch aus Boston.«

Das Feuer brannte, gab aber weniger Wärme ab als das in meinem Kamin in Clapham. Bei diesem hier entwich alle Wärme einfach durch den Schornstein.

»Eigentlich bin ich aus Medford.«

Doch Bellamy war so schwerhörig und unbeirrbar, wie Verrückte es manchmal sind, und er hatte den glasigen Blick eines Mannes, der regelmäßig Medikamente nimmt.

»Wir Bostoner müssen zusammenhalten.«

Ich war geschmeichelt, bis er meinen Arm packte. Er drückte so fest zu, daß es weh tat, eine Geste der Freundlichkeit, die eher Verzweiflung mitteilte. Danach verlor er jedes Interesse an mir, wankte zu einem Regal und zog einen seiner eigenen Gedichtbände heraus.

»Sie sind sozusagen aufs Stichwort erschienen – Max war gerade dabei, uns von Ihnen zu erzählen.«

Das war Marwood, der Romancier. Ich hatte seinen Namen im Roman-Regal des *New Statesman* gesehen, und bei Gaston lagen seine Bücher immer stapelweise herum. Er war mit einer reichen Frau verheiratet, die niemand kannte, und stand in dem Ruf, ein eingebildeter, mißgünstiger Langweiler zu sein – allerdings stammten meine Informationen allesamt von Musprat und waren dementsprechend gefärbt.

»Arbeiten Sie zur Zeit an einem Roman?« fragte ich ihn.

»Ausgezeichnet! Gratuliere! Normalerweise muß ich den Leuten sagen, daß ich Romancier bin. ›Sie werden meinen Namen noch nicht gehört haben‹, sage ich dann. ›Ich schreibe etwas, das man gehobene Belletristik nennt.‹«

»Marwood ist der Henry James für Arme«, sagte Heavage. »Er schreibt keine Erfolgsromane.«

»Gott bewahre«, sagte Marwood. »Nein, ich habe meinen Roman gerade abgeschlossen. Bald werde ich verreisen. Nach Korsika – waren Sie schon mal dort? Faszinierend. Ich werde Edward Lears Reisebeschreibung folgen. Im Ernst. Gewissermaßen in seine Fußstapfen treten.«

»Das nennt er Reise!« sagte Heavage. »Wahrscheinlich wird er die meiste Zeit damit beschäftigt sein, den Touristen auszuweichen.«

»Graham ist ein richtiger Witzbold«, sagte Marwood. »Ich muß sagen, Ihr neuer Roman klingt wirklich gut.«

»Mein neuer Roman?« fragte ich. »Mein letztes Buch war ein Sachbuch. Ein Reisebuch.«

»Das meine ich nicht. Nein, ich meine das neue, an dem Sie gerade arbeiten. Klingt phantastisch.«

Lady Max lächelte mich an. Sie sah alles, sie hörte alles. Für sie war die Welt nackt und barg keine Geheimnisse. Erst jetzt, als ich ihr huldvolles Lächeln sah, fiel mir wieder ein, was ich ihr gesagt hatte.

»Bleiben Sie lieber bei Ihrem Titel«, sagte Marwood. »Lassen Sie sich nicht von Max reinreden. Sie kann regelrecht diabolisch sein.«

Sie hatte ihnen also alles erzählt.

Inzwischen war das philippinische Hausmädchen mit einem Tablett herumgegangen, und ich hatte einen Drink in der Hand.

Heavage trat zu mir. Ich machte mich darauf gefaßt, auf Französisch angesprochen zu werden – und wie sollte ich dann antworten? Doch er sagte mit ganz freundlicher Stimme: »Eine fabelhafte Rezension«, womit er die Sammelrezension von vergangener Woche meinte, in der ich vier Romane verrissen hatte. »Haben Sie sich schon was Neues mitgenommen?«

»Ich dachte, wir hätten vereinbart zu warten, bis etwas Gutes kommt.«

Das schien er überhört zu haben. Er ging nicht darauf ein.

»Mögen Sie Henry James?« fragte er. »Es gibt eine neue Ausgabe seiner Briefe. Band eins ist gerade erschienen. Soll recht gut sein, mit einigem neuen Material. Das wäre doch was: Henry James und Sie, beides Amerikaner in der Fremde.«

Dieser Graham Heavage klang ganz anders, und er schien mir eine Hauptrezension anzubieten, über ein Buch, das normalerweise V. S. Pritchett rezensieren würde. Heavages Verhalten überraschte mich; in Lady Max' Haus und ohne seinen Schreibtisch wirkte er machtlos und schäbig. Dieser Mann, der so selbstverständlich und lächelnd Gemeinheiten sagte und von seinen Redaktionsassistentinnen Sex verlangte – worauf diese, blutjunge Oxford-Absolventinnen, sich nur zu gern auf alle viere niederließen, weil sie sich davon Chancen im literarischen London versprachen –, dieser häßliche, herrschsüchtige Mann erschien mir jetzt ein bißchen albern und wollte auf seine verklemmte Art anscheinend freundlich sein.

»Da hätten Sie gleich einen Aufhänger, um auch darüber etwas zu schreiben«, sagte er. »Über das Leben in der Fremde, meine ich.«

Tatsächlich, er bot mir Henry James an, eine Hauptrezension.

»Ich könnte Ihnen fünfzehnhundert Worte geben. Es dauert noch ewig, bis das Buch erscheint. Sie könnten sich Zeit lassen.«

Ein bißchen zu eifrig sagte ich: »Sehr gern. Wußten Sie, daß James mit achtzehn von einem wild hin und her schlagenden Feuerwehrschlauch in den Unterleib getroffen wurde?«

»Nein, aber wer weiß – vielleicht sollten Sie die Gelegenheit nutzen, um die Wirkung eines unerbetenen Tritts in die Eier kritisch zu würdigen«, sagte Heavage, ohne eine Miene zu verziehen. Marwood kicherte, und Bellamy lachte laut.

Ich war mir sicher, daß er mir die Hauptrezension nur angeboten hatte, weil er mir hier, in Lady Max' Haus, begegnet war, und daß sein unbeholfener Witz ein Ausdruck seiner Freundlichkeit sein sollte. Für einen ausgesprochen mitleidlosen Engländer wie ihn war es schwer, großzügig zu sein, ohne herablassend zu wirken, doch das machte mir nichts aus – wenigstens sprach er mit mir nicht vor all diesen Leuten französisch.

Lady Max hielt sich im Hintergrund, obgleich sie mich jedesmal, wenn ich mich nach ihr umsah, zu beobachten schien. Sie saß da, rauchte und schien alle Fäden in der Hand zu halten, und ihre Schönheit erinnerte an Porzellan. Ihre Haut war so wunderbar blaß wie bei vielen Frauen in diesem sonnenlosen Land.

Ich war irritiert, weil sie mich nicht ansprach und nicht hierher zu passen schien – sie war so zart, sie leuchtete so hell in diesem großen, düsteren Haus –, und es beunruhigte mich, daß ich kein Essen roch. Auf der Suche nach einer Toilette ging ich in die Eingangshalle. Das philippinische Hausmädchen sah mich zögern, erriet, was ich suchte, und wies mir die richtige Tür. Noch mehr dunkle Schatten, feuchte Wände und kalte Kacheln, und wieder wünschte ich, ich wäre zu Hause geblieben. Über der Kloschüssel hing eine Karikatur von Rowlandson.

Als ich in den Salon zurückkehrte, waren die anderen Gäste gerade dabei, ihre Mäntel anzuziehen.

»Wir essen auswärts«, sagte Lady Max. »Es ist gleich um die Ecke.«

Wir marschierten zu einem französischen Restaurant namens *Le Tour Eiffel* in der Brompton Road, wo man uns in eines jener holzgetäfelten Séparées führte, die ich mit heimlichen Rendezvous oder skrupellosen Männern verband. Vor den Fenstern hingen staubige Samtvorhänge mit dicken, golddurchwirkten Quasten. Nachdem wir unsere Mäntel abgegeben hatten, wies uns Lady Max unsere Plätze an. Ich war verwirrt und fragte mich, ob die anderen es ebenfalls waren. Mrs. Lasch hatte den Kopf gesenkt und flüsterte eindringlich auf ihren Mann ein. Die Frau namens Pippa saß zu meiner Rechten, Marwood zu meiner Linken.

»Wo ist Walter Van Bellamy?« fragte Lady Max.

Er war unterwegs verschwunden, doch Lady Max lachte nur und sagte, das sehe ihm ähnlich. »Er ist verrückt. Wirklich verrückt.«

Ein gelangweilt wirkender Ober mit einem viel zu engen Hemd, feuchtem Haar und erhitztem Gesicht trat ein, reichte uns die Speisekarten und leierte mit einem geradezu parodistischen französischen Akzent die Empfehlungen des Tages und die von der Karte gestrichenen Gerichte herunter.

Pippa sagte: »Meine Speisekarte ist ganz klebrig. Richtig ekelhaft.« Sie reichte die Karte dem Ober, der ein beleidigtes Gesicht machte.

»Wollen wir Wein trinken?« Lady Max sah den Ober an. »Der Hauswein kommt in einer schmutzigen Karaffe und schmeckt wie Nagellack. Also zwei Flaschen Meursault, nein, lieber drei, und Sie können sie gleich bringen.«

»Wenn ich Meursault trinke, habe ich immer das Gefühl, in den Geist von Camus' *Der Fremde* einzutauchen«, sagte Heavage zu mir.

Lady Max gab dem Ober weitere Anweisungen. Sie hatte sich in eine energische, aufmerksame Gastgeberin verwandelt und thronte am Kopfende des Tisches. In der Art, wie sie dasaß, das Kinn hob und sich leicht vorbeugte, lag eine befehlsgewohnte Spannung – sie war hellwach und konzentriert, sie machte Vorschläge.

Als der Wein eingeschenkt war, zog der Ober seinen Block hervor und sagte: »Und außerdäm 'aben wir 'eute abend frische 'ummer. Sie ste'än nischt auf der Speisekart'.«

»Doch nicht echte Hummer«, sagte Lady Max und erschauerte, als wäre dieses Wort allein schon eine Beleidigung. »Das sind bloß diese kleinen, jämmerlichen, farblosen Krebse aus Schottland.«

Der Ober klickte nur mit dem Kugelschreiber.

»Aber der Krabbencocktail ist sehr gut.«

Alle bestellten Krabbencocktail.

»Und der Hasenpfeffer«, sagte Lady Max, murmelte den Namen auf Französisch und leckte sich die Lippen.

»Civet de lièvre«, sagte Heavage mit pedantischer Betonung.

Ich hörte ihn und dachte: Die Engländer sind eine Nation von Pedanten, die einen ständig korrigieren müssen, und sie hassen sich dafür, weil es so langweilig ist, immer recht zu haben.

Lady Max lächelte Heavage an – es war ein mißbilligendes Lächeln – und sagte: »Sie schmoren ihn hier mit Kastanien.«

Die meisten von uns bestellten dasselbe, mit Ausnahme von Pippa, die sagte, sie sei Vegetarierin. Marwood hörte es und knurrte ungeduldig. Pippa beriet sich nervös mit dem Ober und nahm schließlich die Ratatouille.

»Und isch werde ein Auswahl Gemüs' bringen.«

»Wenn es sein muß«, sagte Lady Max. Sie zündete sich eine Zigarette an, blies den Rauch aus und wedelte ihn mit einer hexenhaften Bewegung in Richtung des Obers. »Diese Leute machen immer ein großes Getue, aber nichts davon ist ernst gemeint.«

Wir unterhielten uns, bis Pippa sich vorbeugte und Lady Max fragte: »Kommen Sie oft zum Abendessen hierher?«

»Was ist ›Abendessen‹? Etwas zum Essen?«

Pippa gab eine kurze Definition des Wortes.

»Sie meinen sicher ›Dinner‹?« sagte Lady Max.

»Arbeitnehmer essen zu Abend«, sagte Marwood.

»›Arbeitnehmer‹ ist ein Euphemismus, den ich einfach *zu* schön finde«, sagte Lady Max.

Der Ober servierte den Krabbensalat, eine kleine Porzellanschüssel mit einer rosafarbenen, klumpigen Masse. Dazu gab es Toast.

Während wir den Salat auf den Toast häuften, sagte Lady Max, die noch immer rauchte: »Ich hasse es, wenn das Essen so schnell serviert wird. Es ist fast eine Unhöflichkeit, und außerdem habe ich dann immer das Gefühl, daß mit dem Essen etwas nicht stimmt.«

»Zu diesem Schluß komme ich, wenn die Speisekarte klebrig ist«, sagte Pippa.

»Den Nachmittagstee betrachten sie als komplette Mahlzeit«, sagte Marwood. »Das weiß ich von meinen Leuten. Und sie essen ›Nachtisch‹.«

»Diese Menschen sind außergewöhnlich«, sagte Lady Max. »Ich glaube, sie erfinden diese lächerlichen Namen für ihre Mahlzeiten nur, um beim Essen Geld zu sparen.«

»Und«, verkündete Heavage, »sie gehen aufs ›Klo‹.«

Er befand sich in jenem Stadium der Betrunkenheit, in dem man alberne Sticheleien von sich gibt. »Arbeitnehmer, meine ich.«

Lady Max lächelte angewidert. »Ich kann dieses Wort nicht ausstehen«, sagte sie. »Gibt es eigentlich Leute, die es tatsächlich benutzen?«

Alle außer Pippa lachten, um unserer Gastgeberin zu schmeicheln – wir taten, als würden wir dieses Wort nie in den Mund nehmen.

»Und ›Toilets‹ ist ein Anagramm von T.S. Eliot«, warf Mr. Lasch ein, doch niemand hörte ihm zu, denn Marwood war schon wieder indigniert.

»›Prost‹ ist noch so ein Wort, das ich hasse«, sagte er.

Heavage, der ihn gehört, aber mißverstanden hatte, rief: »Prost!« und leerte sein Glas.

Lady Max sah mich an und sagte: »Ich liebe den Ausdruck ›weißer Abschaum‹. Ihr Amerikaner seid so bildhaft. Glauben Sie, dieser Begriff ließe sich hier einführen?«

»Es tut mir leid, aber ich finde dieses Gesprächsthema ziemlich unpassend«, sagte Pippa.

Marwood beugte sich vor, sah an mir vorbei Pippa an und sagte: »Miss Untere-Mittelschicht-und-das-weiß-sie-auch gibt mal wieder die aufrechte Proletarierin.«

Sie blinzelte, ließ sich aber nicht einschüchtern. »Mit Hilfe Ihrer ›Leute‹ sind Sie natürlich eine Autorität auf dem Gebiet der feinen Klassenunterschiede«, sagte sie.

»Allerdings, und zwar eine größere, als zweitklassige Rezensenten wahrhaben wollen«, sagte Marwood, und damit war offensichtlich, daß Pippa irgendwann einmal eines seiner Bücher verrissen hatte.

»Irgend jemand, ich glaube, es war eine Verkäuferin, hat kürzlich ›Gern geschehen‹ zu mir gesagt«, beendete Lady Max das Duell.

»Was für eine alberne amerikanische Floskel«, sagte Heavage.

»Schönen Tag noch«, sagte Mr. Lasch zu seiner Frau, die antwortete: »Glaube ich kaum.«

Doch niemand schenkte ihnen Beachtung, denn Lady Max sagte gerade: »›Gern geschehen‹ ist überhaupt nicht albern, sondern eine sehr passende Antwort. Wenn man in England zu jemandem ›Danke‹ sagt, murmelt er irgend etwas und kaut auf seiner Unterlippe herum.«

»›Gern geschehen‹ ist wahrscheinlich auch nicht schlimmer als *prego*«, sagte Heavage. »Auf jeden Fall weniger spitz als *Bitte!* Es ist ein bißchen wie *pozhal'st.*«

»Das verstehe ich nicht«, sagte Mr. Lasch.

»Eine von diesen nützlichen und angenehm zweideutigen Floskeln wie ›Ich würde gern mehr von Ihnen sehen‹«, sagte Lady Max und lächelte mich an.

Der Hasenpfeffer wurde serviert, in einem Tontopf und bedeckt mit Karotten, Kastanien und einer braunen Soße. Der Ober eilte seufzend hin und her und stellte die Schalen mit den verschiedenen Gemüsen auf den Tisch. Als er mir vorlegte, verströmte sein Körper verschwitzte Wärme, und ich hörte ihn ungeduldig atmen.

»Bringen Sie uns noch Wein«, sagte Lady Max.

»Danke«, sagte der Ober.

»Gern geschehen«, sagte Lady Max. »Sehen Sie?«

Wir blieben beim Thema Sprache. Man erörterte die korrekte Aussprache englischer Namen wie Marylebone und Theobalds und Cholmondley. Ich nahm an, das geschah mir zuliebe.

Mr. Lasch buchstabierte das Wort Featherstonehaugh und sagte »Fanshaw«.

Marwood lächelte und sagte: »Ich weiß auch eins. Geschrieben sieht es aus wie ›Woolfardisworthy‹.«

»Woolsey«, sagte Pippa und sah ihn kalt an.

»Mein Großvater hat das Wort *leisure* immer amerikanisch ausgesprochen«, sagte Lady Max und warf mir erneut einen Blick zu. »Lie-scher.«

Angelegentlich, ja fast servil erkundigte sich Marwood: »Wie geht es Ihrer Tochter Allegra?«

»Prächtig«, sagte Lady Max. »Mr. Pieplate, dieser dumme Mensch – für mich jedenfalls ist er dumm –, ist immer noch hinter ihr her. Er hat sie zu einem Botschaftsempfang mitgenommen, und sie trug mit Bedacht ein durchsichtiges Spitzenkleid mit absolut nichts darunter. Die Moslems waren empört, und Pieplate konnte sich kaum noch beherrschen. Was für ein Dummkopf! Er weiß nicht mal, daß sie sechzehn ist.«

»Vielleicht verliebt sie sich in ihn«, sagte Marwood.

»Da hätte er großes Glück. Aber das wird nicht geschehen. Allegra ist viel zu kaltherzig. Das sind sie alle. Darum mache ich mir um sie auch keine Sorgen. Daran ist sie selbst schuld. Und ich weiß, wie ihr zumute ist. Als ich so alt war wie sie, hat mir Boothby den Hof gemacht.«

»War der nicht ein bißchen schwul?« fragte Heavage.

»Schon, aber nicht nur. Jedenfalls hab ich ihn mir vom Leib gehalten.«

Sie hatte die Angewohnheit, bestimmte Worte besonders gedehnt auszusprechen.

Ihre Erwähnung Lord Boothbys ließ die Unterhaltung zu den Brüdern Kray abschweifen, zwei Londoner Mördern, mit denen er sich angefreundet hatte, und dann folgte noch eine Menge Sechziger-Jahre-Klatsch über die Profumo-Affäre. Wieder hatte ich das Gefühl, daß dies mir zuliebe geschah, als wäre dieses Dinner ein kleines, von Lady Max arrangiertes Seminar über britische Landeskunde.

Lady Max sah einen neuen Ober eintreten und sagte: »Der nächste Ober, der nächste Gang. Und dieser hier sieht so unversöhnlich wie ein Pudding aus.«

Der Ober ließ nicht erkennen, ob er sie gehört hatte. Er sagte: »Soll isch dän Dessärwagen bringen?«

»Das ist ja doch nichts weiter als alte Torten und Puddings und klebriges Gebäck auf Rädern.« Sie sah den Ober nicht an, als sie hinzufügte: »Warum flambieren Sie uns nicht einfach ein paar Crêpes, guter Mann?«

Während der folgenden zwanzig Minuten arbeitete der Ober an seinem fahrbaren Grill. Zunächst machte er die Crêpes – sieben insgesamt – und faltete sie auf einem Silberteller zusammen. Dann ließ er Zuckerwürfel in Butter karamelisieren und löffelte die Sauce über die Crêpes. Schließlich schüttete er Grand Marnier darüber und zündete ihn an. Dann legte er die Crêpes auf einzelne Teller, gab noch einmal Sauce darüber und servierte sie.

Diese aufwendige Prozedur brachte die Unterhaltung zum Erliegen, und als wir mit den Crêpes begannen und Pippa eine Bemerkung darüber machte – »Köstlich. Das ist erst das zweite Mal in meinem Leben …« –, schnitt Lady Max ihr das Wort ab, als wäre es ungehörig, über das Essen zu sprechen.

»Die Queen Mum ist heute aus dem Krankenhaus entlassen worden«, sagte sie.

»Das königliche Schlachtroß«, murmelte Heavage und runzelte betrunken die Stirn.

»Ich kenne ein paar ihrer Freundinnen«, sagte Lady Max. »Sie nennen sie hinter ihrem Rücken ›die Torte‹, und ich finde, das paßt. Ihre Diener sind ausnahmslos Schwule. Eines Abends hat sie in der Küche angerufen und gesagt: ›Also, ich weiß ja nicht, wie es euch Süßen da unten geht, aber diese Süße hier oben möchte jetzt einen Drink!‹«

Es war lange nach Mitternacht – das war dem mürrischen Gesichtsausdruck der Ober zu entnehmen, die demonstrativ herumstanden, nachdem Kaffee und Likör serviert worden waren. Sie hatten die letzte U-Bahn verpaßt. Jetzt fuhren nur noch die unregelmäßig verkehrenden Nachtbusse.

Seit dem Kaffee lag die zusammengefaltete Rechnung auf einer Untertasse neben Lady Max' Ellbogen. Sie hatte keine Notiz davon genommen.

Schließlich blies sie Rauch darauf und faltete sie auseinander, indem sie mit spitzen Fingern daran zupfte. »Im Kopfrechnen bin ich schrecklich schlecht«, sagte sie. »Wieviel ist sechsundneunzig durch sieben?«

Sechsundneunzig Pfund betrug die monatliche Tilgungsrate für die Hypothek, die ich auf unser Haus aufgenommen hatte, und es erschien mir unglaublich, daß wir diesen Betrag einfach so verfressen hatten. Und schlimmer noch war, daß ich gebeten wurde, meinen Anteil zu übernehmen. Ich hatte noch im Ohr, wie Lady Max gesagt hatte: »Bringen Sie uns noch Wein.«

»Ist der Service darin schon enthalten?« fragte Marwood.

»Das macht ungefähr vierzehn für jeden«, sagte Heavage.

Die Laschs waren erbleicht – auf ihren Gesichter spiegelte sich das Entsetzen wider, das ich empfand.

»Und für jeden ein Pfund Trinkgeld.« Heavage legte den Schein dazu.

»Also fünfzehn«, sagte Marwood und zupfte an den Geldscheinen in seiner ledernen Brieftasche.

Fünfzehn Pfund. Das bekam ich für eine Rezension. Heavage wußte das, aber es schien ihn nicht zu kümmern. Ich tat, als sähe ich in meiner Brieftasche nach, wußte aber, daß ich nicht annähernd genug Geld bei mir hatte. Pippa ging es nicht anders, und dies weckte in mir freundschaftliche Gefühle für sie. Sie stellte Lady Max einen Scheck aus. Mr. Lasch tat dasselbe. Ich ließ einen neuen Fünf-Pfund-Schein knistern. Außerdem hatte ich noch ein paar Münzen, aber die brauchte ich für den Bus.

»Den Rest muß ich Ihnen schuldig bleiben«, sagte ich.

»Ich werde irgendwann darauf zurückkommen«, sagte Lady Max.

Der Bus fuhr nur bis zum Depot am Südende der Battersea Bridge, und da ich nicht mehr genug Geld für einen zweiten Fahrschein hatte, marschierte ich den Rest des Weges durch den Nieselregen nach Hause.

5

Die einzige Gewißheit, die ich in meinem Londoner Leben besaß, war das Schreiben. Ich hatte das Gefühl, daß ich mir auf diese Weise einen Platz in dieser Stadt erkämpfen konnte. Obwohl der Roman, an dem ich schrieb, im Dschungel spielte, war er von London durchdrungen. Es war meine Londoner Arbeit. Und ich fragte mich, ob es umgekehrt genauso wäre: Würde ein Buch über London, das ich in Neuguinea schriebe, von Dschungel und gleißendem Licht durchdrungen sein?

Am nächsten Tag hatte ich das Bedürfnis, allein an meinem Tisch zu sitzen und zu schreiben. Alison hatte sich ohne großes Interesse erkundigt, wie der Abend gewesen sei, und ich hatte gesagt: »Schön. Gutes Essen, Geplauder, Klatsch und Verdauungsstörungen. Ich war nicht mal betrunken.«

»Bin ich froh, daß ich nicht mitgekommen bin.«

Irgendwie beneidete ich sie um ihren Gleichmut. Er war der Grund, warum sie so heiter und gelassen sein konnte. Doch ich war entsetzlich neugierig auf alles mögliche und mußte so tun, als wäre ich es nicht, weil es so schrecklich unenglisch war, neugierig zu sein und bohrende Fragen zu stellen.

Ich erzählte Alison so gut wie nichts von diesem seltsamen Dinner und Lady Max' eigenartiger Auffassung von einer Einladung – wie sie uns in ein Restaurant geführt, das Essen und den Wein bestellt und uns das alles dann anteilig in Rechnung gestellt hatte. Ich verbarg meine Verlegenheit, weil ich ihr nicht die ganze Wahrheit sagen konnte. Wie konnte ich Alison von diesen irreführenden Einzelheiten berichten, wenn ich selbst noch nicht alles wußte? Es war eine Geschichte ohne Ende, ja sogar ohne Mitte. Ich war mir sicher, daß noch mehr kommen würde. Dieser Abend würde Folgen haben.

Ich schrieb wie jeden Tag an meinem Roman. Ich schrieb an einem Tag einen Absatz, am nächsten ein paar Seiten. Wenn ich morgens nichts schrieb, zwang ich mich, nach dem Mittagessen etwas zu schreiben. Und wenn es gut lief, brach ich irgendwann ab und schrieb eine Rezension – dafür hatte ich Zeit, denn meine eigentliche Arbeit hatte ich ja schon erledigt. In dieser Woche las ich, nachdem ich mit meinem Buch gut vorangekommen war, den ersten Band der Briefe von Henry James und machte mir Notizen für einen Artikel, der, wie ich hoffte, eine Hauptrezension werden würde.

Wenn ich nicht weiterkam, ging ich im feuchten Garten hinter dem Haus umher und betrachtete die Pflanzen. Ich zerriß alte Vogelnester, um zu sehen, wie sie gebaut waren. Ich beobachtete fressende Spinnen und wuselnde Ameisen. Ich sah Schnecken zu, wie sie sich auf ihrem Schleim über die Ziegelsteine schoben. Ich nahm diese Tiere in meinen zentralamerikanischen Dschungel mit. Ich betrachtete ein Rinnsal Regenwasser und verwandelte es in Gedanken in einen Fluß mit Sandbänken und toten Armen.

Manchmal machte ich am dunklen Spätnachmittag, bevor die Pubs öffneten, einen Spaziergang und dachte mit meinen Füßen. »Du gehst ziellos durch die Straßen«, murmelte ich dabei vor mich hin. Die Tage hatten verwirrende, erschreckende Lücken.

Musprat rief mich an, aber ich wimmelte ihn ab. Ich wollte mich nicht in sein Leben hineinziehen lassen – die unordentliche Wohnung, die hastigen Mahlzeiten, sein aufdringliches Schnorren und Schimpfen, seine Schreibhemmung und die vergeudeteten Abende im Lambourne Club.

Ich schrieb an meinem Buch. Ich lebte in meinem Haus. Ich liebte meine Familie. Ich hatte kein anderes Leben in London, ich wußte nicht einmal, daß es für mich ein anderes Leben geben könnte, bis Lady Max eines Tages ein zweites Mal anrief.

»Paul, sind Sie das, mein lieber Junge?«

Das klang nicht spöttisch, sondern affektiert, und ihre Stimme war unverwechselbar, dunkelbraun von Zigarettenrauch. Ich war alarmiert und befürchtete eine weitere Einladung.

Doch sie rief an, um meine Schulden einzutreiben. Das waren ihre Worte. Sie sagte, ich müsse mit ihr in die William-Blake-Ausstellung in der Tate Gallery gehen.

»Ich erwarte Sie in einer Stunde im Foyer«, sagte sie.

Die Tilgung meiner Zehn-Pfund-Schuld bestand also in meiner Zusage. Mein Tagespensum war bereits erledigt. Ich hatte nicht das Gefühl, Alison zu betrügen, aber ich war unfair zu meinen Söhnen: Ich wußte, daß ich nicht zu Hause sein würde, wenn sie aus der Schule kamen. Ich würde Anton nicht zusehen, wenn er Tee machte, und Will würde mich nicht fragen können: »Auf welcher Seite bist du jetzt, Dad?« Ich ärgerte mich über Lady Max' Anmaßung und ihr befehlendes »Ich erwarte Sie.«

Sie kam zu spät. Londoner, die sich für mächtig hielten, waren selten pünktlich, obgleich sie das von anderen stets erwarteten. Sie stieg aus einem Taxi und wirkte ziemlich klein, als sie allein die nasse, schwarze Treppe emporstieg. Doch das war eine Illusion, die rasch verflog. Ich hatte sie immer in Gesellschaft anderer gesehen, und wenn ich neben ihr stand, fühlte ich mich ganz unscheinbar und nicht auf der Höhe der Zeit: Ich war wieder nur irgendein Amerikaner.

Lady Max' Begrüßung fiel sehr kurz aus. »Ich liebe es, an einem regnerischen Nachmittag ins Museum zu gehen«, sagte sie.

Es regnete zwar nicht, aber die Wolken hingen tief: der Nebel und Nieselregen des Londoner Winters, der die dunkle Stadt noch dunkler erscheinen ließ.

»Es gibt nur einen Ort, der noch besser ist«, sagte sie.

Wir gingen gerade an einer sinnlichen Rodin Skulptur vorbei: ein sich umarmendes Paar, eine Bronze-Walnuß, schwellende Muskeln und Rundungen.

»Im Bett«, sagte sie, »und zwar möglichst nicht allein.«

Sie hatte eine unnachahmliche Art, Dinge zu sagen, auf die es nichts zu erwidern gab. Das Ganze glich einer sprachlichen Form von Snooker, bei der ich irgendwann mit dem Queue dastand und nicht wußte, was ich tun sollte.

Wir kamen an einigen großen, flächigen Motherwells vorbei – schwarzen Silhouetten, die wie mottenzerfressene Schatten aussahen –, an einem mit breitem Strich gemalten, grell gestreiften Rauschenberg, einer Hockney-Installation, die sich in drei Richtungen neigte, an einer weichen Skulptur, die wie ein großes Spielzeug war, einem an Drähten aufgehängten rostigen Fahrrad und einem Triptychon, so groß wie drei Plakatwände und über und über mit zerbrochenem Geschirr bedeckt.

Die Blakes befanden sich am Ende dieser bemühten Frivolitäten, in einem abgedunkelten Saal mit niedrigen, beleuchteten Schaukästen. Ich folgte Lady Max durch dieses Dämmerlicht und spürte die Wärme ihres Körpers, und der süße Duft ihres Parfüms brannte in meinen Augen. Ihr weißes Gesicht, ihre vollen Lippen, ihre großen Augen spiegelten sich im Glas der Vitrinen und waren unterlegt mit Szenen von der *Vermählung von Himmel und Hölle.*

»Ruskin hat ihn als Primitiven bezeichnet«, sagte Lady Max.

»Das ist unfair. Er besaß eine hervorragende Technik, subtile Farbgebung und so etwas wie einen visionären Blick. Sehen Sie sich nur dieses Miteinander von Körperlichkeit und Vergeistigung an.«

»Das sagen alle über Blake.« Sie war nicht einmal stehengeblieben.

Das war die Londoner Standarddemütigung, der Vorwurf, man sei hoffnungslos unoriginell: *Das sagen alle.* Es klang gemein, aber es war nur einer von vielen Zügen in einem Schachspiel. In meinen ersten Jahren in London hätte ich sie dafür gehaßt, doch jetzt betrachtete ich es nur als schlagfertige Verteidigung, als schwache Spöttelei, und wenn ich darauf einging, würde sie sich nur über mich lustig machen. Die korrekte Londoner Reaktion darauf war, nicht zu protestieren, sondern ebenfalls auszuteilen, und zwar besser als der andere.

»Das sagen alle, weil es offensichtlich ist und stimmt«, sagte ich. »Wenn Sie mich fragen, war nicht Blake ein Wirrkopf, sondern Ruskin. Als er die Schamhaare seiner Frau sah, war er zutiefst schockiert. Er dachte, sie wäre die einzige Frau auf der Welt, die so etwas hat – eine Art körperliche Mißbildung.«

»Über Ruskin gibt es aber noch einiges mehr zu sagen.«

»Aber der Rest ist nicht so interessant.«

Das gefiel ihr. »Ich finde seinen Hang zu kleinen Mädchen recht interessant«, sagte sie. »Er war ganz verrückt nach ihnen.«

»Kinderpornos«, sagte ich.

»Sie klingen so entrüstet. Dabei war Ruskin ein unglaublicher Romantiker.« Sie starrte hinab auf die Blakes. »Da wir gerade von Schamhaar sprechen: Manche Leute rasieren es sich ganz eigenartig zurecht.«

»Und manche flechten Ringelblumen hinein«, sagte ich. »Behauptet jedenfalls D. H. Lawrence.«

»Das ist ein so idiotisches Buch. Völlig unglaubwürdig. Es besteht nur aus Lawrences düsteren Phantasien über das englische Klassensystem: der virile Wildhüter, die sexbesessene Aristokratin, der entmannte Grundherr. Und abgesehen von allem anderen gibt es ein vollkommen falsches Bild von der Technik des oralen Sex.«

Sie beugte sich über einen beleuchteten Schaukasten mit Stichen, und ihr Gesicht erstrahlte im Widerschein von Gottvater, der, umgeben von jubilierenden Engeln und geblähten Wolken, zwei goldene Kompasse in den Händen hielt.

»Sie kann ihm schlecht einen geblasen und dabei mit seinem besten Freund gespielt haben, als wäre es ein Cocktailwürstchen.«

Ihre britisch gedehnte Sprechweise machte den schockierenden Satz ein bißchen weniger anstößig. Ein im Dämmerlicht schemenhafter Mann in unserer Nähe räusperte sich tadelnd und unangenehm berührt.

Obgleich wir noch immer in dem abgedunkelten Saal waren und ich Lady Max' Gesicht nicht sehen konnte, hatte ich den Eindruck, daß sie lächelte.

»Die sexuelle Virtuosität in Ihren Romanen ist sehr viel beeindruckender als die bei Lawrence.«

Das war eine Steigerung von *Sie sind viel besser als Walpole.*

»Ich finde, die Beschreibung von Sex ist der Prüfstein für literarisches Können.«

»Sex auf dem Papier ist ein Problem. Man muß sich entscheiden, ob man die Sprache des Arztes, des Zotenreißers oder des Moralisten benutzen will. Ich benutze alle drei.«

Sie hörte mir nicht zu. »Beim Analverkehr sind Sie sehr gut.«

Mein Mund war trocken.

»Sie zeigen eine bemerkenswert gute Durchdringung des Themas.«

Mein Spielball war blockiert.

»William Blake hat in einer Kirche ganz in der Nähe geheiratet«, sagte sie. »Wollen Sie sie sehen?«

Sie übernahm die Führung, und bald waren wir wieder draußen, in der feuchten Luft, und gingen auf dem Uferweg, neben dem weißlichen, flächigen Fluß, der heute voller Wirbel war.

»Früher stand hier ein Gefängnis«, sagte sie, als wir am Flußufer waren. »Millbank. James hat es in *Prinzessin Casamassima* beschrieben.«

Das hatte ich nicht gewußt, obwohl ich gerade ein Buch von Henry James rezensiert hatte.

»Ist Ihnen schon aufgefallen, daß die Themse flußaufwärts zu fließen scheint?« fragte sie.

Das stimmte: ein aufgeplatztes Kissen, ein abgebrochener Ast und ein paar Styroporstückchen schwammen in Richtung Vauxhall Bridge.

»Das liegt daran, daß sie tatsächlich flußaufwärts fließt«, sagte sie. »Ebbe und Flut machen sich bis Richmond bemerkbar. Die Londoner starren andauernd auf den Fluß, aber sie sehen nie sein wahres Wesen: nämlich daß er viermal am Tag die Richtung ändert.«

Während sie das sagte, hob sie die Hand.

»In diesen Schuhen kann ich unmöglich weitergehen.«

Es waren die, die Musprat als Nuttenschuhe bezeichnet hatte.

Da sie es war, die ein Taxi heranwinkte, fühlte ich mich nutzlos. Und nach der Atmosphäre von Vertraulichkeit und Intimität im Taxi – der Fahrer war durch die Scheibe von uns getrennt, ihre Hand lag auf meinem Oberschenkel – hatte die Tatsache, daß sie nach der kurzen Fahrt einfach ausstieg und mich bezahlen ließ, etwas Unerwartetes und Strafendes. In meiner Verwirrung gab ich dem Fahrer ein absurd hohes Trinkgeld. Er schnaubte verächtlich, um mir zu zeigen, daß er nicht beeindruckt war.

Die Kirche – St. Mary's, Battersea – lag am Südufer des Flusses zwischen einer Getreidemühle und einem Pub, dem *Old Swan*. Gegenüber sah man die Hausboote und Ziegelfassaden von Chelsea. Es war ein idealer Platz für eine Kirche: Sie war umgeben von Licht und Wasser, und vor ihr war eine Flußbarkasse mit Segelmast vertäut. Ein kleines Stück flußaufwärts brach die Sonne über der schwarzen Eisenbahnbrücke durch die schwadenartigen Wolken.

»Ken Tynan hat mir diese Kirche gezeigt«, sagte sie. »Sie stammt aus dem achtzehnten Jahrhundert. Ein Schmuckstück.«

»Der Theaterkritiker?« fragte ich, während ich ihr die schwere Kirchentür aufhielt.

»Und Fetischist«, sagte sie und trat ein.

Wir gingen durch die Krypta unter der niedrigen, holzgetäfelten Chorempore in das Seitenschiff. Licht fiel durch die Buntglasfenster und malte Farbflecken auf Boden und Wände. Ich nahm ein Faltblatt von einem Tisch und stellte fest, daß Blake tatsächlich hier getraut worden war und daß Turner und andere diese Kirche besucht hatten.

»Hier steht, daß Benedict Arnold hier begraben ist.«

»Der tapfere Held der Engländer.«

»Der gewissenlose Verräter der Amerikaner.«

»Seien Sie nicht so unoriginell.«

Ich betrachtete den hübschen Altar und die Kanzel von nahem und fand sie schlicht, aber trotz ihrer Schmucklosigkeit nicht streng. Sie besaßen eine Klarheit der Form, eine Reinheit, die von Stärke und geistiger Größe zeugte. Unterdessen wandte Lady Max sich ab und sprach weiter.

»Die meiste Zeit stolzierte Tynan in Frauenkleidern herum«, sagte sie. »Er hatte Spiegel an der Schlafzimmerdecke. Einmal fragte er mich: ›Haben Sie es mal mit einer kleinen Tracht probiert?‹ Ich nehme an, er meinte leichte Schläge. Er besaß zerlesene Exemplare von *Rubber News*. Das Ding hier ist übrigens original achtzehntes Jahrhundert.«

Sie ging an den abgewetzten, geschnitzten Kirchenbänken entlang auf das Altargitter zu.

»Ist Tynan gestorben?«

»Nein, nein. Er ist schwer krank, aber das hält ihn nicht ab«, sagte Lady Max. »In letzter Zeit hat er seine Leidenschaft für Urin entdeckt. Wie nennt man das noch mal? Der goldene Wasserfall? So etwas in der Art. Sind diese Kreuzblumen nicht großartig? Was ist los?«

Ich schüttelte den Kopf. Was hätte ich sagen sollen?

»Ich erzähle Ihnen lauter Sachen, die Sie wissen müssen.«

»Über Sex?«

»Über London«, sagte sie. »In allen großen englischen Romanen spielt die Liebe zu London und das Wissen um das, was hier passiert, eine Rolle. Wissen Sie, daß Sie komisch sind? Sie haben keine Ahnung, wie gut Sie sind oder wie berühmt Sie sein könnten. Ich muß jetzt gehen.«

Wir verließen die Kirche und gingen auf der Suche nach einem Taxi am Vicarage Crescent entlang.

»Hier hat Wilson gelebt«, sagte sie vor einem zweistöckigen Haus aus grauen Ziegelsteinen. »Ein sehr unterbewerteter Maler und hervorragender Naturforscher. Er ist mit Scott am Südpol gestorben.«

Bevor sie ins Taxi stieg, sagte sie: »Morgen kommt mein Steuerberater – wir werden uns also erst am Donnerstag wiedersehen. Ich rufe Sie an.«

Sie berührte mich nicht – Engländer vermieden meist körperlichen Kontakt –, und so fühlte ich mich nur noch verunsicherter, als ich in der Abgaswolke des Taxis zurückblieb.

Am Donnerstag rief sie an, um sich mit mir für den Nachmittag in Mortlake zu verabreden. Infolgedessen verbrachte ich einen produktiven Vormittag mit meinem Roman und freute mich, beflügelt von ihren Worten, auf das Treffen mit ihr.

Das Ziel dieser Exkursion war eine weitere Kirche, diesmal eine katholische, und auf dem von einer hohen Mauer umgebenen Friedhof stand Sir Richard Burtons Marmorgrabmal in Form eines arabischen Zeltes.

»Dieses Grab kommt in keinem einzigen Roman, der in London spielt, vor«, sagte sie. »Es ist mein Geschenk für Sie.«

Ich las die Inschrift und erzählte Lady Max, wie Burton durch die unerforschten Gebiete von Utah gereist war, doch sie unterbrach mich.

»Das hat er gemacht, weil die Mormonen dort in Polygamie lebten«, sagte sie. »Burton war verrückt nach Sex, aber bei ihm hat sich das mit Gelehrsamkeit und einer Liebe für fremde Sprachen gepaart.

Darum hat er auch das *Kamasutra* übersetzt. Und er war fasziniert von Fetischen.«

Dort, auf dem stillen Friedhof von St. Mary Magdalene, erzählte sie mir von einigen Episoden mit Männern, die sie als Mädchen gekannt hatte – es waren ausnahmslos ältere Männer gewesen –, und wie es dabei immer in irgendeiner Weise um Auspeitschen gegangen war, »und zwar nicht um eine kleine Tracht, das kann ich Ihnen sagen«. Die Männer waren an einen Stuhl gefesselt gewesen, und sie hatte sie mit einer Hundepeitsche, die ins Fleisch schnitt, auf den Hintern geschlagen.

Sie kicherte, bog einen Zweig zur Seite und sagte: »Dieser Quatsch erinnert sie an die Schule. Englische Männer kommen nie darüber hinweg.«

»Und was ist mit englischen Frauen?«

»Die gibt es in allen Größen und Preislagen, aber die tüchtigsten sind vom Typ Hausmutter – wie unsere Premierministerin. Autoritär und verläßlich, mit einem großen, einladenden Busen.«

Sie stemmte die Hände in die Hüften und sah mich an, doch ich hielt Abstand.

Wir beendeten diesen Tag im Richmond Park, wo wir uns die Hirsche ansahen. Am nächsten Tag trafen wir uns in der London Library, einer nur Mitgliedern zugänglichen, clubartigen Bibliothek – Musprat hatte sie oft erwähnt. Lady Max bestand darauf, daß ich sofort Mitglied wurde, also stellte ich einen Scheck über den Jahresbeitrag von dreißig Pfund aus und nahm mir vor zu überprüfen, ob ich Geld von meinem Sparbuch auf das Girokonto überweisen mußte, damit ich nicht ins Minus rutschte.

Nach dem Wochenende – am Samstag machten Alison, die Jungen und ich Einkäufe, am Sonntag einen Ausflug nach Box Hill – traf ich mich mit Lady Max in Blackfriars. Von dort fuhren wir zur Shad Thames, wo sie mir einige verfallende Lagerhäuser aus Dickens' Zeiten zeigte.

»Und diese schönen alten Häuser werden eines Tages renoviert und in kleine, gräßliche Wohnungen für gräßliche Leute aufgeteilt werden.«

In dieser Woche zeigte sie mir Strawberry Hill, Hogarths Haus in

Chiswick, World's End, das Zimmer, das van Gogh in Brixton gemietet hatte, und Sir John Soane's Museum. Ich war dreißigmal durch die Lincoln's Inn Fields gegangen, ohne dieses hübsche Haus zu bemerken, das heute ein Museum voller exotischer Schätze ist.

Ich betrachtete einen Giebel, ein Gitter oder ein Gemälde, und sie redete auf ihre beiläufige Art über irgend etwas ganz anderes. Meist hatte es etwas mit Sex zu tun.

»Ich dachte, ich kenne schon alles«, sagte ich.

»Ja, Sir John hat das alles selbst gesammelt.«

»Nein, ich meinte das, was Sie gerade gesagt haben – wie war das Wort noch mal?«

»Ach, das. *Frottage.* Das ist französisch und heißt ›reiben‹. Sehr schwierig. Wird nicht sehr oft praktiziert. Dauert furchtbar lange. Wer hat schon so viel Zeit, mein Lieber?« Sie wandte sich dem Abdruck einer Felszeichnung zu. »Da sind mir diese Reiberdrucke wesentlich lieber.«

In der Turpentine Lane in Victoria wies sie mich darauf hin, daß die Häuser keine Vordertüren hatten, und fügte hinzu, was ihr vielleicht wie eine logische Weiterführung erschien, in Wirklichkeit aber wohl doch in keinem Zusammenhang damit stand. »Und ich trage nie einen Slip.«

Sie dekonstruierte – in jenem Jahr kam dieses Wort unter Kritikern in Mode – das Albert Memorial und sagte: »Dieses Ding sollten Sie mal in eine Erzählung einbauen.« Dann erzählte sie mir, daß Königin Victoria nach Alberts Tod eine Leidenschaft für ihren schottischen Diener John Brown entwickelt habe.

»Und warum auch nicht? Das Leben ist kurz, und leidenschaftliche Menschen sollten bekommen, was sie sich ersehnen. Das hält die Dinge in Bewegung und tut keinem weh.«

Ich fand, daß das stimmte. Allerdings hatte sie es ohne jede Leidenschaft gesagt.

Als wir vom Albert Memorial zum Kensington Gore gingen, sagte sie: »Ich wohne nicht weit von hier entfernt. Sie könnten mich nach Hause bringen.«

Sie wählte einen Umweg, um mir in einer Nebenstraße der Gloucester Road das Haus zu zeigen, in dem Stephen Crane gewohnt hatte.

»Seine Lebensgefährtin war Prostituierte gewesen – aber das wissen Sie natürlich«, sagte sie.

Ich sagte ja, doch in Wirklichkeit hatte ich es nicht gewußt.

»Ihr gehörte ein Bordell namens *Hotel de Dream* in Jacksonville, Florida«, sagte Lady Max. »Sehr passend, finden Sie nicht auch? Aber Sie sind viel besser als Crane.«

Sie ging schnell – diesmal trug sie andere Schuhe, einen langen schwarzen Mantel und einen Samthut – und blieb mir immer ein Stück voraus. Dann standen wir vor ihrem weißen Haus, das mir jetzt weniger weiß vorkam als beim erstenmal. Unterhalb der schadhaften Dachrinne und neben den löchrigen Fallrohren waren hier und da gelbliche Wasserflecken.

Am Tor sagte sie: »Wollen Sie nicht noch hereinkommen?«

Es war ein Winternachmittag, und bald würde es dunkel sein.

»Danke, aber ich sollte mich jetzt auf den Weg machen. Ich muß um sechs Uhr zu Hause sein.«

Sie hörte meine Entschuldigung gar nicht, sondern zupfte an einigen kahlen Clematisranken und sagte: »Die müssen mal zurückgeschnitten werden.«

Ich hatte mich nicht von der Stelle gerührt. Sie zündete sich eine Zigarette an.

»Bringen Sie mich noch zur Tür«, sagte sie. »Keine Angst, ich werde Sie schon nicht fressen.«

An der Tür hing ein grünlich angelaufener Messingklopfer, der eine Schildkröte mit einem winzigen Kopf darstellte. Man klopfte mit ihrem Panzer.

»Ich habe keine Angst«, sagte ich. Dieser Satz klingt immer ängstlich.

»Ich glaube, es gibt etwas, das Sie sich wünschen – in ihrem Leben, in ihrer Arbeit«, sagte sie.

Sie stieß Rauch aus, aber so sacht, daß ihr Kopf von einer Rauchschwade umgeben war.

»Was ist es?«

Ich stand mit ihr in diesem riesigen, cremefarbenen Portikus, wo die Wandfarbe kleine Blasen gebildet hatte, und war unruhig und ein wenig ängstlich. Ihr Redefluß hatte mich erschöpft – sie dagegen wirkte noch immer frisch, als hätte sie mir all meine Energie abgesaugt. Ich betrachtete den kleinen Platz an den Boltons und fragte mich ernsthaft, ob es irgend etwas gab, das ich mir wünschte. Mein Leben erschien mir geordnet und erfüllt, es gab darin keine Leere und nur sehr wenig Sehnsucht.

»Ich habe immer alles bekommen, was ich wollte.«

»Dann geht es Ihnen wie mir«, sagte Lady Max.

Ich lächelte. Was gab es darauf zu sagen?

»Und genau das will ich von Ihnen wissen«, sagte sie. »Was wünschen Sie sich im Augenblick?«

»Sehr wenig«, sagte ich und war überrascht, daß ich es gesagt hatte.

»Dann muß es etwas sehr Wichtiges sein«, sagte Lady Max.

»Ich wünschte, das, was ich schreibe, würde mehr wahrgenommen. Ich mühe mich mit Rezensionen ab, die dann irgendwo auf den hinteren Seiten der Zeitung beerdigt werden. Meine Bücher werden in Sammelrezensionen besprochen, zusammen mit drei oder vier anderen. Ich würde gern mal eine ausführliche Kritik bekommen. Ich bin eigentlich sehr glücklich, wirklich. Aber ich komme selten aus dem Haus. Wahrscheinlich genieße ich darum diese Ausflüge so sehr. Ich habe keine Freunde.«

»Das ist der Beweis, daß Sie ein echter Schriftsteller sind«, sagte sie. »Wie soll man so viel und so gut schreiben wie Sie und dabei Freundschaften pflegen?«

Das hatte ich mir selbst schon oft gesagt, um meine einsamen Nachmittage zu rechtfertigen. Daß Lady Max mir in dieser Hinsicht recht gab, machte sie mir sympathischer.

»Betrachten Sie mich denn als Ihre Freundin?«

»Aber ja.«

»Dann gibt es sehr viele Menschen, die nur Ihr Bestes im Sinn haben«, sagte sie, »und Sie werden alles bekommen, was Sie sich wünschen.«

Was konnte ich darauf antworten? Ich stammelte etwas, aber sie schnitt mir das Wort ab.

»Höchste Zeit, daß Sie nach Hause gehen«, sagte sie, als hätte sie diese Entscheidung für mich getroffen.

Ich gab ihr einen Kuß auf die Wange.

»Ich hab einen Kuß gekriegt«, sagte sie, an die Dunkelheit hinter meinem Rücken gewandt.

Ich wußte nicht, ob das Freude oder Spott war, und mir wurde bewußt, daß ich sie eigentlich gar nicht kannte.

6

Manchmal bekommt man das, was man will, erst, wenn man der Welt den Rücken kehrt.

Als ich am nächsten Morgen aufwachte, war ich wütend, und binnen kurzem dachte ich nur noch mit Bitterkeit an Lady Max' Versprechen. Ich war zufrieden gewesen, bis sie es ausgesprochen hatte. Dann ärgerte ich mich über mich selbst, weil ich mir Hoffnungen gemacht hatte. Hatte sie mich dazu gebracht, mir etwas zu wünschen, das für mich unerreichbar war und das ich eigentlich auch nicht verdiente? Nein, es ging einfach darum, daß ich dieses Etwas nicht *verlangen* konnte. Die Ungewißheit war mir zuwider. Man sollte seine Wünsche nicht aussprechen, sondern geheimhalten. Ich hatte sie enthüllt, und nun empfand ich ein Gefühl der Einsamkeit.

Ich gab mir große Mühe, nicht daran zu denken, und vermied es, Lady Max zu sehen. Das machte mir das Leben leichter. Sie rief dreimal an und war schroff und beharrlich, während ich einsilbig und unwillig blieb. Es war nicht nur eine Frage des Stolzes. Ich hatte auch zu arbeiten. Ich kehrte London und Lady Max den Rücken. Die Welt und diese Frau erschienen mir weitgehend identisch.

Tagsüber saß ich am Schreibtisch, bis die Jungen nach Hause kamen. Wenn das *Fishmonger's Arms* öffnete, kaufte ich mir den *Standard*. Dann saß ich da und las die Zeitung, und nach ein oder zwei Gläsern Bier ging ich heim und machte das Abendessen für Alison und die Kinder. Es gab Tage, an denen niemand mit mir sprach – Tage von tiefer Einsamkeit, aber auch großer Ruhe, und ich fragte mich, ob ich das so empfand, weil ich ein Londoner geworden war oder weil ich noch immer ein echter Fremder war.

Doch eines Abends sagte der Wirt im *Fish* zu mir: »Schrecklich, die Sache mit Jerry«, und nahm offenbar an, daß ich wußte, wovon er sprach.

Jerry Scully hatte mich nicht gekannt, doch ich wußte, wer er gewesen war. Ich ging aus Neugier zur Trauerfeier, denn ich hatte in London noch nie eine Feuerbestattung gesehen. Außerdem wollte ich den Grad meiner Anonymität feststellen. Daß ich an einem Vormittag unter der Woche zu dieser Trauerfeier ging, war eine Art offener Spionage.

Ich hatte ihn nicht besonders gemocht. Er saß immer unter dem Dartbrett, das niemand benutzte, sah auf den Fernseher und knurrte Kommentare. Er war Tischler, ein »Holzwurm«, wie er selbst sagte, ein Katholik aus Londonderry, der sich bei der Erwähnung britischer Truppen oder dem Anblick eines britischen Soldaten in den Sechs-Uhr-Nachrichten innerhalb von Sekunden in schäumende Wut hineinsteigern konnte. Wenn ich mir Jerry ansah oder seinen Tiraden lauschte, begriff ich, warum Hinterhalte gelegt wurden, warum man Mädchen teerte und federte, weil sie mit britischen Soldaten ausgegangen waren, warum Bomben explodierten, warum Väter vor den Augen ihrer Kinder erschossen wurden. Jerry war damit einverstanden, Jerry hieß Gewalt gut. Hin und wieder hörte ich einen Engländer sagen: »Was für Ungeheuer in Menschengestalt legen diese Bomben an Orten, wo zwangsläufig unschuldige Menschen ums Leben kommen müssen?«, und dann lächelte ich, weil ich wußte, wer diese Ungeheuer waren. Jerry war eines von ihnen.

Ich saß zufällig in seiner Nähe, als Prinz Charles auf dem Bildschirm erschien. Jerry begann zu spucken. »Blödes Arschloch!« rief er mit so viel Nachdruck, als wäre er tief verletzt worden. Ich hörte oft, was er sagte, und das meiste bestand aus Schuldzuweisungen. In Jerrys Augen war Jerry Irland.

In Wirklichkeit aber war Jerry Scully ein Londoner. Man bezahlte ihn bar für seine Arbeit, und außerdem bekam er Stempelgeld. Er lebte allein, seine Nase lief, er war kurzsichtig und trug eine alte Nikkelbrille vom National Health Service, und wenn er nicht betrunken war, wirkte er unsicher und zittrig, und seine Augen hinter den dicken Brillengläsern traten hervor wie Froschaugen.

Wenn er betrunken war, wurde er laut. In letzter Zeit hatte er öfters über eine rauhe Kehle geklagt. Für ihn war der Alkohol Krankheit und Heilmittel zugleich. Alkohol machte ihn krank und dann wieder gesund. Er trank immer weiter, und schließlich bildete sich in seiner rauhen Kehle ein schmerzhafter Knoten, der auch durch große Mengen Alkohol nicht erträglicher wurde. Das Schlucken fiel ihm zunehmend schwer, doch er hörte nicht auf, den Fernseher im *Fish* mit heiserer Stimme anzuschreien. Der Arzt gab ihm Tabletten für seinen Hals, und als die nicht wirkten, ging Jerry zu einem anderen, der Kehlkopfkrebs feststellte, und schließlich zu einem Spezialisten, der ihm eröffnete, es sei nichts mehr zu machen. Er kam nicht mehr ins *Fish*. Und ganz kurze Zeit später, wie mir schien, sagte der Wirt: »Schrecklich, die Sache mit Jerry.«

Seinem Wunsch entsprechend, wurde er auf dem Friedhof von Earlsfield eingeäschert. Man konnte mit dem Bus Nr. 19 hinfahren, und alle Stammgäste waren erschienen und sahen im dünnen Februarlicht blaß und angegriffen aus. Einige wirkten geradezu hinfällig, als litten sie selbst an einer tödlichen Krankheit. Sie hatten das ängstliche und unsichere, beinahe senile Aussehen von noch nüchternen Säufern, wie man ihnen tagsüber begegnete, ehe die Pubs aufmachten, und hier, in der Trinity Road, so weit entfernt vom *Fish*, wirkten sie verloren.

Auf den Stufen des aus roten Ziegelsteinen gebauten Krematoriums waren Kränze, in Zellophan verpackte Blumensträuße und Blumenkörbe arrangiert, allesamt mit Botschaften an Jerry. Einer war von Mick, dem Wirt des *Fishmonger's Arms*. Das seltsamste Gebinde war ein Bierkrug aus Blumen, einen halben Meter hoch: Ringelblumen für das Bier, Maßliebchen für den Schaum. Die anderen lächelten darüber, aber nicht weil es so originell war. Einer sagte: »Das würde er nicht anrühren.« Jerry hatte immer Guinness getrunken.

Als ich die Kapelle betrat, hörte ich einen kurzatmigen Mann vor mir sagen: »Wenn ich abends besoffen nach Hause komm, würd ich mich ja gern noch'n bißchen amüsiern, aber meine Alte will nich'.«

Eine kleine Orgel spielte keuchend eine getragene Melodie. Wir bekamen ein Blatt, auf dem der Ablauf der Trauerfeier angegeben war, und hörten die kurze Rede eines Mannes, der angesichts dieses besseren Verbrennungsofens eher ein Heizer als ein Priester zu nennen war. Er sprach von Jerrys unsterblicher Seele und der Schwäche des menschlichen Fleisches, von der Kürze der uns bemessenen Zeit und der Eitelkeit unseres Strebens nach irdischem Erfolg. Als ich das hörte, hatte ich das Gefühl, Jerry sei kostbar und unzerstörbar gewesen und habe das Geheimnis seiner Seele all die Jahre bewahrt. Wir beteten für Jerry und uns selbst, und danach öffnete Mick das *Fish* früher als sonst, damit wir etwas trinken konnten. Weil die Getränke umsonst waren, durfte er sie schon um halb elf ausschenken.

Auf der Theke lag an diesem Tag die Frühausgabe des *Evening Standard*, die alle Wettbegeisterten kauften, weil die neuesten Nachrichten über die Pferderennen darin standen, und in der Klatschspalte »Londoner Tagebuch« stieß ich auf ein Foto von mir und eine kurze Notiz mit der Überschrift: *Amerikanischer Autor zufrieden in London* – als wäre das eine mitteilenswerte Neuigkeit.

Es war ein Kommentar zu einem Zitat aus meiner Henry-James-Rezension – dabei wußte ich gar nicht, daß sie schon erschienen war. Ich hatte in einer Nebenbemerkung erwähnt, London sei für mich die »lebenswerteste Großstadt der Welt« und daß ich hier lebte, beweise, daß dies keine bloße Behauptung sei. Weiter hieß es in dem Artikel, ich sei keiner jener anglophilen amerikanische Professoren in steifen Burberrys, die den Sommer damit verbrachten, in Belgravia den stilechten Briten zu markieren. Nein, ich sei ein schwer arbeitender Flüchtling, der seine Tage in Clapham am Schreibtisch verbringe. Das Foto war klein, etwas unscharf und schmeichelte mir.

Ich las den Artikel dreimal, während sich die anderen (die mich nicht kannten und diesen Teil des *Standard* nie lasen) in Erinnerungen an Jerry ergingen. Ich wußte nicht, warum ich den Eindruck hatte, daß es zwischen dieser schmeichelhaften kleinen Notiz und dem toten Jerry Scully einen Zusammenhang gab – vielleicht lag es daran, daß der Priester über die Nichtigkeit irdischen Erfolges gesprochen hatte. Ich merkte, daß ich mich geradezu lächerlich freute.

Und das war noch nicht alles. Beim Lesen der Klatschspalte war mir eingefallen, daß ich meine Rezension noch gar nicht gedruckt gesehen hatte. Ich ging in den Zeitungsladen nebenan und kaufte den *New Statesman.* Auf dem Titel des Magazins stand groß mein Name, so groß wie der der Premierministerin (mit der sich ein anderer Artikel befaßte), und meine Kritik war die Hauptrezension der Woche, die prominenteste Rezension, die ich je geschrieben hatte.

Ich hatte oft das Gefühl, daß Buchrezensionen nur zwei Menschen interessierten, nur von zwei Menschen gelesen wurden: dem Rezensenten und dem Rezensierten, dem Menschen, der die Kritik, und dem, der das Buch geschrieben hatte. Es war eine öffentliche Korrespondenz, ein Brief, den der eine dem anderen schrieb und den niemand sonst las. Manchmal – jedenfalls in London – kam eine Antwort des rezensierten Autors, in der er dann wiederum die Rezension rezensierte. Aber hier ging es um Henry James. Interessierte das überhaupt jemanden?

Von Zeit zu Zeit rief Musprat an, um mir zu sagen, daß er eine meiner Kritiken gelesen hatte, aber er nutzte diese Gelegenheit dann immer, um mir von seiner Schreibhemmung zu erzählen. Andere Reaktionen hörte ich nie. Doch am Tag nach dem Erscheinen des *New Statesman* sagte Alison: »In der Arbeit haben heute mehrere Leute deine Rezension erwähnt.«

Es war ein gelehrtes Buch. Meine Rezension war nicht brillant. Und ich bezweifelte, daß diese Leute meine Kritik überhaupt gelesen hatten. Aber meinen Namen hatten sie gesehen. Ich war mit einemmal sichtbar. Vorher hatte man mich immer auf den hinteren Seiten vergraben.

In derselben Woche rief mich Heavage an und fragte mich, ob ich Walter Van Bellamys neues Buch rezensieren wolle. Wußte er noch, daß ich Bellamy bei Lady Max kennengelernt hatte? Das Buch hieß *Alarm and Despondency*, und Bellamy gestand darin zum erstenmal öffentlich ein, daß er wegen Depressionen in ärztlicher Behandlung war. Es mußte eine positive Rezension werden, aber auch eine tiefschürfende, grüblerische, profund durchdachte. Bei Buchrezensionen gab es keine Absprachen, aber oft versuchte man, einem guten Buch zum Erfolg zu verhelfen, und wenn das gelang, färbte es dann auf den Rezensenten ab.

»Ich glaube, das ist genau das richtige für Sie«, sagte Heavage. »Ich kann Ihnen fünfzehnhundert Worte geben.«

Platz war Geld: Je mehr Zeilen die Rezension umfaßte, desto größer war der Scheck. Es war wieder eine Hauptrezension, die (wegen Bellamy, nicht wegen mir) viel beachtet und zitiert wurde. Wie es schien, wurde ich nun von der Öffentlichkeit mit ihm in Verbindung gebracht.

Ich wurde zu einer Radiosendung eingeladen, wo ich etwas über Bellamys Buch sagen sollte. Die Sendung hieß *Kaleidoscope* und wurde von einem kleinen Mann mit gelben Augen und einer fleckigen Strickjacke moderiert, der eine laute, knurrende Stimme hatte und sich über Bellamys Werk lustig machte, dabei aber vorgab, es zu loben. Er stellte mir ein paar Suggestivfragen über das Buch und dankte mir schon nach wenigen Minuten, wobei er meinen vollen Namen nannte, und nach einer schmetternden Musikeinlage – *I Like New York In June* – fuhr er fort: »Und nun zu einem anderen, ganz anders gestrickten Amerikaner ...« Er begann über den neuen Film von Woody Allen zu sprechen. Für diesen Auftritt bekam ich zwanzig Pfund.

Wichtiger als das Honorar – »Nadelgeld«, pflegte Musprat zu sagen – war mir die Tatsache, daß London begonnen hatte, mich wahrzunehmen. In meinem ersten Jahr in dieser Stadt hatte mein Agent mir einen Termin beim Produzenten von *Kaleidoscope* verschafft: Ich wollte regelmäßig Beiträge schreiben, bekam aber eine Ablehnung. Es war wichtig für mich, daß ich schließlich doch in dieser Sendung aufgetreten war, denn nun sah ich, wie trivial sie war.

War Trivialität der Schlüssel zum Erfolg? Nach der Sendung erzählten mir viele, sie hätten mich im Radio gehört, unter anderem auch Walter Van Bellamy.

»Mein Lieber« – er war in guter Stimmung – »ich habe Sie im Rundfunk gehört.«

Er lud mich zum Tee ins *Charing Cross Hotel* ein. Ich fragte mich, ob das vielleicht wieder eine seiner verrückten Ideen war, und hatte den Verdacht, daß er nicht kommen würde. Doch er erwartete mich in der Lobby des Hotels, groß, mit wirren Haaren und zehn Minuten zu früh.

»Das war mal ein sehr elegantes Hotel«, sagte er und musterte, während der spanische Ober den Tee servierte, stirnrunzelnd die verschossenen Sesselbezüge. Er schwieg einen Augenblick. »Ich finde diese Stadt zunehmend unerträglich.«

Ich lächelte. »Sie fängt gerade an, mir zu gefallen.«

»Dann sagen Sie mir, warum.« Er fixierte mich wie ein Schuldirektor mit strengem Blick, bis ich antwortete.

»Meine Arbeit geht gut.«

»Das verstehe ich.«

»Und diese Stadt ist gut zu mir. Ich schließe Freundschaften. Ich habe ein Gefühl, hierher zu gehören, das ich vorher nie hatte.«

»Ja«, sagte er zögernd, aber nicht zustimmend. Ich erkannte den Ton. Bellamy war nicht zufrieden, gestand aber immerhin die Möglichkeit zu, daß es so sein könne. Er vermutete, daß ich mir etwas vormachte. Er war ärgerlich und ungeduldig, aber er hatte zu dieser Frage so viel zu sagen, daß für eine Analyse keine Zeit blieb. Daß ich von Freunden gesprochen hatte, stimmte ihn bedenklich – vielleicht machte es ihn auch ein wenig neidisch und skeptisch. All dies lag in seinem »Ja«. Dann erklärte er sich näher.

»Wenn man zum ersten Mal in London ist, erscheint es einem riesig, so riesig wie England. Aber mit jedem Jahr schrumpft es ein Stück, bis es einen schließlich ganz eng umschließt: Dann bleibt einem nur noch das Haus, das Zimmer, der Schreibtisch. Die Kunst.«

Er schenkte ein, erst Milch, dann Tee, gab Zucker in seine Tasse und rührte um. Sein Rühren war wie ein langsamer Gedankengang.

»Ich denke an Leute, die mit der Kunst spielen. Es gibt in London einige, die das tun. Es verschafft ihnen einen Nimbus. Tun Sie es nicht.«

Ich fragte mich, ob er das persönlich gemeint hatte – eigentlich mußte er es besser wissen. Es war doch offensichtlich, daß ich sehr hart arbeitete. Vielleicht lag es an den Medikamenten, die er bekam, daß er so ernst und verbohrt war.

Er sagte: »Wen kennen Sie in London?«

Die Frage kam ganz unvermittelt. Ja, meine Erwähnung von Freunden hatte ihn provoziert.

»Ian Musprat, den Dichter«

»Den gibt es nicht«, sagte Bellamy. »Jedenfalls nicht als Dichter.«

»Für sein letztes Buch hat er einen Preis bekommen.«

»In diesem Land gibt es mehr Literaturpreise als Schriftsteller, die man damit auszeichnen könnte. Nennen Sie mir einen englischen Schriftsteller, der noch keinen Preis gekriegt hat.«

Er sagte das sehr laut, verzog den Mund zu einem triumphierenden Lächeln und rief: »Ha!« Vielleicht ließ die Wirkung der Medikamente nach.

Schließlich sagte ich: »Und Lady Max. Sie ist eine Freundin von mir.«

»O Gott«, sagte Bellamy.

Er bedachte mich mit einem schiefen, angewiderten Lächeln, nahm einen Schluck Tee und faßte sich wieder.

»Neulich kam mir der Gedanke, die britische Regierung sollte Titel an den Postämtern verkaufen. Man könnte das ähnlich regeln wie bei den Fernsehgebühren und Heftchen ausgeben, in die man Marken kleben kann. Wenn das Heft voll ist, gibt man es ab und wird zum *Member of the Order of the British Empire* ernannt. Für einen *Officer of the Order of the Britisch Empire* braucht man zwei Heftchen. Drei Hefte und man bekommt einen Adelstitel.«

Dieser Gedanke heiterte ihn etwas auf.

»Dann sagt jemand ›Lady Max‹, und Sie hören das Wort ›Lady‹ und wissen sofort: ›Drei Hefte.‹ Was ist schon ein Titel? Was sagt er aus?«

»Ich wollte nur wissen, was Sie von ihr halten«, sagte ich lahm.

»Da war mal etwas – früher, als man neu in London war und sozusagen eingeführt wurde. Als man noch leicht zu beeindrucken war. Als man noch geblendet war, weil man so viel weniger wußte.« Er nahm noch einen Schluck Tee. »Aber man war nie von ihr bezaubert.«

Ich brachte Bellamy zum Zug und ging, ein wenig verunsichert durch dieses Gespräch, nach Hause. Ich hatte einen extravaganten, leicht verrückten Menschen erwartet, doch der Rat, den er mir gegeben hatte, war ernüchternd gewesen – eine Art Warnung. Es war deutlich, daß er keine Sympathien für Lady Max hegte. Und ich hatte den Eindruck, daß die Beachtung, die ich neuerdings als Schriftsteller fand, für ihn den Verdacht der Trivialität nahelegte. Spielen Sie nicht mit der Kunst, hatte er mich ermahnt.

Und er hatte mich in die Defensive gedrängt. Das taten die Leute oft, wenn sie etwas zu verbergen hatten. *Da war mal etwas.* Was bedeutete das?

Doch ich hatte der Welt und Lady Max den Rücken gekehrt.

Das alles geschah Mitte Februar. Ich arbeitete noch immer hart an meinem Roman, und das seit mittlerweile einem ganzen Jahr. Ich datierte mein Tagespensum und schrieb zwei bis drei Seiten am Tag. In einem düsteren Augenblick wurde mir bewußt, daß ich vor genau einem Jahr hier gesessen und genau dasselbe getan hatte wie jetzt und daß ich noch immer nicht annähernd fertig war. Dennoch wurde ich nicht ungeduldig. Ich wollte nichts übereilen, mich nicht um den Genuß bringen, die Überraschungen dieses Buches, sein Wachstum, seine Verbesserung mitzuerleben. Ich schrieb, überarbeitete, las alles noch einmal und schrieb weiter.

Was hatte sich verändert? Lady Max hatte mir ins Herz geblickt, hatte dort etwas entdeckt und es mit einem Wort zum Leben erweckt – sie hatte das Hündchen dazu gebracht, Männchen zu machen und zu betteln, und es dann mit einem Keks belohnt. Braves Hündchen. Über die tägliche Routine hinaus, die ich befriedigend fand, wünschte ich mir Anerkennung, und in meiner Unschuld hatte ich mir vorgestellt, welche Form diese Anerkennung haben könnte: eine Hauptrezension, mein Foto in einer Werbeanzeige, eine Erwähnung in einer Zeitungskolumne.

Bald kamen unerwartete Belohnungen – mehr Kekse –, und das Hündchen war überrascht und erfreut und wedelte mit dem Schwanz.

Das *Sunday Times Magazine* brachte ein Interview mit dem Bankier Sir George Rackstraw, und auf dem dazugehörigen Foto – der Fotograf war Lord Snowdon – konnte man neben dem Blumenstrauß auf dem Couchtisch einen meiner Romane sehen. Mein Name und der Titel des Buches waren gut zu erkennen.

Mein Buch war Sir Georges Geheimnis, gleichsam Teil seines Intellekts und seiner Phantasie, und so waren unsere Namen miteinander verbunden. Wann immer man Sir George sah, dachte man an mich.

Ein paar Tage später tauchte eines meiner Bücher in einem Regal auf, das in einem Katalog der Möbelfirma »Habitat« abgebildet war. Ein anderes wurde in einer Zeitungsserie über Prominente mit dem Titel »Auf meinem Nachttisch« erwähnt.

Das war besser und auffälliger als gute Kritiken, und natürlich wurde ich von vielen Leuten darauf angesprochen. Einige von ihnen waren Verleger, die Interesse an meinem nächsten Buch zeigten. Und noch ein kleines Wunder: Eine Filmgesellschaft in der Wardour Street schrieb mir, sie wolle eine Option auf die Filmrechte für *The Last Man* erwerben.

Wann hatte ich jemandem von diesem – inzwischen wieder verworfenen – Titel erzählt?

Ich rief den Filmproduzenten, einen Mann namens Slack, an und sagte ihm, mein Roman sei noch gar nicht fertig. Er ließ sich davon nicht beirren und klang begeistert – er ermunterte mich, ihn fertigzuschreiben, und das gab mir Auftrieb.

»Lassen Sie uns doch mal hineinsehen, wenn Sie fertig sind.«

»Wie haben Sie überhaupt von meinem Buch erfahren?«

»Ich hab auf der Straße davon gehört«, sagte er. »Alle Welt redet davon.«

»Auf der Straße.« Ich murmelte den Ausdruck vor mich hin. Noch nie zuvor hatte man über eines meiner Bücher auf der Straße gesprochen. In meiner Vorstellung war es eine ganz besondere Straße, eng und interessant, voller Fußgänger. Eine Londoner Straße.

Eine andere Filmgesellschaft erkundigte sich nach den Filmrechten für einen Roman, der schon vor Jahren erschienen war, und ein auf Bildbände spezialisierter Verlag fragte mich, ob ich den Text zu einem Fotobuch über Londoner Straßen schreiben wolle.

»Wir hatten uns eine Art Streifzug durch London vorgestellt«, schrieb der Verleger, »auf dem Sie dem Leser Ihre Stadt vorstellen.«

Mein London! Abgesehen von dem, was Lady Max mir an Kirchen, Denkmälern und Seitenstraßen gezeigt hatte, kannte ich in London nur den geschlossenen Raum, in dessen Dunkelheit ich Tag für Tag zuversichtlich an meinem Buch schrieb.

Und ich bekam ständig Einladungen. Seit meiner Hauptrezension und der ersten kurzen Notiz in der Klatschspalte hatte ich mehr als ein Dutzend Einladungen erhalten. Ich war natürlich auch vorher schon eingeladen worden – zu den bereits erwähnten Die-Drinks-sind-umsonst-Veranstaltungen, die Musprat sich nie entgehen ließ. Als Kritiker stand ich auf der Adressenliste der Presseabteilungen einiger Verlage. Doch nun bekam ich Einladungen zu Vernissagen, Weinproben für wohltätige Zwecke, Präsentationen neuer Kosmetikprodukte und Filmpremieren. Ich stellte sie auf den Kaminsims, eine typische Londoner Prahlerei: So präsentiert, sahen die dicken weißen Karten und Briefumschläge protzig aus.

Alison schnaubte verächtlich, weil sie in diesen Einladungen nie erwähnt wurde, weder als »Mrs.« noch als »und Begleiter/in«.

»Ich würde nicht mal hingehen, wenn ich eingeladen wäre«, sagte sie.

Auch ich ging nicht hin. In London fanden Veranstaltungen dieser Art immer »von sechs bis acht« statt, und das war die falsche Tageszeit für mich. Meine Arbeit beschäftigte mich bis halb sechs, und dann war es zu spät: Ich war zu müde, um mich umzuziehen, mir eine Krawatte umzubinden und ins West End zu eilen. Ich mußte das Abendessen kochen, die Jungen begrüßen und den *Standard* lesen, und anstatt, umgeben von lautem Stimmengewirr, im Stehen Wein zu trinken, saß ich lieber vor einem Glas Guinness im düsteren *Fishmonger's Arms.* Wenn ich überhaupt irgendwohin ging, dann in die Kartenabteilung der London Library, um Fakten für meinen in Honduras spielenden Roman zu recherchieren.

Schließlich fühlte ich mich jedoch verpflichtet, eine Einladung anzunehmen – es erschien mir unhöflich, nicht zur Eröffnung der neuen Ausstellung »Das viktorianische London« in der Royal Academy of Arts zu gehen. Immerhin lebte ich in einem viktorianischen Haus, die Schriftsteller, denen ich mein Bild von London verdankte, hatten in der viktorianischen Zeit gelebt, und schon allein das Wort »viktorianisch« war wegen seiner Doppelbödigkeit faszinierend: Es kam so streng und prüde daher, doch hinter der pompösen fünfsilbigen Fassade verbargen sich die Geheimnisse eines Doppellebens.

In den U-Bahnhöfen hingen Plakate der Ausstellung, und an der Piccadilly flatterten Fahnen. Als Lady Max mir auf einer unserer Exkursionen das Albany und den dazugehörigen Hof gezeigt hatte, waren wir ganz in der Nähe gewesen.

Mit dieser Erinnerung und der damit verbundenen Vorstellung vor Augen war ich überrascht, Lady Max im Foyer der Royal Academy zu begegnen. Wie immer hatte ihr Gesicht jenen porzellanenen Schimmer, wie immer waren ihre Lippen wunderschön, und sie trug ein locker fallendes schwarzes, schimmerndes Kleid. Als sie mich ansprach, schien sie ungehalten.

»Wo haben Sie gesteckt?« rief sie, ließ ihre Zigarette fallen und trat sie mit einem ihrer verruchten Schuhe aus.

7

Wäre ich an diesem düsteren Winterabend die Piccadilly entlang an der Royal Academy vorbeigegangen und hätte den hell erleuchteten Raum und die geladenen Eröffnungsgäste unter den großartigen Bildern gesehen, dann hätte ich diese Leute sicher gehaßt und den Wunsch verspürt, einen Stein durch ein Fenster zu werfen. Diese Oberflächlichkeit! Diese Privilegien!

Doch ich gehörte dazu, ich war ein Gast bei dieser nicht öffentlichen Veranstaltung. Ich aß Räucherlachs und genoß den Abend. Es war wie ein Hochamt: der weite, lichtdurchflutete Raum, die Musik eines Streichquartetts in einer Ecke. Die riesigen Porträts im Hintergrund überragten uns geladene Gäste.

Das viktorianische London wurde nicht nur in Gemälden und Kleidungsstücken aus jener Zeit dargestellt, sondern auch in einer Reihe originalgetreu nachgebauter Interieurs: einem gutbürgerlichen Wohnzimmer, der Hütte eines Flußschiffers an der Themse, Oscar Wildes Schlafzimmer und einer raffiniert gestalteten Ansicht von Dickens' Arbeitszimmer bei *Household Words*, jeweils mit den dazugehörigen Stimmen und Straßengeräuschen. Ein separater Teil der Ausstellung war »Hervorragenden Persönlichkeiten der viktorianischen Zeit« gewidmet, ein anderer trug den Titel »Clubland«. Einiges davon war herrlich handfest: Ganze Ausstellungsteile zeigten Objekte und Bilder, die den Stand der Installationstechnik oder das Angebot an Lebensmitteln und Kleidung dokumentierten.

»Hat der Wein Kork?« fragte Lady Max. »Sie servieren schlechten

Champagner, dabei könnten sie für dasselbe Geld einen anständigen Chablis kriegen.«

Ich war bei meinem zweiten Glas. Die anderen Gäste hatten rosige, angeregte Gesichter, streckten die Köpfe zusammen und plauderten – niemand betrachtete die Ausstellungsstücke. Lady Max rümpfte die Nase, als sie sich umdrehte, um ihr Glas abzustellen.

»Sie hätten ruhig etwas Erhebenderes ausstellen können als Klos mit Wasserspülung«, sagte sie. »Was für eine vertane Gelegenheit! Denken Sie nur, was für Porträts sie hätten zeigen können. Statt dessen dieser billige Kram für die Massen, Bühnenbilder einer Volksschulaufführung. Eine Verbeugung vor dem Mittelmaß!«

Das stimmte nicht. Die Ausstellung zeigte das viktorianische London aus einem neuen Blickwinkel, und Porträts von Persönlichkeiten jener Zeit hingen überall. Die Bilder in diesem schönen Saal ließen die Gäste selbstgefälliger erscheinen, doch die meisten gewannen in dieser Umgebung und wirkten wohlhabender, hoffnungsvoller, höflicher. Es herrschte eine erwartungsvolle Atmosphäre, es war, als ginge eine Schwingung durch den Saal – es lag wahrscheinlich am Alkohol, aber auch an der Aura des Neuen, welche die Ausstellungsstücke umgab –, und ich genoß das Spiel von Licht und Menschen. Ich freute mich, hier zu sein, wo mich niemand kannte. Der Champagner machte mich ein wenig beschwipst und verlieh der Szenerie die verschwommene Wärme eines guten Traums.

»Ich halte es hier keine Minute länger aus«, sagte Lady Max.

Sie eilte davon, und ich folgte ihr leicht stolpernd ins Foyer, wo sie mir ihren Garderobenschein reichte. Ich half ihr in den Mantel. Das Futter war noch warm – sie konnte nicht lange hier gewesen sein. Ich spürte den prüfenden Blick eines Angestellten, der sich neben einer Untertasse voller Münzen aufgebaut hatte, geriet in Panik und legte ein Pfund Trinkgeld auf den Teller.

»Ach, gut, da ist ein Taxi«, sagte Lady Max im Hof der Royal Academy.

Wieder einmal übernahm sie das Kommando. Sie hatte die Fähigkeit, mir das Gefühl zu vermitteln, daß ich ein großartiger Mensch war, aber ebenso konnte sie mich auch niedermachen, so daß ich mir dumm und rückgratlos vorkam – eine winselnde Kreatur, die auf einen Keks wartete.

In der Dunkelheit des Taxis sagte sie, während wir durch Knightsbridge rasten: »Sie haben sich ja ziemlich rar gemacht.«

Ich stimmte ihr zu – ja, ich hatte mich rar gemacht –, widersprach nicht, als sie mich tadelte, und bezahlte sogar das Taxi, wobei ich, von der Abruptheit des Ganzen nervös gemacht – dem Fahrer wieder einmal zuviel Trinkgeld gab. Lady Max war inzwischen die Treppe hinaufgegangen, erwartete mich im Portikus und hielt mir den großen schwarzen Hausschlüssel hin. Mein Blick fiel auf den Türklopfer: Er war dunkel angelaufen, mit feucht glänzenden Fingerabdrücken darauf. Ich stocherte zaghaft im Schloß herum, bis Lady Max mir den Schlüssel aus der Hand nahm und ihn routiniert ins Schlüsselloch stieß.

Während die Teile des Mechanismus schnappend und klickend ineinandergriffen, sagte sie: »So macht man das.«

Sie ging hinein, und ich folgte, als hätten wir es vorher so ausgemacht.

Sie schaltete Lampen an und erhellte den Weg zu einem Raum, den ich noch nicht gesehen hatte. Er war voller Bücher und gerahmter Fotografien: Von Simsen, Tischchen und dem Deckel des Flügels starrten und lächelten Ensembles von Gesichtern. Sie lauerten in den Schatten, doch der Raum war so still und in den Ecken so dunkel, daß sie Kreaturen aus einem anderen Leben, einer anderen Welt glichen. Als ich meinen Blick von all diesen Gesichtern löste, sah ich, daß Lady Max ein Glas Wein in der Hand hielt und es mir anbot, wie sie mir zuvor den Schlüssel angeboten hatte.

»Schnüffel, schnüffel. Sie haben die Neugier des Schriftstellers.«

Ihre Direktheit machte mich verlegen. Ich nahm einen Bowler vom Klavierstuhl und probierte ihn auf. Er war mir viel zu groß. Im Schweißband waren mit goldenen Lettern die Initialen TRDA eingeprägt.

»Er ist im Ausland«, sagte sie. »Setzen Sie sich doch. Sie sind ja furchtbar nervös.«

Nicht nervös, aber noch immer beschwipst vom Champagner in der Royal Academy.

Sie setzte sich auf das Sofa mir gegenüber, streifte die hochhackigen Schuhe ab und legte die Füße auf das blaue Polster. Sie trug schön gemusterte Strümpfe, und als sie die Beine angezogen hatte, war ihr Kleid hochgerutscht, so daß ich für einen kurzen Augenblick sehen konnte, wie die Strumpfbänder ihre weißen Oberschenkel umschlossen. *Ich trage nie einen Slip,* fiel mir ein.

»Sie müssen in letzter Zeit schrecklich beschäftigt sein«, sagte sie.

»Nicht mehr als sonst.«

Sie tat, als hätte sie mich nicht gehört, und sprach einfach weiter – eine Londoner Angewohnheit.

»Sie sind der Liebling der Zeitungen«, sagte sie in anerkennendem Ton. »Man kann keine aufschlagen, ohne auf Ihren Namen zu stoßen.«

»Ich arbeite nicht mehr als sonst. Allerdings bekomme ich mehr Anerkennung dafür.«

»So viel, wie Sie verdienen«, sagte Lady Max und strich mit den Fingerspitzen einen Strumpf glatt. »Sie sind brillant, und es wird Zeit, daß die Leute das erfahren. Es kommt noch viel mehr. Sie werden sehen, das ist erst der Anfang.«

Im Halbdunkel dieses düsteren Raums, wo sie mit untergeschlagenen Beinen auf dem Sofa saß, klang sie weniger wie eine Gratulantin, sondern eher wie eine der Hexen in *Macbeth.*

»Vorher ging es mir ja auch nicht gerade schlecht«, sagte ich mit einem, wie mir schien, winselnden Unterton.

»Natürlich«, antwortete sie, amüsiert über meinen schrillen Protest. In der einen weißen, blutleeren Hand hielt sie ihre Zigarette, mit der anderen klopfte sie auf das Sofa. »Kommen Sie her, setzen Sie sich neben mich und erzählen Sie mir, warum Sie nicht auf Parties gehen.«

Sie stieß die Zigarette in den Aschenbecher, daß die Funken stoben, und nahm die langen Beine zur Seite, als wollte sie mir Platz machen. Ich kam mir vor wie ein Hündchen, als ich zu ihr ging und mich neben sie setzte.

»Was für Parties?« fragte ich.

»Die, zu denen Sie eingeladen werden.«

»Aber wir sind uns doch vorhin auf der Ausstellungseröffnung begegnet.«

»Als hätte es keine anderen Gelegenheiten gegeben.«

Sie wußte also Bescheid – und hatte wahrscheinlich dafür gesorgt, daß ich eingeladen wurde. Ich fühlte mich herabgesetzt und in meine Grenzen verwiesen, weil sie es gewesen war, die mich auf die Gästeliste hatte setzen lassen.

»Diese Veranstaltungen finden immer zu einer für mich sehr ungünstigen Tageszeit statt.«

»Unsinn. Es ist eine Tatsache, daß es in London an den meisten Tagen zwischen fünf und acht Uhr abends absolut nichts zu tun gibt.«

»Ich bin um diese Zeit immer ziemlich beschäftigt.«

Sie hörte nicht hin. »Die Stunden zwischen Hund und Wolf, wie die Franzosen sagen.«

Ich wollte antworten: In den Stunden zwischen Hund und Wolf koche ich Spaghettisoße, nehme einen Fisch aus, putze Gemüse, lese den *Evening Standard* oder warte auf meine Frau. Doch nein – das Kochen hätte Lady Max vielleicht noch verstanden, aber jede Erwähnung meiner Frau wäre hier unpassend gewesen und auf wenig Verständnis gestoßen.

»Ich habe nach Ihnen Ausschau gehalten«, sagte sie und rückte näher. Ich konnte das Muster auf ihren Strümpfen erkennen. Schmetterlinge. »So hatte ich es geplant. Genau so.«

Sie lächelte mir zu und strich sich über das Haar.

»Danke, daß Sie so entgegenkommend sind.«

Was konnte ich darauf sagen?

»Finden Sie mich zu unverblümt?«

»Nein.«

»Ob Sie es wohl über sich bringen könnten, mich zu küssen?«

Die Art, wie sie diese Frage gestellt hatte, machte es mir unmöglich, mich zu weigern. Sie besaß großes Geschick darin, mich aus dem Gleichgewicht zu bringen, und konnte mich mit einer schlichten Frage so sicher lenken, als hätte sie mich an einer Leine. Wuff, wuff, dachte ich.

»Natürlich«, hörte ich meine dumme Stimme sagen. »Sei nicht albern. Ich will dich küssen.«

Und das tat ich. Der Kuß war oberflächlich, zaghaft, ungeschickt, unaufrichtig, ein Akt des Gehorsams. Meine Lippen waren kalt. Sie runzelte die Stirn. Ihr Atem war feucht und rauchig und roch nach verbranntem Tabak, Asche und versengtem Papier.

»Du brauchst mehr Übung«, sagte sie. »Komisch. Eine meiner Lieblingsstellen in der Literatur ist die in deinem Roman, wo der Mann die Frau küßt und sie dann vor dem offenen Kamin vögelt.«

Mit einer einzigen kleinen Bewegung, einem Fingerschnippen, streifte sie den Träger ihres Kleides von der Schulter – sie trug keinen BH –, schob ihre Hand darunter und strich über ihre Brüste. Die Knöchel ihrer Hand zeichneten sich unter dem Seidenstoff ab, als sie ihre Brustwarzen liebkoste.

»Ich weiß, ich bin keine große Schönheit«, sagte sie. »Ich habe kleine Titten und einen etwas zu dicken Hintern.« Sie lächelte herausfordernd, denn mit dieser Bemerkung lud sie mich ein, ihren Körper zu betrachten. »Aber ich glaube, ich könnte dir noch das eine oder andere beibringen.«

Sie trank einen Schluck Wein, bewegte dabei weiter ihre Hand unter dem Kleid und strich mit leise flatternden Fingern über ihre Brustwarzen.

»Überrascht?« fragte sie. Sie fuhr sich mit der Zungenspitze über die Lippen. »Ich glaube, ich habe noch viele andere Überraschungen für dich.«

Als ich mich zu ihr beugte, zog sie die Hand aus dem Kleid und rückte es mit einem Schulterzucken zurecht. Sie sah an mir vorbei, als blickte sie aus einem Fenster, und lauschte – ich erkannte es an der Konzentration in ihren Augen, der leichten Verengung ihrer Pupillen. Sie hörte etwas, das ich nur undeutlich wahrnahm.

»Das ist mal wieder typisch«, sagte sie mit äußerster Verachtung, allerdings nicht zu mir.

Die Haustür schwang knarrend auf – der Türklopfer klirrte, bevor die Tür ins Schloß fiel –, dann hörte ich Schritte in der Eingangshalle und ein Seufzen. Schließlich wurde die Tür schwungvoll geöffnet, und im Zimmer stand ein hochgewachsenes Mädchen und lächelte uns an. Es war Lady Max' Tochter Allegra. Sie hatte langes blondes Haar, und an den roten Wangen und dem rosigen Schimmer ihrer blassen Haut konnte man erkennen, daß sie an diesem kalten Abend zu Fuß nach Hause gegangen war. Sie trug Stiefel und ein dunkles Cape, und daß sie nun schüchtern und atemlos dastand, machte sie nur um so attraktiver.

»Hallo, Mummy. Tut mir leid, daß ich so reingeplatzt bin.«

»Mach auf der Stelle die verdammte Tür zu, du blödes Gör, und geh auf dein Zimmer!«

Allegra reagierte, als wäre sie geschlagen worden. Sie wich zurück, und die hübsche Rosigkeit ihrer Wangen verdichtete sich zu roten Punkten. Dann stürmte sie davon – noch bevor Lady Max aufgehört hatte zu keifen, fiel die Tür ins Schloß.

Der Bann war gebrochen, mein Eifer erlosch. Es war eine Stimme gewesen, wie ich sie aus ihrem Mund noch nie gehört hatte, eine neue Stimme – hart, wütend, gnadenlos, dumm, mehr das Knurren eines Tiers als die Äußerung eines Menschen. Dieser Augenblick prägte sich meinem Gedächtnis unauslöschlich ein, und ich wußte, daß ich Lady Max nie mehr würde ansehen können, ohne an den häßlichen Menschen zu denken, der in ihr steckte.

Sie war verstummt, hatte das Kleid wieder von der Schulter gestreift, weiter als zuvor, und legte die Hand an eine Brust wie eine Madonna auf einem Renaissance-Gemälde. Sie bot mir die Brustwarze dar, damit ich daran saugte.

»Nimm sie.«

Die bläulichen Adern ließen die Brust so kühl wie Marmor aussehen, und die rostbraune Brustwarze war von der weißen Glätte ihrer Haut und einem hauchfeinen blassen Flaum umgeben. Vor der wunderbaren Weichheit ihres Busens wirkte sie dick und fest, wie der abgeschnittene Stiel einer Frucht.

Sie sah, daß ich zögerte, und sagte: »Es ist wegen Allegra, stimmt's?«

Sie hielt noch immer ihre Brust, aber sie tat es wie nebenbei, als wäre sie ein Apfel, den sie mir geben würde, falls ich Hunger bekam.

»Sie wollte sich mit einer Freundin treffen – jedenfalls hat sie mir das erzählt. Sie tut nie das, was sie sich vornimmt. Die Art, wie sie kommt und geht, zeugt von einem maßlosen Egoismus.«

Lady Max war so überzeugt davon, daß das Erscheinen ihrer Tochter und ihre Anwesenheit in einem der Zimmer im ersten Stock die Gründe für meine Zurückhaltung waren, daß ich nicht versuchte, sie aufzuklären. Ein Schauer der Dankbarkeit überlief mich. Ich war Allegra dankbar dafür, daß sie hereingeplatzt war und mir das wahre Gesicht ihrer Mutter gezeigt hatte. Und ihre Demütigung schmerzte mich.

»Gott, wie ich die Jugend hasse!« sagte Lady Max und strich mißmutig über ihren Busen, bevor sie das Kleid wieder hochzog.

Sie wirkte alt und borniert, doch ich konnte nur daran denken, wie ihre Tochter in der Tür gestanden hatte, an ihr unschuldiges, erschrockenes Gesicht, ihre unsichere Haltung, ihre plötzliche Angst: ein Reh, wie versteinert im Scheinwerferlicht.

Lady Max sah mich an. Ich sagte nichts und kam mir feige vor, weil ich ihre Tochter nicht in Schutz nahm. Doch dafür gab es einen tieferen Grund: Allegras Verletztheit hatte mich so gerührt, daß ich fürchtete, mich zu verraten, denn in diesem Augenblick hatte ich mich in gewissem Sinn in sie und ihre verletzte Unschuld verliebt. Das Unrecht, das ihr widerfahren war, hatte in mir nicht nur Mitleid und Beschützergefühle geweckt, sondern auch so etwas wie Liebe.

»Ich hasse sie dafür, daß sie so jung sind«, sagte Lady Max. »Ich hasse ihr Geschwätz.«

Jetzt war der Augenblick gekommen, da ich schon um meiner Selbstachtung willen für das Mädchen eintreten mußte. Ich wollte sagen, wie sehr die Jugend im Einklang mit der Welt stand: Sie hatte das Ohr am Leben, sie hatte überall Zugang, sie reiste mit leichtem Gepäck, und in alten, sicheren Städten wie London war sie das Lebendigste.

Aber Lady Max schüttelte nur unentwegt den Kopf.

»Ich hasse sie, weil sie einem ständig Sachen erzählen, die man schon längst weiß, und dabei so tun, als wäre es das Neueste«, sagte sie. »Sie sind andauernd dabei, das Offensichtliche zu entdekken: daß Soho Charme hat, daß die King's Road schick und die Oxford Street langweilig ist. Und in ihren kleinen Zeitungen und Zeitschriften schreiben sie dann darüber, mit geradezu ekelerregender Ausführlichkeit. Ich hasse die Sachen, die sie sich kaufen. Ich hasse ihre Musik.«

Sie zündete sich eine Zigarette an, allerdings ohne elegante Geste: Sie nahm einfach eine aus der silbernen Zigarettendose auf dem Beistelltisch, steckte sie an und sog zischend den Rauch ein.

Sie sprach durch Rauchfetzen hindurch – sie machten ihre Worte sichtbar –, als sie fortfuhr: »Und als wäre das alles noch nicht schlimm genug, erzählen sie einem auch noch ständig Sachen, die einfach nicht wahr sind. Man möchte immer: ›Völliger Blödsinn!‹ rufen, aber man kann es ihnen nicht ausreden, also erträgt man es, und einen Monat später kann man sich dann anhören, wie sie das genaue Gegenteil behaupten.«

Sie schnippte die Asche von der Zigarette und starrte mürrisch vor sich hin, während sie den nächsten Zug nahm. Sie stieß den Rauch aus, als versprühe sie Gift und verpeste die Luft mit ihrem Atem.

»Das ist das schlimmste: daß man immer wieder erleben muß, wie sie ihre Meinung ändern, daß man ihnen beim Heranwachsen zusehen muß.«

»Aber es geht doch so schnell«, sagte ich und dachte an meine eigenen Kinder.

»Stimmt nicht. Es dauert verdammt lange. Ich höre mir diesen Unsinn jetzt schon seit Jahren an«, sagte sie. »Und ich hasse ihre Angewohnheit, laut zu denken. Ich hasse ihre unausgegorenen Ansichten. Und ich finde es unerträglich, daß sie ihre Meinung ständig ändern.«

Sie sagte das mit soviel Überzeugung, daß sie mit einemmal alt und verschroben wirkte und ich eine große Distanz zu ihr empfand: Ich war jung, zumindest jünger als sie.

»Gehört das nicht dazu?«

»Warum können sie es dann nicht leiser tun?« sagte sie und richtete einen bösartigen Blick nach oben, wo Allegras Zimmer sein mußte. »Sie hatte gesagt, sie würde eine Freundin besuchen.«

So leidenschaftlich hatte ich sie noch nie erlebt. Ihre Lockungen und ihr Spott mochten nur leere Gesten und Gerede sein, doch ich wußte, daß sie diesmal jedes Wort ernst gemeint hatte.

Auch ihre Worte wurden durch ihren Atem verunreinigt. Der dunkle Geruch ließ mich zurückweichen.

Sie war eine starke Raucherin, und ich saß unmittelbar neben ihr. Diesen Geruch verströmte ihre Lunge, nicht das stinkende Stäbchen in ihrem Mund – er kam von tief innen. Mir erschien er besonders eigenartig und widerwärtig, weil sie so schön war. Sie hatte die Zigarette ausgedrückt, roch aber stark nach Rauch, nach dem schwarzen, klammen London, nach rußiger, verbrauchter Luft.

Erst ihr Wutausbruch, dann ihre Verdrossenheit, und schließlich ihr Atem. Sie stank. Und doch wirkte sie aus einiger Entfernung so blaß und zerbrechlich. Während ihrer Tirade hatte sie das Interesse an mir verloren und ihr Glas geleert. Sie wirkte gedankenverloren und griesgrämig und sagte lange nichts. Dann bemerkte sie, daß ich einen verstohlenen Blick auf meine Uhr warf.

»Du bist spät dran.«

»Das macht nichts.«

»Deine Frau wird sich fragen, wo du bleibst.«

Diese Bemerkung nahm ich ihr übel. Ich sagte nichts. Als sie sah, wie unbehaglich mir zumute war, lächelte sie.

»Werde ich deinen Namen auch weiterhin überall lesen?«

»Wer weiß?«

»Ich glaube schon«, sagte sie, hielt inne und fuhr fort: »Wenn ich will.«

Noch ein Spaziergang durch London, von Lady Max' Haus durch winterliche Straßen nach Clapham. Ich brauchte dieses Ritual, um mich zu beruhigen. Jedesmal wenn ich Lady Max begegnete, mußte ich mir darüber klar werden, wo ich stand, was sie meinte, wer ich war, wer sie war. Ihr Zauber beruhte teils auf ihrer Fähigkeit, Verwirrung zu stiften, teils auf ihrer Schönheit. Dennoch war ich verwirrt.

Ich hatte eine gewisse Bekanntheit erreicht. Das wußte sie, und aus ihren Bemerkungen konnte ich schließen, daß sie hier und da etwas nachgeholfen hatte. Doch meine Arbeit gehörte mir – sie war mein Verdienst. Daß sie anerkannt wurde, gab mir Kraft. Ich war glücklich mit meinem häuslichen Leben. Die Rezensionen, die ich schrieb, waren zur Routine geworden und erleichterten mir meine eigentliche Arbeit – ich schrieb selbstbewußter und flüssiger. Und Lady Max hatte sich als hartnäckig erwiesen: Offenbar hatte sie mir auf den anderen Veranstaltungen, zu denen ich nicht gegangen war, aufgelauert.

Ich ging durch Chelsea und rief mir die Ereignisse des Abends noch einmal ins Gedächtnis. Es gibt bestimmte schreckliche Geräusche, die einem durch Mark und Bein gehen. Lady Max' Keifen war eines von diesen Geräuschen gewesen. Es hatte mich erschreckt und mit Angst erfüllt. Ich ging jetzt in Richtung Themse, zur Battersea Bridge und weiter nach Hause. In diesen engen Straßen erinnerte mich der Geruch von Kohlenfeuer an Lady Max' Atem, an den stechenden Rauchgestank, der aus ihrer Lunge aufgestiegen war.

Ihr Interesse und ihr Lob hatten mir geschmeichelt, doch ihre plötzlichen sexuellen Avancen hatten mich überrumpelt. Ich hatte nicht erwartungsgemäß reagiert, und darum hatte sie so getan, als wäre ich ein Idiot – aber hatte sie denn tatsächlich erwartet, daß ich niederknien und an ihrer Brust saugen würde, um anschließend nach Hause zu gehen und meine Frau zu küssen?

In Clapham angekommen, hatte ich mich in einen tiefen Groll gegen sie hineingesteigert. Ich fand sie anmaßend und taktlos. Ich verabscheute ihre Gier. Außerdem war sie geizig – ich hatte das Essen im *Tour Eiffel* nicht vergessen.

Als ich die Stufen zur Haustür hinaufging, hörte ich drinnen das Telefon läuten. Das Läuten verstummte, als ich die Tür aufschloß. Alison hielt mir den Hörer entgegen.

»Für dich«, sagte sie. Sie legte die Hand auf die Sprechmuschel. »Eine Frau. Klingt sehr vornehm.«

Es war Lady Max.

»Ich wollte nur wissen, ob du für morgen schon etwas vor hast«, sagte sie.

»Ich werde arbeiten.« Daß ich zu Hause arbeitete, war keine sehr überzeugende Ausrede – als Schriftsteller war man von einem Arbeitslosen kaum zu unterscheiden.

»Gut. Dann gönnst du dir eben einen freien Tag und ißt mit mir zu Mittag.«

Doch auf dem Heimweg hatte meine Abneigung gegen sie nur noch zugenommen.

»Tut mir leid«, sagte ich.

Sie ließ nicht locker, aber ich blieb hart, und schließlich legte sie auf.

Eine Woche verging. Es kamen weitere Einladungen. Mit meinem

Buch ging es so gut voran, daß ich den Auftrag einer englischen Reisezeitschrift annahm, in der nächsten Woche einen Artikel über Brighton zu schreiben. Am Montag rief Lady Max an.

»Du warst nicht auf der Präsentation bei Heinemann.«

»Ich bin ziemlich beschäftigt. Morgen fahre ich nach Brighton.«

»Ich weiß. Für *Travel World*, nicht? Ich werde dich begleiten.«

Sie war nicht nur unhöflich, sie war auch schnell. Ich konnte nicht klar denken. »Ich bleibe über Nacht«, sagte ich.

»Um so besser.«

Jetzt kam ich ins Schwitzen.

»Das ist keine gute Idee«, sagte ich.

»Ich finde, es ist eine hervorragende Idee. Brighton ist ein herrlich verstaubter Ort, und in The Lanes gibt es ein paar sehr gute Restaurants.«

Ich fühlte mich schwach und verzweifelt, als ich sagte: »Vielleicht kommt meine Frau mit.«

Lady Max ließ sich nicht beirren. »Ich denke, sie arbeitet.«

»Tut sie auch. Aber sie nimmt sich einen Tag frei.«

Wieder hatte sie mich dazu gebracht, mich zu winden, hatte mir angst gemacht, und nun brachte sie mich auch noch dazu, daß ich log. Dafür verabscheute ich sie am meisten. Unsere Beziehung war in eine neue, tiefere und bedrohlichere Phase eingetreten, und die Plötzlichkeit, mit der das geschehen war, erinnerte an einige der Straßen, die sie mir gezeigt hatte, an die seltsamen Sträßchen und Sackgassen, die von breiten und vertrauten Hauptstraßen abzweigten. Sie war hartnäckig, und ich kam ins Schwitzen. Und sie spionierte mir nach. Woher wußte sie, für wen ich den Artikel über Brighton schreiben sollte, und was ging sie das überhaupt an?

Als die Jungen im Bett lagen, sagte Alison: »Dein Name ist in letzter Zeit in aller Munde. Alle fragen mich: ›Sind Sie mit dem Schriftsteller verwandt?‹ Oder so etwas in der Art.« Sie lächelte. »Ich weiß nicht, ob mir das gefällt.«

Ich saß vor dem Kamin und öffnete die Post. »Was ist denn?« fragte sie.

»Nichts. Sieh dir das an: Zwei Verleger schreiben mir und erkundigen sich nach meinem neuen Roman. Er ist noch nicht mal fertig, und sie rangeln schon darum. Und hier ist was vom *Observer.* Die wollen wissen, ob ich für sie nach China fahren will.«

Alison sah verwirrt aus. »Freust du dich denn nicht?«

»Doch, doch, natürlich.«

»Warum machst du dann so ein gehetztes Gesicht?«

8

Wieder dachte ich: Die meisten Schriftsteller sind kleiner und kahlköpfiger, als man denkt. Ich trat in den Lesesaal der London Library und ging an schreibenden und lesenden Männern vorbei, die an Tischen oder in Ledersesseln saßen. Es gab auch Frauen, die schrieben, doch sie machten einen tüchtigeren, ordentlicheren Eindruck und waren insgesamt weniger auffällig. Der Geruch von Leder und alten Einbänden lag in der Luft, und es war warm und still, bis auf das Rascheln von Papier und das Zischen und Pochen der alten Heizkörper.

Ian Musprat saß mit dem Rücken zum Saal und arbeitete an einem Gedicht. Vor sich hatte er eine Fensterscheibe, die so rußig und mit Regentropfen getupft war, daß sie wie verflüssigt wirkte – wie ein hoher, bebender Wasservorhang, der das gelbe Licht der Straßenlaternen am St. James's Square zerstreute. Musprat fuhr sich mit den Fingern – die Nägel waren wie immer abgekaut – über den Kopf. Ich sah ihm über die Schulter und las die aufgeschlagene Seite seines Notizbuchs: durchgestrichene Zeilen, Kritzeleien, *Eine entfernte Toilettenspülung ist wie eine menschliche Stimme, ein wassergewordener Seufzer, der mit einem Ausruf durch ein Rohr sinkt – immer ein wenig traurig* und die unzusammenhängenden Wörter *Fliedervögel – Unpäßlichkeit – Furchtbar beruhigend.*

Es waren die Bruchstücke eines Gedichtes – das erkannte ich an der Anordnung der Zeilen, die nicht bis zum rechten Rand der Seite reichten.

Diesen kleinen, schmuddeligen Mann schreiben zu sehen flößte mir Respekt ein und weckte wieder meine Sympathien. Das Schreiben machte ihn zu einem bewundernswerten, zivilisierten Menschen. Es war der Sinn seines Lebens, und ich war beeindruckt von seinem Mut. Seine Haltung verriet Konzentration und angestrengte Arbeit, und gerade seine Unscheinbarkeit verlieh ihm eine Aura von Stärke. In seinem Schweigen und der Art, wie er in das Notizbuch auf seinem Schoß schrieb, lag etwas Verschwörerisches. Er war so vertieft, daß er mich nicht bemerkte.

Ein dickes Buch, auf dessen Rücken *Mythologiques - Bd. 3 - Die Entstehung der Tischsitten* stand, lag griffbereit auf dem Tisch.

Erst als ich so stand, daß ich ihm das Licht nahm, sah er mit dem mürrischen Gesicht eines zur Unzeit geweckten Hamsters auf und sagte: »Gott, wie mir das zum Hals heraushängt!«

»Wie wär's mit einer Tasse Tee?«

»In der Duke Street ist eine kleine Teestube.«

Beim Verlassen des Lesesaals stolperte er über eine Teppichfalte und rief laut: »Scheiße!« Niemand hörte auf zu schreiben - nur ein Mann sah über den oberen Rand seiner Zeitung.

»Wie lange sind Sie hier schon Mitglied?« fragte er mich auf der Treppe, unter einem Porträt von T.S. Eliot.

»Seit Lady Max mich dazu gedrängt hat.«

Er sagte nichts.

»Woran schreiben Sie gerade?« fragte ich ihn.

»An einem beschissenen kleinen Gedicht über Hermeneutik.«

»Könnten Sie das näher ausführen?«

»Es ist eine Abrechnung mit Levi-Strauss.«

»Den amerikanischen Jeans?«

»Dem französischen Strukturalisten«, sagte er und lächelte. »Aber das ist gut. Das werde ich verwenden.«

In der Teestube sagte ich: »Ich möchte Sie etwas über Lady Max fragen.«

Musprat blieb stumm. Er starrte zu Boden und schneuzte sich in ein steifes, zerknülltes Taschentuch, das er in der Hand gehalten hatte. Dann sah er das Ding stirnrunzelnd an, sagte »Ich bin ekelhaft« und stopfte es in die Tasche.

Er rührte mit einem Holzstäbchen in seinem Styroporbecher und sagte: »Irgendwie hasse ich sie. Manchmal würde ich ihr am liebsten eine knallen.« Er leckte das Stäbchen ab und sagte: »Tut mir leid. Ich weiß, Sie sind einer ihrer großen Bewunderer.«

»Überhaupt nicht.«

Er nippte an seinem Tee und sah mich mit etwas mehr Selbstvertrauen an. »Sie schreiben doch Kurzgeschichten. Wollen Sie eine Idee?«

Er begann, auf dem Stäbchen herumzukauen.

»Sie lernen jemanden kennen. Sie stehen noch am Anfang Ihrer Karriere – Sie sind schwach, die anderen sind stark. Man ist gemein zu Ihnen. Die Zeit vergeht. Sie ernten etwas Anerkennung und begegnen dieser Person ein zweitesmal. Diesmal ist man sehr freundlich zu Ihnen. Man erinnert sich nicht, gemein gewesen zu sein. Man glaubt sogar, Ihnen geholfen zu haben. Dennoch erinnern Sie sich nur an die Gemeinheiten, an nichts anderes.«

Er hatte das Rührstäbchen zu Splittern gekaut und führte den Styroporbecher mit dünnen, zittrigen Fingern zum Mund.

»Als ich Lady Max kennengelernt habe, hat sie sich mehr oder weniger über mich lustig gemacht. Ich wußte, daß ich ihr gleichgültig war. Warum auch nicht? Ich bin ein Schwein. Nachdem ich den Hawthornden-Preis bekommen hatte, erinnerte sie sich an mich und versuchte, nett zu mir zu sein.«

»Und darum möchten Sie ihr am liebsten eine knallen?«

»Nein. Ich glaube, im Grunde beneide ich sie. Ich hätte gern ihr Geld. Ich hätte gern ihr Haus an den Boltons. Ich würde gern herumlaufen und sagen: ›Ich trage nie einen Slip.‹ Das ist ihr Kriegsruf, müssen Sie wissen.«

Er hatte den Tee ausgetrunken und kaute auf dem Rand des Styroporbechers herum.

»Ihre Mutter ist eine Marquise. Nur ein Marquis oder eine Marquise dürfen mit ›der oder die Höchst Ehrenwerte‹ angesprochen werden«, sagte er und verzog das Gesicht. »Mich verwundert, daß Sie das nicht wissen. Solche Sachen wissen Amerikaner doch meistens.«

»Musprat, Sie sind ein Idiot.«

»Ich hasse es, wenn man mich mit meinem Nachnamen anspricht. Das erinnert mich immer an die Schule.«

»Und wenn Sie Lady Max damals gefallen hätten?«

Jetzt lächelte er. Er schien einen Vorteil zu wittern – als hätte ich eine falsche Karte gespielt – und sah mich mit zaghaftem Triumph an. »Ich würde meinen, daß Sie mir das eine oder andere über diesen Punkt verraten könnten«, sagte er.

Das war auch so etwas: Die Engländer konnten ungeheuer aufgeblasen und pompös sein, wenn sie sich im Recht fühlten.

»Ich hab sie nicht angerührt.«

»So genau will ich es gar nicht wissen«, sagte Musprat, und es klang wie eine spöttische Anklage. »Aber es ist leicht, über sie zu reden, weil sie aus ihrem Leben kein Geheimnis macht.«

»Und das heißt?«

»Sie geht mit jedem ins Bett«, sagte er. »Haben Sie das nicht gewußt?«

»Ich habe es mir gedacht«, sagte ich. In Wirklichkeit hatte ich nicht daran denken wollen.

»Auch mit Heavage?« fragte ich.

»Sie hatte eine ziemlich öffentliche Affäre mit ihm«, sagte Musprat. »Die meisten Redakteure und Lektoren durften mal bei ihr ran, ebenso wie die meisten bekannten Schriftsteller. Geschriebenes ist für sie eine Art Aphrodisiakum. In dieser Hinsicht ist sie recht altmodisch.«

»Sie hat mal Kenneth Tynan erwähnt.«

»Sie sind gemeinsam auf Parties erschienen, jeder in den Kleidern des anderen.«

»Kennen Sie einen Filmproduzenten namens Slack?«

»Nein, aber Lady Max kennt ihn.«

Ich nannte die Männer, die ich bei der Abendgesellschaft kennengelernt hatte: Marwood, den Romancier, und Lasch, den Südafrikaner.

»Ich schätze, die hat sie auch gehabt. Sie hat einen ziemlich hohen Verbrauch. Ich kann mir vorstellen, daß Sie jetzt ganz schön schokkiert sind, aber ich betrachte das ganze Theater von außen und muß sagen, daß ich es todlangweilig finde.«

Er schneuzte sich abermals, kaute auf Styroporstückchen herum und erzählte mir auf seine beiläufige Art von all den anderen; er listete sie auf, als wären es Leute, die an einer Verschwörung beteiligt waren. Es waren Journalisten darunter, die meinen Namen in der Kolumne »Londoner Tagebuch« untergebracht haben mußten, Verleger, die mich zu Buchpräsentationen eingeladen hatten, Museumsdirektoren und schließlich auch der Herausgeber des Reisemagazins, in dessen Auftrag ich nach Brighton fahren sollte. Und Walter Van Bellamy. Ich hatte zwar vermutet, daß sie ein wenig ihre Beziehungen hatte spielen lassen, doch es war mehr: Sie war für all die Aufmerksamkeit verantwortlich, die mir in letzter Zeit zuteil geworden war. Sie hatte ihren ehemaligen Liebhabern einen Wink gegeben oder vielleicht auch alte Schulden eingetrieben.

»Ich bin nicht schockiert«, sagte ich. Doch ich war es.

Ich beschloß, die bakteriengeschwängerten Busse zu vermeiden und zu Fuß nach Hause zu gehen. Nur wenn ich zur Hauptverkehrszeit mit dem Bus oder der U-Bahn fuhr, bekam ich einen Schnupfen. Es war ein schöner, einstündiger Spaziergang durch den St. James's Park, am Palast vorbei und durch Victoria Station und Chelsea, dann über die Brücke und bergauf nach Clapham.

Ich dachte an Musprat. Mit seiner Distanz und seinem Spott wirkte er fast tugendhaft, und seine abgetragene Kleidung verlieh ihm eine Aura von Lauterkeit, als wäre er ein Bettelmönch. Seine Distanz hatte ihm zu einer nüchternen Perspektive verholfen. Er beobachtete und hatte verzeihliche Anfälle von Neid. Seine Stärke bestand darin, daß er sich nicht in Lady Max' Dunstkreis hatte locken lassen.

Nachdem ich ihm diese Fragen über Lady Max gestellt hatte, verstand ich Musprat besser. Genauso war es mir mit Bellamy gegangen. Lady Max war der Schlüssel. Sie hatte mir London gezeigt, und weil es ihr London gewesen war und ich es mit ihren Augen gesehen hatte, war mein Bild von dieser Stadt verzerrt. Doch nun, da ich Lady Max mit den Augen anderer gesehen hatte, verstand ich London besser. Und natürlich hatte sie mir geholfen. Je bekannter ich wurde, desto deutlicher konnte ich London erkennen, denn sie hatte mir Zutritt verschafft.

Der Preis dafür war eine leise Wehmut und ein Gefühl der Verpflichtung. Wie sollte ich Lady Max begegnen?

Sie rief mich mehrmals an, ohne Begrüßung und ohne ihren Namen zu nennen. Statt dessen sagte sie einfach: »Na?« und wartete ungeduldig darauf, daß ich etwas sagte. Mein ausweichendes Verhalten schien sie zu reizen. Es war, als sei das, was sie als Mangel an Interesse deutete, für sie eine willkommene Herausforderung. Sie wußte nicht, daß es Angst war.

»Ich fürchte, ich bin kein sehr geselliger Mensch.«

Auch ich sagte ihren Namen nicht – ich wußte nicht, wie ich sie ansprechen sollte.

»Wir werden sehen.« Sie legte auf.

Sie betrachtete mich als ein interessantes Problem. Doch wie zuvor arbeitete sie hinter den Kulissen. Ich bekam weitere Einladungen, weitere Angebote von Verlagen. Ein Fernsehproduzent fragte mich, ob ich Lust hätte, ein Fernsehspiel zu schreiben. Der Verleger eines Belletristikverlages erkundigte sich, ob ich Gutachten für ihn schreiben wolle. Es waren interessante Angebote zu vertraglich gesicherten Bedingungen, und sie versprachen ein gutes Einkommen.

Es ging mir wie bei dem Gespräch mit Musprat: Durch den Umgang mit diesen Leuten vermochte ich Lady Max besser einzuschätzen. Ich wußte jetzt, wo sie stand, ich verstand ihre Gesellschaftsschicht, ich begriff, was diese Frau brauchte. Das war die Fähigkeit, die man in London erwarb: Man sah die Menschen im Kontext ihres Umfelds. Es war keine hoch aufragende, sondern eine dicht bebaute Stadt, die sich über die Hügel des Flußtals ausbreitete; Londoner fügten sich ein, aber der Spielraum, den jeder hatte, war minimal.

Sie rief mich noch einmal an und fragte mich auf ihre beiläufige Art, ob ich Zeit hätte, mit ihr zu Abend zu essen.

»Nein. Ich habe schon eine Verabredung zum Essen.« Das stimmte. Ich würde mich mit Alison und einem Kollegen von ihr treffen.

»Wohin geht ihr?«

Ich nannte den Namen des Restaurants.

»Ich würde zu gern mitkommen.« Sie hätte kaum aufdringlicher sein können.

»Auch wenn meine Frau dabei ist?«

»Normalerweise habe ich für Ehefrauen nicht viel übrig, aber sie und ich haben immerhin etwas gemeinsam.«

Ich konnte mir nicht vorstellen, was das sein mochte, und sagte das auch.

»Dich, mein Lieber«, sagte Lady Max, aber in ihrer Stimme lag ein verächtlicher Unterton.

Ich blieb standhaft und kam mir dumm vor, und aus Feigheit sagte ich die andere Verabredung ab, denn ich fürchtete, Lady Max könnte auftauchen und eine Szene machen.

Von da an schien ich ständig auf sie zu stoßen. London war eine Stadt der Schatten, der Erinnerungen und Andeutungen, eine Stadt der flüsternden Stimmen. Und zu dieser regnerischen, dunklen Jahreszeit mit ihren schimmernden Lichtern und spiegelnden Winterstraßen war es eine Stadt der Reflexionen.

Es war auch eine Stadt der Doppelgänger: Leute, die ähnlich gekleidet waren, ein vertrauter Hut, der gleiche Mantel, der gleiche Schirm. Es gab eine Londoner Kleidung, es gab sogar einen Londoner Gang. Londoner schlenderten nicht, sondern bewegten sich stets zielbewußt und ohne anderen in die Augen zu sehen. Ihre Gesichter waren ausdruckslos. Sie reckten das Kinn, als zögen sie in eine Schlacht – dabei wußten sie doch, daß es nur wieder ein weiterer erfolgloser Angriff sein würde. Die Leute, die die Oxford Street entlangmarschierten, waren Londoner. Wer schlenderte, war ein Fremder.

Auf diesen belebten Straßen entdeckte ich oft Lady Max, ihr straff zurückgekämmtes Haar, ihr weißes Gesicht, ihren Mantel oder Umhang, und ich glaubte, daß sie mich beobachtete. Anonymität war hier ein wertvolles Gut, und ich fürchtete, daß ich meine verloren hatte. Lady Max hatte mir die Stadt und ihre verborgenen Winkel gezeigt, und nun, da ich mich in ihrem London bewegte, hatte ich das unangenehme Gefühl, herausgehoben zu sein. Ich hatte das Gefühl, sie könnte überall und jederzeit auftauchen.

Es fiel mir leicht, zu Hause zu bleiben. In London hatte ich einen Hang zum häuslichen Leben entwickelt. Die Londoner schätzten ihre Privatsphäre, sie waren gern, wie Musprat es mit einer seiner Wortschöpfungen ausdrückte, »unerreichlich«. Man konnte sich hier nicht verlaufen wie in New York, aber man konnte sich verstecken und unauffindbar bleiben.

Ich genoß die Abgeschlossenheit meines Hauses, und die intensive Arbeit an meinem Roman machte mich glücklich. Wenn nicht gerade das Telefon läutete (was allerdings in dieser Zeit kaum geschah – sie rief mich nicht mehr an), arbeitete ich ohne Nervosität, ohne Unterbrechung. Welche andere winterliche Stadt bot so viel

Schutz, daß man ungestört über den honduranischen Dschungel schreiben konnte? Es lag an der Dunkelheit. Dennoch war Ende Februar der erste Hauch des Frühlings zu spüren. Die ersten Blumen zeigten sich: Schneeglöckchen, ein paar frühe Krokusse, und selbst in den kleinen Rechtecken der Londoner Gärten erwachte diese Atmosphäre des ländlichen Englands, eine alte Erinnerung an fruchtbares Land. Aus alten Wurzeln und Zweigen, aus alten Zwiebeln und Knollen sprossen neue Triebe und Blüten.

Doch dann ertönte ein Geräusch wie ein Pistolenschuß, unvermittelt und erschreckend, das schlimmste, gefürchtetste Geräusch, das es in London gab: ein Klopfen an der Tür. Es war Lady Max.

9

Der Motor eines Londoner Taxis gibt im Leerlauf ein unverkennbares Rasseln und Schnarren von sich – es ist ein ungeduldiges, metallisches Vibrieren, das den Vorgang des Bezahlens untermalt. Die Tür fällt ins Schloß, und noch während das Fenster mit Schwung hochgeschoben wird, fährt das Taxi davon. All dies drang nur am Rand in mein Bewußtsein, als ich im zweiten Stock des Hauses in meinem nach hinten gelegenen Arbeitszimmer saß, an meinem Roman schrieb und wachsende Zweifel an dem ins Auge gefaßten Titel hatte.

Es war ein von weißem, winterlichem Licht erfüllter Nachmittag, und die Blumen in den Gärten waren wie kleine, leuchtende Feuerzungen.

Dann ertönte das Klopfen und gleich darauf die Klingel, und erst in diesem Augenblick stellte ich eine Verbindung zwischen diesem ungebetenen Besucher und dem Geräusch des Taxis her.

»Willst du mich nicht hereinbitten?«

»Alptraum« war das richtige Wort: eine Mischung aus Fremdem und Vertrautem. Nur in schlechten Träumen trifft man jemanden, den man kennt, an einem vollkommen unpassenden Ort: Meine Mutter erwartet mich im Umkleideraum. Ein Fremder oder jemand, vor dem ich Angst habe, sucht mich heim.

Ich wollte, daß sie wieder ging, doch ich stand, wenn auch nur ein kleines bißchen, in ihrer Schuld – wie also hätte ich so unhöflich sein können?

Drinnen musterte sie Bilder, strich mit den Fingern über Möbel und sagte: »Das hatte ich mir völlig anders vorgestellt.«

Ihr Tonfall war bereits verächtlich, als erwarte sie eine Zurückweisung.

»Hab ich dir eigentlich mal meine Lears gezeigt?« sagte sie mit einem schnellen, taxierenden Blick auf ein Aquarell von Edward Lear, eine Nil-Landschaft.

Als sie an mir vorbei ins Wohnzimmer ging – sie wartete nicht, bis ich sie hereinbat –, hatte ich ein Gefühl, als umgäbe sie der Geruch anderer Männer, und mir fiel ein, wie dunkel und voller Fingerabdrücke der Schildkrötenpanzer des Türklopfers an ihrem Haus gewesen war: Spuren all der Männer, die dort ein und aus gegangen waren. Es war mehr ein Geruch als irgend etwas Sichtbares, und er umhüllte ihren Körper wie eine Aura, die sie überallhin begleitete – wie der Dunst aus Staub und Rauch, der über London lag, so daß die Konturen der Stadt nur aus der Nähe erkennbar waren. Aus der Ferne, von einem Flugzeug aus betrachtet, wirkte London ebenso verschwommen wie Lady Max.

»Wie überaus interessant«, sagte sie.

Sie war kühl. Jede Begegnung, jede Unterhaltung mit Lady Max war wie ein Bewerbungsgespräch; allerdings war diesmal sie diejenige, die abgelehnt wurde. Heute war es etwas anders. Sie reagierte abwehrend und distanziert und behandelte mich wie irgendeinen Mann – nicht wie einen Freund oder Bekannten, sondern wie einen Mann. Sie hatte so viele andere gehabt. Und Männer waren so berechenbar. Das war ihre Schwäche. Sie besaß zu wenig Menschenkenntnis, sie hatte den Zeitpunkt schlecht gewählt, und der Grund, warum sie schließlich scheitern würde, war: Sie glaubte, alle Männer seien gleich.

Das machte sie mir unsympathisch, ja ich fürchtete sie sogar, denn eine Frau, die so dachte, würde mir die Schuld für das geben, was ein anderer ihr angetan hatte. Daß sie mein Haus inspizierte und aus dem Fenster im zweiten Stock hinunter in den Garten sah, machte mich besorgt. Sie war gierig und impulsiv, sie liebte es, andere zu schockieren, und sie war imstande, unvermittelt loszuschreien – alles Züge, die auf Destruktivität schließen ließen.

»Keine Angst. Ich werde mich nicht aus dem Fenster stürzen.«

Genau das befürchtete ich.

»Aber wenn ich es täte, hättest du deine liebe Not, es zu erklären.«

»Wenn du aus diesem Fenster springen würdest«, sagte ich und sah hinunter auf die nassen Pflastersteine, »wärst du wahrscheinlich diejenige, die in Not wäre.«

»Stimmt. Vielleicht sollte ich lieber dich aus dem Fenster stoßen.«

»Warum solltest so etwas Dummes tun?«

Ich versuchte, ruhig zu bleiben, aber ihre Worte ängstigten mich, und ich ließ sie nicht aus den Augen, damit sie sich nicht auf mich stürzen und mich aus dem Gleichgewicht bringen konnte.

»Weil du mir aus dem Weg gehst. Das mag ich nicht.«

War es wirklich so einfach? War es meine Zurückhaltung, die ihre Leidenschaft weckte? Aber sie war nicht nur leidenschaftlich, sondern auch hartnäckig. Meine Weigerung unterschied mich von den anderen, und das machte sie um so beharrlicher.

Sie blieb neben einem Tischchen mit einem Stapel Zeitschriften und Zeitungen stehen. In allen stand irgendwo ein Artikel von mir.

»Ich habe diese Leute auf dich aufmerksam gemacht.«

»Aber geschrieben habe *ich*.«

Sie sah mich an und schürzte verächtlich die Lippen. »Es gibt so viele Schriftsteller in London, und viele davon sind genauso begabt wie du, aber wesentlich höflicher. Sie hätten sich bei mir bedankt.«

Sie zündete sich eine Zigarette an, und als sie den Rauch ausstieß, hatte ich wieder einmal das Gefühl, als erfüllte er den ganzen Raum.

»Ich glaube, dir ist gar nicht klar, was ich für dich getan habe.«

»Findest du mich undankbar?«

»Sehr«, sagte sie und sah sich um. »Dein kleines Haus. Dein kleines Leben. Deine kleine Frau.«

Sie sah zu den Häuserzeilen jenseits des Gartens hinüber. Das Abendlicht schien rot auf die Dächer und durch die schwarzen Zweige, und die Dämmerung senkte sich herab.

»An Orten wie diesem dreht sich mir der Magen um«, sagte sie.

»Ich kann nicht tun, was du von mir erwartest.«

»Ich weiß nicht, warum ich überhaupt hergekommen bin«, sagte sie.

In diesem Augenblick sah sie einsam aus, ganz und gar verlassen. Manche Frauen wirken, wenn sie abgewiesen werden, bemitleidenswert, fast tragisch, als müßten sie gleich sterben. Wenn sie den richtigen Mann finden, beginnt ein neues Leben. In ihrer Phantasie kann ein Mann Wunder für sie wirken. Für die meisten Männer dagegen, die von einer Frau abgewiesen werden, ist das keine Tragödie, sondern einfach Pech: Das war nichts, alter Freund, versuch's woanders.

»Ich glaube, ich will dich gar nicht mehr«, sagte sie und wandte sich mit traurigem Gesicht ab. In dieser Stimmung hatte ich sie noch nie erlebt, und ihr verschlossenes Gesicht, die schmalen Schultern und ihre leicht gebeugte, mutlose Haltung erschreckten mich.

Vielleicht erwartete sie den Satz: Sag mir, was ich tun soll, um dich zufriedenzustellen, und ich werde es tun. Aber ich brachte diese Worte nicht über die Lippen. Es war keine Angst vor Sex – im Gegenteil, ich fand sie sehr attraktiv. Aber Sex war für sie keine Mahlzeit, sondern allenfalls der erste Gang. Sie würde erst zufrieden sein, wenn sie mich ganz und gar besaß. Sie wollte mehr als Nachmittage voller Leidenschaft und gelegentlich eine Abendgesellschaft. Ich verspürte eine starke Angst, daß sie mir die Seele aus dem Körper saugen wollte.

Ohne ein Wort zu sagen, ging sie aus dem Zimmer und hinunter zum Telefon in der Eingangshalle. Sie nahm den Hörer ab und wählte eine Nummer, und wieder tat sie mir leid. Ich sagte nichts. Ich beobachtete ihren inneren Kampf, ihren Hilferuf. Ich nahm an, daß sie ein Taxi rufen wollte.

»Julian!« sagte sie.

Was war das für eine neue Stimme? Sie klang fröhlich, sie klang falsch. Daß diese völlig andere Stimme aus ihrem Mund kam, hatte etwas Diabolisches, als wäre sie ein Ektoplasma, das mühelos von Traurigkeit zu Koketterie wechseln konnte. Wie London, wo es Straßen gab, die an Dickens' Zeiten erinnerten, während schon die nächste eintönig, aufgeputzt, überkandidelt, gemütlich oder gefährlich wirken konnte. London war nicht eine Stadt, sondern viele.

»Ich bin's. Was ist nun mit unserem Drink?« sagte sie. Sie lauschte. Dann sagte sie: »Sehr gut.«

Sie fuhr fort, mit ihrer neuen Stimme zu sprechen, erwähnte einen Verleger, eine Zeitschrift, einen Herausgeber, ein Café und traf eine Verabredung für den nächsten Tag. Die Stimme, die wie ein Entenquaken aus dem Hörer kam, klang überrascht und dankbar – es war die beflissene Stimme eines jungen Mannes, der für die unerwartete Unterbrechung an einem sonst ereignislosen Nachmittag dankbar war. Ich kannte dieses Gefühl.

Sie plauderte und ließ mich noch eine Weile warten. Dann legte sie auf und sagte über die Schulter: »Ich muß gehen. Danke, daß ich telefonieren durfte.«

Ich nahm ihren Arm, so daß sie sich umdrehen und mir zuhören mußte.

»Das hat mal eine Hure mit mir gemacht, in einem Hotel«, sagte ich. »Sie war mit mir fertig und hat ihren nächsten Kunden angerufen.«

»Du bist ein Scheißkerl«, sagte Lady Max.

Ich hielt ihr die Haustür auf. Während wir durch die Zimmer gegangen waren, von der Rückseite zur Vorderseite des Hauses, war die Dunkelheit hereingebrochen. Das Wort »Scheißkerl« lag noch auf ihren Lippen, als sie hinaustrat. Selbst in ihrer Gier und Aufdringlichkeit war sie mir noch schön erschienen, doch nun hatte ich das Gefühl, sie gut zu kennen, und fand sie häßlich, mager, blutarm und hexenhaft.

»Wundere dich nicht, wenn dein Leben in London von jetzt an ziemlich anders verläuft.«

Es war eine Drohung, und sie verließ mich in dem Glauben, daß ich zum Untergang verurteilt war, daß man mich bald vergessen haben würde. Sie ging hinaus auf die Straße und verschwand, verschluckt von der Londoner Dunkelheit. Ich hatte keine Angst. Sogleich erschien mir mein Haus wieder sicher und geräumig. Es machte mir nichts aus, vom Umgang mit gewissen Kreisen ausgeschlossen zu sein, falls das hieß, daß ich dieser Frau nie mehr begegnen mußte.

Ein paar Minuten später kamen die Jungen von der Schule nach Hause. Es war Freitag. Vor ihnen lagen zwei freie Tage, und ihr Gelächter vertrieb die bösen Geister. Von diesem Tag an wurde das Wetter immer besser.

Der Frühling kam. Alison wußte nur, daß ich eine Zeitlang sehr zufrieden und produktiv war. Mein Buch war noch immer nicht fertig. Aber ein Buch war kein Job, kein Projekt, sondern ein Teil meines Lebens, und mein Leben gefiel mir.

Dennoch: Wenn ich eine Rezension oder einen Reiseartikel schrieb, fiel mir immer Lady Max' Drohung ein, eine Drohung, die in meiner Erinnerung immer mehr Ähnlichkeit mit dem Fluch einer Hexe bekam. Ihr zu trotzen, machte mich stärker, und ich wurde selbstbewußter, als ich merkte, daß sie mich nicht vernichten konnte, denn es bedeutete, daß das, was ich schrieb, gut war. Ich war nicht ihre Kreatur, und sie war nicht für meinen Erfolg verantwortlich. Ihr Feld waren Public Relations, und das galt auch für Hexen.

Einmal sah ich sie auf dem Empfang eines Verlegers. Sie erschien mir häßlich, fast monströs mit ihrer riesigen weißen Stirn, den hervorstehenden Augen, dem gierigen Mund und den roten Klauen. Ich wollte sie begrüßen, doch für sie hatte ich aufgehört zu existieren. Es gab eine Londoner Methode, mit Leuten umzugehen, die man abgeschrieben hatte. Sie bedachte mich mit einem eiskalten Blick und ignorierte mich dann – obwohl sie mich gesehen hatte, nahm sie meine Anwesenheit nicht mehr zur Kenntnis. Als sie quer durch den Raum auf einen jungen Mann zuging und ihn betont herzlich begrüßte, wußte ich, daß das ganz eindeutig und in gehässiger Absicht auf mich zielte: Es war jener Julian, den sie von meinem Haus aus angerufen hatte.

Ich ging zufrieden nach Hause und sah sie nie wieder. Lady Max hatte Julian zu ihrem Liebhaber erkoren. Er war jetzt das Projekt, an dem sie arbeitete. Er stammte aus dem Norden, war neu in London, lebte in Hampstead und schrieb über das Elend in den kleinen Bergarbeiterstädten. War Lady Max der Grund, warum alle Zeitungen über ihn schrieben, warum er ständig lobend erwähnt und wohlwollend rezensiert wurde, warum man ihm Aufträge anbot und ihn auf die Auswahlliste für verschiedene Frühjahrsbuchpreise setzte? Es würde sich zeigen. Inzwischen stand Julian – wie einst vielleicht ich – in dem Ruf, einer von Lady Max' jungen Männern zu sein.

»Ich finde, dieser Julian ist ein widerlicher kleiner Schmarotzer«, sagte Musprat.

Wir hatten unsere Snookerpartien wieder aufgenommen, allerdings nicht im Lambourne. Musprat vermied es, dorthin zu gehen, weil er dem Club sowohl Beiträge als auch Zechen schuldete. Wir spielten in der *Regency Snooker Hall* in Clapham Junction, zwei Pfund pro Stunde, Tee und Fleischpastete extra, und an der Kasse saß ein Cockney mit Ohrring und Tätowierungen, der sagte: »Issas alles, Meister?«

»Aber sie ist noch schlimmer«, fuhr Musprat fort. »Das wissen Sie ja.«

Um ihn zu ermuntern, mir seine Version zu erzählen, verneinte ich.

»Jedesmal wenn ich meine Steuererklärung ausfülle, denke ich an sie«, sagte er. »Sie ist keine Engländerin und zahlt keine Steuern.«

»Natürlich ist sie Engländerin. Ihre Mutter ist eine Marquise.«

»Lady Max ist Amerikanerin. Sie hat die Staatsbürgerschaft gewechselt, aus steuerlichen Gründen. Sie hat einen amerikanischen Paß. Was glauben Sie, wie sie sich in London dieses Leben leisten kann?«

Ich hätte es wissen müssen. Dennoch war ich Lady Max dankbar. Sie hatte mir vor Augen geführt, daß ich nie ein Londoner sein würde. Es war eine sehr lehrreiche Lektion gewesen. Und weil ich nicht ihr Liebhaber geworden war, konnte ich sie – und London – deutlich erkennen. Ich hatte das komplexe Schicksal eines Fremden in dieser Stadt am eigenen Leib erfahren und war mir sicher, daß irgendwann einmal eine Zeit kommen würde, da ich über Lady Max und ihre Stadt und mein Leben in London schreiben würde.

FÜNF

Der Schriftsteller und sein Leser

I

Anthony Burgess fand großen Gefallen an der Geschichte über den berühmten Kritiker und Dichter William Empson, Autor von *Sieben Arten von Zweideutigkeit*, die ich ihm erzählte: Während Empson mit einem Freund von mir über einen wenig bekannten metaphysischen Dichter diskutierte, hielt er plötzlich inne, fiel auf die Knie und sagte ganz unzweideutig: »Ich würde gern Ihren hübschen kleinen Pimmel in den Mund nehmen.«

Mein Freund, der Bücher liebte und Empsons Werke bewunderte, begann zu stottern, lehnte dankend ab und half dem Professor auf die Beine.

Empson und mein Freund setzten ihr Gespräch über Lyrik noch etwa eine Stunde lang fort. Dann servierte Empsons Haushälterin ihnen Tee.

»Er will mich nicht seinen hübschen kleinen Pimmel küssen lassen«, sagte Empson zu ihr.

Die Haushälterin lachte nachsichtig und schenkte den Tee ein. »Diese Amis!« sagte sie.

Professor Empson war über siebzig und recht beleibt, hatte eine graue Haut, zerzaustes Haar und Bartstoppeln und trug einen ausgeleierten Pullover. Er starrte meinen Freund an, lächelte – wobei sich zwischen dünnen Lippen bräunlich verfärbte Zähne zeigten – und »sah durstig aus«.

Das war der Augenblick, in dem mein Freund die Flucht ergriff. Er war schockiert, und weil man es ihm anmerkte, lachte Empson ihn einfach aus. Auch Burgess lachte, als ich ihm in London diese Geschichte erzählte. Das verstand ich erst Jahre später, als ich seine

Autobiographie las und erfuhr, daß seine erste Frau und er mehrmals mit einer *ménage à trois* experimentiert hatten. »Ich habe so gut wie alles ausprobiert.«

Auch Sam Lettfish erzählte ich die Geschichte. Er verzog keine Miene. »Empson wird nicht gesammelt«, erklärte er. Darum langweilte ihn diese Anekdote. Aber: »Ich bin einer von Burgess' eifrigsten Lesern. Ich liebe Bücher. Klingt das abgedroschen?«

Nein. Bloß amerikanisch.

Er sagte, er habe drei Kisten Bücher von Burgess mitgebracht, um sie signieren zu lassen.

»Solche komischen Sachen mache ich dauernd.«

Das war auf einer Veranstaltung in London, einem Interview vor Publikum, bei dem Burgess als Stargast erschien und ich ihm Fragen stellte. Anschließend konnten sich die Zuschauer ihre Bücher von Burgess signieren lassen, und der Mann mit den meisten Büchern war dieser Lettfish. Man wies ihn an, sich hinten anzustellen, weil er einfach zu viele Bücher mitgebracht habe: drei große Kisten. Er war mit einem Mann gekommen, der die Kisten trug. Lettfish war nicht erbaut darüber, sich so lange gedulden zu müssen.

Beim Warten machte er die Bemerkung, er sei einer von Burgess' eifrigsten Lesern. Dann fuhr er fort: »Ich bin selbst so eine Art kleiner Burgess.«

Wir standen neben der Schlange von Lesern, die ihre Bücher signieren lassen wollten. Das Kulturzentrum an der Southbank hatte zu Ehren von Burgess und mir zu einem Mittagessen eingeladen, und ich wollte Burgess meinen Sohn vorstellen, der gerade begonnen hatte, Russisch zu studieren.

»Er ist von allen modernen Autoren der sprachgewandteste. Ich sammle ihn seit Jahren. Ich habe tonnenweise Material.« Lettfish kam in Fahrt. »Ich habe das größte private Burgess-Archiv. Ich bin genauso schlimm wie er!«

Neben Junk Bonds, antiken Landkarten und japanischen Netsukes waren moderne Erstausgaben eine der Leidenschaften der frühen achtziger Jahre – hübsche kleine Sammelobjekte. Die Bücher mußten Schutzumschläge haben – »die Originalverpackung« –, sie durften keine Flecken oder Eselsohren aufweisen und nicht aus Büchereien stammen.

»Sie haben doch sicher auch ein paar von seinen Büchern«, sagte Lettfish und musterte mich, als sei ihm gerade bewußt geworden, daß ich von einigem Wert sein könnte. »Ich bin immer an Kollegenexemplaren interessiert.«

Das war eine gesuchte Unterkategorie der Modernen Erstausgaben: etwas wie Stephen Spenders Ausgabe von Eliots *Four Quartets* »mit einigen in Bleistift und Kugelschreiber ausgeführten Randbemerkungen von Spender«.

»Eigenartig, daß Sie William Empson erwähnt haben. Ich habe Empsons Rezensionsexemplar von Burgess' *Nothing Like the Sun.* Gebundene Fahnenabzüge. Wie neu.«

Um ihn zu ärgern, sagte ich: »Ich lese nur Taschenbücher, und wenn ich sie durchhabe, werfe ich sie weg.«

»Briefe, Notizbücher, Manuskripte«, sagte er. »Das korrigierte Manuskript von *Der Doktor ist defekt*. Dafür hab ich siebentausend hingelegt. Wenn Sie irgendwelches Material über Burgess haben, das Sie verkaufen möchten, sagen Sie mir Bescheid.«

Er reichte mir seine Visitenkarte und winkte seinem Bücherkistenträger, zu ihm in die Schlange zu treten. Als er an der Reihe war, packte er seine Erstausgaben aus, und Burgess setzte seine elegante, gut lesbare Unterschrift auf die Titelseiten, während Lettfish ihn mit Fragen bombardierte.

»Die Leute sagen zu mir: ›Sie sind verrückt‹, aber das ist mir egal. Ich bin genauso schlimm wie Sie!«

Burgess beugte sich schwitzend und schreibend über die Bücher und hörte nicht zu. Ich las Lettfishs Visitenkarte. Er war Teilhaber der Kanzlei Littler and Lettfish in New York. Die Kanzlei hatte eine Filiale an den Lincoln's Inn Fields.

Als das letzte Buch signiert war, stand Burgess auf, reckte sich, fuhr sich mit den Fingern durch die Haare und kehrte Lettfish und den anderen Lesern den Rücken.

»Ich bin etwas bissig«, sagte er, als die Menge ihm zu dicht auf den Leib rückte. »Wenn Sie mich also bitte entschuldigen würden.«

»Der letzte Mann, der mit den vielen Büchern, ist ein echter

Sammler«, sagte ich beim Mittagessen zu Burgess. »Er hat das größte private Burgess-Archiv.«

»Welcher Mann?«

»Lettfish. Er findet, daß Sie von allen modernen Autoren der sprachgewandteste sind.«

»Quatsch.«

Fortan bekam ich von Lettfish höfliche, aber beharrliche Briefe und Telefonanrufe. Er lud mich zum Mittagessen ein und fragte mich noch einmal, ob ich etwas zu verkaufen hätte – etwa Briefe oder Postkarten von Burgess. Seine Wahl war auf mich gefallen, weil ich mit Burgess befreundet war und dieser sich nur selten in London aufhielt. Anfangs lehnte ich seine Einladungen ab, doch in einem Augenblick der Schwäche bat ich ihn um Hilfe. Lettfish übernahm meinen Fall und brachte eine Steuersache, die mir großes Kopfzerbrechen bereitet hatte, schnell zu einem guten Ende. Ein Honorar lehnte er ab. Ich war ihm so dankbar, daß ich ihm eine Postkarte von Burgess schenkte. Sie war halb auf Malaiisch geschrieben, in javanischer Schrift.

Dieser Austausch von Gefälligkeiten zwischen Lettfish und mir erhielt unsere Verbindung aufrecht und flößte mir Respekt vor seinen Fähigkeiten ein.

»Diese Karte ist ein tolles Momento«, sagte er – er sprach dieses Wort immer so aus. »Sie sind ja noch schlimmer als ich.«

Mein Instinkt riet mir, zu Bankiers oder einflußreichen Männern wie Lettfish höflich zu sein und sie tunlichst nicht zu verärgern, denn sie hatten gute Beziehungen, und wer wußte schon, wann man die mal brauchen konnte? Angesichts der Tatsache, daß sie nie über ihre Macht sprachen, fühlte ich mich nur noch schwächer. Ich traf mich gelegentlich mit Lettfish, hatte aber den Eindruck, daß er kein Interesse an meiner Person hatte. »Würde es Ihnen etwas ausmachen, nicht zu rauchen?« sagte er einmal, als wir nach dem Mittagessen beim Kaffee saßen. Da er mich eingeladen hatte, steckte ich meine Pfeife wieder ein. Dann setzten wir unsere Unterhaltung fort. Es ging fast ausschließlich um Burgess. Lettfish wurde ganz aufgeregt, wenn er über ihn sprach. Ich dagegen dachte an Burgess und merkte, daß er mir fehlte.

Mir lag an meiner Freundschaft mit Burgess, weil es mir so vorkam, als hätte ich eine gewisse Ähnlichkeit mit ihm. Wir waren beide katholisch erzogen worden, zu einer Zeit, da die Messe noch auf Lateinisch zelebriert wurde. Als die Liturgie dann geändert worden war und man den Gottesdienst volkstümlich und auf Englisch abhielt, als man das Agnus Dei nach der Wandlung durch verspielte Orgelmelodien ersetzt hatte und die Gemeindemitglieder immerfort angehalten wurden, einander die Hände zu reichen und zu umarmen, hatte er sich von der Kirche abgewandt, und bei mir war es nicht anders gewesen. Doch die Kirche hatte ihr Werk bereits getan: Mein Gewissen war ein schwarzer Wurm, und wir waren beide davon überzeugt, daß unsere Seelen mit unauslöschlichen Sünden befleckt waren.

Der junge Sünder aus der Provinz, der einer großen, unübersichtlichen Familie entflieht, ist nicht nur als Verfasser, sondern auch als Protagonist eine vertraute literarische Figur mit langer Tradition. Wir hatten diesen Typus verkörpert, Burgess in Manchester und ich in Medford. Doch anstatt unser Glück in der Metropole zu suchen (in seinem Fall London, in meinem New York), waren wir ins Ausland gegangen, in entlegene Teile der Welt – erst nach Europa, dann in die Tropen. Burgess' erstes gutes Buch war in den Tropen entstanden und hatte mich, der ich mich gerade in einem ähnlichen Land aufhielt, zu meinem ersten Buch inspiriert. Ich erinnere mich noch an den regnerischen Samstagnachmittag im Jahr 1964, an dem ich die Taschenbuchausgabe von *Time for a Tiger* gekauft habe: in Njassaland, in einem Laden der *Limbe Trading Company*, für drei Shilling Sixpence.

Ich las es und fühlte mich in meiner Entscheidung, so weit wie möglich von zu Hause wegzugehen, bestätigt. Es gab mir Auftrieb, daß Burgess an einem so entlegenen Ort ein Thema entdeckt hatte. Sein Buch überzeugte mich davon, daß ich dasselbe tun und über die nachkolonialistische Welt eines kleinen, kürzlich unabhängig gewordenen Staates schreiben konnte. Damals hatten das erst wenige getan, nur Burgess und Naipaul. Ich brauchte die Ermutigung durch ihr Beispiel: Ich war allein. Ich wußte, daß ich von 1963 bis zu meiner Ausreise 1965 der einzige Mensch in Njassaland war, der einen Roman schrieb, und danach war ich der einzige in Uganda.

Burgess war produktiv, ungeduldig, witzig, bescheiden und selbstironisch und besaß ein Talent für Mimikry. Er schrieb über alles mögliche, er schrieb beidhändig. Ich war kein Linguist wie er und hatte keine Ahnung von Musik, doch sein Beispiel ermutigte mich. Er war ein Reisender, ein Lehrer, ein geborener Fremder; er war ein einfühlsamer und witziger Kritiker und gehörte keiner literarischen Schule an. Er war alt genug, um mein Vater zu sein. Das war sehr wichtig. Ich bewunderte ihn dafür, daß er sich zu einem großen Abwesenden gemacht hatte.

Ich las alles von ihm, was ich bekommen konnte, etwa ein Dutzend Romane. Ich reiste weiter, ich schrieb weiter. Nachdem Alison und ich geheiratet hatten und nach Südostasien gegangen waren, lernte ich Burgess 1969 endlich kennen, in einem chinesischen Restaurant in Singapur. Er war auf der Durchreise nach Australien, hatte infolge des Jetlags das aufgedunsene, schlaflose Gesicht eines Menschen, der regelmäßig Medikamente einnimmt, und war leicht betrunken und mürrisch. Dennoch war er empört über die Regierung von Singapur, die den Standpunkt vertrat, das Studium der englischen Literatur sei überflüssig, und uns das Leben schwermachte.

»Die englische Literatur ist die vielleicht großartigste der Welt«, sagte Burgess in dieser Nacht. Wir tranken Gin in einer Spelunke und wiegten uns auf Holzstühlen unter einem quietschenden Deckenventilator vor und zurück, umgeben von aufgehängten luftgetrockneten Enten und Tabletts voller Hühnerfüße. »Und da es in der Literatur immer um Moral geht, ist sie die denkbar zivilisierteste Kunstform. Darum seid ihr den Politikern ein Dorn im Auge.«

»Das ist mir egal«, sagte ich. »Ich will Schriftsteller werden.«

»Ich habe Ihre Bücher gelesen«, sagte er. »Sie sind bereits Schriftsteller.«

»Ich meine, ich will davon leben.«

»Dann halten Sie sich von Hollywood fern. ›Mit Filmen hat man kein Glück‹, hat Scott Fitzgerald gesagt. ›Schuster, bleib bei deinem Leisten.‹ Sehen Sie mich an. Mein Verhältnis zu Hollywood ist ein Fall von unerwiderter Liebe«, sagte er. »Und mit *Clockwork Orange* hab ich bloß etwa fünfzehntausend Singapur-Dollar verdient.«

»Ich will hier weg«, flüsterte ich ihm zu.

»Bleiben Sie in Singapur, solange Sie hier schreiben können. Versuchen Sie, kein Sandfliegenfieber zu kriegen. Das hat meine erste Frau zur Alkoholikerin gemacht und sie schließlich umgebracht. Sie merken schon, wenn es Zeit ist zu gehen.«

Kurz darauf gab ich meine Lehrtätigkeit auf, um Harry Lazard Lyrikunterricht zu erteilen. Es war ein Sprung ins Ungewisse, und die Folge war, daß ich wie ein Flüchtling in London landete, wo man mich ein Jahr lang nur duldete, bevor man mir schließlich die Erlaubnis erteilte, mich mit meiner Frau und unseren beiden Söhnen auf unbegrenzte Zeit dort niederzulassen.

Fünf Jahre vergingen. Dann kam die Nacht, in der ich Burgess interviewte und Sam Lettfish kennenlernte. Später erwähnte ich bei einem unserer Mittagessen, daß ich in Singapur gelebt hatte. Lettfish sagte: »Mir gefallen die Teile von *Malayan Trilogy*, die in Singapur spielen.« Und dann: »Ich hatte mal einen Freund in Singapur, Harry Lazard.«

»Den kenne ich auch«, sagte ich.

»Ich habe ihn in einem sehr großen Fall vertreten, in dem es um gefälschte Endbenutzerzertifikate für militärische Ausrüstungsgegenstände ging.«

»Ich habe ihm Lyrikunterricht gegeben«, sagte ich.

»Haben Sie Fayette kennengelernt?«

»Natürlich«, sagte ich und fragte mich, ob ich es wagen konnte, mehr zu sagen.

»Sie hatte in den sechziger Jahren eine heiße Affäre mit dem indonesischen Präsidenten Sukarno«, sagte er.

Ich versuchte, mir diese hochgewachsene, blonde Frau, eine Jüdin aus South Carolina, in der Umarmung des Diktators vorzustellen, den sein Volk »der große Stecher« nannte.

»Sie ist genauso schlimm wie ich«, sagte Lettfish. »Schlimmer.« Und er fügte hinzu: »So etwas kann einen Ehemann sehr unruhig machen.«

»Er hat mich mit Nathan Leopold, dem Mörder, bekanntgemacht«, sagte ich.

»Harry ist genauso verrückt wie ich.«

»Ich frage mich, wo er jetzt wohl sein mag.«

»In Israel, nehme ich an«, sagte Lettfish. »Er war ziemlich gebrochen, nachdem Fayette ihn verlassen hatte. Haben Sie vorhin ›Lyrikunterricht‹ gesagt?«

»Ja«, sagte ich und erklärte es ihm.

»Er ist ja noch schlimmer als ich!«

Doch ich dachte daran, daß ich Lettfish eigentlich nicht kannte, ebensowenig wie Harry Lazard oder seine Ex-Frau. Lettfish kannte mich nur oberflächlich, ich kannte Burgess kaum, Lettfish kannte Burgess überhaupt nicht. Dennoch stapften wir weiter durch diese seichte Pfütze aus Namen, Bekanntschaften und Trivialitäten und taten so, als wäre das die Wirklichkeit.

Damals hatte Burgess England noch nicht verlassen. Ich dachte, er lebe in Fulham oder Putney, irgendwo in den am Fluß gelegenen westlichen Vororten Londons. Wir waren beide Literaturkritiker für Wochenblätter und Sonntagszeitungen und verkauften unsere Rezensionsexemplare an Gaston. Doch nachdem Lettfish sich bei mir nach Burgess' Adresse erkundigt hatte (er wollte Burgess unbedingt privat kennenlernen), entdeckte ich, daß er in Brighton lebte, in »möwenumkrallter Luft«.

»Das muß in Hove sein«, sagte Lettfish. »Enderby« – eine Figur in einem von Burgess' Romanen – »lebt in Hove. Erinnern Sie sich an die Szene, in der Vesta Brainbridge ihn besucht?«

Ich hatte den Eindruck, daß Lettfish wieder einmal Kunst und Leben verwechselte, doch wie sich zeigte, hatte er diesmal recht. Als ich Burgess das nächste Mal bei Gaston traf, fragte ich ihn, und er bestätigte, daß er an der Südküste lebte, in Hove, fügte jedoch hinzu, er habe vor, schon sehr bald wieder von dort zu verschwinden.

»Ich hasse dieses Licht«, sagte er. »Ich brauche mehr Sonne. Ich kann in dieser vernebelten Dunkelheit nicht arbeiten.«

Außerdem haßte er es, englische Steuern zu bezahlen. »Ich bin lange genug ein Idiot gewesen.« Er erwog, nach Irland zu ziehen, war aber selbst zu irisch, um dort glücklich werden zu können. Er ging nach Malta, fand es repressiv und von Priestern verseucht, zog nach Monaco und schließlich nach Italien. Er reiste viel, hielt Vorträge, unterrichtete in den USA und hatte immer eine Kopie von *Clockwork Orange* im Gepäck, die er seinem Publikum vorführte, um es zu amüsieren oder zu beeindrucken.

Nachdem Burgess England verlassen hatte, ließ Lettfish öfter von sich hören, und zwar aus eben diesem Grund: Burgess war nicht mehr da. Manchmal, wenn Burgess für ein paar Tage in London war, verabredeten wir uns auf einen Drink, in New York traf ich ihn zufällig, und in Straßburg hielten wir gemeinsam ein Seminar ab. Der Altersunterschied zwischen uns spielte inzwischen keine Rolle mehr. Ich war immer nur sein Bekannter, nie sein Protégé gewesen. Er war ein Mann ohne enge Freunde.

Eines der Charakteristika englischer Schriftsteller war, daß sie alle eine Zeitlang in äußerst dürftigen Verhältnissen gelebt hatten – aus denen viele nie herauskamen. Es waren gewöhnlich schwer arbeitende Menschen, die überhaupt nicht hochnäsig, sondern durch und durch demokratisch gesinnt und Kollegen gegenüber wirklich großzügig waren. Das Leben eines Schriftstellers in England war schwerer, aber auch einfacher als anderswo, weil das Schreiben keiner Klasse zugeordnet und im Grunde eine brotlose Kunst war. Wir lasen einander, wir schrieben übereinander. Selbst die Größten waren sich nicht zu schade, für Zeilengeld Rezensionen zu schreiben. Alles war gut, bis ein englischer Autor mit Filmrechten oder einem Bestsellererfolg in Amerika reich wurde. Dann hob das viele Geld ihn heraus, und er wurde verspottet, beneidet, verleumdet – man nannte ihn »das dicke Schwein in seinem dicken Schlitten« und verachtete ihn für sein gutes Einkommen und sein angenehmes Leben.

Burgess war freundlich zu mir, doch er konnte auch reizbar sein, und wenn er paffend an seiner übelriechenden Schimmelpenninck zog oder sie wie einen qualmenden Bleistift in zitternden Fingern hielt, trieb es mir die Tränen in die Augen. Er verachtete die englische Mittelklasse und wurde sehr wütend, wenn er Anzeichen von Spießbürgerlichkeit wahrzunehmen meinte. Selbst in einer Unterhaltung gebrauchte er schriftsprachliche Wörter: »seherisch«, »Ideolekt«, »Heilkundiger«, »synkretistisch«. Er bestand darauf, nur in den besten Hotels abzusteigen, in London immer im *Claridge's*, tat aber, als wäre er arm, vielleicht weil es ihm peinlich war, daß er so schwer arbeitete und daß sein Ausstoß so groß war. Er versuchte, sparsam zu leben, gab aber großzügige Trinkgelder, wie es Menschen aus bescheidenen Verhältnissen oft tun – aus Angst oder

Sympathie: Sie verstehen die Leute, von denen sie bedient werden, und wissen, wie schwach und neidisch sie sein können. Ein üppiges Trinkgeld ist nichts als der unbeholfene Versuch, diese Leute zu beschwichtigen.

»Trinkt er?« fragte Lettfish, der selbst ein vorsichtiger Trinker war. Er war zu sehr auf der Hut und hielt sich viel zu lange an seinem Glas Bier fest, das er hartnäckig als »Bitters« bezeichnete.

»In gewisser Weise.«

»Ich wette, er ist genauso schlimm wie ich«, sagte er. »Ich hab immer ein Glas in der Hand.«

Burgess trank eine Menge, aber er war kein Trinker. Sein Werk war ihm so wichtig, daß er es nicht durch Alkohol beeinträchtigen oder vergröbern wollte. Erst nach getaner Arbeit trank er Gin, genoß er Wein, hob er Gläser voll Bier. »Wollen Sie das nicht mehr?« fragte er mich einmal in einem Londoner Restaurant und zeigte auf ein Glas Wein, das ich nicht austrinken konnte. Dann stürzte er es hinunter. Ich staunte über ihn – sein Geist war immer in Bewegung. Alkohol weckte den Iren in ihm, dem man vieles nachsah. Ich hatte ihn nur wenige Male betrunken erlebt, und da hatte er so bemitleidenswert und verletzlich gewirkt wie einer jener Menschen, für die Betrunkenheit eine Schande ist: Auf seinem Gesicht lag ein Ausdruck von Schmerz und schuldbewußter Überraschung.

Ich habe nie einen Schriftsteller gekannt, der schwerer arbeitete oder großzügiger war. Natürlich konnte er sich für seine Rezensionen die besten Bücher aussuchen, während junge Spunde wie Musprat oder ich mit dem Rest vorliebnehmen mußten. Aber nur Burgess besaß sowohl das geistige Rüstzeug als auch die Stilsicherheit und das nötige Selbstbewußtsein, um die neue Ausgabe der *Encyclopaedia Britannica*, das *Oxford English Dictionary* oder die elfbändige Ausgabe von Samuel Pepys *Tagebuch* rezensieren zu können. Dennoch hatte er noch immer Zeit für Freunde, Studenten und hoffnungsvolle junge Kollegen. Er schrieb ein Vorwort für die französische Ausgabe eines meiner Romane – *Les Conspirateurs* – und unterschrieb zum Scherz mit »Antoine Bourgeois«.

Er arbeitete immer, er schrieb und komponierte. »Was Auftragsarbeiten betrifft, so nehme ich jedes vernünftige Angebot an«, sagte er und fügte hinzu: »Und viele unvernünftige.« Er war vielleicht zu ruhelos, zu ungeduldig, zu fleißig, um ein großer Schriftsteller zu sein, aber Größe bedeutete ihm ohnehin nichts; er wollte nur gut schreiben und originell sein. Er war niemals grausam. In seiner Großzügigkeit war Weisheit. In meinen Augen war das seine größte Gabe: Er konnte auf Abstand gehen und den Wert der Bemühungen eines anderen erkennen.

»Ich hab mal versucht, ein Reisebuch zu schreiben«, sagte er. »Wir sind mit unserem Bedford Dormobile nach Süditalien gefahren, nach Kalabrien. Es hat großen Spaß gemacht, das Essen war phantastisch, und jeden Tag hab ich mich hingesetzt und etwas darüber geschrieben, in der Absicht, ein Reisebuch daraus zu machen. Nach ungefähr zwei Wochen hab ich dann gemerkt, daß ich nur Mist produziert hatte.«

»Ich würde gern ein Reisebuch über Italien von Ihnen lesen.«

»Ich habe es nicht geschafft«, sagte er. »Aber ich werde Ihnen etwas verraten: Ich lese Ihr *Great Railway Bazaar* jedes Jahr.«

Das war ein Burgess-Kompliment, und zwar ein typisch überschwengliches, aber ich wußte, daß ihm das Buch wirklich gefiel, und jetzt hatte ich eine Ahnung, warum er mich mochte: Ich hatte etwas geschrieben, das er nicht zustande gebracht hatte. Auch er war zu einem meiner Leser geworden. Aus demselben Grund jedoch bewunderte ich ihn und viele andere Schriftsteller: Ich hätte nie schreiben können, was sie geschrieben hatten. Ich wußte nicht genau, wie ein Schriftsteller sein Buch schrieb, nahm jedoch sehr deutlich die Fähigkeit wahr, die den hervorragenden Autor ausmacht: den Leser im Innersten anzurühren, und darum ging es ja schließlich. Wie machten sie das?

Ein Leser mochte einen Schriftsteller bewundern, doch den Zauber würdigen konnte nur ein anderer Schriftsteller. Manchmal hatte ich das Gefühl, daß ich sein einziger wirklicher Leser war. Darum wunderte ich mich über Lettfish und belächelte ihn: Nur weil er Burgess' Bücher sammelte, glaubte er, ein Stück von ihm zu besitzen. Es ärgerte mich, daß Lettfish gar nicht wußte, wie bedrückend eine leere Manuskriptseite sein konnte. Die Anmaßung, die in dem Satz: »Ich sammle ihn« zum Ausdruck kam, war unerhört.

Ich bewunderte die Leistung großer Schriftsteller und versuchte noch immer, das Geheimnis ihres Lebens zu ergründen. Ich wußte, was nur wenige Leser wußten: daß man ein bestimmter Schriftsteller sein mußte, um ein bestimmtes Buch zu schreiben. Meine Bewunderung für ihr Werk war die Folge meiner Verwunderung: Ich konnte mir nicht vorstellen, wie sie das geschafft hatten. Solche Schriftsteller inspirierten mich, weil sie mir zuerst vor Augen führten, wie dumm ich war, und mir dann das Gefühl vermittelten, weise zu sein. Wer ein wirklich gutes Buch liest, ist überwältigt von Gefühlen der Inspiration und der Dummheit, der Verblüffung und des Vertrauens und wird schließlich zu einer Art ergebenem, geblendetem Apostel, der sich bemüht, der Heilsgestalt des Autors zu folgen.

Wie gewöhnliche Autoren ihre Bücher produziert hatten, wußte ich. Das war kein Geheimnis. Es gab eine Art von Kunsttischlerei, die zwar Tischlerei, aber keine Kunst war. Man sah, wie die Verbindungen gearbeitet waren und wo welche Komponenten ineinandergriffen. Laien empfahlen mir oft solche Bücher. Ich erwähnte beispielsweise New York, und sie sagten: »Sie müssen unbedingt ... lesen«, und nannten den Titel eines kürzlich erschienenen Buches. Ich konnte diesen Laien nicht begreiflich machen, daß solche Bücher schmissig und beachtenswert sein mochten, aber auch uninspiriert waren und überschätzt wurden. Ich warf einen Blick hinein und wußte, wie sie entstanden waren. Es lag mir fern, mich darüber lustig zu machen, aber ich wußte, daß ich das auch hätte schreiben können – ich hatte es ja bereits getan.

Doch es gab so viele andere Schriftsteller, die brillant waren, daß ich mich in die Kunst des Schreibens verliebte und hoffte, das Beispiel meiner Kollegen werde mich inspirieren und nicht einschüchtern. Ich verglich nie unsere Bücher, ich verglich nur unser Leben. Ich kannte keinen einzigen guten Schriftsteller, der es im Leben leicht gehabt hatte.

Burgess hatte ebenso schwere Zeiten hinter sich wie ich. Der Kampf hatte ihn großzügig und verschroben gemacht, er hatte seinen Büchern Energie verliehen und ihnen Leben eingehaucht. Sie mochten kunstlos wirken, doch sie waren voller Lebenskraft. Seine große Liebe zur Sprache verlieh ihnen etwas Manieriertes, doch ich betrachtete diese Sprachspielereien eher als eine Behinderung – in ihnen manifestierte sich nicht Wortgewalt, sondern Unbeholfenheit. Sie waren wie ein sympathischer Sprachfehler, wie ein liebenswertes Lispeln.

Ich liebte seine Bücher, weil sie nicht brillant waren, mich aber dennoch aufwühlten. Sie schienen zu schweben, der Schwerkraft zu trotzen, und vermittelten trotzdem die Illusion des Konkreten. In ihnen vereinten sich gewaltige Gegensätze – es waren schwebende Hüllen, gefüllt mit unerbittlichen Paradoxen: Burgess vermischte mit Vorliebe Gut und Böse. Er war einer der wenigen Schriftsteller, deren Werk ich bewunderte, weil ich es zwar nicht kopieren konnte, aber wußte, daß diese Qualität erreichbar war. Er besaß Talent, aber kein Genie, und das war ein weiterer Grund, warum ich seine Bücher sehr genau las: Hier gab es etwas zu lernen, zu begreifen. Diese Schriftsteller inspirierten mich nicht dazu, sie nachzuahmen, sondern dazu, ich selbst zu sein, und sie erfüllten mich mit dem Verlangen, eigene Romane zu schreiben.

Burgess blieb aus steuerlichen Gründen im Ausland, gab jedoch von Zeit zu Zeit joycesche Kommentare über Kunst und Exil von sich. Lettfish bedrängte mich mehr denn je und überhäufte mich mit Einladungen zum Mittagessen oder zu einem Drink, von denen ich etwa die Hälfte annahm. Es störte mich, daß ich mich nicht revanchieren konnte. Ihn störte das überhaupt nicht – im Gegenteil: Die Vorstellung, daß ich ihm etwas schuldete, schien ihm zu gefallen. Ich fragte mich, warum ich mich auf diese Bekanntschaft einließ, und kam zu dem Schluß, daß seine Sammelleidenschaft mich faszinierte: Sie verriet Begehrlichkeit, einen Blick für Details, große Geduld, einen starken Besitzdrang und vor allem Reichtum.

Ein weiterer Hinweis auf Lettfishs Macht war, daß seine Sammlung auch literarisch bedeutungslose, wegen ihrer Seltenheit aber sehr teure Stücke enthielt, die einmal Burgess gehört hatten. So besaß er einen abgelaufenen Paß von Burgess, einen Zinnbecher, den der Sultan von Kota Bharu Burgess geschenkt hatte, eine Aktentasche, eine Papierserviette mit Kritzeleien von Burgess – keine Wörter oder Bilder, sondern Noten und Melodiefragmente –, ein Russisch-Englisches Wörterbuch mit Burgess' Exlibris sowie ein Flugticket von London nach New York, das auf Burgess' Namen ausgestellt war.

Lettfish brüstete sich nicht mit diesen Dingen. »Ich kaufe andauernd so verrückte Sachen!« Wäre er nichts weiter als ein Sammler gewesen, so hätte ich mich gewiß nicht mit ihm getroffen. Aber er war ein Leser. Er hatte alles gelesen, was Burgess je geschrieben hatte. Das Werk zu kennen war ihm ebenso wichtig wie es zu besitzen. Er konnte ganze Absätze wörtlich zitieren und Dialoge wiedergeben, er kannte die Protagonisten und ihre Reaktionen, er wußte, was sie aßen und wie sie sich kleideten. Wir saßen in einem Restaurant, in dem die Bedienung ausgesprochen langsam war. »Ich weiß, was Victor Crabbe jetzt sagen würde.« In einem Pub sagte Lettfish: »Der Barmann sieht aus wie Paul Hussey« – eine andere Figur aus einem Roman von Burgess. Ich freute mich, als Lettfish sagte, Burgess' Werk habe ihm ein Gefühl für Sprache und Geographie gegeben: das Rußland von *Honey for the Bears*, das England von *Enderby*, das Malaya von *The Long Day Wanes*.

»Ist das Afrika von *Devil of a State* richtig wiedergegeben?« fragte er mich. »Sie haben doch lange dort gelebt.«

»Es ist alles erfunden. Burgess hat die Handlung des Romans nach Afrika verlegt, um ein Verfahren wegen Verleumdung zu vermeiden. In Wirklichkeit geht es um Brunei.«

»Würde es Ihnen etwas ausmachen, das zu lassen?«

Ich hatte an meiner Pfeife gezogen. Nun legte ich die Hand über den Pfeifenkopf und kochte innerlich vor Wut, weil ich seinem Wunsch nachkommen mußte.

»Was habe ich gerade gesagt?« fragte er.

»Keine Ahnung.« Ich sah ihn finster an.

Lettfish holte Luft und sagte: »Dann existiert dieser Staat Dunia also gar nicht?«

»*Dunia* heißt auf Malaiisch ›die Welt‹ und auf Arabisch auch, glaube ich.«

Solche Wissensbruchstücke ließen mich gebildet erscheinen, und das fand Lettfish beeindruckend.

»Ich bin selbst so eine Art kleiner Burgess«, hatte er gesagt, als wir uns kennengelernt hatten. Was hatte er damit gemeint? Ich nahm an, daß er sich mit dem Burgess'schen Antihelden identifizierte, der zum Opfer von Frauen wurde, zuviel trank, sich über seine nachlassende Gesundheit beklagte, überhöhte Rechnungen bezahlen mußte und überdies auch noch herumgeschubst wurde. Die Männer bei Burgess lebten mit chronischen Leiden, sie waren Romantiker, gewöhnlich belesen und trugen immer schlecht sitzende Gebisse. In Großstädten, besonders in amerikanischen, fühlten sie sich fehl am Platz; Verbrechen und jugendliche Verbrecher machten ihnen angst; sie reisten viel, obgleich ihnen Reisen verhaßt waren. Sie besaßen starke moralische Grundsätze und waren oft empört, aber zu feige, um sich auf körperliche Auseinandersetzungen einzulassen. Sie neigten zu Unfällen und fanden ihr Ende meist nicht in einem dramatischen Tod, sondern als verarmte Krüppel. Sie waren selbstironisch. Noch der ungebildetste von ihnen beherrschte mehrere Sprachen.

Mit einem Wort: Jeder von ihnen war Anthony Burgess.

Seine Bücher waren Lettfishs Erziehung gewesen. Sie hatten ihm die Anpassung an das Leben in England erleichtert, und Burgess' meisterhafte Schilderung der Unannehmlichkeiten des Londoner Lebens und seines problematischen Verhältnisses zu England – er war ein Katholik aus der Provinz, der sich seine literarischen Sporen in den Kolonien verdient hatte –, machte London für Lettfish erträglicher.

Bei einem unserer Mittagessen – ich war stets eingeladen – fragte er mich, wie es mir in London gefiel. Ich sagte ihm die Wahrheit: Ich war glücklich. Später dachte ich über dieses Glück nach, so wie ich manchmal in der U-Bahn das Gesicht einer schönen Frau betrachtete, Nase, Haar, Augen, Lippen, Haut und Beine musterte und darüber nachdachte, welches dieser Elemente, welche Kombination von Elementen sie so schön erscheinen ließ.

Mein Glück in London war ein großes Backsteinhaus in einer ruhigen Straße und die Tatsache, daß mein Schreibtisch an einem viktorianischen Fenster stand, das einen Ausblick auf die riesige Platane im Garten und diesen stillen Winkel Südlondons bot. Am meisten aber war mein Glück meine Familie. Ich dachte kaum je daran, daß ich in London lebte. Ich lebte in einem Haus. Ich gehörte zu einer Familie. Ich arbeitete drinnen. Die Stadt war vor den Fenstern, hinter der Platane und der Gartenmauer – nasse Dachziegel, schwarze Straßen, rote Busse –, und alles, was im Vordergrund lag, war privat, persönlich, sicher, erfüllt von Liebe und Wärme, nach Blumen und Essen duftend. Mein Haus war mein London.

Burgess' Bücher halfen Lettfish, sich mit England anzufreunden. Sie vermittelten ihm einen gewissen Stil – oder vielmehr: Er erkannte, daß sein eigener Stil gut genug war. Burgess' Protagonisten waren, wie der Autor, ganz normale Menschen. Und unter der Oberfläche, wo Spott sich in Zuneigung verwandelte, sprach aus den Büchern eine Vorliebe für Amerika und eine Ablehnung Englands. Burgess war einer jener widerwilligen Engländer, die das Klassensystem haßten und sich unter Amerikanern wohler fühlten, weil diese großzügiger waren und nicht so vorschnell urteilten – und doch machte er spitze Bemerkungen der typisch englischen Art nur, wenn er mit Amerikanern sprach.

Lettfishs Wortschatz war voller Burgess-Worte. Wer sonst sagte »proleptisch«, »pelagisch« oder »kakophon«? Er gebrauchte die Wörter »halitotisch« und »Lexem« korrekt. Manchmal übertrieb er es auch, etwa mit »brachyzephalisch«. Ich hatte das Gefühl, daß die Bekanntschaft mit Burgess' Werk Lettfish zu einem besseren Menschen gemacht hatte, und weil er sich mit den Büchern beschäftigte, die Burgess rezensiert hatte, war er belesener und witziger, er war ein angenehmerer Gesprächspartner und besser gerüstet für das Leben in London. Der unermüdliche Pädagoge Burgess (viele seiner Romanhelden waren Englischlehrer) war Lettfishs Lehrer gewesen.

Lettfish bat mich eindringlich, Burgess und ihn zu einem Abendessen einzuladen. Diese Bitte hatte er schon mehrmals geäußert, doch leider besuchte Burgess London nur sporadisch. Nachdem er England verlassen hatte, sah ich ihn selten. Er kam unangekündigt, war dann nur schwer zu finden und machte sich so rar, wie ich es von den meisten Schriftstellern gewohnt war. Seine Abreise war immer überstürzt. Ich wollte ihn eigentlich nicht zum Abendessen einladen. Wir würden nie enge Freunde werden. Ich wollte ihn nur kennen und weiterhin seine Bücher lesen.

Etwa um diese Zeit hörte ich auf, Alison abends vorzulesen, was ich tagsüber geschrieben hatte. Beide Kinder waren in der Schule, und dadurch veränderte sich unser Leben. Wir arbeiteten länger als zuvor, und das Abendessen konnte auch später stattfinden: Jetzt aßen wir ja nur noch zu zweit. Früher waren die Abende lang und ereignisreich gewesen: Sie hatten mit dem Abendessen für die Kinder begonnen und nach unserem eigenen Essen geendet, wenn ich Alison mein Tagespensum von etwa zwei Seiten vorgelesen hatte. Jetzt waren die Abende anders, leerer. Alison kam später nach Hause, manchmal aßen wir getrennt, und hin und wieder ging einer von uns allein zu Bett. Sie las zwar immer noch das fertige Manuskript, doch ich hatte aufgehört, ihr vorzulesen. Ich spürte, daß etwas Bedeutsames zu Ende ging, aber ich hätte nicht sagen können, was es war.

Ich fühlte mich einsamer und war empfänglicher für Angebote von Gastfreundschaft, und so traf ich mich öfter mit Lettfish. Jedesmal erinnerte er mich daran, daß er darauf brannte, Burgess privat kennenzulernen. Ich war bereit, ein Abendessen zu arrangieren – ich hatte das Gefühl, daß ich es Lettfish schuldete –, doch es war nicht möglich, weil Burgess nicht zu erreichen war; das heißt, er war entweder in Italien oder in Los Angeles.

Und ich erinnerte Lettfish – der mir gar nicht wirklich zuhörte – daran, daß Burgess kein guter Freund von mir war, sondern nur ein Bekannter, den ich 1969 in Singapur kennengelernt und danach hin und wieder getroffen hatte. Inzwischen waren zwölf Jahre vergangen. Ich hatte in England keine Freunde, nur zahlreiche Bekannte. Ich hatte nirgendwo Freunde. Burgess sagte von sich dasselbe. Freundschaft im Sinne jener Vertraulichkeit, die Liebe, Opfer und eine unbedingte Bereitschaft zur Offenheit einschließt, ist für einen Schriftsteller fast unmöglich. Die Schriftsteller, die ich kannte – Ian Musprat zum Beispiel –, hatten ebenfalls keine Freunde.

Dennoch: Sam Lettfish, der Sammler, der Anwalt, diese Version von Burgess, war entschlossen, seinen Lieblingsschriftsteller kennenzulernen. Ich sagte, ich wolle versuchen, es zu arrangieren. Eines Tages wurde ich gefragt, ob ich zusammen mit Burgess in einer Fernsehsendung auftreten wolle, in der es um Graham Greenes Werk ging – Anlaß war ein neuer Roman von Greene. Burgess kam mit dem Flugzeug aus Monaco. Die Sendung wurde an einem Nachmittag von der BBC in White City aufgezeichnet, und während wir vor der Bibliothekskulisse des Studios saßen und darauf warteten, daß wir anfangen konnten, sagte ich zu ihm: »Hätten Sie und Linda Lust, heute bei uns zu Abend zu essen?«

Er sagte, er habe nichts anderes vor, aber Linda sei mit einem gebrochenen Knöchel in Monaco geblieben – sie sei auf einer Hoteltreppe in Monte Carlo ausgerutscht. Eine gräßliche Sache, sagte er. Er habe Schmerzensgeld gefordert, schließlich könne die arme Frau nun nicht mehr arbeiten. Doch das Hotel habe sich nicht nur geweigert zu bezahlen, sondern ihn und seine Frau außerdem verklagt.

»Dann kommen Sie doch zu uns. Vergessen Sie diese leidige Geschichte.«

»Das ist sehr nett von Ihnen.«

Nach der Aufzeichnung rief ich Lettfish an.

»Es tut mir leid, daß ich so kurzfristig anrufe, aber hätten Sie Lust, heute bei uns zu Abend zu essen?«

»Tut mir leid«, sagte er. »Ich habe heute abend eine wichtige Besprechung mit einem Mandanten, der wegen einer Steuersache eigens von Genf hierhergeflogen ist.«

»Wie schade. Burgess kommt nämlich auch. Ich wußte, daß es keinen Sinn haben würde, Sie so kurz vorher anzurufen.«

War das eine Herausforderung? Die Hörmuschel schien zu knistern und zu glühen, als würde ein Stromstoß hindurchgejagt.

»Ich komme«, sagte Lettfish.

2

Der Gastgeber von Burgess und Lettfish, dem Schriftsteller und seinem Leser, zu sein, erfüllte mich mit einer Gespanntheit, wie sie ein Heiratsvermittler empfinden muß, wenn er zwei Ehekandidaten zusammenbringt, denn auch wenn sie zueinander zu passen scheinen, wird der eine mehr sprechen und der andere mehr zuhören. Was mich am meisten beschäftigte, war der physische Aspekt, denn ich hatte mir Schriftsteller und Leser immer als räumlich getrennte Menschen vorgestellt, nicht als zwei große, gewichtige Männer im selben

Raum. Vielleicht hatte ich darum in den Jahren zuvor nichts getan, um die beiden zusammenzubringen. Vielleicht war ich nicht zu faul, sondern zu ängstlich gewesen.

Ich rief Alison aus dem Studio an, wo wir die Greene-Sendung aufgezeichnet hatten, nur wenige Minuten nachdem Lettfish mir seine Zusage gegeben hatte. Alison machte ein Geräusch, das Unmut, Unwillen und Verärgerung ausdrückte, ein plötzliches Aufwallen von Ungeduld, das durch das Telefon nur noch gereizter klang. Es war bloß ein Seufzer, ein Laut, den nur ein Partner nach Jahren der Ehe zu deuten vermochte; lange miteinander verheiratete Menschen entwickeln ein feines Gehör für solche Einwände.

»Was ist los?« fragte ich, denn ich wußte, daß dieses Geräusch Widerstand signalisierte.

»Muß das heute abend sein?«

»Ja.« Es war so viel zu erklären: All die Monate und Jahre seit meiner ersten Begegnung mit Lettfish hatten nun zu diesem Abend geführt. »Soll ich dir sagen, warum?«

»Nicht nötig. Wenn du diese Leute einladen willst, dann tu's. Aber ich kann dir nicht helfen. Wir stolpern hier heute von einer Krise in die nächste. Ich hatte gehofft, ich könnte nach Hause gehen und die Beine hochlegen. Ich will früh zu Bett gehen.«

»Ich habe dich ja auch gar nicht um deine Hilfe gebeten.«

Ein weiteres Geräusch: Sie seufzte, aber es klang wie der Beginn eines Geheuls.

»Bitte«, sagte ich und meinte: Sei nachsichtig, brüll mich erst morgen an, schluck deine Wut hinunter, spiel mit und laß mich nicht im Stich.

»Morgen muß ich ziemlich früh aufstehen.«

»Ich muß sie einfach einladen.«

»Na gut«, und obwohl das zögernd kam, sagte sie damit ja, wenn auch unter Protest. Sie gab nach. Sie hatte das verzweifelte Flehen in meiner Stimme gehört.

Nachdem ich ihr gedankt hatte, sagte sie: »Warum tust du mir das an?« Und bevor ich antworten konnte, fuhr sie fort: »Es ist deine Einladung«, und legte auf.

Diese Dialoge gehörten zur Auseinandersetzung. Es waren Formeln. In einer Ehe sind viele Gespräche in Wirklichkeit nur ein einziges Gespräch. Dieses hier hatten wir in letzter Zeit öfters gehabt, besonders nachdem ich aufgehört hatte, Alison die neuen Passagen meines Buches vorzulesen. Es war ein bedeutsamer Teil des Abends gewesen: Ich, der Schriftsteller, der ihr vorlas, hatte sie zu meiner Leserin gemacht.

Deine Einladung. Dagegen war nichts zu sagen. Ich hatte diese Sache angefangen und mußte sie nun auch zu Ende bringen. Nun wußte ich, daß Alison irgendwann, vermutlich gleich nach dem Essen, wenn ich Kaffee anbot, sagen würde: »Ich bin jetzt leider sehr ungezogen und unhöflich, aber ich muß morgen ziemlich früh aufstehen. Ich bitte Sie nicht mal um Verzeihung. Gute Nacht.«

Ich hatte von Anfang an das Gefühl, daß dieses Abendessen eine Katastrophe werden würde. Das Gespräch mit Alison bestärkte mich in dieser Befürchtung.

Wir luden nur selten jemanden ein. Ich hatte, wie gesagt, keine Freunde in London. Meine Tür war immer verschlossen. Niemand kam einfach mal vorbei. Kein Fremder betrat das Haus. Ich hatte keine Freunde mehr, seit ich geheiratet hatte. Meinem Temperament entsprechend – das sich im Lauf der Jahre immer stärker ausprägte –, betrachtete ich andere Menschen als Eindringlinge und legte großen Wert darauf, allein zu sein.

Über all dies dachte ich nach, während ich das Essen zubereitete. Weil Burgess in seinen malaiischen Romanen Currygerichte mehrmals gelobt hatte, war meine Wahl auf ein Krabbencurry mit Kichererbsen-Dal gefallen. Auf dem Heimweg hatte ich beim Fischhändler in Clapham Junction zwei Pfund Krabben gekauft und war den Rest des Weges zu Fuß durch den Regen gegangen.

Das Malaiische an meinem Essen würde die Kokosmilch sein. Ich kaufte bei einem jamaikanischen Gemüsehändler in der Northcote Road eine große Dose Kokosmilch. Zu Hause setzte ich den Reis auf, schälte die Krabben, hackte Zwiebeln, Knoblauch und grüne Pfefferschoten und briet sie an. Dann gab ich Mehl und Currypulver dazu, goß Wasser und Gemüsebrühe an und kochte das Ganze auf, so daß ich etwa zwei Liter Currysoße erhielt. Die Hälfte davon würde ich mit der Kokosmilch zu den Krabben geben, und der Rest war für das Dal, das ich aus drei Dosen Kichererbsen, Chilischoten, zwei gehackten Tomaten und ein paar Kardamomkapseln zubereiten würde.

Während die Soße vor sich hin köchelte, schnitt ich für das Joghurt-Raita eine Gurke klein und füllte kleine Schälchen mit Sambals, würzigen Soßen, die Burgess aus seiner Zeit in Kota Bharu kennen würde. Es war fast sieben. Wenn wir um etwa halb neun aßen, war noch genug Zeit, das Dal zu kochen und zu reduzieren. Es war kein kompliziertes Essen, aber die starken Aromen der Gewürze ließen es ambitioniert wirken. Es kam darauf an, die Krabben nicht zu lange zu kochen. Ich wollte sie erst kurz vor dem Essen in die Soße geben, damit sie nicht zusammenschrumpften, ihre Geschmack verloren und zäh wurden.

Als ich mit den letzten Vorbereitungen fertig war, kam Alison in die Küche.

Sie schenkte sich ein Glas Wein ein und sagte: »Was willst du ihnen eigentlich zum Trinken anbieten?«

»Es ist Bier und Wein da.«

»Und wenn sie Whisky wollen?«

»Sie können ja Wein trinken.«

»O Gott.«

»Na gut. Gehst du und holst eine Flasche Whisky?«

»Es ist nicht meine Einladung!« sagte sie, und in ihrer Stimme lag ein Anflug von Hysterie, der mich besorgt machte.

Ich sagte: »Du hast recht. Wir sollten ihnen einen Whisky anbieten können. Ich kaufe schnell eine Flasche.«

»Ich bin so müde.«

Sie sprach, als würde sie verfolgt. Das war ein definitives Signal, daß sie früh zu Bett gehen und mich mit den Gästen allein lassen würde.

In London hatte der Regen etwas Rußiges und durchsetzte die Stadt mit ihrem eigenen verrauchten Gestank. Ich ging mit eiligen Schritten durch den Nieselregen. Der Laden an der Ecke, der Paki-Laden, wie er allgemein hieß – obgleich die Inhaber Inder waren, Hindus aus Gujarat –, war rund um die Uhr geöffnet. Man bekam dort Gemüse und Tabak, Zeitungen und überteuerte Alkoholika, und außerdem konnte man dort Videos ausleihen. Die Inhaber waren jung und hatten ein fettes, immer schreiendes Baby und einen sabbernden Wachhund: Englands neues Krämervolk. Ich kaufte eine Flasche Scotch, warf im Vorbeigehen einen Blick in das *Fishmonger's Arms* und wünschte mir, ich könnte dort sitzen und, jeder Verantwortung ledig, die Abendzeitung lesen und ein Glas Guinness trinken.

Vor meinem Haus stand Sam Lettfish. Seine Hände waren in Bewegung.

»Es macht niemand auf«, sagte er.

»Meine Frau hat wahrscheinlich die Klingel nicht gehört«, sagte ich – *Es ist deine Einladung!* –, »aber wenigstens haben Sie hergefunden.«

»In diesem Teil von London bin ich noch nie gewesen«, sagte Lettfish mit, wie mir schien, einem Anflug von Mißbilligung.

Als ich ihn hereinbat, fiel mir ein, daß morgen der Müll abgeholt werden würde. Ich stellte die Tonnen an die Straße.

»Wie heißen die hier noch mal?«

»Aschentonnen.«

»Ich liebe dieses Wort.«

»Morgen kommen die Aschenmänner mit ihrem Aschenwagen«, sagte ich.

Mein Gesicht war naßgeregnet, ich hatte Curryflecken auf dem Hemd, mein Haar triefte, und ich keuchte und schnaufte, als ich meinen Gast ins Haus bat.

Lettfish sah sich um, ging zum Bücherregal und überflog die Titel. Dann zog er einzelne Bücher heraus, las die Titelei mit dem Copyrightvermerk, strich über den Schutzumschlag und schätzte in Gedanken den Wert.

»Whisky?« fragte ich. Ich hatte die Flasche noch unter dem Arm.

»Lieber einen Gin Tonic.«

»Tut mir leid, das hab ich nicht.«

»Dann einen Wein. Einen roten – Cabernet, wenn Sie haben.«

»Kommt sofort.«

Ich schenkte ihm einen Beaujolais ein und lächelte ihn an, um jeden Einwand im Keim zu ersticken.

Er war unruhig und fragte, wo Burgess blieb; Alison war oben, so daß ich nicht den Tisch decken und andere Vorbereitungen treffen konnte. Er erwartete, daß ich ihm Gesellschaft leistete.

Die Etikette verlangte vom Gast, zu erkennen, was der Gastgeber zu tun hatte, und entweder zu helfen oder wenigstens nicht im Weg zu sein. Als Gast sollte man das wissen. Doch Lettfish war so daran gewöhnt, der Gastgeber zu sein, daß er ein schlechter Gast war: Er wußte nichts von den Pflichten eines Gastes, er hatte keine Ahnung, wieviel Einfühlungsvermögen es erforderte, auf dem schmalen Grat zwischen Hilfsbereitschaft und Aufdringlichkeit zu bleiben. Als Gast mußte man großzügig und taktvoll, kooperativ und intuitiv sein. Lettfish war nichts von alledem, und ich erkannte, daß er so gedankenlos war, weil er sonst immer die Rolle des Gastgebers hatte.

Als Alison eintrat, sagte ich: »Das ist Sam Lettfish«, entschuldigte mich und verschwand in der Küche. Ich gab die Krabben in den Topf mit kochender Currysoße, die durch die Kokosmilch etwas Cremiges bekommen hatte, und rührte, bis sie einen rosigen Farbton bekamen. Ihr Fleisch war zart und wurde leicht zäh, wenn sie zu lange kochten, und darum nahm ich sie vom Herd und füllte sie in einen doppelwandigen Topf um.

»Motorabdeckung, Schmutzfänger, Seitenspiegel, Kofferkasten, Kraftstofftank«, sagte Lettfish gerade, als ich aus der Küche kam. Er war bei einem seiner Lieblingsthemen: dem britischen Sprachgebrauch. Wahrscheinlich hatte meine Erwähnung der »Aschentonnen« den Gedankengang in Bewegung gesetzt. Er fand diese Wörter unglaublich komisch. Alison blickte starr vor sich hin. Gleich würde sie sagen, sie sei hungrig.

»Sam sammelt Bücher«, sagte ich, um ihn auf ein anderes Thema zu bringen.

»Paul ist schlimmer als ich«, sagte Lettfish. »Ziemlich aufregend, daß Burgess auch kommt, nicht?«

»Ich muß gestehen, daß ich kein Fan von ihm bin«, sagte Alison.

»Wegen all dieser großen Wörter«, sagte Lettfish.

»Ich weiß, was sie bedeuten, und ich finde sie nicht so besonders groß«, sagte Alison. »Nein, es sind die Frauen bei Burgess. Ich finde sie gräßlich.«

»Ich stehe auf verrückte Weiber.«

»Wenn sie wirklich verrückt wären, hätte ich sicher Mitleid mit ihnen. Aber ich finde sie einfach widerlich.«

»Man kann an allen möglichen Frauen Gefallen finden.«

»Aber nicht an Frauen, die Männer kastrieren.«

»Vielleicht ist es ein Zeichen von Dummheit, daß ich seine Bücher mag«, sagte Lettfish.

»Sie verstehen mich nicht«, sagte Alison und lächelte, als wollte sie einen einfältigen Menschen besänftigen. »Ich habe überhaupt nichts dagegen, daß Sie seine Bücher mögen, aber versuchen Sie nicht, mir einzureden, ich müßte sie ebenfalls mögen.«

»Mich überzeugt sein Ausstoß.«

»Was immer das bedeutet«, sagte Alison.

»›Mich überzeugt‹ heißt: ›Ich bin beeindruckt.‹«

»Mich stört eher das Wort ›Ausstoß‹.«

»Wissen Sie was? Sie erinnern mich an meine Frau.«

Alison lächelte abermals, doch in ihren Augen lag keine Heiterkeit, sondern reiner Abscheu.

»Sie sind genauso schlimm wie sie!«

Alison starrte ihn an. Ihr Lächeln war wie aufgemalt, und sie verkniff sich eine Antwort. Statt dessen sagte sie: »Paul hat mir erzählt, daß Sie sein Anwalt sind.«

Sie fragte sich offenbar, wie ein derartig ungehobelter Dummkopf einen seriösen Beruf ausüben konnte. Ich dagegen wußte, daß Lettfish diesen infantilen Unsinn von sich gab, weil er nervös war.

»Ich bin eher ein Rechtsbeistand«, sagte er, »auch wenn ich dabei meistens sitze.« Er hielt inne, um ihre Reaktion abzuwarten, doch es kam keine. »Hauptsächlich Steuersachen, Fusionen, Grundstücksangelegenheiten, Lizenzvereinbarungen. Wir leben in einer Welt, in der Grenzen immer weniger bedeuten. Unsere Kanzlei gehört zu einem weltweiten Verbund von Steuer- und Anlageberatungsgesellschaften.«

In diesem Tenor fuhr er fort, und wir hörten zu. Alison dachte an ihren Hunger, und ich dachte daran, daß Burgess es vielleicht gar nicht schaffte und daß, wenn er doch kam, die Krabben zäh sein würden, weil sie zu lange in der heißen Soße gewesen waren. Lettfish wirkte sehr ernst, als er über seine Arbeit sprach, doch seine Ernsthaftigkeit ließ ihn nicht intelligenter oder beredsamer, sondern nur ungeheuer langweilig klingen.

»Ich habe Hunger«, sagte Alison.

Lettfish schien sie nicht gehört zu haben. Er sprach einfach weiter. »Ich habe Joint Ventures im Bereich Kohlenstoff eingefädelt. Die britische Kohlenstoffindustrie boomt. Allerdings weiß das kaum jemand.«

»Ich glaube, ich kann verstehen, warum«, sagte Alison und lächelte wieder.

Von der Straße her ertönte ein Rumpeln und Klappern – es klang, als wäre eine meiner Mülltonnen umgefallen und hätte den Deckel verloren. Dem unvermittelten Geräusch folgte ein leiser, aber unverkennbarer Fluch.

»Was war das?« fragte Lettfish und sah mich beunruhigt an.

»Burgess wahrscheinlich.«

Als ich die Tür öffnete, hatte er noch nicht auf den Klingelknopf gedrückt und wischte sein Tweedjackett mit einem Taschentuch ab. Das Haar war zerzaust, sein Gesicht war naß vom Regen, die Krawatte hing lose um seinen Hals, und am Knie hatte seine Hose einen an den Rändern verschmierten Riß.

»Ich hab mir das Bein angehauen«, sagte Burgess. Das war ein weiteres Charakteristikum von Burgess und seinen Helden: Ihnen widerfuhren ständig irgendwelche Mißgeschicke. »Irgendein verdammter Idiot hat seine Aschentonnen auf den Weg gestellt. Als ich noch in England lebte, haben die Aschenmänner die Tonnen aus dem Garten geholt und nach dem Leeren wieder zurückgestellt.«

»In Mrs. Thatchers England gibt es das nicht mehr«, sagte ich. »Kommen Sie rein, und trinken Sie einen Whisky.«

»Sehr gut.« Er trat ein und rieb noch immer über sein schmutziges Jackett. »Was für ein schönes Haus. Diese viktorianischen Fenster sind sehr elegant. Ein Hauch von Malakka« – er betrachtete die geschnitzte Polsterbank. »Diese Aquatinten würde ich gern mal bei Tageslicht sehen. Sie haben ein richtiges Zuhause, Paul! Mein Haus ist eine Bruchbude – aber wir arbeiten daran. Ja?«

Er stand vor Lettfish.

»Und Sie sind?«

Bevor ich etwas sagen konnte, antwortete Lettfish: »Einer Ihrer Fans.«

»Nein, nein, nein. Ein gräßliches Wort! Fans. Fanatiker. Der reinste Wahnsinn.«

»Einer Ihre Leser.«

»Schon besser«, sagte Burgess und biß die Zähne zusammen.

Er war noch immer naß und mitgenommen von seinem Sturz, er wirkte zerstreut und war anscheinend geblendet von seinem plötzlichen Eintritt ins Licht. Er stolperte und stotterte, und mir kam der Gedanke, er könnte vielleicht ein bißchen betrunken sein. Er ging noch immer von einem Zimmer zum anderen.

»Hallo.« Er sah Alison aus der Küche kommen. »Das Essen duftet köstlich. Ich liebe Currygerichte. In Monte Carlo kriegt man so was nicht.«

»Das Essen hat Paul gekocht«, sagte sie.

Lettfish stand dabei und wartete auf eine Gelegenheit, etwas zu sagen.

»Das ist Sam Lettfish. Sie haben ihn vor langer Zeit in der Festival Hall kennengelernt«, sagte ich und reichte Burgess einen Whisky.

»Lettfish«, sagte Burgess und kniff nachdenklich die Augen zusammen, als hätte man ihm soeben eine schwierige Frage gestellt. Er bewegte lautlos die Lippen. »Lettfish. Sind Sie Lette?«

»Er ist genauso verrückt wie ich«, sagte Lettfish.

»Lettfish spricht also kein Lettisch«, sagte Burgess. »Sind Sie hektisch, Lettfish, oder phlegmisch?«

»Noch verrückter.«

»Eine Lotte ist ein Fisch«, sagte Burgess. »Lettfish könnte also eine Verballhornung von ›Lottefisch‹ sein.«

»Ich bin Jude«, sagte Lettfish.

»Für einen Nichtjuden erklärt das alles«, sagte Burgess, »für einen Juden überhaupt nichts.«

Ich ging in die Küche, um nach dem Essen zu sehen. Alison stand an der Anrichte und schenkte sich Wein nach.

»Ich bin schrecklich hungrig«, sagte sie. »Hast du was dagegen, wenn ich jetzt schon esse?«

»Bitte warte noch auf uns. Es sieht doch albern aus, wenn du allein ißt.«

»Wie viele Bücher von Burgess habe ich, Paul?« rief Lettfish.

»Bitte komm mit rein«, flüsterte ich Alison zu, doch als ich meinen Arm um sie legen wollte, wich sie zurück. Ich ließ sie in der Küche schmollen. Zu Burgess sagte ich: »Sam ist ein Sammler. Er hat eine große Bibliothek.«

»Ganz ansehnlich für einen Rechtsanwalt«, sagte Lettfish. »Ich hab langsam genug davon, Industriefirmen in Prozessen zu vertreten, in denen es um fehlerhafte Raketenstufen geht.«

Burgess horchte auf.

»Etwas Gilbendes ist mir lieber«, fuhr Lettfish fort.

»Wieviel ist das in echtem Geld?« knurrte Burgess mit deutlichem amerikanischen Akzent.

»Ihre Krawatte ist gilbend.«

Burgess nahm einen Schluck Whisky und leckte sich über die schmalen Lippen. Er wirkte sehr zerbrechlich und sah so verwirrt aus wie vor vielen Jahren in Singapur, als ich ihn kennengelernt und begriffen hatte, daß ein Schriftsteller immer aus zwei Personen besteht.

»Akrotismus«, sagte Lettfish.

»Bitte keine Gespräche über Religion«, sagte Burgess. Wieder war es mehr ein Knurren.

»Mein Puls ist akrotisch«, sagte Lettfish. »Sie sind synkretistisch.«

»Wenn Sie einmal anfangen, solche Wörter zu gebrauchen, weil ihr Klang Ihnen gefällt, dann sind Sie verloren, dann will die Welt nichts mehr von Ihnen wissen. Diese Wörter will kein Mensch lesen.« Er sah Alison an, die aus der Küche kam und hungrig und gehetzt aussah. »Antwortsender«, sagte er.

»Der Reis wird langsam pappig«, sagte sie.

Lettfish sagte: »Bevor die Qualitätskontrollen verschärft wurden, hat uns der Antwortsendermarkt einen Haufen honorarfähige Stunden beschert.«

»Finite Amplitudenwellen«, sagte Burgess.

Bei diesen Worten hellte Lettfishs Miene sich auf, und er sagte: »Ich hatte einen Fall von Urheberrechtsverletzung im Zusammenhang mit elektronischen Überwachungsanlagen. Es gab Schwierigkeiten, den Fall vor Gericht zu bringen, weil der Urheberrechtsverletzer seinen Firmensitz in Monte Carlo hatte. Er hatte allerdings nicht damit gerechnet, daß unsere Kanzlei dort einen Partner hat. Kleinvogel. Der Urheberrechtsverletzer zog schließlich eine außergerichtliche Einigung vor.«

Burgess hob sein Glas an den Mund, trank aber nicht. »Raketenstufen«, sagte er.

»Das Militär verlangt andere Spezifikationen und eine Titansicherung«, sagte Lettfish.

»Beachten Sie die technologische Terminologie«, sagte Burgess.

Alison hatte die Schüsseln mit dem Curry und den Beilagen aufgetragen. »Wollen wir uns nicht setzen?« fragte sie.

»Technologie hat etwas sehr Spießiges. Und Juristen sind Bücherhasser.«

»Ich liebe Ihre Bücher«, sagte Lettfish.

»Quatsch«, sagte Burgess und setzte sich an den Tisch. Er beugte sich zu Alison und sagte: »Ich finde, es läuft ganz prima.«

Er war betrunken. Ich erkannte es an der Art, wie er sich auf den Stuhl hatte fallen lassen, an seiner Kurzatmigkeit, an seiner Haltung. Und Lettfish beobachtete ihn aufmerksam, mit einer Mischung aus respektvoller Vorsicht und echter Verblüffung: Unschuld und Ungläubigkeit.

Ich war froh, als Alison unaufgefordert den Reis und dann die Schüsseln mit Dal und Krabbencurry herumreichte.

»Wie schade, daß Ihre Frau nicht auch hier ist«, sagte Alison.

»Liana hat sich den Knöchel gebrochen. Sie ist über ein Kinderspielzeug gestolpert, das auf der Marmortreppe eines der besten Hotels von Monte Carlo lag. Kopfüber in die Tiefe. Wir wollten das Hotel verklagen, aber die haben uns gedroht, sie würden uns vernichten.«

»Vielleicht könnte ich Ihnen helfen«, sagte Lettfish.

»Haben Sie denn nicht schon genug getan?« fragte Burgess in so schrillem Ton, daß Lettfish zusammenzuckte.

Und dann war Burgess auf einmal sehr beschäftigt: Er trank seinen Whisky aus, lud sich Bananenscheiben auf den Teller, murmelte »Sambals« und sah nicht auf, als seine Hand wie eine Krabbe auf das

Weinglas zukroch und die Finger sich um den Stiel schlossen und es hochhoben. Er trank und bemerkte nicht, daß seine letzte, heftige Bemerkung alle am Tisch hatte verstummen lassen. Er kaute, als wäre das Essen noch zu heiß, doch das lag nur daran, daß seine Zahnprothese zu locker saß – diese unbrauchbaren Zähne kamen ihm ständig in die Quere.

»Sie sind doch dieser Schriftsteller«, sagte er mit pompöser, sonorer Stimme. »Finden Sie es nicht auch interessant, wie viele Schriftsteller Medizin studiert haben? Joyce, Maugham, Tschechow, William Carlos Williams, Voltaire – die Liste ist endlos lang. Aber können Sie mir einen einzigen Schriftsteller nennen, der Jurist war?«

»Robert Louis Stevenson«, sagte ich, in der Hoffnung, er werde sich ein wenig beruhigen.

»Weil sein Vater es so wollte. Er hat die Juristerei verabscheut. Und außer ihm gibt es niemanden.«

»Anthony Trollope muß sich auf diesem Gebiet ausgekannt haben«, sagte ich. »In *Die Eustace-Diamanten* steht eine gute juristische Definition von ›Erbstück‹.«

Lettfish, der für meine Intervention dankbar war, sah Burgess erwartungsvoll an.

»Trollope war Beamter, Postbeamter. Es gehörte zu seinem Beruf, sich mit Gesetzen auszukennen, denn er war für Verträge zuständig. Ich dachte mehr an einen Schriftsteller, der tatsächlich als Jurist tätig war, so wie Tschechow als Arzt praktiziert hat. Sie werden keinen einzigen nennen können.«

Er sah Lettfish an, kaute auf seinen Zähnen herum und trank einen Schluck Wein. Diese mahlenden Mundbewegungen hatten etwas Aggressives, und selbst seine feucht glänzenden Lippen wirkten bedrohlich.

»Ich glaube, er will Sie nur ein bißchen ärgern, Mr. Lettfish«, sagte Alison.

Lettfish starrte auf seinen Teller. Er schwieg und schien vor Wut und Enttäuschung zu kochen.

»Hat jemand etwas dagegen, wenn ich rauche?« fragte Burgess.

Er hatte kaum ausgesprochen, da zündete er sich auch schon eine Zigarre an und blies den Rauch über die Reste des Essens. Sam Lettfish hielt den Mund und senkte den Kopf wie ein Mann, der durch einen Sturm stapft.

»Ich mache uns Kaffee«, sagte ich.

»Haben Sie auch Tee?« fragte Burgess. »Ich hätte gern eine große Tasse starken Tee. Zwei Teebeutel. Zwei Stück Zucker. Ganz wenig Milch. Wunderbar.«

»Für mich bitte nichts«, sagte Lettfish.

»Sie sind doch dieser Schriftsteller«, sagte Burgess noch einmal und sah Lettfish mit bösem Grinsen an.

Alison schob ihren Stuhl zurück und sagte: »Es tut mir wirklich leid, so unhöflich zu sein. Nein, bitte, bleiben Sie sitzen. Ich muß jetzt ins Bett, sonst komme ich morgen nicht raus. Gute Nacht.«

Sie lächelte, aber es war kein wirkliches Lächeln. Ich dachte daran, wie sie zu mir gesagt hatte: Warum tust du mir das an?

Burgess und Lettfish sagten gute Nacht. Ich ging in die Küche und setzte Teewasser auf.

Ich hörte Burgess sagen: »Ihr Partner in Monte Carlo ist also Kleinvogel ...«

Sie wechselten kurze Sätze, die wie Ohrfeigen klangen. Das Wasser kochte, und ich brühte Burgess seinen Tee auf.

Als ich an den Tisch zurückkehrte, sagte Lettfish gerade: »Ich dachte, Sie wären über solche Dinge erhaben.«

»Bin ich doch auch«, sagte Burgess. »Mein Elfenbeinturm hat genau die richtige Höhe, und da sitze ich, feile mir die Fingernägel und ignoriere die Gerichtsverfahren, die gegen mich angestrengt werden.«

»Wenn Kleinvogel gewußt hätte, welchen Ruf Sie in der Welt der Literatur genießen, hätte er sicher nichts gegen Sie unternommen.«

»Das ist Blödsinn. ›Sie sind also dieser Schriftsteller.‹ Das waren seine Worte.« Er versprühte Spucke.

»Kleinvogel ist ein hervorragender Prozeßführer.«

»Kleinvogel ist cauchemaresk.«

Ich reichte Burgess seine Tasse Tee.

»Alles läuft ganz prima«, sagte er und lächelte. Er blies in die Tasse, setzte sie an den Mund und schlürfte den Tee, ohne Lettfish aus den Augen zu lassen. Dann entkorkte er die Whiskyflasche und füllte die Tasse bis zum Rand auf.

»Welches meiner Bücher gefällt Ihnen am besten?«

»Nothing Like the Sun«, sagte Lettfish leise.

»Ein Taschenspielertrick. Mein unbedeutendstes Buch. Eine dünne Idee, aufgeblasen mit Hilfe von Ausdrücken aus dem sechzehnten Jahrhundert, die ich mir aus alten Glossaren zusammengesucht habe. Schon wieder falsch, Max.«

»Und der erste *Enderby*-Roman.«

»Bombastisch.«

»Devil of a State.«

»Ist einer drohenden Klage zum Opfer gefallen«, sagte Burgess. »Ich wurde von Rechtsanwälten gezwungen, es umzuschreiben.«

Lettfish sagte: »Paul hat mir erzählt –«

»Sehen Sie?« Burgess zwinkerte mir zu und wandte sich wieder an Lettfish. »Sie verhökern also Kriegswaffen und Kinderspielzeug – was ja so ziemlich dasselbe ist. Mich interessiert folgendes: Fehlt Ihnen das amerikanische Essen? Sara Lee Cheesecake und so?«

Lettfish schüttelte langsam den Kopf, als hätte er soeben eine sehr schlechte, traurige Nachricht erhalten.

»Den hab ich selbst immer gegessen«, fuhr Burgess fort. »Sagen Sie kein Wort gegen Sara Lee Cheesecake, Max.«

»Ich heiße Sam. Kleinvogel heißt Max.«

»Sagen Sie: Warum haben Sie einen so roten Hals?«

Lettfishs Gesicht war verzerrt. Er sah unglücklich aus. Burgess beleidigte ihn, und ihm war übel vom Zigarrenrauch. Er versuchte, tapfer zu sein, doch die Anstrengung war ihm anzusehen – auf seinem Gesicht lag nicht nur Schmerz, sondern auch ein tieferer, dauerhafterer Ausdruck der Ernüchterung.

Burgess preßte die Lippen zusammen und summte mit zitternden Wangen eine kurze Melodie. Dann nahm er einen Schluck von seinem Tee und füllte die Tasse wieder mit Whisky auf.

»Sie können nicht lesen, Max«, sagte er und reckte das Kinn vor. Ich konnte seinen Mund jetzt nicht mehr ansehen, ohne mir die Zahnprothese vorzustellen.

Er drückte seine Zigarre aus, zündete eine neue an und blies siegesgewiß den Rauch aus, wobei er die Augen zusammenkniff, als plane er einen Angriff.

Lettfish konnte seinen Zorn kaum bezähmen. Er hob den Kopf und sagte: »Das kann nicht Ihr Ernst sein.«

Burgess schmatzte, zog einen Füller hervor und malte fünf parallele Linien auf die Serviette. Dann schrieb er rasch eine Reihe von Noten, die aussahen, als wären sie Früchte, die an den Linien aufgehängt waren.

»Na, was bedeutet das hier?«

Lettfish verschränkte die Arme. »Das sind Noten.«

»Das weiß jeder Vierjährige. Na los – summen Sie die Melodie.«

»Unter keinen Umständen.«

»Manche Leute werden grob, wenn sie wütend sind, andere plustern sich auf«, sagte Burgess. »Sie können diese simple Phrase also nicht lesen.«

»Was soll das sein – eine Art Test?«

»Genau«, sagte Burgess. »Gesualdo. Kennen Sie ihn?«

»Ich habe nichts von ihm gelesen«, sagte Lettfish. »Tut mir leid – ich kann nicht alles lesen.«

»Er war Komponist, Max. Sechzehntes Jahrhundert. Aber die harmonische Struktur seiner Stücke war sehr modern. Das hier« – er zeigte auf die Noten – »ist der Anfang seines Madrigals *Moro, lasso.*«

Wieder machte Lettfish ein Gesicht, als trauere er.

»Eine gewisse Kenntnis ernster Musik ist für das Verständnis meiner Werke unerläßlich, Max.« Burgess begann zu summen, und obgleich er betrunken und reichlich mitgenommen wirkte, war sein Summen klangvoll und präzise und rief mir in Erinnerung, daß er nicht verrückt war.

Noch während Burgess summte, sagte Lettfish: »Ich habe jedes Buch, das Sie je geschrieben haben.«

»Zu dumm, daß Sie nicht lesen können, Max.«

Lettfish lächelte verzweifelt und erhob sich, um zu gehen.

»Ich hatte Sie nicht gebeten, mich zu mögen«, sagte er.

»Cauchemaresk«, murmelte Burgess, als ich Lettfish zur Tür brachte.

Beim Abschied sagte Lettfish: »Ich hatte immer das Gefühl, daß seinen Büchern etwas fehlt. Jetzt weiß ich, was es ist. Er ist ein sehr trauriger Mensch.« Doch es war Lettfish, der untröstlich wirkte.

Burgess lächelte, als ich an den Tisch zurückkehrte.

»Ich finde, es ist ganz prima gelaufen«, sagte er und fuhr fort, die komplizierte Melodie zu summen.

Es war das letzte Mal, daß ich ihn sah. Lettfish ließ nichts mehr von sich hören. Und Alison sagte: »Tu mir das nie wieder an.«

SECHS

»Man Alone«

Rupert Moody erzählte mir die Geschichte von Arturo Tripodi, und darum wußte ich, daß er mir etwas verschwieg.

Wir waren in London. Er war mit dem Fahrrad zu meinem Haus gekommen. »Meine Frau ist auf dem Land«, sagte er. »Ich wäre mitgefahren, aber ich soll für Julian eine Fernsehsendung moderieren. Sehen Sie mich nicht an, als wäre ich ein Medienclown.«

Es war Spätsommer – eine Jahreszeit, an die ich in London so wenig gewöhnt war (normalerweise verbrachte ich die Sommer in Cape Cod), daß es mir vorkam, als wäre es eine andere Stadt, als zeigte sie mir ein neues, unbekanntes Gesicht. Wenn London in der sommerlichen Hitze austrocknete und verdorrte, bekamen die Oberflächen Sprünge: die Backsteinmauern, die Stuckfassaden, die Bürgersteige. Die Stadt war schäbiger als sonst, und sie wirkte verbraucht und ausgebrannt: Die Mauern waren rissig, die Blätter der Bäume waren staubbedeckt, das Grün der Rasenflächen ging ins Schwärzliche und wirkte unregelmäßig und klumpig, und die Hecken und Rosensträucher wucherten und hatten welke Blüten. Mit der Pracht der Frühlings- und Sommerblumen war es vorbei. Jetzt, im August, blühte nichts mehr. Die Tage waren entweder schwülwarm oder versanken in einer gnadenlosen, Kopfschmerz erzeugenden Hitze, und die Luft war fett und schmutzig. Im Sommer wurde die Stadt vom Wetter überwältigt, und da man die Fenster öffnen mußte, war es auch lauter. Die Engländer auf der Straße wirkten eingeschüchtert, verletzlich und unpassend gekleidet – zuviel Haut blieb unbedeckt und war entweder sehr blaß oder rot verbrannt.

»Meine Frau und ich wollten nach Tibet reisen, aber dann ist mir diese Fernsehsendung dazwischengekommen«, sagte Rupert. »Wir werden im Oktober nach Indien fahren. Das ist sowieso die bessere Jahreszeit, und dann findet dort auch ein phantastisches Fest statt, die Kumbh Mela, die man absolut nicht verpassen darf. Was machen Sie denn so?«

Die Hitze über der Stadt machte mich gereizt, und ich schrieb an einer Novelle. Das sagte ich ihm. Meine Frau und die Kinder hatte ich nach Cape Cod geschickt – ich war allein in London geblieben.

»Und was sagt Ihre Familie dazu?«

»Bei der bin ich in letzter Zeit nicht sehr beliebt.«

»Ich war letzten Monat in Amsterdam. Die Leute waren Ihretwegen ganz aus dem Häuschen. In Holland sind Sie wer.«

»Irgend jemand hat vor kurzem Alison interviewt. Sie wurde mit dem Satz zitiert: ›Selbst ein Genie muß ab und zu mal abwaschen.‹«

»Ach, ja, der Kinderwagen in der Eingangshalle ist der Tod des Künstlers.«

»Damit habe ich keine Probleme. Aber Schreiben scheint eine sehr asoziale Beschäftigung zu sein. Fänden Sie es nicht schrecklich, mit einer Schriftstellerin verheiratet zu sein?«

»Meine Frau schreibt andauernd. Ständig notiert sie irgendwas.«

Doch ich dachte an mein Haus und meine Ehe und fragte mich, ob ich den Bogen nicht überspannt hatte.

»Was ist mit dieser Novelle, die Sie eben erwähnt haben?«

»Ich habe im Mai damit angefangen. Das Dumme ist: Ich kann sie nicht mitnehmen. Und sie gefällt mir zu gut, um sie zurückzulassen. Also bleibe ich allein hier, bis sie fertig ist.«

Es ging darin um eine junge Amerikanerin namens Lauren Slaughter, die ein Doppelleben führte: Tagsüber war sie Politikwissenschaftlerin, nachts aber arbeitete sie für einen Escort-Service – sie war also ein besseres Callgirl. Das schien mir die beste Konstruktion zu sein, um die verschiedenen Schichten des Londoner Lebens zu zeigen. Lauren Slaughter bewegte sich auf allen Ebenen der englischen Gesellschaft: von ihrem Apartment in Brixton und dem Forschungsinstitut in St. James bis zu ihrer Luxuswohnung in Mayfair, deren Adresse – Halfmoon Street – der Geschichte den Titel gab.

Dieselben hochgestellten Leute, die auf diese unbedeutende,

schlecht bezahlte wissenschaftliche Mitarbeiterin herabgesehen hätten, engagierten sie über die Agentur. Sie begleitete steinreiche Ölscheichs zu ihren Diners. Eine solche Frau war überall und nirgends zu Hause, denn ohne Ehemann hatte sie keinen Status. Doch sie war einer der wenigen Menschen, die sich im Labyrinth von London auskannten. Daß sie Amerikanerin war, half ihr, und hübsch und intelligent zu sein war von entscheidender Bedeutung. Es machte ihr nichts aus, daß sie eine Prostituierte war, ja eigentlich machte ihr das sogar Spaß. Ihr gefielen der Luxus und die Tatsache, daß dieses zweite Leben ein Gegengewicht zu ihrem ersten schuf. Sie hatte kein Geld. Sie hatte kein schlechtes Gewissen.

»Meine Frau hat bei einer Abendgesellschaft in Belgravia so eine Frau kennengelernt«, sagte Rupert. »›Sind Sie mit Whitey Grutchfield hier?‹ hat sie sie gefragt. ›Ach, so heißt er also?‹ hat sie geantwortet. Wir reden hier übrigens von Sir Stafford Grutchfield.«

Rupert wollte weitere Einzelheiten hören. Er betrachtete sich als Außenseiter und machte sich ständig über die Engländer lustig. Ihm gefielen die bescheidenen Verhältnisse, in denen meine Protagonistin lebte, ihre Unauffälligkeit und ihr Mut. Ihm gefielen auch der ausschweifende Sex, das Geld, das dafür bezahlt wurde, und die Tatsache, daß ein bedeutender Mann – den weder seine Familie noch seine Freunde und Standesgenossen im Oberhaus wirklich zu kennen schienen – vor einer amerikanischen Hure, die in all seine Geheimnisse eingeweiht war, nackt dastand. Diese Dinge faszinierten mich ebenfalls. Ich fragte ihn nach Sir Stafford Grutchfields Begleiterin.

»›Ich sehe den Typen heute zum ersten Mal – die Agentur hat mich geschickt‹, hat sie gesagt. Meine Frau mußte sich auf die Zunge beißen, sonst hätte sie laut losgelacht und wäre unangenehm aufgefallen. Immerhin war auch der Herzog von Westminster anwesend.«

Als eine Art Gegengeschenk für diese Geschichte erzählte Rupert mir von Arturo Tripodi und schlug vor, ihn in meine Novelle einzubauen – als ein weiteres Beispiel für einen Menschen, der vollkommen unbeachtet in London lebte und ein Geheimnis hatte.

Tripodi wohnte in einem winzigen Reihenhaus in Fulham, am Musgrave Crescent, gegenüber dem Eel Brook Common. Rupert wollte, daß ich Lauren Slaughter und Arturo Tripodi zu Nachbarn in der Halfmoon Street machte: Der Stern des einen war im Steigen, der des anderen im Sinken begriffen. Die Adresse und die Tatsache, daß sie ein Geheimnis hatten, würden ihre einzigen Gemeinsamkeiten sein. Vielleicht begegneten sie sich einmal auf der Treppe, mehr aber auch nicht – und doch würde etwas nachschwingen.

Ich hatte Arturo Tripodi gelesen; außerdem hatte ich gehört, daß er in London lebte – dabei hatte ich ihn eher in Kairo oder Rom vermutet. Es faszinierte mich, daß ein großer Schriftsteller, den ich in Ägypten oder Italien vermutet hatte, in einer kleinen Straße jenseits des Flusses lebte. Tripodi war Italiener und stammte aus einer Kaufmannsfamilie, die seit dem Beginn des 19. Jahrhunderts in Ägypten lebte. Er sprach fließend Arabisch und schrieb auch auf Französisch. Wegen seines starken Akzents hatte man den Eindruck, sein Englisch sei fehlerhaft, und doch war er einer der großen Stilisten des englischen Sprachraums.

»Meine Frau hat ihn in Paris in der Fernsehsendung *Apostrophe* gesehen. Sein Französisch ist, wie nicht anders zu erwarten, perfekt, mit einem ganz leichten arabischen Akzent. Damals habe ich mich mit ihm angefreundet. Sie müssen ihn kennenlernen.«

»Vielleicht irgendwann mal.«

»Nein, nein, deswegen bin ich ja in London. Ich mache eine Sendung über ihn. Es geht das Gerücht, daß er in den Adelsstand erhoben werden soll. Und ich habe den Schlüssel zu seinem Haus.«

»Wie sind Sie denn daran gekommen?«

»Ich brauche den Schlüssel. Tripodi ist zu schwerhörig, und seine Haushälterin ist zu faul, um an die Tür zu gehen.«

Es war typisch für Rupert, sich selbst und mich zum Tee bei Tripodi einzuladen. Er sagte, der alte Mann werde sich über unseren Besuch freuen, und ich müsse ihn noch vor der Sendung kennenlernen. Später, als ich die Grundzüge von Tripodis Geschichte kannte oder zu kennen glaubte, erzählte Rupert mir den Rest, und da wurde mir klar, daß ich sie nicht niederschreiben und Arturo Tripodi auch nicht in der Halfmoon Street ansiedeln konnte. Ich kannte sein Geheimnis, aber es mußte ein Geheimnis bleiben. Wenn ich ihn als Figur verwendete, ohne sein Geheimnis zu erwähnen, und die Wahrheit je ans Licht kam, würde ich als naiver Trottel dastehen. Rupert wußte das.

Und darum merkte ich mir die Geschichte, um sie später aufzuschreiben.

Arturo Tripodi ist inzwischen tot, ebenso wie Rupert Moody. Jetzt kann ich die Geschichte erzählen.

Der Nachmittag in Tripodis Haus in Fulham verlief recht ereignislos. Der alte Mann war untersetzt, schwerhörig und kurzsichtig. An einem Bügel seiner dicken Brille war ein Hörgerät befestigt. Obwohl er offensichtlich nicht viel zu Fuß ging, hatten seine Schuhe dicke Sohlen und wirkten in diesem kleinen Haus fehl am Platz. Er trug eine ausgebeulte Hose, ein verknittertes Jackett und eine Krawatte. Ich bezweifelte, daß er sich mir zu Ehren umgezogen hatte. Es war eine europäische Angewohnheit, an einem heißen Sommernachmittag ein Tweedjackett und eine Krawatte zu tragen, und daß er das auf sich nahm, ließ ihn fragwürdiger wirken, als wenn er in Lumpen gekleidet gewesen wäre.

Ich fragte ihn nach seinem Leben in London und hoffte auf eine verwendungsfähige Antwort.

»Rupert kennt alle englischen Intellektuellen«, sagte er. Er hatte meine Frage nicht verstanden. Vielleicht wollte er mir ein Kompliment machen.

Aber »Intellektueller« war ein Wort, das in England niemand benutzte. Für einen Engländer klang es altmodisch und etwas lächerlich. Ein Intellektueller war jemand vom Festland, der mit starkem Akzent sprach und sich kleidete wie dieser Mann. Ein Intellektueller saß, umgeben von Bücherregalen, mit einer Krawatte und einem Jakkett aus billigem, kratzigem Tweed in einem Sessel und trug schwere Schuhe. Er rauchte Pfeife und aß schwere Mahlzeiten, die ihm von einer ergebenen alten Frau mit Schnurrbart serviert wurden.

»Es gibt keine englischen Intellektuellen«, sagte Rupert.

Das hörte der alte Mann ebenfalls nicht.

Trotz der Hitze tranken wir heißen Tee, und Tripodi behielt sein Tweedjackett an. In den Blumenkästen vor den Fenstern wuchsen Kräuter, an den Wänden hingen Bilder mit klassischen Sujets – Drucke von Piranesi, griechische Ruinen –, und in verschiedenen Vasen standen welke Blumen. Ich wußte nicht, ob sie einfach verblüht waren oder ob man sie absichtlich hatte vertrocknen lassen. Jedenfalls verliehen sie dem Raum die Atmosphäre einer Friedhofskapelle.

Arturo Tripodi war kein Exilant, sondern ein renommierter Ausländer, der für seine gesellschaftspolitischen Essays und historischen Betrachtungen ebenso berühmt war wie für seinen düsteren Exotizismus. In Amerika hätte man von ihm verlangt, daß er sich integrierte und ein loyaler Amerikaner wurde, in England dagegen nahm man von einem solchen Menschen an, daß er über den Dingen stand, und seine Berühmheit ergäbe sich daraus, daß er fremd war und sich nicht ganz einfügte, wie seinerzeit Joseph Conrad. Tripodi war ein Angehöriger jener un-englischen Elite, zu der man auch George Steiner, Sir Isaiah Berlin und Elias Canetti zählte, allesamt Inhaber britischer Pässe und gewissermaßen Fremde mit Heimatrecht. Wenn ich mich anstrengte, würde auch ich eines Tages zu ihnen gehören.

Tripodi war bekannt dafür, arm zu sein. Er war ein weiser alter Mann ohne Einkommen und lebte von Preisgeldern. In England gab es endlos viele Literaturpreise. Das war das Geschenk der Engländer an ihn: Er bekam die Preise nicht für seine publizierten Werke, sondern für das Werk, an dem er arbeitete, für die Tatsache, daß er lebte. Er kannte die Juroren gut, und dennoch waren keine Kungeleien im Spiel. Er hatte die Preise verdient. Die Preisgelder waren nicht üppig, aber sie reichten zum Leben. Es war das knauserige englische Mäzenatentum: eine Auszeichnung mit einem wohlklingenden Namen. Wenn ich Tripodis Bücher mit der Banderole *Gewinner des Bowood-Hancock-Preises* sah, mußte ich an den Aufdruck auf den Etiketten von Senfgläsern denken: *By Appointment to HRH The Prince of Wales.*

Tripodi hatte Memoiren geschrieben, die er als Roman bezeichnete, außerdem eine Reihe von Essays und Betrachtungen, eine Analyse der maurischen Gedankenwelt in Spanien, eine Abhandlung über Nabokov, einen langen Aufsatz über Balthus und ein Buch über Italo Svevos Roman *Ein Mann wird älter*, das länger war als der Roman selbst. Man rechnete damit, daß er eines Tages den Nobelpreis bekommen würde, und es galt als sicher, daß man ihn bald in den Adelsstand erheben würde – eine andere Form des Mäzenatentums. Schon jetzt wurde er behandelt, als führte er den Titel »Sir«.

Die schnurrbärtige alte Frau, die ich erwartet hatte, war nicht da. Tripodi bereitete den Tee selbst und mit großer Sorgfalt, als handelte es sich um ein schwieriges chemisches Experiment. Er bot uns altes Teegebäck an. Er war allein. Trotz seines starken Akzents gründete sich sein Ruhm eher auf das, was er sagte, als auf das, was er schrieb, am meisten aber auf das, was er nicht sagte.

Rupert hatte mich gewarnt: »Meine Frau hat ihn gefragt: ›Was ist der Sinn Ihrer Analyse der Einsamkeit?‹, und er hat nicht geantwortet. Kein Wort. Er hat nur gelächelt. Phantastisch!«

Tripodi stand in dem Ruf, niemanden zu brauchen, ganz allein zu sein und das Alleinsein zu studieren: Er schrieb seine Geschichte der Einsamkeit. Seit vielen Jahren (seit dreißig, sagte Ruperts Frau) arbeitete er nun schon an einem Buch darüber: *Man Alone.*

An diesem Nachmittag sagte er sehr wenig. Ich war nicht immer imstande, die Lücken in seinem berühmten Schweigen zu füllen. Er war sehr schwerhörig und bewegte sich so gut wie gar nicht – er saß da und schlürfte seinen Tee.

Ich weiß nicht, ob es an seinem dicken Jackett lag, an dem gräulichen Ton seiner Haut, der sie opak erscheinen ließ, oder an dem unsteten Flackern seiner Augen, doch ich hatte den Eindruck, daß in ihm, in seinen Kleidern, seinem Körper, noch ein zweiter Mensch verborgen war. Tripodi war unaufmerksam, er schien abgelenkt von diesem anderen, der in ihm steckte. War es das, was Rupert gemeint hatte?

»Warten Sie's ab«, sagte Rupert.

Ich war froh, als es vorbei war, und nach dem ersten Atemzug frischer Luft auf der Straße wußte ich auch, warum. Es war die Stikkigkeit des Hauses, des kleinen Zimmers mit den vielen staubigen Büchern. Und es war dieser blutleere Mann selbst. Zum ersten Mal begriff ich, warum Spießbürger gelehrte Menschen als gefühllose, körperfeindliche, Zeit verschwendende Schwätzer betrachteten. Was Tripodi gesagt hatte, war wegen seines Akzents kaum zu verstehen gewesen, und daher hatte ich seine Gedanken nicht nachvollziehen können. Mit einemmal befand ich mich in der Rolle eines unverbildeten Menschen, der es mit einem Pedanten zu tun hat. Es stimmte: Das Wort »intellektuell« wurde in England selten benutzt, doch »pseudo-intellektuell« hörte ich oft. Dennoch hatte ich das Gefühl, daß dieser Mann, der anscheinend ganz und gar aus Gedanken bestand und kein Herz zu haben schien, unsterblich und unzerstörbar war.

»Ich werde Ihnen alles erzählen«, sagte Rupert.

»Wann?« Aber ich dachte nicht: Wann? Ich dachte: Wirst du mir wirklich alles erzählen?

»Sie sind genau wie meine Frau.«

Rupert war noch dabei, die Tonspur für die Fernsehsendung über Tripodi zu bearbeiten. Er hatte gewollt, daß ich diesen Mann kennenlernte, um zu sehen, wie ich auf ihn reagierte. Ich schilderte ihm meinen Eindruck.

Natürlich sei Tripodi brillant, sagte ich, doch er bestehe nur aus Geist. Er agiere nicht – er sei ein Kopf ohne Körper. Sein Werk habe mich inspiriert, aber bei dieser persönlichen Begegnung in dem stikkigen Zimmer hätten mich seine steife Körperhaltung, sein Jackett und seine Krawatte abgestoßen. Sein Akzent sei so stark, daß er übertrieben und affektiert gewirkt habe. »Herzlos« sei eine bloße Metapher, bis man einem Mann mit einem derart bleichen Gesicht und einer so hohen, grauen Stirn gegenübergesessen habe. Obendrein sei er schwerhörig. Ich hätte mich dumm, ruhelos und lebendig gefühlt.

Rupert war entzückt und lud mich schon kurze Zeit später ein, mir das ungeschnittene Band mit dem Interview anzusehen.

»In dem Film gibt es einen versteckten Hinweis – allerdings glaube ich, daß die Stelle bei der Endredaktion rausfliegen wird«, sagte er. »Meine Frau besteht darauf, daß sie drinbleibt.«

Ich traf mich mit ihm im BBC-Gebäude in Shepherd's Bush, und wir sahen uns das Band in einem Vorführraum an, der wie ein Labor aussah und in dem es wie in einem muffigen alten Klubzimmer roch. Auf dem Tisch standen benutzte Styroporbecher, in denen Zigarettenkippen lagen, und eine halbgefüllte Glaskaraffe mit trübem Wasser. Ich haßte diese Studios. Ich wußte, daß ich schon deshalb niemals für das Fernsehen oder Radio arbeiten würde, weil die Aufnahmen immer in fensterlosen Räumen gemacht wurden.

»Und ab«, sagte Rupert. Er war aufgekratzt wie immer. Ich erkannte das kleine Haus, in dem Tripodi lebte. »Das ist die Eingangssequenz. Für meine Einleitung – oder vielleicht lassen wir ihn etwas sagen, während der Vorspann läuft.«

Es war das Haus in Fulham. Man sah den Eel Brook Common, Musgrave Crescent und weiter hinten die King's Road, und dann fuhr die Kamera zurück, zeigte das Zimmer in allen Einzelheiten und schwenkte über die Bücherregale zu dem Sessel, in dem Arturo Tripodi saß.

»Julian nennt das seine ›Fellini-Sequenz‹.«

»Den Roman gibt es nicht mehr«, sagte Tripodi. »Er ist eine obsolete Form. Wie das Sonett. Wie das Versdrama. Wie kann man noch daran glauben?«

»Was wird seine Stelle einnehmen?«

Das war Ruperts Stimme aus dem Off.

»Ich dachte, er ist schwerhörig«, sagte ich.

»Wir haben die Fragen auf große Zeichenkartons geschrieben. Eine Assistentin stand hinter mir und hat sie hochgehalten.«

»Die Frage ist: Was hat bereits seine Stelle eingenommen? Bücher, die sich mehr an die Form der Autobiographie, der Memoiren anlehnen. Darum ist Svevo so bedeutend. Sein Werk ist moderner als das von Joyce. Das war Joyce bewußt, und das war auch der Grund, warum Joyce die europäischen Intellektuellen auf Svevos Bücher aufmerksam gemacht hat.«

»Aber sind diese sogenannten Memoiren nicht ebenso eine Täuschung wie der Roman?«

Man sah, wie Tripodi sich leicht vorbeugte, die Hände an die Schläfen legte, um die Brille zurechtzurücken, und die Frage las.

»Diese literarische Form ist näher an der Wirklichkeit«, sagte der alte Mann schließlich. »Sie schockiert mehr, und es sind authentische Schocks. Es geht um authentisches Fleisch und authentisches Blut.«

»Welche anderen Beispiele für diese neue Form können Sie nennen?«

»Mein eigenes Werk natürlich. Aber ich möchte lieber auf Francis Bacons Bilder hinweisen. Selbstverständlich sind das keine literarischen Werke, aber sie sind das beste Beispiel für die Art von Belletristik, die ich meine. Sie sind völlig anders als konventionelle Porträts. Die Menschen wirken so isoliert, wenn sie aus einem schiefen Winkel betrachtet werden, so wehrlos, wenn man sie von hinten sieht. Der Schmerz, die Schreie, das Fleisch, die Übelkeit, die Erotik. Die Freimütigkeit.«

»Aber« – in Ruperts Stimme lag ein Hauch von Spott – »meine Frau sagt, daß Bacon durch den abstrakten Expressionismus abgelöst worden ist.«

»Dann hat Ihre Frau unrecht. Die abstrakte Kunst ist im Grunde nichts weiter als Dekoration. Ein Bild, das nicht figürlich ist, hat keinen Bezug zur Wirklichkeit. Es ist bloß Design. Mondrians Bilder sind besseres Linoleum. Albers produziert Tapeten.«

»Sie sind sich Ihrer Sache sehr sicher.«

Tripodi zögerte. Er beugte sich abermals vor und sagte: »Entschuldigen Sie, aber wie lange wird das hier noch dauern?«

»Nur noch ein paar Fragen.«

Doch diese Antwort war nicht aufgeschrieben worden – Tripodi hörte sie nicht. Er sah sich um.

»Es wird sich alles zeigen. Jackson Pollock mag als Beispiel für jemanden, der sich in einer schweren geistigen Krise befindet, interessant sein, aber seine Bilder haben keinerlei künstlerischen Wert.«

»Ich dachte, wir sprächen über die literarische Form des Romans«, sagte Rupert.

Und so ging es weiter. Der weise alte Mann saß, die Hände auf die Knie gelegt, reglos in seinem Sessel. Er war allein, er wirkte kaum stofflich, er bestand ausschließlich aus Geist, wie ein greiser Papst auf einem alten Gemälde.

Tripodi hob eine Hand und wedelte ungeduldig damit. Ein Lebenszeichen. Es gab einen plötzlichen Schnitt: Die Filmkassette mußte gewechselt werden. Eine schwarzweiße Klappe – *Tripodi BBC Arena 16. 8. 82* – wurde geschlagen, und dann ging es weiter.

»Flaubert hat nie geheiratet. Er hat gearbeitet. Er hat geschrieben.«

»Ich bin verheiratet, und ich finde –«

Aber Tripodi hatte ihn nicht gehört. Ruperts Bemerkung war ein Kommentar gewesen, der nicht aufgeschrieben worden war. Tripodi sprach einfach weiter.

»Madame Bovary ist so modern, wie ein Roman es nur sein kann. Aber im Haus der Belletristik gibt es viele Zimmer. Der Roman, wie wir ihn kennen, ist nichts weiter als eine Zerstreuung, ein Amüsement.«

Tripodi fuhr fort, in Abstraktionen zu sprechen, und ich stellte fest, daß ich, während dieser blutarme Intellektuelle über die Zukunft des Romans referierte, nicht ganz folgen konnte. Wie schon in seinem Haus in Fulham merkte ich, daß ich für solche Diskurse nicht geeignet war. Ich brauchte etwas Konkreteres, sonst verwandelte ich mich in einen nörgelnden Spießer. Tripodi war ein Intellektueller in voller Fahrt.

»Sie sind nicht mehr bei der Sache, Paul«, sagte Rupert.

»Doch, doch. Es ist sehr interessant.«

»Aber Sie haben diesen glasigen Blick, wie meine Frau sagen würde.«

»Na gut, Sie haben recht. Ich weiß nicht, wovon er eigentlich redet.«

»Weil Sie vom traditionellen Ansatz ausgehen: ›Sie sagte, er sagte … Die Wolken, das Gras, die Bäume …‹«

»Solche Sachen schreibe ich nicht.«

»Ich wollte Sie nur ein bißchen aufziehen. Aber dieser Mann beschreibt genau die Art von Buch, die ich gern schreiben würde.«

»Wollten Sie deshalb, daß ich mir das ansehe?«

»Nein.« Rupert lächelte. »Ist Ihnen irgend etwas Merkwürdiges aufgefallen?«

Ich wollte etwas sagen. Rupert spulte zurück und verwandelte Tripodi in einen Clown, der alles schnell und ruckartig tat und sich rückwärts durch die Zeit bewegte. Und dann drückte Rupert auf den Wiedergabeknopf, und wir hörten ihn sagen: »Sie sind sich Ihrer Sache sehr sicher.«

Ich sah, wie der alte Mann zögerte und den Kopf wandte. Rupert schaltete auf Standbild.

»Was sehen Sie?«

»Nichts.«

»Sehen Sie genauer hin.«

Ein Schatten, eine durch das Fenster im Hintergrund sichtbare Gestalt, die zum Seiteneingang des Hauses ging: nur ein kleiner Hinterkopf über schmalen Schultern. Es hätten ebensogut einige Blätter sein können, die der Wind vor sich her trieb, oder ein Lichtreflex, ein Staublappen, der ausgeschüttelt wurde.

Im Vordergrund war Arturo Tripodi. Er hatte sich umgedreht, und ich konnte seinen Nacken sehen – sehnig, schwach, rührend, zu dünn für den Kragen und die Krawatte, die über diesem eingefallenen Fleisch wie das Zugband eines leeren Beutels wirkte. Die Menschen erscheinen so isoliert, wenn sie aus einem schiefen Winkel betrachtet werden, so wehrlos, wenn man sie von hinten sieht.

»Was ist das?«

»Sie meinen: ›Wer ist das?‹« sagte Rupert. »Prägen Sie sich diesen Schatten gut ein.«

»Ihre Frau?«

Rupert lachte sehr laut, und ich wußte, daß meine unbeholfene Frage für ihn eine tiefere Bedeutung hatte, auch wenn es klang, als lachte er mich aus.

Schließlich wischte er sich die Augen, atmete tief durch und sagte: »Das ist Clara, die Tochter der Haushälterin.«

Dann gab es also tatsächlich eine schnurrbärtige alte Frau, die sich um ihn kümmerte. »Sie wollen mir irgend etwas sagen.«

Ruperts Augen funkelten. Aus seinem Gesicht sprach die Vorfreude, daß er mir gleich etwas verraten würde, das ich mir nicht einmal im Traum vorstellen konnte. Das war eine seiner liebenswertesten Eigenschaften: die Begeisterung, die sich in seinem Gesicht spiegelte. Man weiß nur etwas, wenn man etwas weiß, das andere nicht wissen. Rupert und ich sahen uns nicht oft, doch wenn wir uns trafen, war er gewöhnlich von irgend etwas begeistert – was man von Arturo Tripodi nicht behaupten konnte.

Rupert fror diesen Augenblick ein: den Schatten vor dem Fenster, Tripodis Profil, den dünnen Hals, seine Weltabgewandtheit.

»Als wir fertig waren und die Möbel wieder zurechtgerückt hatten, bedankten wir uns und gingen«, sagte Rupert.

Wieder sah ich vor meinem geistigen Auge den stickigen kleinen Raum mit den verstaubten Büchern und dem zu formell gekleideten alten Mann in seinem weich gepolsterten Sessel.

»Ich war schon fast zu Hause, als mir der Schlüssel wieder einfiel, den man mir gegeben hatte, damit die Aufnahmecrew und ich ins Haus konnten. Ich hatte ihn noch immer. Anrufen konnte ich Tripodi nicht – er war zu schwerhörig. Darum hatte ich ja den Schlüssel: Er hätte die Türklingel nicht gehört. Wir hatten vereinbart, daß ich den Schlüssel in einen Umschlag stecken und durch den Briefschlitz schieben würde.«

Er lächelte und legte die Spitzen von Daumen und Zeigefinger aneinander, als hielte er einen Schlüssel in der Hand.

»Mein erster Gedanke war, meine Frau zu schicken, aber die war auf dem Land und wollte erst abends wieder in London sein. Also fuhr ich noch einmal zu Tripodis Haus, und da ich keinen Briefumschlag hatte, schloß ich die Haustür auf. Tripodi war nicht in dem Zimmer.«

Ich sah Rupert mit angehaltenem Atem und leuchtenden Augen in jenem Raum stehen – lauschend, spähend.

»Ich hätte den Schlüssel einfach irgendwohin legen können. Aber ich hatte jede Menge Zeit. Ich war erst um sieben mit meiner Frau verabredet. Irgend etwas ließ mich innehalten. Es war Tripodis Stimme. Ich glaubte, das Wort ›Trance‹ zu hören, und das erschien mir perfekt.«

Er wartete auf meine Reaktion und schien meine Gespanntheit zu genießen.

»Er saß in der Bibliothek, mit dem Rücken zu mir. Nur ein paar Meter von dem Sessel entfernt, in dem er während des Interviews gesessen hatte. Es ist ein kleines Haus, aber es hat mehr Zimmer, als man denkt, und dieses Zimmer lag neben dem, in dem wir so tiefgründig über den Roman und Tripodis Vorstellung von Belletristik gesprochen hatten. Die Freimütigkeit. Die Einsamkeit. *Man Alone.*«

Rupert freute sich diebisch. Seine schmalen, schlanken Finger zitterten.

»Er saß da in seinem kratzigen Jackett, aber er war nicht allein. Er betrachtete ein kleines Mädchen, nämlich das hier« – er zeigte auf den Schatten im Standbild – »und das Mädchen war nackt. Es war so blaß, so zerbrechlich, nicht älter als neun oder zehn. Es hatte keinen

Busen und trug nur ein Paar weiße Söckchen. Die Augen waren groß und ängstlich – das können Sie sich ja vorstellen. Und Arturo Tripodi flüsterte: ›Tanz! Tanz!‹«

Das war die Geschichte, die Rupert mir erzählte.

Ein paar Jahre später starb Arturo Tripodi an Herzversagen. Rupert Moody starb an Aids.

SIEBEN

Der kürzeste Tag des Jahres

I

Es kommt oft vor, daß ein Schriftsteller beschließt, ein bestimmtes Kapitel aus einem Buch herauszunehmen. Den nackten Vater und seine nackte Tochter in jener wilden Szene, die Edith Wharton aus ihrem Roman *Beatrice Palmato* getilgt hat (siehe den Anhang in Professor Lewis' Biographie über E. W.), fand ich immer faszinierend. Mark Twain hat ein verträumtes Kapitel über den Mississippi aus seinem *Huckleberry Finn* entfernt, und es gibt eine Szene voller sexueller Zweideutigkeiten, die J. R. Ackerley aus seinem Roman *Hindu Holiday* gestrichen hat. Wahrscheinlich gibt es Tausende solcher Kapitel. Ich habe den Verdacht, daß diese Passagen zu entlarvend waren, aber es mag noch viele andere Gründe geben: Vielleicht verstießen sie gegen den guten Geschmack, vielleicht mangelte es ihnen an Glaubwürdigkeit, vielleicht paßten sie einfach nicht in das betreffende Buch oder fügten sich nicht in die Handlung ein. Wie auch immer – es ist eine Frage des rechten Zeitpunkts. Schriftsteller achten meist darauf, daß sie nichts wegwerfen, was sie noch einmal gebrauchen könnten. Tatsache ist, daß eine getilgte Passage, ganz gleich, wie bizarr oder skandalös sie ist, irgendwann wieder auftaucht.

Im Frühjahr und Sommer des Jahres 1982 reiste ich an der Küste Großbritanniens entlang. Danach schrieb ich *The Kingdom by the Sea*, und dabei suchte ich manche Orte noch einmal auf, um Fakten oder Eindrücke zu bestätigen. Anton und ich verbrachten ein paar Sommertage in Orwells Southwold, und Will fuhr mit mir über die Isle of Wight, um Ortsnamen zu verifizieren. Bald hatte der Herbst die Ferienorte geleert, die durch die böigen Winde noch verlassener wirkten. Der strömende Novemberregen färbte die Häuser dunkel. Die Wellen waren höher, die kalten Strände schmaler, die Brandung war lauter. Doch dies waren jahreszeitliche Schwankungen, die keinen Einfluß auf das hatten, was in dem Manuskript stand, das ich von einem Ort zum anderen mitnahm.

Vier Tage vor Weihnachten war ich in Yorkshire und sah mir ein Stück Küste nördlich von Whitby an, das ich zuvor ausgelassen hatte. Im Frühjahr war ich mit dem Zug von Middlesbrough nach Whitby gefahren – diesmal ging ich zu Fuß. Ich dachte, ich hätte mich früh genug auf den Weg gemacht, doch als die Dämmerung hereinbrach, wurde mir bewußt, daß es der kürzeste Tag des Jahres war.

Ich mußte langsamer gehen, und auf der Höhe von Runswick Bay und Kettleness konnte ich kaum noch meine Füße sehen. Es herrschte das ungewisse Dämmerlicht, das sich kurz nach einem winterlichen Sonnenuntergang herabsenkt, und der Weg war nur noch anhand der Spiegelungen des fahlen Himmels in den Pfützen zu erkennen.

Und dann war alles schwarz. Ich stolperte durch Rinnsale und Bodenwellen, bis ich in der Ferne ein flackerndes Licht sah. So kam ich nach Blackby Hole.

Das Dorf war noch nicht zu sehen, doch ich wußte, daß sich in der Dunkelheit ringsum Häuser versteckten, denn ich roch den heimeligen Geruch der Kohlenfeuer – in jenen Tagen der schärfste Geruch, den man in winterlichen englischen Dörfern wahrnehmen konnte. Ich sah nichts als Finsternis und roch nur den Kohlerauch, und nach ein paar hundert Metern umfing mich feuchtkalte Luft. Als ich das nächste Licht sah, war es schlierig und gebrochen von Nebelschwaden.

Das war der Norden. Ich hatte mit Schnee gerechnet, doch der Nebel, der sich vom Meer hereinwälzte, war viel eigenartiger als Schnee: ebenso kalt, aber viel durchdringender. Es war, als legte ich mein Gesicht an einen Marmorblock. Das gespenstische Geräusch der Wellen, die klatschend und keuchend an die Klippen schlugen, ließ Schreckliches ahnen. Ich stellte mir vor, daß ich ins Leere trat oder daß der brüchige Stein unter mir nachgab, mich in die Tiefe zog, mich ins schwarze Wasser der Nordsee schleuderte. Der Nebel hatte sich herabgesenkt und war dichter geworden. Er lag wie ein Leichentuch über der Küste und dämpfte alle Geräusche, nur nicht das Klagen des Meeres.

Schon jetzt bereute ich diesen Abstecher. England war eines jener sicheren, überentwickelten Länder, in denen ein Reisender wie ich sich sehr viel Mühe geben mußte, wenn er etwas Gefährliches erleben wollte. Nachdem ich tagelang mit der Harmlosigkeit eines Küstenweges namens *The Cleveland Way* gehadert hatte, war es mir in dieser dunklen Nacht also endlich gelungen, mich in Gefahr zu begeben. Und Weihnachten stellte mich vor ein anderes eigenartiges Problem: Die Feiertage glichen einer Ebbe, die alle Fremden gestrandet zurückließ. Vielleicht saß ich hier fest, bis in gut einer Woche, möglicherweise auch erst im Januar, wenn wieder normal gearbeitet wurde, die Flut einsetzte.

»Wenn du nicht rechtzeitig vor Weihnachten zurück bist …«, hatte Alison gesagt.

Sie hatte den Satz nicht zu Ende gesprochen, damit ich mir die düsteren Konsequenzen ausmalen konnte, die sie mir in der zweiten Hälfte angedroht hätte. Sie fand – nicht ganz zu Unrecht –, daß ich sie in der Vergangenheit oft im Stich gelassen hatte.

Im Schein des verschwommenen Lichts erkannte ich einen Zauntritt. Ich kletterte hinüber und stand auf einer schmalen Straße. Ich hörte das Quietschen des Schildes, bevor ich den Pub sah: *The Crossed Keys*. Bauernhäuser waren schemenhaft zu erkennen, tropfnasse Wände und geschlossene Läden. Ich war schlammbespritzt, ich fror, und ich erwog, mich im Pub aufzuwärmen. Im Fenster stand ein Pappschild: *Zimmer frei*, doch ich zögerte. Wenn ich einen Bus oder eine Mitfahrgelegenheit fand, konnte ich heute abend noch aus diesem Dorf verschwinden. Ich war mir sicher, daß ich in Blackby Hole auch bei einem längeren Aufenthalt kaum mehr entdecken würde als das, was ich jetzt sah. Es war ein winziges Nest. Geh weiter, dachte ich. Und dann sah ich das knisternde Feuer im Kamin des *Crossed Keys*.

Zunächst bemerkte ich gar nicht, daß noch andere Leute im Pub waren. Ich sah Lichterketten und Girlanden. Die Messinggeräte an den Deckenbalken waren mit Stechpalmenzweigen umwunden, an der Wand hing ein Stechpalmenkranz, und über der Tür war ein Mistelzweig befestigt. Die Pflanzen waren echt und verdorrten, und daher erschien mir dieser Schmuck weniger festlich. Dann entdeckte ich die anderen Gäste: zwei Männer in Sesseln und eine Frau am anderen Ende der hufeisenförmigen Theke. Als ich eingetreten war, hatten sie sich nicht gerührt. Ich hatte sie für Möbelstücke gehalten – es war ein sehr ländlicher Gasthof. Aber warum hätten sie sich auch für mich interessieren sollen? Sie hatten sicher schon viele Wanderer wie mich gesehen, die durchnäßt und schlammbespritzt auf dem Fußweg ins Dorf kamen. Im Verlauf meiner zweiwöchigen Nachforschungen war ich etwas verwildert. Ich trug lächerlich schwere Wanderstiefel und hatte mich mit einem Bart maskiert, den ich mir hatte wachsen lassen, weil ich es leid war, mein Gesicht in einem Hotelspiegel zu sehen.

Und wer ist eine deprimierendere Gesellschaft als ein unrasierter Mann in mittleren Jahren, der einen geflickten Rucksack mit sich herumschleppt? Es umgibt ihn eine Aura von Kargheit und Monomanie. Er wird sich zu einem Drink einladen lassen, doch daß er sich dafür revanchieren wird, ist unwahrscheinlich. Am besten, man kümmert sich nicht um ihn und vermeidet jeden Blickkontakt – der Fremde wird ohnehin bald weitergezogen sein. Vielleicht ist er ein Verrückter oder Kinderschänder? Wer wandert so kurz vor Weihnachten allein im Dunkeln herum? Wenn dieser Mann ein Zuhause hätte, wäre er doch dort. All dies und noch viel mehr … Niemand kümmerte sich um mich, niemand sprach mich an.

Ich war es also, der ein Gespräch eröffnen mußte, doch es dauerte eine Weile, bis sich eine Gelegenheit ergab. Die Glocke über der Tür läutete, als eine kleine, alte Frau mit einem kleinen, nassen Hund eintrat. Sie trug einen laut knisternden Plastikregenmantel.

»Eine Dose Shandy und eine Packung Chips mit Zwiebel-Käse-Geschmack, wenn ich bitten darf«, sagte sie.

Dieser Satz war einen Tagesmarsch durch den Nieselregen wert. Während die Frau bedient wurde, schrieb ich ihn in mein Notizbuch.

Beim Läuten der Glocke war ein Mann aus einem Hinterzimmer gekommen. Er gab ein Knurren von sich und brachte der Frau das Gewünschte, und ich bemerkte, daß er ihr Geld unbeholfen entgegennahm und umständlich damit hantierte. Er hatte die schmutzigen Finger und riesigen Daumen, bei deren Anblick man an einen Würger denkt.

Die Frau verfütterte die Chips an ihren Hund, wobei sie unablässig mit ihm redete und ihn ermahnte, sich anständig zu benehmen. Dann war sie wieder verschwunden. Das war meine Chance.

»Ich glaube, das habe ich noch nie einen Hund tun sehen.«

Als ich das sagte, standen die beiden Männer auf, zupften sich die Pullover zurecht, zogen ihre Kappen ins Gesicht und gingen hinaus.

»Ob es ihm wohl schwerfällt, die Dinger hinunterzuschlucken?«

»Ich schätze, er tut sich ziemlich leicht damit.«

Das war der Mann hinter der Theke, wahrscheinlich der Wirt. Er hatte runde Augen und eine beginnende Glatze und steckte in einem Pullover, der ihm ein paar Nummern zu groß war. Er warf mir einen kurzen Blick zu, sagte: »Ich hab da hinten meinen Tee stehen«, und verschwand.

»Die reden nicht gern über Mrs. Pickering«, sagte eine Stimme. Sie gehörte der Frau auf der anderen Seite der Bar. »Jetzt haben Sie sie vertrieben.«

»Ab und zu gelingt mir das«, sagte ich, und als sie mich mit einem Lachen belohnte, fuhr ich fort: »Setzen Sie sich doch zu mir. Hier am Kamin ist es viel wärmer.«

Zu meiner Überraschung nahm sie tatsächlich in dem anderen Sessel am Kamin Platz und sagte: »Ich weiß nie, ob ich mich hierhinsetzen darf. Sonst sitzen hier immer ein paar von den alten Knackern. Bei diesem Nebel sind sie wahrscheinlich zu Hause geblieben.«

Sie hatte schöne Zähne, helle Augen, weiches, kurzgeschnittenes Haar und eine blasse Haut, was darauf hindeutete, daß sie viel Zeit in geschlossenen Räumen verbrachte. Ich war so sehr damit beschäftigt, sie zu betrachten, daß ich ohne nachzudenken drauflosplapperte – ich wollte nur, daß sie hier bei mir am Kamin blieb. Ich hatte den ganzen Tag über mit niemandem gesprochen. Derart lange Perioden des Schweigens vermittelten mir immer das Gefühl, unsichtbar zu sein, doch nun, da ich mich mit dieser Frau unterhielt, wurde ich wieder wirklich – ja, mehr noch: Ich schöpfte Hoffnung.

»Und welches Geheimnis umgibt Mrs. Pickering?«

»Gar keins. Alle wissen Bescheid.« Sie sah mich ernst an, und es tat mir leid, daß mein Tonfall so unbekümmert gewesen war. »Sie hat ihren Verlobten umgebracht.«

Ich versuchte, mich an Mrs. Pickerings Gesicht zu erinnern, sah vor meinem geistigen Auge aber nur eine traurige Gestalt mit einem Schal und kleinen Stiefeln. Ich dachte an den knisternden Regenmantel, die fingerlosen Wollhandschuhe und den Satz, den ich in mein Notizbuch geschrieben hatte (*Eine Dose Shandy und eine Packung ...*), doch ihr Gesicht konnte ich nicht sehen. Meine deutlichste Erinnerung war die an den nassen Terrier, der laut schmatzte und vor Anstrengung, die Chips hinunterzuschlucken, fast erstickte.

»Man sieht den Leuten nicht immer an, was sie sind.«

»Sie machte einen ganz harmlosen Eindruck«, sagte ich.

»Ich meine den Verlobten. Er war ein aufdringlicher Mensch und furchtbarer Tyrann, sehr aggressiv und gewalttätig, wie viele Männer, die sexuelle Probleme haben. Die Leute hier wußten, was für ein Mensch er war und was sie sich aufgeladen hatte. Nur Fremde ließen sich von ihm täuschen. Sie hat ihn eines Nachts mit einer Gartenhacke erschlagen. Er hatte es verdient. Sie bekam eine Bewährungsstrafe – eine unglaublich weise Entscheidung des Richters. Aber niemand spricht gern über Mrs. Pickering. Die Leute finden, daß alles, was man über sie sagen kann, Klatsch ist. Und eigentlich stimmt das ja auch. Woher kommen Sie?«

Ihre Erklärung war auch eine Warnung gewesen, die ich mir zu Herzen nahm. Ich beantwortete ihre Frage und sagte, ich käme von Whitby.

Sie war so freundlich und geradeheraus gewesen, daß ich nicht wie sonst auf einen erfundenen Namen und die Phantasiegeschichte, ich sei im Verlagswesen tätig, zurückgreifen wollte. Ich wollte ihr sagen, ich hätte den ersten Entwurf einer Schilderung der britischen Küste geschrieben und sähe mir nun die Gegenden an, die ich bei meiner ersten Reise ausgelassen hätte.

»Mein Name ist übrigens Edward Medford.«

Trotz meines Vorsatzes, ihr die Wahrheit zu sagen, war mir der falsche Name herausgerutscht. Es war so absurd, daß ich beinahe gelacht hätte. Doch dann erkannte ich, daß es die Wahrheit war: Alles, was ich sagte, mußte wahr sein – eben weil ich es gesagt hatte. Genau so verhielt es sich mit dem Schreiben: Der Akt des Schreibens machte etwas wahr.

»Möchten Sie etwas trinken?«

»Ja, ich hätte gern noch einen Drink. Das hier ist Whisky und Zitronensaft«, sagte sie. »Ich hatte nichts im Haus, und ich merke, daß ich eine Erkältung bekomme.« Als ich mit einem gefüllten Glas zurückkehrte, schürte sie das Feuer, nahm mit einer Zange splittrige Kohlenstücke aus einem flachen Korb und legte sie in die Glut. Sie bedankte sich für den Drink und sagte: »Ich heiße Lucy Haven.« Aus ihrem Lächeln schloß ich, daß sie noch etwas hinzufügen wollte.

»Ja?« sagte ich, um sie zu ermutigen.

»Heute ist mein Geburtstag. Der Tag der Heiligen Luzia. Daher auch mein Name.«

»Herzlichen Glückwunsch.«

»Ich bin allerdings keine Heilige«, sagte sie und lachte leise.

Sie mochte vierzig sein oder etwas darüber, und sie war auf sehr angenehme Weise zurückhaltend. Wenn sie lächelte, wirkte das Lächeln vorsichtig, und sie hatte eine hübsche Art, dabei einzuatmen. Sie wirkte unabhängig und furchtlos und allein, aber nicht einsam. Mir gefiel ihre praktische Kleidung: derbe Schuhe, gestrickter Schal, dicke Jacke. Sie war selbständig und freimütig. Sie hatte keine Angst vor mir. Ich fand sie äußerst attraktiv.

Wir sprachen über den Nebel, die bröckelnden Klippen, den Pub, in dem wir saßen, und die Entfernung nach Saltburn, wo es einen Bahnhof gab. Dann sagte ich: »Was tut man so, wenn man hier lebt?«

»Ich habe ein Rundfunkgerät und ein Grammophon. Und außerdem stricke ich.«

Diese altmodischen Worte erzeugten in mir das Bild einer Einsamkeit, wie sie mir an der britischen Küste bisher noch nicht begegnet war.

»Und ich lese viel.«

Ich war zu deprimiert für eine passende Antwort. Ich strich über meinen Bart und merkte, daß mein Schweigen sie verlegen machte.

»Ich führe ein sehr ruhiges Leben. Aber mir gefällt es.« Sie beugte sich vor und sagte: »Was ist das für ein Wappen auf Ihrer Krawatte?«

»Royal Geographical Society«, sagte ich. »Die trage ich immer beim Wandern. Ist gut für die Moral.«

Ich hob die Krawatte mit dem Daumen an, damit sie das Wappen besser betrachten konnte.

»Krawatten sind sehr phallisch«, sagte sie.

Ich ließ die Hand sinken.

»Ist doch ziemlich offensichtlich, finden Sie nicht?« fuhr sie fort, vielleicht weil ich nichts sagte. »Ich habe irgendwo gelesen, daß Halstücher erst im 16. Jahrhundert aufgekommen sind, genau zu der Zeit, als die ausgepolsterten Hosenbeutel aus der Mode kamen.«

Es erschien mir unmöglich, daß jemand so etwas sagte, ohne zu lächeln, doch ihr Gesicht blieb vollkommen ausdruckslos. Ich lehnte mich zurück, damit die Krawatte nicht zwischen meinen Beinen baumelte, und strich sie glatt.

»Bärte wahrscheinlich auch«, sagte ich. »Phallussymbole.«

»Ihrer jedenfalls ist eins.«

Es war das erste Mal, daß ich mir einen Bart hatte wachsen lassen. Ich fand, daß ich damit aussah wie ein dicker Biber, doch als ich ihre seltsame Bemerkung hörte, wußte ich, daß ich etwas erreicht hatte, von dem ich gar nicht gewußt hatte, daß ich es hatte erreichen wollen. Ich hatte mir nie zuvor einen Bart wachsen lassen, denn ich fand, daß damit oft ein Persönlichkeitswandel verbunden war – ich hatte das bei vielen Männern beobachtet. Doch Lucy Haven war offensichtlich angetan.

»Manche Penisse sind Phallussymbole«, sagte ich.

»Sie sind Amerikaner, stimmt's?«

»Ja. Ich bin hergekommen, um mich zu verlaufen.«

»Dann sind Sie hier genau richtig.«

Wir tranken unseren Drink und dann noch einen und setzten unsere freundliche Unterhaltung fort – sie sagte viele überraschende Dinge. Der Wind im Kamin ließ das Feuer flackern. Es war ein kalter, feuchter Abend, und es kam niemand mehr in den Pub.

»Wann schließen die hier?«

»Um halb zehn«, sagte sie. »Aber wenn wir vorher gehen, macht er wahrscheinlich gleich zu. Es ist eine eklige Nacht.«

»Aber wohin sollten wir schon gehen?«

Sie bedachte mich mit einem netten, unerwarteten Lächeln. Es war mehr als ein Gesichtsausdruck – es war ein schöner Gedanke in ihren Augen und ihrem Mund.

»Mein Haus ist nicht weit von hier«, sagte sie. »Wir könnten noch etwas trinken. Ich habe mich für Ihre Einladung noch nicht revanchiert.«

»Es ist Ihr Geburtstag, Lucy.«

Ich hatte mich die ganze Zeit gefragt, wie es weitergehen würde. Eigentlich wußte ich es noch immer nicht, aber wenigstens bekam ich eine Chance, und zwar nicht, weil ich ein Reisender war, der freundlich aufgenommen und gewärmt werden und eine gute Geschichte hören wollte, sondern wegen etwas anderem. Sie gefiel mir, und ich war ihr dankbar, daß sie sich meiner annahm.

Der Wirt war nicht hinter der Theke, als wir gingen. Darüber war ich froh. Ich kam mir ein bißchen verstohlen und albern vor, als würde ich mich heimlich mit Lucy Haven davonschleichen. Ich schämte mich für diese Heimlichtuerei.

»Das ist ein Schmarotzer«, sagte sie, als wir unter dem Mistelzweig hindurchgingen.

Sie führte mich die schmale Straße entlang. Der Nebel zog schlierig vor der gedämpften Weihnachtsbeleuchtung in den Fenstern des Pubs vorbei. Dann bog sie in einen jener Fußwege ein, die mehr Ähnlichkeit mit einem tiefen Graben haben. Obgleich es völlig dunkel war, verlangsamte Lucy ihr Tempo nicht, und ich folgte dem Geräusch ihrer Schritte auf dem feuchten Kies. Wir hatten das Dorf hinter uns gelassen und bewegten uns auf die Klippen zu. Tief unten in den Höhlungen hörte ich die Wellen donnern und rauschen.

»Ich stelle mir immer vor, daß dort unten Menschen sind«, sagte sie – eine Bemerkung über das klagende Geräusch des Meeres.

»Menschen, denen sehr kalt ist«, sagte ich.

»Menschen, die sehr tot sind. Es ist nicht mehr weit.«

Gleich darauf verstummte das Geräusch ihrer Schritte, als sie in einen Feldweg abbog.

Ich war verblüfft über ihre Bemerkung und versuchte, ihren Stimmungswechsel zu ergründen, als sie sagte: »Wir sind da.«

In drei oder vier hübschen Fenstern brannte Licht, und trotz des

Nebels vermochte ich die Umrisse eines kleinen Hauses mit tief heruntergezogenem Dach und nach außen gewölbten Mauern zu erkennen. Das Meer war jetzt deutlich zu hören: Es war genau unter uns und brandete in ohnmächtiger Wut gegen die Klippen.

Es war ein abgelegener, einsamer Ort, und ich hätte mich wohl gefürchtet, wenn ich allein hier gewesen wäre. Doch eben diese Abgelegenheit machte es aufregend und angenehm, mit Lucy Haven hier zu sein. Ich stand im Begriff, in das Leben einer Fremden einzutreten, und empfand die Erregung des Reisens: eintauchen und weiterziehen – als würde man durch einen Lichtkegel gehen.

»Ich lasse immer das Licht brennen«, sagte Lucy und öffnete die Tür. »Ich hasse es, in ein dunkles Haus zurückzukommen.«

Auf dem Weg vom Pub hierher hatte ich mir ausgemalt, Lucy Haven sei eine Hexe oder Mörderin. Es war eine eigenartige Situation: erst die Sache mit Mrs. Pickering und dann die Begegnung mit Lucy. *Sie hat ihren Verlobten umgebracht* und *Man sieht den Leuten nicht immer an, was sie sind*; die unvermittelte Einladung in ihr Haus an den Klippen; ihre Bemerkung über *Menschen, die sehr tot sind.*

Drinnen verflog dieses Gefühl des Geheimnisvollen. Das Haus war ordentlich und behaglich und roch nach gutem Brot, gepflegten Katzen und gesunden Pflanzen. Die Wärme war beruhigend, verstärkte diese Gerüche und verwandelte sie in einen Duft. Wenn es kalt im Haus gewesen wäre, hätte ich mich sicher weniger wohl gefühlt. Es war ziemlich dunkel – nur die Lampen in der Nähe der Fenster brannten –, doch ich konnte Efeu in den Blumentöpfen erkennen, den Obstkorb auf dem blankgescheuerten Tisch aus Kiefernholz, die Katze, die auf dem Sofa vor dem Kamin schlief. Von irgendwoher hörte ich das rastlose Ticken einer Uhr. An einer Wand stand ein Bücherregal, an einer anderen hingen einige Fotos. Ich wollte sie gar nicht genau sehen. Ich brauchte nicht mehr Licht. Ich war zufrieden mit dem Kaminfeuer, den kleinen Lampen, dem Sofa und dem dicken Teppich.

»Ich stricke an einem Pullover«, sagte Lucy. »Wahrscheinlich dachte sie, mir sei das Strickzeug aufgefallen, das auf einem Stuhl lag. Ich hatte gehofft, bis Weihnachten fertig zu werden, aber daraus wird wohl nichts – das ist ja schon nächsten Samstag.«

»Ist der Pullover für jemand Bestimmten?«

»Ja«, sagte sie und sah mit einemmal sehr ernst und resolut aus. »Für jemanden in Afrika. Ich bin eine Art Patentante für ein kleines Mädchen in Lesotho. Eigentlich ist es inzwischen ein ziemlich großes Mädchen. Ich schicke ihr eine Menge gestrickte Sachen. In Afrika kann es ganz schön kalt werden.«

Sie reichte mir ein Glas Wein, und wir prosteten einander zu.

»Herzlichen Glückwunsch«, sagte ich.

Sie runzelte die Stirn und sagte: »Fröhliche Weihnachten.«

Ich setzte mich so auf das Sofa, daß neben mir noch Platz für sie blieb, aber sie ließ sich auf dem Teppich vor dem Kamin nieder. Eine Katze kam zu ihr, und sie nahm sie auf den Schoß und streichelte sie.

»Sie nennt mich ›Mamie‹«, sagte sie und lächelte in sich hinein. »Sie ist jetzt in der fünften Klasse.«

Wir sprachen über die Missionsarbeit in Afrika, über das Wetter in Yorkshire, über die Freuden des Radiohörens und den Geschmack von Kräutertees, doch die ganze Zeit dachte ich nur daran, wie gern ich mit ihr ins Bett gehen würde. Ich konnte den ersten Schritt tun, indem ich mich neben sie auf den Boden setzte, aber ich wollte nicht mit der Tür ins Haus fallen. Während wir uns unterhielten und sie mir nachschenkte, beflügelte das Verlangen meine Phantasie. Die Zeit verging; ich war aufmerksam und wartete auf meine Gelegenheit.

Sie sagte: »Ich glaube, diese dumme Katze hat sich auf einen Kampf eingelassen. Das Ohr ist verletzt.«

»Lassen Sie mal sehen«, sagte ich und setzte mich neben sie.

Das verletzte Ohr beschäftigte uns für eine Weile, das Feuer wärmte mein Gesicht, und der Wein erfüllte mich mit wohliger Schwere. Schließlich spürte ich, wie ich dahinsank – ich legte den Arm um sie, drückte sie an mich und beugte mich vor, um sie zu küssen.

Sie fuhr zurück und erstarrte, als hätte ich sie mit einer Nadel gestochen.

»Was fällt Ihnen ein?« Ihre Stimme war kalt vor Verachtung.

Ich wußte nicht, was ich sagen sollte.

»Glauben Sie vielleicht, ich würde einfach so mit Ihnen ins Bett springen?«

Sie sagte das mit solcher Geringschätzung, daß ich, noch bevor sie den Satz zu Ende gesprochen hatte, auf den Beinen war. Ich schämte mich, ich wich zurück und stolperte – es war, als wäre ich aus dem Bett geworfen worden. Nein, natürlich nicht, sagte ich, nichts liege mir ferner, und, du liebe Zeit, wie spät es geworden sei!

»Ich muß gehen«, sagte ich. »Wo ist mein Rucksack?«

Sie schaltete eine Lampe an, und ich ging zur Tür, nur noch darauf bedacht, so schnell wie möglich zu verschwinden. Im hellen Licht erschien mir das Haus weniger freundlich und eigentlich eher eng und unordentlich. Jetzt konnte ich die Bücher im Regal erkennen. Während ich den Rucksack schulterte, musterte ich die Bücher, und da ich nichts zu verlieren hatte – tiefer fallen konnte ich nicht mehr –, sprach ich den bösen Gedanken aus.

»Haben Sie ihn gelesen?« fragte ich. Ich stand an der Tür und wartete darauf, daß sie sich von mir verabschiedete.

»Paul Theroux?« fragte sie, und ihr Gesicht hellte sich auf. Offenbar hatte sie angenehme Erinnerungen. »Aber ja, ich liebe ihn. Er ist großartig.«

2

Ich zögerte; dann lächelte ich Lucy Haven an und strich mir über den Bart. Sie hatte nicht die leiseste Ahnung, wer ich war. Den Mann namens »Edward Medford« hatte sie zurückgewiesen, aber »Paul Theroux? Er ist großartig.« Ich hätte am liebsten laut gelacht. Auf jeden Fall wollte ich noch bleiben. Und ich wollte ihr meinen wirklichen Namen sagen.

»Sie brauchen nicht Hals über Kopf davonzurennen«, sagte sie.

Das klang freundlich, doch sie hatte es nur aus Höflichkeit gesagt. Ihr Gesicht verriet, daß sie meinen baldigen Aufbruch wünschte.

»Ich habe Sie sicher gekränkt«, sagte sie.

»Ganz und gar nicht!« erwiderte ich – wohl zu laut, denn genau so hatte ich es empfunden. Ich wollte sie ein wenig hinters Licht führen, um dann zu sagen: Raten Sie mal, wer ich wirklich bin.

»Ich meine, ich habe sicher Ihre männliche Eitelkeit gekränkt«, sagte sie.

Mit einiger Anstrengung, die mir, wie ich hoffte, nicht anzusehen war, verkniff ich mir eine Antwort.

»Ich glaube, Sie haben mich mißverstanden«, sagte sie.

Die Einladung einer attraktiven, ungebundenen Frau an einen halbbetrunkenen Fremden, sie in der längsten Nacht des Jahres, an ihrem Geburtstag, in ihr einsam gelegenes Haus zu begleiten und dort mit ihr eine Flasche Wein zu trinken – das war ein Mißverständnis? In meinen Ohren hatte es wie eine freimütige und vollkommen unzweideutige Einladung zu einem kleinen Abenteuer geklungen.

Aber vielleicht hatte ich ihre Signale falsch gedeutet und voreilige Schlüsse gezogen. Das war es wohl, was sie mit »männlicher Eitelkeit« gemeint hatte. Sie hatte nur freundlich zu einem einsamen Wanderer sein wollen. Und doch hatte der Satz: »Möchten Sie noch auf einen Drink zu mir kommen?« in England und einigen anderen Ländern sehr wenig mit Durst, um so mehr aber mit Hunger zu tun. Wußte sie das etwa nicht?

»Bleiben Sie doch noch ein bißchen«, sagte sie. »Wir können noch die andere Hälfte trinken.«

Tatsächlich war ich so schnell aufgesprungen, daß ich mein Weinglas nicht ausgetrunken hatte. Als sie es mir reichte, stellte ich den Rucksack wieder ab, um ihr zu verstehen zu geben, daß ich nicht sofort aufbrechen wollte.

»Ich glaube, Sie machen sich ein falsches Bild von mir«, sagte sie. »Es ist seltsam, wenn man allein lebt: Man merkt gar nicht, daß man eine Menge widersprüchlicher Signale aussendet. Im Dorf halten sie mich für ein bißchen verrückt. Ich weiß, daß sie hinter meinem Rücken über mich reden. ›Was macht die eigentlich, so allein da draußen?‹«

»Tja, was machen Sie?«

»Ich hab mein Rundfunkgerät und mein Grammophon«, sagte sie. Wieder diese traurigen Worte. »Und meine Bücher«, setzte sie hinzu und wies auf das Regal, wo dicht an dicht etwa tausend Taschenbücher standen.

Sie ging am Regal entlang wieder zum Kamin. Ich blieb dort stehen, in der Nähe der Bücher, die ich geschrieben hatte.

Sie legte ein paar kleine Kohlenstücke auf das Feuer und stocherte darin herum. Es war ein Signal: Sie wollte, daß das Feuer kurz aufloderte und schnell erstarb, und insbesondere wollte sie, daß ich den Hinweis verstand und ging. Sie wollte mich nicht hinauswerfen, versuchte mir aber zu verstehen zu geben, daß ihre Freundlichkeit nicht persönlich gemeint war, sondern eher jener Philanthropie entsprach, die sie veranlaßte, handgestrickte Wollpullover nach Afrika zu schikken. Sie war nicht großzügig – sie war nur auf eine zurückhaltende Art freundlich. Der Irrtum lag allein bei mir.

Ich dachte: Sie hat es verdient zu erfahren, daß ich mich mit falschem Namen vorgestellt habe.

Ich hätte ihr gesagt, wer ich war, wenn ich nicht das starke Gefühl gehabt hätte, daß sie Edward Medford für einen nicht sonderlich netten Menschen hielt. Es hatte nicht nur etwas mit männlicher Eitelkeit zu tun – ein Ausdruck übrigens, den ich haßte –, sondern auch damit, daß ich, mein Aussehen, ihr nicht besonders gefiel. Ich war einfach hier gelandet – ein unbedarfter Amerikaner. Ich war nicht fröhlich und unbekümmert, wie Wanderer es angeblich sind. Ich war ein Trampel.

All dies hielt mich davon ab, ihr meinen wirklichen Namen zu sagen. Genau besehen war ich sogar ganz froh, ihr einen falschen genannt zu haben, zumal einen so lächerlichen wie Edward Medford. Ich wünschte mir, daß sie sich insgeheim darüber amüsierte, zu unrecht amüsierte. *Amerikaner haben so seltsame Namen* ... Falsch!

»Eigentlich hätten Sie mich vorhin, im Pub, nicht zu sich nach Hause auf einen Drink einzuladen brauchen«, sagte ich.

»Sie sahen ein bißchen verloren aus«, sagte sie. »Und es ist kurz vor Weihnachten.«

»Dann bin ich also Ihre gute Tat.«

»Und außerdem habe ich heute Geburtstag. Vielleicht wollte ich mir ein kleines Geschenk machen.«

»Sie müssen sich schon entscheiden«, sagte ich.

»Das klingt gekränkt.«

Es war vielleicht albern, aber ich fand, daß sie mich herablassend behandelte. Ich ärgerte mich noch immer über ihre Abweisung, über ihre übertriebene Reaktion voll hohler Theatralik: *Glauben Sie viel-*

leicht, ich würde einfach so mit Ihnen ins Bett springen? Doch noch mehr ärgerte ich mich darüber, daß sie mich behandelte, als wäre ich bloß irgendein schmutziger Wanderer, den es nach Blackby Hole verschlagen hatte.

»Ich bin nicht gekränkt. Es ist nett von Ihnen, daß Sie mich in Ihr Haus eingeladen haben.« Als ich sah, welche Wirkung diese Worte auf sie hatten, fügte ich hinzu: »Aber keine Sorge – ich werde nicht lange bleiben.« Sie reagierte nicht. Ich sagte: »Ehrlich gesagt dachte ich, Sie wollten ein bißchen Gesellschaft haben.«

»Sie dachten, ich wäre einsam«, sagte sie und lachte leise. »Das ist wirklich komisch.«

»Fühlen Sie sich denn nie einsam?«

»Dafür habe ich keine Zeit. Ich habe furchtbar viel zu tun.« Und dann rief sie, als wäre das eine Erklärung: »Weihnachten!«

»Waren Sie mal verhei...«

»Nein«, unterbrach sie mich.

»Haben Sie ...«

»Fragen, Fragen«, sagte sie und wandte sich ab. »Ich war mal verlobt. Aber er ist leider gestorben.«

»Es gibt viele gute Männer«, sagte ich, um sie zu trösten.

Das faßte sie als Beleidigung auf: Sie erstarrte wie zuvor, als ich sie berührt hatte. »Für mich war er nicht in erster Linie ein Mann.«

Ich schwieg – ein Augenblick des stillen Gedenkens.

»Vor ein paar Jahren gab es mal jemanden.«

Sie hielt inne. *Es gab mal jemanden* konnte alles mögliche bedeuten.

»Aber dann ist er weggegangen.«

Traurige Worte – doch sie klang fast heiter. In ihrem Ton schwang keine Reue, kein Selbstmitleid mit, nur eine zarte Wehmut. Das hatte ich so attraktiv gefunden: ihre innere Haltung, ihr Gefühl der Freiheit. Ich hatte gedacht, sie hätte mich ausgesucht, doch ich war eines Besseren belehrt worden. Sie wollte nur plaudern. Also plauderte ich.

»Sie lesen anscheinend eine ganze Menge.«

»Und das finden Sie seltsam«, sagte sie.

Das ärgerte mich. Ich fand es keineswegs seltsam – ich freute mich! Aber das war eben Lucy Havens Art von Selbstzufriedenheit.

»Sie sind nicht der einzige – viele Leute finden es seltsam. Sie fragen sich, was ich an einem Autor oder einem Buch finde. Ich kann es nicht beschreiben. Lesen ist einfach großartig – es regt die Phantasie an, es ist eine kreative Beschäftigung.« Sie lächelte aus der luftigen Höhe ihres Wissens und ihrer Intelligenz auf mich herab. »Ich will versuchen, es Ihnen zu erklären. Lesen ist meine Art zu wandern: neue Wege, neue Perspektiven, neue Menschen. Sie marschieren durch irgendeine Landschaft – ich lese. Das ist für mich wie frische Luft.«

Im schlichten Ton eines ungebildeten Wanderers fragte ich sie: »Würden Sie mir denn eins dieser Bücher empfehlen?«

»Alle«, sagte sie. »Ich behalte nur Bücher, die ich irgendwann noch einmal lesen möchte. Die anderen verschenke ich.«

»Dann würden Sie also nicht sagen, daß einige von denen« – ich zeigte auf das Bücherregal – »besser sind als andere?«

Der kleine Sadist in mir wollte, bevor wir uns einem anderen Thema zuwandten, meinen Namen aus ihrem Mund hören.

»Ich lese gern Bücher über weit entfernte Länder«, sagte sie.

»Was – dieses Zeug hier?« fragte ich und ließ meinen Finger auf *The Mosquito Coast*, *The Great Railway Bazaar* und den anderen verweilen, die zwischen Thackeray und Thomas standen.

»Alles, was mich zum Träumen bringt«, sagte sie.

»Ich würde Ihre Träume gern kennenlernen.«

»Die meisten haben mit Reisen zu tun, mit sonnigen Ländern und blauem Himmel. Steinbeck – die wunderschönen Städte, über die er schreibt: Monterey, Fresno, Pacific Grove. Was für schöne Namen. Obstbäume. Schon das Wort ›Orangenplantage‹ bringt mich zum Seufzen. Ich sehe, wie die Sonne auf Reihen hübscher Bäume scheint und Straßen und Hausdächer erwärmt. Ich sehe die weißen Häuser und die Schattenflecke unter den grünen Bäumen und Reben. Ich träume auch von Mexiko. Dort ist es sehr heiß und trocken – in der Wüste gibt es keine Gerüche, müssen Sie wissen. Nichts vermodert, alles vertrocknet in Schönheit, wie gepreßte Blumen. Ich träume von kleinen Städten, in denen es immer Sommer ist …«

Sie beschrieb das Gegenteil von Blackby Hole, wo der aufkommende Dezemberwind gegen die Fenster drückte und unter den Dachbalken heulte und wo das Meer, das sie an stöhnende Geister erinnerte, seine kalten Wellen gegen das harte Gestein der Küste schleuderte.

Lucy Haven sprach noch immer. Inzwischen erzählte sie von kleinen, heißen Städten in Mittelamerika: frische Luft, gutes Essen, freundliche Menschen, Sonnenschein. Sie sah sich auch unter der Sonne Afrikas, in einem Bungalow in Malaysia, bei einem Spaziergang in China. Es waren schlichte Visionen, und sie waren so eigenartig, weil sie ganz und gar nicht extravagant waren. Sie waren weder teuer noch üppig: keine Fünf-Sterne-Hotels, keine ausgefallenen Mahlzeiten, keine eingeborenen Träger.

»Wir machen ein Picknick«, sagte sie, »und sitzen im saftig grünen Gras eines Flußufers in der Sonne. Wir haben etwas zu essen mitgenommen – ich habe Sandwiches gemacht –, und alle dösen ein wenig. Und dann sagt jemand: ›Ich finde, das sollten wir morgen noch mal machen.‹«

Und dann sah ich es auch. Wir waren zusammen, Lucy Haven und ich, in Kalifornien oder Mexiko, wir packten einen Picknickkorb und fuhren los, über uns ein blauer Himmel. Ich hatte die Szene deutlich vor Augen, und sie war so intensiv, weil sie so einfach war. Es war möglich – und mehr noch: Es war leicht. Lucy Haven wußte nicht, wie leicht ihre Visionen zu verwirklichen waren. Ich hätte es ihr sagen können. Ich hatte schon so oft Tickets gekauft und solche Orte besucht, doch ich war immer allein und rastlos gewesen und hatte, wenn ich wieder abgereist war, gedacht: Eines Tages werde ich mit jemand anderem zurückkommen und glücklich sein.

Sie war vom Sofa aufgestanden. Ich lächelte sie an und wollte ihr sagen, was mir durch den Kopf gegangen war. Ich war gespannt, welche Form ihr Erstaunen annehmen würde.

Doch bevor ich etwas sagen konnte, lächelte sie gezwungen und sagte mit zusammengebissenen Zähnen: »Wanderstiefel.«

Wir sahen meine Stiefel an.

»In den kleinen Rillen der Sohle bleibt Erde hängen, und die trägt man dann ins Haus«, sagte sie. »Sehen Sie nur.«

Ich stand auf einem grünen, quadratischen Teppich. Rings um meine Füße lagen kleine Schmutzbröckchen, die aussahen wie Schokoladenbonbons.

»Tut mir wirklich leid«, sagte ich, hob einen Fuß und stand schwankend da. »Ich habe alles schmutzig gemacht.«

»Nicht bewegen! Sie machen es nur noch schlimmer!«

»Soll ich diese Dinger lieber ausziehen?«

»Ich weiß nicht«, sagte sie. Sie war sichtlich aufgebracht und kniff, als sie zu Boden sah, schmerzlich die Augen zusammen. »Den Teppich hab ich selbst gewebt, auf einem Handwebstuhl. Ich hab in York einen Webkurs mitgemacht. Man kann das Muster nicht sehr gut erkennen, aber es stammt aus Kaschmir. Lauter Ranken und Lotosblüten.«

»Schmutzige Lotosblüten.«

»Ich fürchte ja.«

Ihre Stimme klang tonlos und enttäuscht. Sie wollte, daß ich hinausging und nicht stehenblieb, bis ich aus ihrem Leben verschwunden war. Sie hatte mich nicht gefragt, wo ich übernachten würde. Ich wußte es ja selbst noch nicht! Vermutlich wollte sie mir zu verstehen geben, daß ich nicht mehr willkommen war. Ich hatte ihren Wein getrunken, zu viele Fragen gestellt und ihre handgewebten Teppiche beschmiert.

Menschen, die erfolgreich allein leben, halten sich an strenge Regeln und folgen ausgeklügelten Ritualen. Ich hatte eine Reihe dieser Regeln übertreten. Sie wollte, daß ich ging. Mehr noch: Sie wünschte sich inzwischen, sie wäre mir nie begegnet.

Und das machte mich widerspenstig und störrisch. Lächelnd kniete ich nieder und schnürte meine schmutzigen Stiefel auf. Ich zog sie aus und ging, über meinen Bart streichend, durch das Zimmer und ließ sie warten. Dann trat ich wieder an das Bücherregal und sagte: »Aber was halten Sie von ihm?«

»Von Dylan Thomas?«

»Nein.« Ich brachte meinen Namen nicht über die Lippen. Ich fürchtete, ich könnte mich verhaspeln und alles verraten. Also machte ich eine unbestimmte Handbewegung und sagte: »Von ihm.«

»Paul Theroux?«

Ich packte meinen Bart und nickte beiläufig.

»Ich habe praktisch alles von ihm gelesen, das als Taschenbuch erschienen ist. Romane, Kurzgeschichten, Reisebücher. Ich bin durch

The Great Railway Bazaar auf ihn gekommen. Das ist ein Reisebuch, aber es ist anders als andere. Es geht dabei sehr viel um ihn selbst, und am Ende des Buches hat man eine ziemlich genaue Vorstellung davon, was für ein Mensch er ist. Seine Beschreibungen von Menschen sind wunderbar. Die Männer sind sehr plastisch geschildert, sehr witzig, aber die Frauen sind meistens schrecklich. Ihre Socken sind ganz durchnäßt – Sie machen überall Fußabdrücke.«

Es war ein Steinboden, und meine Füße waren so kalt, daß die Zehen sich nach oben bogen wie die Spitzen orientalischer Pantoffeln. Sie hatte mich nicht gefragt, ob ich mich wohl fühlte, oder mir nochmals einen Platz angeboten. Sie war zu sehr damit beschäftigt gewesen, über diesen phantastischen Schriftsteller zu reden, der Menschen so plastisch beschreiben konnte.

»Die werden morgen noch zu sehen sein«, sagte sie und musterte meine Fußspuren auf den Steinplatten, und diesmal verriet ihr Blick nicht Enttäuschung, sondern Abscheu. »Ich hasse Füße.« Sie verzog das Gesicht. »Die Thailänder haben recht: Füße sind etwas Ekelerregendes. Wenn Sie einem Thailänder Ihre Fußsohle zeigen, ist das eine so schwere Beleidigung, daß er vielleicht sogar versucht, Sie dafür umzubringen.«

»Tatsächlich? Das wußte ich nicht«, sagte ich und nahm mir vor, es so bald wie möglich aufzuschreiben.

»Das weiß ich aus einem von Theroux' Büchern.«

»Sind Sie sicher?« fragte ich und dachte: Ganz sicher nicht.

»Diese Frage kann ich nicht ausstehen, und ich beantworte sie nie«, sagte sie und musterte stirnrunzelnd meine Füße.

Sie hatte von Füßen im allgemeinen gesprochen, aber ihr Verhalten deutete darauf hin, daß sie meine Füße im besonderen meinte.

Es war eine Winternacht kurz vor Weihnachten; der Nebel hüllte die Küste ein; ich war ein Fremder. Wenn Lucy Haven ihre Sympathie für mich entdeckt hätte, wenn sie freundlich gewesen wäre oder Anteilnahme gezeigt hätte, wäre ich sehr direkt geworden: Ich hätte ihr meinen wirklichen Namen gesagt und wäre gegangen. Wenn sie offen unfreundlich gewesen wäre, hätte ich dasselbe getan, wenn auch aus anderen Gründen. Doch sie verhielt sich gleichgültig. Und weil ich mir sicher war, daß ich ihr meinen Namen nicht verraten würde – das wäre nur peinlich gewesen –, fragte ich sie nach dem Schriftsteller, dessen Bücher sie so gern las. Was für ein Mensch war er?

Anstatt die Frage direkt zu beantworten, sagte sie: »Es gab mal einen sehr mysteriösen Schriftsteller namens B. Traven.«

Auf höchst herablassende Weise vermittelte sie mir abermals, daß ich ein ungebildeter Wanderer und sie eine vielseitig interessierte Leserin war.

»Niemand wußte, wer Traven wirklich war«, sagte sie. »Wahrscheinlich haben Sie mal den Film *Der Schatz der Sierra Madre* gesehen. Die Buchvorlage und eine Reihe anderer Romane stammen von Traven. Aber niemand konnte mit Gewißheit sagen, daß er ihm je begegnet war. Traven war sehr darauf bedacht, seine Identität geheimzuhalten.«

»Das ist hochinteressant. Ich glaube, ich habe den Film mal im Fernsehen gesehen.«

Sie hatte meine Bemerkung gar nicht gehört. »Ich wußte, wer Traven war«, sagte sie. »Ich hatte seine Bücher gelesen. Und darum wußte ich, wie Traven ausgesehen hat, woher er stammte, was er aß, wie er sich kleidete, welche Ansichten und Gewohnheiten er hatte.« Sie musterte mich. »Ich wußte, welche Farbe seine Augen hatten. Bücher verraten alles über ihren Autor.«

Sie lächelte zufrieden und sah mich an. Vielleicht fragte sie sich, ob ich imstande war, die komplexen Implikationen dieser einzigartigen Einsicht zu erkennen.

»Und ich hatte recht«, sagte sie. »Vor ein paar Jahren ist ein Buch über Traven erschienen. Es stand alles drin – alles, was ich aus seinen Büchern über ihn herausgefunden hatte. Seine Augen waren preußischblau.«

»Und vom dem hier haben Sie auch ein so klares Bild?«

»Von Paul Theroux? Ja. Ganz klar.«

»Er ist sehr männlich, sehr sexy, sehr –«

»Sie machen sich über mich lustig«, sagte sie wütend.

Das stimmte – aber ich tat es aus Nervosität, aus Panik. Und am meisten machte ich mich über mich selbst lustig. Am liebsten hätte ich sie unterbrochen.

»Ich glaube, er ist groß und ziemlich schüchtern. Sehr sanft und« – sie lächelte und sah zur Seite – »sehr komisch. Keiner, der ständig Witze erzählt, sondern ein Mensch, der auf eine drollige Art amüsant ist. Und ein bißchen frustriert. Welcher zufriedene Mensch würde soviel Zeit mit Reisen verbringen?«

»Als Wanderer kann ich Ihnen sagen, daß Reisende meistens Optimisten sind.«

»Man kann frustriert und trotzdem optimistisch sein«, entgegnete sie.

Da hatte sie recht.

»Und ich weiß, daß mit seiner Ehe irgend etwas nicht stimmt«, fuhr sie fort.

Wieder eine Bemerkung, über die ich mich ärgerte. »Woher wissen Sie das?« fragte ich scharf.

»Ein Schriftsteller verrät alles über sich«, sagte sie. »Auch wenn er sich dessen vielleicht nicht bewußt ist.« Sie sah mich nicht an, sondern betrachtete die vielen Bücher dieses Amerikaners, die nebeneinander auf dem dritten Regalbrett standen. »Ich würde ihn sehr gern kennenlernen.«

Ich strich mir wieder über den Bart, diesmal aber, um das Zittern meiner Hand zu verbergen. »Und was dann?« fragte ich.

»Ich glaube, wir würden uns phantastisch verstehen«, sagte sie trotzig. »Ich glaube, ich könnte ihn sehr glücklich machen.«

Dann musterte sie wieder meine Füße – meine feuchten Socken – und sah mich mit unverhülltem Haß an. Ihre Augen waren groß und dunkelbraun, und weil sie auf mich gerichtet waren, funkelten sie kalt und gereizt. Ihr Blick sagte: Raus mit dir!

Ich wollte gehen und steuerte auf die Tür zu. Lucy Haven wich mir in weitem Bogen aus, als wäre ich ein Aussätziger. Sie bewegte sich langsam, sie war in Gedanken versunken und begann zu sprechen, allerdings nicht zu mir, sondern mehr zu sich selbst, als setzte sie einen Gedankengang fort, der in ihrem Kopf begonnen hatte.

»Aber natürlich werde ich ihn nie kennenlernen. Ich werde nie nach Kalifornien oder Afrika fahren. Ich werde nie Medizin studieren. Ich werde nie reiten oder Tennis spielen. Bridge wird für mich immer ein Buch mit sieben Siegeln bleiben. Die Königin wird nicht zu meiner Hochzeit kommen, und selbst wenn ich heirate, wird mein Mann mehr ein Gefährte als ein Liebhaber sein, und ich werde nie Kinder haben. Ich werde nie zur Frau des Jahres gewählt werden. Ich werde nie einen Computer oder ein Motorrad oder einen Rolls Royce besitzen. Ich bezweifle, daß ich je eine Fremdsprache lernen werde. Ich werde nichts erforschen oder entdecken. Man wird nie etwas nach mir benennen.«

Plötzlich sah sie mich an. Ich hatte meine Schuhe angezogen. Nichts hätte mich jetzt mehr dazu bringen können, ihr meinen Namen zu sagen. Ihre Worte entsprangen etwas viel Tieferem als einer bloßen Stimmung; sie beruhten auf einer felsenfesten Überzeugung, auf der rigorosesten Variante des pessimistischen englischen Glaubenssatzes: *Mir wird nie etwas Gutes oder Herausragendes passieren*, und bei ihr hatte dieser Fatalismus beinahe etwas Lähmendes.

Sie klang traurig. Mir schien, ich würde sie nur noch trauriger machen, wenn ich ihr sagte, wer ich wirklich war. Früher am Abend hätte ich es ihr vielleicht verraten können, doch jetzt war es zu spät. Das tat mir leid, denn sie hielt offensichtlich nicht allzuviel von mir, wogegen ich sie noch immer attraktiv fand.

»Andererseits wird mir aber auch nichts Schlimmes passieren«, fuhr sie fort. »Ich habe ein paar Unglücksfälle erlebt, die ich aber ziemlich unbeschadet überstanden habe. Irgendwelche Katastrophen wird es nicht geben. Ich weiß nicht, warum ich Ihnen das erzähle, aber ich weiß, daß ich weiterleben werde. So wie jetzt. Eigentlich bin ich ganz glücklich.«

»Sie sind sehr freundlich zu mir gewesen«, sagte ich.

»Nein, bin ich nicht«, sagte sie und lachte unbekümmert, mit einem leisen hysterischen Unterton. »Ich habe sie gequält und enttäuscht.« Sie hob meinen Rucksack auf. »Aber Sie wissen überhaupt nichts von mir.«

Auf ihrem Gesicht zeichnete sich ein unangenehmer Gedanke ab, und als sie sich abwandte, lag in ihren Augen etwas Wildes, Wahnsinniges.

In diesem Moment wollte ich ihr meinen Namen sagen, aber hätte sie mir jetzt, nach allem, was wir zueinander gesagt hatten, noch geglaubt? Ob sie mir glaubte oder nicht – ich konnte nicht gewinnen, und was ich ihr sagen wollte, hätte in ihren Ohren wie Spott geklungen.

»Sie sollten jetzt lieber gehen.« Es klang wie eine Warnung.

Hinaus in die Finsternis: Der Nebel machte mich blind und durchnäßte mich. Langsam tastete ich mich den weichen Weg entlang. Unter mir donnerten die Wellen an die Klippen. Ich konnte erst wieder frei atmen, als ich die trüben Lichter von Blackby Hole sah und den heimeligen Geruch der Kohlefeuer roch.

Der Pub war geschlossen, aber ich klopfte so lange, bis der Wirt mir öffnete. Ja, sagte er, er habe ein Zimmer – fünf Pfund, im voraus bitte –, und er versprach mir ein gutes Frühstück, das seine Frau mir im Nebenzimmer servieren werde. Nein, es sei nicht weit nach Saltburn, und von dort gebe es eine Bahnverbindung nach London.

»Tut mir leid, daß ich so spät noch störe«, sagte ich.

»Wir sind dran gewöhnt, mitten in der Nacht aus dem Bett geholt zu werden«, sagte er. »Schließlich liegen wir hier am Küstenweg.« Er führte mich eine schmale Treppe hinauf. »Hier kommen alle möglichen Wanderer vorbei.« Wir standen inzwischen unter der Flurlampe im ersten Stock. Plötzlich musterte er mein Gesicht, als habe er etwas Besorgniserregendes entdeckt.

»Ich kenne Sie doch«, sagte er verwirrt.

War er etwa auch ein eifriger Leser?

»Ich war früher am Abend schon einmal da und habe was getrunken.«

»Richtig«, sagte er. Aber er lächelte nicht, und was er sagte, klang eigenartig. »Als diese Frau da war. Die ist mir unheimlich. Die ist nicht ganz dicht.«

Die Leute finden, daß alles, was man über sie sagen kann, Klatsch ist, hatte Lucy Haven über Mrs. Pickering gesagt. Doch der Wirt sah mich noch immer stirnrunzelnd an.

»Die ihren Liebhaber umgebracht hat«, sagte er.

»Ja«, sagte ich und hatte das Gefühl, mitreden zu können. »Die arme alte Mrs. Pickering mit ihrem Hund.«

»Mrs. Pickering hat nie auch nur einer Fliege was zuleide getan. Nein, ich meine diese Hexe Lucy Haven. Ach, Sie sind fremd hier – was wissen Sie schon? Lucy Haven hat ihren Verlobten umgebracht. Ist schon Jahre her. Sie hat einen Jagdschein gekriegt und ist davongekommen. Sie hat behauptet, daß der Kerl eine Bestie war und daß sie nicht ganz bei sich war, als sie ihn mit der Gartenhacke erschlagen hat.«

Er stieß die Tür auf, schaltete das Licht an und zeigte das winzige Zimmer.

»Die ist über die Klippe. Ziehen Sie mal an der anderen Seite.«

Während er redete, die Tagesdecke vom Bett zog und auf Handtuch und Seife zeigte, hätte ich ihn gern unterbrochen, doch mir fiel keine Frage ein. Ich wollte auch nur, daß er aufhörte zu reden, weil ich mich vor dem, was er noch sagen könnte, fürchtete.

»Lucy Haven!« Er zog die Vorhänge zu. »Sie hatte noch einen Liebhaber. Keiner kannte den Kerl. Ist einfach verschwunden. Vielleicht hat sie ihn ersäuft. Keiner hat ihn vermißt.« Der Wirt nickte langsam und ließ seine Worte wirken. »Mir hat sie nie was getan. Sie mag mich nicht. Aber wen sie liebt, der lebt gefährlich.«

Und dann wünschte er mir eine angenehme Nacht, nuschelnd und freundlich, wie es die Art der Menschen im Norden Englands ist.

ACHT

Eine Rolle in einem Film

Ich brauchte Unterbrechungen bei der Arbeit, weil ich allein war, im Haus herumging und mit jedem Tag mehr Ähnlichkeit mit einem Gespenst bekam und weil jeder Telefonanruf ein Beweis dafür war, daß ich existierte. Als das Telefon an einem Oktobernachmittag läutete, war ich besonders froh: Ich hatte gerade eine Seite meines China-Buches beendet und fand, daß es ein bißchen zu gut lief. Ein Buch, mit dem es nicht voranging, war eine Qual, aber wenn mir das Schreiben zu leicht fiel, hatte ich den Verdacht, zweitklassig und zu schlicht zu sein. (Für diese Einleitung zum Beispiel, für diese drei Sätze, habe ich zwei Tage und etwa zehn Fehlstarts gebraucht.)

Als ich den Hörer abhob, hörte ich keine Stimme, sondern nur ein leises »Ping«, eine Pause und ein Zischen wie beim Öffnen einer Vakuumverpackung. Ich hatte das Gefühl, mein Ohr nicht an einen Telefonhörer, sondern an eine Röhre zu halten. Sofort war ich hellwach: Es war ein transatlantisches Gespräch.

»Hallo, Paul. Rat mal, wer hier ist.«

Ich haßte solche Gesprächseröffnungen. Die Frau hatte meine Stimme identifiziert und erwartete nun dasselbe von mir, als sei das ein Beweis für unsere Freundschaft. Ich riet richtig: Ariel Draper.

»Wo bist du? Laß mich nicht noch mal raten.«

»Los Angeles.«

Im Namen dieser Stadt lagen Wärme und Sonnenschein. Hier war es Nachmittag, während dort gerade der Tag anbrach, doch das war mehr als eine Frage des Lichtes. Ein Anruf aus den USA war für mich wie ein lockendes Signal von einem weit entfernten, leuchtenden Planeten.

»Ich drehe gerade wieder mal einen Film mit Peter. Wir haben gestern über dich gesprochen.«

»Wie geht es ihm?«

»Prima. Ich soll dich von ihm grüßen. Aber der Produzent ist ein Engländer. ›Wenn man einen Amerikaner fragt, wieviel Uhr es ist, erklärt er einem, wie man eine Uhr baut‹, hat er gestern zu mir gesagt. Ich weiß, daß du an einem Buch arbeitest – das tust du ja immer. Worum geht es bei diesem?«

»Um China.«

»Toll.«

»Aber es ist noch lange nicht fertig.«

»Wie kommst du voran?«

»Zu langsam.« Man sollte über das, was man schreibt, niemals die Wahrheit sagen, sonst gehört es einem nicht mehr. »Es ist eine Reisebeschreibung, also weiß ich wenigstens, wie es ausgeht.«

»Ich habe eine erstklassige Geschichte für dich.«

Ein Schriftsteller bekommt ständig Geschichten angeboten – es ist, als würde man jemandem, der gern strickt, Wolle schenken. Die Geschichten, die ich hörte, waren manchmal besser, meist aber schlechter, als die Leute glaubten. Es gab immer eine wichtige Frage, die die Gewährsperson nicht beantworten konnte. Bestenfalls waren sie bunt und glatt wie moderne Legenden, ganz im Gegensatz zu den sperrigen, verwirrenden Episoden, die meine Phantasie beschäftigten und in denen ich das Leben wiedererkannte.

Eine dieser Geschichten, die mir ein Holländer bei einem Abendessen erzählte, hatte sich in Eindhoven, der Heimatstadt dieses Mannes, abgespielt. Nach dem Krieg wartete ein altes Ehepaar, dessen Sohn in deutsche Gefangenschaft geraten war, jeden Samstag, wenn ein Zug mit ehemaligen Kriegsgefangenen eintraf, am Bahnhof auf seine Rückkehr. Im ersten Jahr kamen viele holländische Soldaten an und wurden von ihren überglücklichen Verwandten begrüßt, doch dann wurden es immer weniger, und schließlich, in den 50er Jahren, kamen keine mehr.

Dennoch ging das alte Ehepaar jeden Samstag zum Bahnhof und wartete auf den Zug aus Deutschland, und wenn die Passagiere ausgestiegen waren und der Bahnsteig sich geleert hatte, kehrten die beiden alten Leute nach Hause zurück. Das taten sie jahrelang, denn sie hatten keine Nachricht bekommen und wollten ihren Sohn, falls er noch lebte, am Bahnhof begrüßen. Es war ein Ritual – und was als Vorfreude auf die Heimkehr ihres Sohnes begonnen hatte, verwandelte sich in eine Totenwache.

»Ich habe gesehen, wie sie die Gesichter der ankommenden Reisenden musterten und nach ihrem Sohn suchten«, sagte mein holländischer Tischnachbar. »Selbst wenn sie krank waren, gingen sie jeden Samstag zum Bahnhof.«

Er hielt inne und dachte an das alte Ehepaar, das jeden Samstagabend auf dem leeren Bahnsteig stand und dann allein nach Hause ging.

»Es klingt vielleicht herzlos«, sagte er schließlich, »aber ich war erleichtert, als sie starben. Es war furchtbar, sie jede Woche auf dem Bahnhof warten zu sehen.«

Das war eine Geschichte, die mir gefiel – *Ich war erleichtert, als sie starben* –, denn sie hatten voller Vorfreude gewartet und sich auf ein Ereignis vorbereitet, das nie eintrat. Ja, es war eine gute Geschichte, aber wie konnte ich mehr daraus machen, wie konnte ich sie mit etwas von mir Geschriebenem verbinden?

Ariels Geschichten waren immer gut, aber unbrauchbar.

»Ich habe gerade die Besetzung für einen Film über Nekrophilie ausgesucht«, hatte sie mir einmal erzählt. »Ich weiß, das klingt ekelhaft, aber die Umsetzung wird sehr geschmackvoll sein. Hör auf zu lachen. Jedenfalls habe ich eine wunderbare junge Schauspielerin gefunden, die einfach perfekt ist für die toten Frauen in den Sexszenen. Neulich ist beim Dreh eine Fliege auf ihrem Auge gelandet, und sie hat nicht gezwinkert. Das nenne ich Professionalität!«

Über Ariels Anrufe aus Kalifornien freute ich mich jedesmal: Es war, als bekäme ich Nachrichten aus der wirklichen Welt.

»Du hast eine erstklassige Geschichte? Laß hören!«

»Nein, ich schicke sie dir lieber«, sagte sie. »Eigentlich ist es keine Geschichte, sondern ein Drehbuch.«

»Willst du meinen Rat dazu?«

»Nein, ich will, daß du es liest und dir überlegst, ob du in Peters neuem Film mitspielen willst.«

»Soll das ein Witz sein?«

»Ganz und gar nicht. Es ist keine große Rolle, aber du wärst die perfekte Besetzung.«

»Aber ich habe noch nie in einem Film mitgespielt.«

»Kein Problem.«

»Schick mir das Drehbuch lieber nicht. Ich kann nicht schauspielern.«

»Warum nicht?«

»Weil ich kein Schauspieler bin. Ich habe nicht die leiseste Ahnung davon.«

»Dafür gibt es Regisseure.«

»Ich will es auch gar nicht lernen. Ich bin Schriftsteller.«

»Du sollst ja auch einen Schriftsteller spielen. Darum geht es doch.«

»Ich kann das nicht.«

Ich sah auf meine Uhr.

»Ich muß wieder an die Arbeit.«

Wir unterhielten uns noch ein bißchen über dies und das und legten auf.

Das Notizbuch lag aufgeschlagen neben meinem Block – ich hatte darin meine Eindrücke über den Frühsommer in der Provinz Guandong festgehalten: die Hitze, der Regen, die Bambushaine, das durchdringende Sirren der Zikaden. Ich hatte alles im Kopf. Ich konnte es sehen und spüren, aber ich war nicht imstande, es zu Papier zu bringen.

An diesem Tag schrieb ich nichts mehr. Ich versuchte es. Ich malte Männchen, ich stellte Sätze um, brachte jedoch nichts mehr zustande. Daß ich mich unerwarteterweise so schwer tat und nichts dabei herauskam, machte mich müde und gereizt.

Am nächsten Tag versuchte ich es von neuem. Ich schrieb ein paar Worte, blieb aber wieder stecken. Ich gab es auf und machte einen Spaziergang. Normalerweise ging ich, wenn ich Zeit totschlagen wollte, den Hügel hinunter zum Fluß und über die Brücke, wo ich entweder zur Tate Gallery abbog und mir Bilder ansah oder geradeaus ging, die Beaufort Street entlang zum ABC Cinema in der Fulham Road. Auch jetzt ging ich zum Fluß, doch als ich auf der Brücke war, verwandelte sich der kalte Nieselregen in einen Wolkenbruch, der die Bäume peitschte und die welken Blätter von den Zweigen riß. Ich stieg in den 49er Bus und fuhr zum Kino.

Der Besuch einer Nachmittagsvorstellung war ein durchaus harmloses Vergnügen, bei dem ich aber dennoch stets ein schlechtes Gewissen hatte. Einmal hatte ich dort Ringo Starr – mit Sonnenbrille, Bart und hochgeschlagenem Kragen – eine Eintrittskarte kaufen sehen. Ich hatte hinter ihm gestanden und gewußt, daß wir dasselbe im Sinn hatten. Wovor mochte *er* sich verstecken?

Der Film, der an diesem Nachmittag gezeigt wurde, hieß *On Suspicion* – ein billiger englischer Film über ein amerikanisches Polizeiteam, das nach England geschickt wird, um Scotland Yard bei irgendwelchen Ermittlungen zu unterstützen. Die Besetzung war beeindruckend: Ich erkannte viele Mitglieder des Ensembles der *Royal Shakespeare Company.* Doch sosehr sie sich auch bemühten – diese englischen Schauspieler brachten keinen überzeugenden amerikanischen Akzent zustande. Sie klangen hohl und gekünstelt, und das breite »Amerikanisch« mutete eher wie bäuerliches Irisch an. Die Glaubwürdigkeit blieb dabei auf der Strecke. Wenn einem der Akzent ständig auffiel, konnte man das, was die Protagonisten sagten, nicht mehr ernst nehmen. Das Paradoxe war, daß man ihn nicht wahrnehmen durfte – um etwas auszusagen, durfte er nicht vorhanden sein.

Nach dem Film ging ich in eine Buchhandlung und kaufte mir die Romanvorlage zu *On Suspicion.* Auf dem Rückweg im Bus las ich darin und fand die Handlung glaubwürdig. Ich hatte mit einemmal ein berufliches Interesse daran, wie der Roman filmisch umgesetzt worden war.

Nach Hause zurückgekehrt, saß ich an meinem Schreibtisch vor meinen Notizen und den gestern verworfenen Anfängen und dachte an einen der Schauspieler, der einen Spitzel gespielt hatte. Er hatte nur einen Satz gesagt: »Sie sind alle gleich. Ratten.« Dieser Schauspieler war Amerikaner gewesen. Während des ganzen Films hatte ich dieses Wort im Kopf gehabt: »Ratten.« Das vorgereckte Kinn, die verächtlich gespitzten Lippen – das war nicht zufällig gewesen, sondern vielmehr ein wichtiges Element. Das war Schauspielkunst. Mir gefiel das, und ich ertappte mich bei dem Gedanken: *Das könnte ich auch.*

Aber es war falsch, auch nur daran zu denken. Ich war Schriftsteller. Ein Schauspieler – ein Darsteller – war das Gegenteil eines Schriftstellers. Jeder Schriftsteller, der sich als Schauspieler versuchte, war zum Scheitern verurteilt. Wenn man Sam Shepards Gesicht einmal auf der Leinwand gesehen hatte, fand man ihn als Schriftsteller fortan weniger interessant. Und wie konnte man Harold Pinter als Dramatiker noch ernst nehmen, wenn man ihn als Knallchargen erlebt hatte? Jerzy Kosinski hatte in *Reds* mitgespielt – und später Selbstmord begangen.

Am nächsten Tag konnte ich nicht arbeiten. Alison rief von der Arbeit an und erzählte mir, wir seien zu einer BBC-Party eingeladen, doch ich sagte ihr nichts von dem Angebot einer Filmrolle. Es war eines meiner Geheimnisse – allerdings kein sehr großes, denn ich hatte mich ja bereits entschieden. Ich blätterte in meinem Notizbuch, wurde müde und kam zu dem Schluß, daß es mir an Inspiration fehlte. Ich brauchte eine Idee – einen Gedanken, eine Phrase, ein Wort, irgend etwas. Schließlich gab ich es auf und fuhr nach Cambridge, um mir im Fitzwilliam Museum chinesische Darstellungen von Fremden anzusehen. Wie sahen wir für Chinesen aus? Auch wenn ich dort keine langnasigen, rothaarigen fremden Teufel entdeckte, hatte sich der Ausflug gelohnt. Zugfahrten, selbst wenn sie so kurz waren wie diese, beruhigten mich und brachten mich auf Gedanken.

Und ich besuchte Anton. Wir trafen uns in einem Pub in der Nähe seines Colleges. Als er mich fragte, wie weit ich mit meinem China-Buch sei, wich ich aus und erzählte ihm von dem Angebot. Glaubte ich etwa, jemand in seinem Alter – zwanzig Jahre – habe eine genauere Vorstellung vom öffentlichen Geschmack, zumal wenn es um Filme ging?

»Das ist ja cool«, sagte Anton. »Ich wollte, mir würde mal jemand so ein Angebot machen.«

»Würdest du es denn annehmen?«

»Jederzeit.«

Doch dann war ihm die Vorstellung, ich könnte in einem Film mitspielen, peinlich – und zwar meinetwegen, und darum auch seinetwegen.

»Du wirst die Rolle aber nicht annehmen, oder?«

Ich reckte das Kinn vor und sagte: *»Go ahead, make my day.«*

Er runzelte die Stirn, schüttelte den Kopf und sah sich um, ob irgend jemand mich gehört hatte. Dann beugte er sich vor und sagte: »Du spielst nicht, du fingierst.«

Das unerwartete Wort »fingieren« ließ mich stutzen.

»Du tust, als ob. Du bleibst an der Oberfläche. Es kommt nicht von hier«, sagte er und klopfte sich mit der Faust an die Brust.

»Keine Sorge – ich hasse die Schauspielerei«, sagte ich. »Ich hasse es, Leuten dabei zuzusehen. Ich will es einfach nicht sehen. Es ist peinlich.«

»Es gibt aber auch großartige Schauspieler.«

»Die hasse ich noch mehr als die mittelmäßigen. ›Mein Königreich für ein Pferd!‹ Nein, da sehe ich mir lieber Laien oder Improvisationskünstler an – diese Truppe von Mike Leigh zum Beispiel.«

Ich dachte an die laut dröhnenden, stampfenden Figuren auf Londoner Bühnen. All die Stunden, die ich in Theatern verbracht hatte, waren wenig erfreulich gewesen. Für mich besaßen Schauspieler nicht mehr Glaubwürdigkeit als Marionetten. Trotzdem gab es Filme, die mich gepackt und mit atemloser Bewunderung erfüllt hatten.

Wenn wir miteinander sprachen, waren wir immer Vater und Sohn, doch heute hatten wir die Rollen getauscht. Sein Gesicht war blaß und väterlich, und er betrachtete mich genau und versuchte, seine Zweifel zu verbergen, seine Befürchtung, ich könnte mich lächerlich machen. Es war ein Fehler gewesen, das Thema anzuschneiden; ich hatte ihm nicht genug erzählt.

Während ich mit dem Zug von Cambridge zurückfuhr, den friedlichen Anblick der regennassen Felder vor Augen, dachte ich darüber nach. Ich war Anton dankbar für das Wort »fingieren«. Es gab eine Art zu schreiben, die fingierte, die etwas nur andeutungsweise umriß. Seit Ariels Anruf, seit ihrem Angebot, hatte ich nicht mehr geschrieben, sondern nur noch fingiert.

Was mich an vielen Schauspielern störte, war die Tatsache, daß sie für etwas gelobt und bezahlt wurden, das ich, wie ich wußte, besser konnte. Man konnte sehen, daß sie etwas nur spielten. Es gab ein Schauspielergesicht, eine Schauspielerfrisur, ein Schauspielerlachen. Schauspieler *gingen* nicht einmal wie wirkliche Menschen, sondern langsam und bewußt. Es war viel besser, wenn sie sich wie normale Menschen benahmen und auch so reagierten – wie in den Filmen der sechziger Jahre, die mich so beeinflußt hatten, insbesondere die Filme Fellinis, der offenbar mit Laiendarstellern gearbeitet hatte. Solche Menschen hatten echte Gesichter und echte Stimmen. Ich fand, daß der Haß auf Schauspieler wahrscheinlich ein guter Anfang für eine Karriere als Schauspieler war. Ich würde diese Rolle nicht *spielen.* Ich würde es ebenso machen wie beim Schreiben, wo ich in jeder Figur lebte, in jedem Wort, das ich zu Papier brachte.

Als ich am nächsten Tag erwachte, war gutes Schreibwetter: Es war kühl, und es lag eine Stille in der Luft; das gedämpfte Licht entsprang nur einer harmlosen Verdüsterung des Himmels, eines niedrigen Londoner Himmels voller grauer, zusammengeballter Watte. Ich setzte mich an den Schreibtisch, brachte jedoch nichts zustande, und in der Post war nichts, was mich hätte ablenken können. Vielleicht wurde das Drehbuch vom Zoll kontrolliert – es wäre nicht das erste Mal gewesen, daß diese mißtrauische Behörde geschäftliche Dokumente zurückhielt.

Du sollst ja auch einen Schriftsteller spielen. Darum geht es doch. Ariel hatte das betont. Nur ein Schriftsteller wußte, was es hieß, ein Schriftsteller zu sein – das war auch der Grund, warum ich mich bei Rundfunk- oder Fernsehinterviews nie unbehaglich fühlte oder nervös war. Es gab keine Frage zu meinen Büchern, die ich nicht hätte beantworten können, es gab keine Frage zu meinem Leben, über die ich nicht bereits nachgedacht hatte. Meine Bücher waren der sichtbare Teil meines Geistes. Und ich konnte das, was ich schrieb, nicht von dem trennen, was ich war. Das Schreiben war keine Arbeit, sondern gehörte zum Prozeß meines Lebens.

Die Wolken verschwammen in einem heftigen Regenschauer. Die Tropfen fielen wie Perlen aus Kristall in den Garten und auf das Schieferdach des kleineren Nachbarhauses. Ich sah, wie sich die Regenrinnen füllten, wie sie überflossen und das Wasser die Mauern hinunterlief. Blätter wurden von den Bäumen gerissen und fielen, schlaff wie nasse Lappen, in Haufen zu Boden. Eine Katze duckte sich unter einem Busch. Schwere Regentropfen prasselten gegen die Fenster und rannen am Glas hinab. Dramatisches Wetter faszinierte mich und machte mich rastlos. Ich war jetzt viel zu erregt, um zu schreiben.

Ich sah dem Regen zu und dachte daran, daß ich nie etwas anderes getan hatte, als zu schreiben. Das Schreiben hatte mich beschützt und mich davor bewahrt, mir einen Job suchen zu müssen, es hatte mir Abstand verschafft und dafür gesorgt, daß ich nie in einem Büro gearbeitet hatte, es hatte mir die Knechtschaft einer Lohnarbeit erspart, mich befreit und meine geistige Gesundheit gesichert. Ich hatte keinen Boss. Ich brauchte keine Erlaubnis zum Schreiben. Ein Schauspieler dagegen mußte immer auf sein Stichwort warten. Ich hatte keine Angestellten. Ich war frei. Welcher Schauspieler konnte das von sich behaupten?

Nur ein Schriftsteller konnte derlei wissen, und darum konnte nur ein Schriftsteller einen Schriftsteller spielen. Man hatte mich gefragt, ob ich die Rolle eines amerikanischen Schriftstellers in einem englischen Film übernehmen wolle. Das gefiel mir, denn schließlich war ich genau das: ein amerikanischer Schriftsteller, der in London lebte. In London zu leben war mehr eine Wissenschaft als eine Kunst. Es ging dabei um Fähigkeiten, die man sich erwarb und die man vervollkommnete, und ich hatte diese Fähigkeiten entwickelt: nicht Anglophilie, sondern Toleranz und tief gesteckte Erwartungen. Ich war ein Zuschauer, ein Zeuge. Je länger ich darüber nachdachte, desto überzeugter war ich, daß Ariel eine hervorragende Wahl getroffen hatte.

Es vergingen einige Tage, in denen ich nicht an meinem China-Buch arbeiten konnte. Statt dessen recherchierte ich. Ich lief zwischen den Regalen der London Library umher, schlug in den Indexen von Reisebüchern die Namen der kleinen Ortschaften nach, in denen ich während meiner Reise gewesen war, suchte nach Inspirationen, machte mir Notizen und versuchte, mich zu beschäftigen.

In einer anderen wunderschönen Geschichte, die mir eine Frau in New York erzählte, ging es um eine Freundin dieser Frau, die im Flugzeug einen südländisch wirkenden Mann kennengelernt hatte – vielleicht stammte er aus dem Nahen Osten. Sie tauschten ihre Telefonnummern aus, und noch am selben Tag rief der Mann sie an und lud sie zum Abendessen ein. Die Frau sagte, sie habe leider keine Zeit, da sie am nächsten Tag für eine Woche verreisen müsse. Als sie von dieser Reise zurückkehrte, war eine große Topfpflanze für sie abgegeben worden. Ein paar Tage später wurde ein Korb mit Delikatessen gebracht, und kurz darauf kam ein Bote mit einem Armband. All diese Geschenke stammten von dem Mann, den sie im Flugzeug kennengelernt hatte.

Sie erschienen der Frau so eigenartig, so verfrüht, daß sie den Mann anrief, um ihn zu bitten, damit aufzuhören, doch er hatte seine Telefonnummer ändern lassen, und sie konnte seine neue Nummer nicht herausfinden. Und er hörte nicht auf, ihr Geschenke zu schikken. Er schickte ihr einen neuen Kühlschrank voller Flaschen mit teurem Chablis. Er schickte ihr ein riesiges Bett, dann einen CD-Player und viele CDs. Und das war noch nicht alles. Nach einer Weile hatte die Frau jedesmal, wenn sie abends nach Hause ging, ein beklemmendes Gefühl: Sie wußte nicht, was dort auf sie wartete. Jeden Abend war ein neues Geschenk für sie da. Diese Geschenke kamen in solchen Mengen, daß es der Frau physisch unmöglich war, sie zurückzuschicken, obwohl sie in ihrer kleinen Wohnung gar nicht genug Platz dafür hatte.

Ein Hund wurde für sie abgegeben, dann ein Motorrad. Inzwischen war die Frau bei der Polizei gewesen, doch dort hatte man ihre Beschwerde nicht ernst genommen: Jemandem Geschenke zu machen war nicht strafbar und wohl kaum eine Belästigung – und doch war es für die Frau schlimmer, als hätte man sie bestohlen. Daß jemand mit all diesen unerwünschten Dingen – wertvollen Schmuckstücken, einer in Kisten verpackten Sauna, einem neuen Wagen – in ihr Privatleben eindrang, erschien ihr bösartig und raubte ihr den Schlaf. Sie lag wach und wartete darauf, daß es läutete und ein weiteres Geschenk für sie abgegeben wurde, und mittlerweile kam täglich eins. Sie verlor den Appetit und bekam Depressionen. Wo war dieser Mann? Er versteckte sich und schickte ihr gnadenlos Geschenke. Sie haßte ihn, und diese Geschenkflut bewies ihr, daß er sie in den Wahnsinn treiben wollte.

Sie suchte einen Psychiater auf, der ihr nach einigen Sitzungen den einfachen Rat gab, umzuziehen. Das tat sie auch: Sie wechselte die Arbeitsstelle und die Wohnung. Die Begegnung mit diesem Mann hatte ihr ganzes Leben verändert, und seine Geschenke hatten sie fast um den Verstand gebracht.

Aber »ich habe nie erfahren, was aus ihr geworden ist«, sagte meine Gesprächspartnerin, als ich sie danach fragte. Und das war es doch eigentlich, was man wissen wollte. Unbeantwortete Fragen ließen in mir immer den Verdacht aufkommen, die ganze Geschichte sei erfunden – wenn man nachbohrte, stieß man ins Leere. Vielleicht gab es diese Frau gar nicht, vielleicht war das alles nie passiert. Der Mann war unglaublich beharrlich gewesen. Und war es wirklich vorstellbar, daß die Frau all diese Geschenke so bedrückend fand?

Das Wort »Geschichte« brachte mich immer zum Lächeln. »Was ist seine Geschichte?« – »Nur eine Geschichte.« – »Eine glaubwürdige Geschichte.« – Das Wort »Geschichte« deutete auf eine Erfindung ohne Wahrheitsgehalt hin, auf ein wackliges Konstrukt zur Untermauerung einer wenig überzeugenden These. Wenn man nachfragte, brach das Ganze in sich zusammen.

Ich wartete auf das Drehbuch, also konnte ich nicht arbeiten. Als es dann schließlich kam, konnte ich nicht arbeiten, weil ich es lesen mußte. Der Film sollte *Mystery Man* heißen – ein gräßlicher Titel, den ich ändern wollte. Es war eine Liebesgeschichte. Die beiden Liebenden waren Engländer, und der Mann hatte einen Freund, der im Drehbuch keinen Namen hatte, sondern nur *Der Schriftsteller* hieß. Dieser überließ dem Mann seine Wohnung, damit er sich ungestört mit der Frau treffen konnte. Ich sollte also die Schlüsselfigur sein. Ich, der amerikanische Schriftsteller, war der Erzähler, der sich an seine englischen Freunde erinnerte.

Den meisten Text hatte ich in der ersten Szene:

Schriftsteller: Du Glückspilz! Ich wette, sie ist bildschön.
Jack: Sie ist erst zwanzig.

Ich konnte mir vorstellen, daß dieser Engländer in mittleren Jahren sein Glück in den Armen einer verträumten Zwanzigjährigen fand, selbst wenn dieses Glück nicht von langer Dauer sein konnte – aber was war mit Allison (wie sie im Drehbuch hieß)? Diese Geschichte brauchte Zynismus, Selbstsucht, Manipulation.

Jack: Willst du sie gar nicht kennenlernen?
Schriftsteller: Eigenartigerweise nicht.

Falsch! schrieb ich an den Rand. Amerikaner sagten nicht: »Eigenartigerweise nicht.« Das war englisch, die leicht geschraubte, hochnäsige, wichtigtuerische Ausdrucksweise eines Großstadtengländers. Wenn man diese Eigenart kannte, war dieses Wort eine unerträgliche Affektiertheit, wenn man sie nicht kannte, wirkte es ausgefallen oder sogar ein wenig bedrohlich.

Ich hatte nicht viel Text. Das Drehbuch strotzte von Rechtschreibfehlern (»irgendetwas«, »brilliant«). In den Regieanweisungen wurde beschrieben, wie ich in meiner Wohnung in Chelsea herumging (glaubwürdiger wäre, fand ich, eine Wohnung in Battersea oder Islington gewesen) und meinen Freund mit der Einrichtung vertraut machte: Kaffeemaschine, Whirlpool, Kabelfernseher, Videokamera – mit den Dingen eben, die später noch eine Rolle spielen sollten. Ich mußte sie nicht beschreiben, sondern meinem Freund zeigen, wie man sie bediente. Das erforderte keine großen Schauspielkünste.

Aber besaß ein amerikanischer Schriftsteller, der in London lebte, dergleichen überhaupt? Ich schrieb an den Rand des Drehbuchs eine Liste der Dinge, die ich besaß: einen Rudertrainer, einen Samowar, ein Grammophon, das man aufziehen mußte, und eine alte 78er-Platte mit einer Aufnahme von Heifetz mit Händels *Largo*.

Nachdem ich das Drehbuch gelesen hatte, blätterte ich es noch einmal durch und stellte fest, daß ich so viele Randbemerkungen gemacht hatte wie sonst nur in den ersten Entwürfen meiner eigenen Bücher. Ich wollte über diese Änderungen sprechen, doch dann fiel mir ein, daß man mir dieses Drehbuch geschickt hatte, damit ich darüber nachdachte, ob ich die Rolle des Schriftstellers übernehmen wollte. Peter suchte nicht nach jemandem, der das Buch bearbeitete, sondern nach einem Schauspieler, der seine Sätze sagte, die richtigen Bewegungen machte und Anweisungen befolgte. Ich wählte Ariels Nummer, legte aber auf, bevor ich den Rufton hörte. Sicher würde sie mich anrufen. Sie wollten keinen Schauspieler – sie wollten einen Schriftsteller.

Am nächsten Tag las ich das Drehbuch noch einmal und lernte, anstatt an meinem China-Buch zu arbeiten, die Sätze, die der Schriftsteller zu sagen hatte, auswendig. Es waren nur wenige, aber sie waren bedeutsam. Ich hatte einige Änderungen vorgenommen und den Ton verbessert, amerikanisiert. Das war nicht anmaßend. Man würde mir dafür dankbar sein. Ich sah die Notizen zu dem China-Buch durch, lauschte dabei aber auf das Telefon. Bestimmt würde Ariel mich bald anrufen. Es rief niemand an.

Auf der BBC-Party wurde ich von mehreren Leuten gefragt, woran ich gerade arbeitete. Ich hatte nicht gearbeitet. Ich hatte mein Buch eine Woche lang liegenlassen. Mir fiel auf, daß diese Partygäste, allesamt Produzenten und Redakteure in Diensten der BBC, bestimmte Sätze und Ausdrücke mit übertriebenem amerikanischem Akzent aussprachen. In spöttischem Ton sagten sie: *»You're welcome«* und *»It figures«* und *»You gotta be kidding«*, und mir ging plötzlich auf, daß Engländer sich am wohlsten fühlten, wenn sie sich hinter einem Akzent verstecken konnten. Ein kleiner Jude namens Meyer, ein Mann mit beginnender Glatze und einem vom Wein feuchten Schnurrbart, belegte Alison mit Beschlag und redete in verschiedenen Akzenten – für jeden Satz einen neuen – auf sie ein; es war, als spräche er in Zungen, als verfalle er in jene Glossolalie, wie sie gewisse Engländer überkommt, wenn sie nervös sind. Er spielte nicht, er fingierte.

Ich wandte mich von ihnen ab und gab einer Frau Feuer.

»Das war das schnellste Feuerzeug östlich des Mississippi.«

Ich war von diesem Kompliment so überrascht, daß mir keine passende Entgegnung einfiel, und dann fragte auch sie mich, woran ich gerade arbeitete. Auf diese Frage gab ich aus einem abergläubischen Reflex heraus wie immer die Antwort, daß ich im Augenblick überhaupt nicht arbeitete. Doch dann wurde mir bewußt, daß das stimmte. Es war mir nicht gelungen, mich wieder auf mein China-Buch zu konzentrieren. Ich hatte lediglich in meine Notizen gestarrt.

Ich hatte Lust, ihr anzuvertrauen, man habe mir kürzlich eine Rolle in einem Film angeboten. Was würde sie dazu sagen?

Auf dem Heimweg sagte ich zu Alison: »Erinnerst du dich an Ariel Draper, die Casting-Direktorin?«

»Die immer zu den unmöglichsten Zeiten anruft? Ja, natürlich.«

»Sie hat mir eine Filmrolle angeboten.«

»Du machst Witze.«

»Nein.«

Sie schwieg.

»Was hältst du davon?«

»Ich versuche, mir eine witzige Antwort einfallen zu lassen«, sagte sie. »So was wie: ›Worum geht es? Die Fortsetzung von *Planet der Affen*?‹«

»Ich weiß, es ist lächerlich. Ich dachte nur, es würde dich interessieren.«

»Was hast du ihr gesagt?«

»Daß ich an einem Buch arbeite.«

Dennoch sah ich den Film deutlicher vor mir als das Buch. Jeden Morgen würde ein Wagen vorfahren, der mich zum Studio außerhalb Londons bringen würde, wahrscheinlich nach Buckinghamshire, zum Pinewood-Studio in Iver. Ich würde mit den anderen Schauspielern plaudern. Aus Erfahrung wußte ich, daß es eine Menge Proben und Wiederholungen geben würde – ich würde viel Zeit haben, in der ich an meinem Buch arbeiten konnte. Und ich würde der einzige Amerikaner am Set sein. Das und die Tatsache, daß ich kein Schauspieler war, würde mich zu einer Art Exoten machen. Ich ertappte mich dabei, daß ich mich den anderen ein wenig überlegen fühlte, und rief mich zur Ordnung. Ich stellte mir die Unsicherheiten der anderen vor, die abwertenden Bemerkungen, die Mißverständnisse. Die Flirts. Und die Essen mit dem Regisseur und dem Produzenten, bei denen ich vielleicht Gelegenheit haben würde, eigene Projekte zur Sprache zu bringen. Wenn ich auf meine Randbemerkungen zurückgriff, konnte ich vielleicht bei einer eventuellen Neufassung des Drehbuchs behilflich sein.

Manchmal machten diese Tagträume mich zornig und verlegen, manchmal waren sie ein Trost.

In diesen Tagträumen wurde ich nicht mit einem Oscar ausgezeichnet, ja nicht einmal dafür vorgeschlagen, aber man wurde auf mich aufmerksam und machte mir weitere Angebote. Schauspielerei war etwas Veraltetes, Formales, Forciertes – der neue Trend war, bestimmte Rollen von echten Menschen spielen zu lassen. Man wurde auf mich aufmerksam, weil ich kein Schauspieler war. Ich war echt. Ich war der Schriftsteller Paul Theroux.

Doch noch während mir dieser Gedanke durch den Kopf ging, wurde mir bewußt, daß ich in letzter Zeit nichts geschrieben hatte. Ich fand es idiotisch, daß ich fingierte, daß ich rationalisierte, daß ich lächerlich geduldig war und neuerdings immerzu auf das Telefon lauschte. Während ich wartete – mir kam es eher so vor, als hinge ich in der Luft – und nicht imstande war, etwas zu schreiben, bekam ich eine Anfrage, ob ich Lust hätte, für ein Reisemagazin etwas über Sizilien zu schreiben.

»Ich kann leider nicht«, sagte ich, denn ich wartete auf den Anruf. Ich war mir sicher, daß die Telefonverbindung nach Sizilien jeder Beschreibung spottete, und wollte daher nicht dort sein, wenn der Anruf kam. Ich sagte, ich sei zu beschäftigt. Das wiederholte sich mehrmals: Ich bekam mehrere Reiseangebote. Jedesmal dachte ich: Das mache ich nach dem Film.

»Geht es dir gut?« fragte Alison.

Meine gedrückte Stimmung hatte nichts mit dem Schreiben zu tun. Sie rührte nicht von einer Schreibhemmung, sondern von der Unfähigkeit, mich auszuleben und an mich zu glauben. Der Gedanke an eine Filmrolle überlagerte alle anderen Gedanken.

»Alles in Ordnung«, sagte ich und behielt mein Geheimnis für mich, bis ich es nicht mehr ertragen konnte und das Studio anrief.

»Mystery Man.«

Ich bat darum, mit Peter verbunden zu werden.

»Und wer spricht dort, bitte?«

Meine Entschlossenheit fiel in sich zusammen. Ich legte auf.

Da ich nicht imstande war zu arbeiten, ging ich ziellos durch die Straßen. Ich sah mir Filme an, betrachtete die Leistung der Schauspieler mit kritischem Blick und kam immer mehr zu der Überzeugung, daß eine neue Karriere vor mir lag. Bald entwickelte ich eine verstohlene Eitelkeit. Ich betrachtete mich heimlich in Spiegeln und Schaufensterscheiben. Ich kleidete mich nachlässig, als wollte ich von niemandem erkannt werden. Wenn Passanten mich ansahen, wandte ich mich ab,.

Ich hatte immer den Verdacht gehabt, daß ich eigentlich nicht nach London gehörte, doch nun, da ich über meine Filmrolle nachdachte, wurde dieser Verdacht zur festen Überzeugung. Diese Entdeckung ermutigte mich. Solche Gefühle würden es mir ermöglichen, dem Film Glaubwürdigkeit zu verleihen. Ich war ruhelos in London. Der Schriftsteller in *Mystery Man* war wie ich: ein Zeuge, jemand, der dem Regen zusah und sich nach Hause sehnte.

Diese unausgefüllten Tage und die Tatsache, daß ich nicht arbeitete, vermittelten mir ein Gefühl, das ich mit Schauspielern verband. Die Vorstellung, ein Schauspieler zu sein, der nicht arbeitete, war leichter zu ertragen als der Gedanke, ein Schriftsteller zu sein, der nicht arbeitete. Nicht die Arbeit, sondern das Warten hatte mich in einen Schauspieler verwandelt. Niemand hätte es mir auf den Kopf zu sagen können, und doch wußte ich, daß sich in mir etwas verändert hatte. Die Angebote, die ich bekam, waren geradezu eine Folter, und sie kamen immer häufiger, als hätte ich nichts Besseres zu tun.

»Ich würde gern etwas von deinem China-Buch lesen«, sagte Alison.

»Es sind bisher eigentlich nur Skizzen – ich bin noch bei den Vorarbeiten.«

Von meinem China-Buch war keine Rede mehr.

Entschlossen rief ich Ariel in Los Angeles an. Ich war grimmiger, als ich eigentlich sein wollte, und haßte mich für die Unterwürfigkeit, mit der ich die Nummer wählte.

Die Ansage auf ihrem Anrufbeantworter sollte offenbar dazu dienen, Schauspieler abzuwimmeln, die auf der Suche nach einem Engagement waren. »Ich bin im Augenblick verreist.« Kein Hinweis darauf, wo sie war oder wann sie wieder zurück sein würde. »Wenn Sie eine Nachricht hinterlassen wollen, wählen Sie bitte …« Es folgte die Telefonnummer ihrer Sekretärin. Die Botschaft war: »Geh mir nicht auf die Nerven und stell dich hinten an – solche wie dich gibt es an jeder Ecke.« Es gab keine Möglichkeit, eine Nachricht zu hinterlassen.

»Mist!«

Um nicht ständig an den Film zu denken, begann ich schließlich wieder mit der Arbeit an meinem China-Buch. Ich konnte es nicht unvollendet lassen; ich mußte es abgeschlossen haben, damit ich mich meiner Rolle widmen konnte. Das jedenfalls redete ich mir ein, um den nötigen Schwung zu bekommen. Ich mühte mich ab, ich hörte chinesische Musik (die Rote Garde sang *Dang Fang Hong*, »Der Osten ist rot«), ich studierte Karten und meine Notizen, und langsam – mein Stuhl quietschte und knarzte, als ich hin und her rutschte – tauchte ich wieder in meine Reisebeschreibung ein.

Und dann wußte ich mit einemmal, daß ich die Rolle nicht bekommen würde. Ich war ganz sicher. Wie war das möglich? Ich hatte nichts gehört. Die Dreharbeiten sollten bald beginnen. Der Schriftsteller war eine Schlüsselfigur. Ich war ein Dummkopf gewesen zu glauben, es könnte etwas daraus werden.

Ich kam mir mehr denn je wie ein Fremder vor, wie jemand, der nie dazugehören würde – wie der Schriftsteller in diesem Film. Ein Amerikaner in England wußte alles über nicht eingehaltene Versprechen.

Eines Tages also wachte ich auf und wollte nicht aufstehen und warten. Ich lag da und überlegte, was ich tun sollte. Nach einigen Sekunden setzte ich mich auf und lehnte die Rolle ab. Ich erwehrte mich der Avancen der Filmleute, ich entzog mich ihnen – nicht gereizt, sondern zerstreut und beschäftigt. Ich ließ sie nicht ausreden. Das Ganze erschien mir wie ein weiterer guter Grund, England zu verlassen. Ich wollte eine lange Reise machen. Ich wollte nicht erreichbar sein.

Bitte, Paul.

Tut mir leid, aber ich bin viel zu beschäftigt. Und außerdem ist das nicht meine Branche.

Und dann wurde mir bewußt, daß dieses Gespräch bereits stattgefunden hatte.

»Soll das ein Witz sein?«

»Überhaupt nicht. Es ist keine große Rolle, aber du wärst die perfekte Besetzung.«

»Aber ich habe noch nie in einem Film mitgespielt.«

»Kein Problem.«

»Schick mir das Drehbuch lieber nicht. Ich kann nicht schauspielern.«

»Warum nicht?«

»Weil ich kein Schauspieler bin. Ich habe nicht die leiseste Ahnung davon.«

»Dafür gibt es Regisseure.«

»Ich will es auch gar nicht lernen. Ich bin Schriftsteller.«

»Du sollst ja auch einen Schriftsteller spielen. Darum geht es ja.«

»Ich kann das nicht. Ich muß wieder an die Arbeit.«

Ich haßte Ariel. Sie machte keine leeren Versprechungen. Sie war der Teufel, der mir die Welt anbot und dann spurlos verschwand.

Obwohl ich glaubte, innerlich darauf vorbereitet zu sein, war ich doch aufgeregt, als sie mich etwa einen Monat später schließlich anrief. Ich hörte ihr zu und atmete flach und nervös. Sie plauderte über dies und das. Sollte das vielleicht die Einleitung zu einer Erklärung sein? Nein. Sie sprach davon, daß sie nach London kommen wolle.

»Zu Probeaufnahmen?«

»Nein, nur zu Besuch.«

Ich riskierte die Frage. »Was ist eigentlich aus der Rolle geworden, die du mir angeboten hast?«

»Der Schriftsteller? Peter hat einen sehr guten Schauspieler gefunden. Eine Zeitlang hatte er dich dafür ins Auge gefaßt. Hättest du die Rolle übernommen?«

Für einen Augenblick hatte ich das Gefühl, als wäre alles Leben aus mir gewichen. Starr und wie aus Holz stand ich da und hielt den Hörer in meiner leblosen Hand – und dann, als hätte ich einen bösen Geist ausgeniest, kam ich wieder zu mir und fühlte mich beschämt und hintergangen.

»Nein«, sagte ich.

»Ich habe eine Geschichte für dich.«

»Ja?«

»Neulich abend war ich auf einer Unterwäsche-Party bei Dickie Bellford«, sagte Ariel. »Es war das Übliche: Man durfte nur in Unterwäsche kommen. Wir alle wußten das und waren vorbereitet. Aber ein paar Leute wollten sich partout nicht ausziehen, und das war nicht uninteressant. Zuerst kamen ein paar sehr, sehr wichtige Leute von außerhalb, die das Ganze für einen Witz hielten. An der Tür verging ihnen allerdings das Lachen: Zwei riesige schwarze Muskelmänner mit Drahtkleiderbügeln versperrten ihnen den Weg. ›Entweder Sie ziehen sich aus, oder Sie müssen wieder gehen.‹ Also gingen sie wieder. Dann kam ein immens reicher italienischer Geschäftsmann mit seiner Freundin, die unter ihrem Mantel bereits nur noch Unterwäsche trug. Der Typ dachte, die Regel gälte nur für Frauen. Die beiden Schwarzen kamen mit ihren Drahtkleiderbügeln und sagten: ›Ziehen Sie sich aus.‹ Du hättest ihn sehen sollen: Boxershorts, behaarte Brust, dünne Beinchen – er sah ganz verloren aus. Wie findest du die Geschichte?«

»Gut.«

»Nein, du findest sie blöd.«

Die Geschichte war originell und amüsant – aber hatte sie auch nur entfernt mit irgend etwas zu tun, worüber ich schrieb? Wie die anderen Geschichten über das holländische Ehepaar oder das Opfer des geheimnisvollen Schenkers erschien sie mir unbrauchbar. Vielleicht hörte ich sie mir nur deswegen so bereitwillig an, weil diese Geschichten mich von der Realität meiner Arbeit überzeugten. Ich war immer darauf erpicht, neue zu hören, als hätten sie eine zufällige Bedeutung, als würde ich ihren Sinn später erkennen, als wären sie Parabeln, die ich erst begreifen konnte, wenn ich sie durchlebt hatte.

NEUN

Die Geschichte einer Reisenden

An der Art, wie jemand sich setzt – insbesondere jemand, der beabsichtigt, ein Interview zu führen –, erkennt man gewöhnlich recht genau, wie lange dieser Mensch zu bleiben gedenkt. Miss Erril Jinkins – ich hatte ihren Namen anscheinend richtig verstanden – ließ sich langsam in den Ledersessel des Salons meiner Suite im Regent Hotel in Sydney sinken und verstummte dabei. Sie war groß und ebenmäßig, und sie verlagerte ihr Gewicht und schlug die Beine übereinander, als wollte sie mit dem Polster verwachsen und sich dort festsetzen. Der Sessel reagierte: Er gab nach, zögerte und schien sich mit einem sesselhaften Ächzen der Zustimmung wieder aufzurichten.

Miss Jinkins Aufmachung war mir recht vorteilhaft, wenn auch etwas steif erschienen, doch als sie sich setzte, zwinkerten ihre altjüngferlichen Kleider mir gewissermaßen zu und überraschten mich mit schelmischen Einblicken. Ihre dunkle Bluse war durchsichtig und ließ das Licht auf den Kurven von Miss Jinkins' Körper spielen, und der Rock war bis zur Hüfte geschlitzt, so daß ich ihr schlankes Bein in ganzer Länge bewundern konnte.

Etwas an ihrem Namen ließ mich, wie bei vielen australischen Namen, an einen Kriminellen oder Sträfling denken. Sie war eine elegante Frau, aber in »Erril Jinkins« schwangen eine alte, rohe, ungebildete Kraft und ein Hauch von Verderbtheit mit.

»Ich habe Sie gestört«, sagte sie. »Schreiben Sie gerade einen Brief nach Hause?«

Es beunruhigte mich, wie aufmerksam sie war. Sie hatte den Brief gesehen, den ich begonnen hatte und der, zusammen mit einem frankierten Umschlag, auf dem Schreibtisch am anderen Ende des Raums lag.

»Ja, ich bin schon zu lange unterwegs.«

»Ich glaube, ich habe irgendwo gelesen, daß Sie geschieden sind.«

»Mag sein, daß Sie es gelesen haben, aber es stimmt nicht. Ich bin glücklich verheiratet.« Kaum hatte ich diese Worte ausgesprochen, da bereute ich meine Selbstgefälligkeit. Abergläubisch dachte ich: Hat das jemand gehört?

Erril Jinkins holte einen Kassettenrecorder hervor. Sie hielt ihn wie ein Sandwich, sie stellte ihn auf den Tisch zwischen uns, sie lächelte, sie sah mich an, ohne viel zu sehen, sie klimperte mit den Wimpern. Ihre Geduld und methodische Langsamkeit gingen mir auf die Nerven.

Und ihr Lächeln war mir unbehaglich. Sie schien mich vor einer ungeschickten Frage warnen zu wollen.

»Dürfte ich mal ihr Badezimmer benutzen?«

Ich haßte diese Formulierung und ärgerte mich, daß sie sie gebraucht hatte. Und warum hatte sie nicht gefragt, bevor sie sich so umständlich im Sessel niedergelassen hatte?

»Dort, bitte«, sagte ich, als sie sich langsam erhob. Der Vorhang ihres Rocks schloß sich, als sie aufstand und in die angegebene Richtung ging. Wie kommt es nur, daß das Klicken von Damenschuhen auf einem blanken Boden so erregend ist?

Ich trat an das Fenster, wo ein Teleskop auf einem Stativ auf das Opernhaus gerichtet war. Ich verkürzte die Brennweite, schwenkte vom Opernhaus zum Hafen und zum Gewimmel am Circular Quay und sah den Menschen zu, die Fahrkarten kauften, die Fähre bestiegen und entspannt den Nachmittag genossen. Ein Mann saß auf einer Bank in der Sonne, in einer Hand ein Sandwich, in der anderen ein Buch. Er kaute und las. Ich dachte: ›Ich möchte dieser zufriedene Mann da sein‹ und fragte mich, was mir mit Erril Jinkins bevorstand.

*

Hin und wieder bringt ein Interviewer zwischen all den langweiligen, vorhersehbaren Fragen eine Bemerkung unter, die mich aufhorchen läßt.

Die Journalistin in San Diego, deren Ehemann ihr zum vierzigsten Geburtstag eine Nacht mit einem blonden, breitschultrigen Surfer schenkte. Die kleine und recht farblose alte Jungfer in Denver, die mir erzählte, sie habe jede Droge genommen, die sie habe bekommen können – »und ich werfe noch immer hin und wieder einen Trip«. Die Reporterin in Houston, eine Frau in den Dreißigern, die mir verriet, daß die Kokain-Parties, die sie und ihr Mann in den ersten Jahren ihrer Ehe veranstaltet hätten, des öfteren in regelrechte Orgien ausgeartet seien, an deren Ende sie mit zwei Männern im Bett gelegen habe, einer davon ihr Ehemann. »Aber inzwischen leben wir ziemlich geregelt. Schließlich haben wir Kinder und müssen unser Haus abbezahlen.« Der Rundfunkreporter, der Frau und Kinder verließ, um in Tucson mit einem anderen Mann zusammenzuleben. Die Journalistin aus Chicago, die die Scheidung einreichte, nachdem ihr Mann, ein Rechtsanwalt, beschlossen hatte, lieber als Installateur zu arbeiten. Die Radioreporterin in Baltimore, die ihren Mann und ihre drei Kinder verlassen hatte, um einem fetten indischen Kräuterguru nach Kanada zu folgen. Die grinsende junge Frau in Kansas City, die mir erzählte, ihr Bruder, dessen Spitzname »Butter« sei, habe gleichzeitig ein Verhältnis mit einer Frau und deren Tochter gehabt, und die, als ich stirnrunzelnd fragte, wie das möglich gewesen sei, antwortete: »Schichtarbeit.«

»Aber wir wollen hier nicht über mich, sondern über Sie reden«, sagen sie dann. Sie lachen und wechseln das Thema. Ich bin einverstanden, denn je schneller ich ihre Fragen beantwortet habe, desto schneller ist das Interview vorbei, und ich kann auf einer Bank in der Sonne sitzen, ein Sandwich essen und lesen.

»Bestimmt hat man Ihnen diese Fragen schon oft gestellt«, sagen die Interviewer irgendwann, und ich widerspreche ihnen immer: Nein, nein, Ihre Fragen sind sehr interessant! Es spielt kaum eine Rolle. Mein Autopilot hat das Ruder übernommen, und ich beantworte die Fragen, die man mir seit zwanzig Jahren immer wieder stellt. Warum bin ich nach Afrika gegangen? Was ist an Zügen so besonders? Schreibe ich mit einem Textverarbeitungsprogramm? Welches meiner Bücher gefällt mir am besten? Wer sind meine Lieblingsschriftsteller? Wenn ich die freie Wahl hätte, in welches Land würde ich dann fahren? Basiert die Figur des Helden in diesem oder jenem meiner Bücher auf einer wirklich existierenden Person? Was halte ich von dem Verriß in der letzten Sonntagsbeilage?

Die eine ist achtzehn, kichert viel, hat die Schule gerade hinter sich und würde mir am liebsten alles mögliche von ihrer kleinen Schwester erzählen. Die andere ist schon älter und nervös, im Gegensatz zu der jungen, die gerade hinausgeht und einen Elvis-Button trägt. Oft sind es unscheinbare Frauen, die mich mit Bemerkungen über Drogenerfahrungen, mehrere Scheidungen oder dem unvermittelten Einwurf »Das weiß ich, weil ich als Kind auch mißbraucht worden bin« überraschen.

Diese Journalistinnen blinzeln mich an, fahren zurück in die Redaktion und schreiben in ihren Artikeln: ... entspannt ... gelehrt ... Hornbrille ... offen ... ausweichend ... höflich, aber distanziert ... freundlich, aber reserviert ... jünger, als ich ihn mir vorgestellt hatte ... größer, als ich ihn mir vorgestellt hatte ... kleiner, als ich ihn mir vorgestellt hatte ... in mittleren Jahren ... sehr durchtrainiert ... etwas blaß ... unruhig ... unbeholfen ... transatlantisch ...

Mir ist das gleichgültig. Ich habe schon vor langer Zeit gelernt, daß eine Zeitungsseite kein Spiegel und nur selten ein Fenster ist.

Doch oft denke ich: ›Ich sollte mal einen Artikel über *die* schreiben. Ich könnte das besser als sie, und auch ihnen wäre es nicht gerade angenehm, wenn ich erwähnen würde, daß sie an ihren Haaren gezupft, ihre Notizen verstreut, ihr Glas umgestoßen und die Titel meiner Bücher falsch zitiert haben: *Riding the Red Rooster, Riding the Iron Monster, The Great Train Bazaar, My Secret Life*. Dieser kleine Einfaltspinsel in Christchurch, Neuseeland, der mein Buch *Walden* lobte. Immer gibt es einen Kassettenrecorder, der nicht funktioniert, und immer heißt es dann: »Ich wußte, daß das irgendwann mal passieren würde.« Oft kommt ein Interviewer zu spät und entschuldigt sich mit einem ernsten häuslichen Problem: krankes Kind, kranke Eltern, krankes Haustier. Die abgekauten Fingernägel, die rührende Bewunderung, der kaum verhohlene Neid, die schlecht verborgene Mißgunst, die Traurigkeit, der drohende Abgabetermin. Das alles und die Fragen: »Wie lange brauchen Sie, um ein Buch zu schreiben?« – »Haben Sie Respekt vor Ihren Figuren?« – »Was ist schwerer zu schreiben – ein Roman oder ein Sachbuch?«

Aber was bleibt, sind ihr bemitleidenswerter Gang, ihre Kunstlederaktentaschen, ihre Müdigkeit und ihre Schuhe – besonders ihre Schuhe, die so schief und abgetreten sind, daß sie wie verkrüppelte Füße aussehen –, und ich beschließe, nichts zu tun, nicht über sie zu schreiben, denn sie sind allesamt überarbeitet und unterbezahlt.

*

Ich hörte die Toilettenspülung – es klang wie eine erstickte Explosion –, eine Tür wurde zugeschlagen, und ich hob den Kopf und sah Erril Jinkins. Sie war die ganze Zeit im Bad gewesen. Sie kehrte zur Sitzgruppe zurück, bedankte sich, wedelte mit den Händen – wahrscheinlich waren sie noch feucht – und setzte sich so ernsthaft wie zuvor in den Sessel.

»Hübsche Suite«, sagte sie.

Es war die Präsidentensuite. Beinahe hätte ich es ihr verraten, aber ich hatte sie zu einem sehr günstigen Preis bekommen, damit Journalisten mich besuchen und schreiben konnten, was Erril Jinkins nun schrieb: … luxuriöse Suite … weich gepolsterte Sessel … gemusterte Tapeten … signierte Drucke von bekannten Aborigine-Künstlern … Blumen … Orientteppiche … Blick auf den Hafen … Messingteleskop …

»Ich habe sie mir nicht ausgesucht«, sagte ich und ärgerte mich, daß ich überhaupt darauf einging. »Man hat das für mich arrangiert.«

»Ich war schon einmal hier«, sagte Jinkins.

Ich sah sie forschend an. Das war doch sicher gelogen.

»John le Carré«, sagte sie.

Sie blinzelte, lächelte und sah sich um.

»Wie kommt es bloß, daß ich mich in Hotelzimmern immer so sexy fühle?«

Sie ließ noch immer begehrlich ihren Blick schweifen.

»Ich hab mich kaputtgelacht«, sagte sie. »Er bestand darauf, daß ich ihn David nenne.«

Ich versuchte mir vorzustellen, wie John le Carré darauf bestand, »David« genannt zu werden, und als sie mich ansah, merkte sie wohl, daß ich ihr nicht glaubte.

»Das ist nämlich sein richtiger Name«, sagte sie.

Wie angenehm, einen Autor zu interviewen, der sich zugänglich und bescheiden gab, weil er nicht aufgeblasen und arrogant erscheinen wollte. Es kam darauf an, nach Möglichkeit alle Fragen so zu beantworten, als wären sie tiefschürfend, und die Journalisten zu behandeln, als wären sie intelligent und ernsthaft. Meine Devise lautete: Spiel mit, dann hast du es bald hinter dir.

»Man kann keine Zeitung aufschlagen, ohne Ihr Gesicht zu sehen«, sagte Jinkins. »Ständig Artikel über Sie! Ständig Rezensionen!«

Ich ertappte mich dabei, daß ich mich auch dafür rechtfertigen wollte, doch ich kam nicht weit. Sie unterbrach mich.

»Wie lange waren Sie in China?«

»Alles in allem etwa ein Jahr. Aber das Komische ist –«

Sie fiel mir ins Wort. »Ich war zwei Jahre dort. Erst in Shandong, dann in Dongfang, wo die Ölfelder sind, und zum Schluß in Hami. Über Hami haben Sie nichts geschrieben.«

»Ich bin auf der Bahnfahrt nach Turpan durch Hami gekommen«, sagte ich.

»Sie hätten dort aussteigen sollen«, sagte sie. »Es liegt an der alten Seidenstraße. Sehr islamisch. Klasse Essen. Ich hab die Leute da ziemlich gut kennengelernt. Die können sehr freundlich sein. Aber sie haben natürlich jede Menge Ärger mit den Han-Chinesen.«

»Das habe ich erwähnt«, sagte ich schnell, aber bevor ich hinzufügen konnte, wo es stand, sprach sie weiter.

»Die Heiratsgesetze, die Gesetze zur Begrenzung der Kinderzahl, keine Religionsfreiheit, keine Erlaubnis, die Pilgerfahrt nach Mekka zu machen – solche Sachen eben. Aber ich hab festgestellt, daß man sehr gut mit ihnen zurechtkommt, wenn man ihre Sprache spricht.«

»Dann haben Sie also Mandarin gelernt?«

»Nein, ich meinte natürlich Uigurisch«, sagte sie zurechtweisend und sprach es »Ugurisch« aus. »Mandarin hab ich auch gelernt, aber die meisten Uiguren sind mißtrauisch, wenn man Mandarin mit ihnen spricht.«

»Uigurisch soll aber sehr schwierig sein.«

Das tat sie mit einem Schulterzucken ab. »Die Schrift ist allerdings ein ziemlicher Hammer«, sagte sie.

»Sie können Uigurisch schreiben?« Ich war erstaunt, daß sie diese schreckliche, aus Bildern und Schnörkeln bestehende Schrift gemeistert hatte.

Sie nickte, und ich fragte mich, ob sie log. Sie sagte: »Der Zug fährt dann weiter nach Korla«.

»Korla ist für Ausländer gesperrt«, sagte ich.

Sie lächelte abermals, und nun wußte ich, daß dieses Lächeln überlegen und verächtlich war. Sie sagte: »Ich hab einen Monat dort verbracht und in einem Dorf bei einer uigurischen Familie gelebt. Wir haben Ziegenmilch getrunken und Hammelfleisch und dieses phantastische Brot gegessen, das sie *nang* nennen. Sie haben mich wie ein Familienmitglied behandelt, mir eine verbotene Oase gezeigt, mir beigebracht, wie man auf einem Kamel reitet, mich auf die Jagd mitgenommen. Wir haben Wölfe gejagt«, sagte sie, bevor ich nachfragen konnte, »und drei Riesenviecher erlegt. Aus den Pelzen haben sie mir eine Weste gemacht. Als ich weitergefahren bin, hab ich ihnen meinen Walkman und meinen Kompaß geschenkt, damit sie immer wissen, in welcher Richtung Mekka liegt. Als Gegengeschenk habe ich einen Samowar bekommen. Alt. Russisch. Ist wahrscheinlich einen Haufen Geld wert.«

Ihre Unterbrechung ärgerte mich, und doch beneidete ich sie – nicht nur um ihren Aufenthalt in Korla, sondern auch darum, daß sie Uigurisch sprach und in einer uigurischen Familie gelebt hatte. Ich beneidete sie sogar um den Samowar. Ich hatte diese glänzenden Messinggefäße in einigen uigurischen Häusern in Sinkiang gesehen, doch mir hatte niemand einen geschenkt. Wahrscheinlich wäre es hilfreich gewesen, wenn ich eine schöne, kräftige Australierin mit viel Zeit gewesen wäre. Am meisten aber beneidete ich sie um die Wochen und Monate, die sie mit Reisen verbracht hatte, ohne sich um Abgabetermine kümmern zu müssen. Mir gefielen ihre Selbständigkeit und Ungebundenheit, die Beiläufigkeit, mit der sie erzählte, die genüßlich ausgebreiteten exotischen Details. Sie war offenbar wirklich gereist: Freuden und Strapazen in der weiten, kargen, unterentwickelten Landschaft von Sinkiang.

Reisebeschreibungen haben etwas sehr Künstliches: Man macht sich Notizen, schleppt sie nach Hause und verwandelt sie in ein

Buch – als wolle man seine selbstsüchtige Beschäftigung mit der Welt rechtfertigen. Doch was könnte selbstsüchtiger sein, als ein solches Buch zu schreiben? Als Schriftsteller, der in der Welt umherreiste, hatte ich das Gefühl, meine Reisen rechtfertigen zu müssen, und dazu mußte ich so tun, als wären sie von Bedeutung.

»Sie sind anscheinend viel gereist«, sagte ich.

»Reisen tut man im Kopf – Menschen begegnet man im Kopf.« Sie lächelte und fuhr fort: »Am meisten Spaß hatte ich, als ich einmal langsam durch den afrikanischen Busch gefahren bin. Ich hatte meinen Walkman auf und hörte die Filmmusik zu *Diva*, während um mich herum fünfzehn oder zwanzig Elefanten herumliefen und fraßen: Opernmusik, Elefanten und Staub.«

Ich sah vor meinem inneren Auge, was sie beschrieb, und verlegte die Szene in den staubigen Busch von Malawi, wo ich selbst Elefanten gesehen hatte.

»In China«, sagte sie, »habe ich *Daisy, Daisy, give my your answer, do* gehört, während ich zusah, wie dreitausend Menschen mit dem Fahrrad über den Platz des himmlischen Friedens fuhren – das war wirklich beeindruckend. Es war ... James Joyce hat so etwas, glaube ich, eine Epiphanie genannt. Es ist unmöglich, dieses Gefühl in Worte zu fassen.«

Sie hatte recht: Eine Reisebeschreibung war ein blasser Abklatsch der Wirklichkeit, und einige der größten Reisenden haben nie auch nur eine Zeile geschrieben; niemand kennt ihre Namen. Sie sind Menschen wie Erril Jinkins, die man in den Basaren der entlegensten Orte findet. Man traut seinen Augen nicht und sieht noch einmal hin – aber da sind sie schon wieder verschwunden. Ihre Geschichten bleiben für immer unerzählt.

»Ich bin durch Europa und Asien gereist. Anfang der siebziger Jahre war ich auf der Hippie-Route unterwegs.« Sie musterte mich lächelnd und suchte in meinem Gesicht nach einer Reaktion. »Aber die meiste Zeit hab ich in Südamerika verbracht. Ich bin die Flüsse hinuntergefahren.«

»Das wollte ich immer schon mal tun«, sagte ich.

»Es dauert ewig, aber es ist der Mühe wert«, sagte sie. »Wenn die Indianer einem nicht helfen, kann man es vergessen. Ich bin nach Bogota geflogen und von dort aus nach Chaviva gefahren. Sind Sie schon mal dort gewesen?«

»Ich habe davon gehört«, sagte ich und fragte mich, ob das stimmte.

»Dann bin ich in einem Kanu den Rio Meta hinuntergefahren, bis nach Puerto Carreño. Das liegt an der Grenze nach Venezuela. Dann ungefähr vierhundert Meilen den Orinoko hinunter. Sehr nett.«

Erril Jinkins war nicht mehr irgendeine Frau in raffinierten Kleidern, sondern ein wirklicher Mensch mit einem Namen und einer Geschichte. Ihre Stärke und ihr Mut erschienen mir weit attraktiver als ihre äußere Schönheit, doch sie machten diese Schönheit auch zu etwas Kraftvollem.

»Damals habe ich entdeckt, daß es Orte gibt, wo noch nie jemand gewesen ist«, sagte sie. »Ich meine nicht Berge, die noch niemand bestiegen hat, sondern Täler, in die kein Mensch je seinen Fuß gesetzt hat, und Flüsse, auf denen nie ein Boot gefahren ist. Was Sir Richard Burton ›die nackte Natur‹ genannt hat. Das ist der eigentliche Grund des Reisens, meinen Sie nicht auch? Diese Orte zu finden und sie geheimzuhalten.«

Sie schlug die Beine übereinander und lächelte wieder. Was für hübsche Zähne sie hatte.

»Unterhalten wir uns über Ihr Buch«, sagte sie.

Während der Schilderung ihrer Reisen durch die Wildnis hatte ich meine Meinung über sie revidiert. Natürlich gab es immer Interviewer, die nur ihre eigenen Geschichten erzählen wollte: Sie kamen nicht, um zuzuhören, sondern um zu reden. Sie waren ehrgeizig und aggressiv, und sie konnten einem ungeheuer auf die Nerven gehen. Erril Jinkins war nichts von alledem. Vielleicht hatte sie mich anfangs beeindrucken wollen – das jedenfalls war ihr gelungen. Wenn auch nur die Hälfte von dem stimmte, was sie erzählt hatte, dann war sie ein außergewöhnlicher Mensch. Es machte mir nichts aus, daß sie die vereinbarte Zeit – eine Stunde, die übrigens beinahe um war – mit Erzählungen von ihren eigenen Reisen gefüllt hatte.

»Haben Sie bei der Niederschrift Ihrer Reisebeschreibungen jemals etwas erfunden?« fragte sie.

»Nein. Ich schreibe es so, wie ich es –«

Und wieder unterbrach sie mich mitten im Satz, als hätte ich den Mund gar nicht aufgemacht.

»Haben Sie je geschwindelt oder versucht, etwas besser oder schlimmer darzustellen, als es in Wirklichkeit war, um Ihre Leser zu unterhalten?«

»Ich wollte gerade sagen –«

Aber weiter kam ich nicht.

»Denn es gibt da eine Theorie, die besagt, daß die Reisebeschreibung eine Art Roman ist und daß zu dieser Literaturform auch Erfundenes und Erdachtes gehört. Vielleicht ist es so passiert, wie Sie es beschreiben, vielleicht aber auch nicht. Was macht das schon?«

»Das finde ich nicht«, sagte ich und fragte mich, ob sie mich abermals unterbrechen würde. »Ich versuche, die Dinge so zu schildern, wie sie sind, wie sie passiert sind. Ich bin stolz darauf, die Wahrheit zu schreiben. Die Wahrheit ist immer interessanter als alles, was man erfinden könnte.«

Sie streckte die Hand aus, nahm den Kassettenrecorder und schaltete ihn aus. »Das ist ein guter Schluß. Herzlichen Dank für dieses Interview.«

»Was für ein Interview?« hätte ich beinahe gesagt. Ich war kaum zu Wort gekommen, doch das schien sie nicht bemerkt zu haben. Sie verstaute in aller Ruhe ihre Notizen und den Kassettenrecorder in ihrer Handtasche. Inzwischen war die Stunde um, die vereinbarte Zeit überschritten – auch wenn das keine Rolle spielte.

Es war ein wichtiger Augenblick: das letzte Interview für heute, das letzte Interview der Woche. Ich war in einem Hotelzimmer in einer fremden Stadt, und vor mir lag das Wochenende und gähnte mich an. Ich fragte mich, ob ich sie zu einem Drink einladen sollte. Wir konnten über Sydney sprechen, über die kurze Dauer meines Aufenthaltes, über die sehr realen Strapazen einer solchen Lesereise. Doch so viel Offenheit war nicht ungefährlich.

Ich zögerte, weil ich mir sicher war, daß sie die Einladung annehmen würde. Ein Drink bedeutete zwei Drinks, und dann war ein gemeinsames Abendessen äußerst wahrscheinlich und der weitere Verlauf des Abends vorhersehbar. In einer Stadt wie dieser eine Fremde zu einem Drink einzuladen konnte riskant sein. Dennoch wollte ich sie näher kennenlernen.

»Darf ich Sie zu einem Drink einladen?«

Sie strahlte mich an, als habe sie genau diese Frage erwartet, doch anstatt meine Einladung anzunehmen, legte sie die Hände auf die Armlehnen des Sessels und erhob sich. Ein geschlitzter Rock ist nicht für stilles Dasitzen, sondern für Bewegung geschaffen, und die Bewegung, mit der sie aufstand, folgte einer ausgefeilten, lockenden Choreographie. Und doch schien Miss Jinkins vor mir zurückzuweichen.

»Danke«, sagte sie und meinte: Nein, danke. Dann fuhr sie fort: »Ich möchte Sie nicht zu sehr in Anspruch nehmen – Sie haben mir schon sehr viel von Ihrer Zeit gewidmet. Und außerdem haben Sie sicher noch etwas anderes vor.«

»Nein, ich habe nichts anderes vor«, sagte ich und bereute meine Worte sogleich.

»Aber ich«, erwiderte sie.

Und dann ging sie hinaus, und das Klicken ihrer Schuhe auf dem blanken Boden klang in meinen Ohren wie Spott.

*

Ich trank meinen Drink allein und ärgerte mich ziemlich über die Art, wie sie meine Zeit in Anspruch genommen und meine Geduld auf die Probe gestellt hatte. Es verdroß mich, daß sie den Brief bemerkt hatte, den ich nach Hause schrieb. Daran, daß sie mich außerdem zum besten gehalten hatte, mochte ich nicht denken.

Sie war eine erfahrene Reisende, das stand außer Frage. Ihre Distanziertheit war ein Beweis ihrer Stärke und sowohl das Attraktivste als auch das Irritierendste an ihr. Ganz offensichtlich fand sie, daß ihre Art des Reisens meinem langsamen Dahinstolpern und dem unablässigen *Seht mal her* meiner Notizen überlegen war. Sie war die Reisende. Ich war der Schreiberling.

Das gab mir die Idee zu einer Kurzgeschichte ein – einer Kurzgeschichte, wie ich sie noch nie gelesen hatte, nun aber unbedingt lesen wollte: für mich ein sicheres Anzeichen dafür, daß es gut sein würde, sie zu schreiben.

Ein Reiseschriftsteller macht auf einer Lesereise Station in einer weit entfernten Stadt – nicht in Australien, aber vielleicht in Neuseeland. (So hätte ich Gelegenheit, die Trostlosigkeit der windigen Straßen von Wellington zu schildern.) Der umgängliche, freundliche Mann wird von einer Journalistin interviewt. Ich würde das kalte Hotelzimmer beschreiben, das schimmernde Perlmuttlicht des muschelfarbenen Himmels, die Passanten auf der Straße mit ihren Hüten und kratzigen Pullovern. Anstatt den Schriftsteller antworten zu lassen, unterbricht die Journalistin ihn fortwährend – sie hört einfach nicht auf zu reden. Sie berichtet ihm von ihren Reisen, und er weiß, daß ihre Erlebnisse interessanter sind als seine eigenen. Er ist fasziniert. Sie tauschen die Rollen: Er interviewt sie. Mit einemmal steht die Frau im Mittelpunkt.

Diese Kurzgeschichte würde das Porträt einer Reisenden sein, doch ironischerweise würde diese Reisende eine vollkommen unbekannte, unscheinbare Frau sein, eine Bewohnerin dieser öden Stadt am Ende der Welt. Ich wollte damit etwas illustrieren, wovon ich zutiefst überzeugt war: Die gefährlichen Reisen, die großen Strapazen, die Risiken und Unfälle und lebensgefährlichen Situationen werden von Menschen bestanden, die nie eine Zeile schreiben. Die wahren Reisenden sind Menschen, die niemand kennt.

Ich würde sie *Die Geschichte einer Reisenden* nennen. Es war eine gute Geschichte, und ich würde sie in der ersten Person erzählen. Um die Wirkung zu verstärken, würde ich die Frau unattraktiv und reizlos machen: *Sie gehörte zu jenen übergewichtigen Menschen, die viel zu enge Kleider tragen, so daß man den Eindruck hat, als wäre ihnen nicht wohl in ihrer Haut, als wären sie aufgequollen, als würden sie vielleicht immer weiter aufquellen, möglicherweise gar explodieren – die Kleider sitzen gefährlich prall, der straff gespannte Stoff droht zu platzen.* Ich würde sie Joylene nennen. Ich konnte sie als Spötterin, als Lügnerin, als Langweilerin, als Schlampe darstellen. Anfangs würde sie robust und einsam wirken, egozentrisch und im Grunde bemitleidenswert – sie würde graue Monotonie verströmen wie einen muffigen Geruch. Doch gegen Ende der Geschichte würde der Leser sehen – ich würde es ihm vor Augen führen –, daß sie mutig und phantasievoll war und daß sie für ihre Reisen und Entdeckungen große Strapazen auf sich genommen hatte.

Und über den Erzähler – den Mann, der Geschichten über seine Reisen, seinen bescheidenen Ruhm, seine vielen Bücher und Freunde hätte erzählen sollen – erfuhr man gar nichts. Auch die Journalistin erfuhr nichts. Am Ende der Geschichte stapfte Joylene hinaus, und auf ihrer Kassette war kaum mehr als ihre eigene Stimme.

Ich stand am Teleskop. Inzwischen war es dunkel geworden, und mein Blick ging ins Unbestimmte. Mir wurde bewußt, daß ich meinen Drink lieber in Gesellschaft von Erril Jinkins getrunken hätte, der hübschen Frau mit dem komischen Namen. Ich hätte sie gern nach den Wildnissen der Welt gefragt, nach den Orten, an denen noch nie jemand gewesen war. Es hätte eine bemerkenswerte Liste ergeben. Das war eines meiner Lieblingsthemen, beinahe eine fixe Idee: unerforschte Länder.

Ich hatte meine Kurzgeschichte. Das war immerhin ein Trost, ein Lohn der Einsamkeit. Die Lesereise war nicht ganz umsonst gewesen.

*

Doch die Lesereise war noch nicht zu Ende. Sehr früh am nächsten Morgen läutete das Telefon. Wenn das Telefon läutet und eine Stimme, die ich kaum erkenne, vorwurfsvoll sagt: »Ich bin jetzt unten in der Hotelhalle«, wird mir bang zumute. Ein solcher Satz kann beunruhigend sein.

Das liegt nicht nur an der Unvermitteltheit des Anrufs und der räumlichen Nähe des Anrufers, sondern auch an der Tatsache, daß einem jeder Fluchtweg abgeschnitten ist. Was bleibt einem anderes übrig, als weiter zuzuhören?

»Kann ich raufkommen?«

Ich wußte nicht, was ich sagen sollte. Schlimmer noch: Ich konnte die Stimme zunächst nicht identifizieren. Doch dann fiel es mir ein. Ich hatte zwar nicht mehr mit ihrem Anruf gerechnet, aber sie war mir nicht aus dem Kopf gegangen. Es erschien mir eigenartig: Es war, als hätte ich es mit meinem Willen erzwungen, als wäre sie erschienen, weil ich an sie gedacht hatte, als hätte ich sie heraufbeschworen.

Etwa eine Minute später lehnte sie an meinem Türrahmen: Erril Jinkins. Aber sie war nicht mehr die elegante Journalistin mit geschlitztem Rock, durchsichtiger Bluse und klickenden, hochhackigen

Schuhen, die in einer Parfümwolke an mir vorbeischritt und deren Kleider aufreizend zischelten. Nein, sie trug Jeans und ein indisches Hemd, und in Sandalen wirkte sie kleiner und schlichter. Ihre Schritte waren geräuschlos, es umgab sie kein Duft, und sie steuerte ungezwungen denselben Sessel an wie gestern. Es war der Look der siebziger Jahre: Sie war eine Hippie-Reisende, zu allem bereit. In diesen Kleidern wirkte sie unvoreingenommen und selbstbeherrscht. So hatte sie in China und Südamerika ausgesehen.

»Was für eine Überraschung«, sagte ich. »Ich dachte, wir würden uns nie wiedersehen.«

»Das war offenbar ein Irrtum.«

Damit lieferte sie den Beweis, daß sie eine echte Reisende war: Sie war wißbegierig, wenn nicht gar neugierig, sie hatte Schneid bis hin zur Arroganz. Auf jeden Fall verblüffte sie mich. Ging sie mit ihrem Überraschungsbesuch bei mir nicht auch ein Risiko ein?

»Es ist ein herrlicher Tag«, sagte ich. »Sollen wir etwas unternehmen? Irgendwohin gehen?«

Sie sagte nein. Ohne Make-up war ihr Gesicht leicht verändert. Es zeigte subtilere Regungen. Die Augen waren schläfriger, die Lippen blasser. Es war ein offenes Gesicht, mit einer Mädchenhaftigkeit, die mir zuvor nicht aufgefallen war.

»Sie wissen also nicht, wer ich bin?«

Ich war perplex.

»Sind wir uns denn schon mal begegnet?« fragte ich.

Anstatt ja oder nein zu sagen, gab sie ein kehliges Geräusch von sich und fragte: »Erkennen Sie denn nicht mein dumpfes, antipodisches Grunzen?«

Ich lachte laut auf über diese Absurdität. Wovon redete sie eigentlich?

Sie zog ein dickes Taschenbuch mit einem zerrissenen, unleserlichen Einband aus ihrer Schultertasche.

»Diese Tasche hab ich 1973 in Afghanistan gekauft«, sagte sie. »Genauer gesagt, in Herat.«

»Da war ich schon mal«, sagte ich.

»Allerdings«, sagte sie. »Darf ich mich setzen? Ich möchte Ihnen was vorlesen.«

Irgend etwas in ihrem Ton machte mich mißtrauisch, und so zeigte ich einfach auf einen Sessel, anstatt eine Höflichkeitsfloskel wie »Fühlen Sie sich wie zu Hause« von mir zu geben. Ich war mir nicht sicher, ob ich wollte, daß sie sich hier wie zu Hause fühlte.

Sie setzte sich, schlug das Buch auf ihren Knien auf, beugte sich vor und las.

»›Er steckte mich in die zweite Klasse zu drei Australiern. Es war eine Situation, wie sie mir im Lauf der nächsten Monate vertraut werden sollte: Immer wenn alles schiefging und die Lage nicht unbequemer und hoffnungsloser sein konnte, geriet ich in die Gesellschaft von Australiern – ein untrügliches Zeichen, daß ich an einem Tiefpunkt angelangt war. Diese drei auf der Fähre über den Van-See betrachteten mich als Eindringling. Sie sahen auf: Ich hatte sie beim Essen überrascht. Sie teilten sich ein Fladenbrot und kauerten da wie Affen, zwei Jungen und ein Mädchen mit Froschaugen. Als ich sie bat, ihre Rucksäcke von meinem Bett zu nehmen, knurrten sie.‹«

Sie sah mich an und lächelte, aber es war ein verächtliches Lächeln.

»Es geht noch weiter«, sagte sie.

»Sie brauchen nicht fortzufahren – ich erinnere mich.«

Doch sie ließ sich nicht beirren. »›Ich schlief nicht gut, und einmal weckte mich das dumpfe, antipodische Grunzen des Mädchens, das, kaum einen halben Meter von mir entfernt, unter einem seiner schnarchenden Begleiter lag.‹«

Sie legte das Buch beiseite.

»Das war ich. Sie sagen, Sie erinnern sich nicht an mich, und doch haben Sie das in Ihrem *Railway Bazaar* geschrieben.«

»Das ist lange her«, sagte ich. »Waren das wirklich Sie?«

»Und mein Freund. Und Kevin, Andys Kumpel. Andy und ich haben geheiratet. Wir sind noch ein bißchen herumgereist und haben uns dann in Darwin niedergelassen. Andy hat als Geologe bei einer Bergbaugesellschaft gearbeitet. Ein paar Jahre später haben wir uns scheiden lassen, und danach bin ich wieder gereist. Aber diese Fahrt durch die Türkei und Iran war eine der schönsten meines Lebens. Ich war glücklich. Ich wußte nicht, daß Sie uns beobachtet haben.«

Oh Gott. »Warum haben Sie gestern nichts davon gesagt?«

»Ich wollte einfach nur mit Ihnen reden. Und ich mußte diesen Artikel schreiben. Ich weiß, daß ich Ihre Zeit über Gebühr in Anspruch genommen habe, und ich sage Ihnen auch, warum.« Ihre Augen blickten härter und kälter, und ihr frischgewaschenes Gesicht war noch wütender als zuvor. »Sie halten Menschen für Insekten, die Sie fangen und zur Schau stellen können«, fuhr sie fort. »Ihre Kleidung. Ihre Eßgewohnheiten, ihr Grunzen. Und wenn sie nicht häßlich genug sind, machen Sie sie häßlicher, und wenn sie nicht schön genug sind, machen Sie sie schöner, ganz wie es Ihnen gefällt. Und Ihre Scheißarroganz geht sogar noch weiter: Sie denken, wenn Sie über diese Menschen geschrieben haben, dann gehören sie Ihnen – weil Sie sie zwischen zwei Buchdeckel gezwängt haben.«

»Ich glaube, es ist umgekehrt«, sagte ich. »Sobald ich es einmal hingeschrieben habe, gehört es nicht mehr mir, sondern ist –«

Doch sie ließ mich nicht zu Wort kommen und sprach weiter – eine plattfüßige Australierin, die das letzte Wort haben und dann verschwinden wollte.

»Unser Leben gehört uns! Wir treffen unsere eigenen Entscheidungen!« sagte sie, und es klang einstudiert. »Ich gehöre nicht Ihnen. Ich bin nicht der Mensch, den Sie aus mir gemacht haben!«

Ich wollte etwas sagen, aber sie war noch nicht fertig.

»Ich bin wirklich«, sagte sie. »Sie auch?«

»Wir werden sehen«, sagte ich, als sie die Tür so schwungvoll hinter sich zuschlug, daß das Teleskop auf dem Stativ leise klirrte.

Es war wie eine Einladung. Ich sah durch das Okular und suchte sie auf dem Circular Quay, doch ich konnte sie nirgends entdecken, und so setzte ich mich an den Tisch und begann zu schreiben.

ZEHN

Vorläufer

Der aufdringliche Mann auf dem Edinburgh Festival sagte schon wieder: »Soll das heißen, daß Sie noch nie etwas von Andreas Vorläufer gelesen haben?« und ich dachte: ›Hat Andreas Vorläufer denn was von mir gelesen?‹

Ich hatte mich auf dem Festival bereits unbeliebt gemacht, indem ich mich geweigert hatte, einen »Offenen Brief an die Regierung von Kenia« zu unterzeichnen. Die Kenianer hatten einen Dichter ins Gefängnis geworfen. Eine Waliserin mit zahllosen Sommersprossen und einem breiten, kapuzenartigen Kopftuch, das ihr das Aussehen einer düsteren Druidin verlieh, hatte sich als Bronwyn Thomas vorgestellt und mir ein Klemmbrett und einen Stift unter die Nase gehalten.

»Agostinho Neto war ein angolanischer Dichter«, sagte ich. »Die Portugiesen steckten ihn ins Gefängnis. Er war einer der ersten Gefangenen, für die Amnesty International sich einsetzte, und schließlich gelang es, seine Freilassung zu erwirken. Als Agostinho Neto ein paar Jahre später Ministerpräsident von Angola wurde, begann er, seine politischen Gegner ins Gefängnis zu stecken, und Amnesty mußte ihn um ihre Freilassung bitten.« Ich lächelte sie an, denn sie musterte mich mit finsterem Gesicht. »Und das ist einer der Gründe, warum ich das hier nicht unterschreibe.«

»Sie sind völlig unlogisch«, sagte Bronwyn Thomas.

»Nein. Ich habe Ihnen vielmehr bewiesen, daß auch aus Dichtern Tyrannen werden können. Sie wissen doch, daß der große Vorsitzende und Steuermann Mao nicht nur ein leidenschaftlicher Dichter, sondern auch ein einfallsreicher Diktator war.«

»Mit anderen Worten: ›Unternehmt nichts.‹«

»›Zerreißt ihn für seine schlechten Verse!‹ Kommt Ihnen das bekannt vor? *Julius Caesar*«, sagte ich. »Warum müssen es immer Dichter sein?«

»Ich dachte, Sie möchten sich vielleicht für die Menschenrechte einsetzen.«

»Das möchte ich auch. Ich wollte Ihnen nur ein paar Hintergrundinformationen geben.«

»Warum unterschreiben Sie diesen Brief dann nicht?« wollte Miss Thomas wissen.

»Weil ich nie etwas unterschreibe, das ich nicht selbst geschrieben habe«, sagte ich und ging weiter, während sie böse hinter mir hermurmelte.

Die Leute sagen zu Schriftstellern meist die falschen Dinge. Ich weiß, wie schwer es ist, das Richtige zu sagen, aber warum sollte ich die schlecht formulierte Protestresolution eines anderen unterschreiben? Warum sollte ich mich über den neuesten Reiseschriftsteller oder den Bestseller eines anderen unterhalten? Die Leute sagen »Das *müssen* Sie lesen« und glauben, daß ich ihnen für den Tip dankbar bin, aber in Wirklichkeit denke ich, auch wenn ich lächle und mir den Titel aufschreibe: Nein, muß ich nicht. Ich will das, was meiner Meinung nach fast alle Schriftsteller wollen: uneingeschränktes Lob. Kritik ist nie hilfreich und immer langweilig. Wer mich nicht ermutigen kann, soll mich in Ruhe lassen.

Wenn ich schon jemandem zuhören muß, dann bitte einem Leser, der sich an etwas erinnert, das ich einmal geschrieben habe und das eine Einsicht oder einen noch immer lustigen Witz enthält. Wie wunderbar, wenn man mir sagt, daß etwas, das ich einmal geschrieben habe, nicht vergessen ist und der Gedanke daran noch immer Vergnügen bereitet. Es hat diesen Leser berührt, und obwohl das Buch nie mehr aufgelegt worden ist, hat er die Stelle richtig zitiert, und sie klingt auch heute noch frisch und unverbraucht. Es versetzt mich zurück in eine Zeit, in der ich noch jung und unsicher und unterbezahlt war und viel zuviel arbeitete – eine helle Flamme.

Bei britischen Literaturfestivals sagt niemand so etwas, und das ist einer der Gründe, warum ich sie hasse. Vor dem Festival in Edinburgh war ich nur auf dem in Cheltenham gewesen: Die ganze Stadt war eine einzige Teegesellschaft, Bücher wurden präsentiert wie Theaterstücke, und die Autoren waren Darsteller. Ich mußte dabei an Hunde denken, die auf zwei Beinen liefen. Es war für alle Beteiligten schlecht. Die Zuschauer hätten zu Hause sitzen und lesen sollen, und die Schriftsteller hätten schreiben oder etwas anderes vergleichbar Sinnvolles tun sollen – irgend etwas, nur nicht dieses Quatschen und Grimassenschneiden.

Wenn Schriftsteller nicht an ihrem Schreibtisch sitzen, wirken sie so blaß, so arm, so gehetzt. Eigentlich sollten wir gar nicht vor die Tür gehen, und gewiß nicht zu Literaturfestivals, wo wir eine derart miserable Reklame für unsere Arbeit sind. Da erscheinen Romanautoren und -autorinnen, die unentwegt über Sex schreiben: Die da ist dick, der da ist picklig und aus dem besten Alter heraus, die da posiert nur, und der dort ist leergeschrieben. Es ist peinlich. Auf jede zweitklassige Schönheit, gut gekleidet und mit gepflegtem Haar, kommen fünfzig Enttäuschungen, und fast immer heißt es: »Ich dachte, er wäre größer«, oder: »Er hat sich den Bart abgenommen«, oder: »Er ist der mit der gelben Krawatte.« Man wird bei diesen Veranstaltungen zum Trinken aufgefordert, und dadurch wird alles nur noch schlimmer. Wenn wir im Mittelpunkt des Interesses stehen, machen wir ohnehin nicht die beste Figur. Neulich erst verkündete eine recht bekannte Romanschriftstellerin, sie habe ihr Alter immer falsch angegeben: »In den letzten zehn Jahren war ich immer siebenundvierzig.« Nett gesagt, aber was soll das? Ihr Werk hat doch nichts mit ihrem Körper zu tun. Das einzige, was zählt, ist, ob unser innerer Kreiselkompaß uns noch den richtigen Kurs weist.

Warum sollte ich mich dafür interessieren, wer Andreas Vorläufer war? Ich wollte ja nicht einmal hier sein. Doch ich hatte mich bereit erklärt, nach Edinburgh zu kommen, weil mir der Wind und der Regen, die dunklen Hügel und engen Gassen in dieser Stadt gefielen. Außerdem hatte man mir ein Zimmer in einem guten Hotel versprochen, und dort wollte ich eine Geschichte über Robert Louis Stevenson zu Ende schreiben. Mein Verleger hatte es mir leichtgemacht, und meine Eitelkeit hatte den Rest besorgt. Ich nahm an einer Podiumsdiskussion mit zwei Schriftstellern und zwei Dichtern teil. Sie waren allesamt unfreundlich und neidisch, und einer von ihnen war regelrecht wütend auf mich und machte kein Hehl daraus.

»Ich habe gehört, daß Sie sich geweigert haben, den Offenen Brief zu unterzeichnen, weil Sie Jerry Njoki für einen schlechten Dichter halten.«

Ich lachte nur und dachte, daß Gerüchte eine Art Wunscherfüllung waren. Bekanntlich hatte ich nichts dergleichen gesagt.

Die Podiumsdiskussion dauerte lange, aber ich hielt mich wacker. Ich spulte das übliche Zeug ab, haßte mich für meine Vereinfachungen und dachte, als ich die Bühne verließ: ›Nie wieder.‹

Als dieser Reiseschriftsteller mit der Schnorrermentalität begann, Andreas Vorläufer zu preisen, war ich somit nicht in der Position, Einwände zu erheben. Ich hatte es verdient, so gefoltert zu werden. Ich würde diesen Fehler nie wieder begehen.

»Er schreibt über Eisenbahnen. Er ist durch Afrika und Asien gereist. Er soll sehr gut sein.«

»Was meinen Sie mit ›soll‹?« fragte ich. »Haben Sie ihn etwa nicht gelesen?«

»Seine Bücher sind nie ins Englische übersetzt worden, aber in Ostdeutschland ist er sehr bekannt. Er stammt aus Leipzig. Jemand hat mir von ihm erzählt.«

Die Informationen über diesen Menschen stammten also allesamt aus zweiter Hand! Ich fand, daß es an der Zeit war abzureisen. Doch am Tag meiner geplanten Flucht setzte sich ein Fremder an meinen Frühstückstisch und stellte sich als Andreas Vorläufer vor.

Er war über siebzig, hatte schütteres, mausgraues Haar und eine schmale Nase und trug einen von diesen osteuropäischen Anzügen, die wie die Schuluniform eines englischen Jungen aussehen: Das Jakkett war zu eng, die Hose zu kurz, und die Socken hatten die falsche Farbe. Sie waren purpurrot.

»Sie schreiben über Eisenbahnen«, sagte ich, um hoflich zu sein.

»Früher mal, vor langer Zeit«, sagte er.

Er hatte die pedantische Art zu essen, die Menschen aus armen Ländern mit Mangelwirtschaft kennzeichnet. Es hat etwas mit Hunger und guten Manieren zu tun, es ist ein langsames Ritual, das das Essen verlängern und Verschwendung vermeiden soll. Er strich Marmelade auf seinen Toast, als wollte er die Messerklinge abwischen. Er riß ein Tütchen Zucker auf und leerte es in seinen Kaffee, ohne ein Körnchen zu verschütten, und nachdem er umgerührt hatte, klopfte er mit dem Löffel an den Tassenrand, damit auch kein Tropfen verlorenging.

»Können Sie Deutsch lesen?«

»Nein. Jemand hat mir von Ihnen erzählt. Und ich habe selbst ein bißchen über Eisenbahnen geschrieben.« Ein bißchen!

Er aß den Toast und trank den Kaffee mit methodischen, sparsamen Bewegungen und zeigte keinerlei Interesse an mir. Wenn ich seine Bücher gelobt hätte, wäre mir seine Aufmerksamkeit gewiß gewesen.

»Ihr Englisch ist sehr gut.«

»Ich bin weitgereist.«

Ich hätte ihm am liebsten gesagt, daß Leute, die gut Englisch sprechen, pompöse Wörter wie »weitgereist« tunlichst vermeiden.

»Obgleich es gelegentlich überaus schwierig war, Fahrscheine zu erwerben.«

»Überaus« war auch so ein Wort, ebenso wie »erwerben«.

Doch ich sagte: »Sie haben einige Zeit in Afrika gelebt.«

»In einem großen Teil der Welt wird Englisch gesprochen. In Afrika. In Indien. In Singapur. Und in Amerika natürlich.«

Wollte er mich auf den Arm nehmen? »Sie haben in all diesen Ländern gelebt?« fragte ich.

»Ja«, sagte er. »Und ich habe Bücher darüber geschrieben.«

Ich verriet ihm nicht, daß ich ebenfalls dort gelebt hatte – ich haßte diese Unterhaltungen, die sich unvermittelt in Tennismatchs verwandelten. Er schien dieses Thema auch gar nicht weiterverfolgen zu wollen und hob erst wieder den Kopf, als ich ihn fragte: »Was halten Sie von diesem Festival?«

»Es ist wie alle Literaturfestivals. Es ist eine Teegesellschaft, alle sind sehr wohlerzogen. Niemand spricht über den Horror und die Langeweile des Schreibens. Wir sind Darsteller – wie Hunde, die auf zwei Beinen laufen.«

Ich starrte ihn an. Hatte ich nicht dasselbe gedacht und es mit denselben Worten ausgedrückt?

»Diese Schriftsteller, die unentwegt über Sex schreiben«, sagte Andreas Vorläufer. »Die da ist dick, und der da ist picklig. Alle sind enttäuscht. Die Leute sagen: ›Ich dachte, er wäre größer‹, oder: ›Hat er sich den Bart abgenommen?‹ oder: ›Er ist so alt.‹ Finden Sie das nicht auch ungemein erniedrigend?«

Ich glaube, ich nickte. Mir fiel das Wort »ungemein« auf – ein Engländer würde es kaum gebrauchen. Ich betrachtete ihn eingehender.

»Der Körper eines Schriftstellers ist unbedeutend. Das einzige, was zählt, ist, ob in uns etwas ist, das den richtigen Kurs weist. Ein Geist oder ein Gedanke. Eine Art Kreiselkompaß. Das Festival ist eine riesige Teegesellschaft. Dieser kenianische Dichter, um den alle so besorgt sind – warum müssen es immer Dichter sein?«

»Dann haben Sie den Offenen Brief also nicht unterzeichnet?«

Vorläufer sagte: »Ich habe eine eiserne Regel: Ich unterschreibe nie etwas, das ich nicht selbst geschrieben habe. Aber das spielt keine Rolle. Ich bin aus anderen Gründen hierhergekommen.«

»Ich ebenfalls.« Ich stand auf und hatte das Gefühl, von diesem Fremden herabgesetzt und verspottet zu werden.

Er erhob sich und machte eine kleine Verbeugung, und ich dachte, daß manche Osteuropäer etwas tief Melancholisches, fast Orientalisches hatten: diese traurigen Augen, die fahle Blässe, der Zynismus, diese Schuljungenkleider.

Ich verließ das Hotel und machte mich daran, zu tun, weswegen ich gekommen war: Ich wollte das Haus in Swanston besuchen, in dem Robert Louis Stevenson aufgewachsen war. Es liegt in einem Außenbezirk von Edinburgh, am Fuß der Pentland Hills. Ich mietete einen Wagen und ließ die Stadtmitte hinter mir; ich folgte der Beschilderung und fand auf Anhieb die Abzweigung nach Swanston. Mit einemmal befand ich mich in einer schottischen Landschaft: steile, grasbewachsene Hügel, Heidekraut, Stechginster, Besenginster. Das kleine Dorf lag am Ende einer steilen, schmalen Straße und bestand aus sechs oder acht Bauernhäusern und dem weißgestrichenen Herrenhaus, in dem Stevenson als Junge fast jeden Sommer verbracht hatte.

Es war ein ehrfurchtgebietendes Haus aus behauenem Granit und Stuck, umgeben von einer niedrigen Mauer und alten, sturmgebeugten Bäumen. Auch an diesem Spätsommernachmittag wurden die Bäume vom Wind geschüttelt; die Unterseiten ihrer Blätter leuchteten silbern im wolkengedämpften Licht. Das Gras, das sich in Wellenbewegungen vor dem Wind neigte, hatte lange, schöne Ähren. Die Schafe standen reglos auf dem Hügel, und als die Sonne durchkam, waren die Wiesen mit den Schatten kleiner Wolken gesprenkelt. Swanston lag in einer natürlichen Mulde, die nur dieses Herrenhaus und ein paar kleinere Häuser barg. Es war so friedlich, wie ein Tal nur sein kann, und selbst die Raben in den Eichen wirkten so harmlos und emblematisch wie heraldische Symbole.

Das Tor des Herrenhauses stand offen, als wollte es mich willkommen heißen. Ich brauchte es nicht aufzustoßen. Ich klopfte an die schwere Haustür und dachte daran, daß diese altehrwürdige Tür vielleicht schon von dem jungen Stevenson geöffnet worden war. Ich wartete und hörte von drinnen Kindergelächter und die Stimme einer Frau. Erst als ich noch einmal klopfte, kam jemand. Ich sah die Kinder und den Fernseher und verstand die Verzögerung.

»Ja?« Die Stimme klang schroff, und die Frau war nur undeutlich zu erkennen – sie hatte die Tür nicht sehr weit geöffnet. Trotzdem konnte ich in das Zimmer sehen, in dem die Kinder vor dem Fernseher saßen. Ich sah das Spielzeug, den Kalender, das Bild der Königin. Es war ein nichtssagender Raum, aber das war nicht das Schlimmste. Die getäfelten Wände waren verkratzt und mit ungelenken Bildern beschmiert, der Boden war irgendwann einmal weiß gestrichen worden, und aus der Decke war ein Stück Putz gefallen. Es wirkte verwahrlost, ja geradezu mutwillig beschädigt. Ich dachte an Stevenson und fand, daß ich genug gesehen hatte.

»Ist das Stevensons Haus?« fragte ich.

»Ein Stevenson wohnt hier nicht«, sagte die Frau mit Argwohn in der Stimme und wollte die Tür schließen.

»Ich suche Swanston House«, sagte ich.

»Da sind Sie hier richtig.«

»Aber wem gehört es?«

Die Tür war geschlossen, bevor sie zu Ende gesprochen hatte, und so war ich nicht sicher, ob sie »der Gemeinde« oder »der Genossenschaft« gesagt hatte, aber die Botschaft war deutlich: Sie und ihre große, schmuddelige Familie wohnten in einer Sozialwohnung und hatten nicht vor, mich hereinzulassen.

Als ich zum Tor zurückging, sah ich eine vertraute Gestalt zum Haus aufsehen und weitergehen. Es war der alte Mann, den ich beim Frühstück kennengelernt hatte.

»Herr Vorläufer.«

Er war erstaunt. »Sie kennen mich?«

»Wir haben uns heute morgen im Hotel unterhalten.«

Er lächelte. Erinnerte er sich? Es schien ihn nicht zu interessieren. Er fragte mich nicht nach meinem Namen.

Ich schloß das Tor hinter mir und sagte: »In diesem Haus hat Robert Louis Stevenson gelebt.«

»Ja. Ich weiß. Darum bin ich ja hergekommen.«

Diesem Mann konnte man nichts Neues erzählen.

Langsam ging er weiter. »Es gibt einen schönen Weg auf diesen Hügel da.«

Er deutete auf eine Reihe verkrüppelter Bäume. Dort war kein Hügel zu sehen, nur eine halb eingestürzte Mauer und zwei ungeschorene Schafe, die aufgeplustert und kopflastig aussahen.

Ich folgte ihm, weil ich sehen wollte, wie sein Bluff in sich zusammenbrach, und weil ich ohnehin nichts anderes zu tun hatte. Ich hatte meine Geschichte gefunden: Von einer mißtrauischen schottischen Mutter, die ihre Kinder und ihren Fernseher beschützen wollte, abgewiesen zu werden, war besser als eine Besichtigung des heruntergekommenen Hauses.

Vorläufer ging voraus und bog nach zehn Metern von der Straße auf einen schmalen Fußweg ab. Vor uns lag, wie er es gesagt hatte, ein Hügel.

»Haben Sie etwas dagegen, daß ich Sie begleite?«

»Keineswegs«, sagte er mit einem Unterton äußerster Gleichgültigkeit.

»Sie haben in Afrika gelebt und Bücher darüber geschrieben?«

Er lächelte nachsichtig. »Sie haben sicher keins davon gelesen. Obwohl es viele waren, ist nicht ein einziges ins Englische übersetzt worden. Eines meiner ersten Bücher habe ich über eine Mädchenschule in Kenia geschrieben.«

»Es gibt nicht viele Mädchenschulen in Kenia«, sagte ich und wollte hinzufügen, daß ich wußte, warum: Ich hatte nämlich dasselbe getan, dasselbe Buch geschrieben.

»Diese Schule war in Embu«, sagte er.

»Die gibt es immer noch.«

Er hörte nicht zu. Er ging langsam den Weg hinauf und sprach leise, mit der geduldigen, verwunderten Stimme, die alte Menschen haben, wenn sie sich an frühere Zeiten erinnern. Sie klang distanziert, als spräche er über einen anderen.

»Ich habe noch zwei Romane geschrieben und bin dann nach Singapur gegangen«, sagte er. »Wenn man zu lange in Afrika bleibt, geschieht etwas mit einem: Man wird ein Weißer. Die Afrikaner sollten ihre Angelegenheiten selbst regeln. Ich erkannte, daß ich nicht dorthin gehörte. Außerdem war ich neugierig auf Singapur.«

»Das war ich auch, als ich dorthin ging«, sagte ich. »Ich wollte etwas über diese Stadt schreiben.« Hörte er mir überhaupt zu? Ich fuhr fort: »Und ich habe auch etwas geschrieben. Einen Roman.«

»Ich fand Singapur enttäuschend«, sagte Vorläufer.

»Haben Sie dort etwas geschrieben?«

»Ich hatte eine Familie zu ernähren«, sagte er. »Ich war jung. Damals brauchte ich für einen Roman nicht einmal ein halbes Jahr. In diesem Roman ging es um das alte Singapur: Bordelle, Bars und heiße, dampfige Straßen. Der Held war eine Art Außenseiter. Ihn als Zuhälter zu bezeichnen, würde ihm Unrecht tun.«

»Ich verstehe vollkommen«, sagte ich. »Mein Buch war Ihrem sehr ähnlich.« Wenn nicht dasselbe, dachte ich.

Er ging auf dem schmalen Weg voraus. Es war kaum mehr als ein Trampelpfad; ich hatte den Eindruck, daß die Schafe ihn mit ihren kleinen, scharfen Hufen gebahnt hatten. Ich konnte Andreas Vorläufers Gesicht nicht sehen und wußte nicht, ob er mich gehört hatte.

»Heute erscheint dieses Buch mir trivial. Die Hauptperson war fünfzig. Ich war knapp dreißig, als ich es schrieb.«

Ich auch, dachte ich. Ich sagte: »Ich dachte, Sie schreiben Reisebücher.«

Das hatte er gehört – jetzt sprachen wir über ihn.

»Viele Reisebücher«, sagte er. »Das war mein Leben. Ich habe alle Reisen mit der Eisenbahn gemacht.«

»Was Sie nicht sagen.« Ich schloß zu ihm auf. »Wie schade, daß die Bücher nicht übersetzt worden sind.«

»In englischsprachigen Ländern kümmert sich kein Mensch um ostdeutsche Literatur. Nicht einmal Thomas Mann wird heute noch gelesen! Und wahrscheinlich« – er machte eine wegwerfende Handbewegung – »fand man die Titel abschreckend. Keiner davon klingt im Englischen richtig.«

»Geben Sie mir ein Beispiel.«

»Die wörtliche Übersetzung meines bekanntesten Buches würde *The Great Railway Bazaar* lauten.«

Ich starrte auf seinen Hinterkopf und fragte mich, ob er lächelte. Wußte er, wer ich war?

Ich sagte: »Es gibt einen Amerikaner, der ein Buch mit diesem Titel geschrieben hat.«

»Ja, das habe ich gehört«, sagte Vorläufer. »Aber ich habe ihn zuerst benutzt. Mein Buch ist 1946 in Leipzig erschienen.«

»Und was haben Sie danach getan?«

»Das Buch war ein bescheidener Erfolg. Ich habe Romane geschrieben. Ich bin nach Südamerika gegangen, habe mich in England niedergelassen und das Land bereist.«

»Bereist« war ebenfalls eines dieser gespreizten, pedantischen Wörter, die den Ausländer verrieten.

»Und Sie haben immer geschrieben?«

»In der Tat.« – Da, wieder. – »Einen Roman über eine Familie, die nach Honduras zieht, an die *Mosquitija*, die Moskitoküste – ein guter Titel, wie ich finde. Einen Roman, der in der Zukunft spielt. Reisebücher. Ein Buch über China.«

»Noch mehr Eisenbahnreisen?«

»Nach dem China-Buch habe ich aufgehört, über Eisenbahnen zu schreiben.«

Der Weg war etwas breiter geworden. Ich ging etwas schneller, um zu Vorläufer aufzuschließen und sein Gesicht sehen zu können – ich erwartete ein teuflisches Grinsen. Doch er runzelte die Stirn – offenbar strengte ihn der steile Weg an –, und das Reden hatte ihn außer Atem gebracht. Wenn er mich verspotten wollte, ließ er sich jedenfalls nichts anmerken.

»Was haben Sie nach dem China-Buch gemacht?« fragte ich ihn.

Ich hatte mein China-Buch gerade abgeschlossen.

»Meine Kinder haben studiert.«

»Zwei Jungen.«

»Ja. Also bin ich mit meiner Frau um die Welt gereist.«

»Daran habe ich auch schon gedacht«, sagte ich.

Es war ihm gleichgültig, woran ich dachte. Er sagte: »Meine Situation hat sich verändert. Ich bin an den Pazifik gezogen und habe über mich selbst geschrieben. Es gibt im Englischen kein Wort für ›Bildungsroman‹. Dann habe ich etwas über den Südpazifik geschrieben.«

»Ich bin noch nie am Pazifik gewesen«, sagte ich.

»Ich habe immer weniger geschrieben. Ich habe im Filmgeschäft gearbeitet.«

»Oh Gott.«

»Ich habe in Amerika gelebt. Ich war dort glücklich. Habe ich schon erwähnt, daß ich lange Zeit in London gelebt hatte?«

»Ja, Sie sagten etwas von zwanzig Jahren.«

Ich war gespannt, wie er auf mein kleines Täuschungsmanöver reagieren würde, doch er schien es gar nicht zu bemerken. »Achtzehn Jahre«, sagte er.

»Ich lebe seit siebzehn Jahren in London«, sagte ich und spürte, wie sich ein Schatten über mich legte.

»Ja, ich habe weniger geschrieben«, sagte er nachdenklich. »Aber ich habe mehr über mich selbst geschrieben.«

»Aber nichts davon ist übersetzt worden.«

»Nicht ins Englische. Aber *Mein geheimes Leben* ist verfilmt worden.«

Er mußte bemerkt haben, daß ich die Augen zusammenkniff: Der Titel sagte mir nichts, auch nicht in der englischen Version.

»Sie können kein Deutsch?« sagte er und zuckte die Schultern.

»Sind Sie glücklich gewesen?« fragte ich ihn unvermittelt.

»Das ist eine schreckliche Frage«, sagte er. »Man kann sie auch anders formulieren, aber es dauert ein Leben lang, sie zu beantworten.«

Nur seine Worte waren philosophisch. Er sprach ungeduldig, und ich wußte, daß er sich langweilte – er wollte mich und meine Fragen loswerden.

Doch ich ließ nicht locker. »Können Sie mir etwas darüber sagen, wie es Ihnen in den letzten Jahren ergangen ist?« fragte ich.

Ich hoffte auf gute Nachrichten, auf Ermutigungen, und suchte in seinem Gesicht danach. Schließlich schüttelte er den Kopf, als wollte er nicht darüber sprechen.

»Sie haben vorhin gesagt: ›Meine Situation hat sich verändert.‹ Was haben Sie damit gemeint?«

»Meine Frau und ich haben uns getrennt«, sagte er, und dieser Satz klang um so tragischer und verzweifelter, als er dabei keine Miene verzog.

Ich verspürte einen schrecklichen Schmerz, als würde mir ein stumpfes Messer ins Herz gestoßen.

»Warum?« fragte ich und brachte das Wort kaum über die Lippen.

»Ach.« Er dachte einen Augenblick lang nach und ließ den Blick in die Ferne, über die kahlen Hügel schweifen. »Unsere Kinder waren ausgezogen. Meine Frau und ich ... Jeder von uns war sehr damit beschäftigt, sein eigenes Leben zu leben. Ich glaube, wir haben für einen entscheidenden Zeitraum einfach vergessen, wie wichtig jeder für das Glück des anderen war. Ich weiß das, weil nach unserer Trennung etwas in mir zerbrach. Damals wurde mir bewußt, daß es endgültig vorbei war.«

»Und warum haben Sie sich getrennt?«

»Ein Schriftsteller ist zuviel allein«, sagte er. »Dadurch kann bei ihm der Gedanke aufkommen, daß er etwas versäumt. Daß er nicht lebt. Es ist schlichte Gier, wie bei Dantes Ulysses – Sie kennen die Stelle? ›Nichts – nicht die Zuneigung zu meinem Sohn, nicht die Ehrfurcht vor meinem Vater, nicht die Liebe zu meiner Frau – kann meine Begierde dämpfen, die große Welt und die Tugenden und Laster der Menschen zu erforschen.‹ So ähnlich jedenfalls.«

»Dann haben Sie erreicht, was Sie wollten.«

Er lächelte. »Was wir wollen, ist weit entfernt und verschwommen. Darum wollen wir es ja. Die Entfernung schafft die schönsten Phantasien.«

»Und wenn es nah und gut erkennbar wäre, würden Sie es nicht haben wollen?«

»Die Dinge, nach denen die Menschen sich am meisten sehnen, sind nie nah und gut erkennbar«, sagte er. »Darum werden sie ja auch ersehnt. Die Hindus haben recht: Die Welt ist *maya*, eine Illusion.«

»Es würde mich sehr glücklich machen zu hören, daß Sie nicht gelitten haben.«

»Jeder leidet«, sagte er. »Auch ich habe gelitten. Aber alles in allem kann ich sagen, daß ich sehr viel Glück gehabt habe.«

»Das freut mich.«

Sein Lächeln verschwand. Er sah mich unverwandt an, doch dann zeigte sein Gesicht einen Ausdruck des Widerwillens.

»Eines muß ich Ihnen noch sagen. Als ich so alt war wie Sie, war ich mit der Welt sehr zufrieden. Vielleicht zu lange. Das hörte urplötzlich auf, und ich fühlte mich verloren und unglücklicher, als ich es je zuvor gewesen war. Ich tröstete mich damit, daß ich mir sagte, es sei am besten so und vielleicht sogar notwendig.«

Er tat mir sehr leid, und ich wußte, daß dieses Gefühl mich von nun an begleiten und zu einer Trauer werden würde – wie eine Krankheit, mit der zu leben ich würde lernen müssen.

»Schlimmer noch: Nach einigen Jahren hatte ich persönliche Gründe – und damit meine ich keine Kriegserfahrungen –, an die Existenz des Bösen zu glauben.«

Das erschreckte mich – schon allein das Wort »das Böse«. Doch kaum hatte er es gesagt, da drehte er sich um und eilte den Hügel hinauf, als wollte er deutlich machen, daß er keine weiteren Fragen zu beantworten wünschte.

Ich folgte ihm in einigem Abstand, und nach wenigen Minuten waren wir auf dem Gipfel des Hügels angelangt. Die dichten Besenginsterbüsche, die dort wuchsen, hielten den steifen Westwind ab, der mich zuvor beinahe umgeworfen hätte. Dann sah ich nach Swanston hinab. Vorläufer hatte recht gehabt: Es war ein schöner Weg.

»Sie kennen diesen Ort«, sagte ich. »Sie sind schon einmal hier gewesen.«

»Einmal. Ich wollte über Stevenson schreiben.« Er zeigte auf das Dorf unten im Tal. »Ich bin zu diesem Herrenhaus da gegangen.«

Ich starrte auf das Haus, an dessen Tür ich vor kaum einer Stunde geklopft hatte.

»Ich habe die Geschichte nie geschrieben«, sagte er. »Ich war neunundvierzig. Ich bin einem Mann begegnet.« Er sah noch immer ins Tal, und sein Lächeln war grimmig. »Es ist eine seltsame Geschichte. Sie würden sie nicht glauben.«

ELF

Champagner

Manchmal hört man einen eigenartigen Namen, einen, den man noch nie zuvor gehört hat, und wenig später begegnet man ihm, wo man geht und steht. So war es auch mit Andreas Vorläufer. Kaum war ich wieder in London, da stieß ich im *Times Literary Supplement* auf einen von ihm verfaßten Artikel. In einem anderen bezog man sich auf ihn, im Vorwort einer Sammlung von Erzählungen Dürrenmatts, in der ich blätterte, wurde er erwähnt, und in einem Kalender, den ich geschenkt bekam, fand sich ein Zitat von ihm, in dem das Reisen als »eines der traurigsten Vergnügen des Lebens« bezeichnet wurde. Wie alles, was Vorläufer mir von seinem Leben und Werk erzählt hatte, klang auch dies vertraut.

Einige Monate später überkam mich ein Gefühl der Einsamkeit, das mich am Schreiben hinderte, und ich gewöhnte mir an, nachmittags, bevor die Pubs öffneten, spazierenzugehen. Einmal kam ich dabei am Lavender Hill an einem Trödelladen vorbei und fand in einem Karton voller ramponierter Bücher, der vor dem Laden stand, einen Band mit Kurzgeschichten über London, die allesamt von Ausländern geschrieben worden waren. Eine davon war aus dem Deutschen übersetzt und trug den Titel »Champagner«. Der Autor war Andreas Vorläufer.

»Wieviel kostet das?«

»Fünfzig Pence für eins, drei für ein Pfund«, sagte der Trödler.

Ein Buch von einem Mann mit schmutzigen Händen zu kaufen, erschien mir weniger wie eine geschäftliche Transaktion als vielmehr wie ein Ritual. Und die Geschichte zu lesen, gehörte ebenfalls zu diesem dunklen Ritual.

Dies ist die Geschichte.

Champagner
von
Andreas Vorläufer

Ich hatte die Champagnerflasche schon geöffnet, aber aus Höflichkeit bloß heimlich ein halbes Glas getrunken, denn ich war immer noch etwas nervös. Ich wollte mir gerade noch ein halbes Glas einschenken, als ich sie hörte.

Es gibt Geräusche, die nur Partner oder sehr enge Freunde machen und die wie freundliche Signale klingen: »Ich bin's nur.« Diese Geräusche sind sehr leise und doch so deutlich, daß sie die Ankunft eines geliebten Menschen wie eine unmittelbare Vorahnung anzukündigen vermögen. Ich hörte bloß das Kratzen des Hausschlüssels im Schloß, das Zischen des Regenmantels, der den Türstock streifte, und die Schritte vertrauter Schuhe; und dann etwas, das nicht wie ein Seufzer klang, sondern wie ein hörbares Atmen, wie ein gemurmeltes, sehnsüchtiges Wort. Das war alles, und ich rief: »Ich bin hier!«

»Hier sieht es aus, als gäbe es was zu feiern«, sagte sie, als sie in das warme Zimmer trat.

Ihre Augen glänzten von der Kälte und Dunkelheit draußen, und ihr blasses Gesicht wirkte besorgt, als sehe sie etwas Schönes, das sich im nächsten Augenblick als Sinnestäuschung erweisen könnte; all dies – Zaghaftigkeit, Sorge, Freude, Angst – spiegelte sich in ihrem Gesicht wider, bis ich sie auf die von der Nachtluft noch kühlen Lippen küßte. Ich nahm ihre Hand und war überrascht, ja erschrocken, wie kalt sie war.

»Meine Hände sind eiskalt.« Sie lachte. »Ich komme mir vor wie das Mädchen mit den Zündhölzern.«

»Ich glaube, du bringst da was durcheinander. Hier, damit du ein bißchen Farbe kriegst.«

»Wunderbar«, sagte sie, als sie die gefüllten Gläser sah. »Da sag ich nicht nein. Ist das Schampus? Mensch!«

Jedes Wort war unverwechselbar ihres, und ich erkannte, daß es auf der Welt niemanden wie sie gab und daß wir eine private Sprache aus liebgewordenen Klischees besaßen: Sie glichen ver-

trauten Gebrauchsgegenständen und Gepäckstücken, einer eigenen Kultur, die zwei Menschen mit ihren Ritualen und Gewohnheiten und ihrem Verständnis von Humor im Lauf einer langen Ehe erschaffen hatten. Nur Menschen, die miteinander glücklich waren, konnten so sprechen und sich privater Worte und Ausdrücke bedienen, die eine besondere Bedeutung besaßen und unübersetzbar waren.
Ich reichte ihr das elegantere der beiden Gläser und sagte: »Auf uns.«
Erst jetzt zögerte sie. Ihr Mund verzog sich bekümmert, ihre Augen verloren den Glanz, ihr Gesicht nahm etwas Trauriges an.
»Bitte«, sagte ich, und es gelang mir, mit ihr anzustoßen.
»Ist das ein Irrtum?« sagte sie. Ihre Stimmung sank sichtlich. Sie hielt das Champagnerglas steif in der Hand, es sah aus, als würde sie gleich etwas verschütten.
»Nein, natürlich nicht«, sagte ich. »Es ist genau so, wie es sein soll. Trink aus.«
»Na gut«, sagte sie und nippte und lächelte und war tapfer.
Sie ging zum Fenster, das die Nacht in einen Spiegel verwandelt hatte, und sagte: »Ich sehe aus wie ein altes Frauchen.« Sie wirkte wieder unsicher, den Tränen nahe.
»Du siehst großartig aus«, sagte ich. »Setz dich. Komm, wir brechen dieser Flasche den Hals.«
Sie trug ihren Tweedrock und den dicken Pullover, und ihre Stiefel waren naß vom Weg von der Haltestelle hierher. Ihre Erschöpfung machte sie noch schöner: Es war eine gelangweilte, müde Würde, die ihr Anmut und Erhabenheit verlieh.
»Hast du einen Tisch reserviert?« fragte sie.
»Ja. Im *Orangery.*«
»Dann wird es also ein Knaller?« sagte sie erfreut in unserer gemeinsamen Sprache.
»Mit allem Drum und Dran.«
»Macht es dir etwas aus, wenn ich eine Zigarette rauche?« fragte Jutta. Ich hatte vor acht Jahren das Rauchen aufgegeben, und seitdem fragte sie mich jedesmal, wenn sie sich im Haus

oder im Wagen eine Zigarette anstecken wollte. Diesmal war ich gerührt von ihrer Höflichkeit.

»Nein, nur zu«, sagte ich und schenkte nach. Wir tranken noch einen Schluck.

»Wir dürfen nicht zuviel trinken, sonst können wir das Essen nicht mehr genießen«, sagte sie in ihrem parodistischen Gouvernantenton. Sie rauchte, nahm einen Schluck Champagner und fand zu ihrer heiteren Gelassenheit zurück.

»Ich hatte heute furchtbar viel zu tun«, sagte ich. »Alles in letzter Minute.«

Juttas Gesicht verriet nichts. Sie wirkte ganz ruhig, doch ich wußte, was in ihr vorging.

»Das meiste hab ich erledigt, aber als ich versucht habe, Wolfie unter dieser Trinity-Nummer zu erreichen, hat sich niemand gemeldet.« Ich nahm noch einen Schluck Champagner und kam mir vor wie ein Betrüger, weil ich ein halbes Glas ohne sie getrunken hatte – es war, als hätte ich dadurch den Trinkspruch entwertet. »In Deutschland haben manche Studenten ein Telefon auf ihrem Zimmer.«

»Das Leben in Deutschland ist so viel besser«, sagte Jutta. »Und unser armer kleiner Wolfie muß in Cambridge studieren.«

Menschen, die ein so liebevolles, zärtliches Verhältnis zueinander hatten wie wir, meinten das, was sie sagten, selten wörtlich. Wir sprachen in einem Code, und selbst die schlichtesten, lahmsten Ironien waren ein Zeichen von Zuneigung und guter Laune.

Als ich die Flasche hob, um ihr nachzuschenken, zog sie ihr Glas weg.

»Lieber nicht. Wenn wir jetzt nicht alles trinken, haben wir noch was für später.« Ich sagte nicht, daß der Champagner dann schal sein würde. Ich war beseelt von der Hoffnung, die in dem Wort »später« lag.

»Und ich weiß, wann ich genug habe«, sagte sie und lachte, wie sie es immer tat, wenn sie bewußt einen der nörglerischen Leitsätze ihrer Mutter zitierte. »Laß uns gehen.«

Sie nahm ein schmales Messer aus einer Schublade und steckte

es in den Flaschenhals. Die Klinge tauchte gerade eben in den Champagner ein.
»So wird er nicht schal«, sagte sie.
Ich half ihr in den Regenmantel, der noch feucht war, und es gab mir einen Stich, als ich die durchgescheuerte Stelle am Kragen sah: die Nüchternheit von Juttas Arbeitskleidung und ihre eigene Unerschütterlichkeit waren so schmerzlich, und am traurigsten fand ich ihre Sparsamkeit, denn sie erschien mir so tapfer und sinnlos.
Um mich zu beruhigen, umarmte ich sie, und sie gab sich der Umarmung zunächst hin, doch dann erstarrte sie und stieß mich förmlich zurück.
»Das reicht jetzt.«
Sie ging voraus durch die Vorhalle, und als sie an dem Stuhl neben dem Tischchen mit dem Telefon und dem Stapel Briefumschläge vorbeikam, fragte sie: »Was ist das?«
»Weihnachtskarten.«
»Natürlich«, sagte sie, und ihre Stimme klang klein.
In der Tür wollte ich sie auf die Wange küssen, aber sie entzog sich mir und hob das Gesicht, um dem Kuß auszuweichen, als wäre er etwas Unaufrichtiges, fast ein Betrug. Ich dachte, sie würde wieder anfangen zu weinen, doch sie schnaubte nur und klatschte in die behandschuhten Hände.
»Ich hasse den Januar«, sagte sie.
Es lag kein Schnee. Ein kalter Regen hatte die Stadt mit einem stumpfen Glanz wie von Schuhcreme überzogen, doch nun war der Himmel klar. Wolkenfetzen trieben vor den Sternen dahin, und darüber war Schwärze. Der Wind zerrte an den nackten Zweigen der Platanen am Rand des Parks, und ausnahmsweise waren mir die Kälte und die Dunkelheit, die nassen Straßen und der Vorgeschmack des Frostes in der Luft zuwider.
»Was ist?« fragte Jutta. Sie wußte immer, wann ich dunkle Gedanken hatte.
»Ich dachte gerade: Bei schlechtem Wetter denke ich immer an damals.«
»Ja. Immer wenn ich an Singapur denke, fallen mir die verstopf-

ten Gullis in der Bukit Timah Road ein. Und daß die Sonne alles ausgebleicht hat«, sagte sie.
»Wir waren so arm«, sagte ich.
»Aber es hat uns nichts ausgemacht.«
»Ich habe es gehaßt. Mit dem Bus zu fahren. Sparsam zu sein. Mich wie ein Opfer zu fühlen.«
»Ach, Gott, du armer Kerl.«
Sie boxte mich spielerisch gegen die Schulter. Ich lachte, und wir gingen Hand in Hand durch den Park, vorbei an Pfützen, hohen Laternenpfählen, den Gerippen der Weißdornbüsche und einer Bank, die von Rowdys zerstört worden war. Das *Orangery* lag an der Südseite des Parks. An diesem Samstagabend im Januar waren die Tische nur zur Hälfte besetzt. Die Fenster waren beschlagen, und es war zugig und kühl. Das schien in Londoner Wintern in allen großen Räumen so zu sein.
»Wäre es dir recht, wenn wir uns dort drüben hinsetzen, in der Nähe der Heizung?«
»Natürlich.«
»Schön, Sie wiederzusehen, Sir«, sagte der Ober, als er uns zu dem gewünschten Tisch begleitete.
Er brachte uns die Speise- und die Weinkarte, und als er gegangen war, sagte ich: »Das habe ich gelernt, als ich im Restaurant gearbeitet habe: Du darfst einen Mann nie wiedererkennen. Du darfst ihn nie mit Namen begrüßen, wenn er in Begleitung einer Dame ist. Vielleicht hat er ihr gesagt, sein Name sei Smith, und dann kommst du und begrüßt ihn als ›Mr. Jones‹. Vielleicht ist es seine Frau, und er hat ihr erzählt, er sei noch nie hier gewesen.«
»Das ist Paranoia.«
»Nein, das ist Höflichkeit. Und es hat schon einige Ehen gerettet.«
Jutta machte ein wehmütiges Gesicht und schwieg. Dann sagte sie scharf: »Bist du schon mal mit einer anderen hier gewesen?«
»Nein.«
»Du kannst mir ruhig die Wahrheit sagen, Andreas. Was macht das denn jetzt noch aus?«
»Das ist die Wahrheit«, sagte ich.

Das stimmte, und es ärgerte mich, daß es ihr nun gleichgültig war. Ein Fremder hätte gedacht, daß sie die Weinkarte studierte, doch ich wußte, daß sie nicht las, daß sie nicht einmal sah, was sie vor sich hatte, sondern in plötzlicher Düsterkeit vor sich hin starrte.

»Ich mag es nicht, wenn du meinen Namen so sagst. Es klingt immer irgendwie feindselig.«

»Das ist auch Paranoia«, sagte sie.

Der Ober war hinter mich getreten, und ich war froh, daß ich nichts Unpassendes gesagt hatte. Ich dachte: Ich will mich nicht an alles erinnern, besonders an das nicht, und während ich bereute, daß wir in dieses Restaurant gegangen waren, wurde mir bewußt, daß sie es ebenfalls bereute und, die Weinkarte vor sich, dasselbe dachte.

»Was darf ich zu trinken bringen?« fragte der Ober.

»Eine Flasche Champagner«, sagte ich. »Veuve Cliquot, bitte. Nummer zweiundzwanzig.«

»Willst du wirklich eine ganze Flasche?« fragte Jutta. »Es gibt auch halbe Flaschen Laurent-Perrier.«

»Ja«, sagte ich nicht zu ihr, sondern zum Ober, der mit aufgesetzter Beflissenheit davoneilte und dabei etwas murmelte, das aufgeblasen und gespreizt klang.

»Dann wirst du den Löwenanteil trinken müssen.«

»Da ich hier der einzige Löwe bin, versteht sich das von selbst.«

Der Ober brachte erst den Sektkühler und dann die Flasche. Er umwickelte sie mit einer Serviette und entkorkte sie vorsichtig. Danach kam das leere Ritual: der erste Schluck, das Kosten, mein Einverständnis: »Gut.«

»Sie feiern?« fragte er beim Einschenken.

»Ja«, sagte ich.

»Nein«, sagte Jutta.

Verwirrt lächelnd entfernte er sich, ohne unsere Bestellung aufzunehmen. Einen Augenblick später war er zurück, entschuldigte sich und zählte die besonderen Empfehlungen des Hauses auf.

»Woher weißt du, daß Champagner spritzig bleibt, wenn man ein Messer in die Flasche steckt?«

»Alles, in das man etwas hineinsteckt, bleibt spritzig«, sagte sie. »Gerade du solltest das wissen.«
»Sollen wir uns die Bouillabaisse teilen?« fragte ich.
Auf der Karte stand: *Für zwei Personen.*
»Lieber nicht«, sagte Jutta, und es klang, als wolle sie mich zurechtweisen, indem sie ihre Unabhängigkeit betonte.
»Dann nehme ich Lauchcremesuppe und Wachtelbrüstchen«, sagte ich.
»Und ich Heringspastete und die Aubergine.«
»Wenn sie dann kommt, kannst du sagen: ›Ich bin die gefüllte Aubergine.‹«
Sie lächelte schwach, wurde wieder ernst und sagte: »Also, was gibt es zu feiern?«
Sie schien wütend, und ich bereute, daß ich sie zu Hause gedrängt hatte, Champagner zu trinken, denn ich fürchtete, sie könnte in Tränen ausbrechen oder gar laut werden. Um sie nicht weiter zu reizen, schüttelte ich den Kopf. Alles, was ich sagte, konnte als Provokation aufgefaßt werden.
»Das waren keine Weihnachtskarten«, sagte sie. »Ich weiß es. Es waren die Karten mit deiner neuen Adresse. Das stimmt doch, oder?«
»Bitte«, sagte ich, um sie zu beruhigen. »Laß uns über etwas anderes reden.«
»Es gibt nichts anderes. Ich hasse diese Karten.«
»Es ist doch nichts Außergewöhnliches, wenn jemand umzieht, Liebling.«
»Nenn mich nicht ›Liebling‹.«
»Gut. Wenn du mir versprichst, mich nicht ›Andreas‹ zu nennen.«
Ich blickte mich um. Konnte uns jemand hören? Ich wollte abschätzen können, was geschehen würde – wer die Zeugen sein würden –, wenn Jutta, wie ich befürchtete, aufstand und mich anschrie. Ich sah auf den Tisch und sank in meinem Stuhl zusammen. Ich machte mich klein und harmlos, ja unbedeutend, vielleicht sogar bemitleidenswert, ich atmete flach und trank noch einen Schluck Champagner. Ich schwieg.

Sie sagte: »Keine Angst – ich werde keine Szene machen.«
Sie wußte genau, was ich gedacht hatte. Der Ober erschien mit dem ersten Gang. Mit angehaltenem Atem ließ ich ihn servieren und sagte dann so ungekünstelt wie möglich: »Wie war's in der Arbeit?«
»Es gibt Augenblicke, in denen ich das Gefühl habe, daß nur das Böse wirklich und nur der Schmerz wahr ist.« Sie verzog den Mund zu einem furchtbaren, gehetzten Lächeln.
»O Gott«, sagte ich. »Das ist das Traurigste, was ich je gehört habe. Bist du wirklich so unglücklich?«
»Nein, das war ein Zitat«, sagte sie. »Von Monkton Milnes – Lord Houghton. Er war Sir Richard Burtons Gönner und Freund und manchmal ziemlich deprimiert. Ich habe heute eine Sendung über ihn geschnitten.«
Der Augenblick verging, doch das Zitat wollte mir nicht aus dem Kopf. Ich fand es unbeschreiblich trostlos. Jutta plauderte angeregt weiter. »Burton war ein bißchen wie du. Er reiste in der Welt herum. Er interessierte sich für alles und schrieb alles auf. Er war ein Experte für Sprachen und entlegene Wissensgebiete. Von ihm stammt *Die Geschichte des Furzens.* Und die Übersetzung von *Tausendundeine Nacht.* Und ein selbstsüchtiger Schweinehund war er auch.«
»Immerhin hat er die Quellen des Nils entdeckt.«
»Nein, hat er nicht. Das war John Hanning Speke. Wußtest du das nicht?«
»Ich hab's vergessen. Ja, du hast recht. Es gab eine Intrige, und Speke beging Selbstmord.«
»Vielleicht war es auch ein Unfall«, sagte Jutta. »Du solltest dir die Sendung ansehen.«
»Das werde ich. Burton haßte Unbequemlichkeiten, aber er genoß Strapazen. Ich kann das nachvollziehen, wie man jetzt so sagt.«
»›Er war mein Gott‹, hat Isabel gesagt. Vielleicht hätte ich versuchen sollen, mehr wie sie zu sein«, sagte Jutta. Sie lächelte mich an.
»Warum?«

»Warum können Elefanten nicht Fahrrad fahren?«
»Keine Ahnung.«
»Weil sie keinen Daumen haben zum Klingeln.«
Mein Lachen schien sie traurig zu stimmen. Sie begann ihre Pastete mit mehr Kraft als nötig zu zerschneiden. »Nein«, sagte sie, »ich bin kein Fußabstreifer«, und fiel abermals über die Pastete her. »Hast du den Wagen auf meinen Namen umgemeldet?«
»Ich habe die Papiere per Einschreiben geschickt.«
»Und was ist mit der Versicherung für das Haus?«
»Navin hat gesagt, er schickt dir die nötigen Formulare zu. Es ist eine Versicherung ohne Prüfung der Verschuldensfrage.«
»Das hätten wir von Anfang an machen sollen«, sagte sie. Und dann: »Aber keiner von uns hat Schuld.«
»Fast unvorstellbar, daß Navin bei unserer Hochzeit war«, sagte ich.
»Und daß er noch lebt. Die Afrikaner sind bestimmt schon gestorben – dieser komische kleine Beamte und dein Hausmädchen, Veronica. Sie hat Blumen geklaut und überall im Haus aufgestellt.«
»Aber nicht bei der Hochzeit. Das war, als du mich zum ersten Mal besucht hast. Sie wollte dich versöhnlich stimmen.«
»Die alte Angst der Dienstboten in Afrika. Sobald der *bwana* verheiratet ist, schmeißt die *mem* alle Hausangestellten raus.«
»Du hast sie dann ja auch entlassen.«
»Sie war sehr schmutzig. In der Küche waren Kakerlaken. Dabei fällt mir ein: In dem Manuskript läßt du mich ›verdammt‹ sagen. Ich will, daß du das änderst.«
»Es ist nur eine Geschichte.«
»Ich sage nie ›verdammt‹!« Ihre erhobene Stimme schallte durch das Restaurant. Niemand sah auf, aber es trat Stille ein, und ich merkte, daß die anderen Gäste lauschten.
»Selbstverständlich werde ich es ändern«, sagte ich schnell. »Erinnerst du dich an den Engländer, der kam und sagte: ›Nun ist diese englische Rose mit einem Krautfresser verheiratet‹?«
Jutta lächelte bei dem Gedanken daran und sagte: »Hören

wir auf, von der Vergangenheit zu reden. Das macht mich nur traurig.«

»Was meinst du, wie es Wolfie im Examen ergehen wird?«

»Du wirst nicht da sein. Du läßt ihn wirklich ganz schön hängen.«

»Ich kann doch nicht für ihn ins Examen gehen.«

»Du weißt schon, was ich meine.«

Ich merkte, daß mein Einwand nicht aufrichtig gewesen war. Ich machte Ausflüchte. Wir beide wußten es.

»Entschuldigung.«

Sie runzelte die Stirn. *»Entschuldigung«*, sagte sie. »Das heißt, daß man von Schuld befreit werden möchte.«

»›Entschuldigung‹ ist *das* Wort in diesem Land. ›Entschuldigung‹ sagt man auch, wenn einem gerade einer auf den Fuß getreten ist. Ich habe dieses Wort noch nie so oft gehört wie hier. Ich wette, es gibt irgendwo in England ein Dorf, das Entschuldigung heißt. Ich wette, es gibt irgendein Produkt, das so heißt: Entschuldigung-Marmelade, Entschuldigung-Sekt.«

»Bist du betrunken?« fragte Jutta. »Als ich in Cambridge war, hielt Wittgenstein eine ganze Vorlesung über das Wort ›Entschuldigung‹ und seine Varianten.«

Vor meinem vom Champagner benebelten geistigen Auge sah ich sie im berühmten Schneewinter des Jahres 1947 im verregneten Cambridge im Vorlesungssaal sitzen, wie sie Wittgenstein durch ihre Nickelbrille ansah und sich Notizen machte: Sie wirkte so ernst in ihrem schwarzen Kleid, sie mußte so sparsam leben, sie mußte jeden Penny umdrehen, sie war einsam und ängstlich, weil ihr ganzes Leben – all das hier – noch vor ihr lag. Es brach mir schier das Herz.

»Warum weinst du?« fragte sie erschrocken.

»Ich habe an dich in Cambridge gedacht. Wie sparsam du sein mußtest. An dein kaltes Zimmer. Das gräßliche Essen.«

»Es war nicht so schlimm«, sagte sie, und der Gedanke daran, wie tapfer sie war, machte alles nur noch schlimmer.

»Die Vergangenheit ist so traurig«, sagte ich. »All diese Unschuld.«

»Bitte, Andy, hör auf zu heulen. Die Leute sehen schon her.« Ihr besorgter Ton verriet Mitgefühl. Ich schluchzte leise, die Tränen rannen mir über die Wangen. Sie nahm ihre Serviette und tupfte mir das Gesicht ab.

»Es macht mich so unglücklich, wenn ich zurückblicke und daran denke, wie hoffnungsvoll wir waren. Es gibt nichts Traurigeres. Nur wir zwei kleine Menschen. Wir hatten so wenig – wir haben mit praktisch nichts angefangen. Einmal hab ich ein Paar Schuhe von dir gefunden, wahrscheinlich ein ganz altes. Sie waren billig und ganz ausgetreten. Ich habe sie in die Hand genommen und geweint wie jetzt. Ich konnte ihren Anblick fast nicht ertragen. Warum erscheint mir die Vergangenheit so trostlos?«

Sie hielt meine Hand wie eine Mutter, nicht wie eine Partnerin. Sie hielt meine Hand fest, wenn auch sanft, und ich war getröstet.

»Jetzt bist du aber ein bißchen melodramatisch, Andy.«

»Dich zu heiraten war das Beste, was ich je getan habe«, sagte ich und leckte ein paar Tränen ab.

»Es ist nett, daß du das sagst. Aber laß uns jetzt bitte nicht mehr von der Vergangenheit reden.«

»Ich erinnere mich nicht an die schlechten Dinge in unserer Ehe. Nur an die guten.«

»Das spielt jetzt keine Rolle mehr.«

Ihre Aubergine und meine Wachtel wurden serviert. Nachdem der Ober seine kleine Verbeugung gemacht und sich zurückgezogen hatte, stocherte Jutta in ihrem Essen herum.

»Ich kann nichts essen. Was für eine Verschwendung.«

»Iß etwas Brot. Sonst wirst du betrunken.«

»Ich glaube, das bin ich schon.«

Sie drehte das Brot zwischen den Fingern, zerbrach die Kruste und riß es auseinander. Als sie sah, daß ich sie dabei beobachtete, wurde sie verlegen und bot mir von dem Brot an. Ich nahm es entgegen wie ein Abendmahl. Sie aß nichts davon. Sie trank einen Schluck Champagner, entspannte sich und lehnte sich zurück, eine Schulter höher als die andere. Sie lächelte.

Anstatt zu essen, tranken wir Champagner, schneller als der Ober unsere Gläser nachfüllen konnte, und so war ich es, der die Flasche immer wieder aus dem Kühler zog.
»Wir hätten öfter hierhergehen sollen.«
»Es gibt so vieles, was wir öfter hätten tun sollen.«, sagte ich. »Und einiges, das wir nie hätten tun sollen.«
»Ich will nicht daran denken.«
»Noch etwas Champagner?«
»Nein, danke. Lieber nicht. Ich weiß, wann ich genug habe.« Sie wühlte in ihrer Handtasche.
»Ich zahle«, sagte ich. »Das war so ausgemacht.«
»Nein«, sagte sie und kramte weiter. Sie begann zu weinen – ein plötzlicher Anfall. Ihr Gesicht fiel in sich zusammen, und die Panik, die eben noch darin gewesen war, wich unendlicher Traurigkeit. Die Tränen rannen ihr über die Wangen, während sie eine Haarbürste, eine Puderdose und ein paar Fahrscheine und Stifte hin und her schob. Es waren die Tränen, die ich den ganzen Abend schon befürchtet hatte. Sie waren mitleiderregend, und mit vor Kummer brechender Stimme sagte sie: »O Gott, ich habe meine Kreditkarte verloren!«
»Laß mich nachsehen«, sagte ich, nahm die Tasche auf den Schoß und suchte. Es war so traurig, all diese benutzten Gegenstände zu sehen: die verkratzte Puderdose, die aufgerissene Geldbörse, die Haare, die sich in den Borsten der Bürste verfangen hatten, die Tintenflecke auf den Kugelschreibern, die benutzten, gestempelten, entwerteten Fahrscheine – all diese Fahrten zur Arbeit, all diese Anstrengung. Während ich suchte, saß sie hilflos da und weinte, und selbst als ich die Karte gefunden hatte, sah sie noch traurig aus.
Wir stritten uns noch ein wenig um die Rechnung, und ich erinnerte sie an unsere Abmachung und gab dem Ober meine Kreditkarte. Als er zurückkehrte, sagte er: »Ich wollte Sie schon das letztemal fragen, ob Sie der Schriftsteller sind.«
»Ich bin der Schriftsteller.«
»Ich beneide Sie, Sir. Ich würde auch gern so leben wie Sie. Ich selbst liebe Reisen. Ich bin in ganz Europa herumgereist, aber

das ist wahrscheinlich nicht das, was Sie unter Reisen verstehen. Brechen Sie bald wieder auf?«

»Ich weiß es noch nicht.«

»Er meint: Ja«, sagte Jutta zu dem Ober.

Draußen sagte ich: »Ich frage mich, ob der Ober mich hat weinen sehen.«

»Bestimmt.« Sie ging ein paar Schritte, drehte sich zu mir um und sagte mit der atemlosen Stimme einer Klatschbase: »Andreas Vorläufer, der berühmte Schriftsteller, hat gestern abend an Tisch acht gesessen und hemmungslos geweint.«

Ich mußte lachen, und dieses Lachen rettete alles. Ihr Spott war wie ein Beweis dafür, daß nichts, was sie sagen konnte, mich beleidigen würde. Wir verstanden einander perfekt und mußten keine Rücksichten nehmen. Uns verband etwas Unerschütterliches, Unzerstörbares.

»Und seine Frau ebenfalls«, sagte ich. »Er muß sie zum Weinen gebracht haben.«

Juttas Lachen entzückte mich, und wir gingen unter den Laternen durch den Park und sagten nichts mehr. Wir hatten uns untergehakt, damit wir nicht fielen, denn wir waren betrunken, und es war kälter geworden. Auf dem Weg lag Rauhreif, und die Pfützen waren gefroren. Wir stützten einander und gingen langsam nach Hause durch diese Nacht, die schwer und finster und klar war – auf den Wegen und im Gras glitzerten Eiskristalle, und selbst die Sterne und der kalte, schlierige Mond schienen zu dieser schwarzen, gefrorenen Stadt zu gehören.

Als wir das Haus betraten und mit den Füßen aufstampften, damit sie wieder warm wurden, verspürte ich ein stolzes, fast überschwengliches Gefühl der Erfüllung, denn das Haus war groß und solide gebaut – zehn Zimmer auf vier Etagen, vollgestopft mit Möbeln und Bildern –, und der markante Geruch von Bohnerwachs und Messingpolitur und die zarteren Düfte von Kerzen, Ledereinbänden und exotischen Teppichen schienen ihm noch mehr Substanz zu verleihen: Ich dachte an die Trophäen, an das, was sich in fast zwanzig Jahren voller Liebe und Arbeit angesammelt hatte, diesen gewaltigen Ertrag, der aus wenigen Tropfen Tinte erwachsen war. Und doch lag über allem ein Schatten, der teils auf die späte Stunde, teils auf meine Stimmung zurückzuführen war: Ich spürte eine Vorahnung von Leere, als hätte ich gerade meine eigene Grabkammer betreten. Wortlos und noch immer tief atmend von unserem Gang durch die winterliche Luft standen wir da und sahen einander bittend an, als hätten wir Angst zu sprechen.

Schließlich sagte sie: »Es ist noch eine halbe Flasche Champagner da.«

Dort stand sie – das Messer steckte darin.

»Wenn du ihn nicht trinkst, wird er schal.«

»Laß ihn stehen«, sagte ich. »Morgen muß ich früh aufstehen. Wahrscheinlich um sechs.«

»Wie peinlich.«

Wie ich es liebte, daß sie in ihrer eigenen, unübersetzbaren Sprache mit mir redete!

Sie ging in das Badezimmer im Erdgeschoß, ich in das im ersten Stock, und während der nächsten zehn Minuten floß Wasser hinauf und hinunter, und in den Wänden rauschten Springbrunnen und Wasserfälle.

Das Schlafzimmer war dunkel, als ich eintrat, aber ich hörte ein ganz leises Atmen und wußte, daß sie bereits im Bett lag. Ich schlüpfte unter die Decke und glitt in ihre Aura von Wärme.

Und so lagen wir da, die ganze Nacht, hielten einander umschlungen, stützten uns und waren uns so nah wie vorhin, als wir schlitternd und rutschend durch den Park gegangen waren. Nur wir zwei unter einer Decke. Wir wärmten uns.

Oft überkam mich im Schlaf eine Vision, in der ich auf einem gewaltigen Ozean trieb und mich in den Schlaf sinken ließ. Schlafen war nicht der Akt des Schwimmens, es war überhaupt kein Akt, sondern eher das Gefühl, in die Tiefenströmungen der Finsternis dieses Ozeans einzusinken, zwischen den glitzernden Pfeilen leuchtender Fische, den eigenartigen Phosphoreszenzen, deren Schimmer ich in einem dunklen Schlafzimmer immer vor mir sah. Und am besten war es, wenn ich meine Frau umarmte, wenn ich mit ihr versank, mich von hinten an ihr festhielt, mich dann umdrehte und spürte, wie sie sich an meinen Rücken schmiegte, und wenn ich dann hinunter in die tiefsten und dunkelsten Tiefen steuerte, wo es keine Träume, sondern nur noch Schlaf gab.

Das Klingeln des Weckers war hart und plötzlich und zu laut. Es klang wie ein Alarmsignal, das höchste Gefahr anzeigte.

Sie erwachte einen Augenblick nach mir, als ich sie küßte.

»Andy!« sagte sie.

Doch ich war schon aus dem Bett geschlüpft und zog mich an.

»Ich werde mein Flugzeug verpassen.«

»Nein, bitte nicht! Komm zurück! Bitte geh nicht. Was soll ich denn ohne dich tun? Nein!«

Und schlimmer als die Worte war das Geräusch, das auf sie folgte: nicht ein Schrei, sondern ein Schluchzen, das verzweifeltste, das ich je gehört hatte – als erstickte sie an ihrem Blut. Es war fast, als hörte ich jemanden sterben. Es war ihr ureigener Laut.

Manchmal hört man auf einem großen Parkplatz eine Wagentür zuschlagen und bemerkt die Kraft, die darin steckt, in dem damit einhergehenden Grunzen: Es klingt wie ein Fleischerbeil. Dann herrscht einen Augenblick lang Stille – jemand holt Luft und stößt ein grausiges Heulen aus. Ich hatte die Tür zugeschlagen, und ich wußte, daß ich diesen Schmerzensschrei für den Rest meines Lebens überall hören würde.

*

Es war die traurigste Geschichte, die ich je gelesen hatte.

ZWÖLF

Halbwertzeit

1

Wegen der schrecklichen Dinge, die man gesagt und gehört hat, benützt man nach einer gescheiterten Ehe immer häufiger öffentliche Telefone – ich jedenfalls tat das, weil sie Anonymität und eine gewisse Privatsphäre versprachen und mir Peinlichkeiten ersparten. Sie sahen allesamt gleich aus und waren nicht voneinander zu unterscheiden, und sie erlaubten mir, die bitteren Gespräche und das hoffnungslose Schweigen zu vergessen. Nach kurzer Zeit jedoch geschah etwas Eigenartiges und Unerwartetes, das mir angst machte, und eine Traurigkeit breitete sich in mir aus. Meine Ehe war gescheitert, und ich merkte, daß ich mich an einem Ort befand, an dem ich noch nie gewesen war. Der Reisende war nun ein Schiffbrüchiger. Ich wußte nicht, wie ich hierhergekommen war und wie ich dieses Land der Einsamkeit, wo Telefone Gesichter hatten, verlassen sollte.

Die Telefone waren denkwürdig, jedes auf seine Weise. Jedes von ihnen, selbst das gewöhnlichste und scheinbar unauffälligste, hatte ein unverwechselbares Gesicht. In Alpträumen nehmen unbelebte Objekte häufig einen bestimmten Charakter an: der böse Sessel, der bedrohliche Baum. Diese Telefone hatten ein Gedächtnis. Mein Unglück machte sie einzigartig und versah sie mit einer Geschichte. Dieses hier verband ich mit Tränen, jenes dort mit einer besonderen Krise, andere mit Schmerz oder gewissen häßlichen Worten oder einem Schwur. Mit ihren niedrigen Abdeckungen und angedeuteten Wänden wirkten sie wie High-Tech-Beichtstühle. Sie sahen alle ziemlich gleich aus, doch wenn ich an diese schmucklosen Apparate denke, bin ich erstaunt, wie stark meine Assoziationen sind. Eine Reihe öffentlicher Telefone sieht für mich aus wie eine Klagemauer.

Am Delta Shuttle im Flughafen La Guardia gibt es ein schreckenerregendes Telefon – wenn ich daran vorbeikomme, wende ich den Blick ab. Ein anderes an der Ecke 57. Straße und Madison Avenue macht mich traurig. Eins steht in einer Reihe von vier Telefonen auf einem Parkplatz zwischen einem *McDonald's* und einer Total-Tankstelle an der Route I-95 (nördliche Richtung) in Connecticut, nach der Ausfahrt Nummer 12 (Rowayton) – dieses Telefon hat mich bitten und betteln hören; ein anderes befindet sich am Flughafen von Hyannis; ein drittes in der Raststätte an der Route 3 bei Ausfahrt Nummer 5, neben dem Totempfahl, der einen zu großen Indianer darstellt – dort mußte ich mir wieder und wieder anhören, was für ein Scheißkerl ich sei.

Nicht weniger schlimm war, was eine Frau, die eines der anderen Telefone benutzte, schrie. Sie war Anfang Zwanzig, trug Joggingkleidung und heulte: »Du verdammtes Schwein!« Damit konnte wohl nur ihr Ex-Mann gemeint sein. Wenn ich diese Telefone sehe, denke ich auch an sie. Wer hätte gedacht, daß ein vernickelter Kasten, ein Hörer aus Kunststoff und ein unförmiger Apparat stellvertretend für so viel Schmerz und Leidenschaft stehen kann?

Ich war wieder in die USA übergesiedelt, wo niemand auf mich wartete. Ich kehrte heim in ein leeres Haus. Ich tat alles langsam, weil ich trauerte und diese Langsamkeit brauchte. Scheitern ist der Geschmack des eigenen Blutes im Mund. Ich hatte London so überstürzt verlassen, daß niemand wußte, wo ich war, und daher bekam ich keine Post. Ich schrieb mir eine Postkarte:

Lieber Paul!
Wie geht es Dir? Ich habe Dich lange nicht gesehen. Hoffentlich sehen wir uns bald. Paß auf Dich auf.

Paul

Kurz darauf stieß ich beim Blättern in einem Buch auf diese Karte. Ich lächelte, doch dann geriet ich in Panik und zerriß sie, denn ich fürchtete, jemand könnte sie sehen und mich für verrückt halten. Wenn ich das Haus betrat, schaltete ich nur wenige Lampen an – der Rest sollte in Dunkelheit getaucht bleiben, damit ich nicht sehen mußte, wie leer mein Leben geworden war. Die Hälfte des Hauses blieb finster.

Der Kühlschrank war halb gefüllt, nur *ein* Handtuch hing an der Stange im Badezimmer, nur *ein* Stuhl stand am Tisch, nur *ein* Glas darauf, in der Einfahrt war nur *ein* Wagen, und anderswo habe ich schon geschrieben, daß ich mir angewöhnte, nur auf der linken Seite des Bettes zu schlafen – die andere große Hälfte blieb leer. Ich war zu alt, um mir das Schlafen in der Mitte anzugewöhnen.

Im tiefsten Herzen war ich traurig. Mein Kummer war wie eine Krankheit, und zum Schreiben oder Reisen fühlte ich mich zu schwach. Statt dessen begann ich zu zählen. Es war weniger eine Leidenschaft als vielmehr eine wissenschaftliche Methode, mit der ich mein Leben in eine Abfolge von Zahlen verwandelte.

Es begann mit einer Uhr, die so viele Zeiger hatte, daß ihr Hersteller sie als Chronometer bezeichnete. Sie verriet mir das Jahr, den Monat, den Tag, das Datum, die Stunde, die Minute und die Sekunde. Ich kaufte eine Waage und wog mich, doch da ich mit der zitternden Nadel nicht zufrieden war, schaffte ich mir eine zweite, genauere an, deren Digitalanzeige mein Gewicht in Pfund und Unzen angab. Ich wog mich jeden Morgen und jeden Abend und stellte fest, daß ich morgens leichter war und im Lauf des Tages drei oder vier Pfund zunahm, die ich nachts wieder verlor. Ich begann, die Tage seit der Trennung zu zählen, die Anzahl der Biere, die ich trank, die Meilen, die ich mit dem Wagen zurücklegte. Ich addierte die Zahlen, obwohl ich nicht wußte, warum – ich fand die Summen einfach tröstlich.

Ich kaufte ein »Schwinn AirDyne«-Standfahrrad mit Pulsometer und las, während ich in die Pedale trat, Zahlen ab: die Wattleistung, die Minuten und Sekunden, die Umdrehungen pro Minute, den Blutdruck, die verbrannten Kalorien. Ich kaufte eine »Concept II Ergometer«-Rudermaschine und ruderte anfangs täglich 2500 Meter, später 5000 Meter und mehr. Die Ruderschläge wurden in Blöcken von 500 angezeigt, außerdem die Kalorien, die Wattleistung und die zurückgelegte Entfernung. Schließlich schaffte ich 2500 Meter in 9 Minuten und 54 Sekunden. Ich zählte die Tage, die Wochen, die Stunden. Ich zählte mein Geld, meine Jahre, meine Tage auf Erden.

Ich, der ich mein Leben damit verbracht hatte, mir Notizen zu machen und Geschichten zu schreiben, schrieb nur noch Zahlen. Ich rechnete mein Leben aus und stellte mir vor, daß meine Autobiographie einem jener schmalen Bändchen gleichen würde, in denen Tabellen mit Logarhythmen und dergleichen abgedruckt sind. Die Tatsache, daß die Zahlen sich ständig veränderten, hielt mich beschäftigt – ich sah mich in einem Cockpit, wo ich fünfzig Anzeigen im Auge behalten mußte, die mir alles über mich verrieten. Ich brauchte die Zahlen, ich brauchte ihre fortwährenden Veränderungen. Ich zählte alles, und für mich waren diese Zahlen mehr als eine Abfolge von Ziffern. Ich hatte die Worte satt.

Abends, vor dem Schlafengehen, rief ich mir in allen Einzelheiten in Erinnerung, was ich im Lauf des Tages gegessen hatte. Mich interessierten weder die Beschaffenheit noch die Qualität, sondern nur die Kalorienzahl. Ich zählte die Bilder in meinem Haus, überschlug, wieviel ich für sie bezahlt hatte und wie groß der Wertzuwachs war, und rechnete die Summe aus. Wenn ich einen Stapel Bücher oder Zeitschriften sah, las ich sie nicht, sondern zählte sie. Ich berechnete das Alter sämtlicher Familienmitglieder und sämtlicher Staaten, die ich bereist hatte. Wenn ich Vögel an einem Futterhäuschen sah, zählte ich sie. Ich sah gern auf die Thermometer an den Fenstern, weil ich so das Ansteigen und Fallen der Temperatur im Verlauf eines Tags verfolgen konnte. Es war ein typischer Cape-Cod-Winter mit großen Temperaturschwankungen. Wenn ich nachts aufwachte und mich zum Badezimmer tastete, machte ich einen Umweg, um einen Blick auf ein Thermometer zu werfen, und ein paar Grade Unterschied erfüllten mich mit Hoffnung, die mich wie ein Rausch durchpulste – ich wußte nicht, warum.

Ich zählte die Tage, die vergangen waren, seit ich das letzte Mal mit meiner Frau zusammengewesen war, seit wir das letzte Mal miteinander glücklich gewesen waren. Ich zählte die gemeinsamen Jahre, die Monate unserer Verliebtheit, die wichtigen Ereignisse in unserer Ehe. Ich berechnete, wie alt unsere Kinder zu bestimmten Zeiten gewesen waren. Ich rechnete aus, wie alt die Freunde, die ich fünfzehn oder zwanzig Jahre lang nicht gesehen hatte, mittlerweile waren, und war überrascht, daß sie inzwischen über sechzig, über siebzig waren. V. S. Pritchett war neunzig, so alt wie das Jahrhundert, und als ich an ihn dachte, wurde mir bewußt, daß ich die Hälfte meines Lebens hinter mir hatte.

Ich zählte die Jahre, die mir noch blieben, und wurde sehr traurig, und es war um so schlimmer, als ich nichts zu tun hatte. Ich besuchte niemanden. Ich ging kaum aus dem Haus. Jeder klar denkende Mensch wäre zu dem Schluß gekommen, daß ich den Verstand verloren hatte, und so vermied ich den Umgang mit anderen Menschen und war froh, daß ich nicht schreiben konnte, denn hätte ich es getan, so hätte ich nur den augenfälligen Beweis erbracht, daß ich den Verstand verloren hatte. *Lieber Paul! Wie geht es Dir? Ich habe Dich lange nicht gesehen* …

Hin und wieder schrieben mir Leute und berichtete mir von ihrem Leben. Sie versuchten mir zu erklären, wie leer ihr Leben und ihre Arbeit waren, und beschrieben ihre Partner und Kollegen. Sie glaubten, ich würde sie verstehen, weil ich ein Schriftsteller war, der voller Freude über die Welt und ihre Wunder geschrieben hatte. Sie dachten, ich sei beschäftigt und führe ein erfülltes Leben. Ich wagte nicht, ihnen zu antworten, aus Angst, sie mit der Eröffnung zu erschrekken, von mir sei nur noch die Hälfte übrig. Sie täuschten sich über sich selbst, sie täuschten sich über mich. Und wozu war das Schreiben schon gut, wenn es nur dazu führte, daß ein einsamer Mann auf der linken Seite des Bettes lag und versuchte, die Risse in der Zimmerdecke zu deuten, die in Wirklichkeit Zahlen waren?

Zwischen dem Autor meiner Bücher und dem Mann, der ich geworden war, schien eine tiefe Kluft zu gähnen, aber niemand würde es erfahren, denn dieser traurige, sprachlose Mann war außerstande, auch nur eine einzige Zeile zu schreiben.

Ich wollte weggehen. Ich hatte zuviel Angst, mich auf den Weg zu machen. Ich war nicht stark genug, um zu reisen. Ich klammerte mich an das Vertraute und fühlte mich doch wie ein Fremder, und das war seltsam, denn ich war doch zu Hause, an dem Ort, den ich am besten kannte. Trotzdem hatte ich das Gefühl, nicht hierherzugehören.

Zu diesem Zeitpunkt begann ich, öffentliche Telefone zu benutzen, und zwar aus der abergläubischen Vorstellung heraus, ein anderes Telefon würde mir eine neue Chance geben. Bald jedoch stellte ich fest, daß jedes neue Telefon mir nur neue schmerzhafte Erinnerungen bescherte. Und dann benutzte ich öffentliche Telefone, um die Erinnerungen zu verstecken. Wann würde ich dieses Telefon am

Rand einer Straße in Connecticut je wiedersehen? Aber an dem Tag, an dem ich es wiedersah, weinte ich fast, und meine Kehle war wie zugeschnürt. Langsam nahm die Welt, die mir so gütig, so sicher, neutral und indifferent erschienen war, Aspekte des Unfreundlichen, ja Bedrohlichen an. Diese bösen Telefone und die wütenden Ehepartner, die sie benutzten, diese hübsche Joggerin, die sich in eine heulende Hexe verwandelte ... Den gewöhnlichsten Orten hefteten sich schlimme Erinnerungen an, und ich begann die Wahrheit des Attributs »nicht geheuer« zu begreifen.

Ich hatte nichts zu tun – keine Arbeit, keine Freunde – und zuviel Zeit. Ich war an einem Endpunkt angekommen. All die Anstrengungen, all das Streben, all die Hoffnungen – und nun war ich allein und hatte nichts. Ich hatte mein Leben in die Hand genommen in dem Glauben, ich sei etwas Besonderes. Besaß ich denn nicht ein Talent? Jetzt war ich wie jeder andere und sah, daß fast jeder traurig war. Das war mir nie zuvor bewußt gewesen. Ich war allein und hatte nur noch die Hälfte dessen, was ich gehabt hatte, und diese Hälfte schmolz dahin: Es schien, als würde ich bald gar nichts mehr haben.

Ich beneidete niemanden, es sei denn den Menschen, der ich einst gewesen war, den ich zerstört hatte, und verglichen mit diesem Zustand waren die schlimmsten Augenblicke meiner Ehe das reinste Paradies. Mir fiel ein bestimmter Tag ein. Es war, nachdem wir unser Haus in London gekauft und uns tief verschuldet hatten: Wir hatten die Kinder bei einem Babysitter abgegeben und verbrachten den ganzen Tag mit Putzen, Alison im Erdgeschoß und ich in der ersten Etage, und da wir nicht kochen konnten – die Küche war noch unbenutzbar –, waren wir in ein Café gegangen und hatten müde, schweigsam und mit leerem Blick dagesessen und Sandwiches gegessen, fast zu erschöpft, um ein Wort herauszubringen. Rückblikkend erschien mir das romantisch: Diese Strapaze war der Auftakt zu großen Anstrengungen und großen Erfolgen.

Jener Tag war einer der glücklichsten meines Lebens gewesen, das jetzt nur noch trübselig war, ein monotones Elend, das nur durch mein unablässiges Zählen gemildert wurde – ich zählte Minuten, Unzen, Meter, Dollar, Jahre.

Ich war ein meßbares Wesen. Schreiben hätte diese Exaktheit nur verzerrt oder in Frage gestellt. Ich schrieb nichts mehr, ich ging nicht ins Kino, die Nachrichten aus aller Welt waren mir gleichgültig, mit Ausnahme von Berichten über Naturkatastrophen, menschliches Versagen oder spektakuläre Verbrechen, die ich mir mit grimmiger Zufriedenheit und unbewegtem Gesicht ansah. Ich empfand dabei keine Freude, doch dieses Leiden, diese Qualen bewiesen mir, daß ich nicht allein war.

Ich dachte, Lesen könnte meinen Schmerz lindern, und versuchte, die Freude an Büchern, die ich geliebt hatte, wiederzufinden. Ich las ein zweitesmal *David Copperfield* und stieß auf folgende Passage: »›Und seit ich mit dem Lesen begonnen habe, haben Sie mit dem Schreiben begonnen, nicht, Sir?‹ sagte Mr. Omer und sah mich bewundernd an. ›Ach, was für ein herrliches Buch Sie geschrieben haben! Was für Wörter darin stehen! Ich habe jedes Wort gelesen – jedes einzelne. Und bin ich dabei müde geworden? Kein bißchen!‹«

Ich hörte auf, Romane zu lesen, und las nur noch Zeitungen und billige Zeitschriften. Ich tauchte ein in das, was ich für das öffentliche Bewußtsein hielt. Einst hatte ich mich für einen ungewöhnlichen Menschen gehalten, doch nun erkannte ich, wie ähnlich ich vielen anderen Menschen war. Ich verfolgte die Scheidungsprozesse von Hollywood-Stars, ich nahm Anteil an den Verhandlungen, die Schauspieler, Musiker und andere Personen des öffentlichen Interesses im Zusammenhang mit der Trennung von ihren Partnern führten. Alles, was sie taten, wurde dokumentiert. Ich entdeckte tiefere Bedeutungen und profunde Aussagen, wo ich zuvor nur Klischees gesehen hatte: *Er sei dabei, sagt er, sein Leben wieder in den Griff zu bekommen ... Jeder einzelne Augenblick war die Hölle ... Er konnte sich nicht mehr auf seine Arbeit konzentrieren ... sagt, etwas in ihm sei zerbrochen ... hat das Gefühl, daß alles, wofür er gearbeitet hat, zerstört worden ist ... vermißt seine Kinder ...*

Nichts, was ich in dieser Zeit las oder hörte, erschien mir authentischer als die Gefühle, um die es in der Country Music ging, in jener unbeholfenen Lyrik über Unrecht, Enttäuschung und das Verlassenwerden. Ich hörte mir diese Songs an und war entsetzt, wie akkurat diese Texte Gefühle wiedergaben – manchmal weinte ich, weil ich die besungene Situation so gut kannte. Und diese schlichten, fast kunstlosen Songs waren der Beweis, daß ich mir etwas vorgemacht und mein schriftstellerisches Talent vergeudet hatte. Und dann mußte ich aufhören, mir diese Musik anzuhören, denn jedesmal wäre ich fast in Tränen ausgebrochen.

Meine Geschichte stand beinahe täglich in der Zeitung: in *Vater verlangt im Fernsehen Zugang zu seinen Kindern*, in *Verlassener Ehemann zündet Telefonzelle an*, in *Liebhaber der Ex-Frau bei Säureattentat verletzt*, in *Verschwundener Schriftsteller: Immer mehr Fragen*, in *Keine eindeutige Ursache für tödlichen Unfall.*

Ich konzentrierte mich auf meine Zahlen. Die Wissenschaft sollte meine Rettung sein. Wissenschaftliche Sendungen gab es jeden Tag im Fernsehen. Eine Sendung über die Radiokarbonmethode zur Datierung alter Gegenstände gefiel mir besonders, weil dabei der Begriff »Halbwertzeit« verwendet wurde. Die eine Hälfte des Films war ein ernstgemeinter Cartoon, die andere Hälfte wurde von einem aufgekratzten, kalauernden Wissenschaftler bestritten. In das Notizbuch, in dem ich sonst meine Ideen für Geschichten aufschrieb und das jetzt leer und unbenutzt war, kritzelte ich:

Radioaktive Atomkerne brauchen bestimmte Zeit, um zu zerfallen.

Halbwertzeiten von radioakt. Substanzen dauern zw. Sekundenbruchteilen und Jahrmillionen, sind immer genau bestimmt, unabhängig von Temperaturen und anderen Umständen.

Wenn ein Gegenstand ein Pfund radioaktiver Kerne enthält, die eine Halbwertzeit von 50 Jahren haben, ist nach diesem Zeitraum nur noch ein halbes Pfund übrig. Nach weiteren fünfzig Jahren nur noch ein Viertelpfund, usw.

Wissenschaftler können das Alter eines Gegenstandes – etwa eines Steines – bestimmen, indem sie die Anzahl der zerfallenen und der nicht zerfallenen Kerne messen. Anhand der Halbwertzeit der Kerne kann man feststellen, wann der Zerfall begonnen hat, und weiß, wie alt der Gegenstand ist.

Ich wußte: Das war die Erklärung – ein komplexer Countdown, die Algebra des Todes. Ich war neunundvierzig.

Ich spielte nicht mit dem Gedanken an Selbstmord. Für einen Selbstmord brauchte man Willenskraft und Entschlossenheit. Menschen, denen er mißlang, unternahmen weitere Versuche. Ich war bloß unglücklich. Aber mein Kummer bewirkte Schwankungen des Gewichts, der Leistungsfähigkeit und der Pulsschlags, und darum zählte ich weiter.

Ich begann, Dinge zu kaufen, die ich, wie ich zu Hause feststellte, bereits besaß. Ich erwog den Kauf eines Kurzwellenradios und kaufte es schließlich auch – dabei hatte ich schon eins, ein ähnliches Modell. Ich hatte es vergessen. Eine Bluejeans – ich dachte, ich bräuchte sie, doch das stimmte nicht. In meinem Schrank lag eine, die ich noch nie getragen hatte. Einen Kaschmirpullover für vierhundert Dollar – nun besaß ich zwei. Ein Fahrrad, ein Gewehr, einen Popcorn-Bereiter, einen Videorecorder und anderes mehr. Es war, als wäre ich dabei, ein zweites Leben auszustatten, als merkte ich nicht, daß mein Leben all diese Dinge bereits enthielt. Ich wußte, daß ich versuchte, die traurige Leere in mir mit irgendwelchen Dingen zu füllen, die mich ablenken oder glücklich machen sollten. Ohne bewußte Absicht kaufte ich eigenartigerweise ausschließlich Dinge, die ich schon besaß. Diese Verdoppelung und die Höhe der Ausgaben waren demütigend, und anstatt die Leere auszufüllen, bescherten mir diese Anschaffungen nur Chaos und Gerümpel.

Auf der Suche nach unkritischer und anonymer Gesellschaft fuhr ich hundert Kilometer nach Boston und fand eine Psychologin, die ihre Praxis in der Charles Street, nicht weit von der Revere Street, hatte. Sie gab mir zwei Termine pro Woche und sah glücklicherweise gut aus. Daß ich das überhaupt bemerkt hatte und daß ich von ihrem hübschen Gesicht und ihrem schönen Haar angezogen worden war, munterte mich auf. Ich brauchte einen Menschen, der mir gefiel und mich nicht kannte.

Es wäre sehr demütigend gewesen, wenn jemand gewußt hätte, wer ich war: der Mann, der über Liebe und Ehe, über Freiheit und ferne Länder schrieb. Mir fiel ein, daß ich in trostlosen Situationen immer gedacht hatte: ›Wenigstens kann ich darüber schreiben.‹ Das hatte mir Hoffnung gegeben: Die Fähigkeit, mich umzudrehen und über meine mißliche Lage zu schreiben. Ich hatte gedacht, ich litte, doch nun wußte ich, daß das nicht gestimmt hatte. Jetzt litt ich wirklich, und das lähmte mich. Das Elend der Trennung, das Halbwertleben, das ich lebte, war eine Erfahrung, die ich niemals beschreiben würde. Ich würde fortfahren, es zu ertragen, und niemand würde es wissen. Hoffnungslosigkeit ist die Überzeugung, daß sich nichts verändern wird und daß es keine Zukunft gibt, sondern nur eine immerwährende, verzweifelte Gegenwart.

Aber weil ich mich schämte, hatte ich Gefallen daran gefunden, unbekannt zu sein. Um nach Boston zu fahren und allein zu essen, mußte ich unbekannt sein. Es wäre schrecklich gewesen, erkannt zu werden. »Sind Sie nicht der Schriftsteller?« fragte mich eine Frau in einer Tankstelle, als ich ihr meine Kreditkarte gab. Ich sagte nein, denn mir standen schon wieder die Tränen in den Augen. Und was ich sagte, war die Wahrheit: Ich war nicht mehr der Schriftsteller.

Der Mann hinter mir hielt einen verchromten Tankdeckel hoch.

»Was kriegen Sie dafür?«

»Zwanzig, weil Sie's sind.«

Ich hatte vergessen, wie Amerikaner sprachen. Es war, als wäre mir die Sprache entglitten. Ich würde sie neu erlernen müssen – Sätze wie: *Immer rein mit dir. Wie wär's mit einem Pionierfrühstück?*

Doch mir machte niemand ein Pionierfrühstück. Ich fühlte mich elend, vollkommen gesichtslos und allein – aber wäre es nicht viel schlimmer gewesen, bekannt zu sein und beobachtet zu werden? Selbst in diesem Halbwertleben hatte ich ein Geheimnis.

Dr. Mylchreest stammte aus Argentinien, auch wenn der Name nicht sehr argentinisch klang. Ich wußte nichts von ihr. Ich hatte sie gefragt, aber diese Art von Ärzten erzählt einem nichts von sich.

2

»Wo sind Sie jetzt, Mr. Medved?« fragte Dr. Mylchreest.

Mit dieser Frage eröffnete sie jede Sitzung. Was den Namen betraf, so hatte ich ihn erfunden. Er war anders als alle anderen, die ich im Laufe meines Lebens gebraucht hatte, denn ich wollte mit diesem neuen Namen ein neues Leben beginnen. Ich war überzeugt, daß ich meine Identität nicht preisgeben durfte und daß meine Therapeutin mich nur verstehen konnte, wenn sie mich nicht mit meinen Büchern in Verbindung brachte.

Ich sagte ihr, ich sei Physiker, Kernphysiker. In Boston wimmelte es von Wissenschaftlern. Mein Spezialgebiet sei die Halbwertzeit radioaktiver Teilchen.

Das war das einzige Mal, daß ich Dr. Mylchreest anlog. Sie war konzentriert und hatte schöne, helle Augen, die ihrem Blick etwas Durchdringendes verliehen. Trotz ihrer knochigen Statur war sie attraktiv, und ihre vollen Lippen waren am ausdrucksvollsten, wenn sie nachdachte. Sie trug lange, züchtige Röcke, doch ich sah, daß ihre Strümpfe, zumindest an den Knöcheln, schwarz waren, mit eingearbeiteter feiner Spitze.

Ihr fehlerhaftes Englisch verbarg ihren Scharfsinn, und ihr Takt, ihr Blick und ihre stumme Geduld machten mich redselig. Die Fragen, die sie mir stellte, wurden durch ihren starken Akzent noch verwirrender, und wenn ich sie mir übersetzt hatte – wie man es bei einem Gesprächspartner tut, der kein korrektes Englisch spricht (wie kann jemand mit einem so starken Akzent intelligent sein?) –, war ich jedesmal verblüfft, wie erhellend sie waren.

Ich versuchte herauszufinden, aus welchem Land ihr Nachname stammte. Von der Isle of Man? Aus Dänemark? Aus Holland? Und worin bestand ihre Verbindung zu Argentinien?

»Ich habe Borges in Buenos Aires kennengelernt«, sagte ich.

»Ja?«

Dann fiel mir ein, daß ich Physiker war.

»Auf einer Konferenz über Molekularphysik hat er uns ein Gedicht vorgelesen. Sie sind doch von dort – kennen Sie ihn?«

Sie lächelte und ließ mich im Ungewissen. Sie wußte, daß ich so weiterhin neugierig und respektvoll bleiben würde.

»Fahren Sie fort, Mr. Medved.«

»Bitte nennen Sie mich Pavel.«

Ich wollte, daß sie nach meinem Namen fragte (»Slawisch?«), denn obgleich er wie eine Verballhornung meines alten Pseudonyms Medford klang, war er das russische Wort für »Bär« und bedeutete eigentlich sogar noch mehr als das. Es war einer der verherrlichenden Namen, die gewisse Stämme gefährlichen Tieren geben, um sie zu besänftigen. Medved bedeutete »Honigzauberer«.

Doch Dr. Mylchreest fragte mich nicht. Sie fragte mich gar nichts. Unser Gespräch stockte, und da ich meiner Mentalität nach eher ein Zuhörer war – ich stellte nur Fragen, wenn ich mein Gegenüber zum Sprechen bringen wollte –, fühlte ich mich unbehaglich und über Gebühr unter Druck gesetzt. Ich war störrisch, und das Schweigen ging mir auf die Nerven. Ich wollte, daß sie redete.

Und ich war es nicht gewohnt, über mich selbst zu sprechen. Meine Methode bestand darin, Fiktionen zu erschaffen und mich durch die Protagonisten meiner Bücher auszudrücken. Ich fand Gefallen daran, der Welt eine neue Gestalt zu geben, sie mit Geist und Leben auszustatten und dann für mich zu beanspruchen. So hatte ich gelernt, auf eine ganz bestimmte Art über mein Leben zu schreiben, und sie hatte sich bewährt. In mir steckte ein Schriftsteller, ein phantasievoller Fabulierer: Das war ich. Diese Essenz war eingebettet in eine Physis: die eines schwachen, behaarten, neunundvierzigjährigen Dieners, der dafür verantwortlich war, das flackernde Flämmchen zu bewahren, und seine Aufgabe mal gut, mal schlecht erledigte. Er versagte oft, schlief zu lange, stritt sich herum; er war zu Zeiten weinerlich und haßte Lärm und Unterbrechungen; er gähnte und ließ sich ablenken, war ruhelos, gelangweilt und albern. Das war die Hälfte, die andere sahen. In Wirklichkeit aber war ich der alterslose Geist, der sich in erfundenen Geschichten ausdrückte.

Nun war dieser unbeholfene Diener das einzige, was von mir übrig war. Er war kein Schriftsteller, denn es gab nichts zu schreiben. Die Flamme war entweder erloschen oder sehr viel kleiner geworden. Nur der Körper und die toten Augen waren noch da. Ich war es gewöhnt, die Nachlässigkeiten und Verspätungen des Dieners mit meinem anderen Ich zu entschuldigen, das sie gewissermaßen überstrahlte. Innen war Licht, außen war Schatten, doch das Licht war Substanz, und der Schatten war Illusion. Ich erwartete nicht, daß Dr. Mylchreest dieses Paradoxon verstand, und da ich ihr bereits erzählt hatte, ich sei Physiker, bestand auch keine Veranlassung dazu.

Ich war der Schriftsteller Paul Theroux, doch da ich nichts zu schreiben hatte, war ich auf mein anderes Ich zurückgeworfen. Der Name dieses Dieners spielte keine Rolle. Ich pflegte ohnehin Fremden gegenüber erfundene Namen auszuprobieren und falsche Berufe anzugeben: Geograph, Lehrer, Verleger, Drucker, Kartograph, Fischer. Es war mir wichtig, nicht die Wahrheit zu sagen, denn ich brauchte das Gefühl, Geheimnisse zu haben. Geheimnisse waren die einzige wirkliche Macht, über die ich verfügte. Der Diener hatte dazusitzen, zuzuhören und das, was ihm diktiert wurde, aufzuschreiben. Er sollte nicht über sich selbst schreiben. Er war nicht von Belang, er war lediglich der Domestike meiner Phantasie.

So hatte ich dreißig Jahre lang gelebt, doch nun war die andere Hälfte, wie gesagt, verschwunden, und Dr. Mylchreest hörte mir zu. Ich hatte zuviel zu sagen – wer war es eigentlich, der da sprach? –, so daß ich nicht wußte, wo ich anfangen sollte.

»Also, wo sind Sie jetzt?«

Ihre Methode war die freudianische freie Assoziation. Ich war derjenige, der das Gespräch in Gang halten mußte.

»Es geht mir gut«, sagte ich. »Ich hatte eine recht gute Woche, obwohl ich nicht viel gearbeitet habe.« Sie wartete, und ich fragte mich, wer das gesagt hatte: mein Diener oder mein anderes Ich. »Ich habe gar nicht gearbeitet.«

Sie wußte, wie enttäuschend das für mich war. Ich hatte ihr gesagt, wieviel mir meine Arbeit bedeutete. Ich hatte ihr gesagt, ich schriebe eine Monographie über meine Forschungen auf dem Gebiet der Radiokarbonnukleide.

»Das war sehr schmerzlich«, sagte ich. »Und ohne meine Arbeit, ohne die physikalischen Forschungen, träume ich mehr von meiner Frau. Schreckliche Träume.«

Ihr Schweigen gab mir zu verstehen, daß sie ihre Zweifel hatte und einen Beweis für das Gesagte erwartete.

»Ich bin in einem Haus mit vielen anderen Leuten. Ich weiß, daß meine Frau auch da ist, irgendwo im Erdgeschoß. Ich trinke etwas, ich unterhalte mich blendend, und dann wird mir bewußt, daß ich sie finden muß. Es herrscht ein großes Durcheinander. Schließlich finde ich sie, aber sie schreit mich an und verläßt die Party.«

»Verrät Ihnen das etwas über Ihre Gefühle?«

»Nur, daß ich mich schuldig fühle. Aber das wußte ich ja schon.«

Dr. Mylchreest lachte. Das hatte mir gefehlt: ein herzhaftes, das Gesagte relativierendes Lachen. Ich brauchte jemanden, der mir vor Augen führte, daß ich im Irrtum war. Doch Dr. Mylchreest hatte nicht vor, es mir leichtzumachen, indem sie mir sagte, warum ich im Irrtum war.

»Die Träume sind nicht so schlimm wie die Wirklichkeit«, sagte ich. »Ich meine, manchmal sehe ich meine Frau. Das ist viel schlimmer.«

»Sollen wir das näher ergründen?«

»Wenn ich auf der Schnellstraße nach Boston hineinfahre, nehme ich meistens die Ausfahrt Chinatown. In der Kneeland Street, in der Nähe von Tuft's Dental School, gibt es eine Obdachlose, etwa Ende vierzig, die immer auf und ab geht und sehr erregt ist. Sie trägt Lumpen, und doch hat sie ein intelligentes Gesicht und sieht aus, als käme sie aus einer guten Familie. Sie ist abgerutscht. Früher war sie schön und glücklich, vielleicht ein bißchen nervös. Ich glaube, sie war verheiratet und ist verlassen worden. Sie ist verrückt geworden und verschwunden, und niemand weiß, daß sie auf der Straße lebt.«

»Was glauben Sie: Was für ein Mensch war ihr Mann?«

»Ihr Mann war ich.«

»Und sie ist unglücklich?«

»Sie ist schizo.«

»Warum gebrauchen Sie dieses Wort?«

»Ich denke, es bedeutet, daß man eine gespaltene Persönlichkeit hat.«

»Es bedeutet überhaupt nichts.«

»Diese Frau ist in den Wahnsinn getrieben worden«, sagte ich trotzig. Das Wort »Wahnsinn« hing wie eine Obszönität in der Luft. »Sie ist traurig und lebt im Elend. Sie ist von jemandem verlassen worden, der so ist wie ich.«

»Dann ist es also nicht so, daß sie Ähnlichkeit mit Alison hat, sondern vielmehr hat ihr Ehemann Ähnlichkeit mit Ihnen.«

»So ungefähr.«

Dr. Mylchreest nickte und wartete. Sie wollte noch mehr von mir.

»Alison war nicht nur meine Frau – sie war mein Leben!«

Ich begann zu weinen.

Dr. Mylchreest wartete, bis ich mich wieder gefaßt hatte. Ich wollte, daß sie meine Hand nahm, mich umarmte, meinen Kopf hielt. Doch sie saß da und schwieg, bis ich aufgehört hatte zu schluchzen. »Sie haben Ihr eigenes Leben«, sagte sie. »Genau wie sie. Sie lebt nicht auf der Straße. Sie ist in London und arbeitet. Das haben Sie mir selbst gesagt.«

»Nein, ich habe sie ruiniert, ich habe sie zerstört.«

»Sie meinen, Sie haben sich selbst zerstört?«

»Ja. Indem ich sie zerstört habe.«

»Wie oft haben Sie in letzter Zeit mit ihr gesprochen?«

»Gar nicht.«

»Was wissen Sie von ihr?«

»Nichts.«

»Am Anfang unserer Sitzung sagten Sie, es gehe Ihnen gut.«

»Ja.«

»Wie geht es Ihnen wirklich?«

»Ich fühle mich erbärmlich.«

»Wie meinen Sie das?«

»Was soll das heißen: ›Wie meinen Sie das?‹ Das Wort ›erbärmlich‹ hat doch eine ganz spezifische Bedeutung, nämlich ›am Ende, traurig, hoffnungslos‹. Wie wollen Sie das noch weiter analysieren? Ich fühle mich wie ein Stück Scheiße.« Ich hatte begonnen zu schreien. »Wie wollen Sie Scheiße analysieren?«

Ich senkte die Stimme, und mir wurde bewußt, daß ich diese Frau fürs Zuhören bezahlte. Das machte mich unwillig und befangen. Ich verstand, warum manche Männer impotent sind, wenn sie mit einer Prostituierten auf ihr Zimmer gegangen sind und diese, nachdem sie das Geld gezählt hat, die Beine spreizt.

Dr. Mylchreest sagte nichts – sie hörte sich aufmerksam alles an, was ich sagte oder schrie.

»Tut mir leid«, sagte ich.

Sie zuckte die Schultern. Es gehörte zu ihrem Beruf, sich Wutausbrüche anzuhören. Das war der Grund, warum sie mich hundertachtzig Dollar pro Stunde kostete.

»Fahren Sie fort.«

»Was ich meine, ist, daß innere Not sich in einem Mangel an Gefühlen äußert. Darum gibt es für mich nur wenig zu beschreiben. Wenn ich glücklich oder erfüllt wäre, könnten wir uns lange unterhalten. Dann hätte ich etwas zu beschreiben. Aber mein Elend ist eine schlammige Pfütze: seicht, dunkel – da ist nichts, ganz gewiß keine Feinheiten.«

»Versuchen Sie, darüber hinauszusehen. Versuchen Sie sich vorzustellen, was Sie glücklich machen würde. Wie würde Ihr Leben dann aussehen?«

»Das ist leicht. Ich würde in einem Zimmer im oberen Stockwerk arbeiten und darauf warten, daß meine Kinder von der Schule nach Hause kommen. Dann würde ich mit ihnen fernsehen und sie lachen hören. Ich würde das Abendessen für meine Frau kochen, die um halb sieben nach Hause käme. Später, wenn die Kinder im Bett wären, würde ich uns einen Drink mixen und mit ihr über die Ereignisse des Tages sprechen.«

Eine von Dr. Mylchreests Stärken war ihre Unerschütterlichkeit. Sie hörte mir ohne jede Gefühlsregung zu. Ihr Gesicht war ausdruckslos, doch in ihren Augen sah ich ein Funkeln, aus dem sowohl Verblüffung als auch Neugier sprachen. Sie war doch sicherlich fasziniert von dem, was ich gesagt hatte – von der Plötzlichkeit, der Unerwartetheit, der Liebe.

»Das war die Vergangenheit, nicht wahr?« sagte sie leise.

»Natürlich. Sie haben mich gefragt, was ich mir wünsche. Ich wünsche mir, daß es 1978 ist.«

»Aber Sie waren es, der das alles hinter sich gelassen hat, oder?«

»Ich kann mich nicht erinnern, was dazu geführt hat. Es kam ein Tag, an dem wir übereingekommen sind, uns zu trennen. Und dann war es soweit, und ich mußte gehen.«

»Sie haben mir gesagt, Sie seien gemeinsam zu diesem Entschluß gekommen.«

»Habe ich das gesagt?«

Sie starrte mich an, als sei sie enttäuscht, daß ich diese schlichte Tatsache vergessen hatte.

»Es war ein entsetzlicher Abschied. Ich wachte auf und wußte, daß ich an diesem Tag gehen mußte. Es war, als sollte ich bei Morgengrauen vor ein Erschießungskommando treten. Es gab Tränen, aber keine Vorwürfe. Nur Traurigkeit.«

»Sie sagen, es sei gewesen, als hätten Sie vor ein Erschießungskommando treten müssen. Haben Sie das Gefühl, als wären Sie gestorben?«

»Die Hälfte von mir ist gestorben.«

Ich schwieg lange. Ich verlor mich in der Leere meines Geistes. Dort war nichts, keine Worte, keine Gefühle, nur eine seltsame, weglose Landschaft, die mir, dem Reisenden, völlig fremd war und in der ich mich verlaufen hatte.

»Man hört in letzter Zeit sehr oft das Wort ›Exil‹«, sagte ich. »Ich finde, es ist ein überholtes Wort. Kennen Sie es?«

Weil Englisch nicht ihre Muttersprache war, stellte ich ihr bei wichtigen Worten instinktiv diese Frage, was sie, nehme ich an, irritierte, denn sie kannte sie alle. Es lag an ihrem Akzent. Immer wenn sie ein Wort gebrauchte, klang es anders als gewohnt; ihre Aussprache schien den Wörtern andere Bedeutungen zu verleihen.

»Kennen Sie Conrad? Joseph Conrad, den Schriftsteller?«

Ihr Schulterzucken – ganz anders als das neutrale Lächeln, das sie bei meiner Erwähnung des Namens Borges gezeigt hatte –, verriet Gekränktheit, aber auch einen gewissen Respekt vor der Breite meiner Bildung: Ich war nicht nur Physiker, sondern hatte auch Klassiker gelesen.

»Conrad wird immer als Exilant bezeichnet, ebenso wie Nabokov und Solschenizyn und all die anderen, die hierherkommen und ihre Gefängnistagebücher für viel Geld verkaufen.«

Wieder spürte ich, daß Dr. Mylchreest unbehaglich zumute war. Sie wollte, daß ich zur Sache kam.

»Jetzt begreife ich, was Exil eigentlich ist«, sagte ich. »Es bedeutet, alles zu verlieren – Frau, Kinder, Haus, Heimat. Es bedeutet Verbannung und ist im Grunde das Gegenteil von Gefangenschaft, aber es ist genauso schrecklich, denn man denkt täglich über das nach, was man verloren hat.«

»Wie Joseph Conrad?«

»Nein, nein. Exilanten im herkömmlichen Sinn gibt es nicht mehr. Politische Flüchtlinge, Dissidenten – das ist doch alles kalter Kaffee.

Bis auf ein paar wenige – von denen die meisten Tibeter sind – können alle in ihre Heimat zurückkehren. Doch für Leute wie mich ist das Exil eine Realität. Ich habe alles verloren. Ich lebe jetzt in einem anderen Land. Ich weiß nicht, wie ich hier gelandet bin. Ich bin noch nie hier gewesen. Ich weiß nicht, wie ich von hier wegkommen soll.«

»Sind Sie schon einmal in einem fremden Land gewesen?«

Wenn Sie nur wüßte!

»Ja.«

»Sie sagten, Sie hätten eine Zeitlang in London gelebt.«

»Achtzehn Jahre.«

»Das ist eine lange Zeit«, sagte sie, und diese banale Antwort sollte mich ermuntern, mich als anpassungsfähigen Menschen zu betrachten.

»Eigentlich wollte ich nur zehn Jahre bleiben. Dann habe ich den Umzug immer wieder hinausgezögert. Und dann bin ich gegangen.«

»Sie haben sicher viele Hindernisse überwinden müssen.«

»Ja, aber in England heißt das überhaupt nichts. Dort war ich immer ein Ami. Und selbst nach fünfzig Jahren wäre ich noch ein Ami gewesen. Wenn man es vergißt, wird man daran erinnert. Und wenn man Kinder hat, sind sie Amikinder.«

»Das klingt, als hätten Sie sich schon damals wie ein Exilant gefühlt.«

»Nein. Ich wußte trotz allem, daß ich keiner war. 1971, kurz nach meiner Ankunft in England, war ich in einem Landgasthof in Dorset. Ich hatte ein Stück weiter ein Haus gemietet. Die Bauern beklagten sich unentwegt über die Fremden, die kämen und die Preise hochtrieben, und schimpften, die seien allesamt Arschlöcher. Das habe ich mir ein paar Wochen lang angehört. Eines Abends habe ich dann gesagt: ›Ich weiß nicht, was ihr über mich denkt, aber ich kann euch sagen, daß ich nicht die Absicht habe zu bleiben. Sobald ich ein bißchen Geld habe, verlasse ich dieses Dorf und komme nie mehr zurück.‹ Von da an waren die Leute sehr freundlich zu mir.«

»Haben Sie nicht das Gefühl, nach Hause zurückgekehrt zu sein?«

»Das Ironische ist, daß ich nur nach Hause zurückgekehrt bin, um festzustellen, daß ich im Exil lebe. Ich weiß nicht, wo ich bin. Ich habe nicht geahnt, daß ich mit meiner Frau alles verlieren würde. Ich habe nicht in einem Land gelebt. Ich habe in einem Haus gelebt, in einem Zuhause.«

»Warum glauben Sie –« Sie hatte sagen wollen: ›Warum glauben Sie, daß Sie kein neues Zuhause finden werden?‹, aber das wollte ich nicht hören.

»Ich habe mich hierher verirrt und kann nie mehr zurück.«

Wie schon so viele Sitzungen endete auch diese mit Tränen, und das Furchtbare daran war, daß Dr. Mylchreest so pünktlich war. Sie spendete keinen Trost, sondern vermittelte mir nur das Gefühl, daß ihre intensive Aufmerksamkeit nach sechzig Minuten nachließ und die Temperatur im Raum um einige Grade zu sinken schien. Es war an der Zeit zu gehen.

Ich wollte nicht gehen – ich wollte das Gespräch fortsetzen, über etwas anderes sprechen oder ihr zuhören. Ich fühlte mich zu Dr. Mylchreest hingezogen. Ich wußte nichts über sie, und sie hatte mir nichts von sich erzählt, damit ich keine Phantasien entwickelte. Doch die Tatsache, daß ich nichts wußte, machte sie geheimnisvoll und mich neugierig. Ich merkte, wie intelligent sie war. Sie hatte große Füße und starke Knochen und war etwas humorlos, aber auch kräftig und praktisch veranlagt, und ihre weiten Kleider, die langen Röcke und dicken Pullover verbargen ihre Figur nicht, sondern betonten sie eher.

Sie hatte einen schönen, eckigen Körper, und ich wollte sie umarmen und von ihr umarmt werden. Es war schwer, jede Woche zweimal eine Stunde mit ihr in diesem Raum zu verbringen, ohne sie zu berühren. Am Ende jeder Sitzung wünschte ich mir, ich könnte mit ihr nach Hause gehen. Ich wollte, daß wir alles andere vergaßen, im Pyjama vor dem Fernseher saßen und Popcorn aßen. Ich wollte, daß wir uns einen Videofilm ausliehen, auf weichen Kissen im Bett lagen, Wein tranken und uns den Film ansahen.

Es war keine Liebe. Sie war der einzige Mensch, den ich besuchte, mit dem ich sprach. Ich wußte, daß ich mit ihr auskommen würde, und ihr Aussehen gefiel mir. Ich konnte nicht mehr durch Bars und Kneipen ziehen und Frauen ansprechen, wie ich es früher getan hatte, denn inzwischen gab es Aids. Wenn ich eine fremde Frau sah, die mir gefiel, wurde ich vorsichtig, ja ängstlich.

So ging es einen Monat lang, zweimal pro Woche, und ich begann, die Psychoanalyse als festen Bestandteil meines Lebens zu betrachten. Während ich an diesen Winternachmittagen die hundert Kilometer zur Charles Street zurücklegte, dachte ich an das, was ich Dr. Mylchreest sagen würde – ich hatte Einfälle, die ich früher zu Kurzgeschichten verarbeitet hätte. Jetzt waren sie bloß in schlichte Form gebrachtes und kunstlos hervorgestammeltes Futter für die Therapie. Danach gönnte ich mir zwei Coronas und einen Teller *Quesadillas* bei *Amigos* und fuhr zurück – mein Kopf war leer, mein Körper überanstrengt, erschöpft von der Sitzung und der langen Fahrt.

»Exil« schien mir die genaueste Beschreibung meines Zustands zu sein. Ich hatte das Wort oft in meinen Büchern gebraucht, doch erst jetzt erkannte ich seine wahre Bedeutung. Es war eine säkulare Verdammnis, ein Halbwertleben, das mit jeder Sekunde erneut halbiert wurde, bis praktisch nichts mehr übrig blieb. Mein Exil war keine Metapher. Ich war ein Exilant, und ich glaubte, daß ich es für den Rest meines Lebens bleiben würde. Ich war kein Vertriebener, ich war nicht in Ungnade gefallen. Einen Garten Eden kannte ich nicht. Am nächsten war ich ihm 1964 in Moyo gekommen. Diese Leprakolonie war mein Paradies gewesen.

Doch das hier war ein anderes Exil. Auf Reisen in fremden Ländern hatte ich immer lebhaft geträumt – das hatte irgend etwas mit den stickigen Räumen, den klammen Betten, der säuerlich riechenden Luft, den unbestimmten Nachtgeräuschen zu tun. Irgend jemand rief etwas auf Gujarati, Hakka, Quechua oder Ilocano, und ich hatte keine Ahnung, was es zu bedeuten hatte. Doch diese Atmosphäre durchdrang meinen Schlaf und gab mir Träume ein.

Und so lebhaft träumte ich auch hier, in diesem Haus, das nicht mehr mein Zuhause war. Es waren unvollständige Träume, in denen es um Verbrechen und mein Exil ging. Ich war ein seelisch gebrochener Schriftsteller geworden, der im Schlaf vor sich hin brabbelte, und diese Träume waren wie Relikte, wie ausgebleichte Fetzen und Überreste meiner Bücher.

»Es war wieder derselbe«, sagte ich zu Dr. Mylchreest.

Ein alter Traum, den ich seit meiner Rückkehr nach Amerika träumte, seit meiner Telefonzellenperiode. Ich hatte ihn den »Koffertraum« genannt, doch erst jetzt erkannte ich seinen Sinn. Ich war in einen Mord verwickelt. Ich hatte die Leiche nicht zerstückelt, mich aber stillschweigend einverstanden erklärt, als andere – drei Männer – mich gefragt hatten, ob ich ihnen helfen würde. Der Wagen gehörte mir, ich kannte den Besitzer des Koffers, und ich hatte sogar das unbestimmte Gefühl, daß ich das Opfer kannte. In diesem Traum hatte niemand einen Namen. Das arglose Opfer war entführt und umgebracht worden, anschließend hatte man es in Stücke geschnitten und in einem Koffer verstaut.

Das Verbrechen selbst nahm nur einen kleinen Teil des Traumes ein. Sonst bestand er nur aus einer Autofahrt der drei Männer mit mir. Der blutverschmierte Koffer lag auf dem Rücksitz. Wir fuhren auf einer Schnellstraße, warteten am Servicefenster eines Drive-in-Restaurants, standen auf einem Parkplatz, mußten lange an einer roten Ampel warten, während uns ein Kind mit einem kränklichen Gesicht durch das Rückfenster des Wagens vor uns anstarrte und ein großer, sabbernder Hund den Koffer verbellte. Wir wurden von einem Polizisten angehalten. »Was ist in dem Koffer?« Er bemerkte nicht, daß Blut am Griff war. Doch jedesmal, wenn diese Frage gestellt wurde, war ich weiter von dem Wagen entfernt. Ich war wie ein geisterhafter Zuschauer. Ich wurde nie gefaßt.

Ich erwachte voll Angst und Schrecken, keuchend, schweißgebadet. Im Traum agierte ich verstohlen, doch im Wachzustand war ich krank vor Schuldgefühlen, und ein Schmerz, der wie eine Übelkeit war, begleitete mich durch den Tag.

Ich brauchte Dr. Mylchreest, um ihr den Traum zu erzählen. Was sollte ich ohne sie anfangen? Ebenso hatte ich über Alison gedacht; selbst in den schlimmsten Augenblicken hatte ich mir ein Leben ohne sie nicht vorstellen können. Wenn mein Leben unversehrt gewesen wäre, hätte ich einen solchen Traum zu einer Geschichte verarbeitet. Jetzt aber hatte ich keine Arbeit und keine Frau – ich hatte Dr. Mylchreest. Flauberts Geliebte Suzanne Lagier hat zu ihm gesagt: »Du bist der Mülleimer meines Herzens. Dir vertraue ich alles an.«

»Versuchen Sie, die Männer zu identifizieren, Mr. Medved.«

»Es könnte sein, daß ich mit ihnen zur Schule gegangen bin.«

Alle meine Träume hatten offenbar mit der High-School zu tun.

»Das ist schon ein erster Schritt.«

»Ich habe die Schule gehaßt. Ich hatte ein paar Freunde, aber ich war ein ängstlicher Junge.«

»Fahren Sie fort.«

»Ich hatte Angst vor Dummheit. Dumme Menschen schienen immer zu entsetzlichen Grausamkeiten fähig zu sein. Und intelligente Leute wurden verspottet. Es war, als wäre ein intelligenter Mensch so etwas wie ein Homosexueller. Homosexuelle wurden genauso verspottet.«

»Sie haben einen interessanten Vergleich angestellt.«

»O Gott«, sagte ich.

Ihr hübsches Gesicht verriet nichts, aber das Funkeln in ihren Augen zeigte, daß sie gewisse Spekulationen anstellte.

»Weil ich diesen Vergleich angestellt habe, denken Sie, daß ich unbewußt homosexuell bin. Sehen Sie denn nicht, daß ich es so ausgedrückt habe, damit Sie mich verstehen?«

»Es gibt so viele Möglichkeiten, etwas zu erklären, und doch haben Sie diese Worte benutzt.«

»Es gibt viele Möglichkeiten«, sagte ich und versuchte, nicht laut zu werden, »aber das ist der beste Vergleich. Meine Phantasie war mein Geheimnis. Wenn in der Schule ein Geheimnis herauskam – eine Vorliebe für etwas Ungewöhnliches, ein komischer zweiter Vorname, irgend etwas –, wurde man auf übelste Weise verspottet. Niemand war schwul – oder jedenfalls hat es niemand zugegeben. Und doch muß es eine Menge Schwule gegeben haben. Sie mußten sich diese Sprüche über Schwule, Tunten und warme Brüder anhören. Und wenn man intelligent war, wurde man nur noch ›Einstein‹ genannt.«

»Was ist mit dem Opfer?« fragte Dr. Mylchreest. »Das Opfer in Ihrem Traum. Wollen Sie darüber sprechen?«

»Ich habe das Gefühl, es war eine Frau. Eine Frau, die ich kenne.«

»Aber Sie sagen, daß Sie den Wagen gefahren haben. Sie waren nicht derjenige, der sie getötet hat. Stimmt das?«

»Es kommt mir aber so vor, als hätte ich es getan.«

»Ja?«

»Wenn ich aufwache, fühle ich mich schuldig, nicht weil ich etwas getan habe, sondern weil ich etwas weiß.«

»Das Schuldgefühl verschwindet nicht?«

»Nein. Ich habe das Gefühl, daß das Verbrechen noch gar nicht stattgefunden hat. Ich spüre, daß es stattfinden wird, und nur ich weiß, wann und wo. Wenn ich diesen Traum entschlüsseln könnte, würde ich jemandem das Leben retten.«

»Ja?«

Doch Dr. Mylchreest schien nicht an weiteren Informationen über das Mordopfer in meinem Traum interessiert zu sein.

Ich sagte: »Wenn das ein Wahrtraum war, dann ist das eine ernste Angelegenheit.«

Darauf ging sie nicht weiter ein. Sie war reglos und taub geworden. Ich kam mir wie ein Idiot vor, wie jemand, der am Telefon weiterspricht, obwohl die Leitung längst unterbrochen ist, und ich merkte, daß die Stunde um war.

»Ich würde gern noch etwas länger bleiben.«

»Das ist unmöglich.«

»Wartet denn schon jemand?«

»Es ist fünf nach fünf, Mr. Medved.«

»Ich würde mich freuen, wenn Sie mich Pavel nennen würden.«

»Wie Sie wollen, Pavel.«

»Und ich möchte anstatt zweimal lieber dreimal pro Woche kommen.« Die Worte klangen in meinen Ohren wie die eines Mannes, der eine Jungfrau nach den Regeln der alten Schule umwirbt.

»Das könnte schwierig werden, aber ich will in meinem Terminkalender nachsehen.«

Die Straßenlaternen wirkten groß und verschwammen hinter wirbelnden Schneeflocken, die sie umstoben und in schräger Linie auf die nasse Straße fielen.

»Es schneit.«

»Ja.«

Sie wollte, daß ich ging, und gerade wegen ihrer Ungeduld blieb ich noch. Ich konzentrierte meine Aufmerksamkeit auf ihren Körper:

ihre Lippen, ihre Beine, ihre Hände, ihre Augen. Ich wollte nicht gehen. Ich klammerte mich an sie.

»Ihre Zeit ist um«, sagte sie, und noch nie hatte sie hübscher ausgesehen, auch wenn ich nur daran denken konnte, daß sie auf den nächsten Patienten wartete wie eine Hure auf den nächsten Freier.

3

Auf der Rückfahrt zum Cape war ich müde und hatte einen neuen Kummer. In den wenigen Minuten, in denen sie mich gedrängt hatte zu gehen, hatte Dr. Mylchreest in mir ein verwirrendes Gefühl freigelegt. Sie hatte es nicht simplifiziert, sondern es ungewollt entdeckt und mich mit einer offenen Wunde nach Hause entlassen. Sie blutete noch, sie war frisch und schmerzhaft. Ich konnte den Schmerz nicht wegdrücken. Der Schmerz war Liebe.

Ich erkannte deutlich, daß ich den Verlust meines anderen Lebens, den Verlust von allem, was ich besessen hatte, verschmerzen konnte, wenn ich sie – Dr. Mylchreest – hatte. Ich begehrte sie mit einer Liebe, die mich überwältigte, weil ich verwundet und sie eine ganze, vollständige Frau war, praktisch orientiert, aufmerksam, intelligent und schön. Ich hatte das deutliche Gefühl, daß ich einen sexuellen Impuls in ihr wecken konnte und daß sie, wenn die Zeit gekommen war, ihr zu sagen, wer ich wirklich war, die Notwendigkeit meines Täuschungsmanövers verstehen würde. Dann würden wir zusammenleben: Ich sah das Haus, das Bett, die Bücher, den Wein, den gedeckten Tisch für zwei. Ich würde wieder anfangen zu schreiben. Sie würde jeden Tag in ihre Praxis nach Boston fahren. Wir würden eine Einheit bilden. Es war möglich. Die Entscheidung lag bei ihr: Sie war in dem Alter, in dem die Tür sich bald für immer schließt. Noch würden wir Kinder haben können.

Das war zunächst nur ein flüchtiger Gedanke. Doch er nahm an Größe und Bedeutung zu, und vor unserer nächsten Sitzung dominierte er alles, was ich dachte und tat. Es war, als hätte ich entdeckt, daß ich an einer schweren Krankheit litt und daß es nur einen einzigen Menschen auf der Welt gab, der mich davon heilen konnte.

Ich wußte, es war Liebe, weil es reiner Schmerz war – wie der schlimmste Hunger, kombiniert mit der schlimmsten Einsamkeit, eine schleichende Krankheit, die dem, der an ihr litt, einen Vorgeschmack auf den Tod gab. Ihre Pathologie war zum Teil eine Form von Wahnsinn. Ich mußte Dr. Mylchreest unbedingt haben, und ich erkannte, daß ich schwerer und verzweifelter litt als unter der Trennung von meiner Frau. Ich hatte keine Ahnung gehabt, daß es so schnell gehen würde, und ich empfand schreckliche Angst bei dem Gedanken an die Qualen, die ich würde ausstehen müssen, wenn ich mit Dr. Mylchreest in einem Raum war. Ich wollte sie in die Arme nehmen, sie küssen, mein Gesicht an sie schmiegen. Ich wollte sie nehmen, sie verschlingen, und ich wollte, daß sie es von mir wollte, daß sie nackt dalag und sagte: »Nimm mich.«

Zum letztenmal hatte ich mich so gefühlt, als ich auf der High-School gewesen war: verzweifelt, frustriert und machtlos. Ich wußte, daß ich ihr angst machen würde, wenn ich ihr sagte, wie ich mich fühlte, und so verbarg ich meine Gefühle vor ihr, doch in den nächsten Sitzungen sprach ich über Sex: über Träume, Impulse, Episoden aus meiner Vergangenheit, viele davon erfunden. Ein durchgängiges Thema war, daß ich starke sexuelle Bedürfnisse hätte und meine Ehe deswegen schwierig gewesen sei, denn meine Frau sei eher unwillig gewesen.

»Ich brauchte es, nicht nur zur Selbstbestätigung, sondern auch, weil ich glaube, daß Sex und Arbeit die beiden stärksten Antriebe des Menschen sind.«

Das war ein plumper Appell an Dr. Mylchreests freudianischen Ansatz.

Sie sagte: »Und welche Reaktion haben Sie bekommen?«

»Meistens eine nicht gerade begeisterte«, sagte ich. »Ich bin ein unglaublich leidenschaftlicher Mensch.«

Sie lächelte und sagte: *»Annie Hall.«* Sie fragte, ob ich den Film gesehen hätte. Ich hatte ihn gesehen. Dr. Mylchreest erinnerte mich an die Szene, in der Woody Allen seinem Analytiker erzählt, Annie sei frigide: »Sie will nur drei- oder viermal die Woche mit mir schlafen.« Im selben Augenblick erzählt Annie ihrer Analytikerin, wie unersättlich Woody sei: »Er will drei- oder viermal die Woche mit mir schlafen!«

Ich nahm es ihr übel, daß sie diesen albernen, läppischen Film zitierte, um auf ein Thema einzugehen, das mir am Herzen lag. Wie hätte es ihr gefallen, wenn ich sie mit einem der New Yorker Seelenklempner aus einem Woody-Allen-Film verglichen hätte? Doch ich widerstand der Versuchung. Ich mochte gekränkt sein, aber ich liebte sie zu sehr, um mich dadurch entmutigen zu lassen.

»Und ich bin polymorph pervers«, sagte ich. »Ich habe oft das starke Bedürfnis nach sexuellen Experimenten.«

»Ja?«

Ich betrachtete sie aufmerksam, diese Augen, die ein eigenes Leben zu haben schienen.

»Allerdings bin ich wählerisch. Es gab bisher nur sehr wenige Menschen in meinem Leben, die mich emotional berührt haben. Ich war nur selten verliebt.«

»Wenn Sie verliebt waren – welche Eigenschaften waren es dann, in die Sie sich verliebt haben?«

»Innere Kraft, Schönheit, Intelligenz, Aufrichtigkeit, Charakterfestigkeit. Es ist zum Teil körperlich, zum größeren Teil aber eine Art Wissen: Man sieht tief in die Seele eines Menschen hinein. Ich kann es nicht anders ausdrücken.«

»Und macht dieses Gefühl Sie glücklich?«

»Es macht mich krank.«

»Fahren Sie fort.«

»Im Augenblick fühle ich mich auch krank.«

»Ja?«

»Doktor Mylchreest, ich liebe Sie. Ich kann ohne Sie nicht mehr leben.«

Sie zuckte nicht mit der Wimper. »Das ist ganz natürlich, eine Folge der therapeutischen Beziehung.«

»Ich meine es ernst.«

»Natürlich. Das ist die sogenannte Übertragung. Wir können diese Übertragungsliebe durcharbeiten.« Sie lächelte und sah auf ihre Uhr. »In der nächsten Sitzung.«

Ich konnte mich nicht von Dr. Mylchreest trennen – es gab keine Grenze zwischen uns, wir waren ein und dieselbe Person. Meine Zeit war um. Ich fühlte mich beschämt und gedemütigt, aber was machte das schon? Ich war von meiner Liebe überzeugt, aber obgleich ich mich losriß, wußte ich, daß ein Teil von mir bei ihr blieb. Ich konnte es kaum erwarten, zurückzukehren, und doch fürchtete ich mich vor dem Schmerz, den ich empfand, wenn ich ihr gegenübersaß, während ich doch in Wirklichkeit auf ihr liegen, ihr die Kleider vom Leib reißen und tiefer und tiefer in sie eindringen wollte.

Das alles lenkte mich von der Trennung von meiner Frau ab, stellte jedoch ein neues, unerwartetes Problem dar. Zuvor war ich wie betäubt gewesen und hatte nicht gewußt, wie mir geschehen war. Jetzt hatte ich die Lösung gefunden: Ich wollte Dr. Mylchreest lieben, ich wollte ihr Liebhaber sein. Sie war meine Rettung. Ich hatte Alison verlassen. Es war unlogisch, zu ihr zurückzukehren. Ich mußte weitermachen, weitergehen und meine verlorene Hälfte finden. Dr. Mylchreest war diese verlorene Hälfte, mein anderes Leben. Mit ihr würde ich wieder unversehrt und ganz sein.

Bei der nächsten Sitzung sagte ich: »Ich habe das überaus starke Bedürfnis, mit Ihnen zu schlafen. Ich kann den Gedanken, ohne Sie leben zu müssen, nicht ertragen.«

»Das sollten wir uns genauer ansehen.«

»Aber ich will wissen, was Sie dazu sagen.«

Sie lächelte flüchtig und sagte: »Ich bin Ihre Therapeutin. Jede Beziehung zwischen uns, die darüber hinausgeht, ist völlig indiskutabel.«

»Soll das heißen, daß Sie sich gar nicht zu mir hingezogen fühlen?«

»Das ist interessant. Fragen Sie sich oft, ob Frauen, die Sie nicht kennen, sich zu Ihnen hingezogen fühlen?«

»Nein. Nur bei den wenigen, die ich geliebt habe.«

»Welche Eigenschaften, glauben Sie, sehen diese Frauen in Ihnen?«

»Hören Sie doch auf, mir diese Therapeutenfragen zu stellen. Bedeutet es Ihnen denn gar nichts, wenn ich sage, daß ich Sie liebe?«

Sie runzelte die Stirn, und ich sah, wie leicht ihr das fiel – als sei Mißbilligung für sie etwas Natürliches und der entsprechende Ausdruck bereits in ihrem Gesicht angelegt. Sie sagte: »Bedenken Sie, was Sie sagen und wer Sie sind. Sie sind mein Patient. Ich habe Vorsicht walten lassen. Sie wissen nichts von mir.«

»Ich weiß mehr, als Sie denken.«

Ich bluffte, aber an der Art, wie sie versuchte, ihre Überraschung zu verbergen, sah ich, daß sie besorgt war.

»Sie müssen diese Gefühle durcharbeiten, Mr. Medved. Wenn Sie das tun und sie verstehen, werden Sie mehr über sich selbst wissen.«

»Ich weiß alles über mich selbst. Ich will mehr über Sie wissen.«

Das freute sie, als würde ich endlich eingestehen, daß ich nichts wußte.

»Sie sind der einzige Mensch, der mir nahesteht«, sagte ich, und in meinen Ohren klang das pathetisch. »Ich möchte nächste Woche mit Ihnen zu den Bostoner Symphonikern gehen und Sie danach zum Abendessen einladen.«

»Sie sollten aufhören, sich diesen Phantasien hinzugeben.«

»Aber Sie haben mich doch ermuntert, ich solle mich meinen Phantasien hingeben.«

»Um Ihre Phantasien zu verstehen und nicht, damit Sie versuchen, sie Realität werden zu lassen«, sagte sie kurz angebunden, und es war, als würde sie ihre Handtasche zuklappen.

»Warum soll man sich Phantasien hingeben, wenn man sie dann nicht Realität werden läßt?«

Sie sagte nichts. Sie wollte, daß ich über diese Frage nachdachte und ihre Absurdität erkannte. Ich fand die Frage nicht absurd.

Abermals lächelte sie ihr unaufrichtiges Lächeln.

»In der nächsten Sitzung«, sagte sie.

»Ich hatte wieder den Koffertraum«, sagte ich. »Diesmal war er deutlicher. Die Frau ist jemand, den ich recht gut kenne – nicht Alison. Anstatt sie zu beschützen, lasse ich es zu, daß die anderen sie töten. Sie wird zerstückelt und im Koffer verstaut. Obwohl es einige Male hart auf hart geht und wir auch mit der Polizei zu tun haben, werden wir nicht entdeckt. Der Koffer wird in einem Schließfach in der South Station gefunden. Ich könnte Ihnen das Schließfach zeigen.«

»Sehen Sie zu, wenn die Frau zerstückelt wird?«

»Nein. Ich drehe mich um. Aber ich höre es: Es ist, als würde ein

Metzger mit dem Beil zuschlagen. Ich höre das Geräusch der Klinge auf dem Knochen.«

»Und wie fühlen Sie sich, wenn Sie das hören?«

Ich stand auf und sagte: »Herrgott, Dr. Mylchreest. Ich bin ein intelligenter Mensch. Ich habe Freud gelesen, und zwar nicht bloß die gängigen Sachen, sondern auch *Die Zukunft einer Illusion* oder *Das Unbehagen in der Kultur.* Ich kann Ihnen algebraisch beweisen, daß Shakespeare der Geist von Hamlets Vater war. Sehen Sie? Das verstehen Sie nicht mal ansatzweise! Ich bin Spezialist für Kernphysik. Ich bin in Indien und China und Patagonien gewesen. Metaphysische Lyrik rührt mich an. Ich sammle japanische Drucke. Ich besitze einen Druck vom Originalstock von Hokusais *Roter Fuji.* Ich spreche Italienisch und Suaheli.«

Ich hielt inne – mir waren nicht die Beispiele ausgegangen, sondern die Luft.

»Und was schließen Sie daraus?« fragte Dr. Mylchreest.

»Daß ich ein Marsmensch bin. Ich fühle mich einsam – nicht nur in dieser Stadt, sondern auch auf dem ganzen Planeten.«

»Das ist offensichtlich. Vielleicht ist es der Grund, warum Sie sich zu einer Therapie entschlossen haben.«

»Nein, ich brauche keine Therapie, sondern Sie. Ich brauche Ihre Liebe.«

Ihr Gesicht war ausdruckslos wie immer, aber ihre Augen waren verletzlich – das lag an ihrem Alter. Eine ältere Frau hätte sich dagegen verhärtet, doch ich sah, daß sie sich bemühte, ihre Gefühle zu verbergen, sie im Zaum zu halten und diese Sitzung in den Griff zu bekommen. Doch für mich war es hoffnungslos. Ich konnte mir nur eine einzige Art von Erfolg vorstellen: wenn ich sie umarmen konnte, wenn ich sie ausziehen konnte, während sie schwach protestierte und mir erlaubte, ihren ganzen Körper zu streicheln. All dies, während wir auf dem Teppich ihrer Praxis lagen und sie in mein Ohr stöhnte.

»Bitte setzen Sie sich, Mr. Medved.«

Ich haßte das: ihren sachlichen Ton, ihre belanglose Aufforderung, das kaum verborgene Mitleid in ihrer Stimme. Ich wollte nicht, daß sie mich bemitleidete, und noch weniger, daß sie mich analysierte. Ich wollte, daß sie Angst vor mir hatte.

»Die Frau in dem Koffer«, sagte ich. »Das waren Sie.«

Sie versuchte, ein ausdrucksloses Gesicht zu machen. »Fahren Sie fort.«

»Es gibt nichts mehr zu sagen außer: Seien Sie sehr vorsichtig, Dr. Mylchreest.«

»Ja?«

»Ich bin nicht hier, weil ich einsam bin. Ich bin zu Ihnen gekommen, weil ich verzweifelt war, und ich bin geblieben, weil ich mich in Sie verliebt habe. Ich werde auch wieder aufhören, Sie zu lieben – nichts ist abstoßender als eine schöne Frau, die man als Betrügerin entlarvt hat.«

»Sie sagten, Sie seien einsam.«

»Natürlich bin ich einsam!« schrie ich. Ich hatte nichts zu verlieren, ich würde nie mehr hierher zurückkehren. »Aber ich bin nicht nur jetzt einsam. Mir ist aufgegangen, daß ich schon immer einsam gewesen bin und daß ich mir etwas vorgemacht habe, als ich dachte, es wäre nicht so. Einsamkeit ist das Los des Menschen. Einsamkeit ist der Grund, warum die Leute tun, was sie tun.«

»Sie sind zu mir gekommen, weil Sie ein Problem damit hatten.«

»Ich habe kein Problem damit, einsam zu sein!« Ich schrie schon wieder. »Ich will nur wissen, warum ich allein bin. Ich bin fast fünfzig und habe niemanden, nicht einen einzigen Menschen. Sagen Sie mir, warum ich einsam bin. Sehen Sie: Sie haben keine Ahnung!«

»Wir haben über Ihre Vergangenheit gesprochen –«

»Ich war schon immer so, wie ich jetzt bin«, sagte ich trotzig.

Sie nickte. Die Stille breitete sich im ganzen Raum aus. Dann sagte sie: »Ich habe das Gefühl, daß dies unsere letzte Sitzung ist.«

»Ja. Sie fangen an, bemitleidenswert auszusehen. Wie ein Mordopfer.«

Daß sie diese Bemerkung ignorierte, fand ich bewundernswert.

Sie sagte: »Freud war der Meinung, die Literatur sei ein möglicher Weg, um sich dem Unbewußten zu nähern. Er hat das einmal zu Arthur Schnitzler gesagt. Kennen Sie ihn und sein Stück *La Ronde*?«

»Sie bringen da was durcheinander. Schnitzlers Stück heißt *Der Reigen*. Ophüls' Adaptation heißt *La Ronde*.«

Sie zuckte bloß die Schultern. »Und Harry Stack Sullivan«, fuhr sie fort, »ein brillanter Psychoanalytiker, hat sehr tiefgründige Dinge über Herman Melville geschrieben. Und dann gibt es natürlich auch noch Simon Lessers Buch *Fiction and the Unconscious.*«

»Ich habe Lesser in Amherst kennengelernt.«

»Sein Verständnis von Freud ist nicht überragend, aber er besitzt ein überaus fein entwickeltes Gespür für Literatur.«

»Ich bin eher der Meinung, daß es umgekehrt ist. Er macht so viel Aufhebens um Dostojewski, und dabei kann er gar kein Russisch. Es ist ja auch offensichtlich, daß Prinz Myschkin in *Der Idiot* ein Problem hat, aber ist es – wie Lesser behauptet – seine Homosexualität? Lesser sagt, dieses Problem hätten alle. Flaubert. Hawthorne. Poe.«

»Und Sie meinen, daß er Unrecht hat?«

»Wäre es nicht richtiger zu sagen, daß Lesser versucht hat, seine eigene Sexualität zu erklären? Eine Sexualität, die in den sechziger Jahren ein dunkles Geheimnis bleiben mußte.«

»Es ist noch immer etwas, das die Menschen geheimhalten wollen. Ich finde es interessant, daß Sie diese Frage anschneiden. Möchten Sie darüber sprechen – über Homosexualität?«

»Sie glauben, Sie seien raffiniert – dabei stellen Sie nur die plumpsten und naivsten Verbindungen her.«

»Daß man mit Hilfe der Literatur psychologische Einsichten gewinnen kann, sollten Sie nicht einfach von der Hand weisen, Mr. Medved.«

»Wenn ich deprimiert bin, kann ich nicht lesen. Es ist zu anstrengend.«

»Und wie steht es mit Romanen, in denen es um den seelischen Zustand geht, in dem Sie sich befinden?«

»Noch schlimmer.«

Sie lächelte, und dieses Lächeln war ein sehr endgültiger Abschied.

»Es gibt wirklich nichts mehr, was ich für Sie tun kann«, sagte sie. »Ich kann Ihnen nichts mehr sagen. Jetzt liegt es bei Ihnen.«

Es war also wirklich vorbei. Sie schien zu erkennen, daß ein Teil von mir sich weigerte, sich einzulassen, und statt dessen in jeder Sitzung auf der Lauer lag. Es war kein Zuschauer, der müßig neben mir stand, es war der Schriftsteller in mir. Er war kein beiläufiger Beobachter, sondern ein leidenschaftlicher Zeuge. Solange dieser Teil meines Geistes die Vorgänge mit kühler Distanziertheit analysierte, mußte die Therapie fehlschlagen. Doch das war das Großartige, wenn man sich als Schriftsteller einer Psychoanalyse unterzog: Natürlich scheiterte man, denn man brauchte seine Geheimnisse – aber man hatte immer das letzte Wort.

Ich wurde sentimental und bekam Mitleid mit ihr. »Die Frau in dem Koffer«, sagte ich. »Ich habe gelogen. Das waren nicht Sie.«

»Soll ich mich dafür bei Ihnen bedanken?«

»Nein. Es ist einfach die Wahrheit. Das Opfer war eine Joggerin, Mitte Zwanzig, blond, eine geschiedene Frau von irgendwo am South Shore.«

Sie sagte nichts. Sie interessierte sich nicht mehr für die Einzelheiten meiner Träume. »Sie müssen sich selbst helfen.«

»Indem ich lese?«

»Oder indem Sie schreiben.«

»Das ist lachhaft.«

»Dann lesen Sie eben zum Vergnügen.«

»Ich muß leider sagen, daß ich Lesen immer äußerst anstrengend finde.«

»Das ist vielleicht gar nicht so schlecht. Wenn ich für einen Patienten nichts mehr tun kann, gebe ich ihm eine Leseliste mit auf den Weg.«

Es kränkte mich, daß sie die Liste bereits zur Hand hatte. Es war, als hätte sie schon längst, schon bevor ich es ausgesprochen hatte, gewußt, daß dies die letzte Sitzung sein würde. Sie reichte mir eine vier Seiten umfassende Aufstellung. In der Art, wie sie geschrieben war, entdeckte ich etwas Fremdartiges. Vielleicht lag es an der Schreibmaschine, an den Zwischenräumen oder an der Interpunktion. Die Liste hatte eine eigene Ordnung, eine eigene Unbeholfenheit – wie eine schlechte Übersetzung.

Mein Name fiel mir sogleich ins Auge. Am unteren Ende der dritten Seite waren vier meiner Romane aufgeführt.

»Paul Theroux.«

»Sie sollten ihn lesen.«

Ich sah sie an. Wußte sie, wer vor ihr saß?

»Und was werde ich in seinen Büchern finden?«

»Sie werden finden, was immer Sie finden wollen«, sagte sie. »Aber Sie sollten sich genau ansehen, was er über die Ehe und die komplexe Beziehung zwischen Freiheit und Abhängigkeit schreibt.«

»Sie meinen, er hat in seinen Büchern über meine Ehe geschrieben?«

»Nein, nein. Seine Bücher sind alle sehr verschieden. Ich möchte nur, daß Sie sehen, wie unterschiedlich Beziehungen sein können. Aber seine Personen haben Hoffnung, sie sind findig und phantasievoll. Vielleicht finden Sie dort einige Antworten.«

»Es gibt keine Antworten. Das haben Sie mir gerade bewiesen.«

»Ich spreche von Vorschlägen. Seine Bücher werden Ihnen Möglichkeiten aufzeigen. Die sind die eine Hälfte der Antwort«, sagte sie. »Die andere Hälfte müssen Sie selbst beisteuern.« Vielleicht wußte sie, wer ich war. Vielleicht sagte sie mir, ich solle mir mein eigenes Werk ansehen. Vielleicht wollte sie mir zu verstehen geben, daß der einzige Weg aus meinem Dilemma darin bestand, zu schreiben, wie ich es vorher getan hatte, und daß ich dann meine fehlende Hälfte wiederentdecken würde.

Einen Monat später fand man in einem Schließfach in der South Station den Koffer. Er hatte begonnen zu stinken, denn er enthielt die zerstückelte Leiche einer zweiundzwanzigjährigen, kürzlich geschiedenen Frau aus Plymouth, die beim Joggen überfallen und entführt worden war.

DREIZEHN

Medford – Next 3 Exits

1

Drei Tage nachdem ich meine Psychoanalyse abgebrochen hatte, setzte ich mich in den Wagen und fuhr nach Boston, als wäre das eine Angewohnheit, von der ich nicht lassen konnte. Was ich brauchte, war nicht die Sitzung bei Dr. Mylchreest, sondern die Autofahrt. Zweimal pro Woche war ich nach Boston gefahren, und nun brauchte ich diese Routine. Ich wollte nicht zu Haus sitzen, ich wollte Radio hören, beschäftigt sein, die Kilometer zählen und nachher etwas essen. Der Übergang vom Nachmittag zum Abend, von hell zu dunkel, besonders jene Stunde winterlichen Zwielichts, wenn es weder hell noch dunkel ist, war die schwerste Zeit des Tages. Und heute schneite es wieder: Leichte, staubkornartige Flocken, nicht weiß, sondern bläulichgrau und so ziel- und schwerelos wie Asche, schwebten von einer tiefhängenden, geschlossenen Wolkendecke auf die dunkle Stadt herab, schmolzen auf dem Asphalt und machten die kleinen Steine neben der Straße feucht und schwarz wie Hundenasen, doch die fernen Hügel, die ich aus dem Behandlungszimmer meiner Analytikerin hatte sehen können, waren weiß.

Als ich an der Ausfahrt zum Storrow Drive, die ich genommen hatte, wenn ich zu Dr. Mylchreest gefahren war, vorbeikam, dachte ich, daß diese Sitzungen, die ich mir in etwa wie eine Beichte vorgestellt hatte, eher einer Stunde bei meinem Tutor geähnelt hatten: Ich hatte meine Hausaufgaben – meine Träume, meine Ängste – vorgezeigt, damit sie benotet wurden. Das hatte sich alle drei Tage wiederholt. Es war eine anstrengende Monotonie gewesen, die sich zu einem ausgefeilten Ritual entwickelt hatte, zu einem weiteren Geheimnis. Und wofür? Es half mir nicht, besser zu leben. Es war wie die Schule, wie das, was ich an der Schule am meisten gehaßt hatte: Sie entsprach nicht dem Leben, sondern war eine überholte Form der Einübung des Lebens. Ich hatte die Analyse abgebrochen, weil ich bestimmte Dinge für mich behalten hatte, so wie ich vor langer Zeit aufgehört hatte, täglich Tagebuch zu führen, weil ich gemerkt hatte, daß es einiges gab, was ich nicht aufschrieb. Wenn man nicht die ganze Wahrheit sagte, hatte nichts, was man tat, einen Sinn.

Irgend etwas war nach wie vor nicht in Ordnung mit mir, aber das, was nicht in Ordnung war, hatte mich zu einem Schriftsteller gemacht, und vielleicht würde ich auch wieder schreiben. Daß ich im Augenblick unproduktiv war, machte nichts; immerhin war ich hellwach, und diese Wachheit und mein gegenwärtiger labiler Zustand bewirkten, daß ich mich an alles erinnerte. Die Fahrt jedoch, das Wissen, daß ich an einem bestimmten Tag etwas bestimmtes tun mußte, half mir, meine Woche zu planen. Es erfüllte mich mit Vorfreude; dann kam der Tag, der ganz von der Sitzung beherrscht wurde und mich in Spannung versetzte; und am Tag danach fühlte ich mich etwas abgespannt und beansprucht, und das alles vermittelte mir das Gefühl, daß ich arbeitete.

Vor allem aber machte ich auf diesen Fahrten wieder Bekanntschaft mit amerikanischen Straßen: mit ihrer Größe, mit der Geschwindigkeit, die dort gefahren wird, und mit der Tatsache, daß die Schilder an den Schnellstraßen immer viele Möglichkeiten und Hinweise anbieten. Ich tat, was nur einsame Menschen tun: Ich hörte mir Radiosendungen mit Hörerbeteiligung an, und ich verstand die Wut und Verwirrung der Anrufer. Ich lauschte auf die Texte der Country-Music, die meine eigene Gemütsverfassung schilderten. Und die Route 93, die Schnellstraße, die durch Boston führte, war nicht einfach ein Verkehrsweg durch eine Landschaft – keine amerikanische Straße ist das. Es war eine Schnellstraße im Sinne des Wortes, und ich sah Hinweisschilder auf Orte, von denen einige sehr weit entfernt waren – auch dies ein Kennzeichen einer großen Fernstraße. An den Ausfahrten standen Wegweiser mit der Aufschrift *Kennedy Library* oder *Chinatown* oder *To Providence and New York*, und nach dem Schild *For New Hampshire and Maine* kam ein grünes, nicht weniger kleines: *Medford – Next 3 Exits.*

Bei den Sitzungen hatte ich immer wieder von Medford erzählt – das hatte etwas mit den Hinweisschildern an der Schnellstraße und dem Anblick des Schnees zu tun –, und als ich die Analyse nach über zwanzig Stunden aufgab, dachte ich mehr denn je an Medford. Ich zerbrach mir den Kopf darüber, warum ich nicht von irgendwoher wieder dorthin gefahren war. Ich war dort zur Welt gekommen, und dann war ich weggegangen. Darum assoziierte ich das Wort Medford mit Abreise.

An diesem Winternachmittag fuhr ich dorthin wie ein Hund, den irgend etwas erregt, das er nicht versteht und unbedingt beschnüffeln will. Medford Square war eine aus fünf breiten Straßen bestehende Kreuzung: Main Street, Forest Street, Salem Street, High Street und Riverside Avenue. Der Platz, der die Stadtmitte bildete, war schäbiger als früher, hatte aber wegen des Flusses, der daran vorbeifloß, noch immer dieselbe Form. Medfords Hauptattraktion war der Mystic River. Er war recht schmutzig, aber das war er schon immer gewesen – dunkel, lautlos und still. Der Fluß hatte die Stadt reich gemacht. Schiffe, die hier gebaut wurden, segelten nach Boston und weiter in die Welt. Wir alle sprachen von Medford-Schiffen und Medford-Rum. Das letzte Medford-Schiff war 1873 gebaut worden, und Medford-Rum gab es schon seit Jahren nicht mehr – um Alkohol zu kaufen, mußte man nach Somerville fahren.

Das alte Magoun-Herrenhaus, ehemals das Gebäude der Stadtbücherei, hatte man abgerissen. An seiner Stelle stand eine neue Bücherei, die wie ein Supermarkt aussah. Und die Route 93 führte nun an Medford vorbei und darüber hinweg – eine Schnellstraße, so hoch und groß wie ein römischer Viadukt. Sie hatte die Stadt zweigeteilt und das Haus gefressen, in dem ich meine Kindheit verbracht hatte: Webster Street 76 und die Hundehütte waren unter der Abfahrt 33 verschwunden, ebenso wie die Water Street, wo wir immer gerodelt waren. Es war spät und dunkel. Ich war überrascht, wie weiß der Schnee hier war.

Als ich drei Tage später wieder nach Medford fuhr, nahm ich meine Langlaufskier mit.

Es heißt, daß einem alles sehr klein vorkommt, wenn man die Orte der Vergangenheit wieder aufsucht: das Haus, die Schule, die Straße, in der man gewohnt hat, der Zaun, der Park. Doch nein – Medford wirkte größer, breiter, schattiger. Lag das am Schnee? Auf jeden Fall machte der Schnee die Umrisse klarer. Die Bäume, die in meiner Erinnerung klein waren, ragten riesig auf, und in den steilen Vorgärten türmten sich Schneewehen. Der Fluß war halb zugefroren. Lange, grüne Wasserpflanzen drückten gegen die Unterseite des Eises, und alle strömten in dieselbe Richtung.

Medford sah aus wie vom Glück verlassen. Viele Geschäfte hatten pleite gemacht. Das Delikatessengeschäft war jetzt ein Gemischtwarenladen, im ehemaligen Star Market war ein Autozubehörgeschäft, den Diner hatte eine Imbißkette übernommen, und das Kino war abbruchreif. Wo früher kleine, von den Besitzern und ihren Kindern betriebene Läden gewesen waren, gab es jetzt nur noch Filialen großer Handelsketten. Das alte Herrenbekleidungsgeschäft – das einzige, wo man teure Schuhe oder einen Kaschmirmantel kaufen oder sich einen Anzug anmessen lassen konnte – war jetzt ein Franchise-Unternehmen, das billige Abendanzüge vermietete. Bei dieser Rückkehr wurde ich daran erinnert, wie es früher hier gewesen war, wer ich gewesen war. Jetzt endlich – allein, mittellos, ohne Arbeit – gehörte ich nach Medford. Mein Gefühl der Fremdheit paßte zur Fremdheit dieses Ortes. Schlimmer wäre es gewesen, wenn ich arm und abgebrannt in eine wohlhabende, hochnäsige Stadt zurückgekehrt wäre. Ich fühlte mich so, wie dieser Ort aussah. Die Stadt war älter geworden, sie wirkte mitgenommen, schäbiger, ein bißchen aus dem Ruder gelaufen. Wie ich.

Doch in den Fells, den Wäldern nördlich der Stadt, hatte sich nichts verändert. Die Schneemassen, die die schmalen Wege bedeckten, waren genau so, wie ich sie in Erinnerung hatte. Ich parkte an der South Border Road und glitt im frühen Dämmerlicht auf Skiern über den weichen Schnee, und der einzige Unterschied zu früher war das Geräusch der Schnellstraße, die man vom Waldrand aus hörte: Es klang wie ein endloser Güterzug. Ich beschrieb einen großen Bogen, sah mir alle Häuser an, die ich in der South Border Road kannte, und kam an dem felsigen Hügel vorbei, den wir Panther's Cove genannt hatten, am Wright Tower, dem Sheepfold und dem kleinen, gefährlichen Doleful Pond, wo wir im Winter Schlittschuh liefen, aber im Sommer nie baden gingen, weil es dort angeblich Treibsand gab.

Vor vierzig Jahren, als Junge, war ich hier Ski gefahren. Mein Hund Samson war vorausgelaufen, bis zum Kinn im Schnee und mit Schneeflocken auf der Nase. Meine Skier waren aus Holz gewesen, mit einer Bindung aus Lederriemen und Skistöcken aus Bambus, doch es waren dieselbe Dunkelheit, dieselbe kalte Luft, in der durch den Frost ein Hauch von Staub und der Geruch von modrigem Laub und Pechkiefernnadeln lagen, dieselbe, von Eiskristallen herrührende Schärfe des Windes, dieselbe Kälte, die sich im Winter bei Einbruch der Dunkelheit herabsenkte. Abgesehen von dem entfernten Rauschen des Verkehrs und Samsons Hecheln herrschte Stille im Wald, demselben Wald mit demselben Schnee, dem Wald, den ich kannte. Hier hatte ich zum erstenmal das Gefühl, nach Hause zurückgekehrt zu sein, denn hier hatte ich damals oft mit meinem Kleinkalibergewehr auf Bierflaschen geschossen, Feuer gemacht, Felsen bestiegen und genau das getan, was ich auch jetzt tat: Ich war über kalten, quietschenden Schnee geglitten, war von der plötzlichen Dunkelheit eines späten Winternachmittags überrascht worden, hatte mich vorangetastet und war, als ich die Straße erreicht hatte, von den Scheinwerfern der Autos geblendet worden.

Nachdem ich die Skier wieder auf dem Dachträger des Wagens befestigt hatte, fuhr ich zurück zum Medford Square und, da ich Lust auf ein Bier hatte, die Mystic Avenue hinunter. Früher hatte es hier eine große Rollschuhbahn mit Holzfußboden gegeben, das *Bal-A-Rue*, wo auch die Seeleute, die in Boston Landurlaub bekommen hatten, herumhingen. Jetzt stand dort inmitten von Schrottwagen eine Autowerkstatt und dahinter, unmittelbar jenseits der Countygrenze, gab es eine Bar, die *Mystic Lounge*.

Drinnen war es dunkel. Die Nischen wurden von trüben roten Lampen beleuchtet, und es stank nach Zigarettenrauch und abgestandenem Bier. Ich bestellte mir an der Theke ein Glas Bier und kam auf dem Weg zu einer Nische an der Jukebox vorbei. Ich steckte ein paar Vierteldollarmünzen in den Schlitz und suchte drei alte Songs aus. Dann setzte ich mich, trank einen Schluck Bier und hörte mir

Ray Charles' *Born to Lose*, Chuck Berrys *No Particular Place to Go* und Jim Morrisons Ohrwurm *People are Strange* an. Und ich lächelte, spülte mein Elend mit etwas Alkohol hinunter und empfand eine mit Selbstmitleid durchsetzte Befriedigung bei dem Gedanken, daß es mit uns, mit Medford und mit mir, bergab gegangen war.

In der Nische hinter mir sagte eine spöttische Stimme: »Hey, Alter, haben Sie'n Problem?«

Ich drehte mich um und sah ein dickliches Mädchen und seine tätowierte Freundin – Tätowierungen am Hals und an den Armen –, die mich wissend anlächelten, als hätte ich mit der Auswahl der Songs meine Gemütsverfassung beschrieben.

»Keine Probleme«, sagte ich und lachte, weil ich mich freute, daß mich jemand wahrgenommen hatte. Seit zwei Monaten lebte ich wie ein Gespenst: unsichtbar, unhörbar, namenlos, eine Wesenheit, die durch Wände gehen konnte.

»Sind Sie echt Ski gefahren?« fragte die tätowierte Freundin und zeigte auf meinen Skianorak und die Brille und die Handschuhe, die neben mir lagen.

Ich war dankbar, daß sie mit mir sprachen, stand auf, trat an ihren Tisch und sagte: »Aber ja«, doch als ich sah, daß sie in Begleitung zweier junger Männer waren, zögerte ich. Die Männer saßen den beiden Mädchen gegenüber, bleich, mit mürrischen Gesichtern und in zusammengesunkener Haltung. Ihre Haare hingen ihnen in die Augen, und einer von ihnen war schwer betrunken. Er hatte aufgesprungene Lippen und umklammerte mit schmutzigen weißen Fingern ein Glas mit etwas Hochprozentigem. Er hob es an den Mund und schüttelte es, um den Schaum seines Speichels, der darin schwamm, zu verteilen. Keiner von ihnen saß aufrecht – sie hatten die Füße auf die Sitzbank gestellt und hockten zusammengekauert da wie junge Hunde.

»Ich war mit Langlaufskiern in den Fells unterwegs.«

»Wo is'n das?«

»Am Fellsway«, sagte ich und begann, den Weg dorthin zu erklären, doch das Mädchen hatte offenbar noch nie davon gehört, und die anderen machten gelangweilte Gesichter. Ich verstummte.

»Ich will noch was zu trinken«, sagte der Betrunkene.

»Das übernehme ich«, sagte ich, rief die Bedienung und bestellte fünf Bier. Schon im nächsten Augenblick war es mir peinlich, und ich hatte das Gefühl, einen Fauxpas begangen zu haben, indem ich eine Runde auf englische Art bestellt hatte, so daß die anderen gezwungen sein würden, sich für dieses kleine Ritual gespielter Kameradschaft zu revanchieren.

Doch einer der jungen Männer sagte mit schwerer Zunge: »Muß cool sein, wenn man einen Job hat«, und mir wurde bewußt, daß ich zu impulsiv und aufdringlich gewesen war und daß die jungen Leute kein Geld hatten und keine Runde ausgeben würden.

»Ich heiße Paul«, sagte ich und hob meine Flasche; sie stießen sie mit ihren Flaschen an und sagten mir ihre Namen. Das Mädchen, das mich angesprochen hatte, hieß Vicky – ihre Freunde nannten sie Weechie. Die andere hieß Bun-Bun und hatte eine kleine Tätowierung an der Seite ihres Halses und eine zweite – einen kleinen Vogel – auf dem Handrücken. Der Betrunkene war Mundo. Sein mürrischer Freund starrte mich nur an, und Weechie sagte: »Das ist Blaine. Er ist stoned wie'n Ei und zieht gerade noch einen durch.«

Mit haßerfülltem Lächeln verbarg Blaine den Joint in seiner Hand und schnaubte.

»Ich weiß, wo er meint«, sagte Mundo. »Am Fellsway hatte ich doch den Crash, wo sie mich mit'm Schneidbrenner rausholen mußten – hat ungefähr 'ne Woche gebraucht, bis diese Ärsche mich da raushatten.«

»Er besäuft sich, brät über die 93, macht die Augen zu und fängt an zu zählen. Nur um zu sehen, was passiert.«

»Was passiert, ist, daß er in die Leitplanke knallt«, sagte Bun-Bun.

»Einmal bin ich bis achtundvierzig gekommen«, sagte Mundo. Er hatte einen asymmetrischen Kopf – ein Auge saß höher als das andere, und auch die Backenknochen lagen nicht auf einer Linie. Daß er von Autounfällen sprach, lenkte die Aufmerksamkeit auf diese Tatsache. »Dann hat's gescheppert.«

»Und was soll das Zählen?« fragte ich und dachte daran, daß ich in den vergangenen zwei Monaten alles in meinem Leben gezählt hatte – Minuten, Pfunde, Mahlzeiten, Telefonmasten.

»Zählen ist völlig beknallt«, sagte Bun-Bun. »Wenn man total von was besessen ist, fängt man an zu zählen. In dem Laden, wo ich arbeite, hatten wir mal 'ne Frau, die hat alles ungefähr hundertmal gezählt, und bevor sie ging, hat sie alle Türklinken angefaßt. Irgendwann ist sie dann durchgedreht.«

Sie sprach langsam und undeutlich, als hätte sie einen Bissen im Mund. Das fiel mir auf, und ich fragte mich, warum sie ihn nicht hinunterschluckte. Ich wartete darauf, daß sie lächelte, und als sie es tat, sah ich auf ihrer Zunge ein helles, silbriges Glitzern.

»Was ißt du da?«

»Zeig's ihm, Bun-Bun«, sagte Weechie.

»Knopf in der Zunge«, sagte Bun-Bun und zeigte mir die silberne Kugel auf ihrer Zungenspitze. Als sie damit gegen ihre Zähne schlug, sah ich, daß an der Unterseite ebenfalls eine Kugel war. »Eigentlich mehr 'ne kleine Hantel.«

»Hat das nicht weh getan?«

Bun-Bun runzelte angesichts dieser naheliegenden Frage die Stirn und sagte: »Ich fand's gut.«

»Piercing«, sagte Weechie.

»Wozu ist das gut?«

»Er will wissen, wozu das gut ist!«

»Wo hast du dir die Tätowierungen machen lassen?« fragte ich Bun-Bun.

»Auf 'ner Tattooparty.«

»Was passiert da?«

»Da gehen alle hin. Man zahlt fünfzig Dollar und trinkt was und hängt so rum, und der Typ nimmt sich einen nach dem anderen vor. Ist cool. Morgen abend ist eine Tattooparty an der Riverside Avenue. Wir gehen wahrscheinlich hin.«

»In der Riverside Avenue hab ich früher mal Zeitungen ausgetragen. Das war mein Bezirk«, sagte ich. Sie starrten mich an. Ich fragte Weechie: »Und was machst du so?«

»Ich arbeite in 'nem Zoogeschäft in der Wellington Mall.«

»Beim Autokino?«

»Das hat vor ungefähr tausend Jahren dichtgemacht«, sagte Weechie.

»Und du?« fragte ich Blaine.

Er starrte mich wütend an, und die Augen in seinem flachen weißen Gesicht funkelten. »Will der Typ hier eigentlich 'n Interview veranstalten oder was?« sagte er.

»Er ist 'n bißchen schlecht drauf«, sagte Weechie.

Es war meine alte, instinktive Fragelust, meine Neugier, die quälende Begleiterscheinung der Einsamkeit – die Fragen und Antworten füllten meinen Kopf mit Einzelheiten und ließen mich nicht zur Ruhe kommen, bis ich sie in eine Art Ordnung gebracht hatte. Diese Intensität ging bei mir dem schöpferischen Prozeß voraus, und obgleich mir meine Zudringlichkeit unangenehm war, hatte ich die leise Hoffnung, bald wieder etwas schreiben zu können. Daß ich bei diesen Leuten saß und mich traute, ihnen Fragen zu stellen, bedeutete vielleicht, daß ich dabei war, meine Depression hinter mir zu lassen.

»Ich habe mal in Medford gelebt«, sagte ich, um ihnen ein paar Informationen zu geben. »Ich bin hier geboren.«

»Vor ungefähr sechshundert Jahren«, sagte Blaine.

»Beachten Sie ihn gar nicht, Mister«, sagte Bun-Bun, und es tat mir leid, daß sie mich nicht mit Namen ansprach. Hatte ich ihr den nicht eben gesagt?

»Ich bin auf die Medford High gegangen.«

»Mein Alter auch«, sagte Weechie. »Eddie Faganti? Vielleicht kennen Sie ihn.«

»Wann hat er den Abschluß gemacht?«

»Irgendwann in den Sechzigern«, sagte Weechie.

Ich nickte und sagte, der Name komme mir irgendwie bekannt vor, denn ich fürchtete, sie würde das Interesse an mir verlieren, wenn ich ihr sagte, daß ihr Vater jünger war als ich. Um das Thema zu wechseln, zeigte ich auf die Plastiktüte, die neben Weechie auf dem Tisch lag, und fragte sie, ob sie Einkäufe gemacht habe.

»Was soll'n die Fragerei, Mann?« sagte Blaine wütend. »Geht uns dieser Typ auf'n Arsch oder was?«

»Benimm dich«, sagte Bun-Bun mit einer mütterlichen Strenge und Nachdrücklichkeit, die mich beeindruckte. Und es funktionierte: Blaine verzog den Mund, sagte aber nichts mehr und sah kleinlaut aus. »Entschuldigt mich«, sagte Bun-Bun. »Ich muß mal 'ne Runde pinkeln.«

»Das sind bloß Videos«, sagte Weechie, als ich mich auf Bun-Buns Platz setzte. Sie zog zwei Kassetten aus der Tüte: *Stirb langsam* und *Half Moon Street*.

Es durchfuhr mich, in meinem Kopf rauschte das Blut, und ich stotterte: »Das Buch zu dem Film hab ich geschrieben. Der ist mit Sigourney Weaver und Michael Caine. Irgendwo auf der Hülle steht wahrscheinlich mein Name.«

Doch dort war nichts außer einem verschmierten, eingerissenen Aufkleber mit einer von Hand geschriebenen Nummer.

»Da ist diese coole Szene drin, wo sie auf einem Standfahrrad sitzt und total verschwitzt ist«, sagte Weechie. »Bun und ich stehen auf sie. In *Alien* hat sie diese sabbernde Weltraumeidechse weggepustet – total geil. Und *Working Girl* war auch nicht schlecht.«

Mundo sagte: »Mir ist er auf'n Arsch gegangen.«

Ich sagte so deutlich wie möglich: »Ich habe die Geschichte geschrieben, nach der sie diesen Film gedreht haben«, und zeigte auf die Kassette mit *Half Moon Street*.

Doch obgleich sie mich gehört hatten, sagten sie nichts. Es war, als hätte ich in einer fremden Sprache gesprochen, als hätte ich etwas so lachhaft Unverständliches gesagt, daß sie es nur als Geräusch ohne jeden Sinn wahrnehmen konnten. Weechie wandte sich lachend ab, und sogar Blaine lächelte, weil Mundo laut gefurzt hatte und sagte: »Ich glaub, ich bin auf 'ne Ente getreten.«

Ich saß in der Nische auf der Kante der Bank, wo vorher Bun-Bun gesessen hatte, und kam mir vor wie ein Anhalter in einem bereits voll besetzten Wagen mit Leuten, die einander gut kannten; ich wußte, daß hier eigentlich nicht genug Platz für mich war, aber ich wollte nicht aussteigen und so spät abends an einer unbefahrenen Straße, ohne Aussicht auf eine andere Mitfahrgelegenheit, zurückgelassen werden. Ich brauchte diese Leute.

»Haben Sie *Caddyshack* gesehen?« fragte mich Weechie.

»Nein«, sagte ich. »Wahrscheinlich war ich gerade auf Reisen, als er herauskam. Vielleicht ist er in England gar nicht gelaufen. Ich habe dort gelebt. Ich bin Schriftsteller. Ich schreibe Bücher. Ich schreibe auch Filme.«

»Das ist doch bescheuert. Ich meine, kein Mensch schreibt Filme.

Da ist doch alles bloß Kamera und Schauspielerei. Explosionen und Verfolgungsjagden. Wozu schreiben?«

»Drehbücher«, sagte ich.

Mundo schnaufte und schüttete Bier in sich hinein. Bun-Bun war noch immer nicht von der Toilette zurückgekehrt, und die anderen beiden wirkten so stumpf, daß ich wieder das Gefühl hatte, als spräche ich mit Menschen, die kein Englisch verstanden. Dabei war ich derjenige, der hier fremd war.

»Drehbücher …«, sagte ich, und mir war bewußt, daß ich ihnen damit eine Wahrheit über mich sagte. Und wenn ich wollte, daß sie mich hörten und verstanden, würde ich sehr deutlich werden müssen; ich würde ihnen weit mehr sagen müssen als allen anderen Menschen. Schon jetzt, nach ein paar Minuten, hatte ich ihnen mehr verraten als Dr. Mylchreest. Doch sie stierten stumpf vor sich hin. Inzwischen hatte sich die Bar gefüllt, die Jukebox plärrte, im Fernseher über der Bar lief ein Eishockeyspiel, und meine Versuche, mich gegen den allgemeinen Lärm durchzusetzen, klangen mehr wie ein Flehen.

»… für Filme.«

»Sie machen Filme?« fragte Weechie.

»Ja«, sagte ich, um sie nicht zu überfordern.

»Mann, vielleicht hab ich ein paar davon gesehen.«

»Den da«, sagte ich und tippte auf die Kassette mit *Half Moon Street*. »Aber den ersten hab ich mit Peter Bogdanovich gemacht: *Saint Jack*. Ben Gazzara hat mitgespielt. Er wurde an Originalschauplätzen in Singapur gedreht, 1978.«

»Da war ich sechs«, sagte Weechie.

»Ich habe in Singapur gelebt«, sagte ich. »Drei Jahre lang. Ich habe unterrichtet und ein bißchen als Journalist gearbeitet. Gelegentlich auch mal einen durchgezogen.«

Blaine sah auf, als hätte er plötzlich etwas Verständliches gehört, und sagte: »Hey, Mann, hast du was dabei?«

»*Half Moon Street* ist in London gedreht worden. Das Buch hatte etwas Echtes, Lebendiges, aber der Film ist platt und nicht sehr genau. Ich muß es ja wissen – ich habe achtzehn Jahre dort gelebt. Als ich mich von meiner Frau getrennt habe, bin ich von dort weggegangen. Ich habe alles aufgegeben, sogar das Schreiben. Wie war das noch? Es hatte irgendwas damit zu tun, daß ich das Haus und die Routine hinter mir lassen wollte – die Menschen, denen ich etwas bedeutet habe. Wer will schon Tag für Tag am Schreibtisch sitzen und bluten, wenn es keinen kümmert, was man schreibt?«

Weechie runzelte die Stirn und sagte: »Was wir hauptsächlich machen, ist: Wir leihen uns ein paar Videos. Ich kriege einen Sonderpreis, weil ich in der Mall arbeite, im Zoogeschäft, hab ich ja gesagt.«

»*Mosquito Coast* – hast du den mal gesehen? Eigentlich spielt das Buch in Honduras, aber der Film wurde in Belize gedreht. Da bin ich auch mal gewesen – eigentlich in ganz Lateinamerika. Das war auf der Reise, die ich in *Der alte Patagonien-Expreß* beschrieben habe. Damals kam mir diese Idee für einen Roman: Es geht um einen Mann, einen Erfinder, der mit seiner Familie alles hinter sich lassen will; er stellt aber fest, daß man seine Probleme überallhin mitnimmt – Fehler sind ein leichtes Gepäck. Ziemliche Ironie, was? Als müßte ich das alles noch einmal lernen, und zwar durch Erfahrung am eigenen Leib!«

Blaine kaute auf seinem Finger herum, Mundo stülpte die Lippen über den Hals seiner Bierflasche. Und Weechie sagte: »Ich möchte mal wissen, wieso Bunny so lange braucht.«

»Harrison Ford hat die Hauptrolle gespielt.«

»Auf den steh ich überhaupt nicht.«

»River Phoenix war auch dabei.«

Sie starrten mich an, und nachdem ich ihnen so viel über mich gesagt hatte, wurde ich befangen, stand auf und sagte, ich müsse mal auf die Toilette, obgleich das gar nicht stimmte – ich mußte nur mal für eine Weile allein sein. Auf dem Weg zur Toilette begegnete ich Bun-Bun und sagte hallo, und im Waschraum stellte ich mich vor den Spiegel und fragte mich, ob ich betrunken war. Ich hatte ihnen mehr erzählt als meiner Psychoanalytikerin. Sie wußten alles, sogar meinen Namen. Doch das war ihnen egal: Sie hatten mir kaum zugehört, sie wußten nichts. Ich war ein Fremder, ich gehörte einer anderen Lebensform an, ich beschwor sie mit meinem Geplapper, mich zu verstehen, und dabei beherrschte ich nicht einmal ihre Sprache. Ich wollte mit ihnen zusammensein und sie besser kennenlernen, denn ich hatte das Gefühl, daß sie die unverbildetsten Menschen der

Welt waren und daß ich in ihrer Gesellschaft wieder Anschluß an das Leben finden könnte – wie die Marsmenschen in Science-fiction-Filmen, die sich in Gestalt einfacher Arbeiter unter die Menschen mischen. Doch es war mir nicht gelungen, obwohl ich ihnen alles erzählt hatte und so gewinnend wie möglich gewesen war. Ich beschloß, wieder zum Cape zurückzufahren.

Auf dem Weg zum Ausgang ging ich an der Nische vorbei, hob grüßend die Hand und war überrascht, als Bun-Bun mich freundlich anlächelte und einladend auf die Sitzbank klopfte.

»Hey, Sie kennen River Phoenix?«

Kurz darauf, als wir die Mystic Avenue entlanggingen, wurde Blaine redseliger. »Ich hab auf'm Klo 'n bißchen Speed aufgetan – gegen Marken«, sagte er, und als ich ihn fragte, ob er Lebensmittelgutscheine meine, erwiderte er: »Kennst du vielleicht noch andere Marken?« In der Pizzeria saß Mundo betrunken, mit hängendem Kopf da, während Blaine brabbelte: »River Phoenix ist einer von den Großen«, und als wollte er den Beweis dafür liefern, fuhr er fort: »Man sieht, daß er Drogenerfahrung hat. Wenn er bloß nicht so bescheuert heißen würde.«

»Vielleicht ist er ja an einem Fluß geboren«, sagte Weechie, und Bun-Bun nickte.

Sie standen an der Theke und halfen mir, eine Pizza zum Mitnehmen auszusuchen, warfen aber immer wieder kurze Blicke auf die beiden jungen Männer – der eine betrunken und stumm, der andere stoned und geschwätzig, und ich mußte an die müden, überarbeiteten Mütter denken, die beim Einkaufen nervös ihre Kinder im Auge behalten und ständig besorgt sind, sie könnten etwas zerbrechen oder anderen Kunden lästig fallen.

Dann gingen wir weiter in Richtung Zentrum, Weechie und ich mit einer Pizzaschachtel voraus, hinter uns Bun-Bun mit der anderen Pizza, dann Blaine, der hüpfte und mit den Armen fuchtelte, und schließlich der schlurfende, stolpernde Mundo. Ich war froh, mit ihnen zusammenzusein. Ich wollte nicht allein nach Hause gehen. Ich brauchte ihre Gesellschaft und die Aura von Anarchie und gleichgültigem Sichabfinden, die sie umgab – sie waren ausgestoßen und unangepaßt. Das brauchte ich. Und ich brauchte sie als wilde kleine Familie, die so ungeordnet war, daß ich darin Platz hatte.

»*Stirb langsam* habe ich nie gesehen«, sagte ich.

»Und ich schon ungefähr zehnmal«, sagte Weechie. »Kennen Sie den anderen, *Half Moon Street*?«

Sie hatte bereits vergessen, was ich ihr gesagt hatte. Und den anderen war es offensichtlich ohnehin egal, ob ich das Drehbuch geschrieben hatte oder nicht. Aber was machte das schon? Das hieß nur, daß ich sie mit meiner bescheidenen Berühmtheit nicht beeindrucken konnte. Eigenartigerweise bewirkte es aber auch, daß ich mich stark fühlte – als wäre das Ganze eine Übung in Demut: Indem ich meine Geheimnisse Menschen anvertraute, die mich nicht verstanden, konnte ich Stärke zeigen, ohne meine Geheimnisse preiszugeben.

Im Licht der grellen Straßenlaternen überquerten wir die Mystic Avenue und stapften über die niedrigen Wälle aus schwärzlichem, krustigem Schnee, die rechts und links der Straße aufgeschüttet worden waren. Wir kamen zu einigen Mietshäusern aus Backstein, vor denen ein schiefer Maschendrahtzaun stand.

»Wo sind wir hier?«

»Sie kommen aus Medford und kennen die Siedlung nicht?«

Im Zaun klaffte ein dreieckiges Loch mit einem stacheligen Rand aus Draht, durch das ein vereister Trampelpfad führte. Wir folgten Spuren, die sich dunkel im Schnee abzeichneten, zu einer kaputten Eingangstür und einem verwahrlosten Flur, gingen die Treppe hinauf und standen bald vor einer Wohnungstür, die mit drei Vorhängeschlössern gesichert war. Die Haspen sahen aus wie alte Gürtelschnallen. Kurz bevor wir das Haus betraten, hatte ich aufgeblickt, eine Frau bemerkt, die mich aus einem der Fenster in einem oberen Stockwerk anstarrte, und eine eigenartige Erregung verspürt.

»Meine Mutter wohnt hier«, sagte Weechie. »Aber sie ist gerade in Cambridge. Sie hat mal wieder einen Freund.«

Die Worte »mal wieder« ließen mich aufhorchen.

»Er ist ein Bulle«, sagte Bun-Bun, »aber soweit ganz okay.«

Hinter einer der Türen schrie ein Baby, hinter einer anderen brüllte ein Mann, hinter einer dritten sprach eine Frau monoton vor sich hin – es mochten Fernsehprogramme sein, doch das war nicht festzustellen und letztlich auch gleichgültig. Hier kamen alle Elemente zusammen, überlappten einander und wurden ununterscheidbar: das Leben und das Fernsehen, Kleinkriminelle und Polizisten, Kindesmißhandlung und Kämpfe um das Sorgerecht, Wohlfahrtsgeld und Lebensmittelgutscheine, Diebstahl und Großzügigkeit, der Geruch nach Rauch und altem Öl, nach Bratpfannen und Spaghettisoße, nach angebranntem Fleisch und Zwiebeln, der säuerliche, muffige Geruch eines heruntergekommenen Mietshauses.

Diese Siedlung hatte etwas Rohes. Es war ein Ort ohne Unschuld, und darum war ich erregt und gleichzeitig abgestoßen, wie ich es in anderen Ländern in Bordellen gewesen war. Dieses Haus war wie ein Bordell. Man konnte einfach hinein- und hinausgehen, es war erfüllt von denselben schmutzigen sexuellen Gerüchen, die Schreie und das Gebrüll hatten etwas Gewalttätiges, und die verkratzten Wände und Türstöcke vermittelten ein Gefühl von Gefahr. In einem anderen Stockwerk wurde lautstark gestritten: nackte Aggression, hemmungsloses Keifen. Eine junge, hübsche Frau kam uns auf der Treppe entgegen und zwängte sich an uns vorbei. Das war es: daß sie so hübsch war und so gut roch und daß dieses Haus so heruntergekommen war … Einen schrecklichen, voyeuristischen Augenblick lang hatte ich eine Vorstellung von der Zähigkeit dieser Frau, von der Eintönigkeit ihres Lebens.

Allein die Tatsache, daß wir durch den Schnee gestapft waren und das Haus betreten hatten, erregte mich. Hier gab es keine Verstellung, und wenn ich mich dabei auf ein Risiko einließ, dann auf ein möglicherweise lohnendes. Man konnte die Forest Street oder die Lawrence Road entlanggehen, ohne diese Häuser je zu betreten. Sie ragten dunkel, still und rätselhaft auf. Doch hier und da war ein Licht, waren Geräusche und Gerüche. Dieses Mietshaus voller Menschen war auf eine Art abstoßend, die ich beklemmend attraktiv fand.

Weechie schloß die Vorhängeschlösser auf und öffnete die Tür. Im Vergleich zur Eingangshalle erschien die Wohnung ordentlich, und die Wärme der klickenden Heizkörper machte sie regelrecht gemütlich. Vor dem Fernseher standen ein großes, verschlissenes Sofa und ein paar Sessel. An den Wänden hingen Plakate, und nebenan befand sich die Küche mit einer Eßecke und einem verschrammten Tisch. Sonst war der Raum kahl, und daher wirkte er aufgeräumt, wenn auch nicht unbedingt sauber. Aus einem der hinteren Zimmer kam ein kleiner Hund angewuselt. Er winselte mich an, umklammerte mit den Vorderpfoten mein Bein und begann, stoßende Bewegungen zu machen. Ich versuchte, ihn wegzuschieben.

»Bingo, laß das«, sagte Bun-Bun fast zärtlich, doch der Hund ließ nicht locker; seine behaarten Hinterbeine wärmten mir den Fuß. »Bingo ist nicht der große Durchblicker.«

»Ich hab ihn aus dem Geschäft, genau wie die Poster«, sagte Weechie.

Ich betrachtete sie. Es waren bunte, vergrößerte Fotos von jungen Hunden und Katzen. Auf einem waren Sittiche.

»Meine Mutter will den Lüster für die andere Wohnung haben.«

Lüster? Das war ein elegantes und präzises Wort, und ich war mir nicht einmal sicher, was es eigentlich genau bezeichnete, bis ich den Kronleuchter sah und mir bewußt wurde, daß Weechie, dieses schlichte Mädchen aus der Sozialsiedlung, mir die Bedeutung eines alten Wortes, das ich hätte kennen sollen, beigebracht hatte.

Bun-Bun teilte Pappteller und Papierservietten aus, während Weechie die Pizzaschachteln öffnete. Mundo stolperte zu einem der Sessel wie ein Hund zu seinem Korb, ließ sich hineinfallen und umfaßte mit den Armen seine Knie; Bingo sprang ebenfalls auf den Sessel und schlief sofort ein. Blaine riß sich zwei Stücke von der Pizza ab und ging kauend und murmelnd auf und ab.

Ich setzte mich mit Weechie und Bun-Bun an den Küchentisch und versuchte zu entscheiden, welche der beiden die attraktivere war: Weechie mit ihrer blassen Haut und den Tätowierungen an den dünnen Armen oder Bun-Bun mit ihrer herzhaften Dicklichkeit und dem Knopf in der Zunge. Ich entschied mich für Weechie – ihr kränkliches Aussehen, das vielleicht nur eine Folge der schlechten Beleuchtung war, ließ sie anspruchslos und unterwürfig erscheinen.

»Wo schläfst du?« fragte ich sie.

»Wir schlafen da drüben«, sagte Bun-Bun mit mehr Nachdruck, als nötig schien. Es war, als wollte sie weiteren Fragen zuvorkommen.

»Und ich auf dem Sofa«, sagte Blaine und riß sich noch ein Stück von Pizza ab.

»Paß auf, du kleckerst!« rief Bun-Bun, als Blaine das Pizzastück hinunterschlang und Tomatensoße auf den Teppich tropfen ließ. Daß sie diesen ungehobelten jungen Mann wegen eines Flecks auf dem ausgebleichten, fadenscheinigen Teppich zurechtwies, erschien mir rührend und tollkühn.

»Und meine Mutter ständig: ›Wo bist du denn gewesen?‹«

Sie hatten die Angewohnheit, plötzlich und ohne jede Einleitung eine Geschichte zu erzählen, doch sie begannen immer in der Mitte und stürzten sich ohne jeden Bezug hinein, so daß man überhaupt nichts begriff, wenn man nicht ganz genau zuhörte.

»Die ganze Scheiße von wegen wie spät ich nach Hause komme«, fuhr Weechie fort. »In Wirklichkeit wollte sie immer wissen, was mit Jungs ist. Ob ich mit Jungs rummache. Sie hat nie was von Sex gesagt, aber eigentlich wollte sie nur das wissen. Sie hatte keine Ahnung, daß ich mir jeden Tag drei bis vier Pfeifen Crack reingezogen hab. Ich komme total beknallt nach Hause, und sie fragt: ›Wer ist eigentlich dieser Junge, mit dem du dich immer triffst?‹ Und ich denke: ›Mit dem ich mich treffe? Du meinst meinen Dealer?‹ Dann mußte ich mit ihr Karten spielen, Whist und so'n Scheiß, weil sie wissen wollte, ob ich betrunken war, was ich natürlich nicht war, aber in Wirklichkeit wollte sie immer bloß wissen, ob irgendeiner mich flachgemacht hat oder nicht.«

Bun-Bun stieß ein röhrendes Gelächter aus, das eigentlich nicht heiter wirkte, sondern wohl eher eine bloße Bekräftigung ihrer Anwesenheit sein sollte.

»Mit Crack war ich ganz schön drauf.«

»Erzähl uns mal was Neues«, sagte Blaine.

»Ich bin einfach nicht mehr nach Hause gegangen. Und als meine Mutter zu Lenny gezogen ist, bin ich wieder eingezogen. Irgendwie komisch, wo er doch 'n Bulle ist und so.«

Ich fühlte mich behaglich, hier an diesem Küchentisch mit diesen Leuten, die mich, ohne lange zu fragen, aufgenommen hatten. Ich sagte: »Es ist schon erstaunlich: Ich bin in dieser Stadt aufgewachsen und dann weggegangen, und jetzt kenne ich hier keine Menschenseele. Vor ein paar Stunden bin ich noch auf Skiern in den Fells herumgefahren, und jetzt sitze ich hier und esse Pizza und fühle mich wie zu Hause.«

Blaine grunzte. Bun-Bun schneuzte sich in eine Papierserviette.

Weechie sagte: »Und was ist jetzt mit den Videos? Ich muß sie morgen wieder zurückbringen, ganz egal, ob wir sie angeguckt haben oder nicht.«

Ich setzte mich mit ausgestreckten Beinen in einen der Sessel und spürte Kälte und Müdigkeit – die Erschöpfung vom Skifahren, vom Bier, der Pizza und diesem kleinen warmen Raum. Mundo saß grunzend im anderen Sessel, Blaine sah erregt aus, und Weechie und Bun-Bun setzten sich nebeneinander auf das Sofa, wie Eltern, die ein Auge auf ihre großen unbeholfenen Kinder haben mußten.

Meine Lider wurden schwer, und ich war zu müde, um meinen Mund geschlossen zu halten. Ich wußte, daß er offenstand, denn ich spürte die Gewaltszenen in den Videofilmen, die Schüsse und Explosionen, ja sogar die Stimmen auf meiner Zunge. Das Deckenlicht wärmte mein Gesicht.

»Er schläft«, sagte jemand. Ich merkte, daß ich gemeint war. Der gleichgültige Tonfall beruhigte mich: Sie würden mir nichts tun.

2

Aus nächtlichem Schlaf zu erwachen war für mich immer schon ein Schock: Ich werde nicht nur aus dem anderen Leben, das ich in meinen Träumen lebe, gerissen, sondern muß auch aufstehen und mich den Aufgaben des Tages stellen. Wie eigenartig, daß das nun schon seit fünfzig Jahren so war und ich mich noch immer nicht daran gewöhnt hatte. Heute war es schlimmer als sonst, und irgendwie wußte ich, daß dieser Wintermorgen einer der Tiefpunkte meines Lebens werden würde.

Es war dunkel, und das Dunkel stank nach Staub und abgestandenem Essen. Wo war ich? Der alte, schimmlige Teppich schien Tabakrauch und Juckreiz zu verströmen. Selbst im Dunkeln merkte man, wie schmutzig es hier war. Ich lag ganz still, mit der ängstlichen, starren Wachsamkeit eines Tieres, bis das kalte, graue Licht des Morgens dem Fenster eine genaue Kontur gab. Ich hatte keine Ahnung, wo ich mich befand, und dann sah ich ein zerrissenes Comic-Heft auf dem verkratzten Couchtisch liegen und bekam wieder Angst. Was ich von der Außenwelt sehen konnte, war hinter dem dicken weißen Tuch eines Schneesturms verborgen.

Manchmal, wenn Schnee fällt, kann man den Eindruck bekommen, man würde lebendig begraben. Dieser Schnee, diese Stille, diese Atmosphäre des Zwielichts dagegen halfen mir, indem sie den Schock des Erwachens, der hier gewaltig war, dämpften. Ich saß zusammengesunken in einem Sessel, in einem Raum, den ich nicht erkannte, unter Bildern von niedlichen Kätzchen und bekümmert blikkenden Hündchen. Jemand lag hingestreckt auf dem Sofa, ein anderer hing, den Arm über das Gesicht gelegt, im Sessel. Der gedämpfte Verkehrslärm auf der Straße verriet mir, daß trotz des Schneesturms Menschen unterwegs waren, und das auf- und abschwellende Geräusch der Reifen ließ eine lose Scheibe klirren.

Ich war also allein. Ich war zwischen diesen Fremden in einer heruntergekommenen Wohnung in der Siedlung aufgewacht, ein Unbekannter unter diesen ungebildeten Menschen. Der Schnee verschönerte das Bild ein wenig, indem er es in Schwarz und Weiß zeichnete und ihm Dramatik verlieh. Das diffuse Licht beruhigte mich. Es war ein armseliger Ort, wo niemand mich kannte oder etwas darauf gab, ob ich lebte oder nicht. Hier war ich noch nie gewesen. Ich dachte: Ich bin wieder daheim. Ich erinnerte mich an eine Stelle in *Schwarzer Frühling*, mit der Henry Miller mich ermahnt hatte, Medford den Rücken zu kehren: *Oh schleimige, kühle, kahle Welt, zerkaut und ausgelutscht, unter welch totem Mond liegst du kalt und glitzernd?*

Mich schauderte bei dem Gedanken an das, was ich gestern abend gesagt hatte, doch ich rief es mir genau in Erinnerung, sah ihre Gesichter vor mir und wußte, daß sie mich nicht einmal gehört hatten. Selbst ein Gehörloser hätte auf das, was ich sagte, reagiert – er hätte mich gemustert und versucht, mir die Worte von den Lippen abzulesen und mich zu verstehen. Doch diese Leute hier waren völlig gleichgültig, selbstbezogen, abgestumpft. Ich war ihnen dankbar dafür, daß sie sich nicht um mich kümmerten und sich nicht an das erinnerten, was ich ihnen erzählt hatte.

Es war Viertel nach sieben. Ich hatte neun Stunden und zwanzig Minuten in dieser Wohnung verbracht. Ich hatte zweieinhalb Pizzastücke gegessen und drei Dosen Bier getrunken. Ich hatte zweiundzwanzig Dollar für sie ausgegeben. An den längeren Seiten des alten Couchtischs vor dem Sofa, auf dem der Comic mit dem Titel *Awful Dwarfs* lag, befanden sich je achtzehn verzierte Messingnägel, an den kürzeren je zehn, insgesamt also sechsundfünfzig.

Aus einem anderen Raum hörte ich Wasser laufen und jemanden murmeln – eigenartig ähnliche Geräusche –, und dann: »Ich komm zu spät zur Arbeit.«

Es war Weechie, die sich gähnend in der Küche zu schaffen machte, den Kühlschrank öffnete und schloß und die Videokassetten in die Plastiktüte steckte.

»Bis später«, sagte Bun-Bun. »Ich such bloß noch meine Schlüssel.«

An der Tür verabschiedeten sie sich mit einem Kuß und einem leisen Murmeln. Es war ein Augenblick ganz beiläufiger Intimität, mit einer Innigkeit, die mich neidisch machte.

»Mach's gut«, sagte eine der beiden, und ich lag im Schatten da, mit dem Rücken zu ihnen, und trauerte um meine verlorene Liebe.

Sobald Bun-Bun ebenfalls gegangen war, stand ich auf, zog meine Schuhe an, reckte mich und fragte mich, was ich jetzt tun sollte. Die beiden jungen Männer – die Kinder in dieser eigenartigen kleinen Familie – schliefen noch immer.

Ich warf einen Blick in den Kühlschrank, nicht weil ich etwas zu essen suchte, sondern um zu sehen, was er enthielt. Eine Schachtel Kekse, eine Schachtel Schokopuffreis fürs Frühstück, ein Glas Erdnußbutter, ein Glas Pickles, eine Flasche Ketchup, ein bißchen Marmelade, eine nicht abgedeckte Schüssel mit Bohnen und schließlich etwas, das wie ein großes Stück Seife aussah – es waren Zahnabdrücke darauf, und eine Ecke war abgebissen. In der Spüle stand schmutziges Geschirr. Ich ging ins Badezimmer, in dem es nach Kräutershampoo und einem parfümierten Puder roch, der mir in den Augen brannte. Das Badezimmer war der einzige Raum in dieser Wohnung, in dem es Bücher gab. Es waren Taschenbücher: *The*

Raven Master war durch die Feuchtigkeit aufgequollen, und in *Rubyfruit Jungle* steckte als Lesezeichen eine Nagelfeile.

Ich fühlte mich in dieser Wohnung unbehaglich, wie ein Eindringling. Als ich das Haus durch die Vordertür verließ, war ich geblendet vom diffusen Licht des Schneesturms. Der Schnee war nicht tief, aber er bedeckte alles, und die Kälte und das Wissen, daß er nicht schmelzen würde, verliehen ihm eine gewisse Strenge. Weiter unten an der Mystic Avenue sah ich Weechie an einer Bushaltestelle stehen. Ich ging zu ihr.

»Soll ich dich mitnehmen?«

Sie fuhr zurück, zögerte und erkannte mich schließlich. »Ich wußte nicht mal, daß Sie einen Wagen haben.«

In diesem Augenblick sauste ein Mercedes vorbei, am Steuer eine Frau, die schnell in ein Telefon sprach und offenbar auf dem Weg zur Arbeit war. Ich fühlte mich unbedeutend und war neidisch, doch dann dachte ich: ›Wen sollte ich schon anrufen?‹

»Ich muß ihn nur noch finden.«

Ich hatte den Wagen vor der *Mystic Lounge* geparkt. Als wir auf ihn zugingen, sahen wir, daß die Räumfahrzeuge bereits Hügelketten aus schmutzigem Schnee entlang der parkenden Wagen aufgetürmt hatten. Aber ich hatte einen Pathfinder mit Allradantrieb und keine Probleme, das Hindernis zu überwinden und auf die Fahrbahn zu kommen.

»Du arbeitest in der Wellington Mall, stimmt's?«

»Sie haben ein gutes Gedächtnis.«

»Du hast gestern was von einer Tattooparty gesagt.«

»Ein tolles Gedächtnis«, sagte sie und nickte.

»Ich bin noch nie auf einer Tattooparty gewesen. Nimmst du mich mit?«

»Da kann jeder hingehen, kein Problem, aber okay, kann ich machen. Ich treff mich nach der Arbeit mit Bun-Bun«, sagte sie und fuhr mit einem Schauer der Vorfreude fort: »Ich werde vor diesen Parties immer so hyper.«

Die Eigenartigkeit dieses Satzes und die aufgekratzte Art, wie sie ihn gesagt hatte, waren alles, was ich als Ermunterung brauchte, um den Tag in Medford zu verbringen und mich abends mit ihr und Bun-

Bun zu treffen. Sie saß auf dem Beifahrersitz, und während wir den Fluß überquerten und unter der Schnellstraße hindurch zur Ausfahrt 31 fuhren, wo sich die Mall befand, lächelte sie mit an die Brust gedrückten Händen, als berge sie ein Geheimnis an ihrem Busen.

»Sie sind Schriftsteller«, sagte sie nach einer Weile, als wollte sie mir zeigen, daß auch sie sich etwas gemerkt hatte.

»Ja, aber heute schreibe ich nicht – heute gehe ich Ski fahren.«

»Sie können mich hier absetzen«, sagte sie, als wir uns der Mall näherten. Sie sagte es aus Rücksicht, denn der Verkehr an der Einfahrt zur Mall staute sich hinter einem Schneepflug. Als sie ausgestiegen war, fragte sie: »Und wo sind Ihre Skier?«

»Auf dem Dachträger.«

Sie lachte. Ich hatte die Skier auf dem Dachträger gelassen und brauchte mich nicht zu wundern, daß sie gestohlen waren. Das fand Weechie völlig normal.

»Die sind weg.« Sie zeigte kein Mitgefühl. Ich war selbst schuld.

»Scheißkerle«, murmelte ich und fuhr zu einem Diner, wo ich frühstückte und den *Globe* las. Ich parkte den Wagen in Wellington und fuhr mit dem Pendelzug nach Boston, wo ich in Buchhandlungen stöberte, durch den Common schlenderte und nach Boylston in die Bibliothek ging. Ich aß etwas zu Mittag, fuhr, wieder mit dem Zug, zum Museum of Fine Arts, wo ich den Rest des Tages in einem heftigen Stupor der Zufriedenheit damit verbrachte, mir Bilder anzusehen und dem Schnee dankbar zu sein, weil er dafür gesorgt hatte, daß die Leute zu Hause blieben. Als ich das Museum verließ, hörte es auf zu schneien, und der Abendhimmel war kalt und klar.

Später erschien es mir sehr eigenartig, durch das Loch im Maschendrahtzaun zu steigen und über den frisch gefallenen Schnee zu Weechies Wohnung in der Siedlung an der Mystic Avenue zu gehen. Und doch war es schon Routine. Ich kannte den Weg, ich wußte, wo ich zu Hause war.

Blaine hatte eine Baseballmütze auf, saß im Wintermantel mit gekreuzten Beinen auf dem Sofa vor dem Fernseher und rauchte einen Joint. Er war barfuß, seine Knöchel waren sehr weiß. Er starrte wie gebannt auf den Fernseher, wo ein mit einer Perücke und einer Sonnenbrille getarnter Mann rasend schnell redete. Am Fuß des Bildes war ein Balken mit den Worten: *Ist seiner Frau untreu, will sich aber nicht scheiden lassen.*

»Natürlich hat es was mit Sex zu tun, aber auch mit dem Kick, den es mir gibt. Und ich brauche das. Ich liebe meine Frau, aber ...«

»Wenn Sie Ihre Frau so sehr lieben, warum rennen Sie dann anderen Frauen nach?« rief eine Frau aus dem Publikum.

»Schon mal was von Moral gehört?« sagte eine andere empört in das Mikrofon, das der Conferencier, ein Schwarzer mit rasiertem Kopf und einer Fliege, ihr hinhielt.

»Also, hören Sie – nein, ich habe *Ihnen* zugehört, und jetzt hören Sie *mir* zu. Wir haben's mit Partnerschaftsberatung probiert, mit Therapien, mit Videos. Wir haben's mit Sex-Zubehör probiert. Wie gesagt: Es hat nicht funktioniert, nichts hat –«

»Sie werden Ihre Ehe zerstören.«

»Daß ich fremdgehe, hält unsere Ehe zusammen.«

Seine zuversichtliche Logik machte mich traurig.

»Und jetzt zu unserem nächsten Gast ...«

»Wo ist Mundo?« fragte ich Blaine.

»In der Kneipe. Das ist so ungefähr sein Wohnzimmer.«

»Glaubst du, er hat ein Alkoholproblem?«

»Nein, du etwa? Leute, die andauernd mit irgendwelchen Urteilen kommen – die haben ein Problem. Verstehst du?«

»Ja.«

»Die haben ein verdammtes Problem.« Er packte die Fernbedienung und drückte zu, und der Fernseher japste und zeigte Nelson Mandela.

»Ich hab ein echtes Problem mit Schwarzen«, sagte Blaine.

»Er ist Südafrikaner. Er war siebenundzwanzig Jahre im Gefängnis. Ich erinnere mich an die Gerichtsverhandlung. Damals war ich in Malawi. In Zentralafrika. Er –«

»Afrika ist so abgefuckt«, sagte Blaine und drückte abermals auf die Fernbedienung. Es erschien ein Eishockeyspiel: Männer, die Stöcke schwingend aufeinander zurasten wie Gladiatoren. »Mann, Mundo hatte einen Zusammenbruch«, sagte Blaine.

Ein wunderbares Wort, denn es brauchte nie erklärt zu werden. Ein Zusammenbruch kam aus heiterem Himmel, war unangenehm, verständlich und verdiente Mitleid. Es waren keine Schuld und keine Erwartungen damit verbunden. Ein Zusammenbruch machte einen zum Invaliden und sicherte einem Sympathie. Daß ich dagegen ankämpfte, daß ich stolz war und mir meine Qualen nicht anmerken ließ, isolierte mich nur und machte mich einsam. Aber vielleicht – es erschien mir immerhin möglich – hatte ich auch vierundzwanzig verrückte Stunden hinter mir. Vielleicht äußerte sich mein Zusammenbruch darin, daß ich an einem kalten Winterabend mit einem Drogensüchtigen, der mein Sohn hätte sein können, in diesem heruntergekommenen Zimmer in einer Siedlung von Medford saß, mir eine Wiederholung der *Montel Williams Show* ansah und darauf wartete, auf eine Tattooparty mitgenommen zu werden.

»Ich war auch ziemlich durch den Wind«, sagte Blaine. »Ich hatte 'n Job-Burnout.«

Er zappte das Eishockeyspiel weg und erwischte einen alten John-Wayne-Film: *Im Bann der roten Hexe.*

»Den hab ich ungefähr 1954 im Medford Theater am Medford Square gesehen.«

Es war die entscheidende Szene: John Wayne steckt in einem altmodischen Taucheranzug und sucht nach dem Perlenschatz, doch da wird sein Luftschlauch durchtrennt, und er droht zu ertrinken. Langsam füllt sich sein Helm mit Wasser.

»Ist das was für'n Arsch oder was? Ein Astronaut, der im Meer rumschwimmt!« Blaine schaltete wieder zu Montel Williams und seinem Ehebrecher um.

»Ich verwende immer falsche Namen. So halte ich alles immer schön auseinander. Meine Frau wird nie –«

Auf dem Korridor waren laut schlurfende Schritte zu hören. Bingo begann wütend zu bellen.

»Ich könnte einen Film machen«, sagte Blaine. »Ich hab ein paar sagenhafte Ideen.«

Bun-Bun kam herein, rosig von der Kälte und keuchend vom Treppensteigen. Sie riß sich die Wollmütze vom Kopf und lachte, weil sie sich freute, mich zu sehen. Sie kniete sich hin, kraulte Bingo und sagte: »Wir hatten Ihr Buch! Ich hab Ihnen doch erzählt, daß ich in einem Laden in Somerville arbeite. Ihr Buch stand früher in der

Auslage. Cheryl, eine andere Frau, die da arbeitet, hat es mal gelesen. Sie hat's mir erzählt.«

»Dann kannst du es ja jetzt lesen«, sagte ich.

»Nein. Wir haben's verkauft. Ich meine, ich hab Cheryl gesagt, wie Sie heißen, und sie kannte Sie. Sie hat Ihr Buch in der High-School gelesen, und sie sagt, wir hatten es tatsächlich mal in der Auslage.«

»In der Medford High haben sie mich gehaßt, und jetzt lesen sie eines meiner Bücher?«

»Sie ist auf der Somerville High gewesen«, sagte Bun-Bun. »Aber ich kapier schon, was Sie meinen. Die Leute nerven einen, aber sie lassen einen nicht los.« Sie sah Blaine an. »Der Typ hier ist ein berühmter Schriftsteller.«

»Hast du dir so was schon mal auf Acid angesehen?« fragte Blaine. Es war ein Autorennen. »Das ist echt cool.«

»Und hat Cheryl das Buch gefallen?«

»Ja. Sie hat mir sogar ein bißchen davon erzählt.«

»Die Handlung?«

»Nein. Von dem Typen. Er ist ziemlich hart drauf, aber sehr entschlossen.«

»Richtig.«

»Und er beschließt, alles hinter sich zu lassen. Er will quasi eine Bestätigung.«

»Und seine Familie nimmt er mit.«

»Von einer Familie hat Cheryl nichts gesagt. Aber seiner Meinung nach ist die Gesellschaft im Unrecht.«

»Genau. Amerika ist korrupt. Und darum geht er nach Mittelamerika.«

»Ist das da, wo der See ist?«

»Er geht in den Dschungel.«

»Und lebt in einer kleinen Hütte, oder? Er ist echt gecentert.«

Ich schwieg. Dann sagte ich: »Du meinst *Walden* von Henry David Thoreau.«

»Aber so heißen Sie doch, oder?«

»Fast.«

Blaine sagte: »Ich werde meinen Film *Sieh zu, wie du klarkommst, Amerika* nennen.«

»Was ist mit der Tattooparty?« fragte ich Bun-Bun.

»Ich treffe mich in einer halben Stunde mit Weechie im Dunkin Donuts.«

Als wir aufbrachen, sah Bun-Bun noch einmal zurück. Blaine lag, die Baseballmütze nach hinten gedreht, auf dem Sofa, drückte mit den Zehen auf die Tasten der Fernbedienung, zog an einem Joint und schnippte die Asche in die kleine Öffnung einer Dose Sprite. In einer Art Reflex nahm er einen Schluck aus der Dose, bekam Asche in den Mund und würgte, spuckte und fluchte.

»Teuer im Unterhalt«, sagte Bun-Bun leise und schloß die Tür.

Im Dunkin Donuts an der Mystic Avenue war es hell und warm, und es roch nach frischen Donuts.

»Willst du auch einen?« fragte ich Bun-Bun.

»Ich esse nie Donuts«, sagte sie. »Ich esse nie irgendwas. Wissen Sie, wovon ich so dick bin? Von Äpfeln. Die bestehen praktisch nur aus Zucker.«

Wir gingen hinaus und hielten nach Weechie Ausschau, doch ich sah niemanden außer einem Mann in einem nagelneuen Wagen auf dem Parkplatz, der mit einem Handy telefonierte und dabei herrische Gesten mit seiner Zigarette machte. Er war wie einer jener widerlichen kleinen Ganoven, denen ich damals schon in Medford begegnet war, und er sah auch genauso aus: fettiges, zurückgekämmtes Haar, aufgedunsenes Gesicht und dunkle, verschlagene Augen. Ich hatte die Dummheit dieser Menschen stets mehr gefürchtet als ihre Bereitschaft zu Gewalt, und ich war so früh wie möglich davor geflohen: Mit siebzehn hatte ich Medford verlassen und war nie zurückgekehrt.

»Handys sind echt cool«, sagte Bun-Bun.

Der Mann stieg aus und fuhr fort, in den Apparat zu blaffen. Er hatte kurze Beine und glänzende Schuhe, und als er an mir vorbeiging, rutschte er aus und wäre beinahe hingefallen.

»Was gibt's da zu glotzen?« fuhr er mich an, fand das Gleichgewicht wieder und versuchte, sein Stolpern mit ein paar trabenden Schritten zu tarnen. Er hob einen Ellbogen und stieß die Tür auf.

Ich war hier aufgewachsen und hatte diese Frage tausendmal gehört, und auch mit fünfzig hatte ich noch keine andere Antwort darauf als das, was ich jetzt zu Bun-Bun sagte: »Komm, verschwinden wir. Der scheint mich nicht zu mögen.«

Weil ich dastand und zusah, wie ich es in Medford immer getan hatte: Ich hatte dagestanden und alles gesehen, alles gehört und nie etwas gesagt.

»Das war Vinny Dogs Dogano«, sagte Bun-Bun. »Einer von Angiullos Leuten.«

Ich sah zurück und durch die Fenster des Dunkin Donuts. Vinny Dogs Dogano aß gerade einen Donut und hatte Zucker auf der Wange, aber bevor er mich bemerkte, drehte ich mich wieder um.

»Wir haben gerade Vinny Dogs Dogano im Dunkin Donuts gesehen«, sagte Bun-Bun, als Weechie kam.

Weechie ließ ihren Kaugummi schnalzen und spähte zu dem kleinen Mann in dem hellen Fenster. Sie sagte nichts, aber auf ihrem Gesicht zeichneten sich Angst, Bewunderung und Neugier ab.

»Wo ist diese Tattooparty?« fragte ich.

»Riverside Avenue.«

Während ich den Wagen vorsichtig über die vereisten Straßen lenkte, sagte Bun-Bun: »Aber wenn ich ein Buch lese, denke ich nie an den Schriftsteller. Es ist mir total egal, wer das Buch geschrieben hat. Darüber hab ich noch nie nachgedacht. Sie haben mich da echt auf was gebracht.«

Ich fragte: »Woher kennt ihr den Vogel da hinten?«

»Weechie und ich haben mal in einer von seinen Bars getanzt«, sagte Bun-Bun. »Ich weiß, was Sie jetzt denken, aber damals war das noch nicht so heavy. Ausdruckstanz.«

»Ihm gehören Bars?«

»Nein. Er ist Geldeintreiber.«

Wenn ich nach meiner Vergangenheit gefragt wurde, sagte ich immer, ich käme aus Boston. Ich erzählte von den Wäldern, der Bibliothek, meinem Kleinkalibergewehr. Aber das hier entsprach weit eher den wirklichen Verhältnissen: die Dummheit, die Banden, der Kleinstadtruhm irgendwelcher Schläger, das Eis auf den Straßen. Es war das, was ich hatte vergessen wollen. Die Wahrheit war immer interessanter. Ich war aus einem Nichts gekommen.

Auch die Riverside Avenue wurde von der Schnellstraße durchschnitten, doch das Haus, zu dem wir wollten, lag in der Nähe des Rathauses, in einer Gegend, in der ich ein Schuljahr lang die Sonntagszeitung zugestellt und einen Karren mit großen, rostigen Rädern durch Schlamm und Pfützen geschoben hatte.

Es gab keine Türklingel. Wir traten in das Vorderzimmer im Erdgeschoß des Holzhauses, und mir fiel sofort auf, daß außer dem Tätowierer nur Mädchen und junge Frauen anwesend waren – es waren etwa fünfzehn. Der Tätowierer hatte einen Bart und trug eine blutbespritzte Schürze. Seine eigenen Tätowierungen an den Armen und im Nacken waren kunstvolle Bilder im japanischen Stil. Er saß auf der Kante seines Stuhls, während vor ihm eine Frau auf einem Kissen kniete und sich eine aufblühende Rose auf die Schulter tätowieren ließ.

»So eine will ich auch«, sagte Weechie und atmete schneller. Sie konnte es kaum erwarten.

Eine Frau trat zu Bun-Bun und küßte sie auf den Mund.

Bun-Bun sagte: »Das ist der Typ, von dem ich dir erzählt hab.«

Die Frau schüttelte mir die Hand und sagte: »Sie kennen River Phoenix?«

»Könnte man sagen.«

»Janie hat Ihr Buch gelesen. Hey, Janie.«

Eine junge Frau in einem zu großen Pullover kam zu uns. Sie hatte ein dickes Taschenbuch dabei und drückte es mir in die Hand. Es hieß *Aus Mangel an Beweisen.*

»Würden Sie's mir signieren?«

»Ich hab's aber nicht geschrieben.«

»Sind Sie denn nicht Scott Turow?«

»Nein, ich bin –«

»Ach, vergessen Sie's«, sagte sie freundlich. »Ich hab das Buch sowieso nicht gelesen. Ich hab's angefangen, aber nach einer Weile hat's mich genervt.«

»Ich bin so aufgeregt!« sagte Weechie und ließ den Tätowierer nicht aus den Augen. Sie beugte sich hinunter und sah ihm bei der Arbeit zu: Er stach, wischte Blut weg, stach weiter.

»Du kommst noch früh genug dran«, sagte er. Dann sah er mich an und fragte: »Wollen Sie auch 'ne Tätowierung?«

»Ich glaube nicht.«

Er lächelte und setzte die elektrische Nadel wieder an der Schulter der jungen Frau an. »Sie sehen aus, als wären Sie gerade mit 'ner Kanone verschossen worden.«

Es war ein angenehmer Ort. Die Frauen unterhielten sich, tranken etwas, reichten Teller mit Snacks herum, hörten Musik.

Ich lächelte eine junge Schwarze an.

»Kenne ich dich?«

Ich schüttelte den Kopf. »Bist du aus Medford?«

»West Medford«, sagte sie. »Jerome Street.«

»Einer von meinen High-School-Freunden hat in der Jerome Street gewohnt. George Davis.«

»Von dem hab ich mal was gehört. Lassen Sie sich 'ne Tätowierung verpassen?«

»Nein, ich bin bloß mitgekommen. Mit Weechie und Bun-Bun.«

»Dann sind Sie der Typ, der River Phoenix kennt?«

»Ja. Ich hab hier in der Gegend mal Zeitungen ausgetragen.«

»Was für Zeitungen?«

»Sonntagszeitungen.«

»Na so was«, sagte sie. »Ich hab keine Zigaretten mehr, ich geh mal eben zum Laden und hol welche.«

Ich sah ihr nach und bemerkte, daß der Tätowierer mit der Rose fertig war und Weechie vorbereitete. Sie lag reglos hingestreckt da wie eine Pietà, und ihr Gesicht leuchtete vor Glück. Sie hatte ihren Kopf auf Bun-Buns Schoß gebettet, während der Tätowierer eine Hautpartie neben dem Hüftknochen rasierte. Er schabte den letzten Schaum ab. Zwei Frauen hielten sich an den Händen und sahen zu, zwei andere saßen auf einem Sofa und küßten sich. Im Zwielicht am anderen Ende des Raums tanzten einige Paare. Einige Gäste saßen um den Tisch, auf dem Snacks standen, und eine Frau in einem kurzen, pelzbesetzten Pyjama teilte Polaroid-Fotos von ihnen aus, als wären es Spielkarten. »Ringe durch die Brustwarzen«, sagte sie gerade.

Ich eilte zur Tür, wo die schwarze Frau von eben sich gerade Handschuhe anzog.

»Was dagegen, wenn ich mitkomme?«

»Müssen Sie selbst wissen.«

Draußen im Schnee sagte ich: »Ich heiße Paul.«

»Ich bin Peaches.«

»Hier war früher mal ein Delikatessengeschäft, ein sehr gutes. Es hieß Savage's«, sagte ich, als wir die Riverside Avenue entlanggingen. Ich kaufte ihr eine Packung Marlboro, und auf dem Rückweg, hinter dem Rathaus, sagte ich: »Sieh mal da oben – da sind wir in der zweiten Klasse nach der Schule immer hinaufgegangen.«

»Ich bin viel zu stoned, um da raufzusteigen«, sagte Peaches.

»Gib mir die Hand«, sagte ich und zog sie den Pfad entlang. »Da drüben war die Fountain Street, und da, wo das Ausfahrtsschild steht, war die Washington School.«

Wir setzten uns am Wegrand auf den umgestürzten Torso eines alten Baumes. Über uns rauschte der Fernverkehr vorbei.

»Mein Onkel Hal hat da drüben gewohnt, wo jetzt die Ausfahrt ist. Es war ein sehr altes Haus, voller Schätze, mit einem großen Kamin in der Mitte. Angeblich hat Paul Revere auf seinem Mitternachtsritt dort haltgemacht. Er kam von dort angeritten, auf der Salem Street.«

»Ihr Onkel hatte ein Pferd?«

»Paul Revere«, sagte ich.

Durch das gleißende Licht der Schnellstraßenbeleuchtung wirkten die Lampen am Medford Square trübe. Der Fluß war jetzt ganz zugefroren und sah flach und bleich aus. 1948, als ich sieben Jahre alt gewesen war, hatte ich an dieser Stelle oder nicht weit von hier entfernt Linda Palmer geküßt und ihr gesagt, daß ich sie liebte.

Ich hatte Lust, diese schwarze Frau – Peaches – zu küssen. Ich stellte mir vor, wie es wäre, sie als Geliebte zu haben, als Medford-Romanze. Ich legte meinen Arm um sie und schob mein Gesicht an ihres, doch ich spürte, wie ihr ganzer Körper zurückwich und sich von mir abwandte, als würde sie vor Angst kleiner, als wäre ich ein sabbernder Hund, der im Begriff war, ihr das Gesicht abzulecken.

»Nein«, sagte sie.

»Ich will dich doch nur küssen. Nichts Schlimmes.«

»Das ist schlimmer als alles andere. Ich glaube, ich hab seit zwei Jahren keinen Mann mehr geküßt.«

»Vielleicht könntest du dich wieder daran gewöhnen.«

Sie gab ein heiseres, verächtliches Schnauben von sich und sagte: »Manchmal, wenn ich mit meiner Freundin ins Bett gehe, lassen wir ihren Mann zusehen, aber er darf nie mitmachen. Ist ihm übrigens auch egal.«

Sie zündete sich eine Zigarette an. Sie sagte, ihr sei kalt.

»Jetzt fällt mir wieder ein, was hier war, bevor sie die Schnellstraße gebaut haben.«

»Ja?«

Und ich sah sie vor mir, die Schiefersteine, allesamt beschädigt, manche davon uralt, mit unter schlichten Totenköpfen eingravierten Namen und Daten. Es waren die ersten Grabsteine gewesen, die ich je gesehen hatte, auf dem Heimweg von der Schule, hier, auf dem Hügel neben den Gleisen – wo früher einmal Gleise und Gräben voller Pilze gewesen waren und wo nun die Ausfahrt 32 von der Schnellstraße abzweigte. Ich war sieben oder acht gewesen und hatte Linda Palmers Hand gehalten, und es dauerte noch lange, bis mir aufging, daß es auch andere Grabsteine gab als diese flachen, grauen Platten mit eingemeißelten grinsenden Totenköpfen.

»Ein Friedhof.«

Sie schrie auf und rief: »Ich weiß, was du vorhast – hör sofort auf damit!«

Sie war hysterisch. Ich konnte sie nicht beruhigen. Sie wollte nicht, daß ich sie berührte. Sie eilte davon, mitten auf der Straße, auf der jetzt kein Schnee mehr lag, zurück zur Tattooparty. Ich folgte ihr nicht, denn ich fürchtete, nach diesem Mißverständnis würde man mich dort zur Rede stellen. Möglicherweise waren sie sehr wütend. Aber das hier war Medford, meine alte Heimatstadt, und sie kannten mich nicht. Niemand kannte mich.

Es war also besser zu gehen, mich davonzuschleichen. Ich stieg in meinen Wagen und fuhr die Riverside Avenue entlang, überlegte es mir jedoch anders und steuerte auf die Auffahrt zur Schnellstraße zu. Es war inzwischen so leicht, Medford zu verlassen. Innerhalb von Sekunden, so schien es mir, war ich fort, innerhalb von Minuten war ich in Boston, und alles, was von Medford blieb, waren Dunkelheit und ein paar verschwommene Lichter im Rückspiegel.

VIERZEHN

Königliche Berührung

I

Daß ich in jener Nacht die Abkürzung durch Boston nahm, war ein Fehler: Mein Tempo war nicht hoch genug, um meinem Gefühl, versagt zu haben, zu entkommen. Die vermummten Gestalten, die obdachlosen Veteranen in den schmalen Seitengassen sahen aus wie Arktisforscher auf alten Stichen oder Photographien: dick eingepackt in viele Lagen zerlumpter Kleider, vom Frost gequält, zum Scheitern verurteilt. Sie gingen steifbeinig wie künstliche Monster. Es blies ein sehr kalter Wind, und die Straßen waren mit Schneewällen eingefaßt. Auf den Bürgersteigen schimmerte dunkles Eis. Ich saß in einem Wagen, und doch war auch ich einer dieser Menschen. Ein Versagen ist eine Art Beerdigung, und jemand, der vor einer gescheiterten Ehe flieht, ist sowohl Leichnam als auch trauernder Hinterbliebener.

In meinem Autoradio sagte ein Provinzler mit krächzender Stimme: »Solange Ihnen egal ist, wo Sie sind, haben Sie sich nicht verlaufen.« Ich lachte wütend.

Wie die anderen ziellos umherstreifenden Männer, die ich sah, war auch ich anonym. Oder vielmehr: Die meisten von ihnen sahen aus wie ich. Sie schlurften gebeugt durch den schmutzigen Schnee, trugen unförmige Mützen und hatten die Hände tief in die Taschen gesteckt. Wir waren verirrte Entdecker, die auf Rettung warteten. Wir waren dumm, ungebildet und krank und hatten das unbestimmte Gefühl, ein anderes Leben zu brauchen. Meiner Verwirrung war nur dadurch abzuhelfen, daß ich weit fort ging und noch einmal von vorn anfing. Hier jedenfalls gab es für mich keine Hoffnung.

Als ich gegen Mitternacht wieder in meinem Haus am Cape war, fand ich auch dort keinen Trost. Drinnen war es kühl, und dadurch wirkte die feuchte Luft fettig. Ich schaltete das Licht und den Thermostat an. In diesem Augenblick hörte ich das Klacken meines Anrufbeantworters, der soeben eine Nachricht aufgenommen hatte. In der Digitalanzeige blinkte eine gelbe Zwei – zwei Anrufe in fast drei Tagen, und der erste begann: »Du verdammtes Schwein, wage es bloß nicht –« Ich drückte auf die »Skip«-Taste, und die Stimme verwandelte sich in ein plapperndes, sinnloses Quaken.

Nach der unvermittelten Beleidigung des ersten Anrufs war die zweite Nachricht seltsam formell. Es war, als hörte ich eine andere Sprache. Aus der Verzögerung und den knarzenden, pfeifenden Nebengeräuschen schloß ich, daß es sich wohl um einen Anruf aus Europa gehandelt hatte.

»Ich habe eine Nachricht für Paul Theroux von Mr. und Mrs. Laird Birdwood«, sagte eine beflissen und korrekt klingende weibliche Stimme. »Sie würden sich freuen, Sie am zwölften Februar zum Dinner in ihrem Haus in London begrüßen zu dürfen. Einige Einzelheiten: Abendanzug, Erscheinen pünktlich um neunzehn Uhr dreißig, das ist sehr wichtig. Wir werden Ihnen per Fax eine Einladung schicken, sobald Sie zugesagt haben. Mr. und Mrs. Birdwood hoffen sehr, daß Sie es einrichten können. Bitte rufen Sie bei Gelegenheit zurück.«

Es war die perfekte Nachricht: präzise, klar, sicher und gewandt formuliert.

Ich hörte sie mir noch einmal an und sah dabei in den Schlafzimmerspiegel. Ich war bleich und unrasiert, meine Nasenspitze war gerötet, aus einem Nasenloch hing ein Popel, und mein Haar stand stachelig in alle Richtungen ab, weil ich meine Arktisforschermütze getragen hatte. Ich hatte meine Kleider seit drei Tagen nicht mehr gewechselt; ich hatte in ihnen geschlafen.

»Abendanzug, Erscheinen pünktlich um neunzehn Uhr dreißig ...«

Eine weitere unumstößliche Gewißheit in meinem gegenwärtigen Zustand waren die Grenzen dessen, was möglich war und was nicht. Ein Dinner in London war nicht möglich. Mir fiel kein einziger Grund ein, warum ich die Einladung hätte annehmen sollen. Ich mußte nur die Zeitverschiebung zwischen London und dem Cape ausrechnen, zur Bürozeit anrufen und mit Bedauern ablehnen.

Ich nahm ein Bad. Ich rasierte mich. Ich trank grünen Tee. Ich ging zu Bett und las einige Seiten in Malinowskis *Coral Gardens and their Magic.* Graupeln schlugen wie Sandkörner an die Fensterscheiben. Ich stellte mir vor, wie es wäre, in Neuguinea zu verschwinden – keine dicken, plumpen Kleider, keine Handschuhe, kein Frost. Ich wärmte mich mit meiner Lektüre und meinem Tee und war bald eingeschlafen.

Am nächsten Morgen rief ich Birdwoods Büro in London an, um abzusagen. Ich bekam seine Sekretärin an den Apparat, die höfliche Frau, die jene Nachricht auf meinem Anrufbeantworter hinterlassen hatte.

»Das tut mir sehr leid«, sagte sie. »Ich weiß, daß Mr. und Mrs. Birdwood sehr enttäuscht sein werden. Sie haben sehr auf Ihre Zusage gehofft. Was ist das für ein Geräusch im Hintergrund?«

»Der Wind«, sagte ich. Der Sturm, der gestern abend begonnen hatte, zerrte noch immer an den Schindeln. »Es ist nur … von hier nach London ist es ziemlich weit. Und das Dinner findet schon sehr bald statt.«

»Ganz recht. Aber der Anlaß ist ein ganz besonderer.«

»Natürlich, aber –«

»Der Ehrengast wird Ihre Majestät die Königin sein.«

»Ja«, sagte ich. Ich konnte nicht zugleich in den Spiegel sehen und diese Worte verstehen. Die Königin?

»Und Prinz Philip natürlich. Das königliche Paar hat die Birdwoods noch nie zu Hause besucht. Sie können sich sicher vorstellen, wie groß die Aufregung ist.«

»Die Königin«, sagte ich und lächelte. Ich stand nackt in meinem Schlafzimmer, und hinter mir lagen die gestern ausgezogenen Kleider auf einem Haufen und sahen aus wie der Kadaver eines großen Tieres. Das Wort »Königin« beschwor ihr Porträt auf den Briefmarken herauf: den schlanken Hals, das zierliche Kinn, die kecke Nase, die anmutig auf dem Hinterkopf balancierende Krone.

»Aus Sicherheitsgründen muß unsere Gästeliste recht bald fertig sein.«

»Ich werde allein kommen«, sagte ich.

Ich flog mit meinem Vielfliegerrabatt und zum Nebensaisonpreis nach London. Mein einziges Gepäckstück war eine Reisetasche mit meinem Smoking. Ich fand, der Trost der Anonymität an einem Ort, wo mich niemand kannte, war genau das, was ich brauchte. Im Augenblick jedoch fühlte ich mich wie ein Mann auf dem Weg zur Nachtschicht, wie ein Mr. Halbwertleben in seiner schäbigen Uniform, und bereitete mich innerlich darauf vor, Ihrer Majestät Elizabeth II., Königin von Großbritannien und Nordirland, Verteidigerin des Glaubens, gegenüberzutreten.

Ich saß in der Touristenklasse. Carl Lewis reiste erster Klasse. Ein unhöflicher Flugbegleiter mit ausladendem Hintern und feuchten Augen, der sich offenbar einschmeicheln wollte, versperrte mir den Weg, damit der Leichtathlet vor mir aussteigen konnte. Ich wartete auf dem mir zugewiesenen bescheidenen Platz in der Schlange der Unterprivilegierten und bemerkte, daß Lewis die kleinsten Ohren hatte, die ich je an einem Menschen gesehen hatte.

In der U-Bahn wurde mir bewußt, daß es, da ich dieser Stadt vor einem Jahr den Rücken gekehrt und nichts Positives zu berichten hatte, in London niemanden gab, den ich besuchen wollte. Ich wollte nicht gefragt werden, wie es mir ging und an was ich gerade arbeitete. Ich hätte darauf keine Antwort gehabt. Ich sehnte mich nach der Gesellschaft von Fremden. Die beiden Nächte mit den Teenagern in Medford hatten nichts gebracht, aber mir gefiel die Vorstellung von nackten, grinsenden illiteraten Inselbewohnern, die mich (so hatte Malinowski es beschrieben) als ein Wesen betrachteten, das nicht zur menschlichen Rasse gehörte.

Die Birdwoods waren für mich fast Fremde. Charmian war Engländerin, »eine Cousine der Königin«. Das sagte man zwar von vielen Leuten aus solchen Familien – aber vielleicht war der königliche Besuch ja der Beweis. Laird war ein reicher Amerikaner, ein Pferdezüchter, der darauf angewiesen war, in der Nähe von Newmarket zu wohnen. Er war stolz auf seinen Rennstall (er hatte zweimal das *Grand National* gewonnen) und seine Sammlung von Erstausgaben (unter T befanden sich Ausgaben meiner Bücher, die nicht einmal ich besaß). Vor Jahren hatte er mich in der Ascot-Woche zu einem Dinner zu Ehren von Prinzessin Anne eingeladen und mich neben sie plaziert. »Daddy hat sich heute furchtbar über den *Daily Express* aufgeregt«, hatte die Prinzessin mir anvertraut. Nach dem Essen hatte sich ihr Mann – der »Captain«, wie sie ihn nannte – über ihre Reisen zu hungernden afrikanischen Dorfbewohnern beklagt. »Ich sage immer: Das eigene Land geht vor.« Er hatte sich bei einem Reitunfall das Bein gebrochen, doch das hielt ihn nicht davon ab, mit seinem Gips in einem dümmlichen kleinen Tanz herumzuhüpfen, während die Prinzessin seufzte und litt. Sie lebten jetzt getrennt.

Die Sitzordnung hatte funktioniert. Ich war Amerikaner, ein Schriftsteller, ich war dankbar und höflich. Und ich war harmlos. Wer war der ideale Tischherr der Prinzessin? Jemand, der gesellschaftlich nicht klar einzuordnen war. Ein präsentabler Amerikaner schuf keinen Klassenkonflikt. Wie gut, daß meine Lebensumstände so unbekannt und sich alle Anwesenden, die Gastgeber eingeschlossen, fremd waren. Und es war leichter, auf diese Art nach London zurückzukehren – es war die Parodie eines Besuchs: der Gast als Ober verkleidet.

In den achtzehn Jahren, die ich in London gelebt hatte, war ich nicht ein einziges Mal in einem Londoner Hotel abgestiegen. Nur Menschen, die nicht dort wohnen, verstehen die Hotels einer Stadt. Aber wie auch immer – ich hatte viel Geld verloren und konnte es mir nicht leisten, wählerisch zu sein. Ich stieg in Earl's Court aus und entdeckte das beleuchtete »Zimmer frei«-Schild des *Sandringham House Hotel*. Das Hotel war ebenso kalt, schmutzig und trübe beleuchtet wie das Haus, von dem ich aufgebrochen war.

Es war acht Uhr, ein Wintermorgen in London, und die 40-Watt-Birnen im Foyer waren so kraftlos, daß sie nicht einmal Schatten warfen. Ein Inder in einer Art Kassenhäuschen trug mich ein, ließ mich im voraus bezahlen und hieß mich dann willkommen. Auf dem Namensschild aus Plastik stand R. G. PILLAI.

»Zimmer 22«, sagte er. »Ist noch nicht fertig.«

»Haben Sie welche, die fertig sind?«

»Nicht verfügbar.«

»Ich habe die ganze Nacht im Flugzeug gesessen.«

»Abreisezeit ist 12. Vielleicht dann.«

Er unterbrach meinen Protest mit den Worten: »Gehen Sie frühstücken im Salon.«

Es war kein Salon. Es war ein zugiger Raum im ersten Stock, an der Rückseite des Hauses, noch kälter als das Foyer, mit Samtvorhängen, zu dicht beieinander stehenden Tischen und einem elektrischen Feuer im Kamin. Das flackernde Licht in den künstlichen Holzscheiten war eingeschaltet, nicht aber die Heizschlangen.

Die Ober waren Inder in schmutzigen weißen Jacketts. Ich saß eine Weile da und sah zu, wie die Gäste an den anderen Tischen bedient wurden. Dann wurde auch mein Tisch mit den Frühstücksgerätschaften gedeckt: ein leeres Marmeladenglas mit staubigem Dekkel, eine Untertasse mit zwei Stückchen Butter, ein Toastgestell (zwei Scheiben), Zuckerdose, Milchkännchen, Teekanne, Kanne mit heißem Wasser, Teesieb und Teesiebhalter, Löffel, Gabeln, Zuckerzange. Es war, als seien das die Reste des Familiensilbers und des Familienporzellans, auf dem Tisch ausgelegt wie die grobschlächtigen Instrumente eines Baders. Der Ober entschuldigte sich, während er das alles auftrug, und als er fertig war, waren der Tee lauwarm und der Toast kalt und pappig. Anstelle von Tischgesprächen erfüllte das Klingeln der Bestecke auf dem Porzellan den Raum.

Eine Engländerin mit feistem Gesicht musterte mich finster im Vorbeigehen. Das war Betty, Mr. Pillais Frau. Ihre falschen Zähne waren sehr weiß und saßen schief. Sie trug ein Haarnetz, und als ihr Blick auf mich fiel, begann sie zu kauen, daß ihre Hängebacken bebten.

»Ja?«

»Könnte ich bitte etwas Marmelade haben?«

»Wenn Sie keine sehen, ist keine da.«

Das war der in englischen Läden am häufigsten gehörte Satz, und doch wußte ich, daß er auf die englische Gesellschaft nicht anwendbar war. Was man nicht sah, war dennoch ausgesprochen existent – die gesamte Kultur war von einer unsichtbaren Essenz durchzogen. Nichts war sichtbar, weder Gesinnung noch Struktur oder Gefühl. Diese Kultur war auf eine fast orientalisch anmutende Weise rätselhaft. Mit anderen Worten: Es gab sehr wohl Himbeermarmelade, aber in der englischen Welt, wo alles Wichtige verborgen war, mußte man wissen, wie man danach zu fragen hatte.

Ich beneidete die Leute an den anderen Tischen. Wie sie dasaßen:

ruhige Ehepaare, Mann und Frau, wie sie Zeitung lasen oder wortlos miteinander kommunizierten, lächelten – jene stumme Vertrautheit zwischen alten Paaren, die mir nun versagt war. Die kleinen Gesten der Zuneigung deprimierten mich – das Händchenhalten, die bedeutungsvollen Blicke, die Vertraulichkeit. Ich wollte das nicht. Ich wollte Fremde, ich wollte Wilde.

Ich saß allein an meinem Tisch, kaute mein gräßliches Frühstück und trauerte um das Leben, das ich verloren hatte. Ich ärgerte mich über den Aufwand, den ich getrieben hatte: der weite Weg, diese törichte Reise, und alles nur, weil ich verzweifelt nach einem Mittel gegen meine Einsamkeit suchte.

Endlich wurde ich von einem schweigsamen Inder eine stinkende Treppe hinauf und durch einen Korridor zu meinem Zimmer geführt. Jeder Schritt entlockte den losen Dielen unter dem abgenutzten Teppich ein Quietschen und Knarzen. Aus einem Zimmer hörte ich die wütende Stimme einer Frau:

»Ich will dich nicht hier!«

Es folgte das unverständliche Gemurmel eines Mannes; dann schrie die Frau wieder:

»Seit du hier hereingekommen bist, hast du dich ununterbrochen beklagt!«

Ich zuckte zusammen, doch der Inder schien nichts gehört zu haben. Fünf Türen weiter schob er den Schlüssel in ein altes Sicherheitsschloß, rüttelte ein wenig daran und stieß die Tür zu einem schmalen Zimmer auf. Er machte eine einladende Geste, trat aber nicht ein – er war wie ein Wärter, der einen neuen Gefangenen in seine Zelle brachte. Ich zog die Vorhänge zu, legte mich im Halbdunkel auf das Bett und schlief ein.

Ich erwachte von einem unvermittelten Geschrei im Nachbarzimmer. Es war so laut, daß es durch die Wand drang.

»Ich will nichts mehr davon hören!«

Es war eine Frauenstimme, schrill und fast hysterisch.

Ein Mann sagte: »Laß es mich doch wenigstens erklären …« Er klang ruhiger, ja vernünftiger.

Schrien Frauen bei solchen Auseinandersetzungen, weil sie sich der Drohung männlicher Gewalt ausgesetzt sahen? In diesem Hotel schrien die Frauen und grunzten die Männer. Keine dieser Stimmen entsprach der, die ich vorher auf dem Korridor gehört hatte.

»Ich will, daß dieses Flittchen aus unserer Ehe verschwindet! Wenn du mich lieben würdest, hättest du das nicht getan. Und ausgerechnet mit der!«

»Sie ist doch nicht das Problem. Siehst du denn nicht, daß die Sache eine tiefere –«

»Quatsch! Geh doch zu deiner kleinen Hure! Es wird dir noch leid tun. Du wirst sehen, daß das der größte Fehler war, den du je begangen hast.«

Der Mann murmelte etwas. Ich konnte es nicht genau verstehen. Er versuchte, sie zu beruhigen.

Die Frau schrie: »Rühr mich nicht an!«

Der Mann sagte mit tiefer, eindringlicher Stimme: »Hör jetzt endlich auf!«

»Laß mich in Ruhe, du Schwein!«

Der Rest war Gemurmel, dann Weinen und eine zugeschlagene Tür. Ich war mittlerweile hellwach, fiel jedoch bald wieder in Schlaf, bis ich von Stimmen aus dem anderen Nachbarzimmer geweckt wurde.

»Das machst du immer so! Aber das kann ich auch!«

Ich dachte: ›Entschuldige dich, dann ist die Sache erledigt. Sag: Ja, es tut mir leid, daß ich dir weh getan habe. Ich werde es nie wieder tun.‹

Doch der Mann sagte: »Du bist erbärmlich. Sieh dich doch an. Du weißt ja nicht, was du redest.«

›Sag: Auch ich habe darunter gelitten‹, dachte ich. ›Ich war unglücklich. Aber gemeinsam werden wir es schaffen.‹

Doch die Frau sagte: »Ich hasse dich! Gott, wie ich dich hasse!«

Ich schloß die Augen und hielt mir die Ohren zu. In der Dunkelheit war etwas, das den Raum mit einem schrecklichen Geruch erfüllte, einem Geruch von Fleisch und Pelz, einem Geruch nicht von Füßen, sondern von Hufen. Es war, als wäre ich in der Hölle. Ich schlief wieder ein. In der Nacht hörte ich noch mehr: Schreie, Vorwürfe, Handgreiflichkeiten, einen Mann, der telefonierte, dumpfe Geräusche, flehentliches Bitten. Doch am nächsten Morgen – ich erwachte früh, und mir fiel ein, daß heute der Tag war, an dem ich mit der Königin dinieren würde – war alles still.

Ein anderer Morgen, derselbe Salon, dieselben Gerätschaften, die an alte Wissenschaften erinnerten, der vollgestellte Tisch, der lauwarme Tee, der pappige Toast.

Betty servierte. Sie brachte ein braunes Plastiktablett, auf dem eine Schüssel stand. Sie sagte: »Obstkompott?«

Ich sagte ja. Es waren Pflaumen.

Die schweigsamen Paare aßen manierlich, und ihr Schweigen war wie Hunger und Dankbarkeit und Gehorsam. Zwei lasen Zeitung, niemand sprach. Die nächtliche Dunkelheit war voller Stimmen gewesen, voller gemurmelter Vorwürfe und Flüche, die Schranktüren hatten gequietscht, durch die Rohre war Wasser gestürzt. Wenn ich meine trübe Nachttischlampe eingeschaltet hatte, war der Raum erleuchtet gewesen, und das Bild an der Wand hatte zu mir gesprochen: Es stellte eine Szenerie in den Yorkshire Dales dar – ein rauschender Bach, ein kahler Berg, ein paar Tannen, eine herrliche Landschaft, bewohnt von einem wütend streitenden Paar. Doch hier, im bleichen Licht des Tages, aßen die gespenstischen Gäste des *Sandringham House* schweigend und lasen in der Zeitung, und wieder war es, als wäre ich in der Hölle – nicht in einer katholischen Hölle voller Feuer, geschmolzener Lava und böse lachender Teufel, sondern in einer säkularen, englischen Hölle voller Scham, Gestank und enger, feuchter Zimmer, in denen Ketten rasselten.

Auf dem Weg zur Bushaltestelle wäre ich um ein Haar von einem grünen Range Rover überfahren worden.

Es war wieder die Frau mit dem knochigen Gesicht, die mir im Londoner Straßenverkehr ständig begegnet war: wunderschönes Haar, Halstuch, gefütterte Barbour-Weste. Sie war für den Landsitz gekleidet, und hier im West End packte sie die Ungeduld. Sie sah mich nicht, sie brauchte mich auch gar nicht zu sehen, denn sie wußte, daß ich versuchen würde, die Straße zu überqueren. Sie hatte es nicht nur eilig, auf die Schnellstraße zu kommen – nein, sie telefonierte auch noch dabei und drückte den Hörer mit einer Hand ans Ohr, während sie mit der anderen lenkte. Seit Jahren schon war sie hinter mir her. Sie murmelte etwas und fuhr weiter, den Hörer noch immer in der Hand. Sie hatte mich verfehlt, aber immerhin naßgespritzt.

Ich nahm den Bus zur King's Road und ging dann die Beaufort Street hinunter zum Fluß. Eigentlich wollte ich nach Clapham, aber mitten auf der Battersea Bridge wurde mir bewußt, daß ich es nicht aushalten würde, das Haus meiner Familie zu sehen. Ich wußte, daß niemand zu Hause sein würde, aber ich gehörte dort nicht mehr hin. Ich würde nicht hineingehen können; ich würde auf dem Bürgersteig stehen und die Ziegelsteine und meine alten Fenster anstarren. Mein London waren mein Haus und meine Familie gewesen – etwas anderes hatte ich nie gehabt. Und nun, da ich diese Stadt als unwillkommener Geist heimsuchte, hatte ich keine Freunde, keine Familie mehr. Ich hatte nie wirklich hier gelebt. Ich hatte mein Zelt in London aufgeschlagen, und nun hatte ich es wieder abgebrochen und mich davongestohlen.

So verlor ich bei meinem Spaziergang durch den Regen den Schwung, aber aus Neugier ging ich ins *Fishmonger's Arms*. Die Öffnungszeiten der Pubs waren geändert worden – man konnte jetzt den ganzen Tag dort verbringen. Zigarettenrauch, ein feuchter Teppich, der Klebstoffgeruch verschütteten Biers, das unterseeische Gurgeln einer Fruchtsaftmaschine. Ein Mann saß rauchend an der Theke, vor sich ein Glas Bier. Neben ihm stand ein Junge in Schuluniform, wahrscheinlich sein Sohn.

Ich freute mich, daß ich den Namen des Barmanns noch wußte: Dermot. Er lächelte mich an.

»Sie haben sich rar gemacht.«

»Ich war unterwegs.«

»Gute Reise gehabt?«

»Ein paar Probleme.«

»Probleme sind besser als Einsamkeit«, sagte Dermot.

Das war alles. Ich war ein Jahr fort gewesen. Es war ein irischer Pub – alle waren freundlich, doch das war nichts weiter als alkoholisierte Bonhomie. Dermot kannte mich nicht gut genug, um mir weitere Fragen zu stellen. Ich bestellte ein Glas Guinness vom Faß.

»Laß uns gehen, Dad«, sagte der Junge zu dem Mann neben mir.

»Kannst du nicht noch was warten, Kevin?« sagte der Mann. Er war betrunken und reizbar. Er nippte an seinem Bier – durch sein Nippen gab er zu verstehen, daß er sich nicht hetzen lassen würde.

Ich sagte zu dem Jungen: »Auf welche Schule gehst du?«

»Emmanuel.«

»Lernst du für die Abschlußprüfung?«

»Ich mach nächstes Jahr die A-Levels«, sagte er und klang müde.

»In welchen Fächern?«

»Englisch, Geschichte und Französisch.«

Während er sprach, musterte mich sein Vater mit zusammengekniffenen Augen.

»Ich habe eine Frage zur Geschichte«, sagte ich. »Was weißt du über das Königtum von Gottes Gnaden?«

»Der Gedanke kam unter James I. auf – der hat jedenfalls was darüber geschrieben. In der französischen Monarchie war das Konzept weiter entwickelt als in der englischen, aber die Engländer haben auch daran geglaubt. Sie kennen doch die ›königliche Berührung‹, oder?«

»Erzähl mir davon.«

»Der König konnte bestimmte Krankheiten heilen«, sagte Kevin. »Skrofulose zum Beispiel. Von der ist jedenfalls immer die Rede.«

»Was immer das sein soll«, sagte sein Vater.

»Eine Art Entzündung«, sagte Kevin mit spöttischem Grinsen.

»Ich würde gern wissen … Die jetzige Königin zum Beispiel: Müßte sie nicht ein kleines bißchen göttliche Gnade besitzen?«

»Sie ist das Oberhaupt der anglikanischen Kirche«, sagte Kevin.

»Der verdammten schwarzen protestantischen Kirche von diesem verdammten anglikanischen England«, sagte der Mann und spuckte aus.

Kevin fuhr fort: »Angeblich besitzt sie tatsächlich ein bißchen göttliche Gnade. Sie brauchen nur ins *Book of Common Prayer* zu sehen – da gibt es Gebete für den König und die königliche Familie. ›König der Könige, Herr der Herren, einziger Herrscher über Prinzen …‹ Und so weiter. Das ist ein Aspekt der Monarchie.«

»Ein Aspekt von Scheiße ist das«, sagte sein Vater.

»Werden diese Gebete denn jemals gesprochen?« fragte ich.

»Beim Schulgottesdienst letzte Woche haben wir eins gebetet.«

»Laß dich nicht von mir dabei erwischen«, drohte sein Vater. Er war betrunken und wenig furchterregend.

»Jetzt komm, Dad, laß uns gehen.«

Während sein Vater sich weiter sträubte, blinzelte Kevin mir zu.

Den Rest des regnerischen Tages verbrachte ich damit, durch Clapham Junction zu spazieren. Ich kaufte ein Paar schwarze Strümpfe und eine schwarze Fliege bei Marks and Spencer und ging dann wieder zum Fluß, zum Friedhof von St. Mary's in Battersea. Ich duckte mich unter dem Regen zusammen und entdeckte in der Fulham Road einen Bus, mit dem ich nach Earl's Court und zum *Sandringham House* zurückfuhr. Es hatte keine Morgendämmerung gegeben – nur einen porridgegrauen Himmel, der tief über den Hausdächern hing. Der Tag, der spät und dunkel begonnen hatte, endete früh mit einer sich immer mehr beschleunigenden Abenddämmerung, einem fallenden Vorhang aus Schwärze, die sich in kalte, schlüpfrige Straßen und nasse Bürgersteige, in glitzernde Mauern und schimmernde Dachziegel verwandelte. Die trüben Lichter hatten den ganzen Tag über gebrannt, weniger eine Beleuchtung als vielmehr eine Erinnerung an die unbesiegte Dunkelheit.

Als ich durch den Korridor ging, hörte ich neue Stimmen.

»Ich weiß nicht, wie du mich noch lieben kannst. Ich bin schrecklich.«

»Fang nicht schon wieder damit an!«

Ich hatte meinen Smoking und das Smokinghemd in einem mit Bindfaden verschnürten Karton. Strümpfe und Fliege hatte ich zwar vergessen, aber inzwischen gekauft. Als ich das Hemd anzog, merkte ich, daß ich keine Manschettenknöpfe mitgenommen hatte. Ich rief die Rezeption an.

»Direktion.«

»Mr. Pillai, ich habe anscheinend meine Manschettenknöpfe vergessen. Könnten Sie mir vielleicht welche leihen?«

»Haben Sie in Zimmer nachgesehen?«

»Nein.«

»Wenn nicht in Zimmer sehen, wir haben nicht.«

»Wissen Sie, was Manschettenknöpfe sind?«

»Nein. Weiß nichts.«

»Warum sagen Sie dann, daß Sie keine haben?«

»Nicht verfügbar«, sagte er, und dann hörte ich Betty kreischen und legte auf.

Im Nachbarzimmer sagte eine Frau: »Ich will nicht mit dir reden. Ich will dich nicht sehen. Verstehst du? Ich will, daß du aus meinem Leben verschwindest.«

Ich hörte keine andere Stimme. Anscheinend telefonierte sie.

»Und ich wünsche mir, daß du auf die Schnauze fällst. Ich wünsche mir, daß es dir so schlecht geht, wie es mir gegangen ist. Ich wünsche mir, daß du mal siehst, wie das ist.«

Es war zu spät, um Manschettenknöpfe zu kaufen. Es gelang mir, die Manschetten mit Büroklammern, die ich in einer Schublade gefunden hatte, zu schließen. Wenn ich die Hemdärmel weit genug in die Smokingärmel schob, würde es niemand bemerken.

Im Smoking sah ich nicht besser, sondern schäbiger aus, davon konnte ich mich im Spiegel im Foyer überzeugen. Eine Frau ging an mir vorbei und lächelte. War sie es gewesen, die oben ins Telefon geschrien hatte? Als ich das *Sandringham House* verließ, um ein Taxi zu suchen, hatte ich das Gefühl, daß alles schiefgehen würde – wie auch anders? Ich war ganz offensichtlich ein Hochstapler. Ich war von Boston nach London geflogen, um mit der Königin zu dinieren, und ich hatte diese Einladung unter dem von der Verzweiflung diktierten Vorwand angenommen, daß mich das aufmuntern und mir etwas geben würde, worüber ich schreiben könnte.

Nein. Mein Hotel war entsetzlich. Es wurde von wütenden und niederträchtigen Menschen bewohnt: Ihre Anschuldigungen drangen durch die Wände. Mir war elend von der Zeitverschiebung. Daß meine Schuhe naß waren, konnte man nicht sehen, doch sie waren es, weil ich im Regen spazierengegangen war. Das Dinner würde nicht stattfinden, und selbst wenn ich rechtzeitig bei den Birdwoods eintreffen sollte, würden dort kein Dinner und keine Königin auf mich warten. Das alles war nur ein Produkt von Paranoia und Mißverständnissen – kein schlimmer Alptraum, sondern ein ganz durchschnittlicher Traum voller Erniedrigungen und Verfolgungsjagden. Jeden Augenblick konnte ich in meinem Bett in Cape Cod aufwachen; ich würde stöhnen und auf den Wind lauschen, der pfeifend über die Zedernschindeln strich und die Zweige der Wacholderbüsche wie Straßenbesen zischen ließ.

Das Taxi brachte mich zum Chelsea Embankment, wo, gleich nach dem Swan Walk, die Säulen und der Portiko eines von einer hohen Mauer umgebenen Hauses strahlend hell erleuchtet waren. Dann sah ich durch das Hin und Her der Scheibenwischer die blinkenden Lichter, die Polizeiwagen, die Polizisten.

Der Taxifahrer schob die Trennscheibe hinunter und rief nach hinten: »Sind Sie sicher, daß das die richtige Adresse ist?«

»Ja.«

»Donnerwetter – was ist denn hier los?«

»Die Königin kommt zum Dinner.«

»Gott segne sie«, sagte er. »Macht genau sechs Pfund.« Ich gab ihm ein Trinkgeld. Er war zufrieden. »Danke, Meister. Vorsicht beim Aussteigen.«

2

Es war von Anfang an wie eine Séance, eine allerdings sehr stilvolle Séance. Ein nervöses Beben lag über dem Haus: Alle waren ein wenig zu beflissen, doch niemand hörte wirklich zu, wenn man etwas sagte. Ich wurde von einem Portier (der vielleicht nur für diesen Abend engagiert worden war) empfangen und dann vom angespannten Gastgeberpaar begrüßt. Die anderen Gäste waren geschniegelt, gebügelt und aufgeregt. Man reichte mir eine Karte. Die vier Kreise, die darauf eingezeichnet waren, stellten die Tische dar, ein roter Punkt markierte meinen Platz. Es herrschte eine Atmosphäre äußerster Wachsamkeit – man lauschte einander aufmerksam, war jedoch zu nervös, um das Gesagte auch zu verstehen. Die Anwesenden waren zum größten Teil Amerikaner: Sie nannten einander beim Vornamen, lächelten starr und hatten erwartungsvolle, glänzende Augen.

Im Spiegel des Empfangssaals vergewisserte ich mich, daß ich nicht so aussah, wie ich mich fühlte, und einen passablen Gast einer Dinnergesellschaft abgab. Abgesehen von Laird Birdwood und Charmian kannte ich niemanden. Ein Mann, der neben mir stand, lächelte. Ich sprach ihn an. Er war so angespannt, daß er mich nicht hörte. Ein anderer begann, als ich zu ihm trat, in ungeheurem Tempo zu sprechen – ein geradezu hysterischer Redefluß, hervorgerufen durch die übergroße Erwartung. Die Passagiere eines steckengebliebenen Fahrstuhls würden wohl dieselben Reaktionen zeigen: Platzangst, Unsicherheit, Furcht. Niemand erwähnte die Königin.

»Woran arbeiten Sie gerade?« fragte mich ein Mann.

Ich setzte zu einer zögerlichen Antwort an und merkte zu meiner Erleichterung, daß er mir nicht zuhörte.

»Wirklich ganz unerwartet«, sagte Birdwood gerade zu einer Frau, die erwiderte: »Aber wir sollten keine Spekulationen anstellen.«

Sprachen sie über den Besuch des Königspaars? Falls ja, verloren sie jedenfalls kein Wort mehr darüber, und doch war ich sicher, daß alle Gäste an nichts anderes dachten. Wir nahmen an einer Séance teil, die sogleich beginnen würde, und wir waren zu nervös, um etwas so Selbstverständliches wie das Objekt der Séance, die Gestalt, die wir gemeinsam heraufbeschwören würden, zu erwähnen. Die Dramatik dieses Augenblicks erzeugte erregtes und banales Geplauder. Wir warteten gespannt darauf, königliches Ektoplasma zu sehen, und doch gaben wir uns den Anschein, als wäre es nicht so. Die Engländer unter den Gästen redeten am meisten.

»Ich glaube, die Sonne wollte heute ein wenig herauskommen.«

»Das Rennen in Goodwood war *absolut* gräßlich.«

Es wurden Getränke gereicht. Die Diener waren weniger nervös und besser gekleidet als die Gäste, und die Art, wie sie den Wein anboten, wirkte ein wenig überheblich, fast spöttisch.

Ein Gast mit ausgezehrtem Gesicht und zu engem Kragen sagte mit hoher, gezierter Stimme: »Habe mich beim Essen und Trinken *absolut* danebenbenommen.«

»Sagen Sie, woran arbeiten Sie gerade?« wurde ich erneut gefragt.

Es kam darauf an, in beschwingter Stimmung zu bleiben. Das Erscheinen der Königin stand bevor, und jede negative Äußerung wäre extrem ungehörig gewesen. Wir waren sehr angespannt, aber wir hatten ja auch das große Glück, in einem Privathaus mit der Königin zusammenzutreffen.

»Woran arbeiten Sie eigentlich gerade?«

Wir standen unter Kronleuchtern, die Herren in Schwarz, die Damen in Abendkleidern. Die Séance zog sich in die Länge, und wir konnten nichts tun, als darauf zu warten, daß etwas geschah. Unsere Blicke waren von der großen Tür des Saals abgewandt – man wollte sich seine Ungeduld nicht anmerken lassen.

»Eigentlich arbeite ich im Augenblick nicht viel«, sagte ich.

Niemand hörte zu.

Ein Mann sagte: »Das ist doch eigentlich immer so, finden Sie nicht auch?«, und ich hatte keine Ahnung, was er meinte. Er hatte sich mir zugewandt, gab Rätselhaftes von sich, sah mich aber nicht an.

Es war sehr still geworden.

Ich drehte mich um, denn ich wollte sehen, was der Mann gesehen hatte, und erblickte eine Frau, der eine Reihe von Gästen vorgestellt wurden. Aus ihrem Diamantschmuck und der Größe ihres Kopfes schloß ich, daß es sich um die Königin handelte.

»Wobei mir einfällt: Ich muß noch Briefmarken kaufen«, sagte ich.

Es war egal. Niemand hörte irgend etwas, das gesagt wurde.

Aber sie hatte keine Ähnlichkeit mit dem Porträt auf den Briefmarken; sie war eine kleine Frau mit einem teigigen Gesicht und einem blauen Kleid aus steifer Gaze. Sie hatte ein schüchternes, aber warmes Lächeln, nicht das starre Grinsen von Politikern, und trug ein Diadem und ein Diamantkollier. Am einen Handgelenk blitzte ein Diamantarmband, am anderen eine mit Diamanten besetzte Uhr. Sie funkelten – es waren kleine Steine, aber so viele und in so dichten Gruppen angeordnet, daß sie an elektrische Schaltkreise denken ließen. Die goldgefaßte Brille der Königin dagegen wirkte banal. Ein Schweigen hatte sich über den Raum gelegt, als wagte es in Gegenwart der Königin niemand zu sprechen, doch sie sagte nur sehr wenig.

Hinter ihr richtete sich der Herzog von Edinburgh hoch auf. Bis jetzt hatte der königliche Auftritt nur Schweigen hervorgerufen. Sie war »Ihre Majestät«, er war »Seine königliche Hoheit«. Er war größer, als ich gedacht hatte, größer als ich, und er nickte, wenn ihm jemand vorgestellt wurde, und behielt die Hände auf dem Rücken. Es wurden keine Hände ausgestreckt und keine ergriffen, es gab keine Berührungen – auch bei einer Séance wäre es nicht anders gewesen.

Das königliche Wesen war heraufbeschworen worden, und wir würden nie mit Gewißheit sagen können, ob dieses Ektoplasma echt oder eingebildet war.

Ich sah noch einmal auf meine Karte mit der Sitzordnung, überprüfte meine Manschetten und vergewisserte mich, daß man meinen Schuhen nicht ansah, wie naß sie waren. Ich war ein mühelos zu durchschauender Hochstapler und faßte eine Abneigung gegen Birdwood, weil er an mich glaubte und sich und mir die Illusion vermittelte, ich sei von Bedeutung. In Wirklichkeit war ich ein schlechter Ehemann und Drückeberger, der seine letzten Vielfliegermeilen verbraucht hatte, um in Gegenwart der Königin ein Glas Wein zu trinken. Ich hatte Löcher in den Schuhsohlen, ich verwendete Büroklammern als Manschettenknöpfe, und ich hatte Kummer. Ich hatte seit sieben Monaten nicht gearbeitet. Ich wohnte in einem Hotel, das einem widerwärtigen, schlampigen Ehepaar gehörte und in dem verbale Auseinandersetzungen aus den Wänden drangen. Das Geschrei hatte mir den Schlaf geraubt. Ich träumte davon, nach Neuguinea zu gehen und zwischen riesigen Blättern und durch Vorhänge aus Palmwedeln hindurch zu einem Ort vorzudringen, wo Kakadus kreischten, ich träumte davon, im Dunkel des Dschungels zu verschwinden und mein Versagen mitzunehmen.

»Und das ist Paul Theroux, der Schriftsteller.«

Endlich war ich der armselige Mensch, der ich zu werden befürchtet hatte: mittellos und seicht. Das war das eigentliche Versagen: nicht die Unbekanntheit, sondern paradoxerweise die Tatsache, daß ich bekannt war und mich als selbstsüchtiger Mensch entlarvt hatte, der davongelaufen und vor lauter Rechthaberei ein alter Langweiler geworden war. Die Frage war nicht, ob ich Vergebung finden konnte. Ich hatte weggehen müssen, und doch stand ich nun hier, gekleidet wie ein Ober, ein Schwindler in einem Empfangssaal. Vor Aufregung und Anspannung entfuhr mir ein Furz, doch ich tarnte dieses Trompetensignal, indem ich meine Stimme hob.

»Euer Majestät, es freut mich sehr.«

Die Königin lächelte und schien etwas zu murmeln. Unter all dem glitzernden Schmuck war sie eine runzlige Großmutter, und mir wurde bewußt, daß ich ihr nichts zu sagen hatte. Es war egal.

Sie wurde unentwegt lächelnd weitergeführt. Sie hatte ein hübsches Lächeln.

Mit dem königlichen Paar waren noch weitere Gäste eingetroffen: der Graf und die Gräfin von Airlie und ein paar andere.

Die königlichen Hoheiten bekamen nichts zu trinken. Sie wurden begrüßt, man stellte ihnen die anderen Gäste vor und führte sie sodann in den Speisesaal. Es war eine langsame Prozession raschelnder Abendkleider und murmelnder Männer. Als ich mich unter die langsam schlurfenden Gäste mischte, wurde mir bewußt, daß dieser Abend mir zu gefallen begann, denn in diesem Raum waren alle auf menschliches Maß gestutzt. Bei jeder Dinnergesellschaft wetteiferten einige Gäste – meist die schlimmsten – miteinander um Aufmerksamkeit. Hier dagegen fiel niemand aus der Rolle. Ich bildete es mir nicht ein. Wir zogen wie Schulkinder in den Speisaal ein, ängstlich darauf bedacht, nicht unangenehm aufzufallen. Die Königin und der Herzog von Edinburgh gingen voran, und wir waren gehorsam und ehrerbietig. Ich hatte noch nie so viel Ehrerbietung in einem Raum gespürt – sie schien Wärme und Licht zu erzeugen.

Ich warf nochmals einen Blick auf die Tischordnung und stellte fest, daß ich am Tisch der Königin saß. Sie nahm gerade zwischen Laird Birdwood und einem anderen Mann Platz. Rechts und links von mir saßen zwei Damen. Wir waren sechs Personen. Das Essen wurde sofort serviert. Der erste Gang war (wie ich der Speisekarte entnahm) Seebarschroulade mit Kaviarsoße und Champagner.

Die Frau zu meiner Rechten lächelte mich an.

»Woran arbeiten Sie gerade?«

»Eigentlich arbeite ich im Augenblick nicht viel«, sagte ich.

»Klingt super«, sagte sie. »Ich wollte, ich könnte schreiben.«

»Ich auch«, sagte ich.

Dann wandte sie sich ab, um Laird Birdwood zuzuhören, der sich mit der Königin unterhielt. Was er sagte, war nicht zu verstehen, doch auf so kurze Entfernung erschien es mir nicht unpassend, die Königin anzusehen, ja, dieses schamlose Starren mochte sogar als Höflichkeit durchgehen.

Nach einer Weile kam es mir schon fast normal vor, mit der Königin am selben Tisch zu sitzen. Sie aß und trank kaum etwas. Es war mehr wie ein Zeremoniell – rituelles Sprechen, rituelles Kosten –, und sie schien leicht gelangweilt und nicht mit dem Herzen dabei zu sein. Im Stehen hatte sie unproportioniert gewirkt; jetzt sah sie aus, als litte sie unter Hämorrhoiden, machte insgesamt aber einen verläßlichen Eindruck.

»Ganz recht«, sagte Ihre Majestät.

Birdwood redete eindringlich auf sie ein. Es ging um Pferde.

»Tatsächlich?« sagte Ihre Majestät.

Weil sie so imposant, um nicht zu sagen mit einem Hauch von Göttlichkeit gesegnet war, wirkte sie fremd, als spräche sie eine Sprache, die kein anderer wirklich beherrschte – weder einer von uns Gästen noch irgendein anderer Mensch auf der Welt. Birdwood war bemüht, sich verständlich zu machen.

»Ja«, sagte Ihre Majestät.

Man sagt, jeder Engländer träume von der Königin. Es ist einer der Standardträume, wie der Angsttraum, in dem man nackt an einem öffentlichen Ort herumläuft, oder der waghalsige Traum, in dem man nur mit den Armen zu rudern braucht, und schon fliegt man über die Baumwipfel davon. In meinem Traum von der Königin, den ich einmal in einem Roman verwendet hatte, saßen sie und ich allein in einem Palast auf einem Sofa. Sie war die junge Königin mit dem schmalen Gesicht, deren Profil auf den Briefmarken zu sehen war – ein ganz schlichtes Porträt, dem sich jede Phantasie aufpfropfen ließ. »Sie machen einen sehr unglücklichen Eindruck«, sagte Ihre Majestät. Ihr Gesicht war so blaß wie eine Briefmarke. Ich war zu schüchtern, um zuzugeben, daß ich tatsächlich unglücklich war. Sie trug ein tief ausgeschnittenes Kleid aus steifem grünem Brokat. Ihre Ringe blitzten, als sie mit beiden Händen den Ausschnitt aufriß. Ihre Brüste fielen heraus, und ich bettete den Kopf zwischen sie und spürte die kühlen Brustwarzen an meinen Ohren.

»So ist es viel besser, nicht wahr?« sagte die Königin in meinem Traum.

Ich konnte nicht antworten, denn ich lag schluchzend an ihrem Busen.

»Woran arbeiten Sie gerade?« fragte mich die Dame zu meiner Linken.

Ich nahm die Speisekarte und las vor: Lammfilet mit Zitronen-Thymian-Soße, frisches Gartengemüse, Brokkolitimbale, Kartoffelgratin.

»Ja, das kann ich mir vorstellen«, sagte Ihre Majestät.

Ich konnte die teuflischen Stimmen in meinem Kopf nicht unterdrücken, die kichernden, boshaften Stimmen, die mich an die Skandalgeschichten erinnerten: daß Prinz Philip angeblich einen Affäre mit Prinzessin Margaret gehabt hatte, als die Königin mit Anne schwanger gewesen war; daß einer der Liebhaber der Königin Prinz Andrews Vater war – weshalb Andrew so anders aussah als seine Geschwister; daß die Königin noch immer einen Liebhaber hatte und Prinz Philip nacheinander eine Reihe von Schauspielerinnen als Mätressen gehabt hatte, die regelmäßig im Fernsehen auftraten und eingeweihte Zuschauer zu der Bemerkung: »Das ist eine von ihnen« veranlaßte.

Doch das machte nichts. Wie Kevin im *Fish* gesagt hatte: Die Königin war heilig – nicht gottgleich, aber göttlichen Ursprungs, ein Nachkomme des Schöpfers. Und dieser ihr Vorfahr war kein dem polytheistischen Pantheon entstammender heidnischer Götze mit einem komischen Gesicht, sondern der bärtige alte Mann, Gottvater persönlich, der Weihnachtsmann mit dem Heiligenschein, an den wir alle glaubten. Das war das englische Dilemma. Natürlich war die Königin gut für die Tourismusindustrie, aber wenn man Engländer war und an Gott glaubte, blieb einem nichts anderes übrig, als auch an den augenblicklichen Monarchen zu glauben, denn dieser war Gottes entfernter Verwandter.

Ihre Majestät tupfte ihre Lippen mit einer spitzenbesetzten Serviette ab.

»Ja, das ist sicher sehr schön«, sagte sie.

Sie sah starr geradeaus, doch ihr Blick war nicht auf mich, sondern ins Unbestimmte gerichtet. Laird Birdwood sprach noch immer leise, aber ernst auf sie ein. Der Mann zu ihrer Linken war aufmerksam, doch es war ihm bisher noch nicht gelungen, ein Wort zu sagen. Er lächelte mir zu. Er machte eine kritzelnde Bewegung – eine eindeutige Geste. Sie bedeutete: An was arbeiten Sie gerade?

Ich lächelte hilflos zurück. Das Dessert wurde serviert: Mousse au

Chocolat mit frischen Himbeeren. Zu diesem Gang wurde (ich las es auf der Speisekarte nach) ein Schramsberg Blanc de noir gereicht.

Wir lächelten, wir aßen und tranken. Dies war keine Gelegenheit für Konversation – dies war eine Erfahrung. Es kam darauf an, sie erfolgreich hinter sich zu bringen und nicht aufzufallen, also keine Aufmerksamkeit auf sich zu lenken. Und es gab so viele Fußangeln, daß es besser war, so wenig wie möglich zu sagen. Bei einem solchen Dinner, wo die Gott-Königin kaum eineinhalb Meter von einem entfernt saß, war es wohl verzeihlich zu schweigen; ein Fauxpas wäre es erst gewesen, sich als Langweiler zu erweisen. Meine saloppe Bemerkung beim Anblick der Königin, ich müsse noch Briefmarken kaufen, war unklug gewesen. Nur gut, daß mich niemand gehört hatte.

Es entstand Bewegung: Die Königin erhob sich, und alle anderen taten es ihr nach. Wenige Augenblicke später standen und gingen wir im Salon herum, waren höflich zueinander und versuchten, nicht daran zu denken, daß Ihre Majestät jetzt auf Laird Birdwoods Toilette saß. Ich mußte daran denken, damit ich nicht vergaß, daß sie ein Mensch war.

Sie kehrte heiterer und entspannter zurück, sie atmete tiefer, wie es viele Menschen nach gelungener Darmentleerung tun. Doch sie blieb am anderen Ende des Raums stehen. Ich unterhielt mich mit Lady Airlie, einer ihrer Hofdamen, die mich soeben gefragt hatte, an was ich gerade arbeitete.

»Ich spiele mit dem Gedanken, den Pazifik zu bereisen«, sagte ich und dachte: Um zu verschwinden.

»Ihre Majestät hat vor einigen Jahren eine sehr erfolgreiche Reise dorthin unternommen. Ich hatte das Glück, mitreisen zu dürfen. So viele faszinierende Orte. Der Besuch in Neuguinea war sehr amüsant.« Sie hatte ein offenes Lächeln und schelmische Augen. »Sie hat beinahe eine Rede gehalten. Ha!«

»Erzählen Sie mir mehr davon«, bat ich.

Am anderen Ende des Raumes war die Königin von vier oder fünf Gästen umringt, die allesamt größer waren als sie, so daß ich nur das Aufblitzen des königlichen Diadems sehen konnte.

»Ihre Majestät kann die Geschichte viel besser erzählen als ich.«

Ich schlenderte zu der Gruppe hinüber. Ihre Majestät hörte einem der Männer aufmerksam zu; offenbar hatte sie die Kunst, fasziniert zu erscheinen, zur Perfektion entwickelt – eine ihrer göttlichsten Eigenschaften. Gewiß, sie war förmlich, vor allem aber war sie höflich. In ihrer Gegenwart geschah nichts Ungehöriges, Dubioses oder Anstößiges. Alles war Ordnung und Harmonie. Sie war Gottmutter.

Doch die Anstrengung, die nötig war, um auch auf so engem Raum Königin zu sein, war ihr nun anzusehen.

»... bäumte sich auf«, sagte ein Mann gerade stockend, »aber bevor er über den Zaun springen konnte, begann die Kapelle wieder zu spielen, und das machte ihm angst, und dann –«

»Ja«, sagte Ihre Majestät mitfühlend.

»Er hat sich nicht schwer verletzt«, sagte der Mann.

»Ja«, sagte Ihre Majestät. »So etwas kommt vor.«

Worum ging es hier? Schon wieder um Pferde? Trotz Ihrer Majestät allgemein bekannter Begeisterung für diese Tiere begann sie leise Anzeichen von Ungeduld zu zeigen. Und warum auch nicht? Den ganzen Abend über hatte ich es nicht ein einziges Mal erlebt, daß irgend jemand ihr etwas gesagt hätte, das sie nicht schon wußte.

»Euer Majestät«, sagte ich, »ich beabsichtige, nach Neuguinea zu reisen, und habe gehört, daß Sie vor einigen Jahren dort gewesen sind.«

»In Papua-Neuguinea«, sagte sie und gab dem Land seinen korrekten Namen. »Wunderbares Land. Der Premierminister hat uns vorige Woche im Palast besucht. Er hat erstaunliches Haar. Ganz wuschelig.«

Bei dieser Beschreibung brachen wir in schallendes Gelächter aus – wir waren nervös und nur zu bereit, allem zuzustimmen. Unser Lachen erregte Aufmerksamkeit.

»Ja«, sagte Ihre Majestät und machte ein ganz ernstes Gesicht, obgleich sie wußte, daß sie unsere volle Aufmerksamkeit hatte. »Man kann es nicht anders beschreiben. Und seine Frau. Sprach kein Wort Englisch. Saß bloß neben ihm, in ihrem schönen Gewand, und lächelte die ganze Zeit. Sie hat auch ganz wuscheliges Haar.«

»Das muß Rabbie Namaliu gewesen sein«, sagte jemand.

»Ja«, sagte Ihre Majestät.

»Dieser schottische Vorname ist sehr beruhigend«, sagte ich.

Sie zuckte die Schultern. »Vielleicht war da irgendwie ein schottischer Missionar beteiligt«, sagte sie.

In unser ungläubiges Gelächter hinein sagte ich: »Aber Ihre Rede –«

Sie bedachte mich mit einem plötzlich kühlen Blick – weil ich in meiner Eile das »Euer Majestät« vergessen hatte? Vielleicht nicht. Ich erkannte, daß die ihr geläufige Gesprächsform der Monolog war: Man plauderte nicht mit Ihrer Majestät, man gab Ihrer Majestät keine Informationen, man drängte Ihre Majestät nicht. Meine Manschetten sahen aus den Ärmeln des Jacketts hervor, und meine Schuhe waren noch immer feucht.

»Der Staatsbesuch führte uns ins Hochland«, sagte sie. »Wir fuhren zu einer Lichtung, die ein Stück von der Stadt entfernt lag. Und da hatten sich viele Menschen versammelt – ein paar tausend. Manche waren drei oder vier Tage zu Fuß unterwegs gewesen. Sie hatten Federn im Haar und hübsche Kostüme. Ihre Gesichter waren bemalt. Sie waren familienweise gekommen. Ich stand auf einem Podium und sollte eine Rede halten.«

»Und wurden Sie als ›Missis Kwin‹ vorgestellt, Euer Majestät?«

Und ganz gewiß unterbrach man Ihre Majestät nicht. Sie sah mich blinzelnd an, ignorierte, was ich gesagt hatte, und fuhr fort: »Ich sah all diese Familien. Schlammfamilie, Federfamilie, Muschelfamilie. Kinder, Frauen, alte Omas, alle mit wunderbar bemalten Gesichtern.«

Wir lächelten und stellten uns vor, wie die Familien zu ihrer Königin aufsahen.

»Als ich den Mund aufmachte, ertönte ein gewaltiger Donnerschlag. Sofort rannten alle Leute zu den Bäumen und stellten sich unter. Ich hatte noch kaum ein Wort gesagt. Dann begann der Regen. Wahrscheinlich wollten sie ihren Federschmuck nicht ruinieren. Es waren so hübsche Kostüme. Das Programm fortzusetzen, hatte keinen Sinn. Irgendwie gelangten wir wieder zum Wagen, und dann begann es zu hageln – Hagelkörner, so groß, daß die Windschutzscheibe einen Sprung bekam. Es war erstaunlich. Wir kamen nicht weit. Der Wagen war ein riesiger Rolls, der für solche Bedingungen nicht geeignet war, und er blieb schon sehr bald im Schlamm stecken. Der Fahrer versuchte, ihn freizubekommen, aber der Wagen rutschte in den Graben. Und da waren wir dann: Wir konnten weder vor noch zurück, und der Hagel trommelte auf das Blech.«

»Ich wäre gestorben vor Angst, Euer Majestät«, sagte eine Frau mit übertriebener Emphase.

»Nein, Angst hatte man nicht. Aber es war ärgerlich.«

Sie genoß unsere Reaktion darauf. Wir warteten gespannt darauf, daß sie fortfuhr.

»Ein Mann kam auf uns zu, dem Aussehen nach ein Australier, und er war tropfnaß und lächelte. Er trug einen dieser komischen australischen Hüte und hatte offenbar einiges getrunken. Er beugte sich hinunter, drückte sein Gesicht ans Fenster und sah mich an.« Sie hielt einen Augenblick inne, spitzte die Lippen und sagte ganz plötzlich mit vulgärem australischen Akzent: »›Gott sekne die Köngin!‹«

Der unerwartete Akzent und die Verblüffung darüber, ihn aus dem Mund Ihrer diamantengeschmückten Majestät zu hören, rief eine neue Welle von Heiterkeit hervor. »Ich hätte ihn erwürgen können«, sagte Ihre Majestät.

Ich dachte: Ja, ungefähr so müßte Gottmutter aussehen: runzlig, faltig, blinzelnd, klein und pummelig, aber auch mit Diamanten behängt, gebieterisch, wohlwollend, entgegenkommend. Sie konnte allerdings nicht alles bestimmen – schließlich gab es so etwas wie den freien Willen. Wenn man sich die Diamanten wegdachte, war sie nur noch die alte Tante Beth. Man plauderte nicht mit ihr, aber sie gab einem trotzdem gute Ratschläge.

Ich sagte: »Euer Majestät haben, wie ich hörte, den ganzen Pazifik bereist.«

Sie gab keine direkte Antwort, aber es war mir gelungen, ihr ein Thema zu liefern. Man sprach mit ihr nicht über etwas – man gab ihr Stichworte.

»Ich war einmal auf einer dieser Premierminister-Konferenzen der Commonwealth-Staaten in London. Auf der Rückseite der Speisekarte waren alle Commonwealth-Staaten aufgeführt. Ich nahm einen Stift und hakte sie ab.« In einer Hand hielt sie eine imaginäre Karte, in der anderen einen imaginären Stift, mit dem sie kleine, zackige Bewegungen machte. »›Da war ich, da war ich, da war ich, da war ich noch nicht, da war ich, da war ich noch nicht, da war ich noch nicht, da war ich, da war ich noch nicht, da war ich noch nicht.‹

Ich ging die ganze Liste durch, gab sie meinem Sekretär und sagte: ›Ich will alle Länder besuchen, in denen ich noch nicht gewesen bin.‹ Und so wurde diese Reise geplant.«

»Zweifellos die beste Methode, um sich ein Urteil zu bilden«, sagte ein Mann.

Ihre Majestät war nicht seiner Meinung, auch wenn sie es nicht so deutlich ausdrückte. Sie sagte: »In Samoa war ein schrecklicher Wirbelsturm.«

»Als Sie dort waren, Euer Majestät?«

»Nein, gestern!« erwiderte sie mit Nachdruck. Es war das Äußerste an Ungeduld, was sie sich gestattete. Sie fuhr fort: »Westsamoa hat wirklich viel Pech. Ihr Amerikaner in Ostsamoa bleibt von diesen furchtbaren Stürmen immer verschont.«

»Ich würde gern den Pazifik bereisen«, sagte ich.

Ihre Majestät sagte: »Das sollten Sie unbedingt tun.«

Ich wartete auf mehr. Eine Stimme – es war Birdwood – flüsterte mir zu: »Es ist niemand bei Prinz Philip. Würden Sie mal zu ihm gehen und sich mit ihm unterhalten?«

Birdwood stellte mich dem hochgewachsenen Mann vor, der mit auf dem Rücken verschränkten Händen allein dastand, und ließ uns allein. Der Herzog fragte mich nicht, woran ich gerade arbeitete. Er sagte gar nichts. Sein Lächeln war das eines Menschen, der sich nicht wohl fühlt. Jetzt war er es, der aussah, als hätte er Hämorrhoiden.

»Die Königin hat uns gerade die Geschichte von Ihrem Staatsbesuch in Neuguinea erzählt«, sagte ich. Der Herzog sagte nichts. »Als es so geregnet hat«, sagte ich. Noch immer nichts. »Und dieser Hagel«, sagte ich. »›Gott sekne die Köngin.‹ Sehr amüsant.«

Er sah mich ungläubig an. Mit tiefer Skepsis sagte er: »Finden Sie wirklich?«

»Ich nehme an, Sie waren ebenfalls dort.«

»Nicht im Traum«, sagte er mit einem Unterton gereizter Überraschung.

»Aber Sie sind doch schon einmal in Neuguinea gewesen, königliche Hoheit?«

Er zuckte die Schultern, und sein betontes Schnauben durch beide Nasenlöcher bedeutete: »Selbstverständlich.«

»Ein faszinierendes Land.«

Wieder zuckte er die Schultern. Er verstand sich hervorragend darauf, Langeweile auszudrücken. Um mir zu zeigen, wie außerordentlich uninteressiert er war, bewegte er die Kiefer, schmeckte etwas Unangenehmes, verzog das Gesicht und schluckte mit sichtlicher Überwindung

Mit deutlichem Widerstreben sagte er: »Das erste Mal. Ich war in einem Dorf. Junge Mädchen standen auf und tanzten. Nackte Busen natürlich. Sie lächelten. Herrlich. Das nächste Mal fuhren wir wieder dorthin. Dasselbe Dorf. Und alle hatten diese idiotischen Rüschen und diese albernen Kleider an. Widerwärtig.«

»Es hat Ihnen nicht gefallen, königliche Hoheit?«

»Es ist ein heißes Land!« sagte er. »Die Missionare haben ihnen dieses Zeug angezogen.«

»Ich habe gehört, daß Vanuatu ein reizvoller Ort ist.«

»Und glauben Sie das?« fragte er vorwurfsvoll.

»Ich weiß nicht«, sagte ich. »Aber offenbar gibt es in Vanuatu einige Menschen, die Ihr Bild in ihrer Hütte hängen haben.«

»Davon will ich nichts hören«, sagte der Herzog.

»Es scheint, als würden sie Sie bewundern.«

»Ich will nichts davon wissen«, sagte er. Er lächelte nicht. Aus seinem Mund kam ein anderes Geräusch.

Sein Lachen war freudlos und bellend und sollte mich wohl einschüchtern. Er stand weiter einfach nur da, den Blick in die Ferne gerichtet, so daß ich nie seine Augen, sondern immer nur das Profil sehen konnte, diese Nase, die wie ein Griff aus seinem Gesicht ragte.

»Ich spiele mit dem Gedanken, dorthin zu reisen, königliche Hoheit.«

»Und? Was hält Sie ab?«

»Es ist ziemlich weit.«

Wieder sagte er ungläubig: »Finden Sie wirklich?«

»Etwa fünfzehntausend Kilometer.«

»Seien Sie nicht albern«, sagte er und zeigte mir auch jetzt nur sein Profil.

Ich hätte ihm gern die Nase umgedreht.

»Sie meinen also, ich sollte es tun?«

»Warum wollen Sie die weite Reise eigentlich auf sich nehmen?«

Seine abweisende, destruktive Haltung verblüffte mich. Auf alles, was ich sagte, reagierte er mit Unhöflichkeit und Geringschätzung.

»Welche Reiseziele würden Sie mir empfehlen, königliche Hoheit?«

»Woher soll ich wissen, wohin Sie fahren wollen?«

»Es war nur eine Frage, Sir. Sie können doch sicher auf einen reichen Schatz von Erfahrungen zurückgreifen.«

»So? Glauben Sie das?«

Er runzelte die Stirn und schnaubte noch einige Male. Ich konnte sehr gut verstehen, warum sich niemand mit ihm hatte unterhalten wollen und warum Birdwood mit seiner Bitte an mich herangetreten war.

»Ich habe einen von diesen Computern«, sagte er. »Solche Fragen stelle ich gewöhnlich meinem Computer.«

»Und das funktioniert?«

»Natürlich nicht. Diese Apparate sind nutzlos. Schaffe es kaum, das verdammte Ding in Gang zu kriegen. Besser mit einem Stift.«

»Ich habe noch nie mit einem Computer gearbeitet.«

»Dann haben Sie ja keinen blassen Schimmer.«

Ich ging nicht darauf ein. Am liebsten hätte ich ihn einfach stehenlassen. Mir fiel ein, daß er der Präsident des World Wildlife Fund war.

»Durch den World Wildlife Fund lernen Sie sicher die schönsten Orte der Erde kennen.«

»Noch nie davon gehört.«

»Sie sind der Präsident des WWF, Sir.«

»Was sagen Sie da?«

»Stimmt es etwa nicht?«

»Wer hat Ihnen das gesagt?«

Er stellte diese Fragen noch immer, ohne mich anzusehen.

»Ich glaube, ich habe es irgendwo gelesen«, sagte ich. »Haben Sie nicht eine Reise durch Afrika gemacht, bei der Sie Tiere beobachtet haben?«

»Nicht daß ich wüßte.«

»Dann sind Sie nicht der Präsident des WWF?«

»Wenn Sie es sagen …«

Damit wandte er sich ganz ab und schien mit seiner Nase etwas quer durch den Raum signalisieren zu wollen. Doch Ihre Majestät stand nicht mehr im Mittelpunkt einer Gruppe heiterer Gäste.

Die Körpergröße des Herzogs war von Vorteil: Sein Signal wurde von Laird Birdwood bemerkt, der sogleich herbeikam und ihm wortreich für sein Kommen dankte. Der Herzog lächelte sein ungläubiges, abweisendes Lächeln. Ich entfernte mich diskret und war so darauf bedacht, der Gegenwart dieses enervierenden Mannes zu entkommen, daß ich in ein anderes Zimmer trat und mit einem Mal der Königin gegenüberstand, die gerade ihr Kleid zurechtzupfte. Sie sah überrascht auf, hob das Kinn, so daß sie wieder aussah wie auf den Briefmarken, und schien sich an mich zu erinnern.

»Sie stecken in einer unangenehmen Situation, nicht?« sagte sie.

»Ja«, sagte ich. Welchen Sinn hätte es gehabt, es zu leugnen? Sie wußte offensichtlich Bescheid.

Ich fürchtete mich, ohne zu wissen, warum, und als sie näherkam, wurde meine Angst noch größer.

»Wenn Sie immer bloß klagen und sich selbst leid tun, werden Sie gar nichts erreichen.« Sie hob den Kopf und musterte mich streng, und ihr stolzer Busen spannte den Stoff ihres perlenbesetzten Kleides und gewährte mir einen Blick auf ein winziges Stück ihres Ausschnitts. »Was Ihnen fehlt, junger Mann, ist ein Ziel.«

»Ja, Mum«, sagte ich und hielt den Atem an. Ich fürchtete, daß ich gleich die Kühnheit besitzen könnte, sie zu berühren.

»Was Ihnen passiert, ist schon vielen passiert. Ich weiß, wovon ich spreche!« sagte sie. »Glauben Sie nur nicht, Sie seien etwas Besonderes.«

Ich konnte ihr nicht in die Augen sehen, doch weil ich immer auf ihren Busen starrte, wurde meine Angst immer größer.

»Sie haben mit Büchern zu tun, nicht wahr?«

»Ja, Mum.«

»Dann nur zu. Beschäftigen Sie sich mit Büchern!«

Sie hob die Hand und berührte die meine, die wie eine Klaue auf halbem Weg zu ihrem Kleid verharrt hatte. Es fühlte sich an wie ein Bienenstich, und ich spreizte unwillkürlich die Finger.

»Ja, Mum.«

Die Tür ging auf, die Hand des Herzogs lag auf dem Türgriff. Er wurde gefolgt von Lord und Lady Airlie und den Birdwoods.

»Ach Gott«, sagte der Herzog.

»Ich war gerade dabei, mich zu verabschieden«, sagte ich.

»Er hat mit Büchern zu tun«, sagte Ihre Majestät.

»Gute Nacht, Euer Majestät«, sagte ich. »Gute Nacht, königliche Hoheit.«

»Was soll daran gut sein?« wollte der Herzog wissen. Ich wußte nicht, was ich sagen sollte. Er lächelte sein schreckliches Lächeln. »Sie stehen im Weg!«

Im Vorbeigehen sagte die Königin: »Schieben Sie es nicht auf – Sie *müssen* sich den Pazifik ansehen!«

Ich versprach es. In Gedanken sagte ich: Dieses Versprechen wirst du halten.

»Vielleicht haben Sie nie mehr Gelegenheit dazu«, sagte Ihre Majestät.

Das königliche Paar schritt hinaus, und der Luftdruck im Raum begann mit einem Mal auf das normale Niveau zu sinken, als wäre in der Decke ein Ventil geöffnet worden. Die kleine Mrs. Gott und ihr Prinzgemahl – jetzt, da sie hinausgingen und mir den Rücken zukehrten, erschienen sie mir verletzlich und ein bißchen albern. Sie waren so mächtig und doch so empfindlich; wenn man nicht vorsichtig mit ihnen umging, konnten sie zerbrechen wie eine Antiquität. Ich mochte die Königin und fühlte mich dem Prinzen überlegen.

Es gab keine anderen Abschiede. Die Birdwoods dankten mir für mein Kommen, und ich ging hinaus und suchte eine Bushaltestelle, doch wieder machte mich der Nieselregen mürbe. Ich winkte einem Taxi und fuhr zum *Sandringham House*, wo die Flure voller Stimmen waren und aus jeder Zimmertür bittere Vorwürfe drangen. Und in meinem Zimmer konnten die Wände sprechen.

»Verstehst du denn nicht, daß es zu spät ist? Ich will dich nicht zurück!« tönte es aus dem einen Nachbarzimmer.

»Weil du mich krank machst, darum!« aus dem anderen.

Ich lag im Bett und hörte eine vertraute Stimme.

»Ich will nicht, daß es so endet.«

»Ach, halt doch den Mund. Verschwinde aus meinem Leben. Mal sehen, wie dir das gefällt. Es wird dir noch leid tun.«

»Ich komme schon zurecht.«

Hinter der anderen Wand telefonierte eine Frau. Auch diese Stimme kannte ich.

»Ruf mich nie mehr an, du Schwein!«

Sie legte auf. Ich hörte leises Lachen – das Lachen eines Mannes. Sie war also nicht allein. Sie war zuversichtlich, aber aus dem Gemurmel, das folgte, schloß ich, daß ihr dieser Mann etwas unbehaglich war.

Bald schwiegen die Wände. Die Stille hatte etwas Endgültiges. Ich reiste am nächsten Morgen ab und eilte zum Flughafen. Dort, wo die Königin die Finger berührt hatte, mit denen ich meinen Füller hielt, spürte ich eine Wärme, ein Brennen wie nach einem Bienenstich. Die Stelle tat nicht weh, sie war nur empfindlich. Und es war auch, als hätte diese Berührung meinen Fingern ein Bewußtsein und ein Gedächtnis gegeben, als könnte mein Fleisch sie nicht vergessen.

FÜNFZEHN

George und ich

1

Der Medforder Schiffbauer Thatcher Magoun (sein gleichnamiger, berühmterer Vater hatte das Unternehmen gegründet) schenkte 1875, zwei Jahre nachdem das letzte Medford-Schiff vom Stapel gelaufen war, den herrschaftlichen Familiensitz an der Main Street der Stadt. Das imposante alte Haus »mit allen teuren bronzenen Gasinstallationen, Marmorstatuen und Vasen« (wie Magoun die Ausstattung in seinem Schenkungsbrief beschrieb) wurde die öffentliche Leihbücherei von Medford.

Als ich auf der High-School war, machte ich alle meine Hausarbeiten in der Bücherei. Dort schrieb und las ich für die Schule. In dem großen Haus waren Regale aufgestellt worden, doch sonst hatte man die Räume unverändert gelassen, keine Wände eingerissen, keine Stuckornamente entfernt. Die ganze Pracht – Kamine, Gasinstallationen, Statuen, Vasen, Gemälde, Verandatüren, Verbindungstüren, Fensterbänke, die gewaltigen Säulen und der Portiko – war erhalten geblieben.

Und auch den alten Parkettboden hatte man wohl nicht angetastet, denn eine meiner deutlichsten Erinnerungen an die Bücherei ist das Knarzen der Holzstäbe, das wie eine unvermittelte Äußerung klang. Ein Gang von einem Regal zu einem Sessel – gewöhnlich einem altehrwürdigen Ohrensessel – war gleichsam von einer Abfolge gequälter Wörter begleitet. Das Quietschen und Knarzen machte mich befangen, denn das Geräusch meiner Schritte stand, so schien es mir, in keinem Verhältnis zu meiner Größe, und ich fürchtete, es könnte die anderen Besucher auf meinen schmächtigen Körper und meine Zappeligkeit aufmerksam machen.

Die Kamine fand ich sehr angenehm. Erst als ich nicht mehr in Medford wohnte, merkte ich, daß Büchereien selten mit offenen Kaminen ausgestattet sind. Ich hatte auch noch nie so große Kamine gesehen – es waren regelrechte Höhlen mit Kaminrosten, einem Sims und getäfelten Einfassungen. In jedem Raum gab es einen Kamin und rechts und links davon bequeme Sessel.

Der Name Thatcher Magoun sagte mir nichts; ich hörte ihn erst Jahre später. Obgleich die Familie zu den Honoratioren der Stadt gehörte, kannten die meisten Einwohner von Medford den Stifter der Bibliothek nicht. Doch ich spürte die Behaglichkeit dieses alten Hauses, ich spürte die Wärme und die Größe der Räume, und ich spürte eine angenehme Stille, die von mehr sprach als von Büchern. Ich liebte meine Familie, ich brauchte ihre Anerkennung, aber in einer großen Familie war Lärm unvermeidlich. Darum fühlte ich mich in der Bücherei glücklicher und zufriedener als zu Hause.

Eines Nachmittags im Winter 1957 saß ich mit meinem Freund George Davis unter einer laut tickenden Uhr an einem der Kamine. George ging aus denselben Gründen wie ich in die Bücherei: eine große Familie, keine Ruhe, kein Platz. Außerdem war er einer meiner besten Freunde. Wir gingen auf der Medford High-School in die zehnte Klasse. Wir hatten als Hausaufgabe eine Buchbeschreibung auf. Mein Buch war *The White Tower* von James Ramsey Ullman: Bergbesteigungen, Gefahr, Liebe und sogar ein bißchen Sex.

Ich sah von meinem Heft auf. »Was für ein Buch hast du, George?«

Er holte tief Luft, nickte und sah in die Ferne, als müßte er nachdenken.

»Es handelt von einem Mann, der in ein Dorf in Mexiko fährt, um Katzen zu verkaufen«, sagte er, »denn dort gibt es viele Mäuse. Die Leute nennen ihn den Katzenmann. Eine Frau verliebt sich in ihn. Sie ist wie eine Maus, und er ist die Katze. Er befreit das Dorf von Mäusen, die beiden heiraten, und …« Er lachte. »Weiter bin ich noch nicht.«

»Wie heißt das Buch?«

Er verzog das Gesicht zu einem Ausdruck der Ratlosigkeit.

»Ist es ein Roman oder was?«

»Ich glaube, ich nenne es einfach *Der Katzenmann.*«

Es erschien mir kühn und gefährlich, ein Buch, einen Titel, eine ganze Buchbeschreibung zu erfinden. »Warum liest du nicht einfach eins?« fragte ich.

»Was hast du gegen meine Geschichte?«

Es war eine gute Geschichte. Aber es war eine abwegige Methode, zu einer Buchbeschreibung zu kommen. Ich sagte: »Und wenn er das Buch sehen will?«

Daran hatte George nicht gedacht. Er runzelte die Stirn.

»Hier ist eins, das du lesen könntest.«

Das Regal stand in unserer Nähe. Ich drückte George *Das scharlachrote Siegel* von Baroneß Orczy in die Hand.

»Meinst du?«

Er hatte so viel Zeit darauf verwendet, sich eine eigene Geschichte auszudenken, daß er nicht mehr genug Zeit hatte, *Das scharlachrote Siegel* zu lesen, und darum behauptete er in seiner Buchbeschreibung, der Roman sei recht langweilig. Leider war *Das scharlachrote Siegel* eines der Lieblingsbücher unseres Lehrers. George bekam ein »gerade noch genügend«. Wütend zeigte er mir seine Arbeit – es war alles meine Schuld. Für seine erfundene Geschichte hätte er ein »sehr gut« bekommen.

Er verzieh mir, denn er war nicht nachtragend. Er war ein sehr witziger und selbstbewußter Mensch. Es war typisch für ihn, daß er lieber eine aufregende Geschichte erfand, als eine langweilige zu lesen. Er schien alles, was er wollte, zu erreichen. Er konnte selbständig denken und sagte oft etwas Unerwartetes. Seine Skepsis erweckte den Eindruck, er sei ein rebellischer Geist. Er hatte als einer von wenigen Schülern ein eigenes Auto. Es spielte keine Rolle, daß es ein kleines, häßliches Auto war, das George obendrein dunkelviolett angemalt hatte – er besaß einen fahrbaren Untersatz. Darum konnte er sich mit Mädchen verabreden, und wenn George und ich gemeinsam mit unseren Freundinnen ausgingen, blieb mir die Erniedrigung erspart, mit dem Bus fahren zu müssen. Wir gingen in Jazzklubs. Damals waren wir sechzehn, siebzehn und bekamen nur Limonade, während alle anderen in dem verqualmten Raum Alkohol tranken. Wir hörten Thelonius Monk und Maynard Ferguson und *The Four Freshmen.*

Wir waren in der Fußball- und in der Leichtathletikmannschaft der

Medford High. Ich war Ersatzmann, aber George durfte bei den Läufen an den Start und war außerdem ein gewandter, brillanter, leichtfüßiger Fußballspieler. Nur wenige Schulen boten Fußball an, und so spielten wir gegen Exeter und Andover, beides exklusive Privatschulen. Die meisten Spieler in diesen Mannschaften haßten und beneideten wir: Sie waren privilegiert, sie hatten Geld. Wir glaubten, daß ihre Eltern sie auf diese Schulen geschickt hatten, um ihnen die Peinlichkeit und die Anforderungen einer öffentlichen Schule zu ersparen. Wir spielten gegen die Studienanfänger der Tuft University und des MIT. Die hatten immer ein paar Ausländer dabei, die gut Fußball spielen konnten, aber dank Georges Können gewannen wir trotzdem oft. Auf der Rückfahrt von einem Spiel in Andover erinnerten wir uns mit Schadenfreude daran, wie einer der Andover-Spieler den Ball mit voller Wucht ins Gesicht bekommen hatte und weinend vom Spielfeld gegangen war. Doch in einem Jahr war zu unserer Überraschung in der Mannschaft von Andover ein Schwarzer, und George, der sich wunderte, daß so jemand auf eine derart teure Schule ging, unterhielt sich mit ihm.

Ich lief die Kurzstrecke über 220 Yards. Ich war langsam, ich gewann nie und kam kaum jemals unter die ersten drei. Damals wurde, wie vielleicht heute noch, nicht viel Zeit aufgewendet, um jemandem die Finessen einer Sportart zu vermitteln. Man war entweder ein Naturtalent und wurde in die Mannschaft aufgenommen, oder man war keins und wurde lediglich geduldet. Es gab kein Training. Siegen war so wichtig, daß jeder Sportlehrer es als Zeitverschwendung betrachtete, einem schlechten Sportler wenigstens eine gute Technik beizubringen.

George trainierte allein. Er wollte bei Querfeldeinläufen mitmachen, aber der Sportlehrer beharrte darauf, daß George ein Sprinter war, und ließ ihn über 220 Yards laufen. George besaß beim Laufen eine Intensität, wie ich sie bis dahin nur bei Leuten gesehen hatte, die ein intellektuelles Problem lösten: Schweigen, Konzentration, totale Hingabe. Es war seltsam, beinahe erschreckend, das bei jemandem zu erleben, der sonst immer so aufgeschlossen und entspannt war. Es war eine Art beherrschter Wut, die ihn zu einem überlegenen Sportler machte.

Der Übergang vom Jungen zum Mann war auf dem Sportplatz besonders deutlich zu sehen. Ein Junge, der sich dort hervortat, war jemand, mit dem man rechnen mußte. So wurde George ein Mann und genoß Ansehen. Ich war ein schlechter Sportler – keine Mannschaft wollte mich. George gab mir Ratschläge – »Dreh deinen Fuß mehr nach außen«, »Beug dich mehr vor« und ähnliches –, aber ich wußte, daß ich ein hoffnungsloser Fall war.

Er war der schnellste Läufer der Schule, und jeder wußte das. Außerdem war er einer der zufriedensten, intelligentesten und begabtesten Schüler. Er konnte singen – manchmal bildete sich auf dem Flur eine kleine Gruppe, in deren Mitte George stand und mit Falsettstimme »Oh, yeeehh« sang.

Einmal kam George wegen seiner Singerei in Schwierigkeiten. Und es war bezeichnend für ihn, daß er die Schwierigkeiten ebenso schnell los wurde, wie er sie bekommen hatte. Der Zwischenfall war typisch: George stand mit zwei anderen Studenten auf dem Korridor und improvisierte – »Doo Wop« war damals gerade Mode. Einen Lehrer, der in der Nähe stand, störte das. Er wies die Jungen zurecht und wurde dabei beleidigend. Als er versuchte, George zu packen, sagte der »Das reicht« und schlug ihn. Es gab eine Rangelei, und alle drei Schüler wurden zu Henry Hormel, dem Direktor, zitiert,

Einen Lehrer zu schlagen war Grund für einen Schulverweis. Doch Georges Fall war von jener Art von Widersprüchlichkeit gekennzeichnet, die mich mit Bewunderung für ihn erfüllte. Etwa einen Monat zuvor hatte er einen kleinen Jungen vor dem Ertrinken gerettet. Der Junge war auf der Baustelle der Route 93, die Medford durchschneiden und zur Bedeutungslosigkeit verdammen würde, in ein mit Wasser gefülltes Loch gefallen. George war zufällig vorbeigekommen und hatte ihn herausgezogen. Der *Medford Mercury* hatte über die Rettung berichtet – der Junge war der Sohn eines Polizeibeamten. Für seinen Mut und seine Geistesgegenwart sollte George eine Medaille erhalten. George der Schläger war George der Held. Mr. Hormel wies die anderen beiden Jungen von der Schule und ließ George bleiben.

George machte Witze darüber. Er konnte ein regelrechter Clown sein. In Physik lernten wir die Bedeutung des Wortes »konkav«.

George ging zu einem riesigen italienischen Jungen und sagte: »Wenn du mir blöd kommst, mach ich dir die Fresse konkav.«

George und ich gingen mit unseren Freundinnen zum High-School-Ball. Wir arbeiteten in der Bücherei. Trotz unserer unterschiedlichen Begabungen waren wir auch beim Sport Freunde – im Herbst spielten wir Fußball, im Frühling betrieben wir Leichtathletik. Ich wohnte in Nord-Medford, am Rand des Fellsway, des Waldes. George wohnte in der Nähe des Mystic River, in West-Medford, drei Häuser vom Elternhaus meiner Mutter entfernt. George und meine Mutter hatten, mit dreißig Jahren Abstand, dieselben Schulen besucht, aber weder das Viertel noch die Schulen hatten sich verändert. Das war ebenfalls eine Verbindung zwischen uns. Und meine verwitwete Großmutter lebte noch immer in Georges Nachbarschaft. Freitags abends, wenn ich bis spät im Stop and Shop Supermarket arbeitete, übernachtete ich bei ihr.

Bei der Abschlußfeier sah George stolz und so adrett wie immer aus. Er wollte auf eine Prep School gehen und war zuversichtlich, daß er danach ein Stipendium für die University of Rhode Island bekommen würde. Ich war froh, die Medford High hinter mir zu lassen, und wußte noch nicht, daß ich nur zwei Semester an der University of Maine studieren würde.

Nach der Feier sagte meine Italienischlehrerin Miss Pietrangelo: »Ich habe dich und George Davis die Treppe herunterkommen sehen. Ihr habt ausgesehen, als gehörte euch die Welt.«

Das war 1959. In den drei langen Jahren auf der High-School hatten wir nie darüber gesprochen, nie auch nur eine Bemerkung darüber gemacht, daß George schwarz und ich weiß war.

Zweiunddreißig Jahre vergingen. In dieser Zeit sahen wir uns nicht, aber ich dachte oft an George. Auf der High-School hatten wir alles gemeinsam getan, und so war es ganz natürlich, daß ich dachte: Wo ist George jetzt? Ich hatte das Gefühl, daß ich ihn zufällig treffen würde – nicht in Medford, sondern in Uganda, Singapur, Europa, Mexiko, Südamerika. Als zwanzig Jahre nach unserem Abschluß ein Klassentreffen veranstaltet wurde, hielt ich nach ihm Ausschau, aber er war nicht gekommen. Ich ging nie wieder zu einem Klassentreffen. Ich dachte oft an George – niemand, mit dem ich aufgewachsen war, hatte so lebendig gewirkt, so hungrig nach Erfahrungen.

Eines Tages bekam ich unvermutet einen Brief von ihm. Er schrieb, er habe im Lauf der Jahre oft an mich gedacht und auch einige meiner Bücher gelesen. Er schlug vor, wir sollten uns treffen. *Ich hab eine Reise durch die Hölle hinter mir*, schrieb er. George hatte nie zu Übertreibungen geneigt.

2

Ich rief ihn noch am selben Tag an. Ich wußte: Wenn George sagte, er habe eine Reise durch die Hölle hinter sich, dann meinte er nicht irgendeine bestimmte, kurz zurückliegende Reise, sondern all die Jahre seit der High-School.

Bald darauf fuhr ich zu ihm, zu seinem Elternhaus in der Jerome Street in West-Medford, wo wir uns damals, als Schüler, nachmittags oder an den Wochenenden getroffen hatten. George war wieder daheim. Er sah sogar aus wie früher. Abgesehen von seinem Haar, das vollkommen weiß und so dicht wie die Fasern eines Baumwollbausches war – es war jenes verblüffende Weiß, das nicht eine Folge des Alters, sondern eines plötzlichen Schocks ist –, war er ganz unverändert: dasselbe Lächeln, dasselbe Gewicht, dieselbe Statur. Seine Schmächtigkeit trog, denn er war Sportler, zäh und drahtig. Er hatte wieder begonnen, querfeldein zu laufen, drei Kilometer rings um den Sportplatz der Tuft University.

»Ich will im Januar mein Master's Degree machen«, sagte er.

»Du hast dich gar nicht verändert.«

»Das ist gut und schlecht«, sagte er und öffnete beim Lachen kaum den Mund. Es war ein rauhes »Heh-heh« von tief unten aus der Kehle – ein George-Davis-Lachen.

Wir gingen ein Stück, fanden eine Stelle unter ein paar Bäumen am Ufer des Upper Mystic Lake und redeten.

Nach dem Abschluß der Medford High-School ging George auf die Huntington Prep School in Boston, während ich ein Jahr in Orono,

Maine, vergeudete. Im nächsten Jahr wechselte ich auf die University of Massachusetts in Amherst – das kostete hundert Dollar pro Semester –, und George bekam ein Sport-Stipendium der University of Rhode Island. Es gab sieben schwarze Studenten an dieser Universität – zu wenige, um eine Studentenverbindung zu gründen. George wurde von der Verbindung Tau Epsilon Pi angesprochen und erwog, Mitglied zu werden.

Diese hauptsächlich jüdische Studentenverbindung beschäftigte zwei schwarze Frauen, die kochten und das Haus putzten. George war empört, weil die Studenten die beiden älteren Frauen mit ungenierter Herablassung behandelten und hinter ihrem Rücken über sie herzogen. Sie verhielten sich beleidigend, schienen dabei aber zu übersehen, daß George selbst schwarz war – vielleicht war es ihnen auch gleichgültig. George unterhielt sich mit den Frauen. Sie waren Schwestern, deren Vorfahren vor dem Bürgerkrieg von weißen Helfern aus den Südstaaten nach Providence geschmuggelt worden war.

Was die jüdischen Studenten nicht wußten – und was sie offenbar auch nicht interessierte –, war, daß die beiden Schwestern der »Nation of Islam« angehörten. Sie waren äußerst reinlich. Sie studierten den Koran. Sie hielten sich an die moslemischen Speisevorschriften. George wurde ihr Untermieter und stellte fest, daß sie eifrige Missionarinnen waren. Sie erzählten ihm von Elijah Muhammad und predigten, Schwarze dürften nicht die Hilfe der Weißen in Anspruch nehmen, sondern müßten sich aus eigener Kraft befreien. George war fasziniert, doch an der Universität fühlte er sich unwohl.

Eines Tages rannte George auf dem Sportplatz an seinem Trainer vorbei, der seine Zeit mit der eines Teamkameraden verglich und ihn antrieb: »Na, komm schon, George, du bist doch wohl schneller als dieser Judenlümmel!«

Danach ging George eine Weile auf und ab. »Wenn ich mich wirklich aufrege, muß ich gehen.« Stundenlang dachte er über die Bemerkung des Trainers nach. Sein erster Gedanke war: »Wenn er das zu mir gesagt hat, was hat er dann zu dem hinter mir gesagt?« Der Läufer hinter ihm war ein Weißer gewesen.

»An diesem Tag ist etwas in mir zerbrochen – das Vertrauen zur Uni, zum Team, zum Trainer. Die Leichtathletik ist kein Kinderkram.

Jeder läuft für sich und nimmt Anteil an dem, was die anderen machen. Es gibt so etwas wie ein Gemeinschaftsgefühl.« Er konnte sich denken, was die anderen Studenten hinter seinem Rücken über ihn sagten. Und er fühlte sich allein und verloren in diesem Meer von weißen Studenten. »Ich wußte, daß ich gehen mußte.«

Er brach das Studium ab, kehrte nach Medford zurück und ging zu einer Arbeitsvermittlung. Sein Sachbearbeiter, ein Weißer in mittleren Jahren, telefonierte in seiner Gegenwart mit einer Bank in Boston.

»Ich habe hier einen Neger.« Kurzes Schweigen. Der Mann hörte zu und sagte dann: »Nein, er ist nicht häßlich.«

George bekam die Stelle bei der First National Bank of Boston. Er war der einzige Schwarze, der dort arbeitete. Es war 1962. In seiner Freizeit ging er in Boston in die öffentliche Bibliothek und in Jazzklubs, um Mädchen kennenzulernen. Er kaufte sich teure Kleider. Sein Job als Sachbearbeiter in der Kreditabteilung war gut. Seine Vorgesetzten machten Andeutungen über eine baldige Beförderung. Er schmiedete Pläne. Einer davon war, einen Kredit aufzunehmen und sich einen Austin-Healey 3000 zu kaufen. Er sah sich schon in diesem ultracoolen Wagen mit aufgeklapptem Verdeck durch Medford Richtung Boston fahren.

Im Frühling desselben Jahres half ich, eine Studentendemonstration zu organisieren. Wir wollten vor dem Weißen Haus demonstrieren und fuhren in einem Bus-Konvoi von Amherst nach Washington. Obwohl wir wußten, daß das aktuelle Thema die Bürgerrechte waren, ging es bei diesem Protest um atomare Abrüstung. Es war eine der ersten Antikriegsdemonstrationen, und einen Monat später bemalten wir in Amherst einen Sherman-Panzer, der als Attraktion des Balls der Reserveoffiziere vor dem Haus der Studentenvertretung stand. Ich wurde als einziger festgenommen und nach sechs Stunden wieder freigelassen. Die Erinnerung daran, wie meine Gruppe gerufen hatte: »Sie haben Paul!« tat mir wohl.

George hatte sich nicht um die Antikriegsdemonstrationen gekümmert. Ihn interessierte das Rassenproblem, das ihn allerdings nicht so sehr aufbrachte als vielmehr verwirrte. Er war Bankangestellter und verdiente gutes Geld, aber 1962 »konnte ich nicht in bestimmte Klubs gehen. Sie ließen mich nicht rein und sagten nicht mal, warum.«

»Hat dich das nicht militant gemacht?«

»Darüber hab ich damals nicht nachgedacht. Politik war mir scheißegal. Ich wollte bloß in diese Klubs rein.«

Er hatte jetzt eine Freundin. Sie war keine Schwarze. Es ärgerte ihn, daß er sie nicht hineinbegleiten konnte.

»Mir kam der Gedanke, ich könnte wieder auf die Uni gehen, und ich rief einen Freund an, der in Tuskegee, Alabama, gewesen war, wo es eine Schule nur für Schwarze gibt, das Tuskegee Institute of Advancement. Der Freund war Tom Poole.«

Und er erklärte mir, daß Tom Poole jener einzige Schwarze in der Fußballmannschaft von Andover gewesen war. Ich wußte, daß er sich nach einem unserer Spiele mit ihm unterhalten hatte, aber er hatte mir nie gesagt, daß sie Freunde geworden waren.

»Er stammte aus einer angesehenen Familie in Tuskegee. Ich hab mit ihm und ein paar anderen Leuten geredet. Es war eine ziemlich schnelle Entscheidung. Ich bekam die Zulassung und ging nach Tuskegee.«

Wenn George etwas wirklich wollte, bekam er es immer.

»Ich landete in Birmingham und fuhr mit dem Taxi zum Busbahnhof. Dort herrschte Rassentrennung, und ich ging in den falschen Wartesaal. Ich sah all die Weißen und dachte: Das ist ein Test – ich testete sie, aber es passierte nichts. Dann ging ich rüber in den anderen Wartesaal, den für Schwarze. Und da war es einfach phantastisch. Eine Party!«

Im Wartesaal für Schwarze redeten und sangen die Leute, sie gingen herum und begrüßten ihn freundlich. George, der Schwarze aus dem Norden, war bald gewonnen.

»Ich fuhr den langen Weg nach Tuskegee. Als ich ankam, regnete es. Ich ging in Richtung Cafeteria. Ein hübsches Mädchen mit einem Regenschirm kam heraus, ging mir entgegen und hielt mir den Schirm über den Kopf. Sie lächelte. Ich lächelte. Das war ein großer Augenblick. Ich sagte zu mir: Hier gehöre ich hin.«

Im selben Monat, im September 1963 – ich hatte gerade meinen Abschluß an der University of Massachusetts in Amherst gemacht –

erfuhr ich, daß ich für eine Tätigkeit im Peace Corps ungeeignet sei, da ich widersprüchliche Angaben gemacht hätte und nicht anpassungsfähig sei. In meiner Verzweiflung schrieb ich einen langen Brief an die Aufnahmekommission, in dem eigentlich nur stand: Gebt mir eine Chance – ich werde ein mustergültiger Peace-Corps-Mitarbeiter sein. Als man mir mitteilte, ich würde nach Zentralafrika geschickt, wollte ich es George erzählen, doch der war in Tuskegee, Alabama. Ich dachte: Ist er noch nicht mit dem Studium fertig?

George kam in Kontakt mit der Studentenbewegung und begann sogleich, sich zu engagieren. Nach einer Demonstration für die Redefreiheit lud er Malcolm X nach Tuskegee ein. Als Malcolm X ankam, saß George mit Dr. King in Selma im Gefängnis. »Wir nannten Dr. King ›der Herr‹: ›Der Herr sagt, wir sollen dies und das tun.‹« Die Studenten von Tuskegeee brachten Malcolm X nach Selma zu Dr. King. Im Gefängnis gründeten George und andere die Tuskegee Institute of Advancement League.

Das war 1964 und 1965. Ich war zu dieser Zeit in Malawi und unterrichtete Englisch.

George war in Alabama und agitierte. »Wir fuhren aufs Land und halfen den Leuten, die nicht lesen und schreiben konnten, sich in die Wählerverzeichnisse eintragen zu lassen. Wir infiltrierten. Das war jedenfalls mein Wort dafür.«

Ich wohnte in einer Hütte in Kanjedza, einem afrikanischen Dorf außerhalb von Limbe, und fuhr jeden Morgen bei Sonnenaufgang mit dem Fahrrad hinauf nach Soche Hill, um meinen Schülern Englisch beizubringen. In den Ferien arbeitete ich im Busch und einmal für einen längeren Zeitraum in der Leprastation von Moyo, in der Nähe des Njassasees.

George trug blaue Latzhosen, trieb sich in Alabama auf dem Land herum und »machte sich unsichtbar«. »Wir waren gegen Prominente, wir waren gegen Anzüge. Jesse Jackson trug einen Anzug. Wir dachten immer, daß er für die CIA arbeitete – wir trauten ihm nie. Leuten in Anzügen trauten wir nicht.«

Tuskegee war noch immer sein Zuhause. Die Stadt war zum Schutz gegen Überfälle des Ku Klux Klan auf einem Hügel errichtet worden, sie lag einsam und war sicher. George wurde in die Studentenverbindung Omega Psi Phi aufgenommen, die als die stärkste schwarze Studentenverbindung in Amerika galt. Man tätowierte ihn mit dem Omega-Symbol, das wie ein Hufeisen aussah. Eines der Aufnahmerituale bei Omega bestand darin, »die Perlen« (der Weisheit) aufzusagen. Die anderen kannten das George-Davis-Lächeln und das tief aus der Kehle kommende Heh-heh noch nicht und hatten das Gefühl, daß George die Perlen nicht ernst nahm. Einer der Verbindungsbrüder sagte ernst zu ihm: »Eines Tages wirst du diese Perlen brauchen.«

Bei Omega war sein Spitzname »Geier«.

Es wurden weitere Protestmärsche organisiert, es gab weitere Festnahmen. George und ein paar andere wollten Gouverneur George Wallace eine Petition übergeben und wurden in Montgomery verhaftet, weil sie sich geweigert hatten, den Anweisungen der Polizei Folge zu leisten – sie hatten dagegen protestiert, daß Staatspolizisten wahllos auf Demonstranten eingeprügelt hatten. In den nächsten Tagen füllten sie die Gefängnisse. »Und das bedeutete, daß Wallace Dr. King und die anderen Demonstranten nicht einsperren konnte.« Als alle Gefängnisse voll waren, blieb Wallace nichts anderes übrig, als Dr. King und den Demonstranten, die nach ihrem Marsch von Selma bei ihm ausgeharrt hatten, zu erlauben, in Montgomery einzuziehen, wo George in einem Hochsicherheitsgefängnis saß und auf seinen Prozeß wegen Widerstands gegen die Staatsgewalt wartete.

Zu dieser Zeit – Ende 1965 – tat ich einem afrikanischen Freund, der Mitglied der malawischen Regierung gewesen war, einen Gefallen: Ich gab eine Nachricht weiter und fuhr sein Auto über die Grenze. Allerdings wußte ich nicht, daß er und seine Freunde vorhatten, den Premierminister Dr. Hastings Banda zu ermorden. Ich wurde festgenommen und des Landes verwiesen, und das Peace Corps warf mich – nach fast zwei Jahren im Busch – hinaus. »Vorzeitig ausgeschieden« und »ausgemustert« lauteten die einschlägigen Begriffe.

Ich hatte Angst, zur Armee eingezogen und nach Vietnam geschickt zu werden, und ging sofort wieder nach Afrika, und zwar als Lektor für Englisch an der Makarere Universität in Uganda. Makarere war eine der großen afrikanischen Universitäten, und viele amerikanische Schwarze statteten ihr einen Besuch ab. Einige sagten, sie hätten von George Davis gehört, aber ich hatte den Eindruck, daß George zwar in der Bürgerrechtsbewegung aktiv war, allerdings wohl eher hinter den Kulissen – ein Schatten, der in Alabama sein Wesen trieb.

George sagte: »Im Januar 1966 wurde Sammy umgebracht. Das war schlimm.«

Sammy Young, ein charismatischer Aktivist, wurde in Tuskegee von weißen Rassisten erschossen, die dem Toten einen Golfschläger in die Hand drückten und behaupteten, er habe sie damit angegriffen. Als die Mörder 1967 freigesprochen wurden, »brannten wir einen Teil des Zentrums von Tuskegee nieder. Das war keine spontane Aktion. Wir hatten alles sorgfältig geplant. Wir fackelten Tankstellen ab und demolierten einige Häuser. Tuskegee war eine schwarze Stadt, aber das Geld, das dort verdient wurde, floß in die Taschen von Weißen.«

In Uganda gab es Demonstrationen und Studentenunruhen – gegen Rhodesien, gegen den Vietnamkrieg, gegen die Weißen im allgemeinen. Ich wurde verprügelt, mein Wagen wurde demoliert. Es war beängstigend. Mir wurde bewußt, daß ich für die meisten Afrikaner, selbst für die, die mich gut kannten, keinen Namen, keine Identität besaß. Ich war ein *bwana*, ein weißer Mann. Das verunsicherte mich zutiefst.

1967 heiratete George im Rathaus von Tuskegee. Ich heiratete im Standesamt von Kampala. Georges Frau Tunie war genauso alt wie Alison.

Als George 1967 in Tuskegee den ersten Teil seines Studiums abschloß, gab es innerhalb der Bewegung heftige Auseinandersetzungen. In all den Jahren hatte er oft gegen das Gesetz verstoßen, und man betrachtete ihn als Outlaw. Das Gefängnis konnte ihn nicht schrecken. Für die Polizei hatte er nur Verachtung übrig. In Alabama war er bereits viermal verhaftet und eingesperrt worden.

»Ich schloß mich immer mehr an die Abweichler an«, sagte George. Er und die Leute aus seiner »Kerngruppe«, wie er sie nannte, rauchten auf der berühmten Versammlung des *Student Nonviolent*

Coordinating Committee in Atlanta, bei der Stokeley Carmichael zum Vorsitzenden gewählt wurde, ein paar Joints mit ihnen. Weiße (und »im Norden ausgebildete College-Neger«, also Schwarze, die von Weißen beeinflußt waren) wurden von allen Ämtern ausgeschlossen. »Bei diesem Beschluß hatte ich gemischte Gefühle, aber ich war trotzdem sehr beeindruckt«, sagte George. »Mir fiel wieder ein, was diese beiden Schwestern in Providence, die Mitglieder der Nation of Islam waren, zu mir gesagt hatten: daß die Behauptung, nicht wir selbst, sondern nur die Weißen könnten uns befreien, eine Lüge war.«

Meine afrikanischen Studenten in Uganda waren zu einem ähnlichen Schluß gekommen, und die Ressentiments gegen Weiße, Inder und andere Nicht-Afrikaner waren stark. Wie George hatte auch ich inzwischen Frau und Kind. Ich hatte einen Roman veröffentlicht, einen zweiten abgeschlossen und schrieb an einem dritten. Ich bewarb mich um eine Stelle an der Universität von Singapur. Anfangs gab es Probleme. Die Regierung von Singapur ließ mich überprüfen. Dazu wurden Unterlagen des FBI herangezogen, und aus denen ging hervor, daß ich mich an Studentenprotesten beteiligt hatte und in Amherst festgenommen worden war, des weiteren, daß ich deswegen zunächst nicht in das Peace Corps aufgenommen und schließlich wegen verbotener politischer Aktivitäten, die die Arbeit des Peace Corps gefährdet hätten, hinausgeworfen worden war. All dies erfuhr ich von meinem Bruder in Washington, den ein Freund, der beim FBI arbeitete, angerufen hatte. Mein Bruder versicherte seinem Freund, ich sei kein Sicherheitsrisiko, und so bekam ich den Job in Singapur.

Das FBI beobachtete auch George Davis. Es dauerte noch Jahre, bis er erfuhr, wie dick seine Akte war – sie war 1964, nach seiner ersten Verhaftung, angelegt worden. Drei Jahre später, auf der Versammlung des SNCC, stand George eindeutig auf der anderen Seite des Gesetzes und identifizierte sich nicht mit den Anzugträgern, sondern mit den Abweichlern, die Joints rauchten.

Dennoch beschloß George, Jura zu studieren. Er bewarb sich bei einer Reihe von Universitäten. »Ich war ein hochqualifizierter schwarzer Bewerber, einer der bestqualifizierten im ganzen Land. Alle Unis nahmen mich – sie nahmen alle dieselben schwarzen Bewerber.« George bekam ein Stipendium der University of California in Los Angeles und wurde der Verbindungsmann der schwarzen Studentenbewegung an der UCLA. »Ich wurde politisch sehr aktiv. Ich arbeitete mit den Black Panthers zusammen.« Außerdem mit schwarzen Sportlern und Studentenführern. »Bei denen konnte ich mein Lächeln üben.« Er studierte nicht. »Ich glaube, ich habe nur ein einziges Seminar belegt.«

1968, als sich die Ereignisse überstürzten, als Robert Kennedy und Dr. King ermordet wurden, war George sehr erfolgreich. »Ich hab mächtig auf den Putz gehauen.« Mit Hilfe seiner beachtlichen mathematischen Fähigkeiten entwickelte er eine Betrugsmethode mit Kreditkarten und Flugtickets. Bald hatte er von beidem einen ganzen Stapel. Außerdem hatte er Geschmack an Kokain gefunden und war sicher, daß mit dieser Droge einiges Geld zu verdienen war. »Am Ende des zweiten Semesters 1968 wohnte ich in Frank Zappas Haus im Laurel Canyon und zog von dort mein Geschäft auf. Dann wurde einer unserer Kuriere aus Panama geschnappt.«

Obwohl George noch nie außerhalb der USA gewesen war, beschloß er, allein nach Panama zu fahren und soviel Kokain wie möglich zu kaufen. Bei seiner Ankunft in Panama City hörte er Feuerwerk. Doch es starteten keine Flugzeuge, und die Straßen waren menschenleer. Man sagte ihm, es sei ein Staatsstreich: Omar Torrijos stürzte die Regierung.

Bald darauf lernte er Little Tito, einen panamesischen Drogenhändler, kennen.

»Er wurde mein Lehrer. Von ihm habe ich die hohe Kunst des Schmuggelns gelernt.«

»Hast du in der High-School Gras geraucht?«

»Ja. In meinem dritten Jahr auf der High-School hab ich beim Newport Jazz Festival einen Typen aus New York kennengelernt.«

»Dann warst du wahrscheinlich der erste auf der High-School, der das gemacht hat.«

»Ich war bei vielen Dingen der erste.«

3

Ich verstand Georges Widersprüchlichkeit. Mir selbst ging es nicht anders. Es gab den ruhigen George, der intelligent, rational, kühl, ordentlich und philosophisch war und abwog, welche Möglichkeiten er hatte, und es gab den anderen, den hitzköpfigen George, den schnellsten Mann von Medford, den Träumer, der Geschichten erfand, alles ausprobierte und Risiken einging, den Geier. Ich war ähnlich, doch ich hatte einen Weg gefunden, meine Erfahrungen und alles andere mit meinem Kopf zu nutzen. Wo George phantasievoll, rastlos und aktiv wurde, schloß ich die Tür hinter mir und begann zu schreiben. George dagegen ging hinaus und lebte seine Phantasien aus.

Es dauerte ein paar Monate, bis ich George wiedersah, doch ich war fasziniert von unseren Lebensgeschichten, von ihrer Parallelität. Wir stammten aus Medford. Wir waren gleich alt. Unsere familiären Hintergründe waren vergleichbar, wir waren auf dieselbe High-School gegangen und gute Freunde gewesen. Akademisch waren wir gleichrangig, doch George war der bessere Sportler und sehr viel geselliger als ich. Wir waren am Stadtrand aufgewachsen, er am Mystic River, ich am Wald der Middlesex Fells. Unsere frühesten Erinnerungen, stellten wir fest, waren dieselben: Wir hatten Medford den Rükken kehren, die Welt sehen und etwas riskieren wollen.

Ich holte George in Medford ab. Wir fuhren nach Boston, auf der Suche nach einem gemütlichen Ort, wo wir uns unterhalten konnten.

»Bieg hier links ab«, sagte er.

»Aber das ist der falsche Weg.«

»Tu, was ich dir sage. Das ist eine Abkürzung.«

Das stimmte. George kannte jede Seitenstraße, jede Verbindung. Ich war hier aufgewachsen und noch nie auf diesem Weg, auf Seitenstraßen, durch Somerville und nach Boston gefahren. Ich wunderte mich, daß er seinen eigenen Stadtplan im Kopf hatte, und als ich ihm das sagte, antwortete er, er sei immer diese Schleichwege gefahren. Wenn er spätnachts oder nach einem Footballspiel in Somerville oder Malden nach Hause gefahren sei, habe er sich von den Hauptstraßen ferngehalten, weil es dort weiße Jugendliche gegeben habe, die ihn vielleicht zum Anhalten gezwungen und zu einem Kampf herausgefordert hätten. Er hatte den Stadtplan eines Schwarzen im Kopf: Auf ihm waren die sicheren Gebiete eingezeichnet.

Ich stellte das Radio an und vergaß, daß eine der Kassetten meines Sohnes im Kassettenrecorder steckte. Aus den Lautsprechern tönte *The Chronic*, ein Rap-Stück von Dr. Dre und Snoop Doggy-Dogg über einen »Nigger« mit einem »motherfucking« Revolver.

»Heh-heh.«

Aber er verzog dabei das Gesicht.

»Das ist nicht mein Ding«, sagte George. »Ich mag noch immer Coltrane und Miles und Monk.«

Er arbeitete gerade auf die Abschlußprüfung als Drogenberater hin und ging selbst als Klient zur Drogenberatung in Boston. Er wohnte bei seinen Eltern und lebte fast wie ein Mönch: Er lernte, trieb Sport und ging dubiosen Freunden aus dem Weg. Und da er allein und ohne Kontakt zur Außenwelt war, begann er zu schreiben. Manchmal schrieb er über seine Vergangenheit. Es waren kraftvolle Geschichten – eine handelte von einer Schießerei, eine andere von einem Raubüberfall. Eine lange Geschichte über zwei Freunde, deren Leben miteinander verknüpft waren, nannte er »Enge Partner«. Diese Geschichten verliehen seiner Vergangenheit eine gewisse Kohärenz. Allerdings war sein Leben so ereignisreich gewesen, daß diese wenigen Geschichten nicht sehr viel Ordnung hineinbrachten. Im Rückblick stellte sich alles als ein einziges Chaos dar. Er hatte Schwierigkeiten, die Verbindungen zwischen den Ereignissen und den Orten herzustellen. Er hatte seine Frau verloren und wiedergefunden, er hatte sich in einem anderen Land niedergelassen, er hatte Geld oder Drogen gehabt, und oft war das Geld schnell weg gewesen, oder er hatte die Drogen durch die Toilette spülen müssen. Er hatte geschmuggelt; manchmal war er geschnappt worden, aber meistens hatte er es geschafft.

»Nach einer Weile war das Schmuggeln wie ein Rausch. Es war ein ungeheurer Flash. Es ging nicht um das Geld oder den Koks – es ging darum, daß ich besser war als sie, daß ich imstande war, blitzschnell zu reagieren.«

George schmuggelte das Kokain, indem er es in Kondome füllte und diese in Talkumpuderdosen versteckte. In den Tropen benutzt jedermann Talkumpuder und Deodorants. Jeder hat so etwas im Gepäck. George präparierte die Dosen und setzte die Deckel wieder darauf.

»Einmal hatte ich den Stoff in einer Deodorantdose, und der Zöllner hatte den Deckel abgeschraubt und wollte gerade den Finger hineinstecken. Regel Nummer eins: Niemals den Rhythmus unterbrechen. Also sprach ich ganz normal weiter und sagte: ›Ach, übrigens, wo kann ich hier eigentlich Geld wechseln?‹ Er dachte einen Augenblick nach und zeigte dann mit demselben Finger auf die Wechselstube. Dann sah er mich mit einem ›Was wollte ich gerade tun?‹-Gesicht an, warf einen Blick auf das Deodorant und schraubte die Dose wieder zu. Das war ein Flash!«

Um das Drogengeschäft von Grund auf zu lernen, arbeitete George stundenweise in einem Drogenlabor in Los Angeles, das der berüchtigten Drogenhändler-Familie Huggins aus New Orleans gehörte. Dabei verdiente er zwar nicht viel Geld, aber es war eine wichtige Lehrzeit.

»Die Herstellung von Kokain ist sehr umständlich«, sagte er. Aus den Blättern des Kokastrauches macht man eine Paste und aus dieser die sogenannte »Base«, die dann zu einer festen, steinartigen Substanz kristallisiert, die man »early rocks« nennt. Diese kann zu Flokken weiterverarbeitet werden. Wenn der Chlorwasserstoff vollständig entfernt wird, bekommt man kristallines oder pharmazeutisches Kokain.

Diese Kristalle, die die Form kleiner oder großer Klumpen mit bis zu einem Kilo Gewicht haben, werden mit einem Messer zerkleinert und pulverisiert. Das Pulver wird durch einen Nylonstrumpf gesiebt und mit Milchzucker gestreckt, um die Menge zu vergrößern.

Wenn es sich um reines, starkes Kokain handelt, wird es weiter gestreckt, wobei man sich eines »Versuchskaninchens« bedient: Jemand schießt sich eine Dosis und bewertet die Wirkung. Der Profit hängt von der Reinheit des Stoffs ab, von der Endverkaufsmenge, die man daraus machen kann, ohne daß er allzuviel von seiner Wirkung verliert, und von der Gründlichkeit, mit der die Substanzen miteinander vermischt sind. Die Herstellung der perfekten, homogenen Mischung erfordert viel Erfahrung und Fingerspitzengefühl, denn die verschiedenen Kokainsorten unterscheiden sich in Wirkung und Zusammensetzung.

George arbeitete monatelang in dieser Drogenküche. Er fing als Zerkleinerer an und zertrümmerte die manchmal zwei Pfund schweren Kokainkristalle. Dann wurde er Mischer – ein anspruchsvollerer Job. Außerdem half er beim Verkauf der Ware. Jeder in diesem Unternehmen hatte seinen eigenen Kundenstamm. George und seine Kollegen waren die Hausdealer höchst illustrer Menschen. Sie belieferten Basketballspieler, Unterhaltungskünstler, Sänger, Prominente.

»Kann man denn ein guter Basketballspieler sein, wenn man Kokain nimmt?« fragte ich.

»Die waren nicht süchtig. Das waren Leute, die bei den Spielen voll dabei waren. Aber auf Parties wollten sie auch voll dabei sein. Allerdings haben die nie PCP oder LSD genommen. Sie haben Kokain geschnupft oder mal einen Joint durchgezogen, aber nie gedrückt.«

Nie gespritzt.

Eines Tages – es war in Los Angeles – hatten George und Gene, ein Freund aus Tuskegee, der ebenfalls für die Bürgerrechte gekämpft hatte, ein Pfund Kokain zu verkaufen.

»Gene und ich spielten Gangster. Ich hatte sogar eine kleine Kanone. Wir hatten einen Deal verabredet und Hotelzimmer gemietet, wo wir uns mit den Käufern treffen wollten. Einer der Käufer sagte, er habe kein Interesse an diesem Stoff. Sie gingen wieder. Später klopfte es an Genes Tür. Unsere Zimmer lagen nebeneinander.

Ich hörte: ›Polizei!‹ und schloß die Tür zum Nachbarzimmer, wo das Kokain war. Es waren drei Männer – alles Schwarze. Einer von ihnen, ein regelrechter Gorilla, hatte rote Augen. Das werde ich nie vergessen. Sie warfen uns zu Boden, und weil wir nicht schnell genug reagierten, schlugen sie uns mit ihren Pistolen auf den Kopf. Sie fesselten uns Hände und Füße und zogen uns Kissenbezüge über den Kopf. ›Auf die Knie. Wo ist das Kokain?‹ – ›Was für Kokain?‹ Das übliche eben. Einer von ihnen sagte: ›Die Sache ist ganz einfach: Derjenige, der überlebt, sagt uns, wo das Kokain ist.‹«

Ich war in Singapur und schrieb und unterrichtete. Wir führten ein karges Leben. Mein Gehalt war selbst für dortige Verhältnisse sehr niedrig: fünfzig US-Dollar pro Woche. Wir hatten Schulden und inzwischen zwei Kinder, und wir wohnten in einem winzigen Haus, das nach den Auspuffgasen der Busse und nach dem Rinnstein stank, der direkt an unserer Haustür vorbeiführte. Ich hatte meinen vierten Roman – *Jungle Lovers* – beendet und arbeitete an *Saint Jack.* Hin und wieder wurde eine meiner Kurzgeschichten im *Playboy* veröffentlicht. Dort stieß George auf meinen Namen und las die Geschichten. *Mit dem Typen war ich auf der High-School. Heh-heh.*

»Wieso bist du nicht mit Drogen in Berührung gekommen, Paul?«

»Bin ich ja. Aber nur kurz.« Ich erklärte es ihm.

Hin und wieder rauchte ich ein bißchen Gras, das ich von einem chinesischen Kellner im Fakultätsklub oder von einem Malaien in einer Bar in der Arab Street bekam. An einem Samstag kaufte ich bei dem Malaien einen Joint, ging nach Hause und rauchte ihn. Ich hatte das Gefühl, daß meine Arme und Beine mit Luft gefüllt waren, daß mein Gehirn in Flammen stand und meine Augen in ihren Höhlen kochten. Ich zog mich aus und wälzte mich, keuchend vor Lust, auf dem Boden herum. Es war, als würde ich schweben, und ein paarmal überkam mich ein schreckliches Schwindelgefühl. In dem Joint war kein Gras gewesen. Ich hatte meine erste Erfahrung mit Heroin gemacht. Es war das letzte Mal, daß ich eine Droge nahm.

George wurde damals »in Atlanta hochgenommen. Meine erste ernsthafte Verhaftung. Ich war noch neu im Geschäft. Das war, als Muhammad Ali dort seinen Kampf hatte und alle Gangster und Spieler in der Stadt waren.«

Es war im Haus eines Mannes, der von der Polizei beobachtet wurde. Am Nachmittag des Tages, an dem der Kampf stattfand, sollte ein Deal über die Bühne gehen, aber die Käufer waren mißtrauisch und zogen die Verhandlungen in die Länge. Die Polizei stürmte das Haus und nahm George fest, der die Brieftasche eines Freundes in der Tasche hatte. In der Brieftasche waren Drogen.

»Ich saß einen Monat in Atlanta im Gefängnis, dann kam ich auf Kaution raus.«

George bereitete sich auf den Prozeß vor und schrieb einen Brief an eine Universität im Norden. Das war wieder ein genialer Schachzug à la George Davis. Immer wenn er am Ende war, hatte er die besten Einfälle und war überzeugend, ja eloquent.

»Ich schilderte ihnen, welche Probleme sich beim Studieren ergaben. Universitäten sind im Grunde feindselige Einrichtungen« – weil es nur wenige bis gar keine schwarzen Studenten gab – »und doch ermunterten sie Schwarze zu studieren. Ich schrieb ihnen, ich wolle gern studieren, allerdings nur, wenn Gene und seine Frau ebenfalls zugelassen würden. Ich bekam ein Stipendium, das Martin-Luther-King-Stipendium. Ich wurde Dozent für ›Geschichte der Neger‹. Den Namen änderte ich in ›Schwarze Geschichte – Amerikanische Innenpolitik‹.«

»Was war mit deiner Verhandlung in Atlanta? Hat dir das keine Sorgen gemacht?«

»Ich wurde freigesprochen. Alles war in schönster Ordnung. Aber dann hatte ich wieder einen Aussetzer. Ich kriegte echte Schwierigkeiten. Es war eine böse Sache – ich erzähle dir lieber nichts davon.«

»Ich muß es aber wissen, George.«

»Heh-heh. Du mußt immer Fragen stellen«, sagte George. »Ich hab einen Typen mit dem Jagdmesser bearbeitet. Er hatte mich beleidigt. Es war übel.«

»Ist er gestorben?«

»Nein, nein. Aber ich kriegte jede Menge Ärger und mußte weg. Das war das Ende der ›Amerikanischen Innenpolitik‹.« Georges Alternative zum Geschichtsunterricht war die Rückkehr zu seiner anderen Leidenschaft: dem Drogenschmuggel. »Ich stieg wieder ein. Dann wurde Tito in Panama geschnappt. Also mußte ich mich nach neuen Quellen umsehen.«

»Andere Dealer?«

»Andere Länder. Ich fuhr nach Harvard, ins Peabody Museum. Die haben einige der besten Bücher über Kokain. Und dort fand ich das grundlegende Werk über das Thema: *Peru: History of Coca, the Divine Plant of the Incas* von W. Golden Mortimer, erschienen 1901.«

Das war der George, den ich auf der High-School gekannt hatte, der im Magoun-Haus an den Regalen der Leihbücherei von Medford entlanggegangen und auf die unglaublichsten Bücher gestoßen war.

»Ich las eine Menge. Ich fand heraus, daß es eine Cocapflanze gibt, die in Ghana wächst – in allen Kaffeeanbaugebieten, die über 2700 Metern liegen, kann man Coca anbauen. Es gibt vier Gebiete auf der Welt, wo die Art gedeiht, die wir brauchen. Einen Streifen in Südamerika, ein Gebiet in Afrika, eins im Goldenen Dreieck und eins in Indonesien, auf Java. Es existieren ungefähr hundert Unterarten der Pflanze. Die, die das meiste Echocain produziert, wächst in Afrika. Also bin ich nach Ghana und Elfenbeinküste gefahren.«

Das war im August 1969. »Ich hing mit Afrikanern herum und spielte mit dem Gedanken, diese Kokain-Sache aufzugeben und dort zu bleiben. Ich war noch nie unter so vielen Schwarzen gewesen. Verstehst du: Man mußte nicht ständig den Kopf einziehen.«

Aber er hatte Frau und Kind und Verpflichtungen. Die Reise hatte eine Menge gekostet, und Kokain hatte er nicht gefunden. Also fuhr er (»um die Reisekosten wieder reinzuholen«) zurück nach Amerika und, nach einem kurzen Zwischenstopp, gleich weiter nach Peru. Er schmuggelte ein Päckchen Kokain in die USA und machte Gewinn. Dann nahm er sich Ecuador vor.

»Wie bist du auf Ecuador gekommen?«

»Gene hatte in *National Geographic* was darüber gelesen, und im Peabody Museum hatten sie Literatur darüber.«

»Haben sich diese Drogengeschäfte denn gelohnt?«

»Und ob.«

»Ich hab damals an der Universität von Singapur fünfzig Dollar die Woche gekriegt.«

Alles lief gut, bis sein Flugzeug 1970 beim Rückflug nach Amerika eine unplanmäßige Zwischenlandung in St. Croix auf den Jungferninseln machte, wodurch George gezwungen war, durch Zoll- und Paßkontrolle zu gehen. Er hatte eine Route ausgearbeitet, die von Ecuador über Venezuela und Trinidad nach Kanada führte. Der Trick war, daß man in Trinidad seinen Paß verlieren, das Ticket vernichten und ein neues kaufen mußte. Dann reiste man mit dem Führerschein als Ausweis nach Kanada ein, und niemand wußte, daß man in Südamerika gewesen war.

Das Leben hält sich nicht an ein erkennbares Drehbuch. Es ist chaotischer als die Literatur, aber wenn man die nötige innere Statur hat, ist dieser Rohstoff der Kunst in seiner reinen Form sehr dicht und faszinierend und unterscheidet sich von seinem Derivat wie »Rocks« von kristallinem Kokain (um es mit einer Metapher zu umschreiben, die ich George verdanke). So vieles geschieht ohne jede Vorwarnung – es gibt so viele widersprüchliche Ereignisse, die scheinbar in keinem Zusammenhang stehen und keinem Muster folgen, und ohne ein einigendes Band hat es den Anschein, als ob ein einziger Mensch bei all diesen verschiedenen Ereignissen jeweils verschiedene Leben führt. In einem langen Leben ist er eigentlich viele Menschen mit vielen Leben. Und doch bilden alle diese Leben, weil sie einem einzigen Menschen widerfahren, ein bestimmtes Muster, das so ausgedehnt und kompliziert ist, daß wir mit unserem begrenzten Horizont es nicht deuten können. Wer kann an ein paar hundert Metern Straße erkennen, daß dies ein Stück Schnellstraße ist, die von einem Ende des Landes zum anderen führt? In jedem langen Leben eines Menschen liegt eine Logik und Harmonie, die sich in der Literatur kristallisiert.

Die alte schwarze Frau, die vor George in der Schlange vor der Zoll- und Paßkontrolle stand, war verwirrt. Wie George hatte sie nicht damit gerechnet, in St. Croix zwischenzulanden. Sie wußte nicht, wo sie war, und als der Beamte irgendwelche Erklärungen verlangte, antwortete sie sehr langsam. Der Beamte versuchte, die Frau mit seinen Fragen einzuschüchtern. Sie bekam Angst und sagte gar nichts mehr, und der Mann wurde wütend. »Er war ein echtes Südstaaten-Arschloch. Es ging um weiß gegen schwarz, jung gegen alt, und von der unplanmäßigen Zwischenlandung wußte er nichts.«

»Ich hab die Schnauze voll von diesen Leuten, die sich durch die Hintertür einschleichen wollen«, sagte der Paßbeamte zu der Frau, deren Flug nach Montreal hier unterbrochen worden war.

George mischte sich ein. »Sagen Sie mal, haben Sie vielleicht eine Großmutter?«

Der Mann musterte ihn.

»Was würden Sie sagen, wenn man Ihre Großmutter so behandeln würde, wie Sie diese Frau behandeln?«

Der Beamte sagte: »Stellen Sie sich da rüber, Sie Klugscheißer.«

Wegen seiner Frechheit wurde George verhört und dann durchsucht. »Sie waren ganz begeistert.«

In einer Talkumpuderdose fanden sie drei Unzen Kokain. »Jetzt haben wir dich an deinen schwarzen Eiern.«

George verbrachte drei Monate im Fort von St. Croix – »einem historischen Ort: Früher waren dort Sklaven eingesperrt.«

Nach einer weiteren Verhaftung, diesmal in San Francisco, hatte George den Eindruck, es sei sicherer, nach Ecuador zu gehen. Also flog er nach Quito und verliebte sich in diese Stadt – das Sonnenfestival »Viva Quito« war gerade in vollem Gange – und in eine Ecuadorianerin aus einer prominenten Familie. Ihre Eltern mochten George, den sie für einen amerikanischen Geschäftsmann hielten.

»Ich war aufgestiegen. Kein Schmuggel mehr. Ich wurde Verpackungsspezialist. Ich hatte die Idee, mit Maschinen zum Verlöten von Konservendosen zu arbeiten.«

Das ganze Jahr 1971 blieb er in Quito und verpackte und verschickte Kokain aus Ecuador. Er hatte einen Wagen und ein Haus. Das Leben im Ausland hatte zwar auch seine Nachteile, aber es war sicher.

Im November 1971 kündigte ich meine Stelle in Singapur und ging nach England. Ich lebte in einem Häuschen in Dorset, das fünf Pfund die Woche kostete, weniger als zehn Dollar. Ich hatte nicht viel gespart, aber selbst mit dieser kleinen Summe würde ich lange aushalten können. Das war es, was ich gesucht hatte: Sicherheit, Monotonie, ein Leben im Schoß meiner Familie. Nach neun Jahren in den Tropen hatte ich fürs erste genug davon, Erfahrungen zu machen.

Ich fragte George, was er im November 1971 gemacht habe.

»Auf großem Fuß gelebt«, sagte er.

4

An diesen Sommerwochenenden in Medford und Boston, an denen wir uns unterhielten und auf den neuesten Stand brachten, bemerkte ich manchmal Leute, die uns ansahen und dann mit säuerlicher Mißbilligung den Blick abwandten. Dabei murmelten sie vor sich hin, wie man es tut, wenn man sich einer Bedrohung durch Unbekannte, die nicht ins Bild zu passen scheinen, ausgesetzt sieht.

Wir waren zwei ältere Männer, der eine schwarz, der andere weiß, die mitten an einem Arbeitstag auf einer Parkbank saßen, nicht allzu gut gekleidet waren und zu laut lachten. Wahrscheinlich waren wir Arbeitslose oder Leute, die ihre Zeit totschlugen – wir wirkten unbedeutend und unbekümmert. Was den Unmut vieler Passanten erregte, war vermutlich die undefinierbare verschwörerische Atmosphäre, die uns umgab, und – schlimmer noch – unsere offensichtliche Gleichgültigkeit. Wir glichen jenen reglosen und offenbar arbeitslosen Gestalten, bei denen man den Eindruck hat, sie hätten sich das Recht auf so viel Trägheit gar nicht verdient.

Auch George spürte die Blicke der Passanten und Autofahrer. »Paß auf«, sagte er und lächelte diese fremden Menschen mit seinem unwiderstehlichen George-Davis-Lächeln an. Sie lächelten immer zurück.

Was die anderen Leute sahen, entsprach teilweise der Wahrheit. Wir waren Männer, die in der Luft hingen und zu ungewöhnlichen Tageszeiten seltsamen Berufen nachgingen – High-School-Freunde vierunddreißig Jahre nach dem Abschluß, ergraut, aber immer noch fit, ein Läufer und ein Ruderer, die auf einer Parkbank am Mystic River oder beim Denkmal für Admiral Morison an der Commonwealth Avenue saßen. Wir waren wieder Junggesellen, wir waren wieder daheim.

Aller Schmerz, alle Freuden, alle Schwierigkeiten, die das Leben mit sich bringt, lagen in der Vergangenheit, zusammen mit den Wagnissen, den Kompromissen, den Freundschaften, den gescheiterten Plänen. Unser Leben bestand jetzt nur noch aus Gesprächen. Die Themen waren beliebig. Wir begannen mit Drogen, der Bürgerrechtsbewegung oder dem Jurastudium und endeten bei Ex-Frauen, Verletzungen, Kindern, Musik oder Baseball.

Daheim – das Wort sagte alles. George wohnte wieder bei seinen Eltern in der Jerome Street 148, ich lebte allein am Cape. Meine Frau und ich hatten uns getrennt, das akzeptierte ich inzwischen; George und Tunie hatten denselben Schritt getan. George arbeitete nicht, ich schrieb nicht. Doch trotz allem, was in den vierunddreißig Jahren passiert war, hatten wir gleich wieder zueinander gefunden: der schwarze und der weiße Junge. Wir waren wieder da, wo wir angefangen hatten. Wir lebten in der Nähe von Boston. Wir brauchten keine Hoffnungen zu hegen, denn obgleich uns keine Wunder widerfahren würden, lagen die Gefahren in der Vergangenheit, und mit ihnen der Kummer, die Risiken und die große Wut, die aus Ungeduld und Ehrgeiz entsteht. Wir empfanden keine Resignation, sondern hatten das Gefühl, als wäre uns eine Art Erleuchtung, ja Weisheit zuteil geworden. Wir empfanden keine Bitterkeit, sondern ein Gefühl der Erlösung und auch Dankbarkeit dafür, daß wir noch lebten. Wie George sagte: »Man muß zurücklächeln.«

Daß wir unversehrt und gesund auf einer Bank saßen, war eine Art Sieg. Der Ort war von Bedeutung. Den Passanten mochte diese Bank wie ein nichtssagendes Requisit auf einer sonst leeren Bühne erscheinen, für uns aber war sie Heimat. Niemand konnte uns das Recht bestreiten, hier zu sitzen, niemand konnte uns vertreiben. Wir hatten überlebt, wir hatten etwas zu erzählen.

Irgendwie waren wir in derselben seelischen Verfassung am selben Ort gelandet. George hatte sich nicht verändert; er war so freundlich und großzügig, so aufmerksam und witzig wie eh und je. Er war immer noch ein Sportler, immer noch schnell. Und doch hatte er weit mehr erlitten als ich.

»Ich weiß nicht, wie ich's geschafft hab, nicht draufzugehen«, sagte er.

Ich lud ihn in mein Haus am Cape ein. Er brachte seine neue Freundin und ihre beiden Kinder mit. »Ja«, sagte George, sah sich um und ging über den Rasen. »Ja«, sagte er noch einmal, nickte und taxierte mein Haus. Er ging wieder auf und ab, nicht erregt, sondern nachdenklich. »Das ist cool. Das war ein weiter Weg.«

Bald saßen wir wieder auf unseren Bänken in Boston, in Medford, unter Ahornbäumen und sonnenwarmen, harzigen Pechkiefern und redeten. Wo waren wir stehengeblieben? dachte ich. Ach ja, George lebte auf großem Fuß in Ecuador, hatte ein eigenes Haus in Quito und war jemand, mit dem man in Esmeraldas zu rechnen hatte.

Eines Tages Anfang 1972 war George in seinem Haus dabei, eine Lieferung an einen Freund in den USA fertigzumachen. »Und ich hatte so ein Gefühl … Kennst du das, wenn man plötzlich so ein bestimmtes Gefühl hat?«

Er ging hinaus und sah zwei Polizisten in Zivil, die sich am Nachbarhaus nach Señor Davis erkundigten. Er ging ruhig die Straße hinunter, doch kaum war er um die Ecke gebogen, da begann er zu rennen: Der schnellste Schüler der Medford High-School rannte durch Quito. Er wurde gesehen und festgenommen. Man hatte einen seiner Kuriere abgefangen und verprügelt, und der hatte ihn verraten.

»Wo ist das Kokain?« wollten die Polizisten von ihm wissen.

Zuerst versuchte er, sie hinzuhalten, damit ein anderer Kurier Zeit hatte, das Haus zu verlassen, aber die Beamten waren ungeduldig und mißtrauisch. Er wurde verhaftet, wenn auch nicht offiziell. Man brachte ihn in den Keller der Polizeiwache. Fünf Männer versuchten, Informationen über das Kokain aus ihm herauszuholen.

»Sie haben mich die ganze Nacht nicht schlafen lassen. Sie haben mich an einem Strick hochgezogen und gestreckt. Sie haben mit aller Kraft meine Arme und Beine auseinandergezogen.«

Einer der Männer hielt ihm ein Bajonett vor das Gesicht. Drei andere zogen noch immer an seinen Armen und Beinen. Infolge dieser Folter bekam George später einen Leistenbruch und mußte operiert werden.

»Welches Auge willst du behalten?« fragte der Mann mit dem Bajonett. »Das linke oder das rechte?«

Und als George weiterhin stumm blieb, machte der Mann Anstalten, ihm das linke Auge auszustechen.

Ich sagte: »Hattest du da nicht eine Heidenangst?«

»Ich war wie betäubt. Alles in mir hatte aufgehört. Mein Kopf war leer. Und irgendwie wußte ich, daß sie mir drohten, in Wirklichkeit aber bloß Geld wollten.«

Was ihn außerdem beruhigte, war die Tatsache, daß man bisher überhaupt keine Drogen bei ihm gefunden hatte.

»Ich hab ein Geständnis abgelegt«, sagte er, »und damit war der Fall erledigt.«

Während alle, mit denen er in Quito je zu tun gehabt hatte, verhaftet wurden (Taxifahrer, Hotelmanager, »alle meine Außendienstmitarbeiter«), sperrte man ihn im Gefängnis von Quito in ein Verlies. »Es war gräßlich, ein Loch, die Ratten wimmelten auf mir herum –

der Horror. Nach drei Tagen wurde ich nach Guayaquil verlegt, wo sie einen großen Fall daraus machen wollten.«

Je mehr Leute an dem Fall arbeiteten, desto größer war die Wahrscheinlichkeit, daß man mit Bestechung etwas erreichen konnte.

George wurde in das Gefängnis Littoral gebracht, wo er während der Ermittlungen in Einzelhaft saß. Danach brachte man ihn zu den anderen Gefangenen in den sogenannten *casal*, einen großen Saal, eine einzige riesige Zelle, so groß wie zwei Basketballfelder, wo zu Zeiten dreihundert Männer eingesperrt waren. Jeder hatte ein Stück Boden markiert, das kaum größer war als der Platz, den er zum Schlafen brauchte – manche hatten sogar ein Tuch darum gespannt. Es gab keinen Hofgang.

Das war im Januar 1972. Ich lebte noch immer mit meiner Frau und den Kindern in dem Häuschen in Dorset, in der Nähe eines winzigen Dorfes voller fremdenfeindlicher, unterbezahlter Landarbeiter. Sie wollten wissen, wann ich wieder gehen würde. Ich sagte ihnen, ich könne nicht gehen, bevor mein Buch fertig sei.

Guayaquil, die Stadt an der Küste, an der Mündung des Guayas, ist eine der heißesten, feuchtesten Städte Ecuadors. Ich war in den späten siebziger Jahren kurz dort gewesen und hatte in meinem Zimmer im besten Hotel der Stadt Ratten gehabt. Ihr Kratzen über der abgehängten Zimmerdecke war so laut, daß ich nicht schlafen konnte. Es war eine Stadt der Ratten. Sie hatten keine Angst und benahmen sich wie eine geschützte Art. Man sah sie überall.

»O ja, wir hatten jede Menge davon«, sagte George. Aber Ratten waren sein kleinstes Problem. »Ich mußte mir alles erkämpfen. Und ein paar von den anderen Gefangenen machten mir das Leben schwer. Sie drohten mir, wollten mich einschüchtern, bewarfen mich mit Skorpionen.

Ich war reich. Ich hatte Kleider. Sie dachten, ich hätte Geld. Sie wollten, daß ich ihnen Gras besorgte oder ihnen Geld gab, Kleider, Schuhe. Wenn die Wärter gingen, haben sie von außen meine Essensklappe verkeilt, so daß ich sie nicht mehr öffnen konnte.

Und dann wurde ich beim Kiffen erwischt. Ich hatte mir das Gras über einen der Wärter besorgt. Ich wurde erwischt, und die anderen Wärter wollten wissen, woher ich das Gras hatte, und drohten, sie würden mich foltern. Ein paar andere Kiffer kamen zu mir, und einer gab mir eine Rasierklinge. Er sagte mir, ich sollte mir tiefe Schnitte am Bauch und an den Armen beibringen, dann könnten die Wärter mich nicht an den Daumen aufhängen und prügeln, weil ich sonst verbluten würde. Aber ich brachte mir keine Schnitte bei. Ich rettete mich mit einem 50-Sucre-Schein.«

George unterschrieb ein Geständnis und wurde kurz darauf in die Gefängnisklinik gebracht, wo man seinen Leistenbruch operieren wollte. Der Arzt sagte ihm, mit genügend Geld könne er sich freikaufen, doch George besaß nicht genug, und außerdem fragte ihn in diesem ersten Jahr jeder nach Geld.

Nach der Operation wurde er in den Zellenblock C verlegt, und dort begann das zweite Jahr seines ecuadorianischen Gefängnislebens. Sein Geld war inzwischen aufgebraucht, und nun konnte er anderen Häftlingen keine Lebensmittel mehr abgeben, sondern mußte selbst betteln. Die Gefangenen, die ihn drangsaliert hatten, als er neu und wohlhabend gewesen war, erwiesen sich jetzt als erstaunlich mitfühlend.

George trat in die Volleyballmannschaft ein, und da er wie immer schnell lernte, gewann er schließlich mit seinem Zellenblock die Gefängnismeisterschaft.

Irgendwie konnten sich die Gefangenen alles mögliche besorgen: Lebensmittel, Alkohol, Gras, »Rote Teufel« (eine Art Seconal) – aber alles kostete Geld. Als Star der Volleyballmannschaft durfte George hin und wieder telefonieren. Nicht nur die anderen Häftlinge, auch die Wärter respektierten ihn. George war ein alter Hase geworden. »Ich hatte eine neue Karriere gefunden: Ich war ein Häftling, ich war ein Mensch, ich war kein Gringo – ich gehörte dazu.«

Und Dienstags war *visita íntima*, dann durften Ehefrauen und Freundinnen zu Besuch kommen. Wer keine hatte, konnte sich an die Huren halten.

»Wie sahen die aus?«

»Das war das Problem. Sie waren alt und dick. Es waren die, die auf der Straße nicht mehr gefragt waren. Im Zellenblock C saßen viele Arme, und darum kriegten wir nur eine Hure. A und B waren ein bißchen besser dran. Dienstags gab's dort Musik und Tanz und viele Huren. Der beste Block war der *Pabellón Político*. Da saß zum Beispiel der frühere Bürgermeister von Guayaquil – der Gouverneur der Provinz kam hin und wieder vorbei, um Don Jaime seine Reverenz zu erweisen.«

Ein Zwischenfall an Sylvester hätte George beinahe das Leben gekostet. Er begegnete auf der Treppe Indiano, einem Psychopathen, der im Gefängnis bereits drei Menschen mit einer zugespitzten Fahrradspeiche umgebracht hatte. George trat beiseite, um ihn vorbeizulassen, aber der Verrückte richtete sich hoch auf und stieß mit der Hand nach ihm, als wollte er sagen: »Ich kann dich töten.« George ließ sich rückwärts über das Geländer fallen und stürzte drei Meter tief, landete aber so, daß er sich nichts brach.

»Aber ich war ziemlich erschrocken und fragte einen Wärter, ob er mich zu Dr. Castello, dem früheren Bürgermeister von Guayaquil, bringen könnte. Er war ein Großdealer – hundert, zweihundert Kilo auf einmal. Ich erzählte ihm, was passiert war. In derselben Nacht wurde ich in den *Pabellón Político* verlegt.«

Das war die dritte Phase von Georges Gefängnisleben. Anfangs hatte er mit den anderen Insassen ums Überleben kämpfen müssen, dann war er durch seine Leistungen im Volleyball innerhalb des Zellenblocks aufgestiegen, und nun lebte er im exklusivsten Teil des Gefängnisses, wo die Insassen Männer waren, die draußen einigen Einfluß hatten und noch immer Rechte, Privilegien und eine gewisse Macht besaßen. Daraus schöpfte George neue Hoffnung – nicht auf Freilassung und Rückkehr nach Amerika, sondern darauf, einen Status und eine Zukunft in diesem Gefängnis zu haben und »ein reiner Häftling« zu werden.

Zwar hatte George viele Briefe an den amerikanischen Konsul in Guayaquil geschrieben, doch es war nichts geschehen, obgleich die Konsulatsangestellten andere Amerikaner im Gefängnis besuchten. Einmal bemerkte George, daß ein Amerikaner Frankie Diaz besuchte, der für den Mafioso Joseph (»Crazy Joe«) Gallo gearbeitet hatte. Dieser Konsulatsangestellte sah immer wieder zu George hinüber. Er sah aus wie ein Weißer, doch George war sicher, daß er ein Schwarzer war. »Ich wußte es einfach. Es hat was mit dem Leben im Süden zu tun. Man erkennt Schwarze, die als Weiße durchgehen können.«

Der Mann war der Vizekonsul. Er kam zu George und sagte ein geheimes Wort, das allen Brüdern von Omega Psi Phi bekannt ist, eine Versicherung der Freundschaft und brüderlichen Verbundenheit. In seinen Briefen hatte George erwähnt, daß er Omega-Psi-Phi-Mann des Jahres gewesen sei. Offenbar hatte der Vizekonsul die Briefe gelesen. Er hieß Wyatt T. Johnson und hatte der Studentenverbindung an der Lincoln University angehört. Das Motto von Omega Psi Phi lautet: »Wir sind Omega, solange wir leben.«

»Wie viele Freunde hast du?« fragte Johnson.

George erkannte die geheime Formel, eine der Perlen der Weisheit, gab die richtige Antwort und zeigte seine Tätowierung. Und er flüsterte: »Ich werde deine Perlen schütteln«, was bedeutete, daß er den Mann bat, ihm einen Gefallen zu tun.

Johnson besuchte ihn von nun an öfters. Er brachte Essen mit, das seine Frau gekocht hatte. Die beiden sangen Verbindungslieder und unterhielten sich. Sie wurden Freunde. Als ein gegenseitiges Vertrauen hergestellt war, erklärte George, um welchen Gefallen es sich handelte.

Es war nie zu einer Verhandlung gekommen. George war nie irgendeines Verbrechens angeklagt worden, und man hatte keine Drogen gefunden. Es hatte keinen Prozeß gegeben, nur ein Verhör mit Foltermethoden; in den Akten befand sich nur das Geständnis, das man ihm an jenem Abend abgepreßt hatte. Er war nicht verurteilt worden. Er hatte einen Fluchtversuch unternommen, indem er einem Wärter einen mit Seconal versetzten Drink angeboten hatte. Doch der Wärter hatte George gezwungen mitzutrinken, und so war der Versuch fehlgeschlagen; am nächsten Morgen hatte man alle beide schlafend aufgefunden.

Es gab einen Richter, der Georges Freilassung anordnen konnte. George hatte ihm schon einmal Geld geschickt, aber der Sekretär des Richters hatte es in die eigene Tasche gesteckt. George bat Wyatt T. Johnson, persönlich anwesend zu sein, wenn George dem Sekretär des Richters Geld übergab. George wußte, daß kein Untergebener es wagen würde, Geld verschwinden zu lassen, das in Gegenwart eines amerikanischen Beamten ausgehändigt worden war. Johnson war einverstanden, und das Geld wurde übergeben.

»Der Sekretär wollte es sich nicht mit dem Vizekonsul verderben, weil er sich an ihn wenden mußte, wenn er ein Visum für die USA haben wollte«, sagte George. »Die Türen gingen auf, und stell dir vor: Es wurde gesungen. Meine Kumpel im Knast haben an diesem Tag gesungen. Ach, es war ein wunderschöner Tag, und die Türen gingen auf.«

Das war im November 1974. Irgendwann in der Zeit, als George im Gefängnis gesessen hatte, war ich auf den Gedanken gekommen, eine Reise zu machen, um danach ein Buch darüber zu schreiben. Kurz nach Georges Verhaftung war ich aufgebrochen und mit der Eisenbahn von London nach Tokio und zurück gefahren. Ich war in einem Schockzustand nach London zurückgekehrt; nach dieser Reise war in meiner Ehe nichts mehr so, wie es vorher gewesen war. Ich war zu weit gegangen, ich war zu lange weggewesen. Als George aus dem Gefängnis entlassen wurde, hatte ich *The Great Railway Bazaar* fertiggestellt.

»Solange meine Haftentlassung nicht bestätigt war, durfte ich nicht ausreisen«, sagte George. »Das hieß, daß noch jemand Geld wollte. Also schlich ich mich zum Busbahnhof, fuhr nach Quito und nahm dort einen Bus zur Grenze, nach Tulcán. Dort stieg ich in ein Taxi und fuhr über die Grenze, als wollte ich bloß einen Tagesbesuch machen. Und weg war ich.«

1975, nach zwei Jahren im ecuadorianischen Gefängnis und weiteren Reisen, war George wieder in Medford. Außer seiner Frau Tunie, mit der er sich wieder versöhnt hatte, erzählte er niemandem, daß er im Gefängnis gesessen hatte – er war einfach weggewesen. Er bekam eine Stelle als Aushilfslehrer, und da er als Briefeschreiber enorm überzeugend war, schrieb er Briefe mit Bitten um Spenden für die Alma Lewis School of Fine Arts in Boston. Bald wurde er zum Chefbuchhalter befördert.

Im September 1979 besuchte Jimmy Carter während des Präsidentschaftswahlkampfs die Schule und wechselte dabei auch ein paar Worte mit George. Nachdem er erfahren hatte, daß George in Tuskegee gewesen war, unterhielten sich die beiden über den Erdnußanbau. Und danach, im Foyer, nur um zu beweisen, daß es möglich gewesen wäre, »erstach ich ihn«. So jedenfalls sah George es. Carter ging an ihm vorbei, und um zu zeigen, wie unaufmerksam der Geheimdienst war, streckte George den Arm aus und berührte ihn. Hätte George ein Messer in der Hand gehabt, dann wäre Carter ein toter Mann gewesen.

In dieser Zeit begann George, meine Bücher zu lesen. Er las *The Black House*, das 1974 erschienen war. Er las *The Great Railway Bazaar*. Er spielte mit dem Gedanken, meine Adresse ausfindig zu machen. Er hatte Geschichten erlebt. Besonders eine wollte er mir erzählen: die von dem schwarzen Häftling Cabeza Radio – Radiokopf, weil er einen so riesigen Kopf hatte –, der eines Dienstags nach der *visita íntima* in Frauenkleidern, die ihm eine Hure hineingeschmuggelt hatte, aus dem Gefängnis geflohen war. Er war geschnappt und umgebracht worden, und sein Leichnam in den blutgetränkten Frauenkleidern wurde in einem Jeep auf den Hof gefahren und als Warnung für die anderen Gefangenen zur Schau gestellt.

George forschte nach und erfuhr, daß ich in London sei. George wünschte sich einen Freund. »Eines Tages kam ich in der Mittagspause nach Hause, und da stand der Möbelwagen vor der Tür. Sie nahm die Katze und den Hund und alles andere mit. Adieu, Tunie.«

Nun war er wieder allein.

»Ich beschloß, das Master's Degree zu machen.« Er ging nach Atlanta – die Stadt, in der sich in den sechziger Jahren so viele der dramatischen Ereignisse in seinem Leben ereignet hatten: die Bürgerrechtsdemonstrationen, die SNCC-Versammlung, seine Verhaftung. Doch nun war Atlanta die Stadt, in der er Jura studierte, und diesmal hielt George fast zwei Jahre durch.

Der Abbruch des Studiums führte nicht zur Katastrophe wie zehn Jahre vorher in Los Angeles. Er war älter, und die zwei Jahre im Gefängnis hatten ihn reifer gemacht; er hatte gelernt, sich in Geduld zu üben. Wie oft war seine Welt schon auf den Kopf gestellt worden? Ein Freund empfahl ihn dem Leiter eines dermatologischen Forschungsinstituts in Morehouse. »George kann alles lernen.« George wurde eingestellt und leitete binnen kurzem ein eigenes Labor, wo er Experimente durchführte und dokumentierte. Sein Chef war Dr. Louis Sullivan, der spätere Generalstabsarzt. Georges Job bestand darin, Sonnencreme an weißen Mäusen zu testen.

Er behielt ihn bis 1984. George war auch dem Atlanta Track Club beigetreten und trainierte wieder.

»Und ich fing an, mir hin und wieder ein Näschen zu genehmigen« – aus Gründen, die er bis heute nicht versteht. »Vielleicht hab ich's aus demselben Grund getan wie alles andere: weil ich glaube, daß ich alles kann. Ich frage mich nie, warum. Mir ist gar nicht bewußt, daß ich, wenn ich nicht sehr aufpasse, großen Mist bauen und meinen eigenen Ast absägen werde.«

Er verlor immer mehr Tiere, und das war das erste Anzeichen dafür, daß er dabei war, Mist zu bauen. Er wurde nachlässig. Er schlief ein, während die Mäuse bestrahlt wurden, und als er aufwachte, waren alle tot. Da er die vielen Ausfälle nicht befriedigend erklären konnte, wurde er entlassen.

Er war allein und orientierungslos und ging wieder nach Tuskegee. Er hatte viele Erinnerungen an den Kampf für Bürgerrechte, an das Singen, an die Freundschaften. Für ihn war Tuskegee ein Ort gewesen, an den er immer zurückkehren konnte. Also lud er seine Sachen in einen Lieferwagen und fuhr dorthin. Er wurde Studienberater, Leiter eines Wohnheims, Mitglied der Fakultät. Er nahm das Training wieder auf.

Als er im Sommer 1987 Medford besuchte, beschloß er zu bleiben. Und das hatte Konsequenzen. »Ich stieg wieder ins Geschäft ein, en gros« – kiloweise Kokain. Es war Jahre her, daß er im Drogengeschäft tätig gewesen war, und jetzt schien es ganz einfach. Er verdiente eine Menge Geld und arbeitete in einem bürgerlichen Beruf, den er als Tarnung für seine Drogendeals brauchte, und es dauerte kein Jahr, da schnupfte er wieder Kokain.

»Das Koks hat mich fertiggemacht«, sagte er. »Ich hatte es gut, aber ich bin ein schwacher Mensch. Ich lege mir meine Steine selbst in den Weg.«

Georg konsumierte so viel Kokain, daß es ihn körperlich krank machte, oder jedenfalls schien es so. Er beschloß, eine Entziehungskur zu machen, doch seine gesundheitlichen Probleme standen in keinem Zusammenhang mit seinem Drogenkonsum. Er nahm nichts mehr und fühlte sich trotzdem krank. Schließlich diagnostizierte man Tuberkulose – eine Spätfolge seiner Jahre im ecuadorianischen

Gefängnis. Als er 1991 aus dem Krankenhaus entlassen wurde, schrieb er mir den Brief, in dem stand: »Ich habe eine Reise durch die Hölle hinter mir.«

Ich war George unendlich dankbar für seine Gesellschaft und die gute Laune, die er verbreitete. Nach dem Ende einer zwanzigjährigen Ehe war es schwer für mich, immer allein zu sein. Eine Tür war zugeschlagen worden, es herrschte Stille. Nur ein anderer Mann, dem dasselbe widerfahren war, konnte ermessen, was diese Art von Exil bedeutete. Andere Familienangehörige wissen nicht, was sie sagen sollen, und ihre abgestandenen Platitüden sind ein denkbar schaler Trost. Keine Leere ist mit dem Verlust von Liebe zu vergleichen, und nichts vermochte mich über mein Elend hinwegzutrösten. Wenn andere – meist Familienangehörige – sagten: »Es ist am besten so«, wußte ich, daß ich versagt hatte. George lebte wie ein Mönch, er hatte sich seinem Schicksal ergeben, stand fest mit beiden Beinen auf dem Boden und war immer noch witzig. Es war gut, daß wir uns jetzt getroffen hatten. Wir waren beide allein – wir hatten Sympathien füreinander und erteilten dem anderen keine Ratschläge. Wir hörten einander zu. Niemand anders verstand uns. Unsere Gespräche waren freundlich und aufbauend.

Er war jetzt völlig clean, arbeitete auf sein Master's Degree hin, trainierte täglich und hatte einen Teilzeitjob in Boston. Er ging regelmäßig zu einem Therapeuten, lebte zurückgezogen und las sehr viel. Und ich hatte nach einer langen Zeit der Traurigkeit und der Kopfschmerzen wieder begonnen zu schreiben. Ich hatte jetzt etwas zu schreiben.

»Du bist Risiken eingegangen«, sagte ich bei unserem letzten Treffen, »und trotzdem kommst du mir ganz unverändert vor.«

»Das hast du schon mal gesagt, und ich bleibe dabei: Das ist gut und schlecht. Man muß in Bewegung bleiben. Ich hab mir nie viele Gedanken über Geld gemacht, sondern immer nur darüber, was es heißt, in dieser Welt zu leben. Und die Geschichte ist noch nicht zu Ende. Wir sind noch nicht fertig. Ich werde mich nicht auf die faule Haut legen. Ich bringe ein bißchen Ordnung in mein Leben, freue mich an dem, was da ist, und weiß, daß ich ziemlich bald wieder weiterziehen werde.«

»Ich habe dasselbe Gefühl«, sagte ich.

»Ja. Manche Leute müssen Dinge *tun* – nicht zusehen oder schreiben, sondern einfach etwas tun. Wir sind solche Leute. Es gibt eine Menge Menschen, die durch uns leben.«

Er dachte angestrengt nach.

Schließlich sagte er: »Ich bin nur ein Werkzeug.«

SECHZEHN

Meine andere Frau

I

Kurz nach jener schrecklichen Zeit in meinem Leben, in der ich mich einfach treiben ließ, bekam ich in meinem Haus am Cape eine Postkarte:

> *Weißt Du noch? Hier haben wir uns mal herumgetrieben. Ich denke oft an Dich. Mein Leben hat sich ziemlich verändert. Du bist wahrscheinlich so heiter und gelassen wie immer.*
>
> W.

W war Wanda Fagan.

»Ich hasse meinen Namen«, hatte sie immer gesagt. »Wahrscheinlich, weil ich meinen Vater hasse.«

»Dann nimm doch den deiner Mutter.«

»Noch schlimmer. Die hieß Feskowitz. Und außerdem hasse ich sie auch.«

Sie war eine andere Frau – nicht *die* andere Frau. Hätte ich sie früher erwähnt, dann hätte es den Anschein haben können, als wäre sie der Grund dafür gewesen, daß Alison und ich uns getrennt hatten. Ich wollte die Bedeutung dieser Beziehung nicht zu sehr hochspielen. Ein Seitensprung war nicht der Grund. Ehen sind zu Ende, wenn Liebe und Hoffnung verschwunden sind – eine Zeit voller Besessenheit und Phantasien ist nicht das Ende der Liebe.

Die Geschichte ist schnell erzählt: Ich hatte bestimmte Bedürfnisse, ich war untreu, meine Frau kam dahinter. Es gab eine Krise – Wut, Mißverständnisse, Tränen. Sie ging vorüber, das Leben ging weiter. Unsere Ehe zerbrach nicht, und dafür war ich unendlich dankbar. Ich sah Alison an und dachte: ›Wie konnte ich je auf die Idee kommen, dich zu verlassen?‹, und manchmal sagte ich es auch.

»Vielleicht wärst du dann jetzt glücklicher«, sagte sie.

»Nein, nein«, antwortete ich, und das war mein Ernst.

Ich durfte wieder zu Hause wohnen und spekulierte nie darüber, wie mein Leben mit Wanda Fagan ausgesehen hätte. Wir hatten eine Affäre gehabt – und war sie ihrer Form nach nicht die eigenartige Nachahmung einer Ehe gewesen, nur daß sie seichter und kürzer gewesen war? Irgendwie schaffte es Alison, mir zu verzeihen. Sie hatte immer gesagt: »So etwas ist nicht entscheidend. Entscheidend ist nur, wo du letztlich stehst. Ob du mich liebst. Aber überspann den Bogen nicht.«

Jahre später, als Alison und ich uns getrennt hatten, erschien es mir seltsam, daß meine Gedanken immer wieder zurückschweiften zu den befriedigenden Monotonien des Ehelebens, zu den prosaischsten, alltäglichsten Augenblicken. Die Erinnerung an einen gemeinsamen Gang zum Supermarkt rührte mich mehr an als unsere Wochenenden in Paris. Es hatte etwas damit zu tun, daß wir die Last gemeinsam getragen hatten, daß wir Probleme und Aufgaben gemeinsam angegangen waren – wir hatten tapeziert, Regale angestrichen, Teppiche verlegt, den Speicher entrümpelt. Es war keine aufregende Reise gewesen, sondern eher ein leises Schaukeln am Kai.

Die Erinnerung an die vielen Stunden, die wir so verbracht hatten, erfüllte mich am stärksten mit Wehmut, weil diese Zeiten eigentlich strapaziös gewesen waren, und gerade das machte sie so kostbar und ließ mich mit Liebe daran zurückdenken. Daß ich sie genossen hatte, war ein Beweis meiner Liebe. Wir hatten uns wie zwei emsige Vögel, die aus Grashalmen und Bindfadenstückchen ein haltbares Nest flechten, ein Zuhause geschaffen. Aus all der Zeit, die wir mit diesen scheinbar unromantischen Arbeiten verbracht hatten, war im Lauf der Jahre Hingabe, ja beinahe Leidenschaft geworden.

Nach unserer Trennung dachte ich nie daran, Wanda Fagan anzurufen und zu sagen: »Wir müssen uns treffen« – oder vielmehr: Ich dachte daran, verwarf den Gedanken jedoch sogleich wieder als unklug. Meine gescheiterte Ehe beschäftigte mich. Ich fühlte mich schrecklich und wußte, daß Wanda Fagan nicht der Mensch war, der an meinem Zustand echten Anteil nehmen würde. Vor langer Zeit hatte ihre Haltung gegenüber Alison mich bewogen, das Verhältnis zu beenden. Wanda hatte mich zu Hause angerufen und mit Selbstmord gedroht, und sie und Alison hatten mehrere bissige Telefongespräche geführt. Und der ganze furchtbare Schlamassel war meine Schuld. Einer der schlimmsten Anrufe kam während eines Familienessens: Alison tranchierte einen Truthahn, die Jungen servierten die Vorspeise, alle waren fröhlich und festlich gestimmt, es muß Thanksgiving oder Weihnachten gewesen sein. Das Telefon klingelte.

»Es ist für dich, Paul.«

Ich sagte: »Hallo?«

Eine niedergedrückte Stimme sagte: »Ich halte es nicht mehr aus.«

»Ich rufe dich später zurück.«

»Leg nicht auf!«

»Vielen Dank.«

»Tu mir das nicht an.«

»Wir wollen uns gerade zu Tisch setzen.«

»Und was ist mit mir? Ich halte es nicht mehr aus. Ich verliere den Verstand. Hast du nicht gehört, was ich gesagt habe? Ich halte es nicht mehr aus!«

Irgendwie gelang es mir, das Gespräch zu beenden, ohne meine Panik zu zeigen. Den Rest des Tages verbrachte ich in der Angst vor einem weiteren Anruf. Keine Liebesaffäre kann solche Drohungen überstehen. Demütigung tötet das Verlangen ab, weil sie das Herz versengt, und ein Anruf wie dieser erfüllte uns beide mit Angst und Scham. Ein andermal schrie sie ins Telefon: »Ich ertrage es nicht mehr!«, und das ärgerte mich, weil ich den Eindruck hatte, daß sie einen anderswo gehörten Tonfall imitierte.

Jeder vernünftige Mensch, der so etwas hinter sich hat, wird sich hüten, es noch einmal zu versuchen, und wenn er es doch tut, verdient er es, vernichtet zu werden. Ich erkannte, wie nahe ich daran gewesen war, mein Leben zu verlieren.

Unglücklich, schluchzend und blinzelnd wie ein kleines Kaninchen sagte sie Dinge wie: »In der Pubertät habe ich meinen Körper gehaßt« oder: »Ich mußte lernen, mit meiner Sexualität zurechtzukommen.«

»Wie geht es dir?« fragte ich sie am Anfang eines jeden unserer langen Telefongespräche.

»Wenn du mich das heute morgen gefragt hättest, hätte ich gesagt: ›Gut‹. Heute nachmittag ging es mir sehr schlecht.« Nach kurzem Schweigen fuhr sie dann mit schicksalsschwerer Stimme fort: »Ich weiß nicht, ob ich das aushalte.«

Und natürlich kam noch mehr. Ich hätte es wissen müssen, nachdem mir aufgefallen war, daß unsere Gespräche immer eine Stunde dauerten und daß sie es gewohnt war, ihrem Psychotherapeuten einen Monolog vorzutragen.

Ich konnte nicht verstehen, warum sie ihren Namen so haßte. »Ein Name ist doch bloß ein Name«, sagte ich und zählte ein paar auf, die mir in den Fernsehnachrichten begegnet waren: Walter Tkach, Ed Custard, Robert Abplanalp, Murray McAdoo, Sherman Pinsker, Lech Walesa, Lawrence Eagleburger. »Fagan ist wahrscheinlich ein irischer Name«, sagte ich.

»Ich will nicht darüber reden.«

Und doch redete sie unentwegt. Das Ganze ereignete sich einige Monate nach dem vermeintlichen Angebot einer Filmrolle. Ich hatte inzwischen verstanden, wie stark Illusionen sein konnten und welche Bedeutung die Arbeit für meine seelische Gesundheit hatte.

Die Zeit verging, und ich fragte mich, was aus Wanda Fagan geworden war. Als Alison und ich uns trennten, hörte ich eigenartigerweise auf, mir darüber Gedanken zu machen – ich wagte es nicht. Nun, da ich allein war, fühlte ich mich schwach und verletzlich. Vielleicht war noch etwas Verlangen vorhanden, aber dieses Verlangen war ein ausgemergelter, verzweifelter Flüchtling, eine Kreatur der Nacht – warum es wecken und ans Tageslicht zerren, wo es nur seine überspannten Sehnsüchte offenbaren würde? Es war besser, es schlafen und träumen und sabbern zu lassen. Sollte es im Schlaf eines gnädigen Todes sterben.

Als es noch lebendig war, erschien es mir wie ein Haufen fettiger Lumpen, die sich durch die zunehmende Konzentration ihrer Dämpfe und Gerüche plötzlich entzünden und mit orangefarbener, rußender Flamme brennen. Unsere Affäre hatte einen Anfang, eine Mitte und ein Ende gehabt. Sie war wie eine Ehe gewesen, allerdings wie eine schlechte Ehe. Vielleicht war sie weniger bitter gewesen als die meisten schlechten Ehen, und vielleicht hatte sie länger gehalten als viele Ehen. Auch Wanda wußte das: Als Studentin hatte sie eine kurze Ehe mit einem Studenten namens Harry Cole geführt. Ich erfuhr von seinem Bart, seinem alten Wagen, seinen Schulden. Im Auto hatte ich eine Kassette von Philip Glass. »Den hat Harry auch gemocht«, sagte sie. Viel mehr wußte ich nicht. Seine wachsenden Schulden hatten dieser Verbindung ein Ende bereitet.

Ich lernte viel aus meiner Affäre, doch am beunruhigendsten war die Erkenntnis, wie leicht es ist, die Wünsche einer Geliebten zu unterschätzen. Was mich betraf, so lebte ich eine Phantasie aus. Ich war mir der Tatsache, daß die Zeit verging, kaum bewußt. Wanda Fagan dagegen dachte – wie vielleicht die meisten Frauen – ständig an ihr Alter. Daß solche Frauen oft über das Altern, über ihr Aussehen und das Verstreichen der Zeit sprechen, hat etwas ähnlich Beunruhigendes und Irritierendes wie das laute Ticken einer Pendeluhr. Wir hatten uns kaum kennengelernt, da sprach sie schon von unserem Alter. Sie sah uns im Ruhestand, zwei Händchen haltende alte Herrschaften, die auf der Verandaschaukel saßen. Sie war auf der Suche nach einem anderen Leben.

Ihr eigenes Leben fand sie widerwärtig und enervierend. Es war unbedeutend. Sie haßte ihren Namen, ihr Körper gefiel ihr nicht, und sie hatte kein Geld. Nach ihren eigenen Kriterien existierte sie gar nicht. Sie glaubte, wenn sie ihr Halbwertleben mit dem meinen verband, würde sie davon erlöst werden.

»Es liegt nicht daran, daß du Schriftsteller bist – du bist viel mehr als das«, sagte sie.

Sie irrte sich. Aber das konnte ich ihr nicht sagen – sie sprach einfach weiter.

»Ich liebe dich so, wie du bist. Du bist ein guter Mann. Du bist beständig, großzügig und mitfühlend.«

Wieder falsch, Wanda. Warum sollte ein Mann mit diesen Eigenschaften, ein Mann, der so makellos und gut war, der so geliebt wurde, das dringende Bedürfnis haben, die Dinge zu schreiben, die ich schrieb?

Das wußte sie nicht. Sie kannte mich nicht. Nur ein unvernünftiger, verzweifelter Mensch konnte so urteilen wie sie. Als wir in die kurze, aber aufregende Sackgasse der Begierde einbogen, war es somit offensichtlich, daß diese Affäre nur auf eine Weise enden konnte. Danach waren Alison und ich in grimmiger Feierstimmung – als wäre ein schwieriger Freund nach langer Krankheit mit unbekanntem Ziel abgereist. Oder als hätte ein Gast das Haus verlassen, das nun wieder groß und überall zugänglich war. Alison mußte nun nicht mehr an Wanda Fagan denken, und als meine Gefühle von Schuld und Scham abgeklungen waren, dachte ich: ›Nie wieder!‹

Dann trennten wir uns. Ich floh. Ich hatte selbst unter einem Halbwertleben zu leiden. Ein kalter Winter, seine Kümmernisse, seine Zeichen: *Medford – Next 3 Exits*, George.

Doch als die Postkarte kam, ging es mir schon besser, ja mehr als das. Ich war im Begriff, auf eine lange Reise über den Pazifik aufzubrechen. Reisen kann man nur, wenn man in optimistischer Stimmung ist, und ich wußte, daß mit mir alles in Ordnung war. Ich fuhr nicht weg, um ein neues Leben zu suchen, sondern um danach wieder nach Hause zurückzukehren. Das war eine Art zu reisen, die ich kaum kannte.

Wanda Fagans Handschrift hatte mir noch nie gefallen – sie wirkte unsicher, und die Worte sahen immer aus, als wären sie in aller Eile hingekritzelt worden. So schrieben Kinder, unglückliche Menschen und Leute in fahrenden Bussen. Dieser Schrift fehlte die Form, und sie schien alles zu enthüllen: Unsicherheit, Unglück, Hast. Es war keine intelligente Handschrift. Man wäre nie darauf gekommen, daß man es mit einer promovierten Informatikerin zu tun hatte, und doch war das der Titel, den Wanda Fagan trug, und darüber hinaus hatte sie eine Dozentur an einer großen staatlichen Universität, der New York University, um genau zu sein.

Wie ich den Ausdruck »herumgetrieben« haßte! Das Foto zeigte eine Windmühle auf dem Cape, und zwar die in Brewster. Das bewies, daß ihr Gedächtnis ebenso schlecht war wie ihre Handschrift. Hatte sie denn den wütenden Streit auf dem Rückweg zu meinem Haus vergessen? Es war dabei um dasselbe Thema wie immer gegangen: *Und was ist mit mir?*

Wenn ich alles aufgegeben und ihr mein Leben anvertraut hätte, wäre sie glücklich gewesen. Und was wäre mir geblieben? Bei einer wahren romantischen Liebe werden diese Fragen selten gestellt – man geht beseligende Risiken ein, und oft, wie bei Alison und mir, trägt diese Liebe Blüten und verdorrt erst nach langer Zeit. Ich war zu alt, um solche Risiken einzugehen. Sie war jung genug, um jedes Risiko einzugehen. Darum hatte ich das Gefühl, daß die Affäre nicht von Dauer sein würde. Ich kannte die Art unserer Beziehung aus den vielen Büchern, in denen düster gestimmte Männer ihre Frau mit einer Geliebten betrügen: Auf einige wenige Augenblicke des Friedens folgten stets Angst und Müdigkeit.

Ich verspürte Gewissensbisse, als ich merkte, daß ich sie ein bißchen weniger und manchmal gar nicht mehr liebte, wenn wir miteinander geschlafen hatten. Zuzeiten war sie mir dann völlig fremd. Wer war sie, und was tat ich hier mit ihr? Ich war mir sicher, daß sie sich dieselben lächerlichen Fragen über mich stellte. Wir waren Fremde, und uns war unbehaglich zumute, bis uns das nächste Fieber wieder zu Liebenden machte. Soviel zu den zahlreichen Büchern über Ehebruch.

Rückblickend erschien mir unsere Affäre kaum bedeutsam. Für Wanda hatte sie wohl mehr bedeutet, oder jedenfalls hatte sie gewollt, daß sie mehr bedeutete. Doch jetzt hatte sie sich wieder gefangen. Das war der Postkarte zu entnehmen. Sie hatte angenommen, daß bei mir alles wie früher und ich noch verheiratet war – unsere Ehe war unzerstörbar, denn wenn sie mit ihren Tränen und Drohungen es nicht geschafft hatte, sie zu zerstören, wer dann?

Mein Schmerz hatte mich befreit. Ich fühlte mich stark genug, ihre Karte zu beantworten.

Liebe Wanda!
Was für eine Überraschung, von Dir zu hören! Ich weiß nicht, wo Du dieses alte Karte aufgetrieben hast, aber wahrscheinlich …

Ich hielt inne, denn ich sah, daß kein Absender auf der Karte stand. Ich hatte keine Ahnung, wo Wanda wohnte. Lebte sie jetzt, sieben Jahre später, noch immer in New York? Ich sah auf den Poststempel: Danbury, Conn.

Ich konnte den Brief nicht schreiben, solange ich ihre Adresse nicht kannte. Ich wählte ihre Privatnummer, die einzige Nummer, die ich hatte, und wurde von der strengen Stimme einer Angestellten der Telefongesellschaft davon in Kenntnis gesetzt, daß dieser Anschluß nicht mehr bestehe. Die Auskunft für Manhattan teilte mir mit, Wandas Name sei nicht mehr aufgeführt.

Ihre frühere Sekretärin sagte: »Dr. Fagan gehört unserem Institut nicht mehr an.«

»Haben Sie denn eine Telefonnummer, unter der ich sie erreichen kann?«

»Einen Augenblick.« Sie seufzte; eigentlich hätte sie lieber aufgelegt. Als sie sich wieder meldete, fragte sie: »Wer spricht dort eigentlich?«

Ich sagte, ich sei Buchhändler und hätte bei einer Inventur eine Bestellung gefunden, die ich Dr. Fagan nun schicken wolle.

»Aber Sie haben mich nach ihrer Telefonnummer gefragt.«

Es war eine sehr aufmerksame Sekretärin.

»Ihre Adresse reicht vollkommen. Ich schicke die Bücher einfach mit der Post.«

»Sie heißt nicht mehr Wanda Fagan, sondern Wanda Falkenberg.«

Unwillig buchstabierte mir die Sekretärin langsam den Namen. Wandas neue Adresse war in New York City. Ich rief die Auskunft an, bekam ihre Telefonnummer und versuchte an mehreren Tagen zu verschiedenen Zeiten, Wanda zu erreichen. Schließlich meldete sich ein Mann. »Sie wohnt nicht mehr hier«, sagte er.

Diese Stimme sagte alles: Es war wahrscheinlich ihr Ex-Mann. Er klang verloren und niedergedrückt und fragte sich vermutlich, wer ich war. Mich mit ihm zu unterhalten war mir wichtiger, als sie zu finden, doch ich wußte, daß ich zuerst mit ihr sprechen mußte.

Ich erzählte ihm dieselbe Geschichte wie der Sekretärin. »Ich habe ein Paket für sie.«

Einigermaßen verärgert darüber, wegen solcher Dinge bemüht zu werden, gab er mir ihre neue Adresse. Sie war in Danbury, Connecticut. Das erklärte den Poststempel.

»Ich schicke die Bücher mit Fed Ex, und darum wäre es gut, wenn Sie mir auch ihre Telefonnummer geben könnten.«

Er schnurrte sie herunter – nur ein Ex-Mann konnte sie so gut kennen und mit soviel Verachtung aufsagen. Ich legte auf, nahm den Hörer wieder ab und wählte die Nummer.

»Hallo?«

Es war die vertraute, kleine, zaghafte Stimme eines Menschen, der es gewöhnt ist, unangenehme Anrufe zu bekommen. Wanda Feskowitz Fagan Cole Falkenberg. Auch eine junge Frau kann viele Namen haben.

»Ich bin's.«

»Paul?«

Und der Sparringskampf begann.

2

»Woher hast du meine Nummer?«

»Von einer alten Freundin von dir.«

Ich hatte nie viele ihrer Freundinnen gekannt. Das war ein anderes Problem bei dieser Affäre: Wir waren immer nur zu zweit. Vielleicht war es auch kein Problem. Es isolierte und exponierte uns, und so lernten wir einander schnell kennen. Die wenigen Freundinnen Wandas, die ich kannte, waren ihr so ähnlich, daß sie mir angst machten.

»Von welcher?«

»Ich will sie nicht in Schwierigkeiten bringen, also nenne ich ihren Namen lieber nicht.«

Das schien der richtige Satz zu sein, und tatsächlich, er funktionierte.

»Was willst du von mir?«

»Ich wollte dir auf deine Postkarte antworten, aber ich habe deine Adresse nicht.«

»Wo bist du?«

Sie war schon immer furchtsam gewesen, aber diese Fragen verrieten eine noch tiefer sitzende Angst.

»Ach, ich reise ein bißchen herum.«

Wenn ich ihr sagte, wo ich war, würde sie mich zurückrufen;

in meinem Egoismus wollte ich das Ruder nicht aus der Hand geben.

»Bist du immer noch verheiratet?«

»Das hast du jedenfalls gedacht, als du mir die Karte geschickt hast.«

»Ich glaube, daß du geschieden bist – warum solltest du mich sonst anrufen?«

Nach ihrer Logik war jemand, der aus heiterem Himmel einen Anruf wie diesen machte, entweder schwach oder verzweifelt.

»Wir haben uns getrennt. Aber das ist nicht der Grund, warum ich anrufe. Ich wollte bloß wissen, wie es dir geht.«

Langes Schweigen.

»Ich wollte, du hättest nicht angerufen.«

»Bist du verheiratet?«

Abermals langes Schweigen – es war wie ein abgrundtiefer Seufzer.

»Ich will nicht darüber reden.«

Das sagte alles: Sie war verheiratet gewesen und nun entweder geschieden oder getrennt. Sie war leichter zu durchschauen als die Frau, mit der ich zwanzig Jahre verheiratet gewesen war.

»Ich will bloß in Ruhe mein Leben leben.«

Das war ein weiteres ihrer verlogenen, nicht zu Ende gedachten Motti. Mich störten nicht die Klischees, die sie benutzte, sondern daß sie nicht wirklich daran glaubte. Sie hatte noch immer kein eigenes Leben, sie suchte noch immer das eines anderen.

»Ich habe mich über deine Karte gefreut. Über die Windmühle.«

»Ich dachte mir, daß sie dir gefallen würde.«

Ein schlechtes Gedächtnis macht vieles erträglich. Alles, was mit dieser Windmühle zu tun hatte, war gräßlich gewesen. Hätte sie sich an irgend etwas erinnert, dann hätte sie mir diese Karte nie geschickt.

»Das war nett von dir.«

»Ich habe auch meine Stärken.«

»Allerdings. Du klingst, als ginge es dir gut.«

»Du auch.«

»Es ist doch schön, daß es uns nach all den Jahren noch immer so gut geht.«

»Ich komme zurecht.«

»Hast du Kinder?«

Wieder Schweigen. Aber es war eine direkte Frage, und sie mußte sie beantworten oder Farbe bekennen. Sie zögerte ein kleines bißchen zu lange. Ihr Schweigen bedeutete ja.

»Wie viele?«

»Ein kleines Mädchen.«

Ihre Stimme verriet Stolz, Trotz, Wut darüber, daß ich gefragt hatte, Verärgerung darüber, daß sie geantwortet hatte, einen gewissen Kummer und eine große Verwirrtheit. Sie war keine zerquälte junge Frau mehr, sondern die zerquälte Mutter eines kleinen und vermutlich anstrengenden Mädchens. Gnade Gott dem Mann, der sich an die Tochter dieser Frau heranmachen wollte.

Sie war eine neue Frau – sie hatte einen neuen Namen und ein neues Leben. Sie wollte mit ihrer Vergangenheit nichts mehr zu tun haben. Sie war eine Frau, die ich nicht kannte.

»Seit wann seid ihr getrennt?« fragte sie.

Sie konnte nicht widerstehen, sie wollte es wirklich wissen. In ihren Augen war meine Ehe das einzige gewesen, das uns im Weg gestanden hatte, doch ich kannte die Wahrheit. Es war das einzige gewesen, mit dem ich sie auf Abstand hatte halten können. Ich hatte meine Ehe mißbraucht, um leichtsinnig sein zu können. Ich war der Feigling gewesen. Meine Liebe zu Alison ging über die Ehe hinaus, und das war der Grund, warum ich nach unserer Trennung so verzweifelt gewesen war: Ich hatte gehofft, ihr Freund bleiben zu können.

»Ich verrate dir, wie lange wir schon getrennt sind, wenn du es mir auch verrätst.«

»Ich habe keine Lust auf solche Spielchen.«

Wieder eins dieser schwachen Klischees, und noch dazu eines der unaufrichtigsten, denn wir hatten eigentlich nichts anderes getan als Spielchen zu spielen. Und was war dieses Gespräch, wenn nicht ein Spiel, bei dem jeder log, um aus dem anderen möglichst viele Informationen herauszuholen und dabei möglichst wenig zu verraten?

»Du brauchst mir nichts zu sagen. Ich bin seit etwa einem Jahr von Alison getrennt. Es war eine traurige Geschichte, und es tut mir leid.

Wenn du dasselbe durchgemacht hast, weißt du ja, wie schlimm das ist, besonders, wenn man ein kleines Kind hat.«

Ein weiteres, weniger vorwurfsvolles Schweigen, das diesmal keinen Seufzer, sondern nur Traurigkeit ahnen ließ.

»Wir haben uns nicht verstanden.«

Warum ärgerte mich dieser Satz so sehr? Es lag an ihrem Tonfall, der distanziert, stumpf und wegwerfend klang, und auch daran, daß diese Äußerung so abgegriffen war. Selbst wenn sie ihrem Mann kurz nach dem Ende unserer Affäre begegnet war, konnte sie ihn noch nicht sehr lange kennen. Wie lange mochten sie verheiratet gewesen sein? Wenn man ein Jahr für die Werbung und eins für die Trennung abzog, blieben wie viele Jahre? Vielleicht drei oder vier. Ich dachte an das kleine Mädchen.

»Das ist schlimm – so weit sollte man es nicht kommen lassen«, sagte ich.

Ich gab noch einige besorgte, sentimentale Sätze von mir, bis sie mich scharf unterbrach.

»Ich habe ihn nicht mehr geliebt.«

Das war wieder der wegwerfende Ton, und mir lief es bei dieser abgedroschenen Phrase als Zusammenfassung einer Ehe kalt den Rücken hinunter. Ja, meine Befürchtungen in bezug auf ihre Seichtheit waren begründet gewesen. Ich war bei ihr immer auf der Hut gewesen, aus Furcht vor ihrer Unsicherheit und ihren Launen. Ja, wenn ich Alison ihretwegen verlassen hätte, wäre es mit uns nicht lange gutgegangen. Aber wäre es zu einer Katastrophe gekommen?

Vielleicht, mit einem Kind. Ich wußte es nicht.

Ihr dumpfes, mechanisches »Ich habe ihn nicht mehr geliebt« klang in meinen Ohren wie: »Ich habe es mir anders überlegt.«

Das war es, was ich an ihr am meisten verabscheut hatte – wie bei dem Streit an jenem Tag am Cape, als wir nach Provincetown gefahren waren und sie sich plötzlich gelangweilt hatte. »Können wir nicht irgendwohin fahren, was näher ist?« hatte sie gesagt.

»Aber du wolltest doch nach Provincetown.«

Sie hatte eine Restaurantkritik gelesen. Alleinstehende Frauen lesen solche Kritiken gern. Das hat weniger etwas mit der Qualität oder dem Genießen von Essen zu tun als vielmehr mit ihren Phantasien über eine festgefügte, Geborgenheit spendende Welt, in der sie elegant gekleidet auftreten und sich umsorgen lassen können.

»Es ist zu weit.«

»Aber ich habe schon einen Tisch reserviert.«

»Das kannst du ja wieder rückgängig machen.«

»Ich hatte mich so gefreut.«

»Aha – jetzt geht es nur noch um dich.«

»Aber es war doch deine Idee. Weil du in *Bon Appetit* was darüber gelesen hast.«

»Ich habe es mir anders überlegt.«

Ich wurde wütend. Sie steigerte sich in Vorwürfe hinein. Sie sagte, meine Wut beweise, daß ich sie nicht mehr liebe. Sie begann zu weinen. Wenn sie weinte, schien sie zu einem häßlichen Zwerg zu schrumpfen. Ich dachte: Verlaß sie. Ich hätte sie am liebsten am Straßenrand zurückgelassen. Ich hatte aber auch Angst und das deutliche Gefühl, daß sie ins Lenkrad greifen und uns in einen Frontalzusammenstoß steuern würde.

Erschöpft von dieser Hysterie sagten wir zehn Minuten lang gar nichts. Dann erreichten wir Brewster, und ich hielt an, denn ich fürchtete, daß meine Fahrtüchtigkeit nachgelassen hatte. Die Windmühle war nichts weiter als eine Touristenattraktion – die echten waren schon lange vom Cape verschwunden. Aber Wanda glaubte diese Lüge.

»Wenn ich bloß einen Fotoapparat dabei hätte.«

Leichtgläubig war sie also auch. Unfairerweise kreidete ich ihr das an.

Und hier, auf dieser Postkarte, war wieder diese Windmühle. Wanda hatte den Streit, der in mir den Wunsch geweckt hatte, sie zu verlassen, vollkommen vergessen. Ihr Satz »Ich habe es mir anders überlegt« war etwas, das ich fürchtete; meine Angst war gewesen, daß sie eines Tages zu mir sagen würde: »Ich liebe dich nicht mehr.« Das wußte ich jetzt.

Diese Erinnerung war ein Schweigen, das unser Gespräch zum Stillstand brachte.

»Bist du noch da?«

Wie lange sagte sie das schon?

»Ja. Ich habe nur nachgedacht.«

»Ich dachte schon, die Leitung ist unterbrochen.«

Sie hatte den Grund für meine Nachdenklichkeit – »Ich habe ihn nicht mehr geliebt« – schon ganz vergessen.

»Was du gesagt hast, klang so mechanisch«, sagte ich.

»Du weißt, wie man einen mit Worten fertigmacht.«

»Daß du ihn nicht mehr geliebt hast.«

»Er wollte es nicht wahrhaben. Er war völlig abhängig von mir. Du kannst ein richtiges Arschloch sein.«

»Und das war alles? ›Ich werd' dann mal weiterziehen.‹«

»Ich brauchte diese Beziehung nicht lange zu verarbeiten.«

»Ich muß gehen.«

»Dann hast du mich also bloß angerufen, um mich mit deinen blödsinnigen Schriftstellerfragen zu nerven?«

»Nein. Ich wollte mich für die Karte bedanken.«

»Aha. Und wohin reist du als nächstes?«

»Vielleicht nach New York.«

»Ich wohne nicht weit von dort.«

»Wie ist deine Postleitzahl?«

Eine müßige Frage – keine Macht der Welt hätte mich dazu bewegen können, sie zu besuchen. Ein Grund dafür war ihre offensichtliche Annahme, wir könnten unsere Beziehung nun, da Alison und ich getrennt waren, wieder aufnehmen. Doch mehr als alles andere war unsere kleine Affäre eine Lektion gewesen, wie gefährlich es sein kann, mit den Gefühlen anderer zu spielen.

Und sie hatte nun ein eigenes Leben – vielleicht das Leben, das sie schon immer hatte haben wollen. Sie war die alleinerziehende Mutter einer Tochter. Sie hatte nicht gewollt, daß ihr irgend etwas vorenthalten blieb. In den Jahren seit unserer Trennung war sie alles mögliche gewesen: Verlobte, Braut, Mutter, Geschiedene, Angestellte. Eine Menge! Es war eine komplizierte Form von Eroberung, die totale Verwandlung. Ich nahm an, ihr Ex-Mann hatte ihr das Selbstvertrauen und das Geld gegeben, das sie brauchte, um ihn verlassen zu können. Das faszinierte mich: Sie war wirklich ganz anders als die junge Frau, die ich gekannt hatte.

Mein Leben hat sich ziemlich verändert.

Sie hatte wirklich ein neues Leben gefunden. Das erfüllte mich mit einer unbestimmten Hoffnung, aber vielleicht mußte man sehr oberflächlich oder berechnend oder gierig sein, damit das funktionierte.

Jetzt blieben sie und ihr Kind, und sie stand wieder mit beiden Beinen auf der Erde. Sie hatte bekommen, worum sie gebeten hatte, auch wenn es vielleicht nicht das war, was sie wollte. Es war schwer für sie, verzichten zu müssen – ihr Kind ging vor, und das Leben war sicher nicht leicht. Sie war nicht mehr jung, und ihr Aussehen hatte durch die Schwangerschaft vermutlich gelitten.

Ich war froh, daß ich sie angerufen hatte, denn nun wußte ich, daß ich sie nie wiedersehen wollte. Sie spürte das. Sie besaß die Instinkte eines lästigen Tiers, die Reflexe einer Ratte: immer witternd, immer ängstlich, immer wachsam und auf dem Sprung.

»Ich muß gehen. Ich bin auf einen Drink verabredet.«

»Du bist ein richtig blöder Snob.«

Da sie sich von mir zurückgewiesen glaubte, mußte sie mich beleidigen – das verlangte ihr Stolz. Ich ging nicht darauf ein.

»Tut mir leid, daß ich gestört habe.«

»Verdammter Heuchler!«

»Willst du wirklich wissen, was ich vorhabe?«

»Nein. Dann müßte ich mir bloß wieder eine von deinen Scheißanekdoten anhören.«

Sie tat mir leid. Mir taten alle Menschen leid, die ohnmächtig gegen das Leben und seine Ungerechtigkeit aufbegehrten und nie erkannten, daß alles, ganz gleich, wie ungerecht es erscheinen mochte, verdient war. Wenn Wandas Nase in der Falle eingeklemmt war, dann nur, weil sie zu gierig nach noch mehr Käse geschnüffelt hatte. Das war es, weswegen sie mir leid tat.

»Bis später mal.«

»Wenn's nach mir geht, nicht.«

Das hatte ich nun davon, daß ich sie angerufen hatte. Es war ein Fehler gewesen. Ich hatte ihre plumpen Beleidigungen verdient.

3

Wer war er, der Mann, den sie geheiratet hatte und von dem sie sich wieder hatte scheiden lassen, der Vater ihres Kindes? Ich sagte mir, das sei unwichtig. Doch je länger ich darüber nachdachte, desto überzeugter war ich, daß es eben doch wichtig sei. Schließlich ließ mich der Gedanke an ihn nicht mehr los. Ich wäre geworden, was er war; ich hätte das Leben geführt, das er führte.

Und obwohl ich Wanda nicht mehr kannte, wußte ich, daß sie nicht bloß geheiratet und ein Kind bekommen hatte – sie hatte ein neues Leben bekommen. Doch was war mit dem Mann geschehen, der dieses neue Leben ermöglicht hatte? Das, was sie ihm vor die Füße geworfen hatte, hätte sie auch mir vor die Füße geworfen. Wäre sie meine andere Frau geworden, dann wäre ich dieser Mann geworden, und sein Leben wäre das meine gewesen.

Spekulationen brachten mich nicht weiter. Es gab nur eine einzige Möglichkeit, um herauszufinden, welches Kaliber die Kugel hatte, der ich entgangen war: Ich mußte den Mann finden, den sie getroffen hatte.

Die Sekretärin eines befreundeten Rechtsanwalts hatte einmal zu mir gesagt: »Ich kann jeden finden.« Das erschien mir wie eine absurde Aufschneiderei. Aber ich war naiv. Eine der wichtigsten Fähigkeiten in der Welt der Wirtschaft – und nicht nur dort – ist die Fähigkeit, den Aufenthaltsort einer bestimmten Person – eines Schuldners, eines Gastes, eines Klienten, eines Kunden, eines Verbrechers, eines Freundes – ausfindig zu machen. In der Welt der Arbeit sind Leute mit dieser Begabung unerläßlich. Nur ein Schriftsteller, der seine Arbeit im Reich der Phantasie tut, begnügt sich damit, Menschen in seinem eigenen Kopf zu finden. Das ist die Leistung des Schriftstellers. Wir erfinden Menschen. Alle anderen müssen sie suchen.

Aber während der Suche nach meinem anderen Leben bewegte ich mich in der Welt der Realität. Um meine Geschichte zu Ende schreiben zu können, mußte ich diesen Mann finden. Mir wurde bewußt, daß die Fähigkeit, jemanden zu finden – einen Fremden, dessen Spur sich im Dunkel verloren hat –, einer Kunst gleichkommt, denn ihre genaueste Analogie ist die Tätigkeit eines Schriftstellers, der nach einer Figur sucht.

Ich hatte den starken Verdacht, daß der Mann, mit dem ich in meinem Versuch, Wandas Adresse herauszufinden, gesprochen hatte, ihr Ex-Mann gewesen war. Doch ich mußte es genau wissen. Also rief ich die Sekretärin meines Freundes an und erinnerte sie an ihre Behauptung.

»Ich glaube, ich kann den Mann finden«, sagte sie. »Sagen Sie mir, was Sie über ihn wissen.«

»Nur seinen Nachnamen und die Telefonnummer.«

»Vorwahl?«

»Neun eins vier.«

»Arbeitet er in New York City?«

»Warum fragen Sie?«

»Weil die Vorwahl zu White Plains gehört. Was wissen Sie sonst noch?«

»Er könnte was mit Computern zu tun haben«, sagte ich. Wanda jedenfalls hatte mit ihnen zu tun. Und diese Computermenschen – die »Technofreaks«, wie sie sie nannte – fanden gewöhnlich schnell zueinander.

»Das ist eine Spur. Für diese Branche gibt es Verzeichnisse.«

»Und ich glaube, er hat früher in Danbury gewohnt.« Wenn sie ihr neues Leben von ihm hatte, hatte sie bestimmt auch sein Haus.

»Sie sagen mir, wo er früher war, und ich sage Ihnen, wohin er gegangen ist.«

Das gefiel mir, denn auch dazu gab es Parallelen in der Literatur.

Er hieß Todd Falkenberg und arbeitete in der Verkaufs- und Marketingabteilung von Global Teletronics. Er war nur ein Jahr älter als ich. Die Firma war eine der Marktführerinnen auf dem Gebiet der Telekommunikation und hatte eine Reihe von Satellitentelefonen entwickelt. In dem bebilderten Prospekt wurde behauptet, diese Geräte seien so handlich wie ein kleines Gepäckstück: Sie waren so groß wie ein Koffer, wie eine Aktentasche, und das neueste war nicht größer als ein Laptop-Computer.

Ich beschloß, Mr. Falkenberg um eine Vorführung zu bitten. Ich rief ihn an, stellte mich aber – aus Sorge, Wanda könnte ihm von mir erzählt haben – als Edward Medford vor und sagte, ich beabsichtigte, nach New York zu kommen.

Er sagte: »Ich bin dienstags und donnerstags in der Stadt. Wie wär's mit nächster Woche? Dienstag nachmittag wäre gut. Wäre Ihnen das recht?«

Die Stimme war fast mit Sicherheit die des Mannes, der mir die Telefonnummer in Danbury gegeben hatte.

Er war verbindlich und wußte zu manipulieren, er war ein guter Verkäufer, und als ich ihm gegenüberstand, stellte ich zu meiner Freude fest, daß er nicht nur gesprächig, sondern auch aufmerksam war und gern Auskunft gab. Wie viele ehrgeizige Menschen war er markenbewußt. Zwar erkannte er die Marke nicht immer, aber er bemühte sich. Er lächelte und zeigte auf meinen Aktenkoffer.

»Ist das ein Orvis-Koffer? Ich kaufe nichts anderes. Unser neuestes Modell paßt genau in dieses kleine Köfferchen.«

»Ist es schon auf dem Markt?«

»Ich werde es Ihnen vorführen.«

Verkäufer gaben einem nie eine klare Antwort, und die Worte »Ja« oder »Nein« kamen in ihrem Vokabular nicht vor.

Wir waren in seinem Büro an der Lexington Avenue, irgendwo in den Siebzigern. Es war eine betriebsame Gegend, denn in der Nähe lag ein großes Krankenhaus, und trotz des Krankenhauses war es sehr laut. Er sagte, das Büro sei nur vorübergehend hier untergebracht – er werde bald umziehen. An einer Seite des Raumes waren zwar Kartons aufgestapelt, aber ich hatte das Gefühl, daß er nicht vorhatte, von hier wegzugehen.

Im Gegensatz zu dem provisorischen Eindruck, den sein Büro machte, war er sehr gepflegt und achtete auf seine Erscheinung. Alles an ihm war mit Bedacht ausgewählt: die Schuhe, der Gürtel, die Krawatte, der Anzug. Er wußte, wie man Eindruck machte, auch wenn dieser Aufwand an mich verschwendet war. Ich sah nur einen Mann, der nach seiner Kleidung beurteilt werden wollte, und das war eine Haltung, die ich nicht besonders schätzte. Er war etwas älter als ich, aber besser in Form. Das beeindruckte mich. Ich wollte mehr darüber wissen.

Ich war kurz davor, ihn danach zu fragen, als mein Blick auf die gerahmten Fotos des kleinen Mädchens auf seinem Schreibtisch fiel. Es waren drei: ein rosiges Baby in einer rosafarbenen Decke, ein Kleinkind, das auf allen vieren herumkrabbelte wie ein Spielzeug zum Aufziehen, und ein Porträt einer Frau als kleines Kind. Es hatte Ähnlichkeit mit Wanda: die blassen Augen, der trotzige Mund, und auch in den Pausbacken zeichnete sich bereits die ständig Diät haltende Wanda ab.

»Willkommen bei Global«, sagte er mit Verkäuferlächeln, schüttelte mir die Hand und bot mir einen Stuhl an, wobei er sich für den Zustand des Büros entschuldigte.

Sein Händedruck verriet eine ganze Menge. Es war natürlich ein bewußter Händedruck, etwas zu genau einstudiert, aber die Handfläche und die Innenseiten seiner Finger waren hart. Er brauchte nicht fest zuzudrücken, um mir zu zeigen, wie stark seine Hände waren. Ich nahm an, daß er ruderte oder Rad fuhr. Die Tatsache, daß er in seinem Alter Sport trieb und vermutlich ziemlich gut war, ließ ihn in einem neuen Licht erscheinen. Er kam mir mit einem Mal viel komplexer vor als der schlichte Verkäufer, für den ich ihn gehalten hatte.

Sein Gesicht war fleckig und sonnenverbrannt. Er war nicht von der eitlen Geschmeidigkeit eines Menschen, der regelmäßig ins Fitneßstudio geht, sondern eher so robust und gesund wie ein Athlet, der es gewohnt ist, allein zu trainieren: Seine Muskeln waren knotig, sein Hals war dick, an seinen Knöcheln war die Haut abgeschürft. Seine Kraft stach ins Auge, weil die Kleider nicht perfekt saßen. Er hatte breite Schultern, und seine beginnende Glatze war, ebenso wie die Handrücken, sonnenverbrannt und schälte sich.

Er vermittelte die Unruhe eines Sportlers, der in einem Raum eingesperrt ist, denn er wirkte ein wenig unbeholfen und mußte sich in seinem kleinen Büro ständig bremsen. In dieser Umgebung erschien seine gute Konstitution fehl am Platz. Er war groß, und als er sich hinhockte, um mir das kleinste Modell vorzuführen, zog er vorher die Hosenbeine hoch. Ich war mir fast sicher, daß er Radsport trieb. Seine Waden waren zwei feste Muskelpakete mit straffen Sehnen.

»Sie fahren Rad?«

»Woher wissen Sie das?«

Es war mir peinlich, daß ich in meiner Neugier so aufdringlich war.

Fahrrad fahren war meist eine einsame Angelegenheit. Es hatte wenig mit Mannschaftsgeist und Kameradschaft zu tun. Es war ein anderes Leben, das von außen eigentlich nicht zu beurteilen war, eine Art mönchischer Disziplin – das war es, was mich veranlaßte, ihn mit anderen Augen zu betrachten. Ich war respektvoller, aber auch vorsichtiger.

»War nur so eine Vermutung.«

»Kennen Sie sich mit Rädern aus?«

»Ich habe ein Merlin.«

Er lächelte. »Dann kennen Sie sich mit Rädern aus.« Er sah zur Seite und sagte: »Bis vor etwas über einem Jahr hatte ich ein Kestrel. Karbonrahmen. Es hatte ein paar Macken, aber es war unglaublich leicht. Ein wunderbares Rad. Ich mußte es verkaufen.«

Den Rest konnte ich mir denken. Es war ein Dreitausend-Dollar-Fahrrad. Er hatte Geld für die Scheidung gebraucht.

»Jetzt fahre ich ein altes Fuji, das ich noch in der Garage hatte.«

»In Manhattan?«

»Ich fahre von Westchester zur Arbeit. Da hab ich ein Apartment.«

»Ich glaube, das tun nicht viele.«

Das gefiel ihm. Er erzählte mir, wie lange die Fahrt dauerte, welche Route er nahm und daß er im Büro duschte und sich umzog. Diese Unterhaltung über das Radfahren machte ihn mir sympathischer, und er betrachtete mich seinerseits nicht mehr nur als Kunden.

»Heute bin ich mit dem Wagen gekommen, weil ich später noch etwas in Connecticut zu erledigen habe.«

Wo Wanda lebte; er wollte vermutlich den wöchentlichen Besuch bei seiner kleinen Tochter machen. Ich stellte ihn mir mit dem Kind vor, als seine Stimme mich aus meinen Gedanken riß.

»Wie geht's jetzt weiter?«

»Wie bitte?«

»Sollen wir uns über Radfahren oder über Satellitentelefone unterhalten?«

Er sagte das so liebenswürdig ironisch wie ein Freund, und während er es sagte, fiel mein Blick auf ein anderes Bild eines kleinen Mädchens, auch dies ein Schrein: Wandas Gesicht verzerrt und verkleinert. Das machte mich noch neugieriger auf ihn.

Um seinen Erwartungen zu entsprechen und ihn abzulenken, stellte ich Fragen über die Telefone. »Es ist eine Marktnische«, sagte er. Es fiel mir schwer, mich zu konzentrieren, denn ich war abgelenkt von seiner athletischen Konstitution und seiner Zielstrebigkeit. Er war eigentlich zwei Männer – ein Sportler und ein Verkäufer –, aber die beiden waren so verschieden, daß er zerrissen und irgendwie unbeholfen wirkte.

»Wir sind eine kleine Firma. Anfangs haben wir Halbleiter produziert« – das war Wandas Spezialgebiet –, »aber dann haben wir uns auf Telekommunikation konzentriert und den Halbleiterbereich verkauft. Wir sind … Ich will es Ihnen mit einem Vergleich verdeutlichen: Die großen Gesellschaften sind wie Elefanten. Sie wissen, wie Elefantenfüße aussehen? Groß, dick und rund. Wenn ein Elefant in einem Raum herummarschiert, kommt er mit den Füßen nicht in die Ecken. Und dort sind wir, in den Ecken, wo die Elefantenfüße nicht hinkommen – IBM, Toshiba, Microsoft.«

Ich machte ihm ein Kompliment für seinen Vergleich und sagte: »Ich würde gern mehr über Satellitentelefone erfahren.«

»Ich kann Ihnen die technischen Einzelheiten erklären. Ich werde mal eben die Unterlagen heraussuchen.«

»Ich wollte eigentlich bloß wissen, wie diese Telefone funktionieren.«

»Natürlich. Warum sollten Sie sich für Toleranzwerte interessieren? Rufen wir doch einfach jemanden an.«

»Ihre Frau zum Beispiel.«

»Ex-Frau. Nein, danke, lieber nicht.«

Er war verletzt. Er dachte daran zurück.

»Ich versuch's mal mit der Firmenzentrale. Die ist in Long Island.«

Wir versuchten es dreimal, aber ohne Erfolg.

»Wir kriegen keine Verbindung zum Satelliten. Dabei sind die Koordinaten richtig eingegeben.« Er sah zum Fenster und runzelte die Stirn. »Wahrscheinlich erzeugt das Krankenhaus ein Störfeld.«

»Das muß sehr frustrierend sein.«

Doch er lächelte. »Kein Problem. Ich hab diverse Gruppen über Wutverarbeitung mitgemacht.«

Ich war so fasziniert von dem Wort »Wutverarbeitung«, daß ich nicht darauf achtete, wie er den Apparat auf dem Fensterbrett hin und her rückte. Er richtete den Deckel so aus, daß die eingebaute Antenne an der oberen Ecke des Krankenhauses vorbeizielte. Dann reichte er mir den Hörer. Ich hörte das Rufzeichen und dann eine Stimme: »Global Teletronics, guten Tag.«

Der Apparat war besser, kleiner und praktischer, als ich gedacht hatte. Die Tatsache, daß ich keine Verwendung dafür hatte und nur gekommen war, um den Mann kennenzulernen, den Wanda erst geheiratet und dann verlassen hatte, hielt mich nicht davon ab, das Produkt, das er mir verkaufen wollte, zu bewundern.

»Wofür brauchen Sie ein solches Gerät?« fragte er. »Wollen Sie von entlegenen Orten telefonieren? Von Baustellen? Brauchen Sie eine abhörsichere Leitung? Diese Telefone können auf vielerlei Weise nützlich sein.«

»Ich werde in nächster Zeit viel auf Reisen sein. Ich glaube, ›entlegene Orte‹ trifft es am besten.«

»Ich wollte nicht wissen, *was* Sie tun, sondern *wo* Sie es tun«, sagte er, und es klang ein bißchen zurechtweisend.

»Ich fahre unter anderem nach Neuguinea.«

»Da unten gibt es ein bißchen Kurzwellentechnologie, wegen der Bergbaugesellschaften, aber Sie haben recht: Dieses Telefon wäre dort sehr praktisch.«

»Was kosten diese Dinger?«

»Ich könnte Ihnen einen Sonderpreis machen.«

Das war der Verkäuferausdruck für »viel Geld«.

»Ich frage, weil ich« – und ab hier mußte ich improvisieren – »demnächst nach Manhattan umziehen will, und das ist ein Kostenfaktor, den ich im Auge behalten muß. Ich weiß, daß diese Telefone eine ganze Menge kosten.«

Er hörte mich gar nicht. »Suchen Sie Büroräume?«

»Ich suche sowohl einen Büroraum als auch eine Wohnung, aber der Büroraum ist dringender.«

Er wurde noch aufmerksamer, freundlicher, geradezu kumpelhaft.

»Ich könnte Ihnen vielleicht helfen. Haben Sie etwas Zeit?«

»Ich will Sie nicht zu sehr in Anspruch nehmen. Sie sagten, Sie hätten noch etwas zu erledigen.«

»Wir könnten uns ein paar Objekte ansehen. Es dauert nur eine Stunde. An wieviel Quadratmeter hatten Sie denn gedacht?«

Das war eine logische Frage, auf die ich trotzdem keine Antwort wußte.

Ich machte eine hilflose Gebärde und sagte: »Ungefähr so groß wie dieser Raum hier.«

»Das sind knapp dreißig Quadratmeter. Ich kann Ihnen zwei Objekte zeigen.«

Ich freute mich über die Gelegenheit, noch etwas Zeit mit ihm zu verbringen, wenn auch unter Vorspiegelung falscher Tatsachen. Es war jedoch auch keine größere Farce als meine angebliche Absicht, ein Telefon für zwanzigtausend Dollar zu kaufen. Sein Wagen, den wir aus einer Tiefgarage in der 77. Straße holten, war ein alter Volvo Kombi mit einem Fahrradhalter an der Heckklappe. Auf dem Rücksitz lagen Stapel von Prospekten für verschiedene Satellitentelefone.

»Ich würde lieber mit dem Fahrrad fahren«, sagte er, als wir in der Lexington Avenue im Stau standen.

»Ich glaube, mit diesem Verkehr käme ich nicht zurecht«, sagte ich.

»Als meine Ehe den Bach runtergegangen war, wollte ich mein Immunsystem nicht durch irgendwelche flüchtigen Bekanntschaften aufs Spiel setzen. Das Fahrradfahren war ein Bedürfnis. Ich hab auch mehr gearbeitet – um mich abzulenken und mehr Geld zu verdienen.«

Wir bogen zur Third Avenue ab und mußten hinter einem Lieferwagen warten. Falkenberg schüttelte den Kopf und lächelte säuerlich; mir fiel ein, daß er sich mit Wutverarbeitung auskannte.

»So bin ich dann schwarz ins Maklergeschäft eingestiegen«, sagte er. »Komisch, eigentlich bin ich gar kein Verkäufer.«

Auf dem Armaturenbrett befand sich ein weiterer Schrein für seine Tochter: ein Schnappschuß in einem Kunststoffrahmen mit einem Magnethalter. Ein buntes Band war darumgebunden, wahrscheinlich ein Haarband, sicher eine Reliquie. Ich dachte daran, daß die Entfremdung von den eigenen Kindern die verzweifelte Liebe zu ihnen in eine Art religiösen Wahn verwandeln kann.

»Ein süßes Kind«, sagte ich.

»Ja«, sagte er mit belegter Stimme. Er war zu aufgewühlt, um mehr sagen zu können.

Als ich sah, daß er sich bemühte, seinen Schmerz zu verbergen – er spürte den Schmerz, er war verletzt worden, und das hatte ihn gezeichnet –, erkannte ich mich in ihm wieder. Er war wie ein schwacher, nachgiebiger Teil meiner selbst, jemand, den ich teils bemitleidete, teils verachtete.

Mein Mitgefühl erwies sich als nützlich, denn seine Traurigkeit, seine Depression vielleicht, führte zu einer eigenartigen Reaktion. Als wir einen Parkplatz suchten, sah er einen Wagen von einer Parkuhr wegfahren und stieß in einer freudlosen Parodie von Freude einen so lauten Schrei aus, daß ich zusammenzuckte.

Auf dem Weg zu dem ersten Büroraum, den er mir zeigen wollte, kamen wir an einem Baum vorbei, der vor einem der Brownstone-Häuser stand und durch ein schmiedeeisernes Gitter geschützt wurde. Er sagte: »So einen hatte ich auch mal. Das ist ein japanischer Ahorn. Ich hatte auch so ein Gitter. Die sehen hübsch aus, sind aber ganz schön heikel. Manchmal, wenn es zu kalt ist, kriegen sie Risse.«

Es war gut, ihn außerhalb des Büros, draußen in der Welt zu erleben. Er war ehrgeizig und wollte mich beeindrucken, und so erhielt ich viele Informationen. Der Baum, von dem er gesprochen hatte, stand nicht etwa in White Plains – das war nur eine Zwischenstation. Nein, er hatte den Baum eigenhändig im Garten seines Hauses in Danbury gepflanzt, wo er mit seiner Familie gewohnt hatte. Er hatte noch zwei ältere Kinder, einen Sohn und eine Tochter. Sie hatten das College bereits abgeschlossen, waren Ende zwanzig und standen im Berufsleben.

Er sprach sogar über Wanda, wenn auch nur indirekt.

»Ich sage zu ihm: ›Sind Sie froh, daß ich hier bin?‹« Ich hatte die Einleitung verpaßt, er sprach über einen seiner Chefs. »›Dann bedanken Sie sich bei meiner Ex-Frau‹, sage ich. Ich hätte in den Vorruhestand gehen können, aber so, wie es jetzt aussieht, werde ich wohl noch fünfzehn Jahre abreißen müssen.«

Diese Aussicht erschien mir so trübe, daß mir nur eine leere Floskel einfiel, irgend etwas in dem Sinne, daß die Arbeit eine der stärksten Triebkräfte des Mannes sei.

»Die andere ist Sex. Das hat mir mein Therapeut auch immer gesagt. Aber das hier ist nicht Arbeit. Früher, ja, früher hab ich wirklich gearbeitet. Ich bin eigentlich kein Verkäufer – ich versuche bloß, über die Runden zu kommen.«

»Mit ziemlichem Erfolg«, sagte ich in der Hoffnung, daß er mir noch mehr erzählte.

Er verzog das Gesicht, um anzudeuten, wie anstrengend dieses Leben war, und sagte: »Ich will in diesem Beruf gar keinen Erfolg haben. Früher war ich in der Entwicklungsabteilung. Ich hab Programme geschrieben, Software für Satellitentelefone. Ich war mein eigener Herr. Ich war frei.«

Ich fragte mich, ob ich den Rest dieser schmerzlichen Geschichte wirklich hören wollte.

Er sagte: »Und dann hab ich alles verloren.«

Kaum war sein Leben endlich einfacher geworden, da hatte er sich verliebt und seine Frau verlassen. »Sie wissen schon.« Er war nicht verzweifelt. Das war das schlimmste daran. Er mußte Unterhaltszahlungen leisten, er hatte Arbeit und eine Tochter, die er liebte. Er hatte nicht damit gerechnet, seinen Job, sein Haus, seine Frau, sein Kind, seinen inneren Frieden und sein Geld zu verlieren; er machte sich Sorgen um seine Gesundheit, sonst würde er nicht soviel radfahren. Er sagte: »Solche Dinge plant man nicht.«

»Meine zweite Ehe hat nicht gehalten«, fuhr er fort. »Aber ich habe eine süße Tochter.«

Er sagte, er besuche sie jede Woche. Heute nachmittag, wenn er mir die Büroräume gezeigt habe, werde er rausfahren. Er wolle nicht allzu spät aufbrechen, wegen des Verkehrs.

»Warum heute? Macht man das nicht am Wochenende?«

»Sagen Sie das meiner Ex-Frau.« Seine Gefühle waren ihm an den Augen abzulesen. »Es ist ganz egal, was für ein Wochentag es ist. Ich würde jederzeit hinfahren. Aber diese Besuche brechen mir das Herz.«

Er sagte über sie weder Gutes noch Schlechtes. Als ich ihn direkt danach fragte, antwortete er nur: »Ich glaube, ich kenne sie jetzt viel besser als damals, als wir geheiratet haben.«

Er hatte sich damit abgefunden. Er glich einem Bergsteiger, der dem Triumph, auf dem Gipfel zu stehen, alle Zehen geopfert hat. Doch er dachte nicht über seinen Verlust nach. Das fand ich am bedrückendsten: Ich wußte, was er verloren hatte, und er wußte es nicht. Ich begann zu begreifen, daß ich ein freier Mann war.

Ich tat weiter, als wäre ich an Büroräumen interessiert. Was er mir zeigte, waren zwei heruntergekommene Zimmer mit schmutzigen Fenstern. Auf den kahlen Böden lagen Zeitungen. Ein Gespräch über diese Räume war wie ein Gespräch über eine Ausstellung abstrakter Kunst. War ich uninformiert und beschränkt, oder waren die Bilder wirklich schlecht? Von nun an würde mich das Wort »Büroraum« immer an ein Rattenloch denken lassen.

Falkenberg war ans Fenster getreten, sah hinaus und begann mit leiser Stimme zu sprechen.

»Ich hab nie mit jemandem darüber geredet«, sagte er. »Ich glaube, ich sollte es öfter tun. Sind Sie verheiratet?«

Er hatte diese Frage zum Fenster hin gesprochen, doch ich wußte, daß sie an mich gerichtet war. Das war unangenehm. Da er mir den Rücken kehrte, konnte ich nicht einfach nicken. Ich mußte einen Satz formulieren.

»Meine Frau und ich haben uns vor über einem Jahr getrennt.«

Er drehte sich um und sah mich an. Seine Augen waren wie die eines Mannes im Exil: verletzt und wachsam. Für diese Augen war alles fremd. »Ich bin sehr froh, daß wir uns kennengelernt haben«, sagte er, als spräche er zu einem anderen Exilanten.

Er kam auf mich zu. Ich fürchtete, er würde mich umarmen, mir auf den Rücken klopfen und irgend etwas sagen, wonach ich mich noch schlechter fühlen würde, doch er schüttelte mir nur die Hand. Er entschuldigte sich für seine Eile und bat mich, ihn wieder anzurufen. Ich hatte das Gefühl, daß er mein Freund sein wollte.

»Ich hoffe, wir sehen uns bald wieder!« rief er, bevor er wegfuhr.

Doch die Zeit verging, und es war, als höbe sich Nebel von einer Marsch und enthüllte Gräben und Knochen, Gezeitenmarken und zerbrochene Muscheln im Schlamm; mehr Licht, mehr Einzelheiten, und die Einzelheiten waren es, die mich erschreckten und traurig machten.

SIEBZEHN

Mein anderes Leben

Zu den Täuschungen, denen man auf Reisen unterliegen kann, gehört die Vorstellung, man könne in einem anderen Land ein neuer Mensch sein. Ich war in Honolulu, Weihnachten stand vor der Tür, und ich hätte glücklich sein sollen. Aber immer wenn ich die Mülltonnen an die Straße stellte oder mit Einkaufstüten die kiesbestreute Einfahrt hinaufging, immer wenn ich den Blicken der Nachbarn oder ihren sich leise bewegenden Gardinen ausgesetzt war, kam ich mir vor wie Adolf Eichmann in der Avenida Garibaldi in Buenos Aires. Auch ich war ein Flüchtling, der sich in einem abgelegenen Bungalow versteckte. Und wie stand es mit der Vorstellung, fern der Heimat sei die Vergangenheit ausgelöscht? Meine Hecken, meine Blumen, die Mülltonnen, die ich hinter mir her zerrte, gaben mir den Anstrich eines harmlosen Hausmanns, und doch hatte jede Bewegung, die ich auf dieser gepflegten Vorortstraße machte, etwas Heimliches und Verstohlenes, und insgeheim wußte ich, daß ich ein Monster war.

Ich wurde dieses Gefühl nicht los. Es war ein Nachhall des Buches über Eichmanns Entführung durch die Israelis. Am deutlichsten war mir nicht die Kommandoaktion in Erinnerung geblieben, sondern die Schilderung, wie dieser schreckliche Mann unerkannt durch Vorortstraßen gegangen war und ganz normale, alltägliche Dinge getan hatte, dabei aber immer über seine Schulter hatte sehen müssen. Ich konnte mir dieses Gefühl nicht erklären. Ich war kein Mörder, kein Krimineller. Hatte ich denn nicht das Recht, glücklich zu sein? Ich fühlte mich nicht schuldig und hatte dennoch das Gefühl, in Gefahr zu schweben – als schleiche sich jemand an mich heran, als sei ich das

Opfer einer Verwechslung. Nichts, was ich tat, änderte etwas daran, daß ich mir vorkam wie ein Gejagter.

Ich träumte nicht mehr. Träume hatten mich immer bewegt und mir Ideen eingegeben, und oft war ich mit wilden Phantasien erwacht, als hätte der Traum meine Einbildungskraft wie einen Kreisel in Gang gesetzt, der sich, wenn ich die Augen aufschlug, noch immer drehte. Meine Träume waren mein anderes Leben. Ohne sie konnte ich nicht schreiben, und da das Schreiben mir Lebenskraft gab, war ich ohne sie nicht einmal ein halber Mensch. Ich arbeitete nicht mehr. Ich kam mir dumm und einfältig vor, meine Gedanken waren trübe. Ich fand den Sonnenschein unerträglich, und die Nächte waren noch schlimmer, denn ich hatte nur Alpträume. Morgens konnte ich mich an nichts erinnern – es blieb nur eine Angst, die mir den Verstand raubte. Träume sind unterschiedlich, doch Alpträume sind immer gleich, denn Angst ist etwas Monotones, etwas, das die Gedanken vergiftet und die Phantasie verdirbt.

Eines Nachts in Honolulu bekam ich einen Anruf. Eine ruhige Stimme sagte: »Ich habe Neuigkeiten für Sie.«

»Wer ist da?«

Der Mann klang wie ein Arbeiter und hatte einen ganz leichten Akzent, doch seine Stimme war angenehm. Sie verband oberflächliche Höflichkeit mit etwas Beleidigendem – es war eine englische Art von Ungehobeltheit.

»Das spielt keine Rolle. Hören Sie zu«, sagte die Stimme. »Paul Theroux ist tot.«

»Ich bin Paul Theroux«, sagte ich.

»Nein, sind Sie nicht. Ich weiß, wer Sie sind.«

Das erschreckte mich. Ich wollte sagen: »Fragen Sie doch meine Frau!« Aber schon der Gedanke daran ließ mein Herz rasen. Ich konnte die Wörter »Ehefrau« oder »Ehe« nicht ohne Stottern aussprechen. Es war eine heikle Angelegenheit und so schmerzhaft, daß ich es vorzog, nicht darüber nachzudenken. Ich hatte Alison seit vier Jahren nicht gesehen. So lange waren wir nun schon getrennt – »Sicherheitsabstand«, erklärte ich den wenigen Leuten, die sich danach erkundigten, und meine oberflächliche Witzelei war mir selbst zuwider. Es war, als würde ich ihr helfen, indem ich mich weigerte, die

Scheidung einzureichen – das wäre so gewesen, als hätte ich Alison vor die Tür gesetzt. So aber war keiner von uns allein. Allein zu sein war in meinen Augen das schlimmste Schicksal – als würde man gar nicht existieren –, und obgleich ich sie nie gefragt hatte, war ich sicher, daß es ihr ebenso ging. Wenn ich ein amtliches Formular auszufüllen hatte, schluckte ich und kreuzte »Verheiratet« an. Ich hatte das Gefühl, ihr einen Gefallen zu tun.

Der Anruf (»Paul Theroux ist tot«) lieferte mir einen Grund, sie anzurufen, aber ich schob es auf. Wegen des Zeitunterschiedes zwischen Hawaii und London konnte ich sie nie erreichen. Außerdem beschäftigten mich andere Dinge.

Ich brauchte einen Tapetenwechsel. Ich mußte weg von diesem Bungalow, in dem ich mich wie Eichmann fühlte. Das Wetter eignete sich prächtig, um an die Küste von Molokai zu fahren. Es würde sehr erholsam sein, an diesem Teil der tropischen Insel entlang von Bucht zu Bucht zu paddeln und am Strand zu schlafen. Der Wind wehte von Süden, und das bedeutete, daß das hier normalerweise tückische Meer jetzt ungefährlich war: flache Wellen und eine leichte Brise, die mich schieben würde. Dieses stickige Kona-Wetter sollte laut Wetterbericht noch einige Tage anhalten, erst in der kommenden Woche würde der Passatwind wieder auffrischen.

Vor mir lagen also vier Tage ideales Wetter. Ich traf rasch alle Vorbereitungen: Ich packte die Campingausrüstung und das Faltboot ein, kaufte ein paar Lebensmittel und buchte einen Flug nach Molokai.

In der Nacht vor meinem Aufbruch bekam ich wieder einen Anruf. Ich sah das schadenfrohe Gesicht des Mannes förmlich vor mir, als er sagte: »Paul Theroux ist tot.«

Ich legte auf, fuhr frühmorgens, nachdem ich kaum ein Auge zugetan hatte, los und nahm die erste Maschine nach Molokai. Am Flughafen von Hoolehua mietete ich einen Wagen, aß in Kaunakakai etwas zu Mittag, kaufte ein paar Flaschen Wasser und fuhr die fünfunddreißig Kilometer zum Halawa-Tal. Ich wollte den Mietwagen dort stehenlassen, an der Nordküste entlang nach Kalaupapa paddeln und von dort per Anhalter zurück zum Mietwagen fahren. Sorgen machten mir nur das Wetter und die Wellen: Würde der Wind so schwach und das Meer so ruhig bleiben, daß ich das Boot in der Halawa Bay, in der es gewöhnlich eine starke Brandung gab, zu Wasser zu lassen konnte?

Die Bedingungen waren so gut, daß ich am Strand mein Lager aufschlagen, das Boot bereitmachen und einen abendlichen Paddelausflug zu den Klippen am Rand der Bucht unternehmen konnte. Ich sah an der Küste entlang nach Westen, wo die Steilklippen dunkel aufragten wie die Pfeiler einer gothischen Kathedrale: Türme, Spitzen, Giebel, Strebepfeiler. Ich fand es angemessener, diese Klippen nicht mit geologischen, sondern mit architektonischen Begriffen zu beschreiben, denn sie erschienen mir geordneter, würdevoller und großartiger als irgendwelche ungestalteten Felswände.

Es waren die Klippen, an denen ich am nächsten Tag vorbeipaddelte. Trotz der ruhigen See hatte ich in meinem kleinen Boot schwer zu kämpfen. Im Zelt am dunklen Sandstrand hatte ich schlecht geschlafen. Jedes ferne Geräusch klang für mich wie eine vorwurfsvolle Stimme.

Es war eine Hilfe, daß ich von Anfang an mein Ziel, die dreißig Kilometer entfernte Halbinsel Kalaupapa, vor Augen hatte. Als am ersten Abend die Sonne hinter ihr unterging, steuerte ich in eine Bucht – nach meiner Karte die Pelukunu Bay – und brachte, fast ohne mir die Füße naß zu machen, das Boot an Land. Ich schlug rasch das Zelt auf und kochte Tee und Nudeln, solange es noch hell war. Die gothischen Klippen umschlossen mich, und als die Dunkelheit hereinbrach, war es, als wäre ich in einem Keller unter der Kathedrale, die ich mir vorgestellt hatte – doch es war eine feuchte, unheimliche Höhle, eigenartig warm und stickig.

Ich hatte einen Alptraum, in dem mir ein Gespenst erschien: Es stand vor mir und stank. Doch es war gar kein Alptraum, denn als ich erwachte und aus dem Zelt kroch, sah ich es vor mir, dunkel und mit einer Kapuze, und seine Umrisse waren dieselben wie die der steil aufragenden Klippen. Es wütete und tobte nicht – viel schlimmer: Es schien sich stumm darüber zu freuen, daß ich irgend etwas falsch gemacht hatte. Und es war kein Gespenst, sondern etwas Stoffliches, das einen wirklichen Schatten warf und einen deutlichen Geruch verströmte. Als ich wieder ins Zelt kroch, wußte ich, daß dieses Ding dort draußen war und mich mit spielerischer Lässigkeit heimsuchte, als wäre ich bereits tot. In dieser Nacht tat ich ebenfalls kein Auge zu.

Als ich am Morgen weiterpaddelte, hatte ich noch immer den Geruch der vermummten Gestalt in der Nase. Ich war jetzt so entschlossen, diesen Ausflug zu Ende zu bringen, daß ich den Klippen neben mir kaum noch Beachtung schenkte. Die Wellen, die sich an ihrem Fuß brachen, wühlten das Wasser so auf, daß ich mich weit von der Küste entfernt hielt, wo es ruhiger war. Da ich nirgends an Land gehen konnte, aß ich mein Mittagessen – ein belegtes Brot und ein Schluck Wasser – im Boot und paddelte bis zum späten Nachmittag langsam weiter. Gegen Mittag passierte ich den Leuchtturm von Kahi'u Point, der Spitze der Halbinsel Kalaupapa, und etwa um fünf Uhr war ich auf der Höhe von Kalaupapa.

Ich fand, daß sich die Fahrt gelohnt hatte. Mein Ziel, die Leprakolonie, war jetzt in Sicht, und ich glaubte, daß es mir trotz der Spukgestalt von gestern nacht gelungen war, mein Gefühl, verfolgt zu werden, abzuschütteln oder jedenfalls in den Hintergrund zu drängen. Ja, die Angst verfolgte mich noch, aber sie war nur noch ein blasser Abklatsch, und wenn es so weiterging, würde ich sie bald überwunden haben.

Im Hafen war ein Landesteg, und dort stand ein Mann und beobachtete mich. Die Sonne ging hinter den Klippen unter, und ein Schatten legte sich über mich. Ich rief dem Mann ein »Hallo« zu, doch er antwortete nicht. Sein Gesicht lag im Dunkel, und ich nahm an, daß er einer der wenigen Leprakranken war, die es hier noch gab.

Ich beschloß, das Boot jetzt zu zerlegen, solange es noch hell war, denn ich wollte gleich morgen früh auf dem Maultierpfad weiterziehen. Ich holte meine Ausrüstung aus dem Boot, löste die Spanten und streifte die Bootshülle ab. Ich arbeitete schnell, denn es wurde rasch dunkel. Als ich die Rahmenteile bündelte und in die Transporttasche schob, bemerkte ich, daß sich der Mann – der Leprakranke – nicht weit von mir entfernt hingekauert hatte. Seine Finger waren verkümmert, und er hatte ein eingefallenes Gesicht, so daß sich die Schädelknochen klar abzeichneten.

»Immer noch hier?« fragte ich und versuchte, freundlich zu sein.

Er gab keine Antwort. Sein Schweigen erschien mir bedrohlich, und als er schließlich etwas sagte, erstarrte ich.

»Wir sind besser dran, weil wir wissen, daß wir hierhergehören, allein in unserer kleinen Welt. Auf uns wartet niemand.«

Ich wollte sagen: Das hab ich Sie nicht gefragt. Doch kaum hatte er ausgeredet, da legte sich ein Schatten über ihn, eine herangleitende Finsternis mit einer schwarzen Kante. Der Berg, hinter dem die Sonne versank, deckte ihn zu. Mir fiel nichts ein, was ich auf seine Bemerkung hätte antworten können, und ich dachte schon, er sei gegangen, als plötzlich aus der Dunkelheit seine Stimme erklang.

»Sie werden am Telefon verlangt.«

»Woher wissen Sie, wer ich bin?«

Aber er zeigte nur auf das Hafenmeisterbüro, ein kleines Haus am Landungssteg. Als ich eintrat, konnte ich kaum etwas erkennen, und erst als ich auf dem Schreibtisch herumtastete, stellte ich fest, daß der Telefonhörer abgenommen war. Ich stand im Dunkeln da, hielt den Hörer an mein Ohr und hörte eine vertraute Stimme.

»Paul Theroux ist tot ...«

Ich legte auf und ging hinaus, um nach dem Leprakranken zu suchen. Er war verschwunden. Es war stockfinster, kein Mond stand am Himmel, und die Lichter der kleinen Siedlung reichten nicht bis hierher. Die Stimme aus dem Telefon hatte mich so aufgewühlt, daß ich nicht in der Mission um eine Übernachtungsmöglichkeit bitten wollte, und zum Essen war ich zu müde. Also ließ ich das Boot liegen, nahm Schlafsack und Wasserflasche, lief zum Strand, der, wie ich später erfuhr, Papaloa hieß, und legte mich schlafen. Ich schlief schlecht, ich kämpfte mit Dämonen und dachte: Wir sind besser dran, weil wir wissen, daß wir hierhergehören, allein in unserer kleinen Welt. Auf uns wartet niemand.

Beim ersten Tageslicht ging ich zurück zum Steg, wo mein Proviantbeutel lag, aß eine Grapefruit, etwas Käse und Brot und sah mich nach einem Weg aus diesem Tal um. Ich wußte, daß in Kalaupapa inzwischen nicht einmal mehr fünfzig Leprakranke lebten, sah aber keine Menschenseele. Das Tal war berühmt wegen des Maultierpfads, der in Serpentinen den Berg hinaufführte. Ich spielte mit dem Gedanken, zwei Maultiere zu mieten – eins für mich und eins für meine Ausrüstung. Nur: Wo sollte ich hier zwei Maultiere finden?

Während ich überlegte, hielt ein Pick-up am Steg.

»Sie können einsteigen«, sagte der Fahrer. Es war der Mann, mit dem ich am Abend zuvor gesprochen hatte.

»Ich will zum Flughafen«, sagte ich.

»Ich weiß.« Er lächelte, und bevor ich ihn fragen konnte, woher er das wisse, fuhr er fort: »Ich weiß, wer Sie sind.«

Nicht die Stimme erschien mir vertraut, sondern die Feststellung. Wo hatte ich diesen Satz schon einmal gehört? Richtig: am Telefon. Und dann erkannte ich die Stimme. Es war dieselbe.

»Leben Sie in Kalaupapa?« fragte ich ihn.

»Sie meinen, ob ich hier Patient bin«, sagte er. »Nein. Ich bin geheilt. Die Narben hier sind völlig harmlos.« Er hob eine Hand mit verkrüppelten Fingern und winkte zum Abschied.

Mir graute davor, nach Honolulu zurückzukehren, denn ich wußte jetzt, daß meine Nächte schrecklich sein würden, daß das Telefon läuten und daß die Stimme des Leprakranken mir sagen würde, daß ich tot war. Und so geschah es in der nächsten Nacht, doch ich ließ es läuten. Das war schlimmer, als Worte es sein könnten, denn mir erschien das Läuten wie der schrille Klang von Worten, die mein Todesurteil wiederholten.

Mitternacht in Honolulu ist Morgen in London. Ich nahm den Telefonhörer und wählte eine Nummer. Ich kannte sie so gut, daß ich sie im Dunkeln wählen konnte, und ich war traurig, als ich die vertraute Melodie der sieben Ziffernkodierungen hörte.

Mir hatte vor diesem Tag gegraut, aber ich blieb bei meinem Entschluß und sagte: »Ich will mich scheiden lassen.«

Es war ein kurzes Gespräch, und danach war ich allein. Ich hatte mich noch nie so allein gefühlt. Die Sonne ging auf, doch ich war so müde, daß ich einnickte und zu träumen begann. Es waren Träume voll überwältigender Glücksgefühle, wie ich sie noch nie zuvor geträumt hatte, erfüllt vom Licht und von den Farben des neuen Tages.

ACHTZEHN

Epilog

Persönliche Habe

Die Kisten mit der Aufschrift *Persönliche Habe* waren aus London gekommen. Ich öffnete sie wahllos, wickelte die bruchsicher verpackten Gegenstände aus und stellte sie auf den sonnenbeschienenen Rasen.

Ein großer Samowar aus Messing, Moskau, 1968, mit einer Beule, weil ich ihn auf dem Flug über Delhi nach Singapur mit einem Fußtritt unter den Sitz befördert hatte. Ich hatte mir Sorgen gemacht, der russische Zöllner könnte mich fragen, wo ich das Geld für diesen Kauf gewechselt hatte (nämlich auf dem schwarzen Markt, zu einem Kurs von acht Rubel für einen Dollar). Der Samowar hatte zehn Dollar gekostet. Der Zöllner hatte das Packpapier aufgerissen und gesehen, worum es sich handelte. Er hatte gelächelt und gesagt: »Ah, Sie mögen Tee!«

Eine hölzerne, rot lackierte Teekanne, ein Geschenk meiner japanischen Gastgeber in Tokio, 1976. Ich hatte in einem Nudelrestaurant eine gesehen, hatte sie kurz in die Hand genommen und gesagt: »Wie hübsch.« Am nächsten Tag überreichte man mir ohne weitere Erklärung diese Kanne.

Ein dickwandiger Tonkrug, auf dessen Boden in Wills Handschrift eingeritzt war: *Für Dad. Angefertigt von Will im Sommerhalbjahr 1984 unter den strengen Blicken von Mrs. Whalen.*

Eine Meerschaumpfeife mit einem Kopf in Form eines bärtigen, turbantragenden Türken: Istanbul, 1973, *Railway Bazaar.* Ein Silberbecher, Made in England: Whitbread Literary Award, 1978, für *Picture Palace.* Eine in Fiberglas gegossene Medaille mit der Prägung: *Playboy Magazine Best Short Story 1975.* Eine Plakette des Fördervereins der

University of Massachusetts, verliehen für *Herausragende berufliche Leistungen* und überreicht von Michael Dukakis, Gouverneur von Massachusetts und 1990 erfolgloser Präsidentschaftskandidat.

Eine bronzene, mit Silber eingelegte Dose, am Boden graviert: *Für Alison und Paul mit liebevollen Wünschen für euren Weg zu zweit – Barbara und Rajat, Dez. 1967, Kampala.*

Ein aufgebrochener Stein, in dessen Innerem rote Kristalle funkelten, überreicht 1972 in London von einer Frau, die sagte: »Das ist eine Geode. Oder wußten Sie das etwa nicht?«

Eine Halskette aus Hundezähnen, Neuguinea. »Bitte kommen zurück, Mister Paul. Wir gehen fischen, fangen viel Fisch nächstemal.« Ein Räucherkegelhalter aus Messing in Form einer Schildkröte, Südindien. Erworben 1986, als Anton, bevor er nach Cambridge ging, im SOS-Kinderdorf bei Madras arbeitete.

Ein menschlicher Schädel, dessen aufgesägte Decke mit einem Scharnier befestigt war, für hundertfünfzig Pfund gekauft von einer ehemaligen Studentin an der Universität von Singapur namens Chung Yee Chong. Sie nannte den Schädel »Henry«.

Eine chinesische Schale aus blasser Jade und ein kleiner, aus einem Kristall geschnitzter Fisch, gekauft in einem Laden in Chengdu in Sichuan. Ein großer, alter Messingkessel, der aus einem Tempel stammte und auf einem Markt in Lhasa gelandet war. Ein goldener Kopfschmuck, Tibet. Eine aus einem menschlichen Schädel gefertigte und mit Silber ausgekleidete Schale. Einige hölzerne, mit Silber ausgekleidete Schalen, 1986–87, *Iron Rooster*. Der tibetische Führer: »Ich bin verpflichtet, Sie darauf hinzuweisen, daß Sie diese Gegenstände nicht ausführen dürfen. Sie können es versuchen, aber Sie müssen verstehen, daß ich Sie darauf hinweisen muß.«

Eine Reihe Spazierstöcke: einer bestand aus dem (mit einem Eisenstab verstärkten) Rückgrat eines Hais und hatte einen aus dem Schnabel eines Dodos gefertigten Griff, ein anderer war aus Ebenholz, und sein Griff bestand aus einem Tigerzahn – aus Wales, 1982, *The Kingdom by the Sea*; zwei Stöcke aus Malakkarohr, einer davon mit einem silbernen Griff; ein Bambusstock, ein Stockdegen.

Eine Lederschachtel aus Florenz mit einer Muschel aus Florida, ein Geschenk meiner Mutter, 1976. Eine Öllampe aus Messing von einem Flohmarkt in Singapur, 1969. Der Schädel eines Krokodilbabys aus Simbabwe, gekauft bei einem Besuch bei Will, der 1988, bevor er nach Oxford ging, als Lehrer in Guruve arbeitete. Der Kieferknochen einer Kuh, gefunden bei einem Wanderurlaub mit der Familie auf einer Wiese in der Nähe von Eddleston in Schottland, 1982. Am selben Tag stießen wir auf ein Schaf, dessen Wolle so dick war, daß es umgefallen war und hilflos auf dem Rücken lag wie eine Schildkröte.

Ein starkes Mikroskop, ersteigert auf einer Auktion in Putney, 1975. Mein erstes Mikroskop kaufte ich, als ich in die sechste Klasse ging und Arzt werden wollte; daß ich diesen Berufswunsch nicht verwirklicht habe, gehört zu den Dingen, die ich am meisten bereue. Seit ich zwölf Jahre alt war, habe ich immer ein Mikroskop besessen und benutzt.

Der Stachel eines Stachelschweins, Malawi, 1964. Diesen Glück verheißenden Stachel verkaufte mir ein Doktor auf dem Markt in Lilongwe. Er war ein *mganga*, ein Hexendoktor – nicht weil er ein Hexer war, sondern weil er die Menschen von Hexerei und Besessenheit heilte. Er sagte: »Kostet sechzig Shilling.« Ich sagte: »Ich gebe dir zwei.« Er sagte: »In Ordnung«, und gab mir den Stachel.

Ein Dolch mit einem geschnitzten Horngriff in Form eines Löwen, den ich als Brieföffner benutzte, Colombo, Sri Lanka, 1973. Die mit einem Scharnier verbundenen Kieferknochen eines Barrakudas, Mombasa, 1985.

Ein Kuduhorn aus einem Trödelladen in London, 1974. Ein rechteckiger Briefbeschwerer aus Marmor, London, 1978. Ein großer, glasierter Teller mit der Darstellung eines auf einem Baumstumpf sitzenden Phoenix, Kunming, China, 1986.

Eine kleine Teekanne aus Zinn mit einem Griff aus Jade, Suzhou, China; ein großer geschnitzter und lackierter Fisch, mitgebracht von einer Fahrt auf dem Jangstekiang, 1979. Ein Tintenfaß aus Metall in Form eines Frosches, Hong Kong, 1987.

Ein kleiner hölzerner Mörser mit Pistill zum Vermischen von Betelnuß und Kalk; zwei geschnitzte Dollborde eines Kanus, zwei geschnitzte Bughölzer in Form von Krokodilen, Neuguinea, 1991.

Zwei bronzene buddhistische Tiaren, Darjeeling, 1984. Der Kopf einer chinesischen Dämonenpuppe, Jangguo, 1986. Ein Fernglas. Eine

Opiumpfeife, Singapur, 1970. Eine große, glasierte Fischplatte mit Karpfenmotiv, 18. Jahrhundert, aus Schanghai. Eine afrikanische Axt, Malawi, 1965. Ein auf Holz gemales Wandbild – ein Mandarin mit zwei Dienern – aus einem vietnamesischen Tempel, der durch einen Raketentreffer teilweise zerstört worden war, gekauft bei einem chinesischen Antiquitätenhändler, dessen Geschäft sich auf einem Dachboden in Saigon befand, 1973.

Ein Lehnstuhl aus Holz mit zwei großen, abgenutzten Samtkissen, gekauft in Fulham, 1976. Ein handgewebtes, etwa ein Quadratmeter großes Stück Stoff aus Guatemala, ein Gemälde aus dem 18. Jahrhundert – der heilige Dominik – aus Peru, 1978, *Der alte Patagonien-Express.* Eine topographische Karte der Küste von Honduras. Ein kleiner Teppich aus dem Iran mit einer Darstellung von Männern, die Maschinengewehre tragen. Eine viktorianische Gartenstatue aus Blei, eine Kopie von Michelangelos *Der befreite Sklave.* Ein Exemplar von *In the Clearing* von Robert Frost mit der Widmung: *Für Paul Theroux von Robert Frost, 1962.*

Ein Schreibtisch aus Teakholz mit hohen, sinnreich konstruierten, abnehmbaren Beinen und ein Lehnstuhl aus Teakholz, beide in meinem Auftrag angefertigt von einem chinesischen Tischler in Singapur. Ich hatte ihm den Plan meines idealen Schreibtisches gezeichnet, weil ich an meinem wackligen Tisch mit dem Roman *Jungle Lovers* nicht weiterkam.

Ein paar Bilder, ein paar Bücher, ein paar Aktenordner, eine Kiste mit Manuskripten, ein Geldbetrag.

Und eine große Glasschüssel mit der Aufschrift *Made in Poland* auf der Unterseite, gekauft in Njassaland bei der Limbe Trading Company, 1964. Irgendwie hatte dieses billige, gewöhnliche Stück Hausrat, möglicherweise das erste, das ich überhaupt angeschafft hatte, fast dreißig Jahre überstanden. Doch das war nur ein Teil der Faszination, die für mich davon ausging, denn es war die Schüssel, in der Julius Magoya, mein afrikanischer Koch, seinen Obstsalat angerichtet hatte.

Er hatte mich gebeten, die Schüssel zu kaufen, und gleich am ersten Tag füllte er sie mit kleingeschnittenem Obst: Papayas, Bananen, Äpfel, Orangen, Trauben und Mandarinen, für die er das alte afrikaanse Wort *naartjes* gebrauchte. Es war viel zuviel Obstsalat. Nach einer Woche war die Schüssel noch immer halb voll. Julius warf den Rest jedoch nicht fort. Er schnitt noch mehr Obst, füllte die Schüssel wieder auf und mischte alles gut durch. Das wiederholte sich eine Woche später, obwohl die Schüssel auch diesmal nicht leer war. So ging es nun jede Woche: Julius vermischte das Alte mit dem Neuen, das Süße mit dem Sauren, das Knackige mit dem Aufgeweichten. Ganz gleich, wie wenig übrig war – er warf die Reste nie fort. Jede Woche wurde die Schüssel aufgefüllt, so daß ich noch Jahre später Obstsalat aus dieser nie geleerten Schüssel aß.

Jetzt, mit fünfzig, freute ich mich, die Schüssel wieder in Händen zu halten. Ich sah, welche Lehre sich hinter dieser Geschichte verbarg: Julius' immerwährender Obstsalat symbolisierte für mich den Sinn des Lebens und den Ursprung aller Kunst.